GIORGIO AGNESE · MAURIZIO RE

Das antike Ägypten

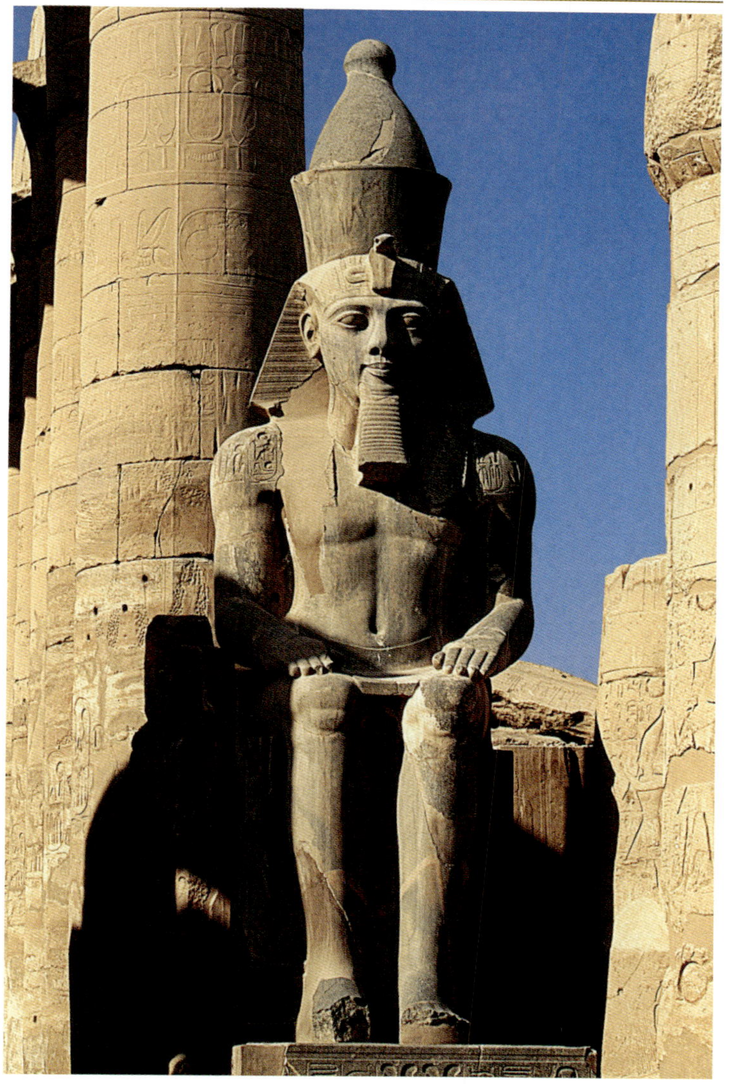

KUNST UND ARCHÄOLOGIE IM LAND DER PHARAONEN

Weltbild

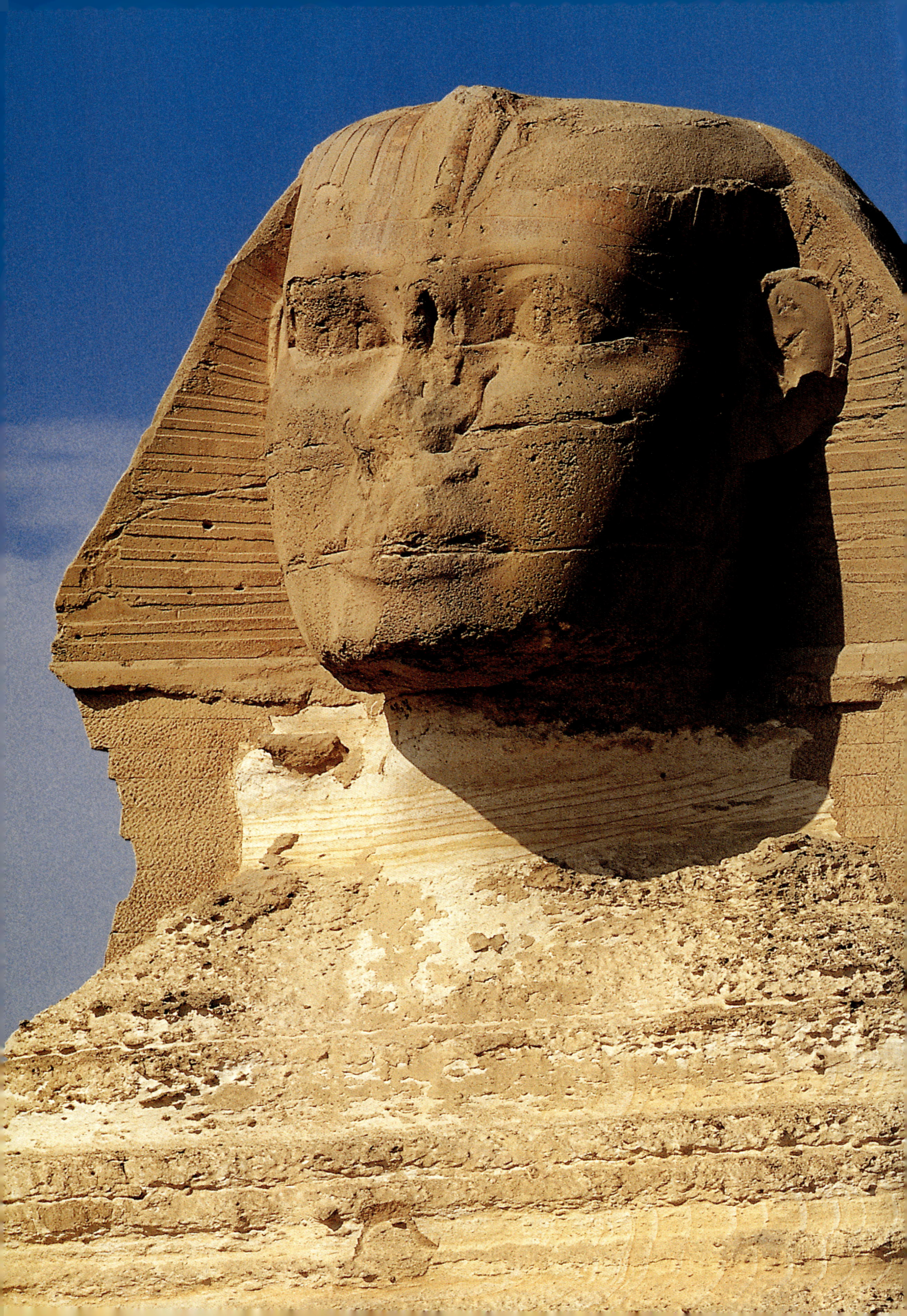

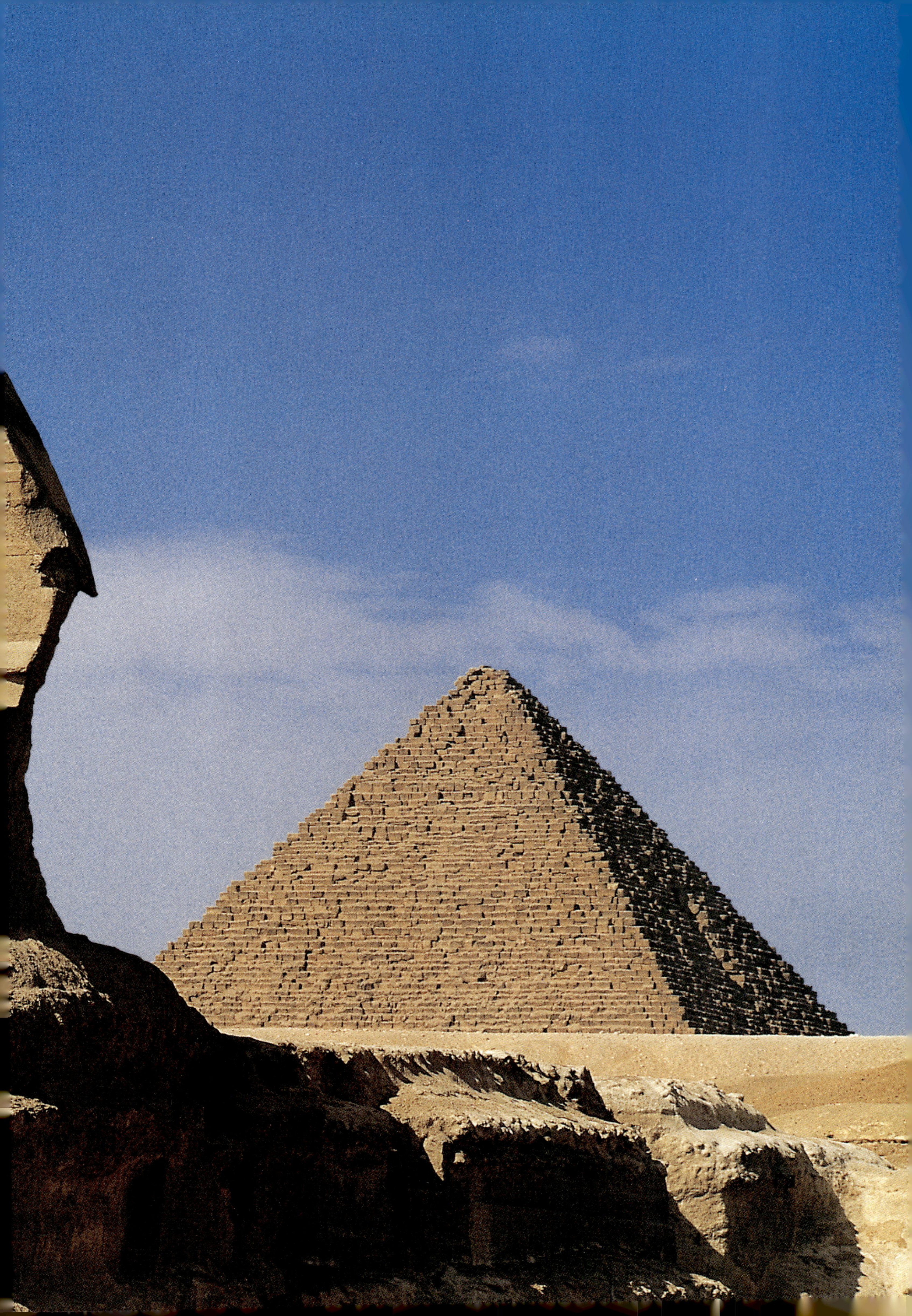

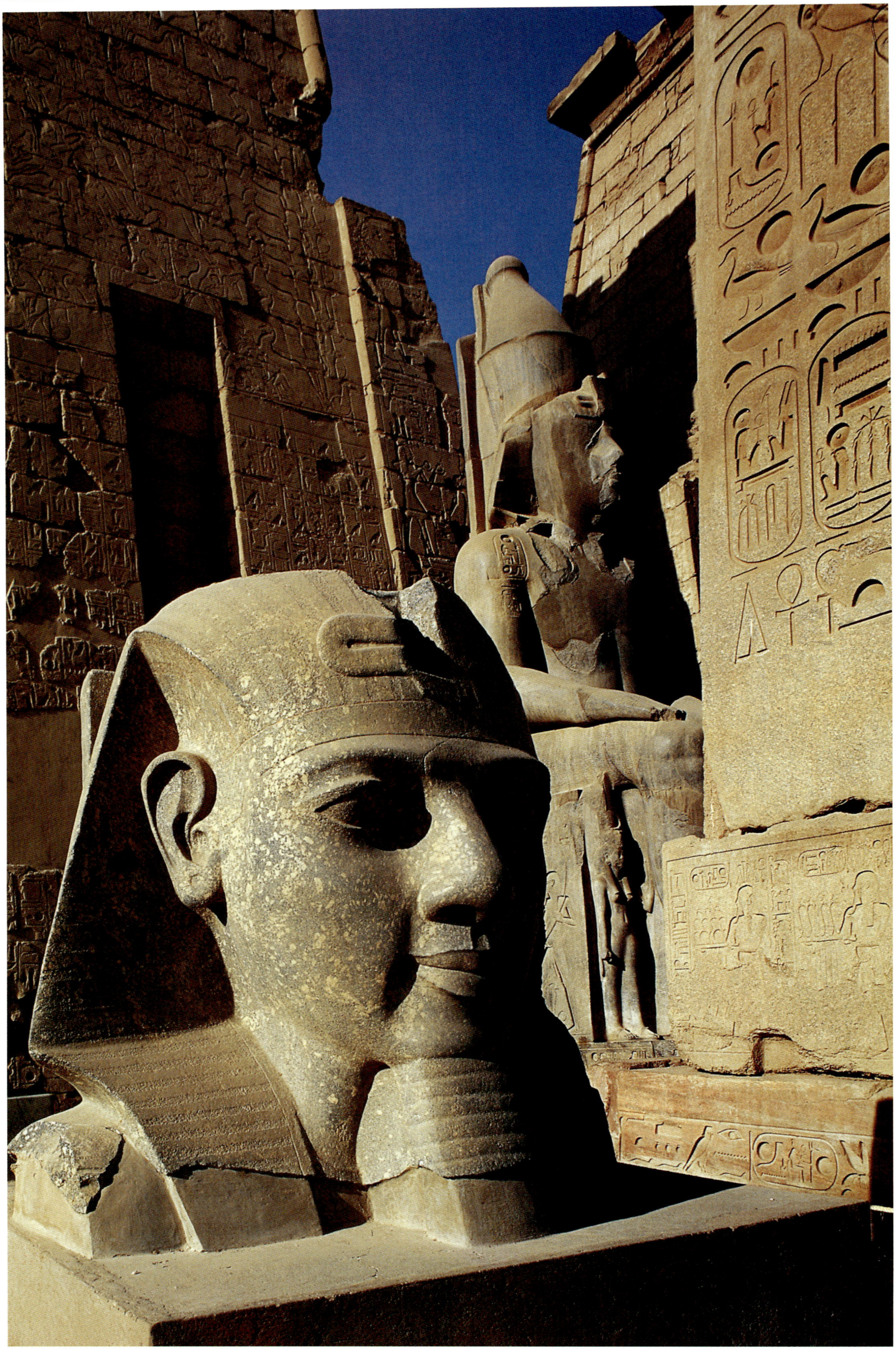

INHALT

1
Kolossalstatue Ramses' II. im Tempel von Luxor.

2–3
Der große Sphinx mit der Cheopspyramide im Hintergrund.

4
Kopf der Kolossalstatue Ramses II. im Tempel von Luxor.

5
Tutanchamuns Maske aus massivem Gold.

Titel der Originalausgabe:
Ancient Egypt – Art and Archeology of the Land of Pharaos

Zuerst veröffentlicht 2001, 2004, 2008 in Italien von White Star S.p.A., 3100 Vercelli, Italy

Neue erweiterte und aktualisierte Ausgabe.

Deutsche Erstausgabe

Übertragung aus dem Italienischen von Martina Brunner

Satz, Lektorat und Herstellung (2008): Verlagsservice Dr. Helmut Neuberger & Karl Schaumann GmbH
Umschlag: Atelier Seidel, Teising

Printed in Thailand

ISBN 978-3-8289-0882-6

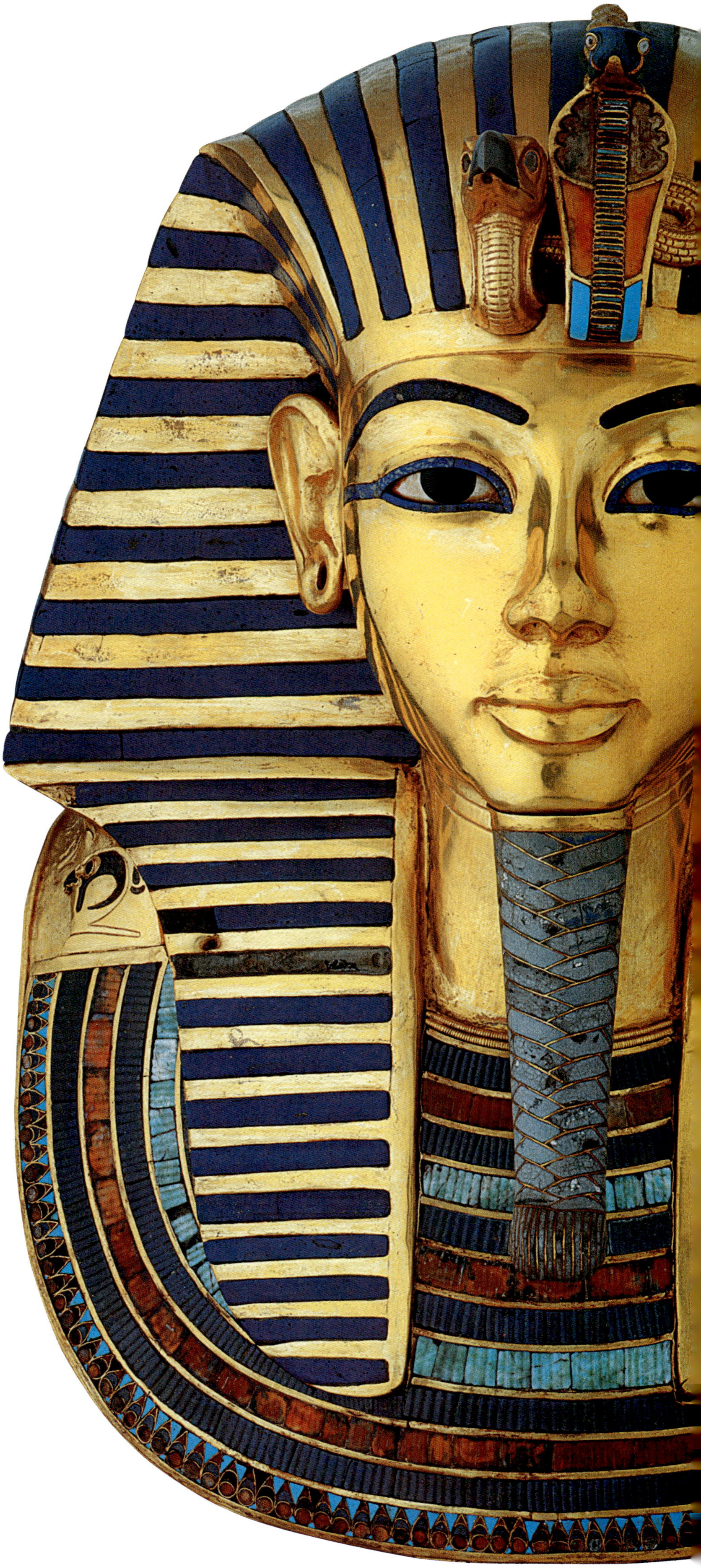

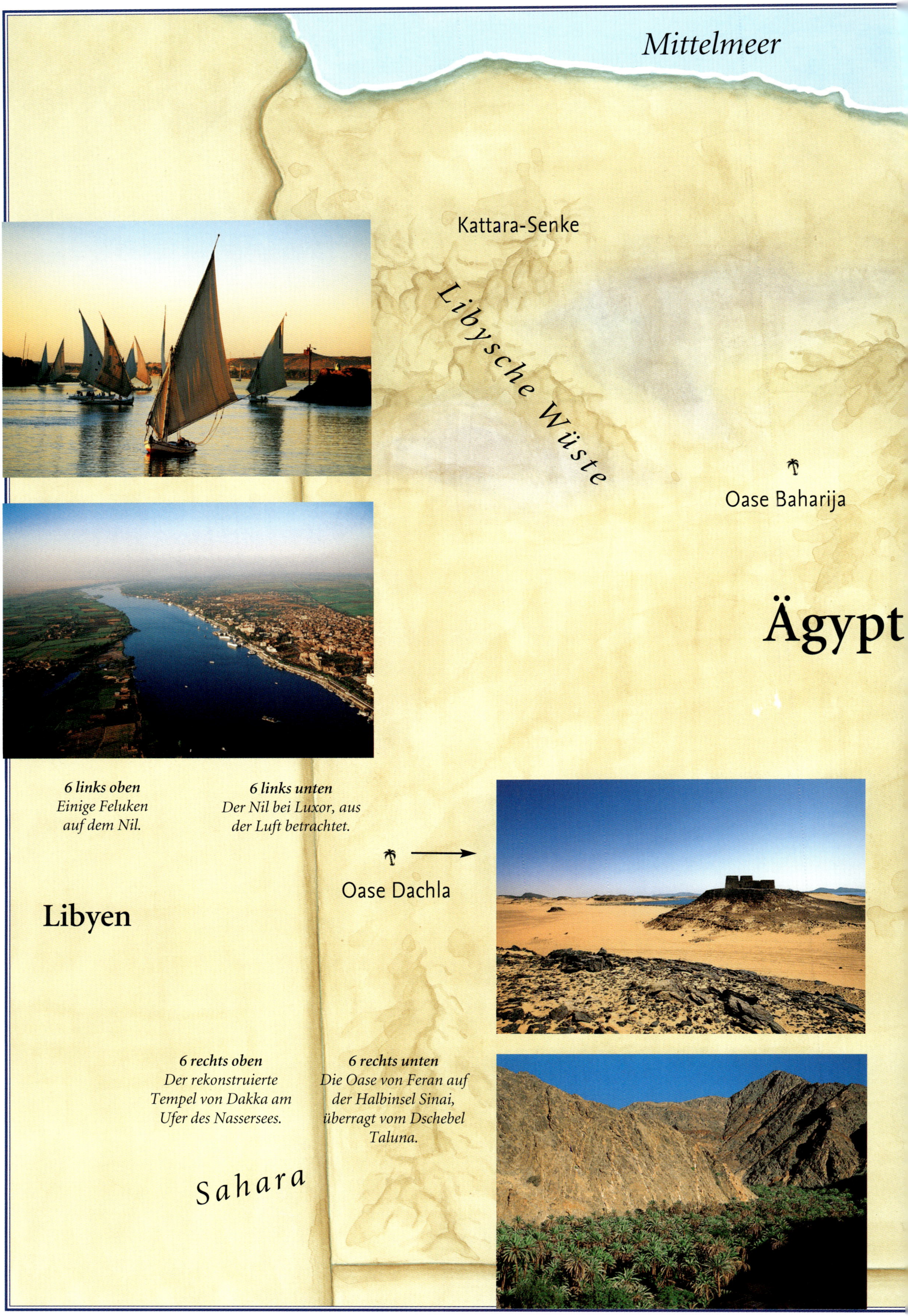

__6 links oben__
Einige Feluken auf dem Nil.

__6 links unten__
Der Nil bei Luxor, aus der Luft betrachtet.

__6 rechts oben__
Der rekonstruierte Tempel von Dakka am Ufer des Nassersees.

__6 rechts unten__
Die Oase von Feran auf der Halbinsel Sinai, überragt vom Dschebel Taluna.

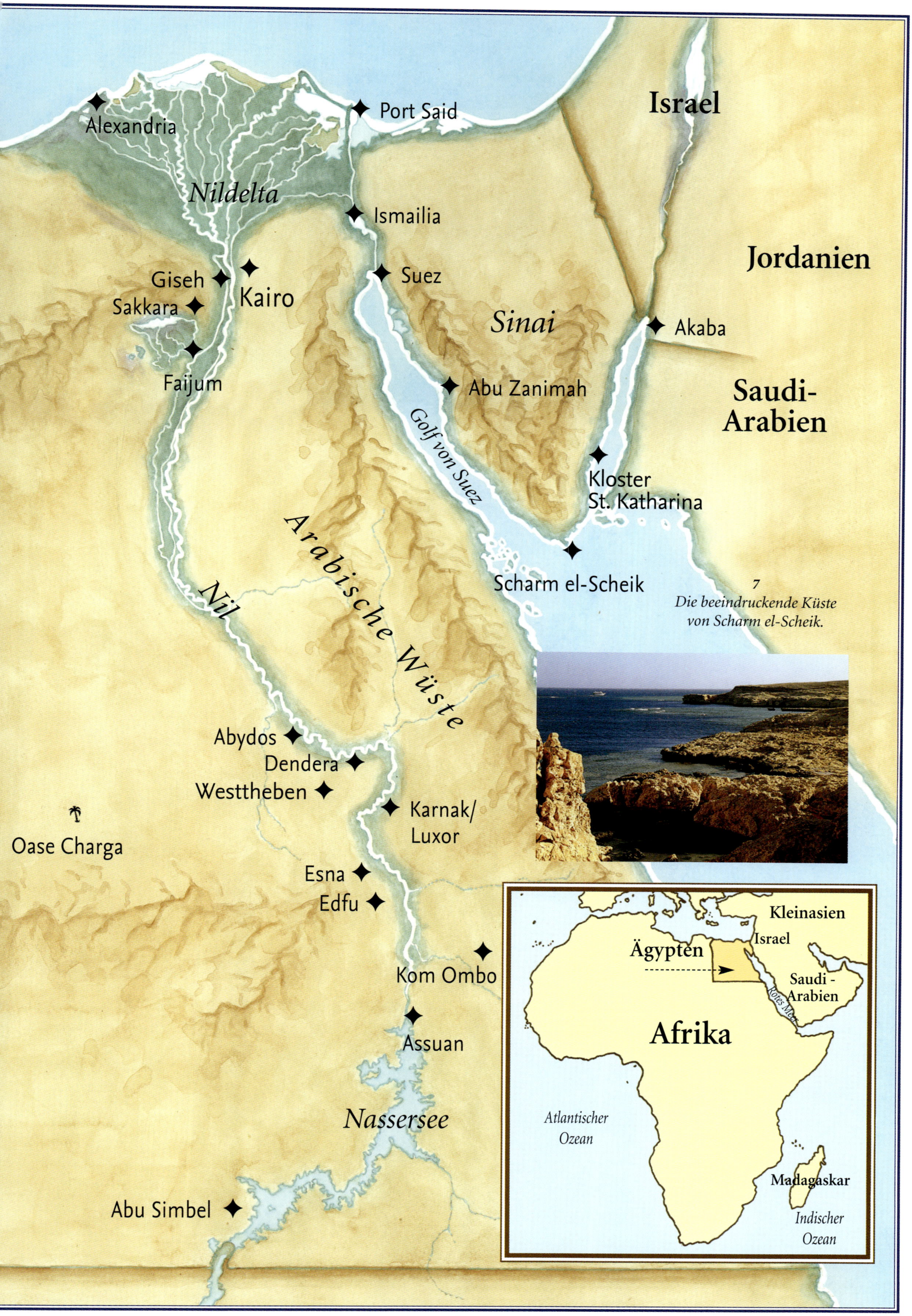

7
Die beeindruckende Küste von Scharm el-Scheik.

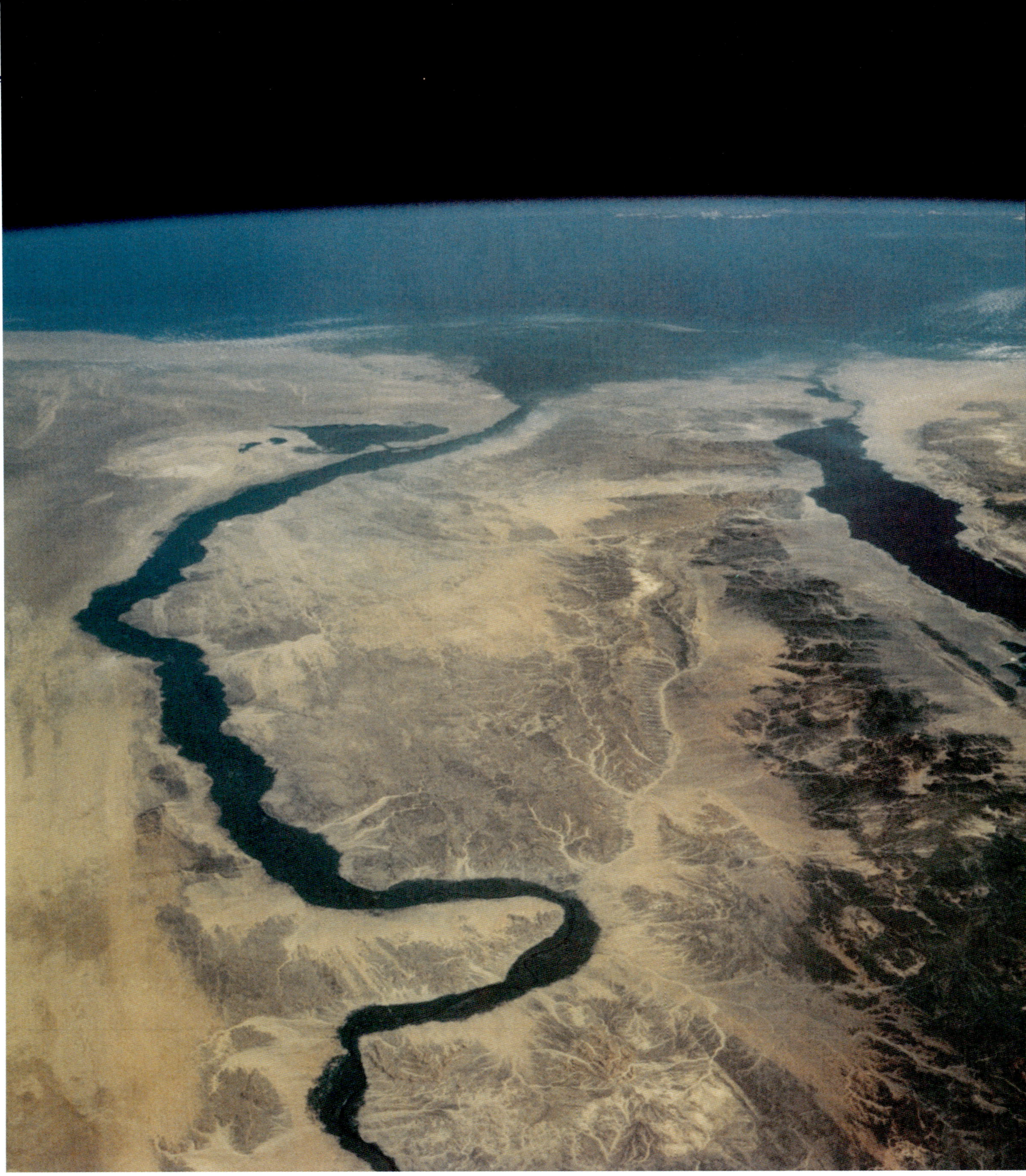

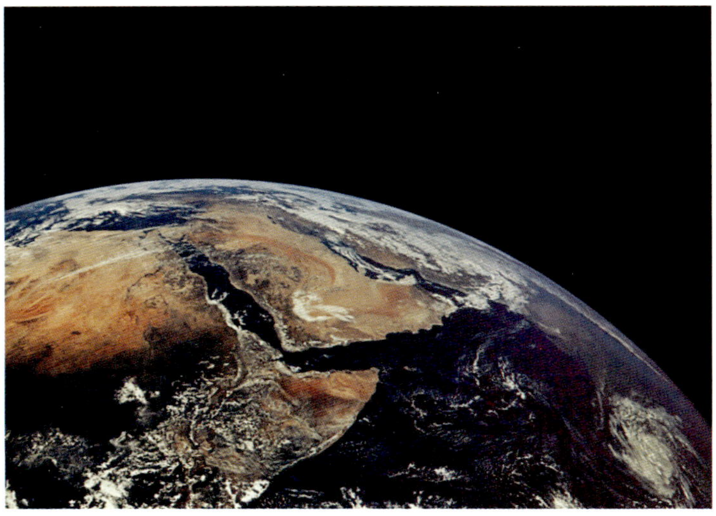

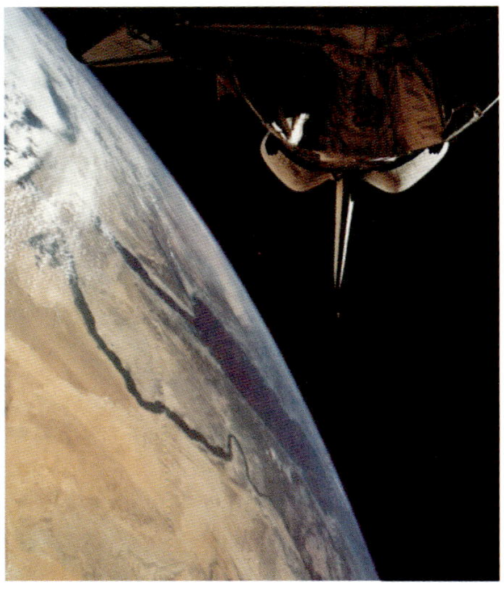

8–9
Diese Luftaufnahme zeigt das grüne Niltal. An der Biegung liegt Luxor.

8 unten
Zwei weitere Luftbilder, auf denen das Rote Meer (links) und die Halbinsel Sinai (rechts) gut zu erkennen sind.

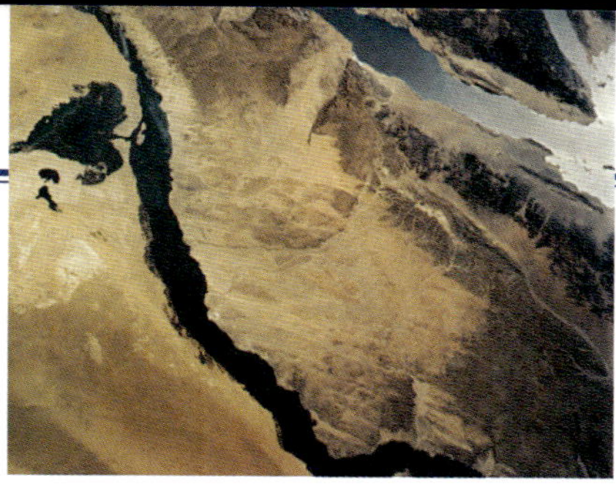

VORWORT

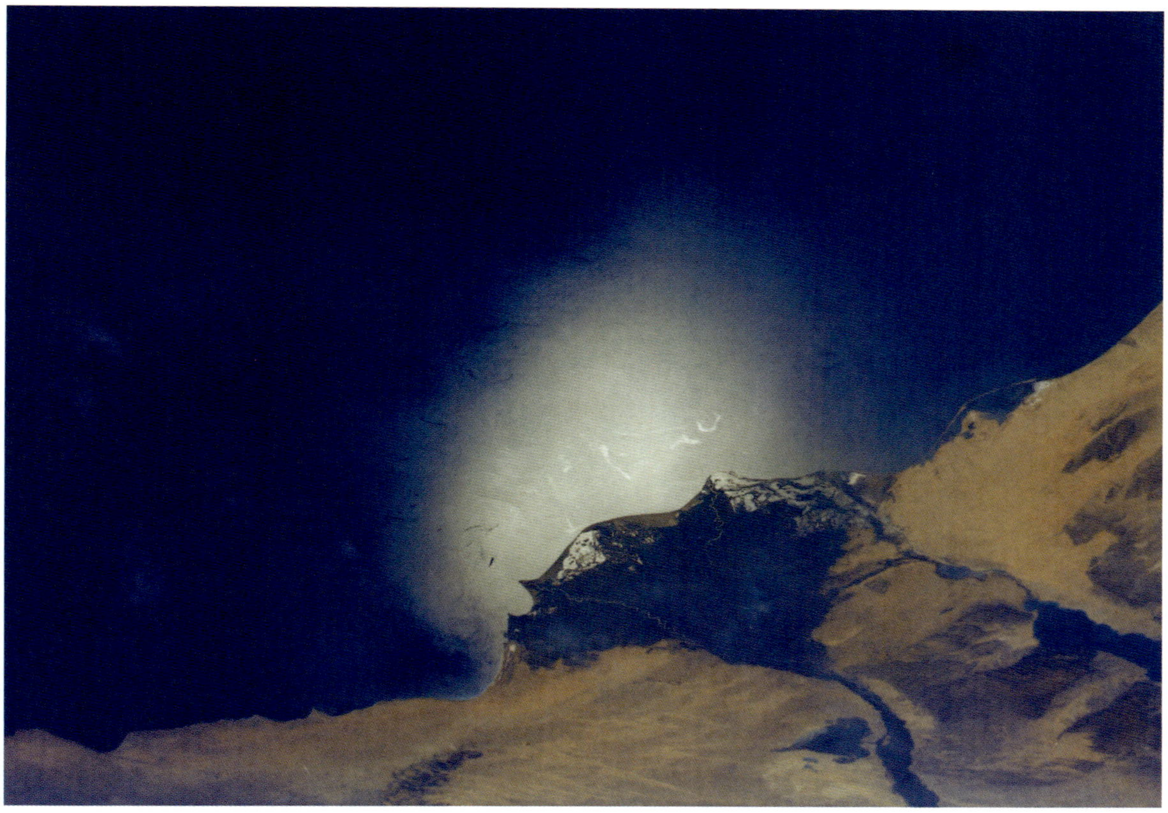

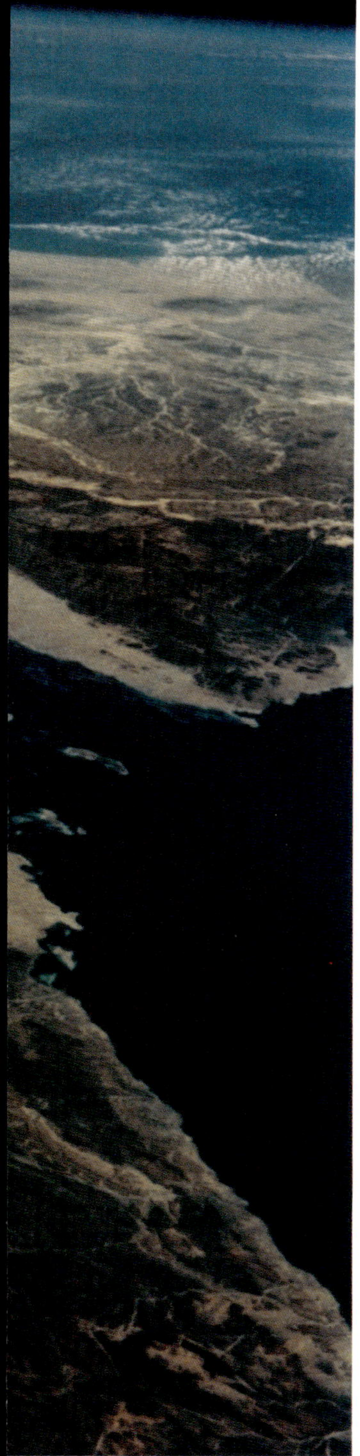

9 oben
Auf dieser Abbildung sind die Senke von Faijum, das Niltal und die Halbinsel Sinai zu erkennen.

9 Mitte
Das Nildelta von oben.

10–11
Der Tempel von Luxor aus der Luft.

Es ist kein einfaches Unterfangen, alle wichtigen Informationen über Ägypten in einem Buch zusammenzufassen. Noch schwieriger ist es, die zahllosen Sehenswürdigkeiten des Landes und die über 40 Jahrhunderte währende Geschichte seines Volkes auf beschränktem Raum zusammenzufassen. Die Auswahl der in diesem Buch behandelten Sehenswürdigkeiten beschränkt sich daher auf die wichtigsten Attraktionen, die in erster Linie aus historisch-archäologischer Sicht betrachtet werden.

Das von den alten Ägyptern bewohnte Land entspricht dem heutigen Niltal zwischen dem Mittelmeer im Norden und dem zweiten Katarakt südlich von Abu Simbel. Zu beiden Ufern des Stromes erstreckt sich ein schmaler, über 1000 Kilometer langer Streifen fruchtbaren Landes, umgrenzt von ariden Gebieten, unwirtlichen Hügeln und Bergketten, die es vom Roten Meer im Osten und von der Sahara im Westen trennen.

Im Norden, nahe der heutigen Stadt Kairo und in der Nähe der antiken Städte Heliopolis und Memphis, verzweigt sich der Strom, der bis dorthin schon 6500 Kilometer zurückgelegt hat, zum Delta hin, das in früheren Zeiten mit üppiger Vegetation gesegnet, aber gleichzeitig sumpfig und deshalb recht unwirtlich war. Vor dem Bau des Assuan-Staudamms trat der Nil alljährlich über seine Ufer, überschwemmte die angrenzenden Felder und überließ es den Passatwinden und der Sonne, das mit Humus und Mineralsalzen getränkte Gebiet wieder zu trocknen. Die Bewohner des Niltales lebten in erster Linie von der Landwirtschaft, und südlich der Peripherie Kairos hat sich daran im Laufe vieler Tausend Jahre auch nichts geändert. Die Ägypter nannten ihr Land nannten Kemet, d.h. schwarzes, gutes, fruchtbares Land, Geschenk der Götter und des großen, göttlichen Nils.

Die jahrtausendealte ägyptische Kultur wurde in Europa erst vor wenig mehr als zwei Jahrhunderten wiederentdeckt und näher erforscht. Wir wissen heute schon sehr viel über sie. Dennoch gibt es für die Archäologie noch einiges zu entdecken, und auch für die Ägyptologen gilt es, Licht in das Dunkel mancher unerforschter Epochen und rätselhafter Mysterien zu bringen.

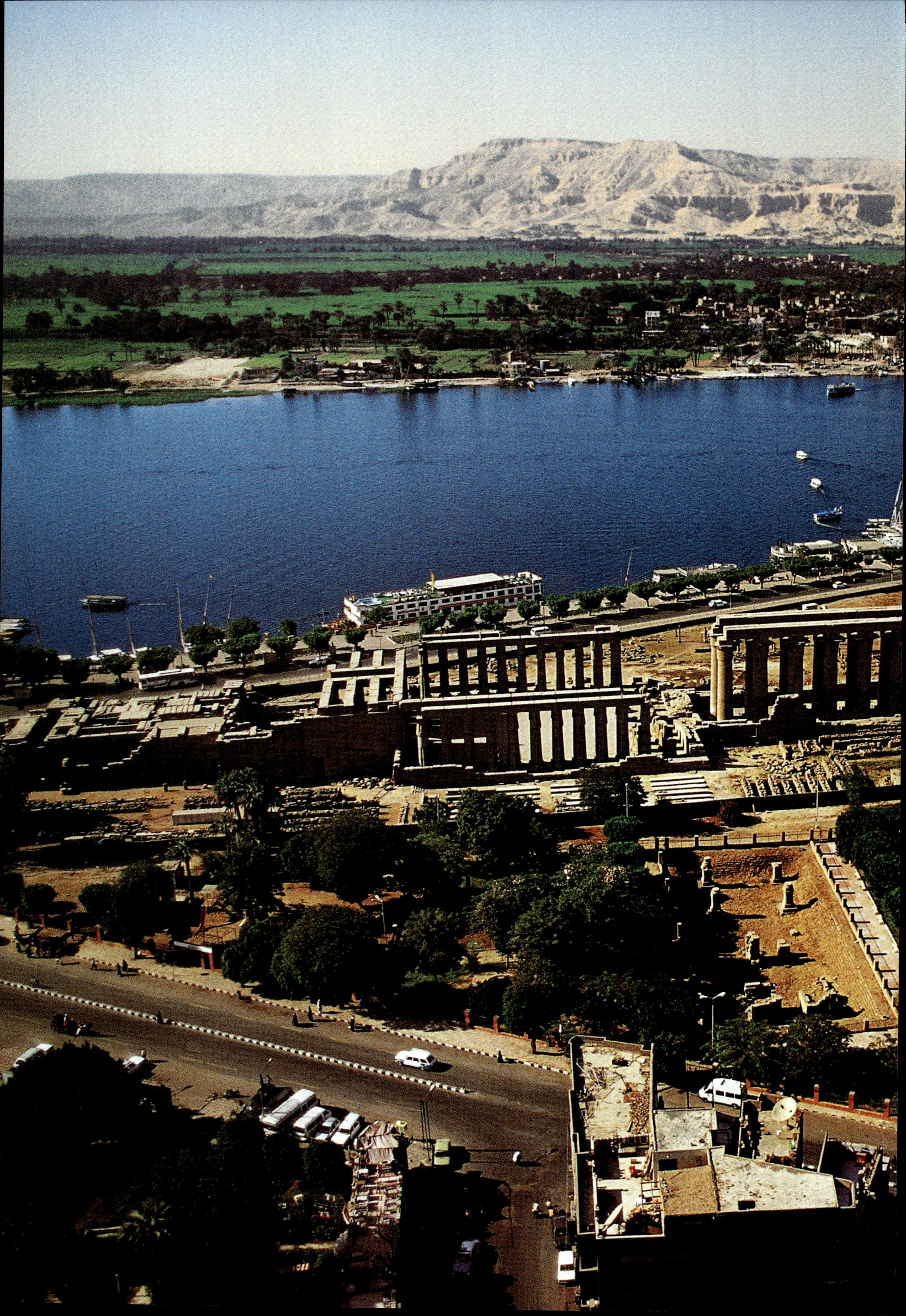

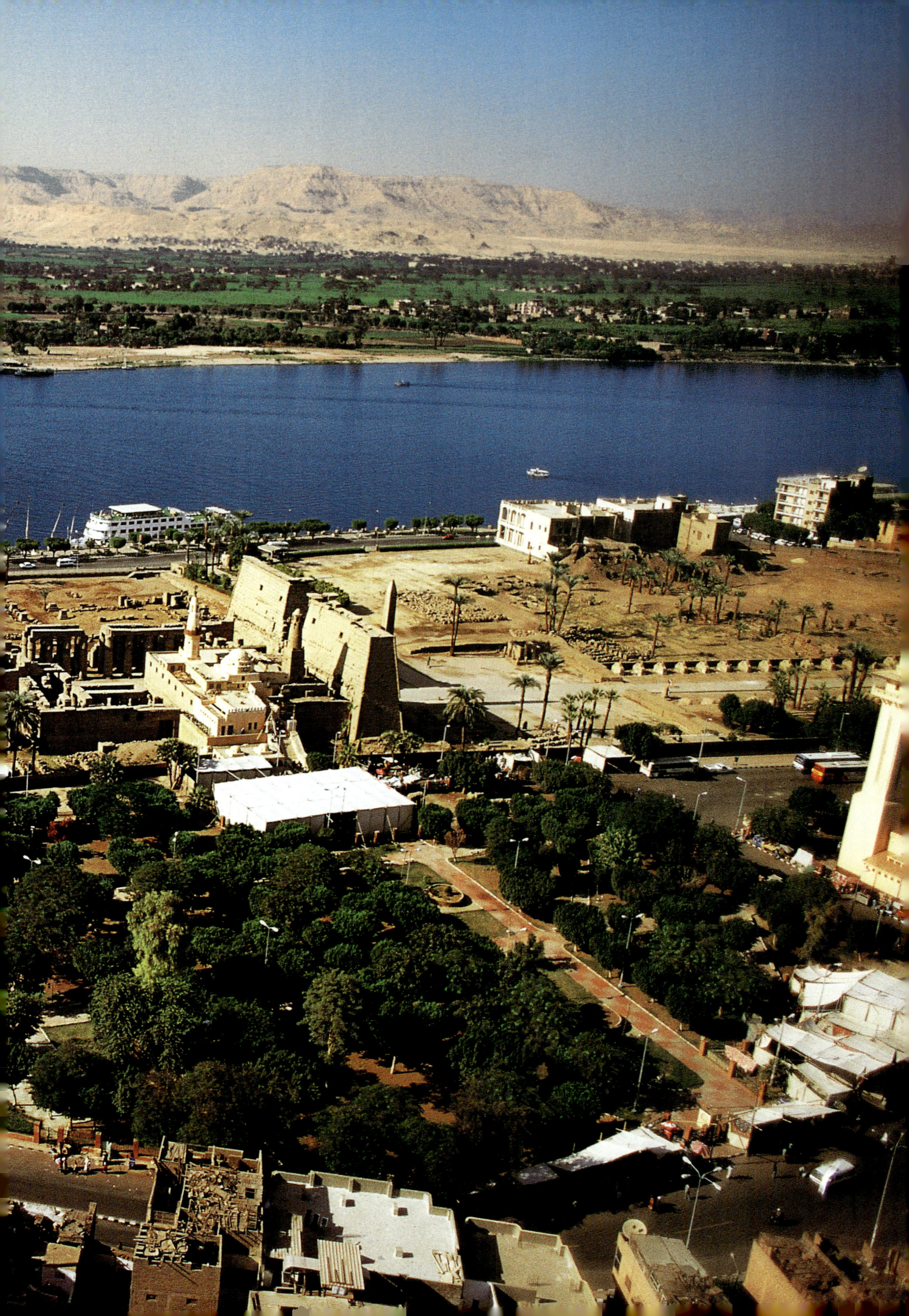

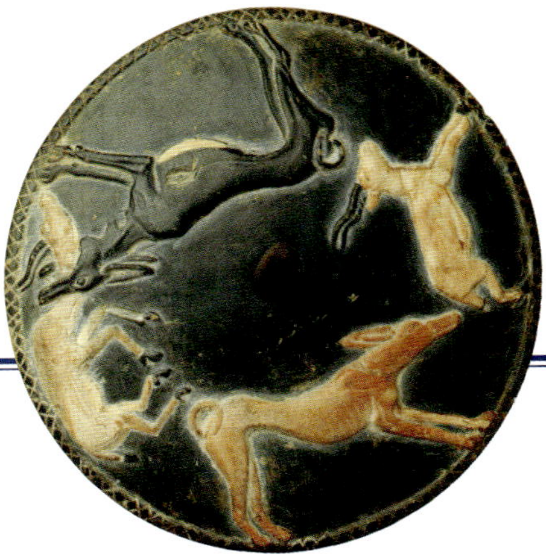

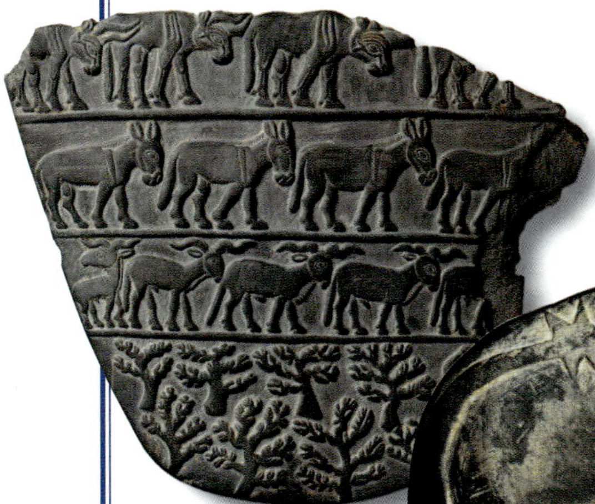

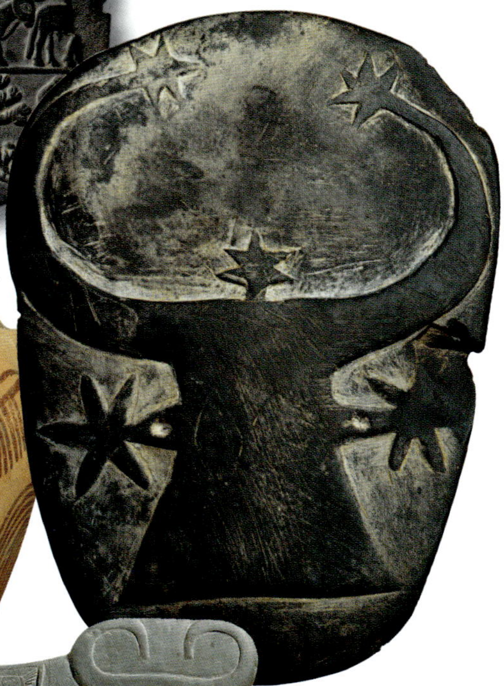

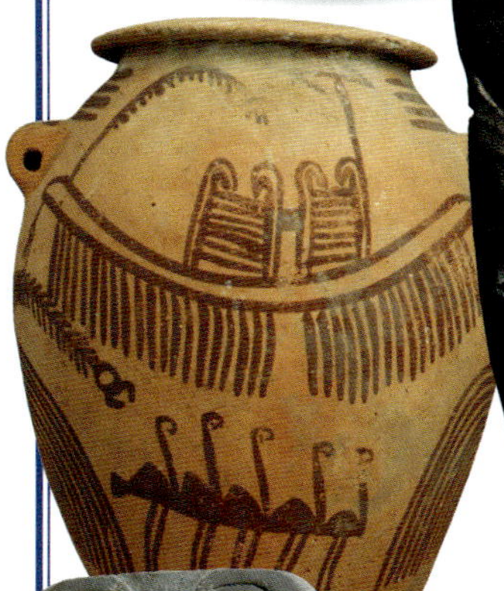

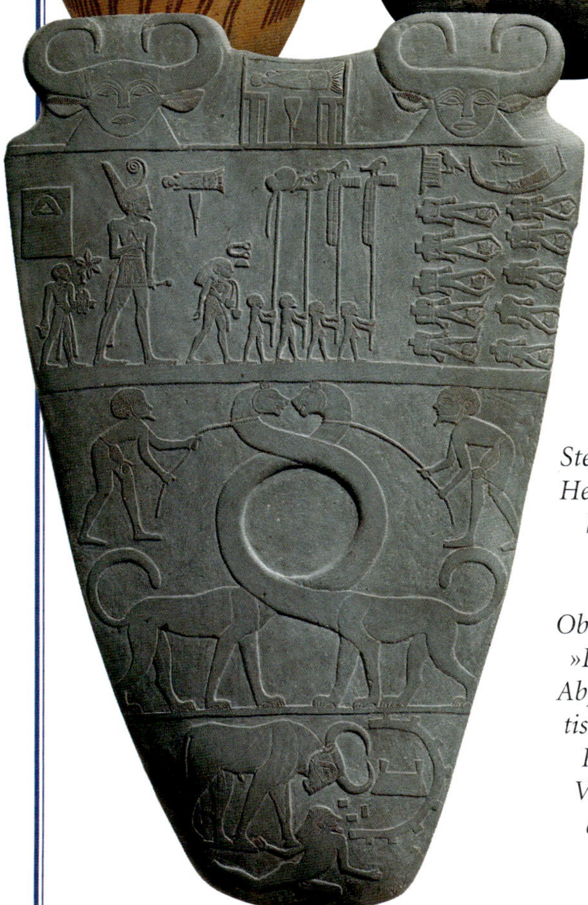

GESCHICHTE

Im Jahre 1988 entdeckten die Archäologen Günther Dreyer und Werner Kaiser vom Deutschen Archäologischen Institut in Kairo im Gebiet um Abydos einige beinerne Täfelchen, die sich im Grab eines antiken Herrschers befanden, der nach den Inschriften den Namen »Skorpion« trug. Die auf das Jahr 3200 v. Chr. datierten Täfelchen sind noch älter als die Narmer-Palette, die im späten 4. Jahrtausend v. Chr. entstand und bis dahin als frühestes Zeugnis der ägyptischen Hochkultur galt.

Um das Jahr 500 n. Chr. ging die alte Kultur ihrem Ende entgegen. Schrift und Schrifttum gerieten allmählich in Vergessenheit und die traditionellen religiösen Kulte wurden unterdrückt. Über 4000 Jahre hatte die ägyptische Kultur überlebt, länger als jede andere in der Geschichte der Menschheit.

Ägypten war seit prähistorischen Zeiten von Menschen bewohnt. Während der postglazialen Epoche gab es auf der Erde nur zwei geografische Räume, die für die Entwicklung einer Hochkultur besonders günstige Bedingungen boten. Eines davon war das Hochtal des Nils, das sich fast bis in den Süden Afrikas erstreckte; das andere umfasste die Türkei und Mesopotamien und erstreckte sich bis zum Indus.

Seit dem Neolithikum, also vor etwa 7000–8000 Jahren, ließen sich erste bäuerliche Gemeinschaften im Hochtal des Nils und in den Oasen nieder. Diese als »vordynastisch« bezeichneten Kulturen vollzogen eine rasche organisatorische, soziale und auch technologische Entwicklung. Die dynastische Epoche wurde mit Menes (Aha), dem ersten historisch fassbaren Pharao, eingeleitet, der nach der Überlieferung das zweigeteilte Land einte. Die Realität ist allerdings komplexer: Archäologische Funde bezeugen die Existenz eines Königs, den man wegen der auf dem Knauf des Zepters abgebildeten Figur »Skorpion« nannte und der am Ende der vordy-

12 oben
Steatitscheibe aus dem Hemaka-Grab in Sakkara, 1. Dynastie.

12 Mitte links
Oben ein Fragment der »Libyer-Palette« von Abydos aus frühdynastischer Zeit, unten ein Krug mit gemalter Verzierung aus vordynastischer Zeit.

12 Mitte rechts
Schminkpalette aus Girsa, vordynastische Epoche.

12 unten
»Narmer-Palette« aus Hierakonpolis, Dynastie 0.

13 links
Kalksteinstatue König Djosers aus Sakkara, 3. Dynastie.

13 rechts
Statue des Chesechem aus Hierakonpolis, 2. Dynastie.

Alle hier dargestellten Werke sind im Besitz des Ägyptischen Museums, Kairo.

nastischen Zeit zwischen 3150 und 3050 v. Chr. regierte. Zahlreiche Forscher datieren ihn zusammen mit König Narmer (vielleicht der Vater von Menes) in die Dynastie 0. Der berühmteste Fund aus dieser Zeit ist die Narmer-Palette, eine Schminktafel, die der amerikanische Archäologe J. E. Quibell im Jahre 1897/98 in Hierakonpolis, dem antiken Nechet, entdeckt hatte und die heute im Ägyptischen Museum von Kairo aufbewahrt wird.

Dem auf Narmer folgenden (oft aber auch mit diesem gleichgesetzten) Pharao Menes (Aha) wird die Gründung der Stadt Memphis zugeschrieben. Die spätere Hauptstadt des vereinten Reiches am Ausgang des Nildeltas war durch ein Stauwehr geschützt, das den Fluss umleitete und verhinderte, dass die jährlichen Überschwemmungen die Stadt erreichten. Was Herodot davon berichtet, wird von der archäologischen Forschung bestätigt.

Die Könige dieser Dynastie wurden in Abydos bestattet, einer Nekropole nahe Thinis, der ersten Hauptstadt des Landes, während die Würdenträger des Reiches ihre Grabmäler in Sakkara errichten ließen. Das Grab des Menes befindet sich mit dem seiner mutmaßlichen Gemahlin Benerib in der nordwestlichen Nekropole.

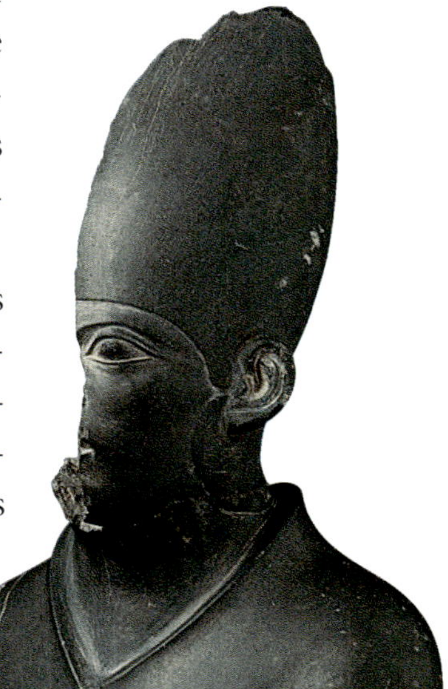

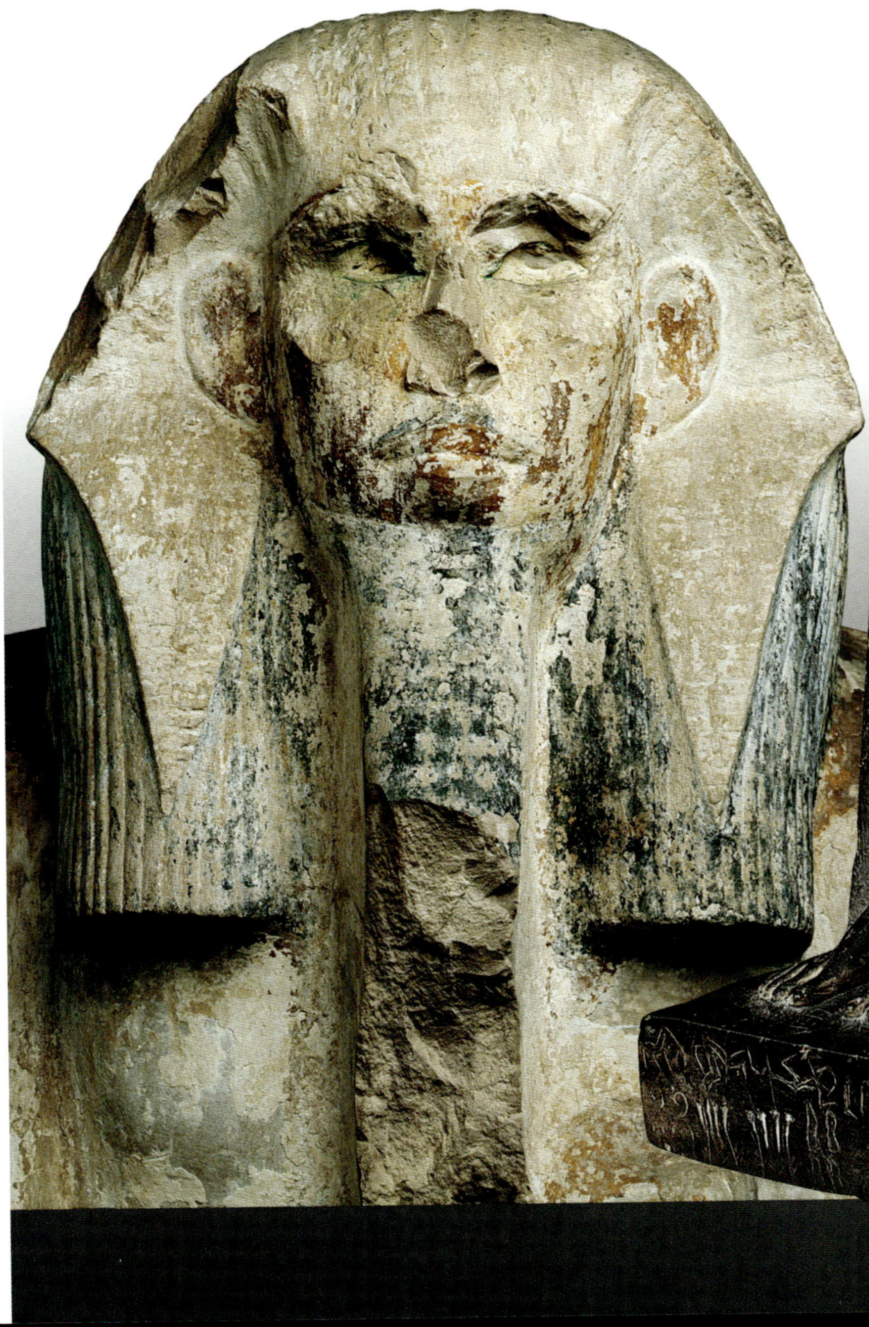

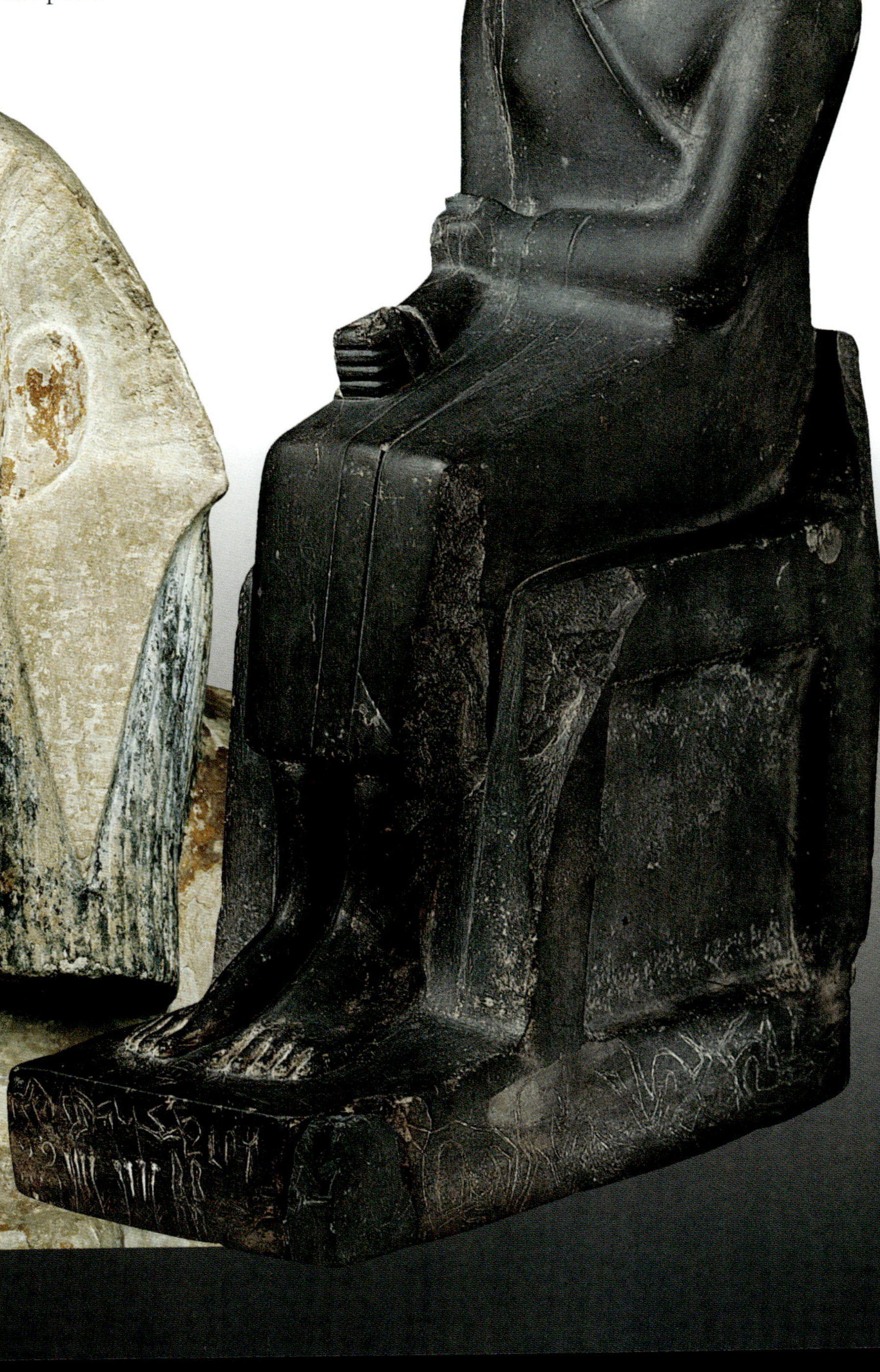

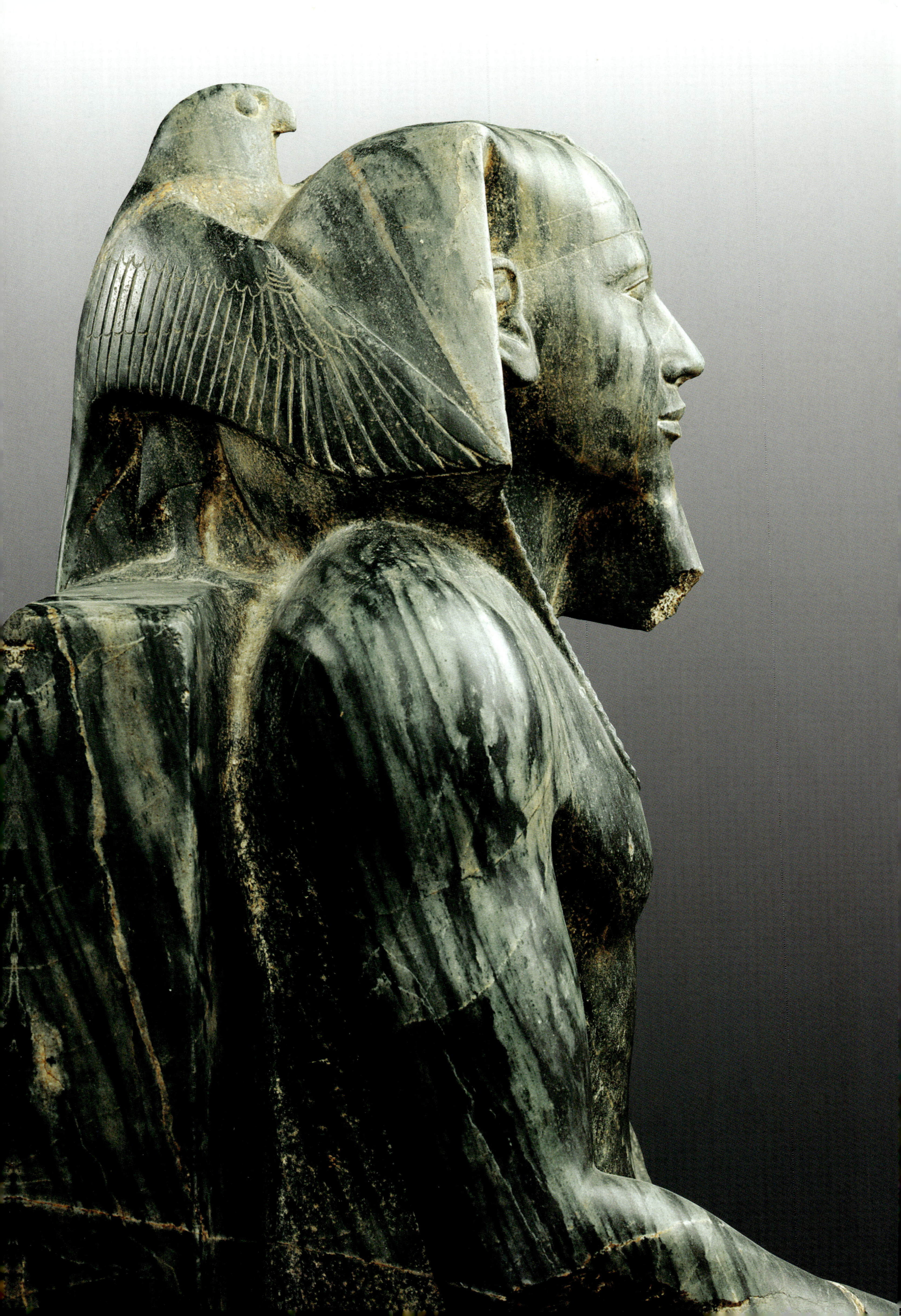

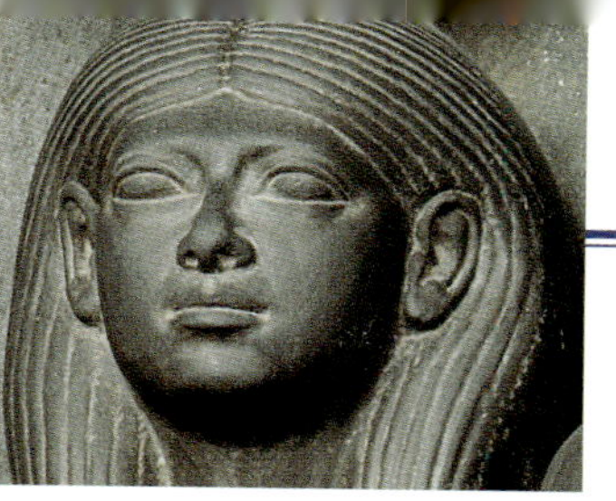

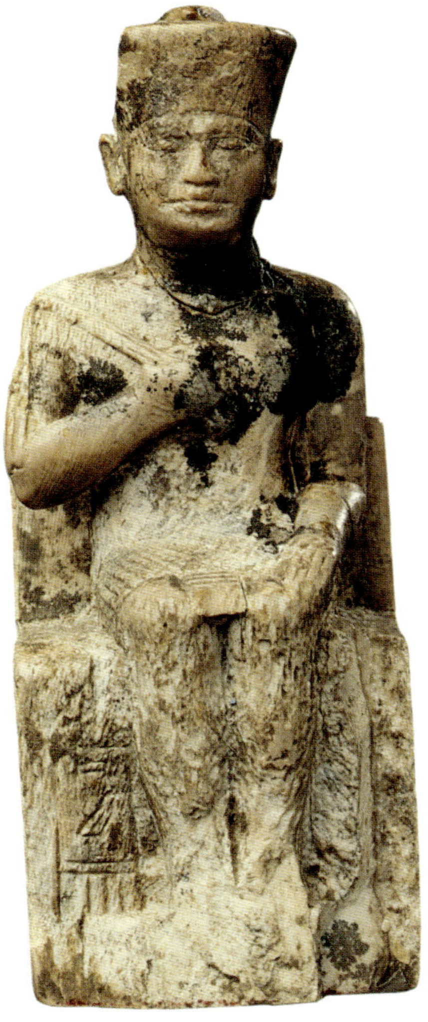

chen Niedergangs, der allgemeine Unzufriedenheit zur Folge hatte. An die Stelle der straffen Autokratie trat eine Art Feudalsystem, das von äußerer Machtlosigkeit und inneren Unruhen geprägt war. Diese Epoche dauerte von der 7. bis zur 10. Dynastie (2152–2065 v. Chr.) und wird als Erste Zwischenzeit bezeichnet. Die 12. Dynastie stellte die Autorität des Königtums wieder her. Amenemhet I. (1994–1964 v. Chr.) verlegte die Hauptstadt nach Itj-taui (nicht weit von Lischt entfernt) und begann mit der Trockenlegung des Sumpflands von Faijum. Unter den Königen Sesostris I., II. und III. wurden die Grenzen Ägyptens in Richtung Vorderasien verschoben und das goldreiche Nubien erobert.

14
Dioritstatue des Chefren aus Giseh, 4. Dynastie.

15 links oben
Cheops-Statuette, Elfenbein, Abydos, 4. Dynastie.

15 unten rechts
Mykerinos-Triade aus Grauwacke, Giseh, 4. Dynastie.

Die 3. Dynastie (2649–2575 v. Chr.) beginnt mit Pharao Sanacht, weniger bekannt als sein mutmaßlicher Bruder Djoser, der Erbauer der Stufenpyramide von Sakkara. Das Bauwerk wurde von dem Wesir Imhotep entworfen, einem Universalgenie jener Zeit.

Wegen der zahlreichen archäologischen Funde ist die 4. Dynastie besonders gut erforscht. Zu ihren Pharaonen zählten die Bauherren der Snofru-, der Cheops-, der Chefren- und der Mykerinos-Pyramide. Ägypten erlebte in dieser Epoche eine Blütezeit. Die Gesellschaft war streng hierarchisch gegliedert. Der Pharao stand an der Spitze, unmittelbar unter ihm die Priesterschaft, die großen politischen Einfluss ausübte. Das Land war in Gaue unterteilt und wurde von adeligen Würdenträgern (Nomarken) verwaltet. Religion und politische Macht vereinten sich in der Person des Pharao und bestimmten in ihren strikten Ritualen das Leben jedes Einzelnen.

Im Laufe der Zeit aber wurde die Priesterkaste immer mächtiger. Nicht selten geschah es dabei, dass Priester zumindest regional die Macht an sich rissen, während die Macht des Pharaos verfiel. Ägypten erlebte eine Zeit des kulturellen und vor allem des wirtschaftli-

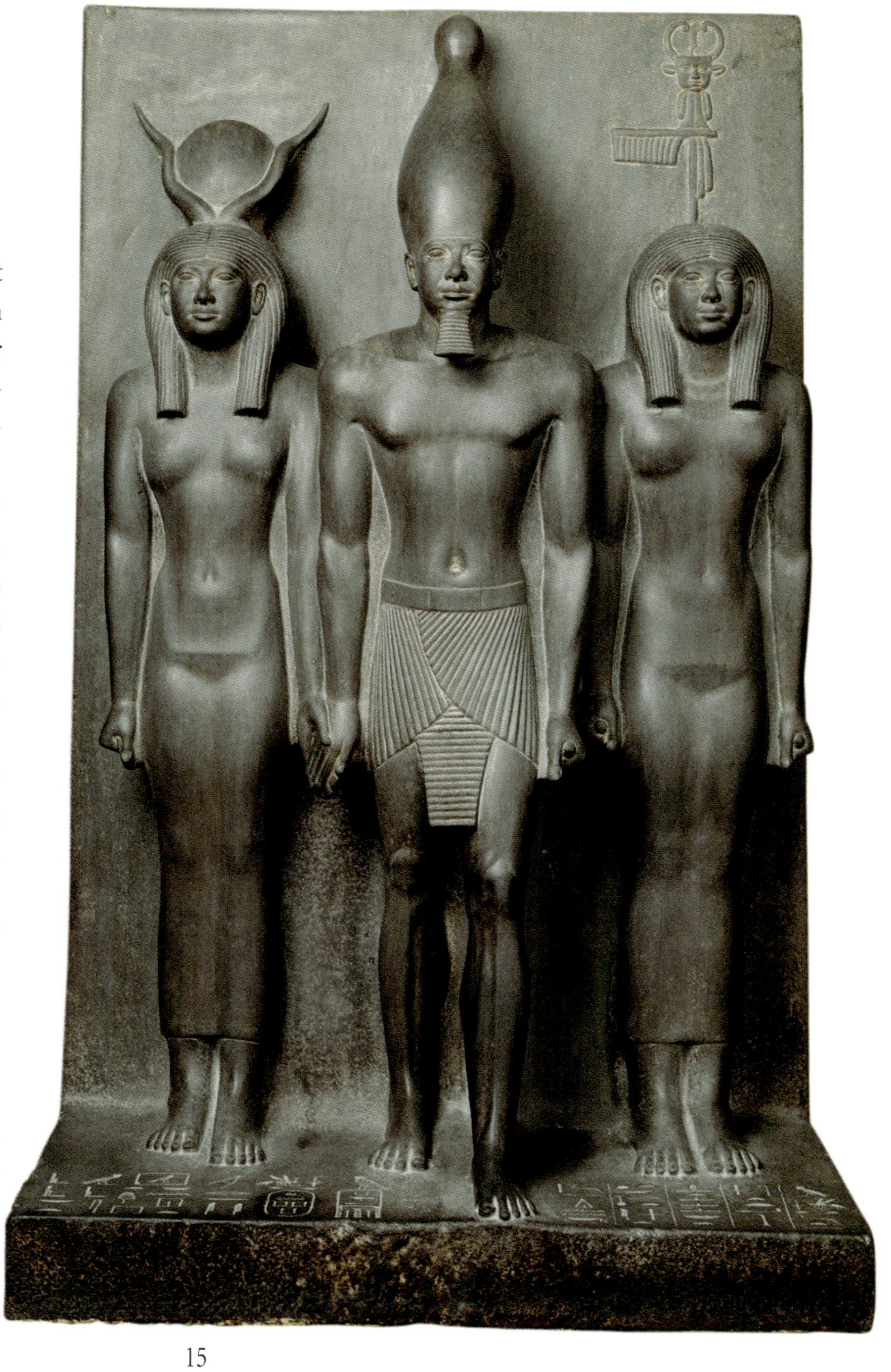

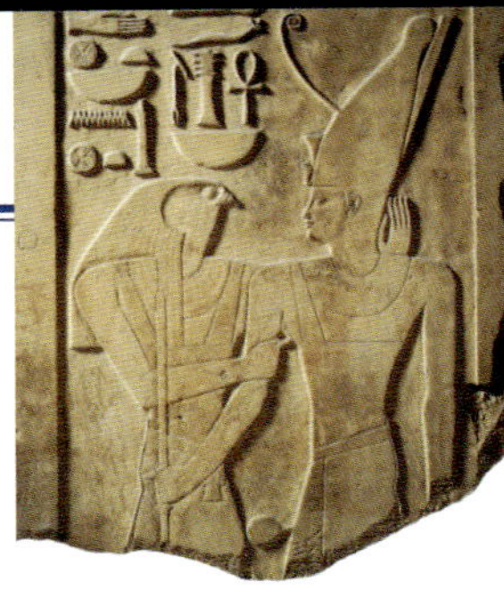

16 links oben
Pilaster Sesostris' I. aus bemaltem Kalkstein, Karnak, 12. Dynastie.

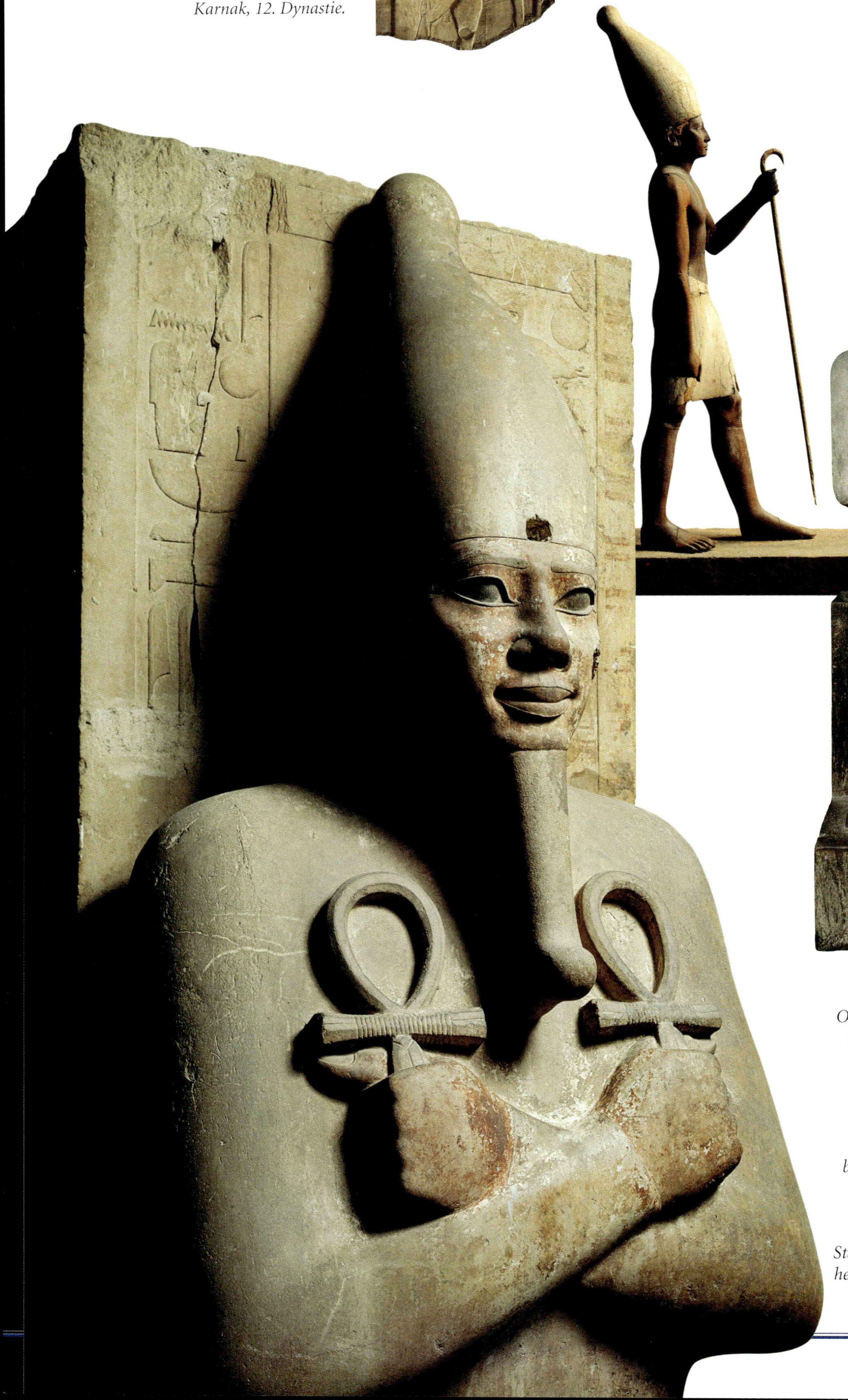

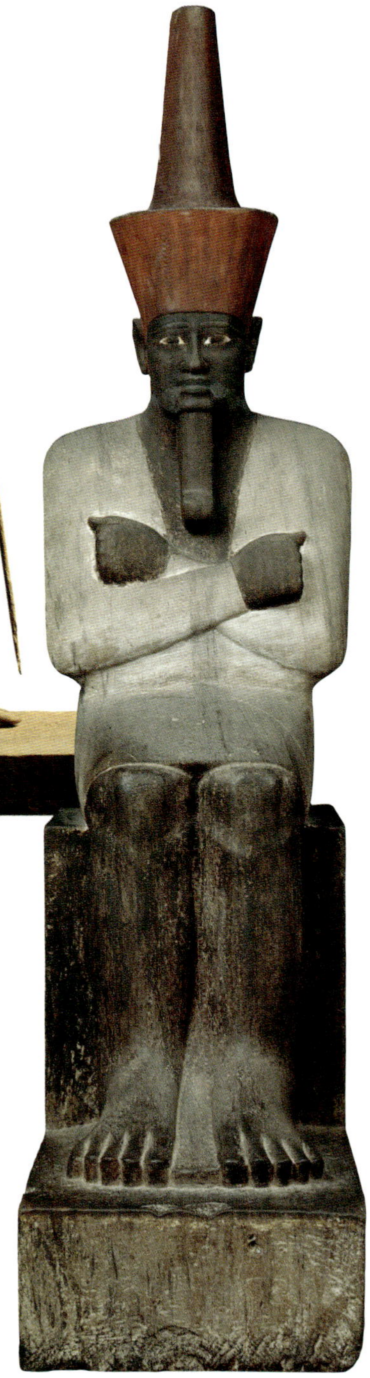

16 links unten
Osiris-Pfeiler des Sesostris I. aus bemaltem Kalkstein, Karnak, 12. Dynastie.

16 rechts oben
Herrscher-Statuette aus bemaltem Holz, El-Lischt, 12. Dynastie.

16 rechts unten
Statue Mentuhoteps II. Nebhepetre aus bemaltem Sandstein, Deir el-Bahari, 11. Dynastie.

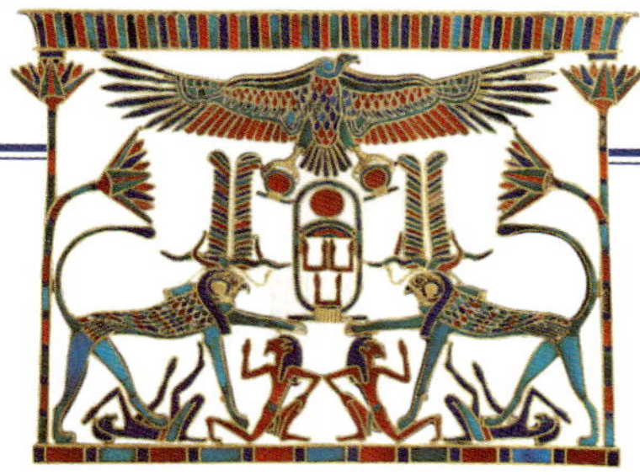

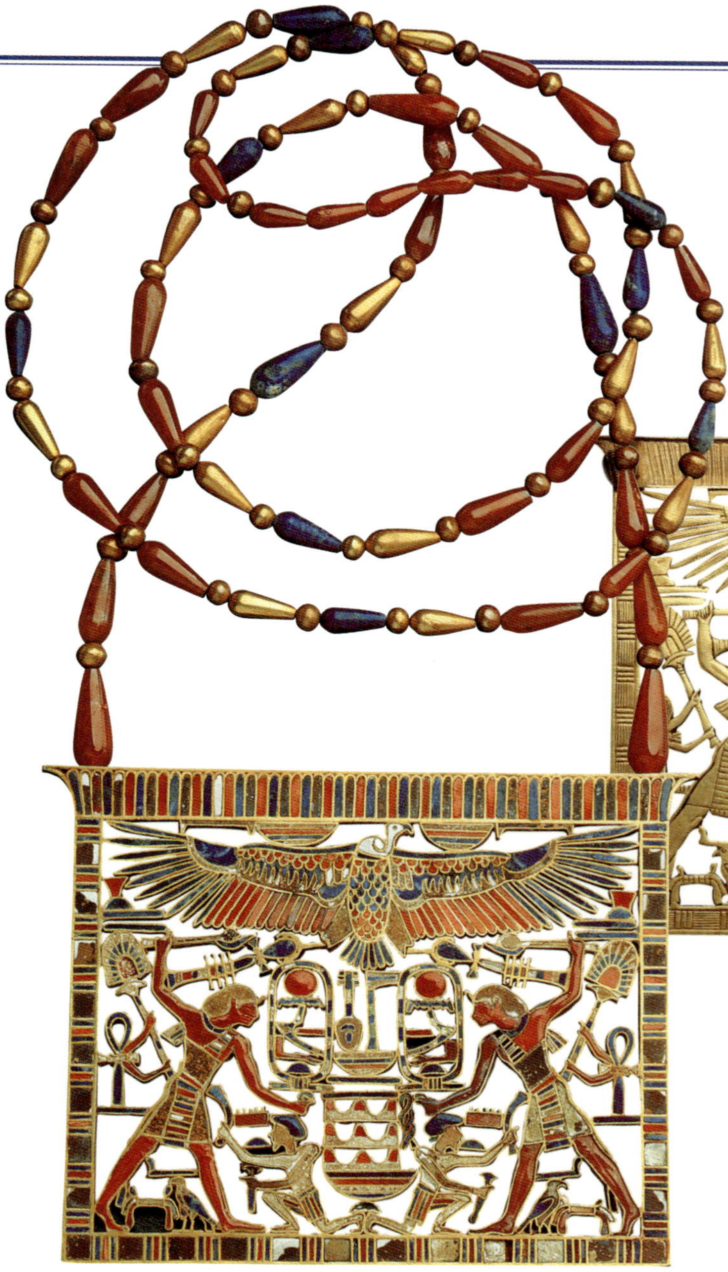

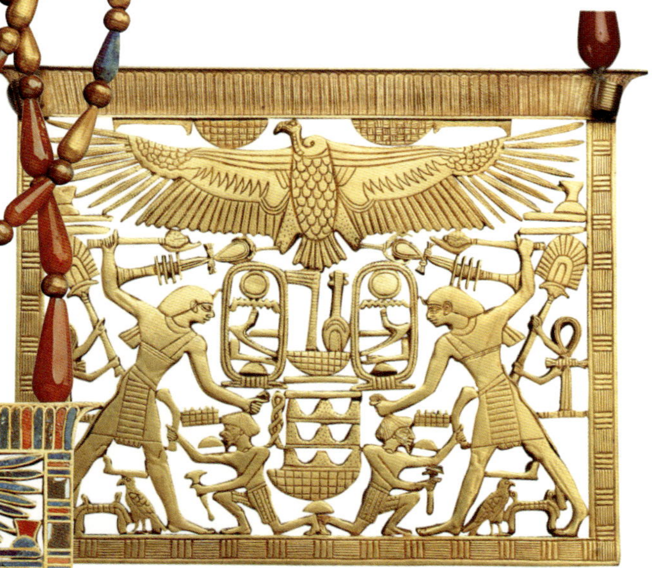

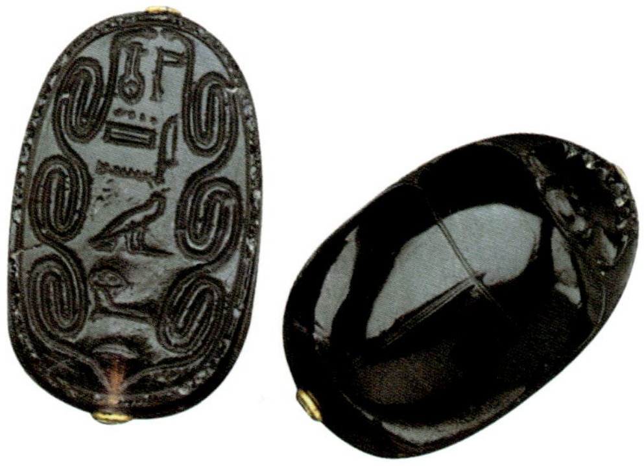

17 oben
Pektoral der Mereret aus Gold und Schmucksteinen, Dahschur, 12. Dynastie.

17 links und rechts oben
Halsband mit Pektoral aus Gold und Schmucksteinen, Vorder- und Rückseite, Dahschur, 12. Dynastie.

17 rechts unten
Skarabäen aus dem Besitz Amenemhets II. aus Amethyst, Dahschur, 12. Dynastie.

Das Mittlere Reich (2065–1650 v. Chr.) brachte zahllose Meisterwerke der Bildhauerei und der Goldschmiedekunst, der zivilen und militärischen Architektur und der Literatur hervor, sodass diese Epoche von den Ägyptern selbst als »goldenes Zeitalter« bezeichnet wurde. Nicht zufällig entstand in dieser glanzvollen Zeit die populäre Erzählung vom Leben des Höflings Sinuhe, der als vermeintlicher Attentäter aus seiner Heimat fliehen muss, in der Fremde zahlreiche Abenteuer besteht und am Ende wieder in Gnaden am Pharaonenhof aufgenommen wird. Der berühmte neuzeitliche Roman »Sinuhe, der Ägypter« von Mika Waltari hat mit dem antiken Vorbild aber nur den Namen des Protagonisten gemein und spielt im Neuen Reich.
Vor allem die Literatur erfuhr eine bemerkenswerte Entwicklung und die Texte jener Epoche wurden von den nachfolgenden Generationen eifrig kopiert. Die im Mittleren Reich verfassten literarischen Werke enthielten oft Weisheiten aus dem Alten Reich und ermöglichen es daher den heutigen Forschern, Rückschlüsse auf die ältesten Formen ägyptischen Wissens zu ziehen. Auch die angewandten Wissenschaften fanden im Ägypten des Mittleren Reiches fruchtbaren Boden: Es wurden sowohl medizinische, vor allem gynäkologische, als auch mathematische und veterinärmedizinische Werke verfasst.
Das Wiederaufleben des Pyramidenbaus, wenn auch nach Anzahl und Größe in kleinerem Umfang, zeugt vom Wiedererstarken des Königtums. In dieser Phase errichteten die Ägypter den wohl größten Tempel aller Zeiten, den Herodot im zweiten Buch seiner Historien als »Labyrinth« bezeichnet hat. Es handelte sich dabei um den Totentempel bei der Pyramide Amenemhets III. in Hawara, von dem allerdings nichts erhalten geblieben ist.
Politisch begann das Mittlere Reich mit Mentuhotep II. Nebhepetre, dem Herrscher von Theben, dem es gelang, die einzelnen Teile Ägyptens

18 oben
Kopf aus bemaltem Kalkstein eines Osiris-Kolosses der Königin Hatschepsut, Deir el-Bahari, 18. Dynastie.

18 unten
Innenraum der Hathor-Kapelle Thutmosis' III. in Deir el-Bahari, heute im Museum von Kairo, 18. Dynastie.

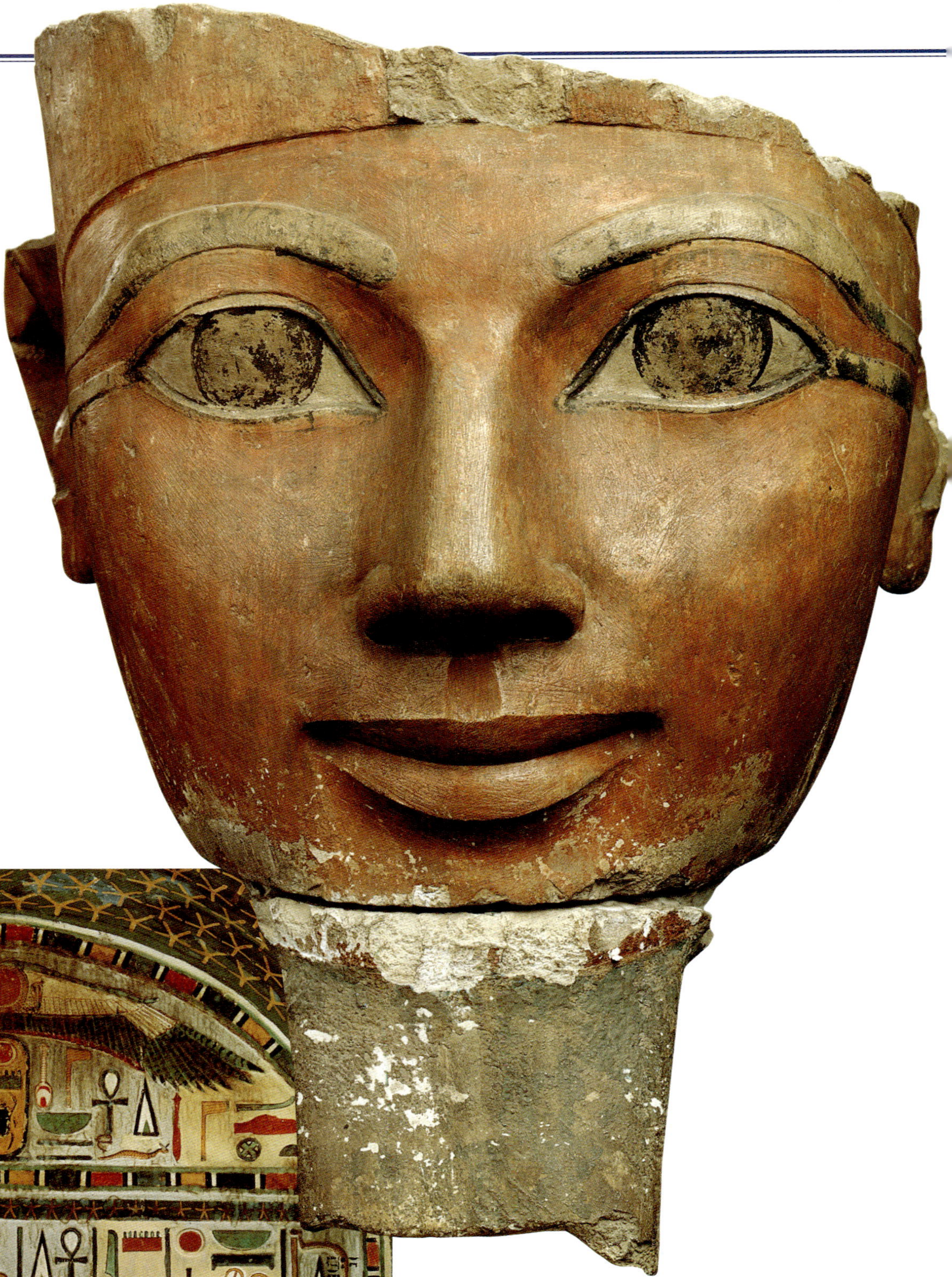

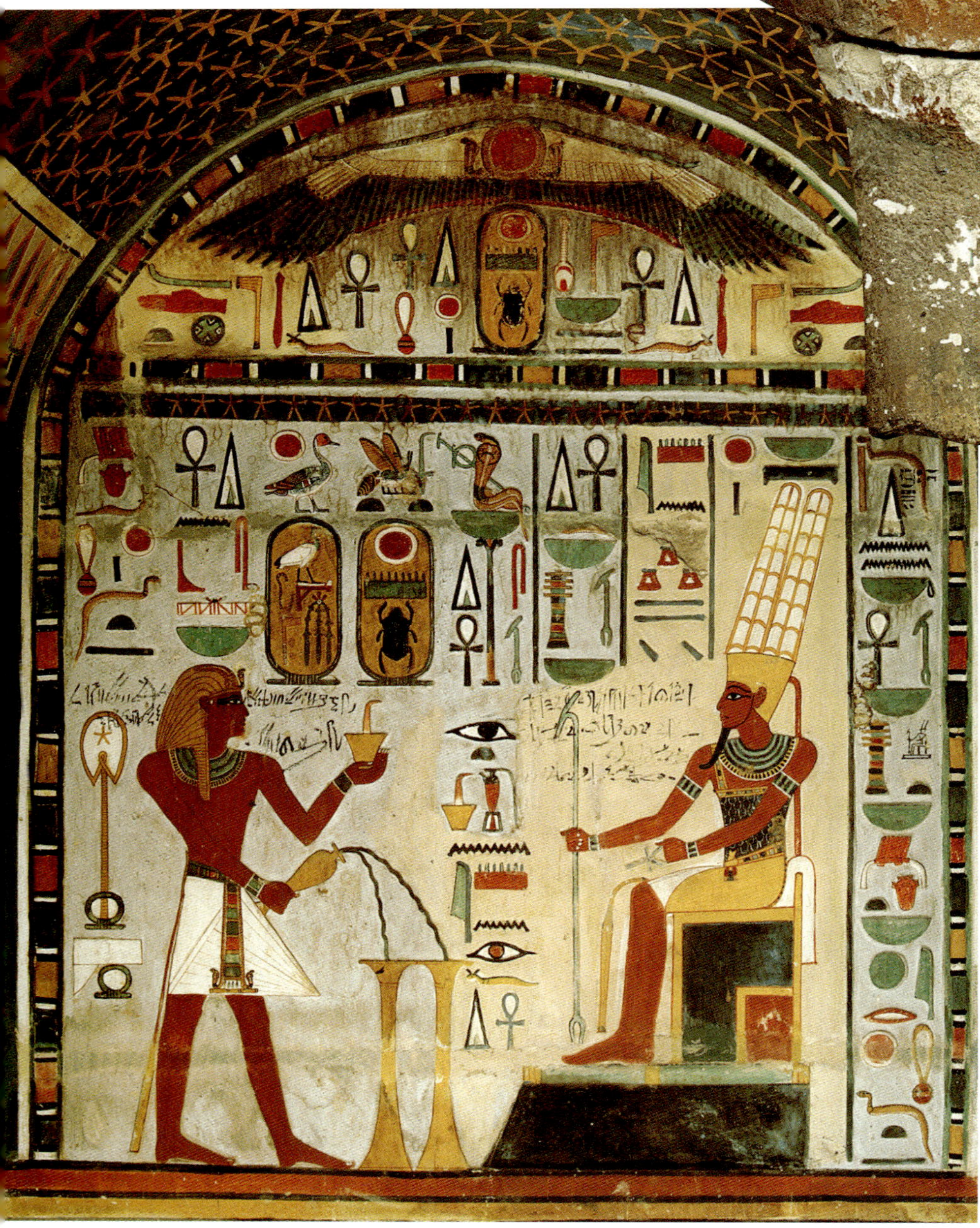

mit militärischer Gewalt wieder zu vereinen. Mit ihm begann der Aufstieg des Thebener Stadtgottes Amun zur Hauptgottheit der ägyptischen Religion. Mit Amenemhet IV. und der Königin Nefrusobek fand die 12. Dynastie im Jahre 1781 v. Chr. ihr Ende. Die Erforschung der darauffolgenden Zeit ist nur fragmentarisch möglich, die Ergebnisse bis heute verwirrend: Es begann eine Periode des Übergangs, die üblicherweise als »Zweite Zwischenzeit« bezeichnet wird. Die Schwäche der Pharaonen der 13. und 14. Dynastie ermöglichte es Nomaden semitischen Ursprungs, nach und nach das Nildelta zu besetzen. Man nannte diese Völker Hyksos, ein Name, der sich von einer gräzisierten Form von Heka-Kasutt (Führer fremder Länder) ableitete. Ihre Kriegerscharen waren mit Pferden,

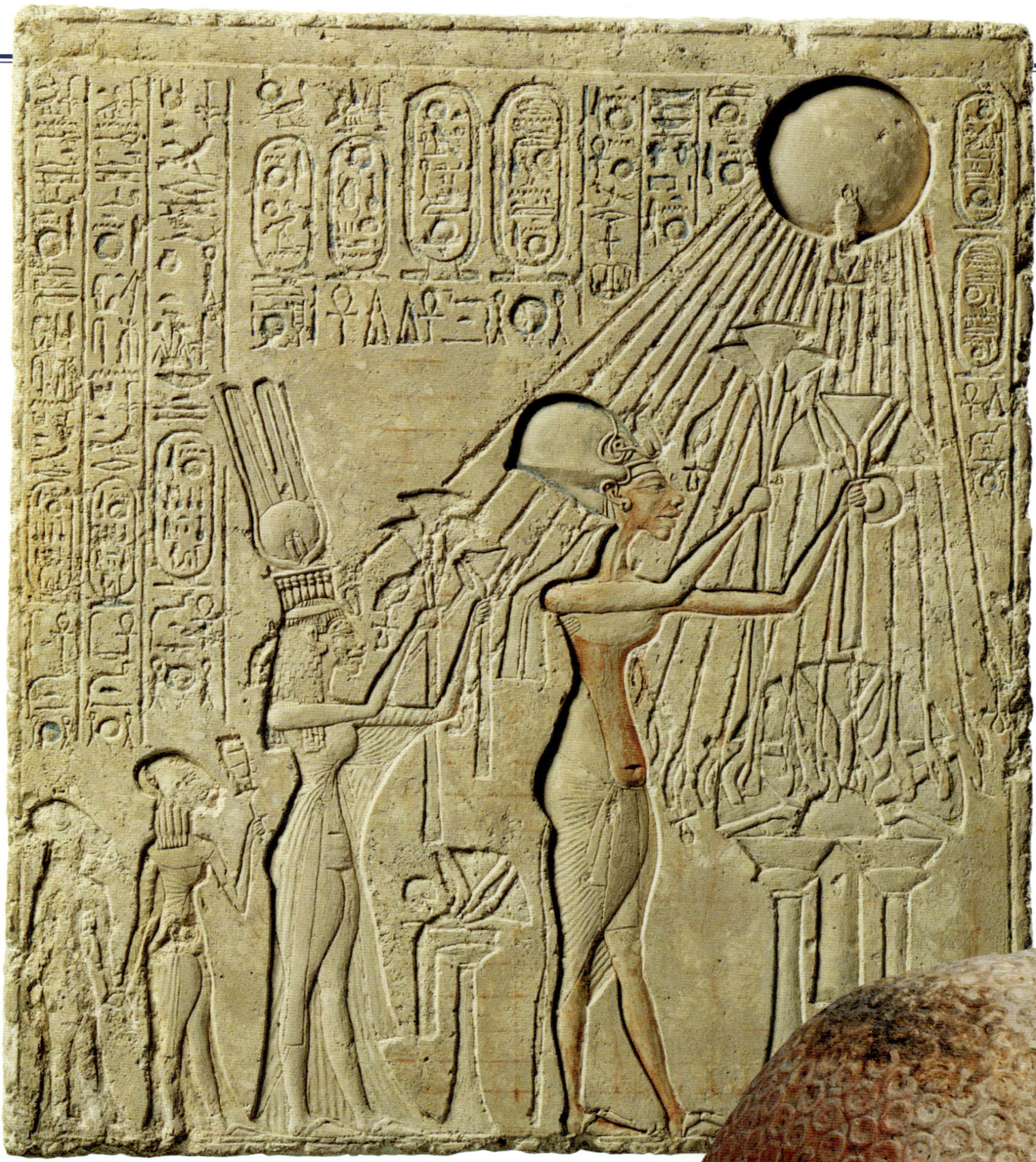

19 oben
Basrelieftafel mit Abbildung des in Anbetung der Sonnescheibe verharrenden Echnatons, Tell el-Amarna, 18. Dynastie.

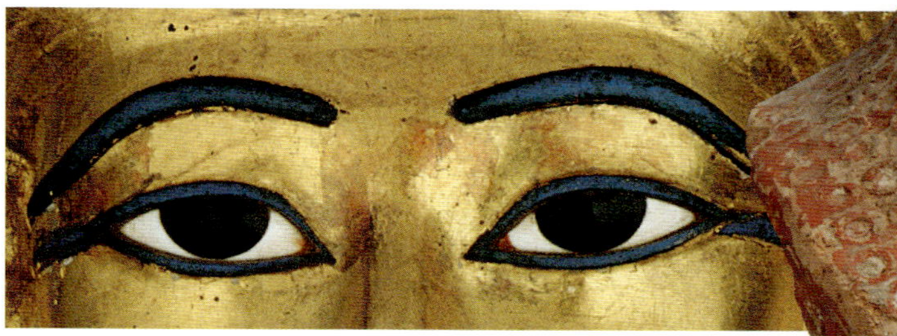

19 Mitte
Detail des anthropoiden Sarkophags Jujas aus Holz, Goldblatt und Glaspasten, Tal der Könige, 18. Dynastie.

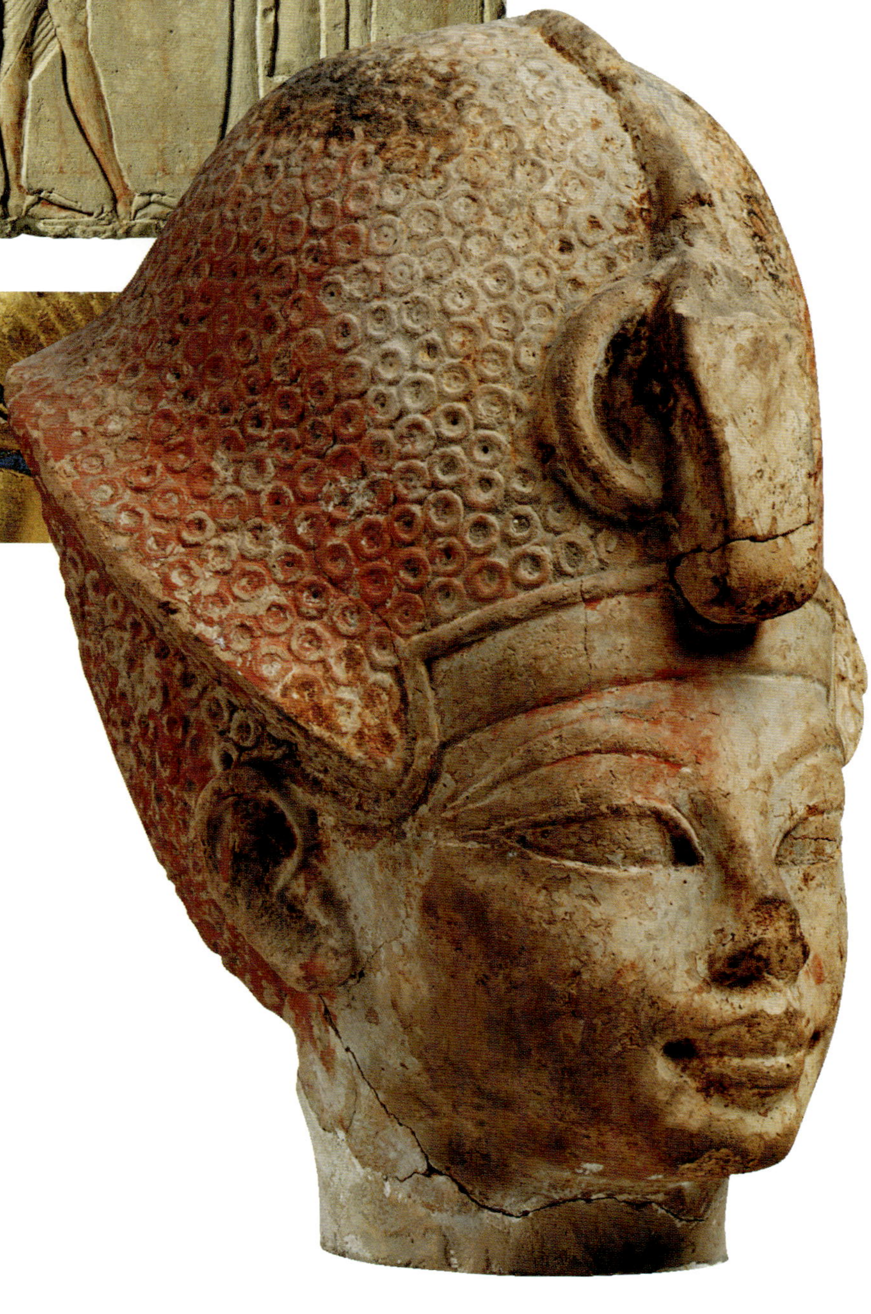

19 unten
Kopf des Amenophis III. aus mehrfarbigem Ton, Karnak, 18. Dynastie.

Streitwagen und Bogen ausgerüstet und den ägyptischen Heeren überlegen. Ebenfalls zu jener Zeit wurde die Hauptstadt Ägyptens in das Delta nach Avaris (Hat-Uart) verlegt. Die Herrschaft der Hyksos in Ägypten dauerte etwa 250 Jahre, ihre Pharaonen der 15., 16. und 17. Dynastie sind weitgehend unbekannt.
Die Zweite Zwischenzeit endete um das Jahr 1550 v. Chr. mit der Thronbesteigung Ahmoses I., der die 18. Dynastie begründete und Ägypten endgültig von der Fremdherrschaft befreite. Die darauffolgende Periode, heute als »Neues Reich« bezeichnet, wurde von großen Herrscherpersönlichkeiten geprägt, wie der Königin Hatschepsut, Thutmosis III., einem der fähigsten Feldherren des alten Ägyptens, und von Amenophis IV., besser bekannt als Echnaton,

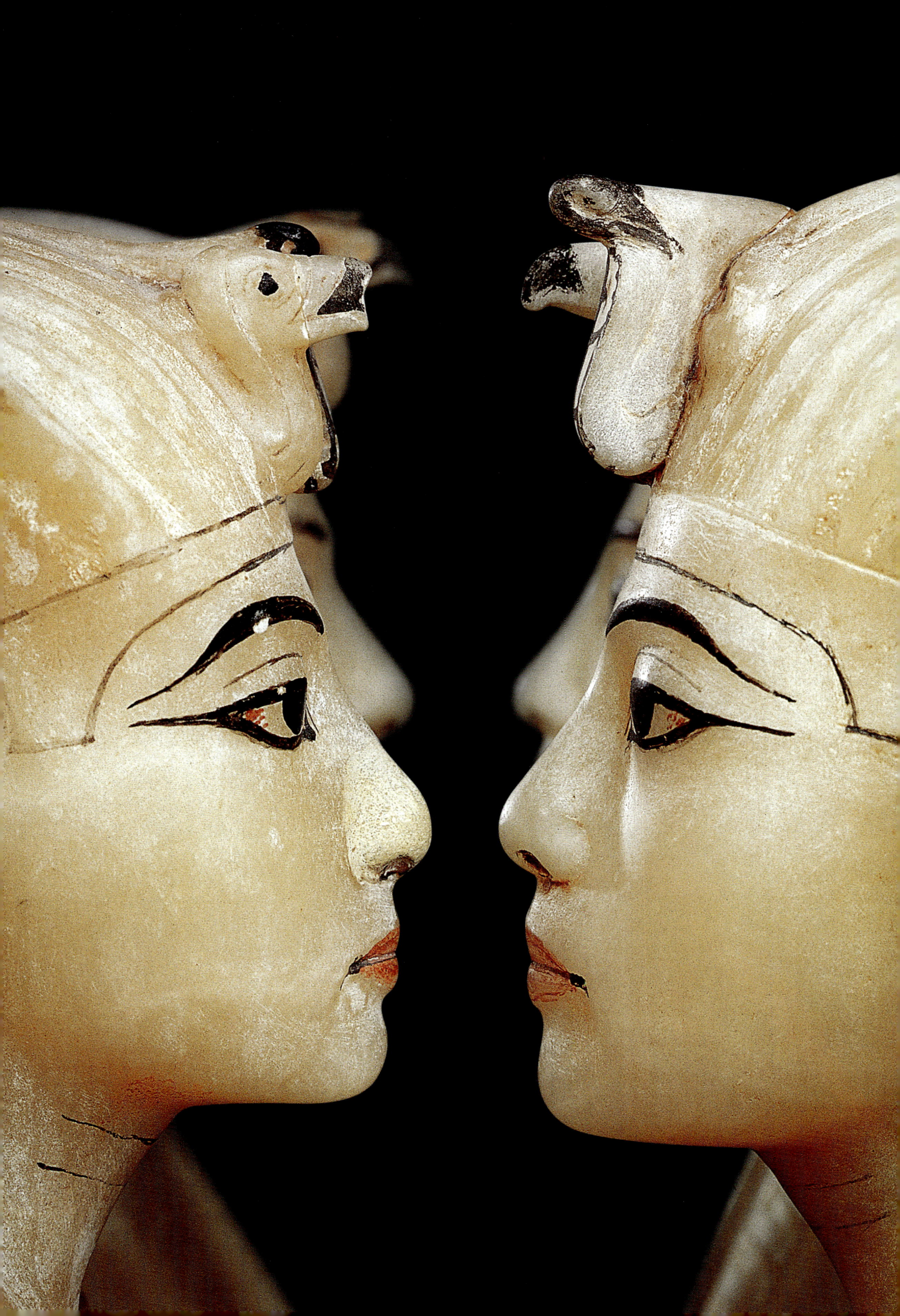

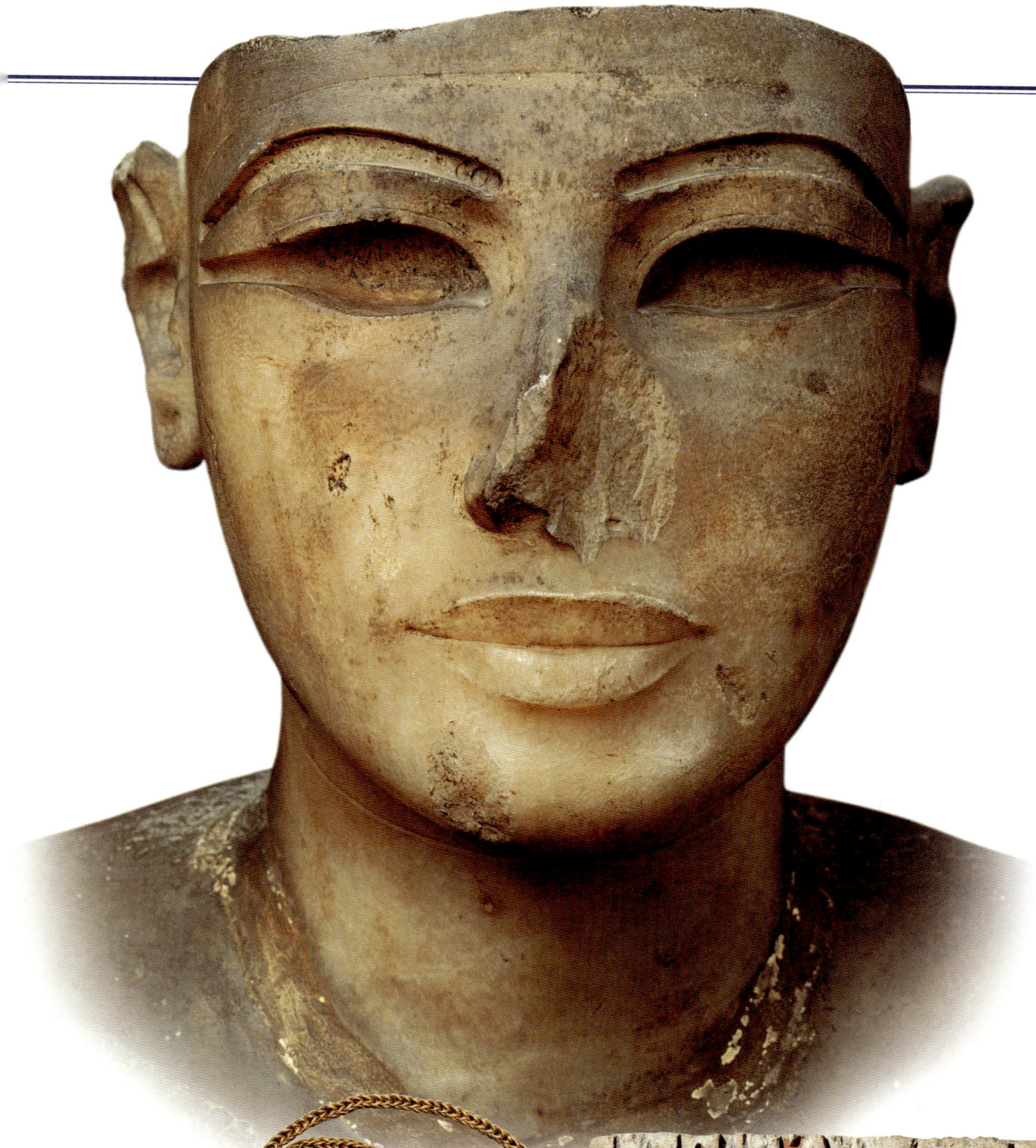

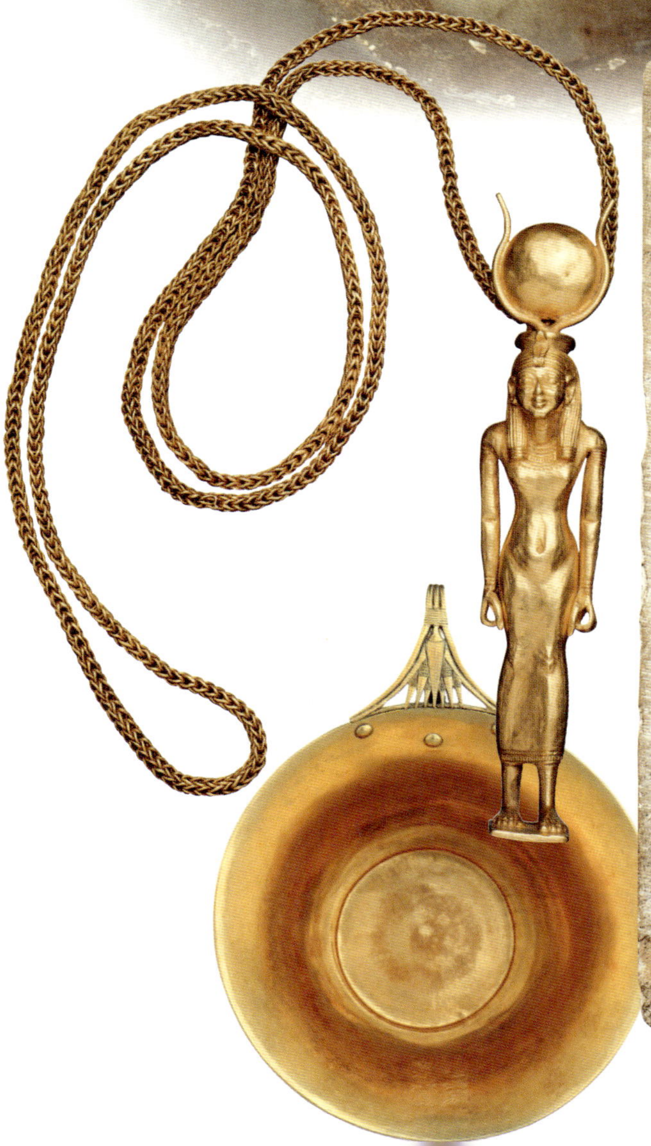

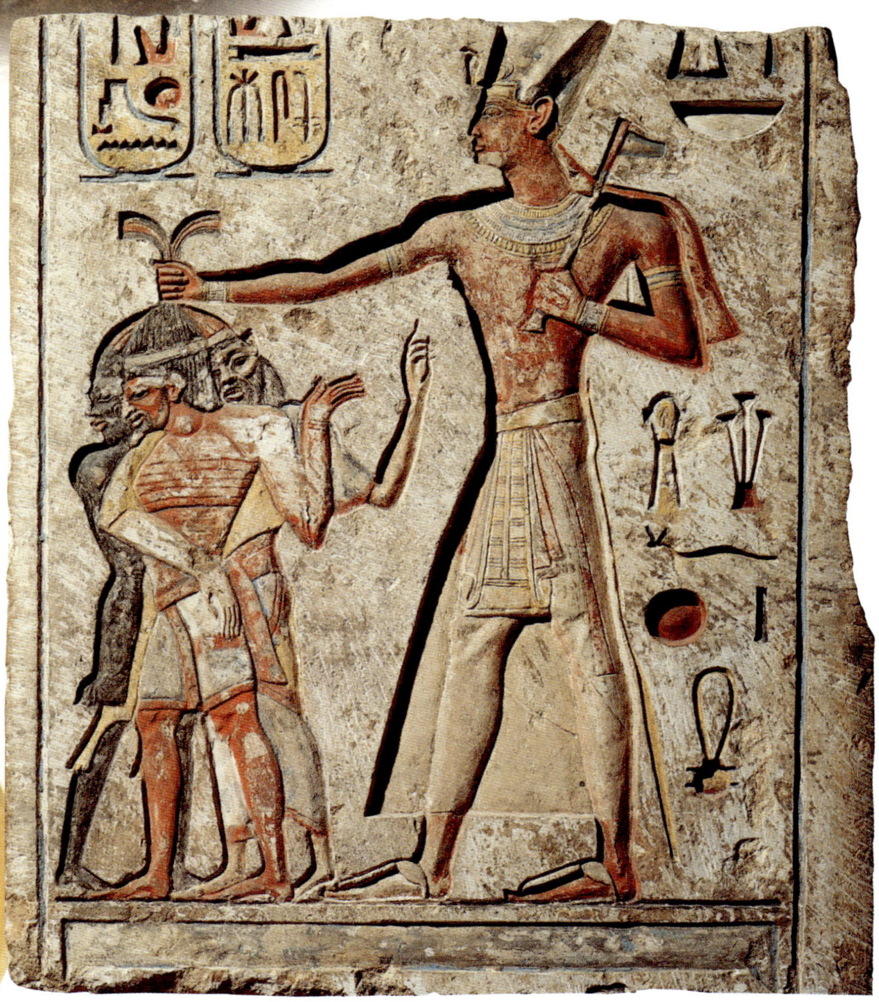

20
Detail der Kanopengefäße aus Alabaster, Grab Tutanchamuns im Tal der Könige, 18. Dynastie.

21 oben
Detail der Kolossalstatue des Sethos I. aus Alabaster, Karnak, 19. Dynastie.

21 unten links
Oben: Isisgestaltiger Goldanhänger aus Tanis;
unten: goldenes und mit Henkel versehenes Becken des Psusennes aus Tanis, 21. Dynastie.

21 unten rechts
Relief: Ramses II. schleppt Feinde mit sich, aus Memphis, 19. Dynastie.

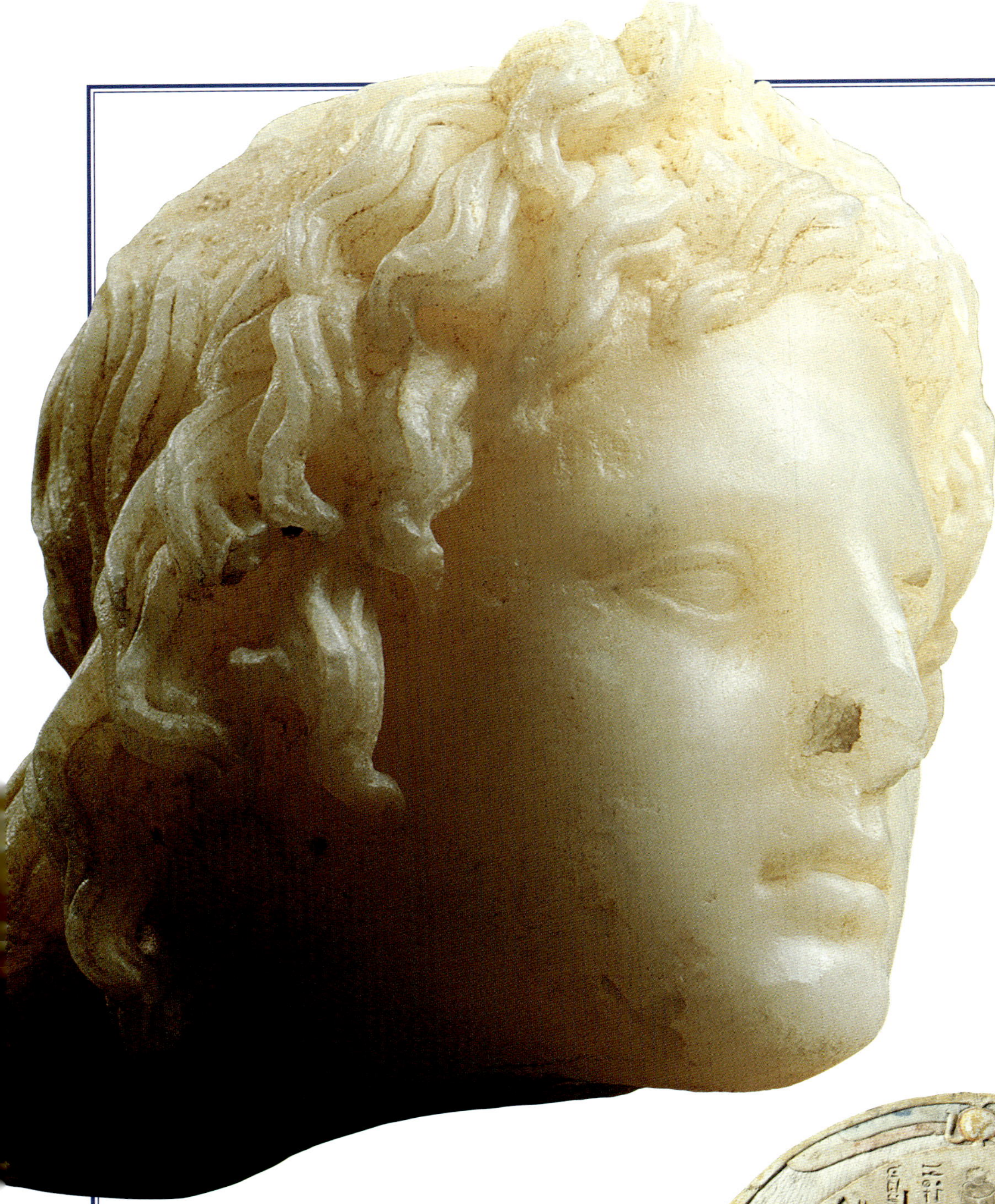

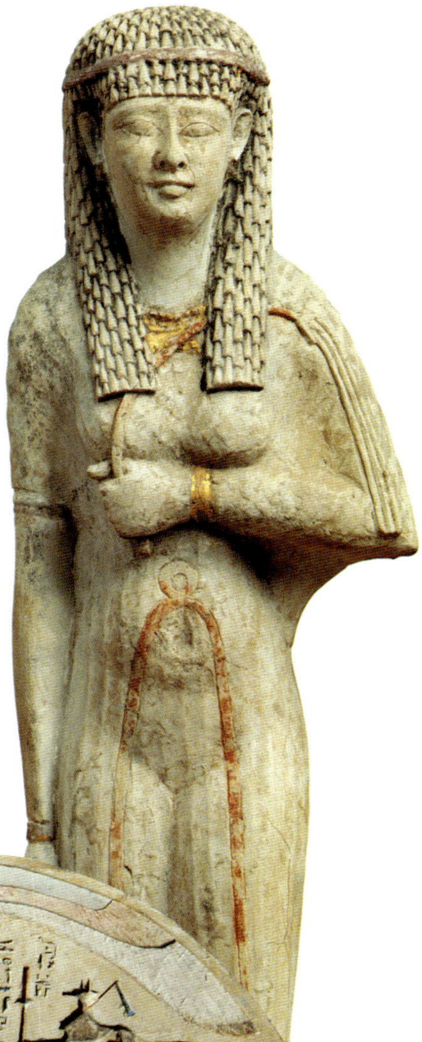

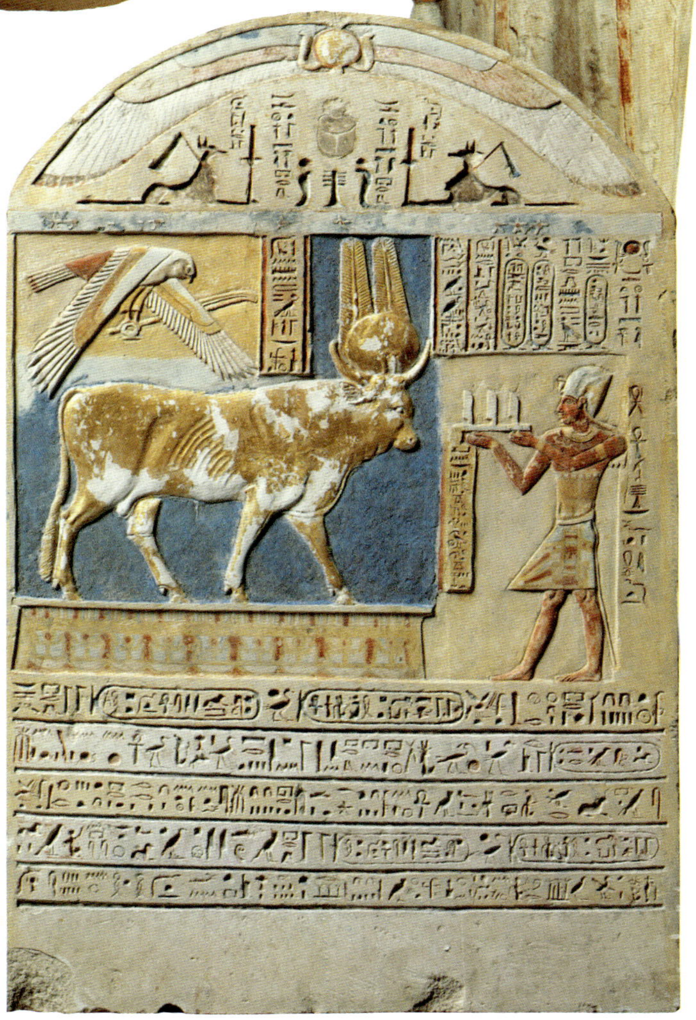

der mit dem Aton-Kult eine monotheistische Religion einführt, die Hauptstadt des Reiches von Theben in das neu gegründete Achetaton verlegt und Staat und Kunst revolutioniert. Diesem folgte Tutanchamun, der nur wegen seines außergewöhnlichen Grabes berühmt wurde.

Während der 19. Dynastie (1291–1185 v. Chr.) hielt die Prosperität des Reiches an. Große Pharaonen wie Sethos I., Ramses II. und Merenptah hinterließen mit monumentalen Bauwerken eindrucksvolle Zeugnisse ihrer Herrschaft. In diese Epoche fallen der Krieg mit den Hethitern und die Schlacht von Kadesch sowie die Flucht der Israeliten aus Ägypten.

Der 20. Dynastie gehörten die ramessidischen Pharaonen, von Ramses III. bis Ramses XI., an. Ägypten war unter ihrer Herrschaft zwar noch ein mächtiges Land, die politische Einheit war aber kurz davor zu zerbrechen, da sich die Macht bereits auf zwei Hauptstädte verteilt hat-

22 links
Kleiner Alabasterkopf Alexanders des Großen aus El-Jauta, ptolemäische Epoche.

22 oben rechts
Statuette einer ptolemäischen Königin aus bemaltem und vergoldetem Kalkstein, Karnak, ptolemäische Epoche.

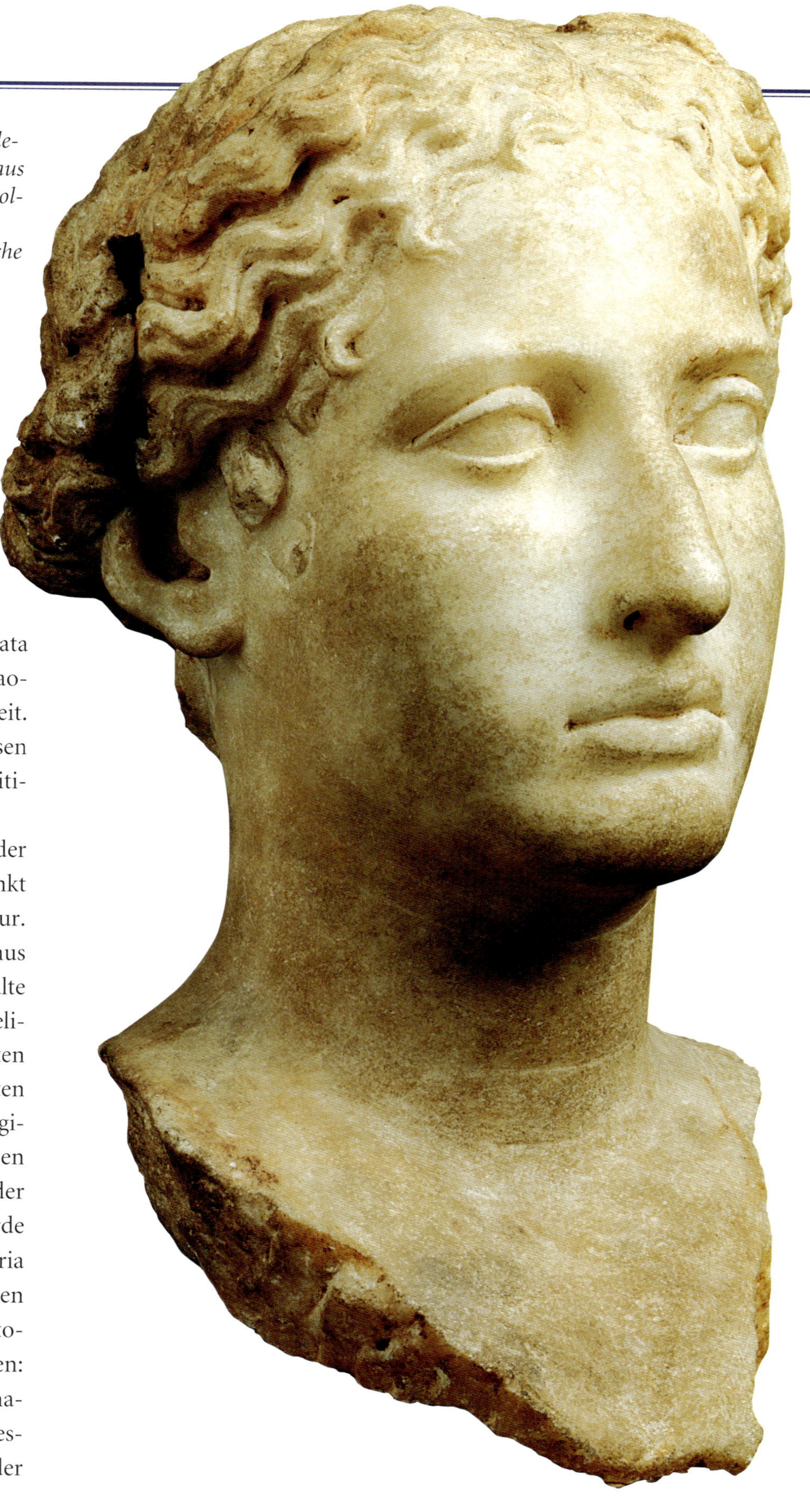

te: auf das religiöse Zentrum Theben und den Verwaltungssitz Tanis (San el-Hagar). Bis zum Anfang der 23. Dynastie unter den Pharaonen Petubastis und Osorkon IV. wurde der Einfluss libyscher Adelsfamilien immer größer. Die glorreichen Zeiten waren vorbei: Im Norden bedrohten die Assyrer die Grenzen und im Süden lehnte sich die Provinz Napata in Obernubien gegen die Herrschaft der Pharaonen auf und erkämpfte sich die Unabhängigkeit. Ihre Regenten, die sich in Kusch niedergelassen hatten, begründeten 775 v. Chr. die 25. kuschitische Dynastie.

Nach der Eroberung Ägyptens durch Alexander den Großen wurde Alexandria zum Mittelpunkt der griechisch orientierten Mittelmeerkultur. Von dort aus verbreitete sich der Hellenismus über die ganze damals bekannte Welt. Die alte autochthone Kultur konnte sich aber ihre religiösen Traditionen erhalten. Diese vermischten sich mit den griechischen, und so entwickelten sich neue Kultformen. Die ursprüngliche Religion wurde aber auch von den makedonischen und römischen Eroberern respektiert. Auch der Kunstkanon ging nicht verloren, sondern wurde um neue Gesichtspunkte ergänzt: In Alexandria allerdings atmete man bereits die Luft der neuen hellenistischen Kultur. Insgesamt gab es 15 ptolemäische Pharaonen, darunter zwei Frauen: Berenike IV. und Kleopatra VII. Der letzte Pharao dieses Geschlechts war Ptolemäus XV., besser bekannt unter dem Namen Caesarion, der Sohn Caesars und Kleopatras.

Nach der Ermordung Caesars und dem Selbstmord Kleopatras wurde Ägypten zur Provinz des Römischen Reiches. Auch die Römer bewunderten die ägyptische Kultur, und ihre Kaiser respektierten die alten Traditionen des Landes. Dies ging sogar so weit, dass sie sich krönen ließen und den Titel eines göttlichen Pharaos annahmen. Die Passion für das exotische Ägypten war so groß, dass Isis- und esoterische Kulte in Rom vor allem in den höheren Gesellschaftsschichten Wurzeln fassen konnten.

22 unten rechts
Stele Ptolemäus' V. aus bemaltem und vergoldetem Kalkstein, Armant, ptolemäische Epoche.

23
Der Kleopatra zugeordnetes Porträt aus weißem Marmor, ptolemäische Epoche.

25 oben
Detail vom Sarkophag Jujas aus dem Tal der Könige, 18. Dynastie.

25 unten
Gemäldedetail aus dem Grab der Nefertari im Tal der Königinnen, 21. Dynastie.

CHRONOLOGIE

VORDYNASTISCHE ZEIT
(4000–3000 v. Chr.)

Negade I. (4000–3500)
Negade II. (3500–3100)
Dynastie null (ca. 3000)
Narmer

FRÜHDYNASTISCHE ZEIT
(2920–2575 v. Chr.)

1. Dynastie (2920–2770)
Aha (Menes?)
Djer
Djet
Den
Adjib
Semerchet
Kaa
2. Dynastie (2770–2649)
Hetepsechemui
Raneb
Ninetjer
Peribsen
Chesechem
(Chasechemui)

ALTES REICH
(2649–2152 v. Chr.)

3. Dynastie (2649–2575)
Sanacht 2649–2630
Djoser (Netjerchet)
2630–2611
Sechemchet 2611–2603
Chaba 2603–2600
Huni 2600–2575
4. Dynastie (2575–2465)
Snofru 2575–2551
Cheops 2551–2528
Djedefre 2528–2520
Chefren 2520–2494
Mykerinos 2494–2472
Schepseskaf 2472–2465
5. Dynastie (2465–2323)
Userkaf 2465–2458
Sahure 2458–2446
Neferirkare 2446–2426
Schepseskare 2426–2419
Neferefra 2419–2416
Niuserra 2416–2392
Menkauhor 2392–2388
Djedkare Isesi
2388–2356
Unas 2356–2323
6. Dynastie (2323–2152)
Teti 2323–2291
Pepi I. 2289–2255
Merenre 2255–2246
Pepi II. 2246–2152

ERSTE ZWISCHENZEIT
(2152–2065 v. Chr.)

7. Dynastie
Wahrscheinlich nicht existent. Manethos berichtet: »Siebzig Könige von Memphis regierten siebzig Tage« und weist damit auf die politische Anarchie und die dynastischen Konflikte hin, die Ägypten in dieser Zeit erschütterten.
8. Dynastie (2152–2135)
Es sind die Namen von rund 20 unbedeutenderen Herrschern bekannt. Der einzige historisch bezeugte ist Kakara Aba, von dem sich eine Pyramide in Sakkara befindet.
9. und 10. Dynastie (2135–2040)
Dynastien, unter denen der größte Teil Ägyptens von Herakleopolis aus regiert wurde, vor dem Aufstieg und der Etablierung der darauffolgenden thebanischen Dynastie.
11. Dynastie – Theben (2135–2065)
Mentuhotep I.
Antef I.
Antef II. 2123–2073
Antef III. 2073–2065

MITTLERES REICH
(2065–1781 v. Chr.)

11. Dynastie – ganzes Reich (2065–1994)
Mentuhotep II.
Nebhepetre 2065–2014
Mentuhotep III.
2014–2001
Mentuhotep IV.
2001–1994
12. Dynastie (1994–1781)
Amenemhet I.
1994–1964
Sesostris I. 1964–1929
Amenemhet II.
1929–1898
Sesostris II. 1898–1881
Sesostris III.
1881–1842
Amenemhet III.
1842–1794
Amenemhet IV.
1793–1785
Königin Nefrusobek
1785–1781

ZWEITE ZWISCHENZEIT
(1781–1550 v. Chr.)

13. Dynastie (1781–1650)
Es sind etwa 70 Herrscher bekannt, die jeweils nur kurze Zeit regierten.
14. Dynastie (1710–1650)
Mehrere unbedeutendere, nur kurze Zeit regierende Herrscher.
15. Dynastie (1650–1550)
Salitis
Scheschi
Jaqobher
Chaian
Apopi
Chamudi
16. Dynastie (1650–1550)
Unbedeutende Hyksos-Herrscher, die wohl zeitgleich mit der 15. Dynastie regierten.
17. Dynastie (1650–1550)
15 thebanische Herrscher, von denen die wichtigsten folgende sind:
Antef V.
Sobekemsaef I.
Sobekemsaef II.
Antef VI.
Antef VII.
Seqenenre Tao I.
Seqenenre Tao II.
Kamose

NEUES REICH
(1550–1075 v. Chr.)

18. Dynastie (1550–1291)
Ahmose 1550–1525
Amenophis I. 1525–1504
Thutmosis I. 1504–1492
Thutmosis II. 1492–1479
Hatschepsut 1479–1458
Thutmosis III. 1479–1425
Amenophis II.
1424–1397
Thutmosis IV.
1397–1387
Amenophis III.
1387–1350
Amenophis IV. (Echnaton)
1350–1333
Semenchkare
1335–1333
Tutanchamun
1333–1323
Eje 1323–1319
Haremhab 1319–1291

19. Dynastie (1291–1185)
Ramses I. 1291–1289
Sethos I. 1289–1279
Ramses II. 1279–1212
Merenptah 1212–1202
Amenemes 1202–1199
Sethos II. 1199–1193
Siptah 1193–1187
Tausert 1193–1185
20. Dynastie (1187–1075)
Sethnacht 1187–1184
Ramses III. 1184–1153
Ramses IV. 1153–1147
Ramses V. 1147–1143
Ramses VI. 1143–1135
Ramses VII. 1135–1127
Ramses VIII. 1127–1126
Ramses IX. 1126–1108
Ramses X. 1108–1104
Ramses XI. 1104–1075

DRITTE ZWISCHENZEIT
(1075–664 v. Chr.)

21. Dynastie (1075–945)
Smendes I. 1075–1049
Neferkare 1049–1043
Psusennes I. 1045–994
Amenemope 994–985
Osorkon I.
985–979
Siamon 979–960
Psusennes II. 960–945
22. Dynastie (945–718)
Scheschonk I. 945–924
Osorkon II. 924–899
Scheschonk II. 890 ca.
Takelot I. 889–883
Osorkon III. 883–850
Takelot II. 853–827
Scheschonk III. 827–775
Pamy 775–767
Scheschonk V. 767–729
Osorkon IV. 729–718
23. Dynastie (820–718)
Mehrere kurzzeitig an verschiedenen Orten residierende Herrscher, deren Reihenfolge noch nicht abschließend geklärt ist.
Petubastis 820–795
Scheschonk IV. 795–788
Osorkon V. 788–760
Takelot III. 765–756
Rudamon 752–718
24. Dynastie (730–712)
Tefnacht 730–718
Bokchoris 718–712
25. Dynastie (775–653)
Alara 775–765
Kaschta 765–745

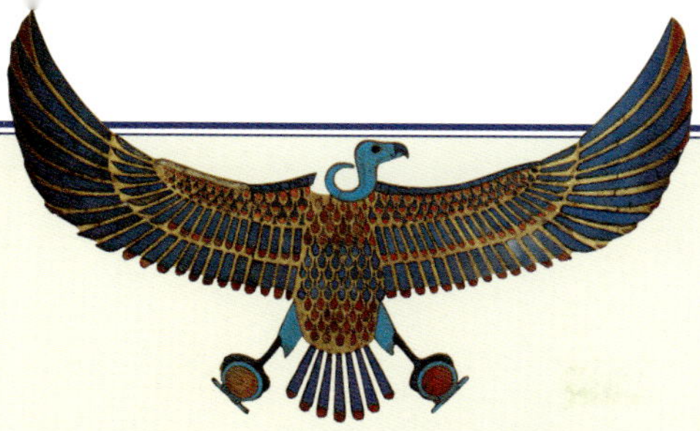

Peye (Pianchi) 745–713
Schabaka 713–698
Schabataka 698–690
Taharqa 690–664
Tanutamani 664–653

SPÄTZEIT
(664–332 v. Chr.)

26. Dynastie (664–525)
Psammetich I. 664–610
Necho 610–595
Psammetich II. 595–589
Apries 589–570
Amasis 570–526
Psammetich III. 526–525
27. Dynastie, persisch (525–404)
Kambyses 525–522
Dareios I. 521–486
Xerxes I. 486–465
Artaxerxes I. 465–424
Xerxes II. 424
Dareios II. 423–405
Artaxerxes II. 405–404
28. Dynastie (404–399)
Amyrtaios 404–399
29. Dynastie (399–380)
Nepherites I. 399–393
Achoris 393–380
30. Dynastie (380–342)
Nektanebos I. 380–362
Tachos 362–360
Nektanebos II. 360–342
31. Dynastie (342–332)
Artaxerxes III. 342–338
Arses 338–336
Dareios III. 336–332

HELLENISTISCHE EPOCHE
(332–30 v. Chr.)

Makedonen (332–305)
Alexander der Große 332–323
Philippos Arrhidaios 323–317
Alexander IV. 317–305
Ptolemäische Epoche (305–30)
Ptolemäus I. Soter 305–282
Ptolemäus II. Philadelphos 285–246
Ptolemäus III. Evergete 246–222
Ptolemäus IV. Philopator 222–205
Ptolemäus V. Epiphanes 205–180
Ptolemäus VI. Philopator 180–164, 163–145
Ptolemäus VII. Neos Philopator 145
Ptolemäus VIII. Evergete 170–163, 145–116
Ptolemäus IX. Soter 116–110, 109–107, 88–80
Ptolemäus. X. Alexander 110–109, 107–88
Ptolemäus XI. Alexander 80
Ptolemäus XII. Neos Dionysos 80–58, 55–51
Berenike IV. 58–55
Kleopatra VII. Philopator 51–30
Ptolemäus XV. Caesarion 36–30

RÖMISCHE EPOCHE
(30 v. Chr.–313 n. Chr.)

Hier sind nur jene Kaiser aufgeführt, die in Hieroglyphen- und demotischen Texten erscheinen.
Augustus 30 v. Chr.–14 n. Chr.
Tiberius 14–37
Caligula 37–41
Claudius 41–54
Nero 54–68
Galba 68–69
Otho 69
Vespasian 69–79
Titus 79–81
Domitian 81–96
Nerva 96–98
Trajan 98–117
Hadrian 117–138
Antoninus Pius 138–161
Marcus Aurelius 161–180
Lucius Verus 161–169
Commodus 180–192
Settimius Severus 193–211
Caracalla 198–217
Geta 211–212
Macrinus 217–218
Diadumenianus 218
Severus Alexander 222–235
Gordian III. 238–244
Philippus 244–249
Decius 249–251
Gallus und Volusianus 251–252
Valerianus 253–260
Gallienus 253–268
Macrianus und Quietus 260–261
Aurelianus 270–275
Probus 276–282
Diocletian 284–305
Maximinian 285–305
Galerius 293–311
Maximinius Daia 305–313

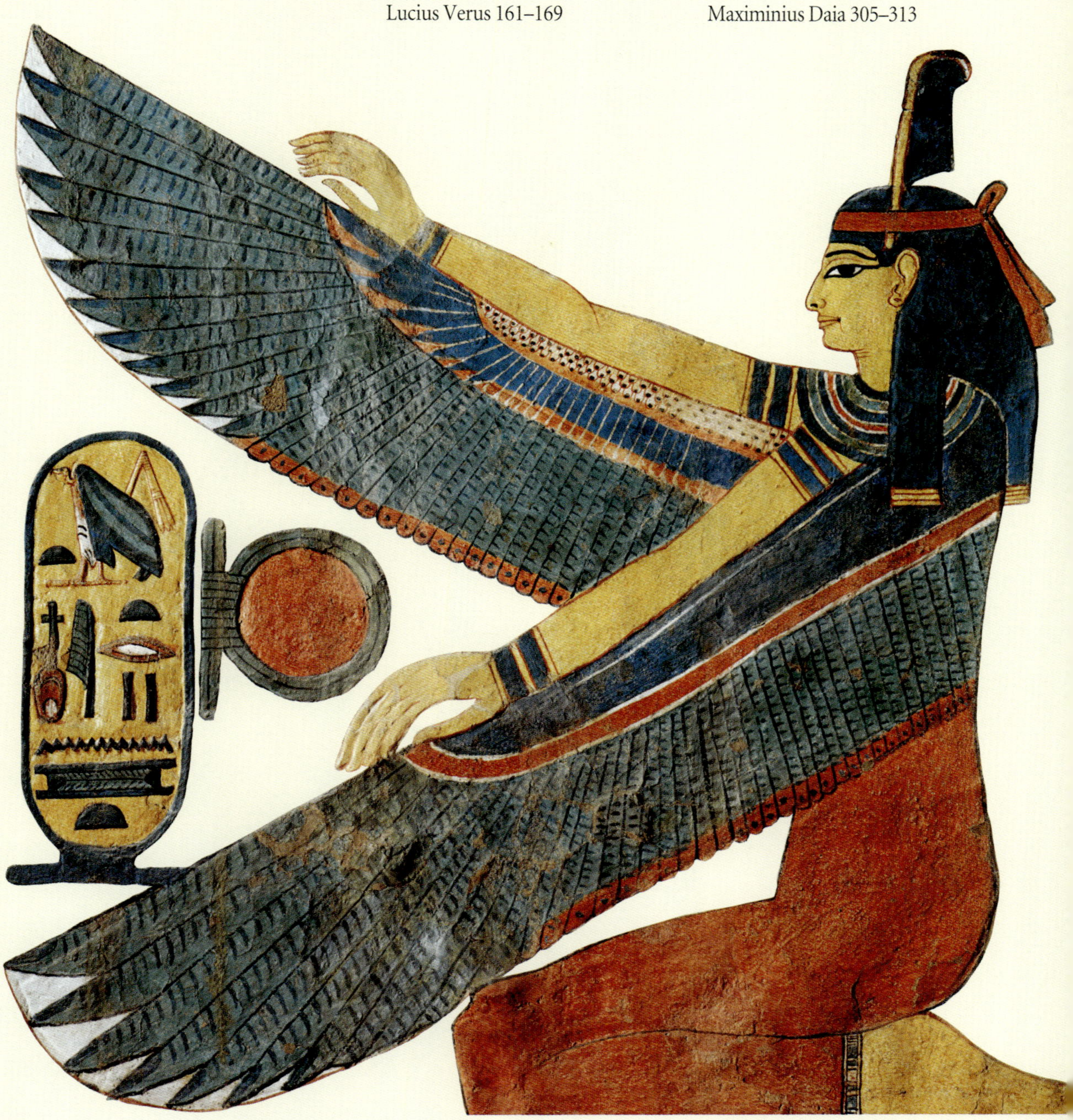

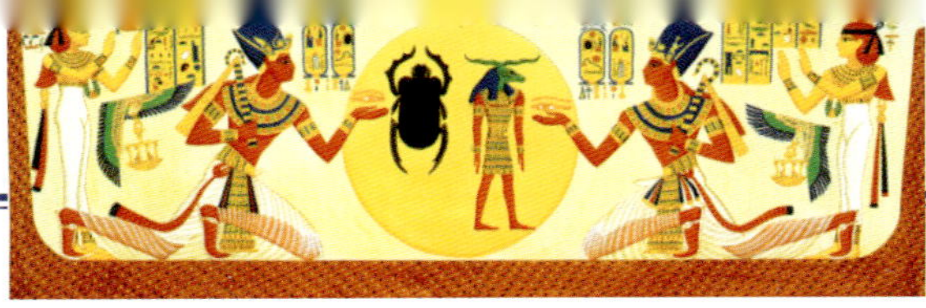

DIE RELIGION IM ALTEN ÄGYPTEN

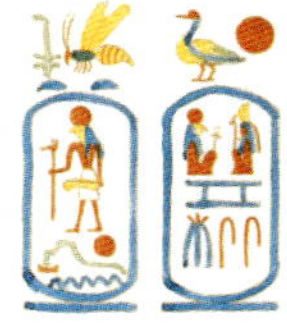

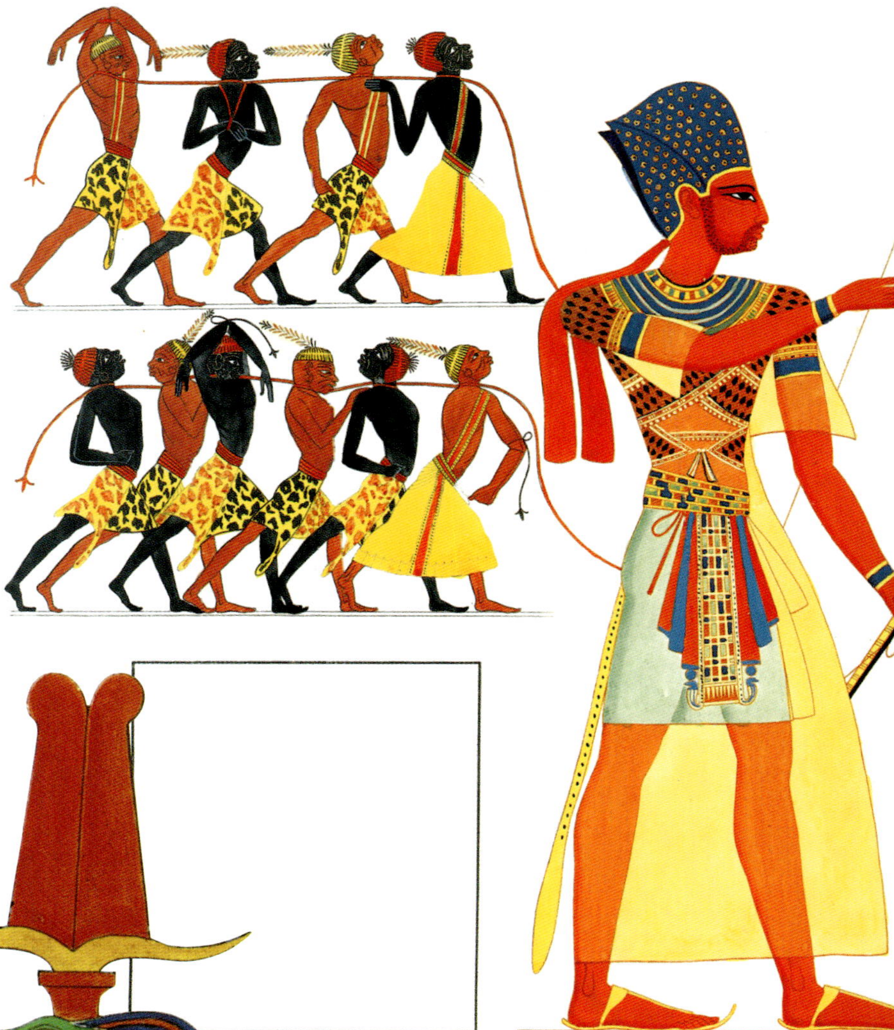

Das religiöse Weltbild der Ägypter war geprägt von ihrem realen Lebensraum, einem Tal, das sich von Süden nach Norden zog, und einem Land, das aus dem Wasser hervorging. Dementsprechend entsprangen auch Himmel und Erde dem Wasser des Nun, des Urozeans. Das zweite dominierende Element in dieser aus dem Wasser geborenen Welt war die Sonne. Sie konnte Leben, Licht und Wärme spenden, aber mit ihrer Glut auch die Ernte vernichten. Täglich kreuzte sie bei ihrem Lauf von Ost nach West den Nil, wurde dann vom Himmel verschlungen, um am nächsten Tag neu am östlichen Horizont wieder zu erscheinen.
Anhand dieser Naturbeobachtungen entwickelten die Ägypter bereits in frühester Zeit eine Vorstellung des Kosmos, die sich auf zwei Achsen, die irdische Nord-Süd- und die himmlische Ost-West-Achse stützte. Der Nil, der so lebensnotwendig für ihre Existenz war, genoss freilich nie göttliche Verehrung. Vielmehr verbanden die Ägypter eine Gottheit mit den Wirkungen des Stroms. So war Hapi der Gott sowohl des Überflusses als auch der Überschwemmung. Analog dazu stand die Energie des Wassers, das die Erde belebt und befruchtet, in Beziehung zum Auferstehungsmythos des Osiris. Es entstand somit eine Korrelation zwischen dem Totenkult, der Vorstellung der göttlichen Wiedergeburt und der Befruchtung der Erde, die vermutlich bereits in vordynastischer Epoche ihren Ursprung hatte.
Die Ägypter glaubten, dass der Nil aus einer Höhle entsprang und vom Nun-Ozean gespeist würde, der das Urwasser enthielt, aus dem das Universum erschaffen wurde und auf dem die Welt schwamm. Auch der Son-

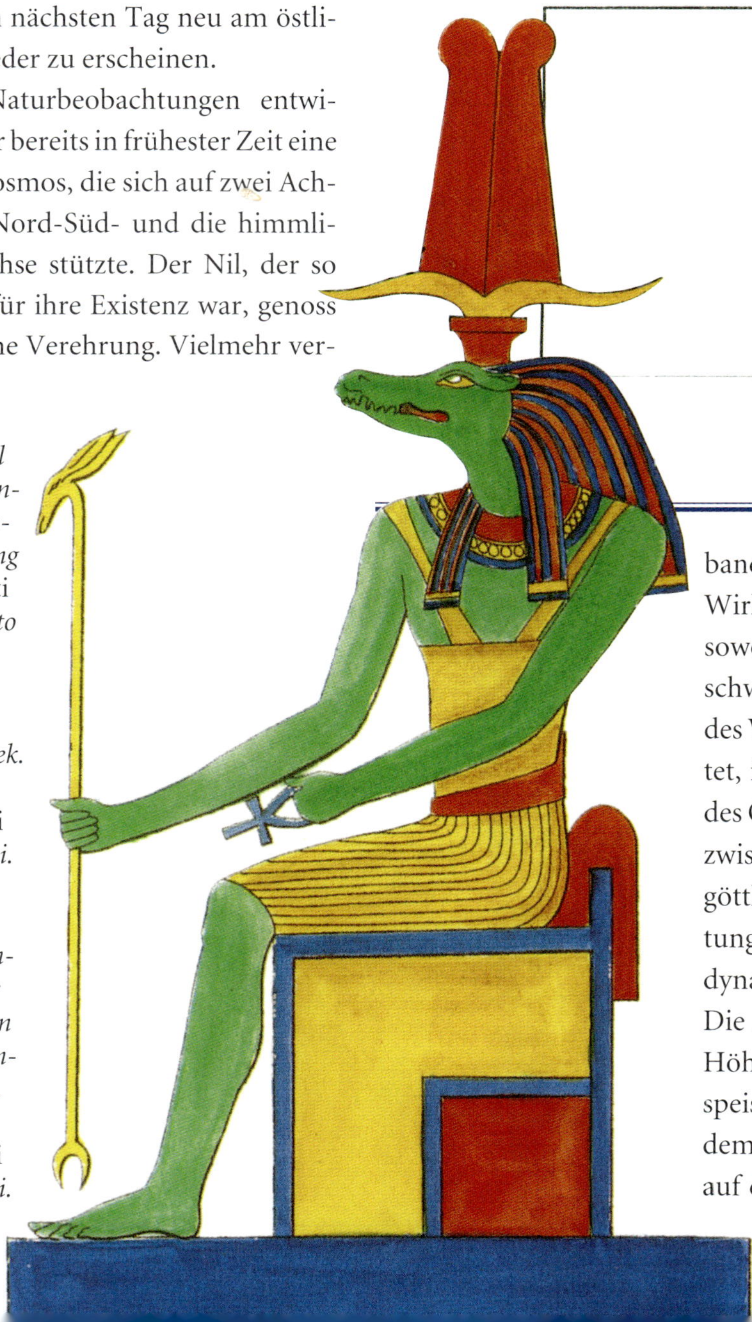

26 oben
Ramses II., zweimal abgebildet in verehrender Pose vor der Sonnenscheibe. Zeichnung aus den Monumenti del Culto *von Ippolito Rosellini.*

26 unten
Der Krokodilgott Sobek. Zeichnung aus den Monumenti Storici *von Ippolito Rosellini.*

26–27
Ramses II. vor Amun-Ra, Mut und seiner eigenen vergöttlichten Gestalt, aus dem Tempel von Abu Simbel. Zeichnung aus den Monumenti Storici *von Ippolito Rosellini.*

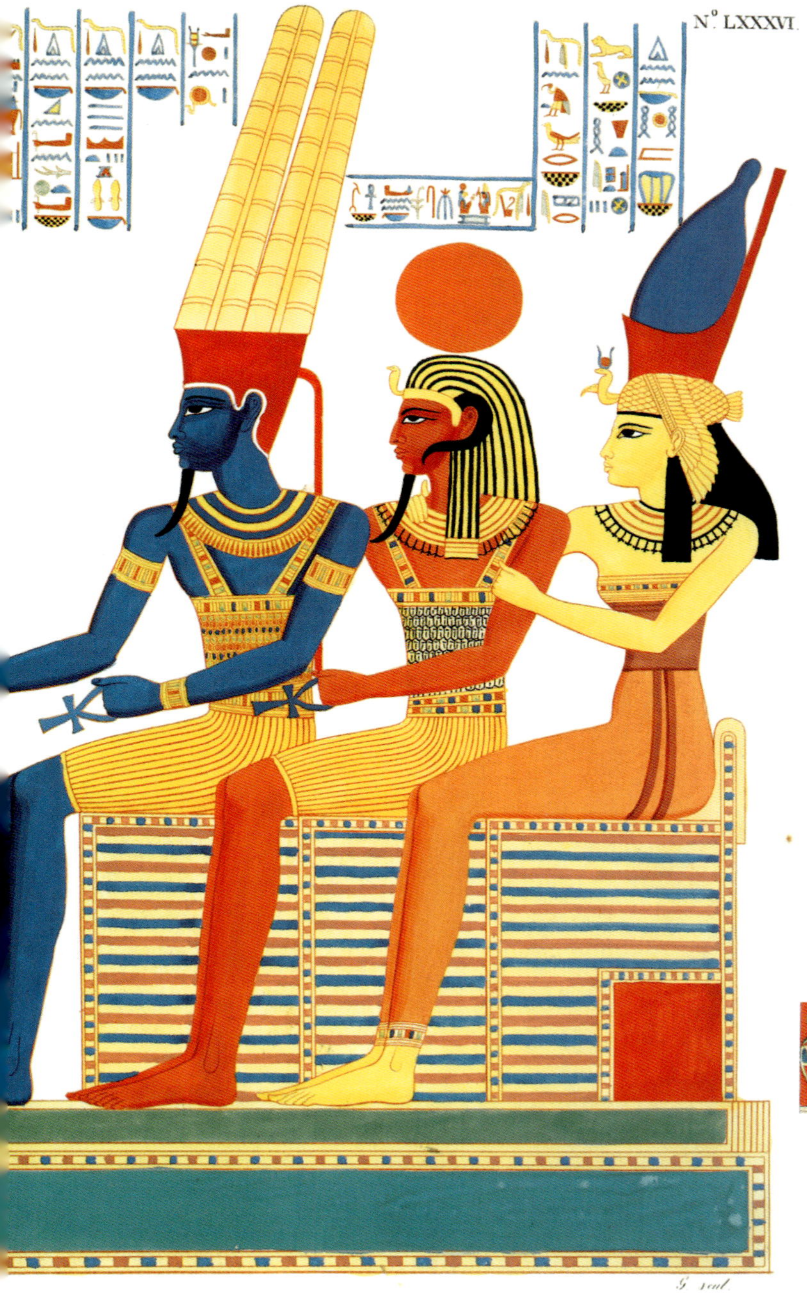

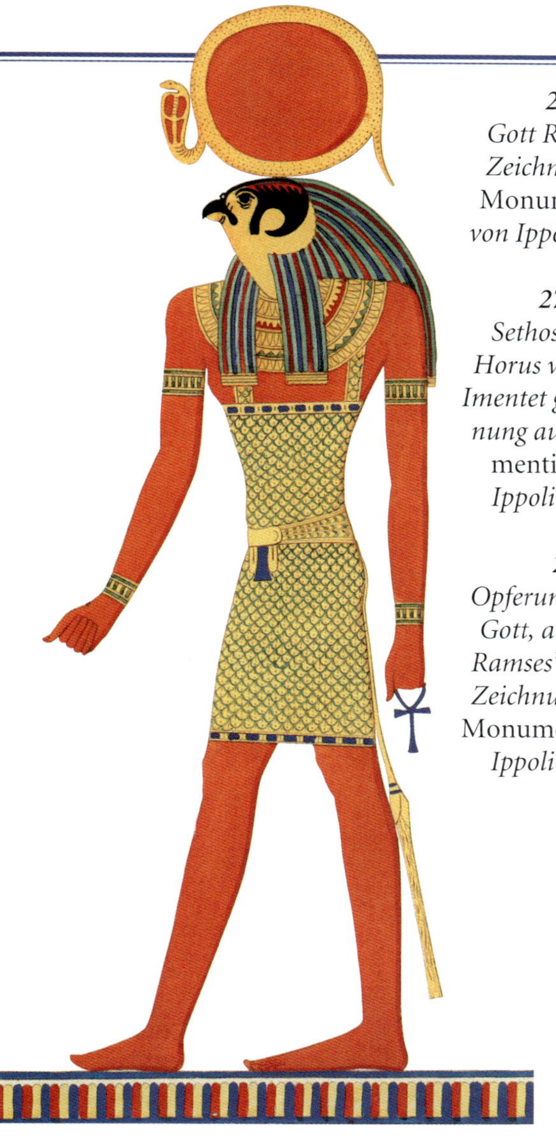

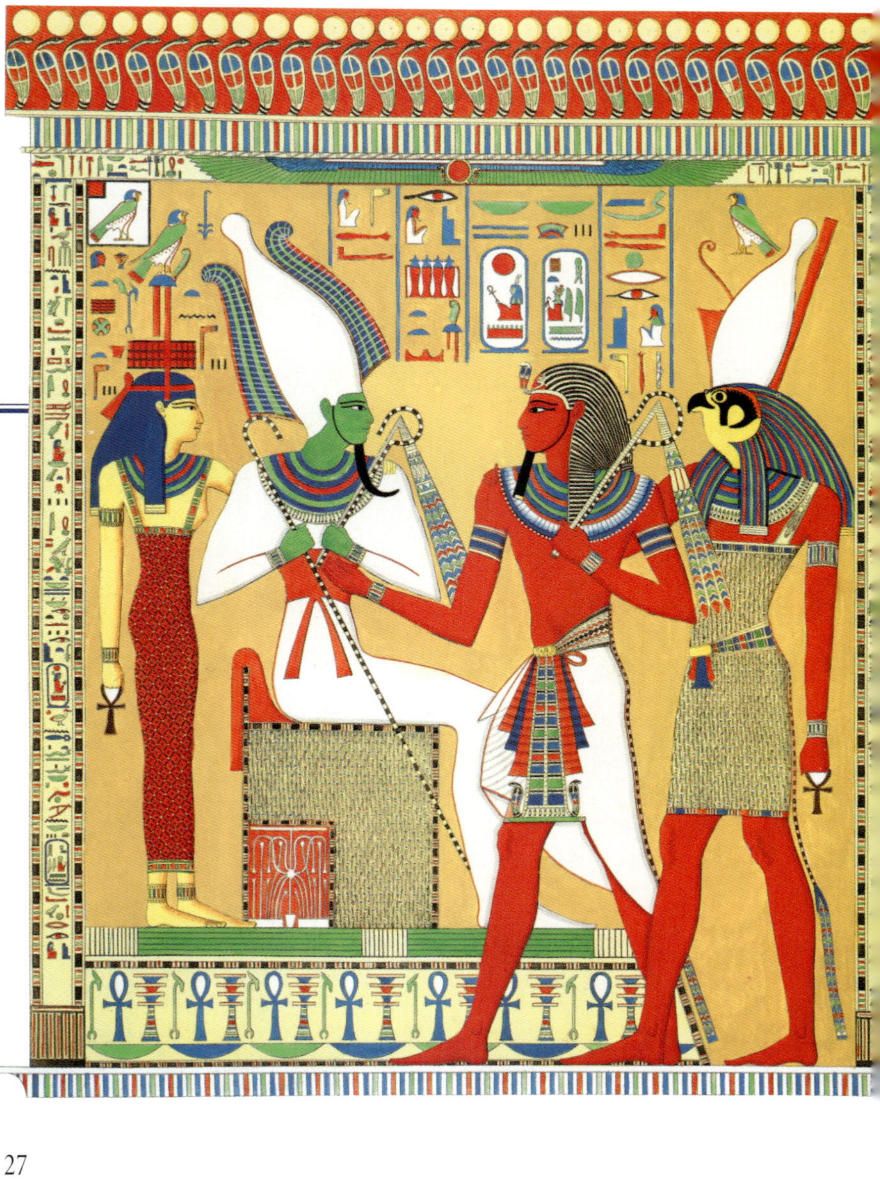

27 oben
Gott Ra-Horachte, Zeichnung aus den Monumenti Storici *von Ippolito Rosellini.*

27 unten
Sethos I. wird von Horus vor Osiris und Imentet geführt. Zeichnung aus den Monumenti Storici *von Ippolito Rosellini.*

28–29
Opferungen für einen Gott, aus dem Grab Ramses' III., Theben. Zeichnungen aus den Monumenti Civili *von Ippolito Rosellini.*

nengott Amun-Ra, der Schöpfer aller Dinge, sei aus diesem Urozean hervorgegangen. Der Sonne wiederum waren zwei Gottheiten zugeordnet – Tefnut, die feuchte Luft, und Schu, die trockene Luft –, die ihrerseits wieder den Gott Geb (die Erde) und die Göttin Nut (den Himmel) geschaffen hatten.
Aus der Vereinigung der beiden Letzteren waren später die Götter Osiris, Isis, Seth und Nephtys hervorgegangen. So wird Nut in vielen Abbildungen als nackte Frau dargestellt, die von Schu gestützt wird, um nicht auf ihren Gatten Geb, dargestellt als nackter Mann, zu fallen. Nut verschlang jeden Abend die Sonnenscheibe, um sie am nächsten Tag wieder hervorzubringen.

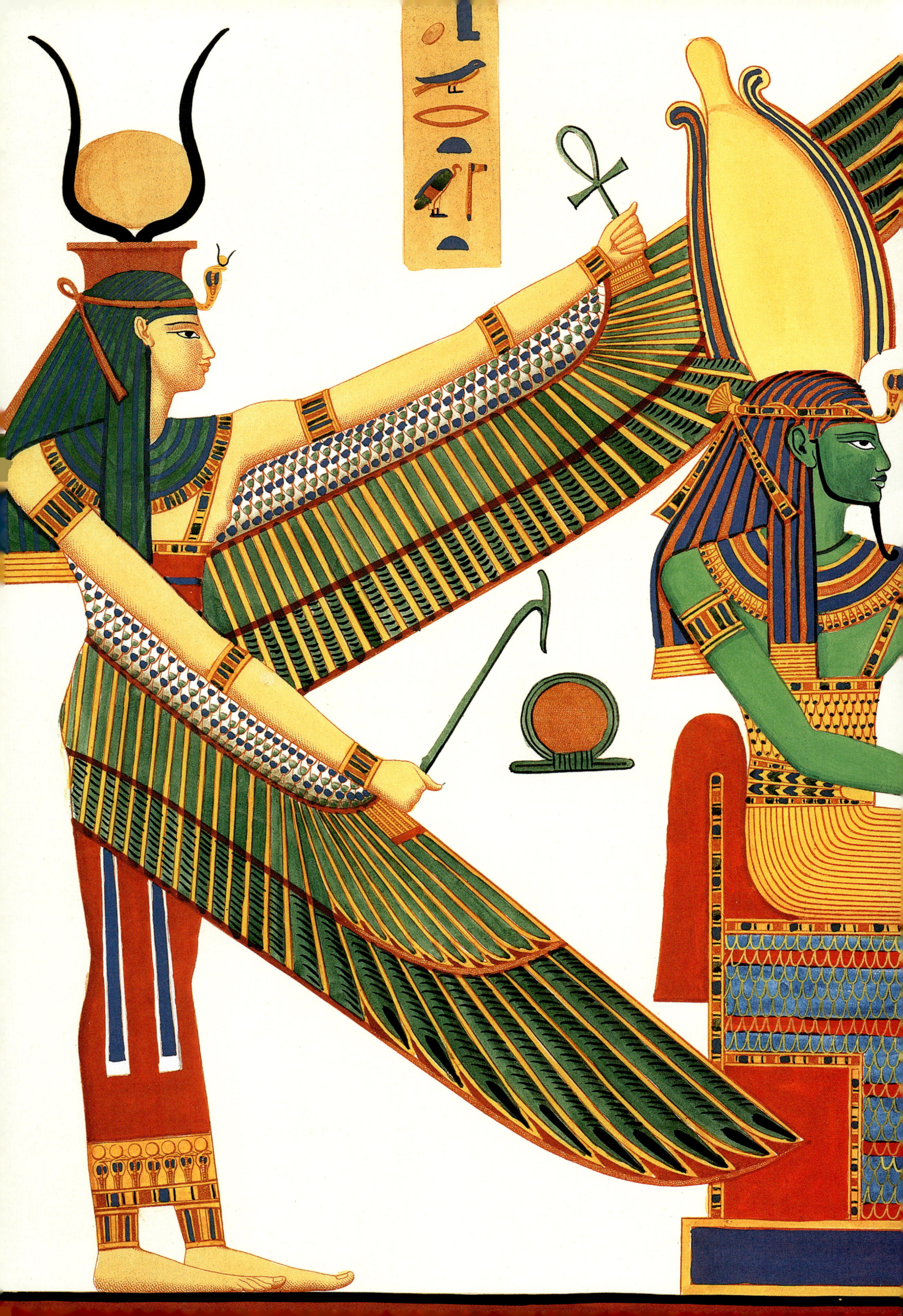

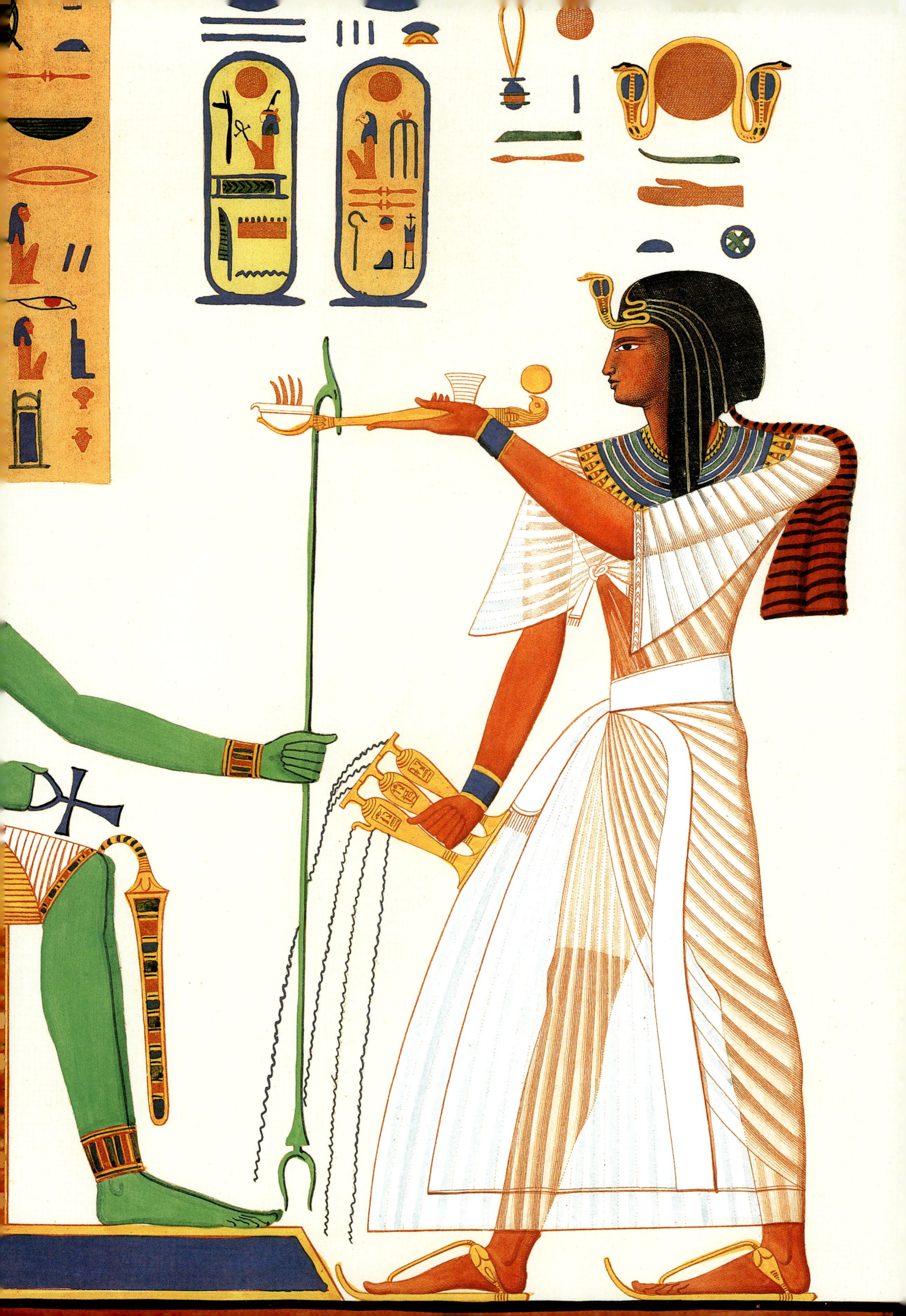

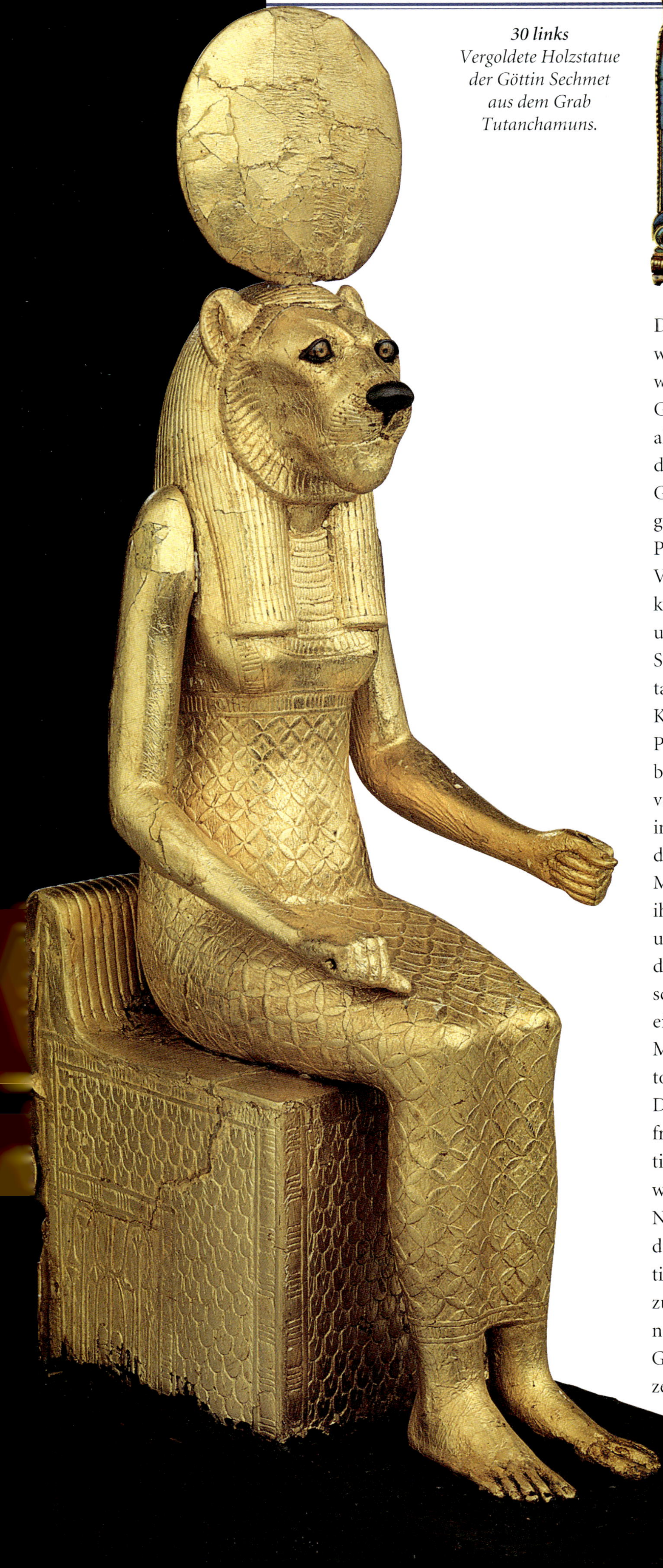

30 links
Vergoldete Holzstatue der Göttin Sechmet aus dem Grab Tutanchamuns.

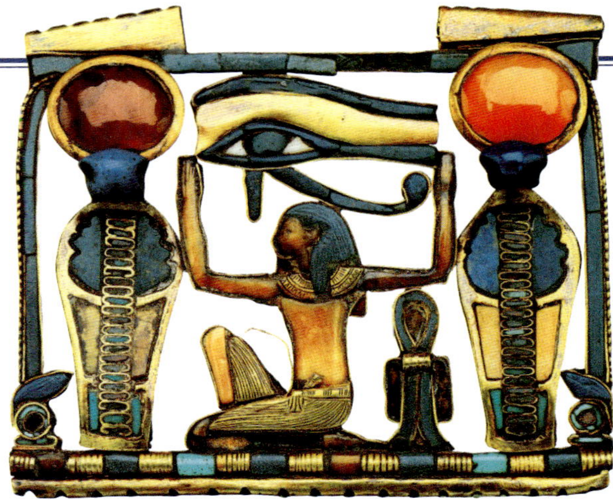

Die religiösen Vorstellungen der Ägypter waren sehr kompliziert, und ihr Pantheon wurde von einer Vielzahl verschiedenster Gottheiten bewohnt. Die gesamte Kultur des alten Ägyptens war von der Religion durchdrungen, die Götter Teile der menschlichen Gesellschaft. Diese war streng hierarchisch geordnet und bestand aus den Göttern, dem Pharao und einem in Klassen unterteilten Volk. Die Götter personifizierten die Naturkräfte und überwachten alle Geschehnisse und alles Tun auf Erden. Sie bestimmten das Schicksal des Landes und eines jeden Untertanen. Offizielle, in Tempeln stattfindende Kulte dienten zu ihrer Verehrung, und die Pharaonen sowie die Priester waren damit betraut. Jenen oblag es auch, sich in Form von besonders komplexen Ritualen um die irdischen Bedürfnisse der Gottheiten und um die Pflege ihrer Bilder zu kümmern. Die Menschen aus dem Volk hingegen verehrten ihre eigenen Götter in kleinen Tabernakeln und Tempeln, die in den Dörfern oder auf den Feldern standen. Jede Region, jede Ortschaft und jedes Dorf verehrte dabei seine eigenen Gottheiten und pflegte seine Mythen, die vom offiziellen Klerus allgemein toleriert wurden.

Die kleineren Gottheiten, die für die Volksfrömmigkeit am wichtigsten waren, manifestierten sich in einer Vielzahl an Formen und wurden von Ort zu Ort unter verschiedenen Namen verehrt. Die Historiker nehmen an, dass es davon einige Tausende gab. Das ägyptische Volk nahm eine pragmatische Haltung zur Religion ein und setzte jedes Naturphänomen in Beziehung zu einer bestimmten Gottheit, die sich wiederum in Tieren, Pflanzen und Naturereignissen manifestieren konnte. Auf diese Vorstellungen geht auch die Verehrung zurück, die vie-

30 rechts
Dieses Gegengewicht zu einer goldenen Halskette stammt ebenfalls aus dem Grab Tutanchamuns. Die Figuren aus Halbedelsteinen und Glasemaille symbolisieren die Ewigkeit.

len Tieren wie Katzen, Krokodilen und Stieren zuteil wurde. Nicht selten wurden diese nach ihrem Tod einbalsamiert und in speziellen Nekropolen bestattet. Zu den in ganz Ägypten verehrten Göttern gehörten der mumiengestaltige Osiris mit der bläulichen Hautfarbe, der Herr des Jenseits, Isis, seine Gemahlin, Magierin und mächtige Herrin des Lebens und der Wiedergeburt, der schakalköpfige Anubis, Nekropolengott und Patron der Mumifizierung, dazu Bes, dargestellt als Kobold mit oft monströsem Aussehen. Er galt als Hausgott, Beschützer der schwangeren Frauen und der Familie.

Von den meistverehrten nachrangigen Gottheiten, die sich häufig in der ägyptischen Ikonografie finden, seien zumindest folgende erwähnt: Maat, Göttin der Gerechtigkeit mit einer Feder auf dem Kopf; Chum, der mit Schafskopf abgebildete Gott, der den Menschen auf seiner Töpferscheibe modellierte; Seth, dargestellt mit undefinierbarem Tierkopf, Gott der Zerstörung; die kuhohrige Hathor, Göttin der Liebe, der Künste und der Musik; die katzenköpfige Bastet, wohlwollende Göttin und Beschützerin im Wochenbett; Thot mit Ibiskopf, Gott der Schrift und Notar der Götter; Sobek mit Krokodilskopf, die das Wasser beschützende Gottheit. Vor allem in Theben wurde die aus Amun-Ra, dem König der Götter und Sonnengott, aus Mut, seiner Gemahlin, und aus Chonsu, dem Mondgott, ihrem gemeinsamen Sohn, bestehende Triade verehrt.

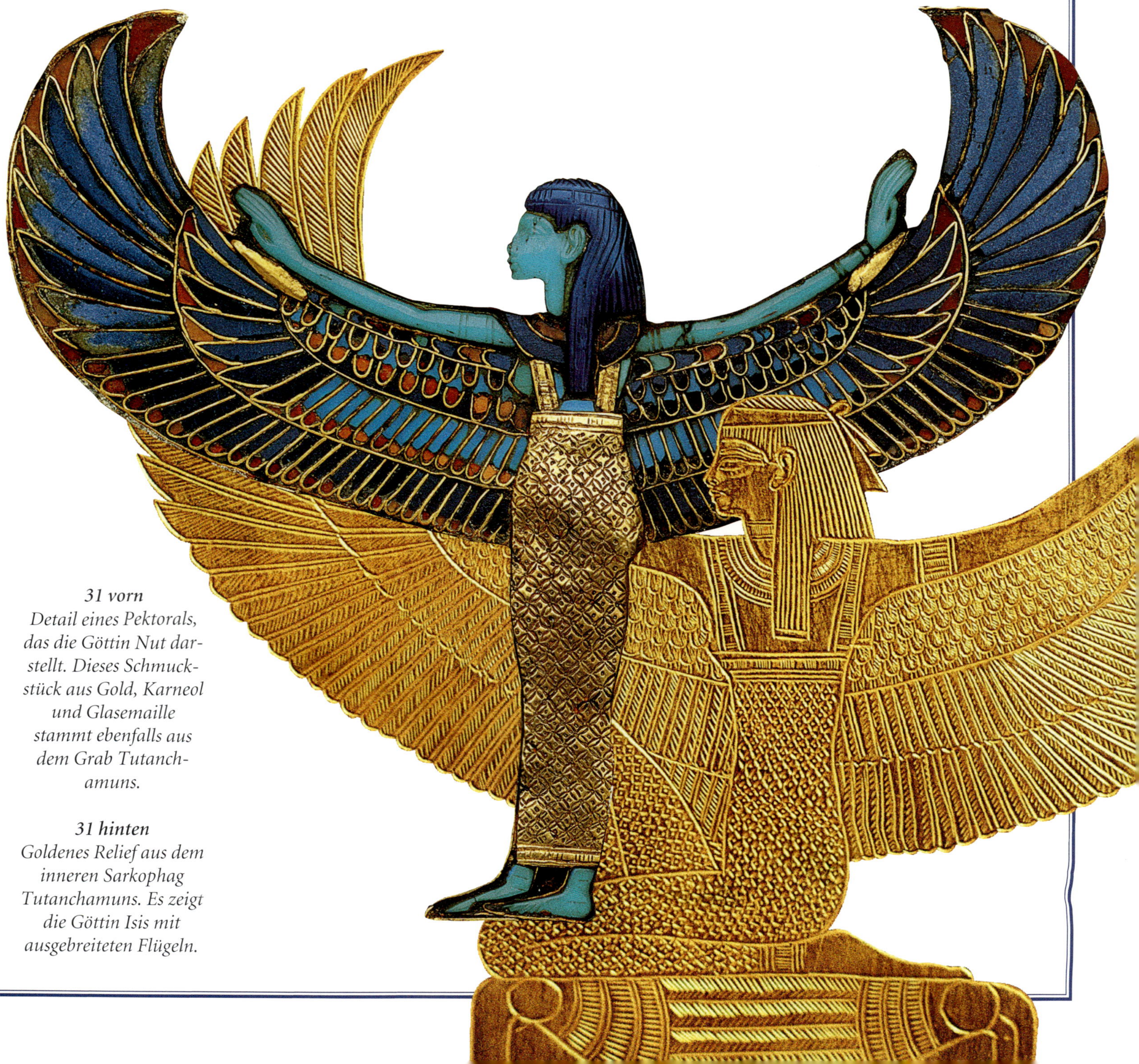

31 vorn
Detail eines Pektorals, das die Göttin Nut darstellt. Dieses Schmuckstück aus Gold, Karneol und Glasemaille stammt ebenfalls aus dem Grab Tutanchamuns.

31 hinten
Goldenes Relief aus dem inneren Sarkophag Tutanchamuns. Es zeigt die Göttin Isis mit ausgebreiteten Flügeln.

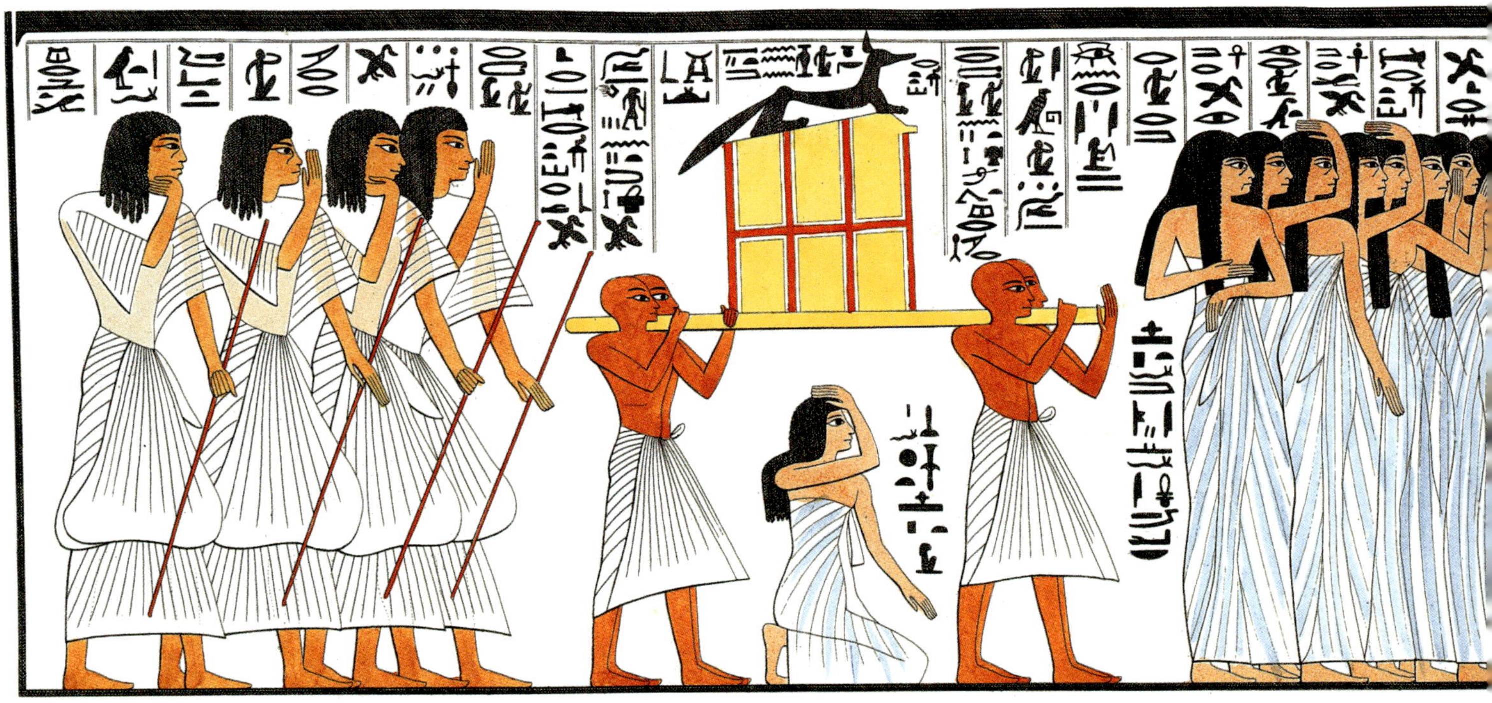

DER TOTENKULT

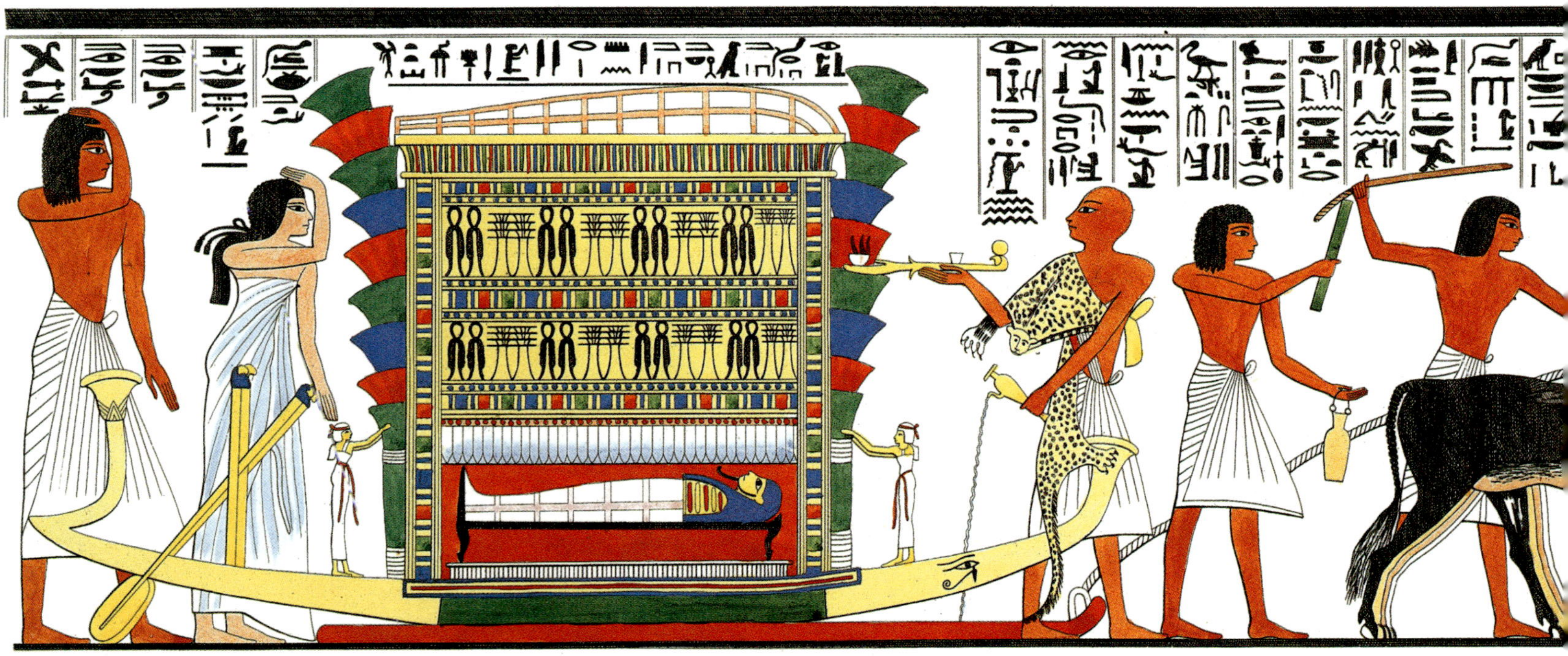

Die Archäologie beweist, dass die in Ägypten lebenden Völker bereits seit dem Neolithikum an ein Leben nach dem Tod glaubten, in dem der Verstorbene die gleichen Bedürfnisse hatte wie im Erdenleben. In der ersten Hälfte des dritten Jahrtausends, zur Zeit der 3. Dynastie, wurden dort die ersten Monumentalgrabstätten errichtet. Bereits in frühdynastischer Zeit war das Königsgrab auch eine Art Bestätigung der irdischen Macht; mit der 3. Dynastie wurde es zusätzlich zum Symbol der Göttlichkeit des Pharao. Als Ausdruck dieser neuen Ideen entwarf Imhotep, der große Kanzler und Architekt des Königs Djoser, in Sakkara die erste Stufenpyramide, die eine Treppe symbolisierte, die dem Pharao den Aufstieg zum Himmel erlaubte. Diese Idee findet sich auch in den Pyramidentexten, einer Sammlung von Formeln und Beschwörungen, die sich seit der 5. Dynastie in den Grabkammern finden.

Die Nachfolger Djosers übernahmen das Prinzip der Grab-Pyramide, die unter Snofru, dem ersten Pharao der 4. Dynastie, als Ausdruck der wachsenden Verbindung des Sonnenkultes mit

32–33
Bestattungsszenen aus einem Grab in Theben. Zeichnung aus den Monumenti Storici *von Ippolito Rosellini.*

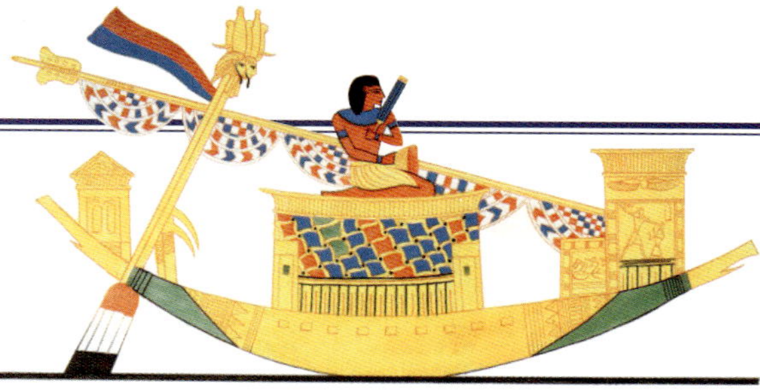

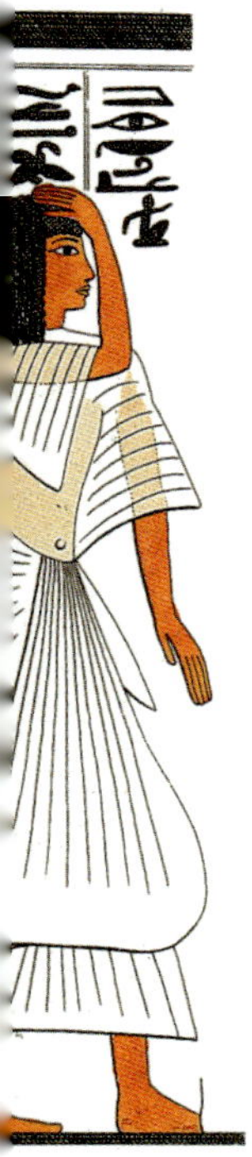

33 oben
Zeremonielle Nilbarke. Zeichnung aus den Monumenti Storici *von Ippolito Rosellini.*

33 unten
Grabbarke aus einem Grab von Beni Hasan. Zeichnung aus den Monumenti Storici *von Ippolito Rosellini.*

dem Königskult zu ihrer definitiven Form fand. Nachdem sich diese Vorstellung ins Symbolische weiterentwickelt hatte, gab man die Himmelstreppe zugunsten glatter Pyramidenwände auf.

Während des Neuen Reiches (1550–1075 v. Chr.) ließen sich die Pharaonen anstelle von Pyramiden riesige in Felsen geschlagene Grablegen errichten, die mit magischen Texten verziert wurden. Deren Kenntnis sollte es dem König ermöglichen, die zahllosen Hindernisse zu überwinden, die im Jenseits zwischen ihm und dem Sonnengott Ra standen, als dessen Sohn er sich betrachtete. Da diese Reise viele Gefahren barg, schützte man die Toten mit vielen Amuletten. Denn man glaubte, dass die Zeitspanne zwischen dem Augenblick des Todes und jenem des eigentlichen Übergangs in die jenseitige Welt eine besonders delikate Phase sei, da sich nicht einmal der Pharao dem göttlichen Gericht entziehen konnte. Dabei führte Anubis den Verstorbenen vor Osiris und vor seinen Augen wurde sein Herz vom Gott Thot auf einer Waage gegen die Feder der Maat gewogen, der Göttin der Ordnung und der Gerechtigkeit. Hatte der Verstorbene rechtschaffen und ehrenhaft gelebt, wog sein Herz nicht schwerer als die Feder, und er wurde von Osiris ins Jenseits aufgenommen. Hatte er sich schwerer Verfehlungen schuldig gemacht, war sein Herz zu schwer und wurde von Ammit verschlungen.

Die unterirdischen Gräber des Neuen Reiches enthielten eine reiche Ausstattung, wie die Gruft Tutanchamuns eindrucksvoll beweist. Diese war maßgeblich für ein angenehmes Leben im Jenseits und umfasste daher Gegenstände des täglichen Gebrauchs: Möbel, Spiele und Nahrungsmittel. Besondere Statuetten (Uschebtis) sollten dem Verstorbenen im Jenseits dienen und schwere Arbeiten abnehmen.

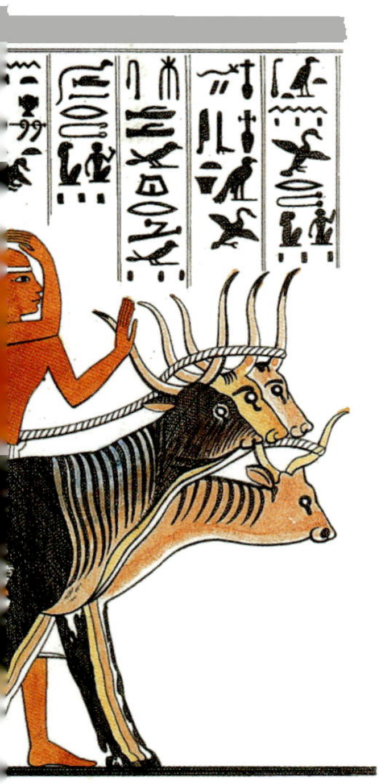

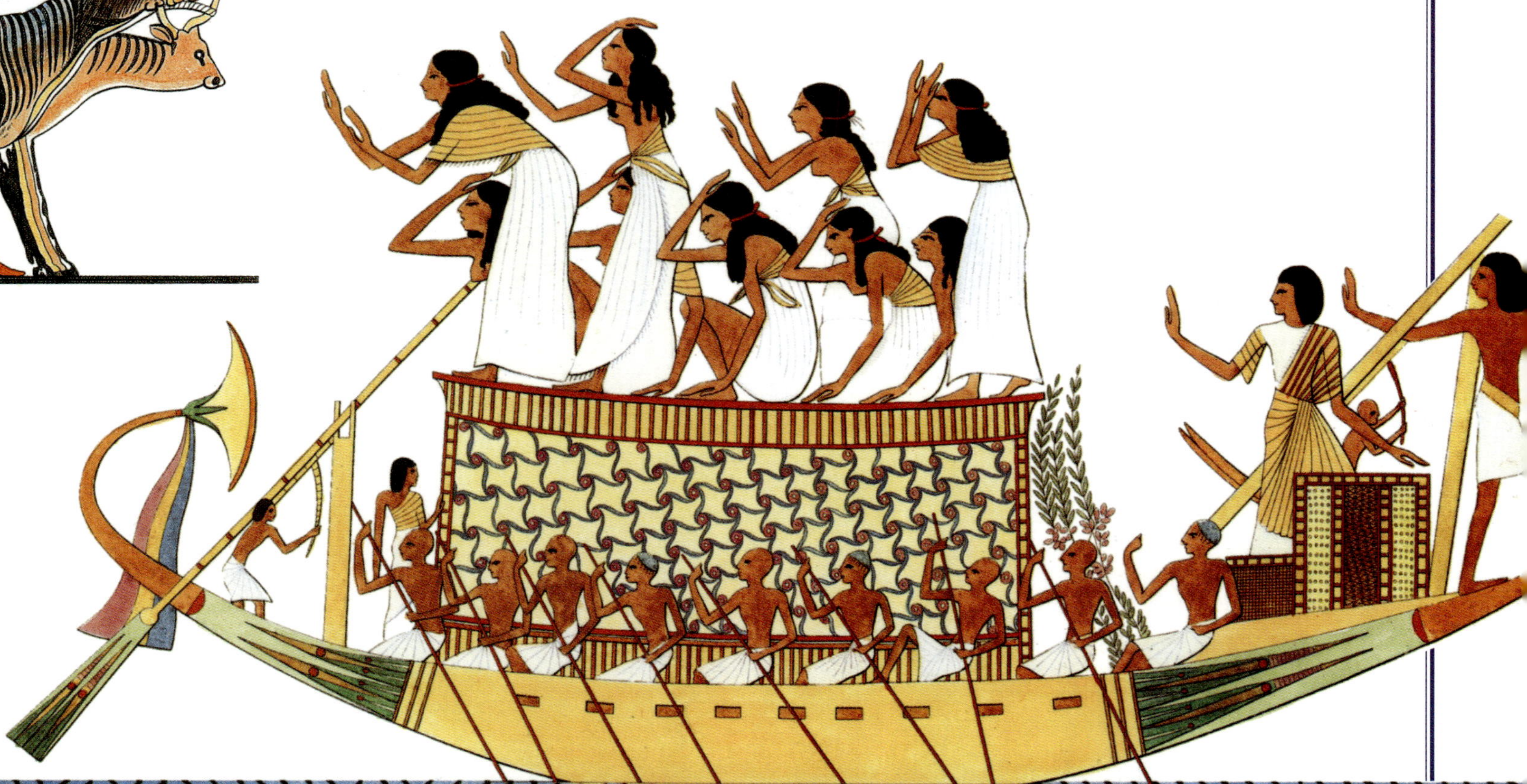

34 oben
Der Gott Anubis bei der Einbalsamierung des Körpers eines Verstorbenen. Wandgemälde aus einem der Fürstengräber.

34 Mitte
Vier Gefäße aus bemaltem Kalkstein mit dem Namen Jujas, entdeckt im Tal der Könige, 18. Dynastie.

34 unten
»Osiris-Tribunal« aus dem Grab Ramses' VI. im Tal der Könige. Zeichnung aus den Monumenti del Culto *von Ippolito Rosellini.*

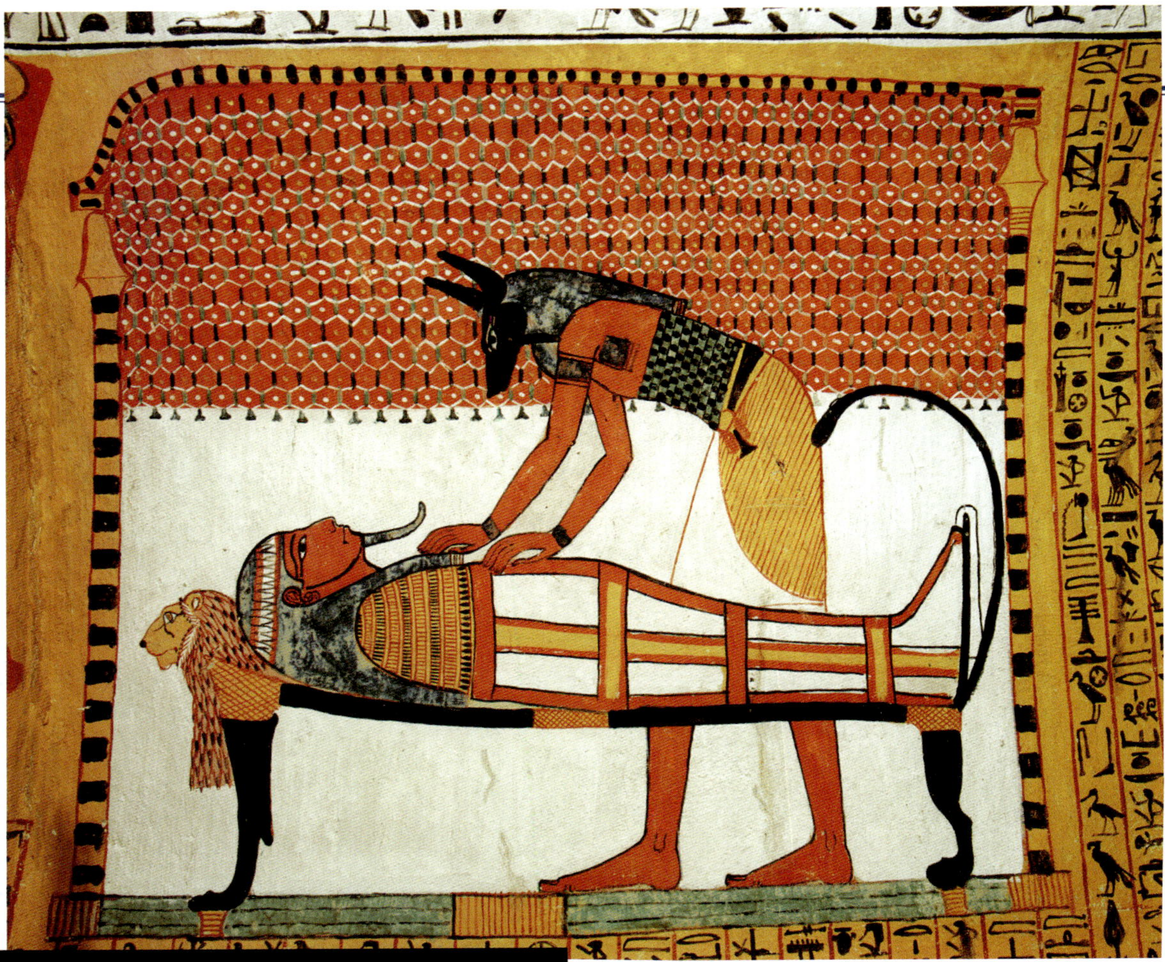

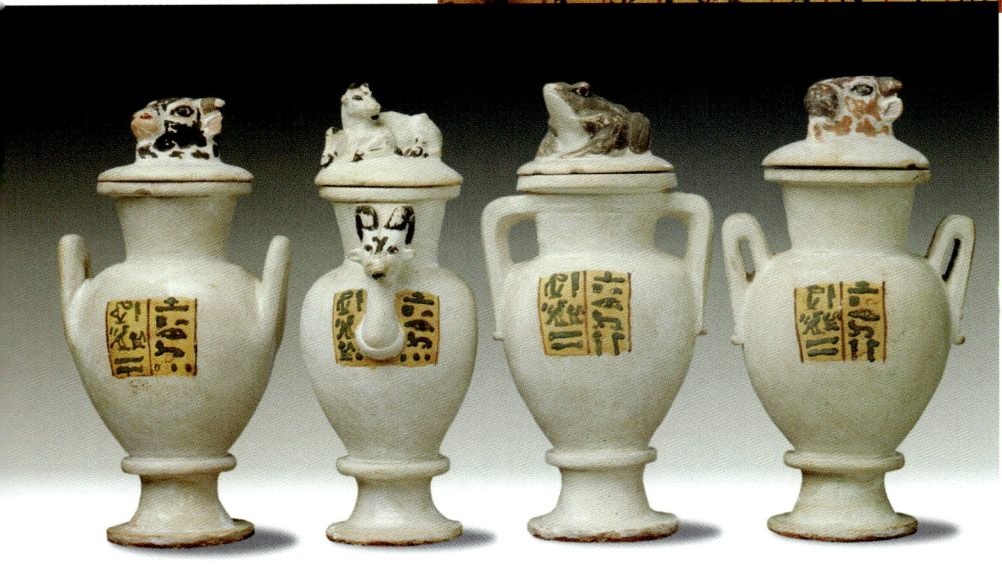

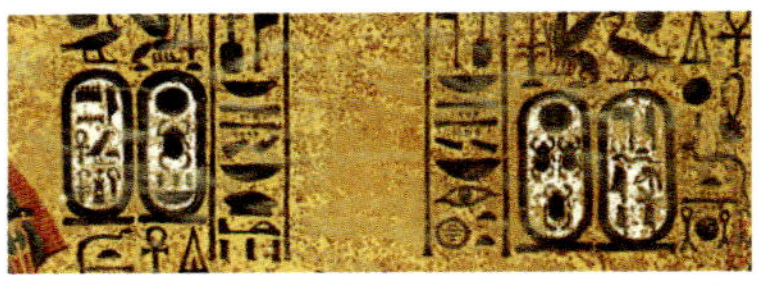

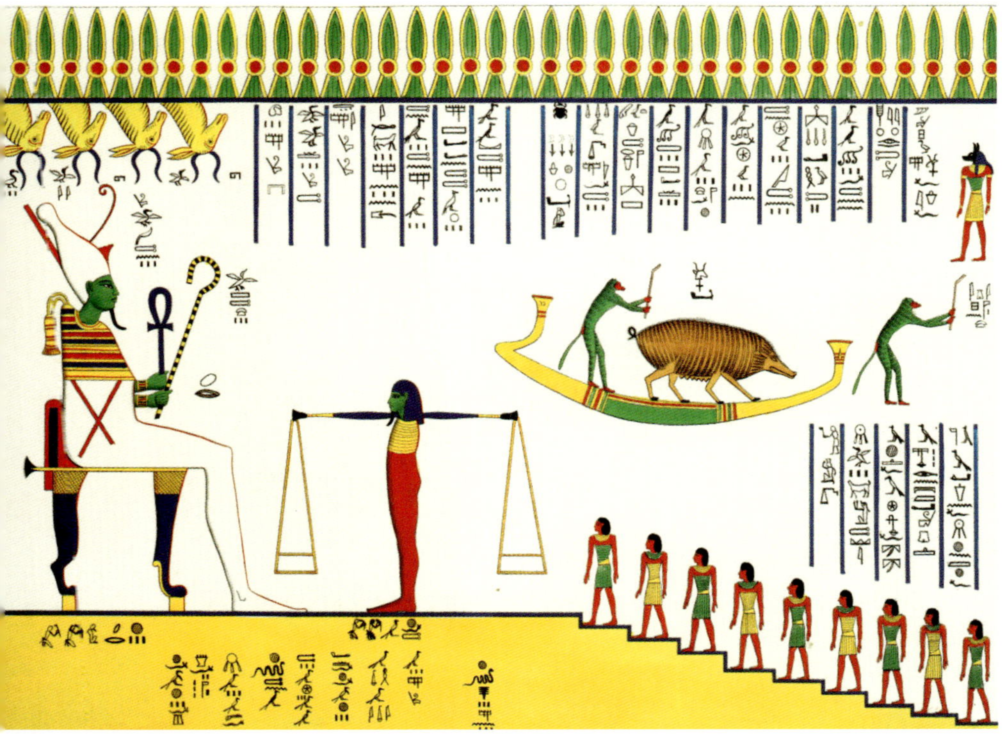

Eine umfangreiche und reichhaltige Grabausstattung erhielten nicht nur Persönlichkeiten königlichen Ranges, sondern auch hohe Würdenträger, Künstler und sogar Handwerker. Auch sie leisteten sich üppig bemalte Gräber, allerdings unterschied sich deren dekoratives Programm von denen der Königsgräber und behandelte eher Themen des täglichen Lebens als die mystische Reise ins Jenseits.

Was den Totenkult Altägyptens von dem aller anderen Zivilisationen im Mittelmeerraum unterschied, war das Bestreben, den Leichnam des Verstorbenen unversehrt zu konservieren. Die Einbalsamierungstechnik, zur Zeit der 4. Dynastie noch sehr rudimentär entwickelt, gestaltete sich immer aufwendiger und erreichte ihre Vollendung im Neuen Reich. In der Spätzeit und während der griechisch-römischen Epoche wurde die Einbalsamierung weiter vollzogen, allerdings in zunehmend vereinfachter Form.

Die mit der Bestattung der Verstorbenen verbundenen Riten waren sehr komplex. Während

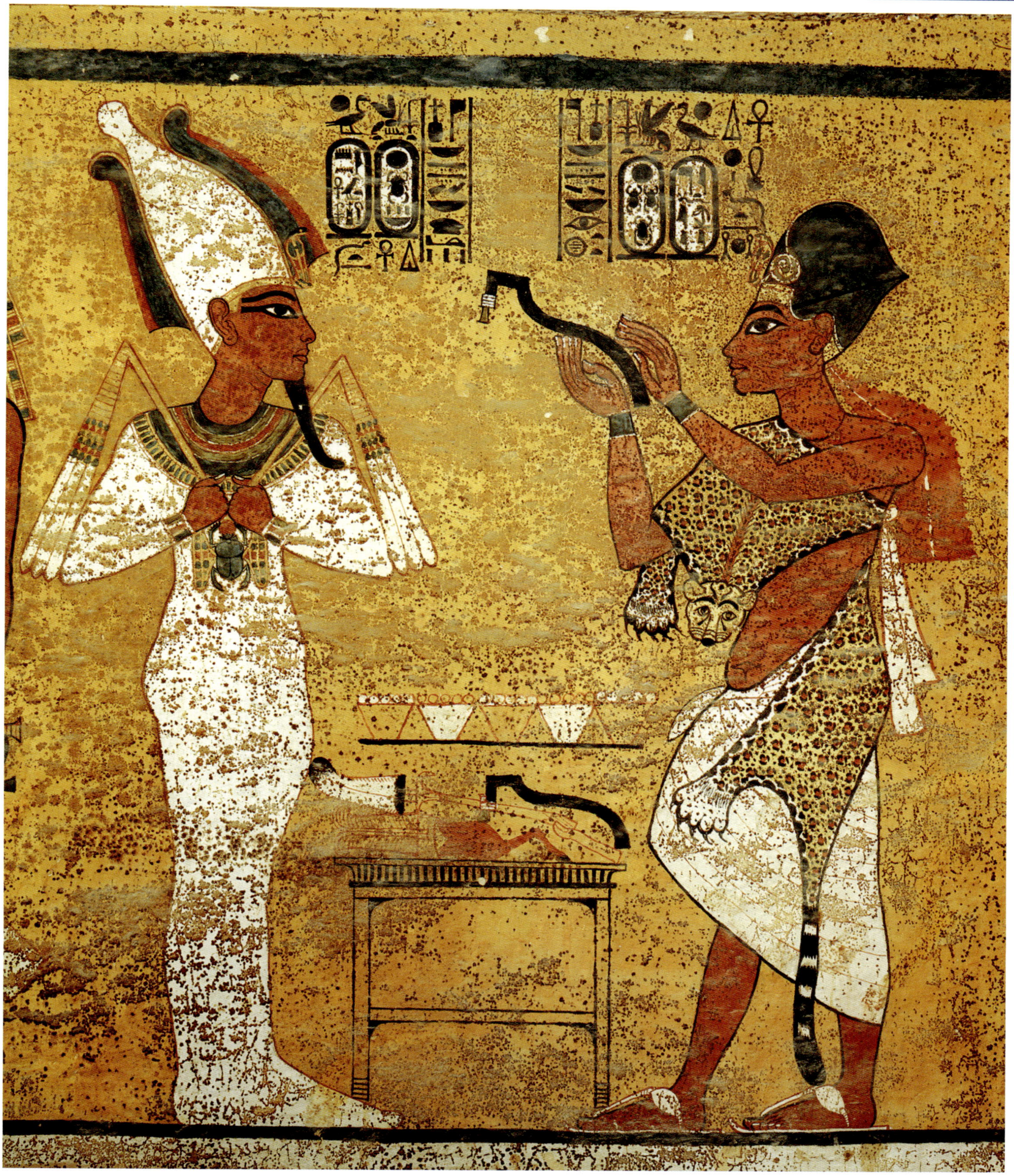

des Neuen Reiches wurde die Bahre nach der Einbalsamierung von der Familie auf einer mit Blumen geschmückten Barke unter den Klagen der Angehörigen und den Versöhnungsgebeten der Priester an die Gottheiten Osiris und Anubis zum Westufer des Nils transportiert. Der Barke folgten Boote mit Freunden, mit Grabbeigaben und Opfergaben. Am Westufer des Flusses, an dem sich die Nekropolen befanden, angekommen, wurde der Sarkophag auf einen Ochsenwagen verladen, und die Trauergemeinde bewegte sich in feierlichem Zug in Richtung Grab. Dort wurde die Zeremonie der »Mundöffnung«, auch als »Gesichtsöffnung« bezeichnet, vollzogen. Mit diesem Ritual gewann der Verstorbene die Fähigkeit, im Jenseits zu sprechen, zu sehen, zu hören und sich zu ernähren. Schließlich wurde der Sarkophag zusammen mit den Beigaben und den Opfergaben im Grab aufgestellt und dieses für immer versiegelt.

35
Detail eines Wandgemäldes in der Grabkammer Tutanchamuns im Tal der Könige. Hier ist die Zeremonie der »Mundöffnung« dargestellt.

DIE HIEROGLYPHENSCHRIFT

Die Entzifferung der alten ägyptischen Schrift ist dem französischen Wissenschaftler Jean François Champollion zu verdanken, der 1808 mit seinen Forschungen am sogenannten Stein von Rosetta begann. Truppen Napoleons hatten ihn 1799 in der Nähe der Stadt Rosetta im Nildelta entdeckt. Mit seiner Inschrift in Hieroglyphen, demotischer und griechischer Schrift war er der Schlüssel zur altägyptischen Kultur.

Der 1790 geborene Champollion widmete sich früh linguistischen und orientalistischen Studien und seine profunden Kenntnisse zahlreicher orientalischer Idiome, vor allem auch des Koptischen, halfen ihm bei der Entschlüsselung der Hieroglyphenschrift. Der kaum 19–jährig zum Professor an der Universität Grenoble ernannte Champollion widmete sich 14 Jahre lang dem Studium der altägyptischen Schrift, wobei seine Entzifferungsmethode auf drei genialen Thesen basierte: Er ging davon aus, dass das Koptische die letzte Entwicklungsstufe der ägyptischen Sprache sei, dass die Hieroglyphen sowohl bildliche als auch phonetische Bedeutung besäßen und dass die von Kartuschen umschlossenen Hieroglyphen die Namen

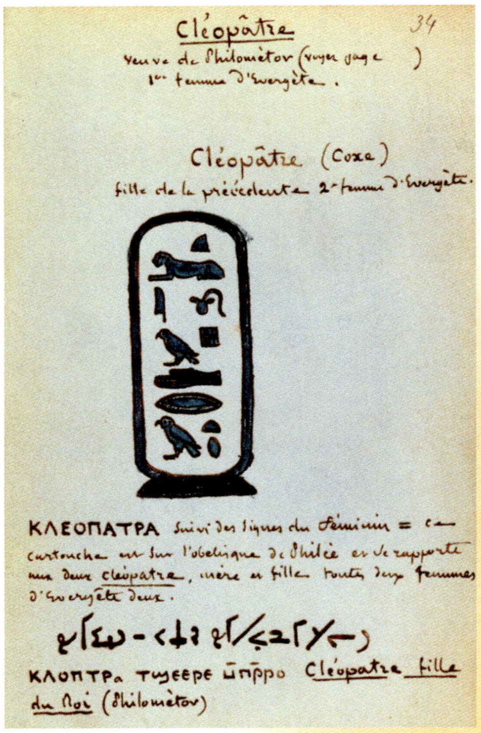

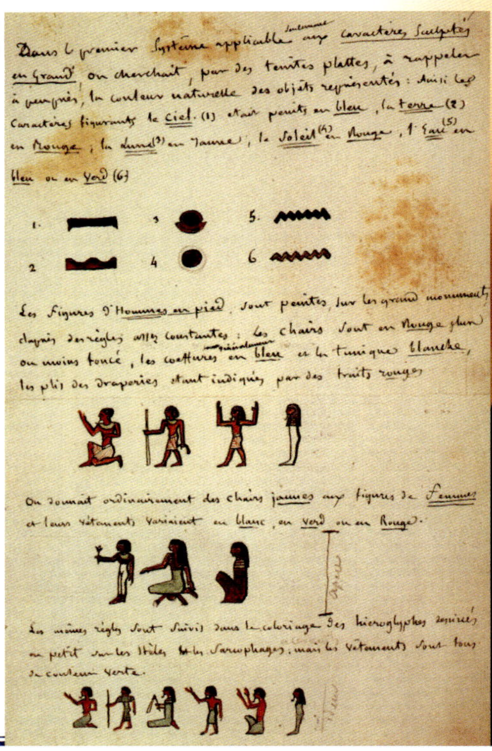

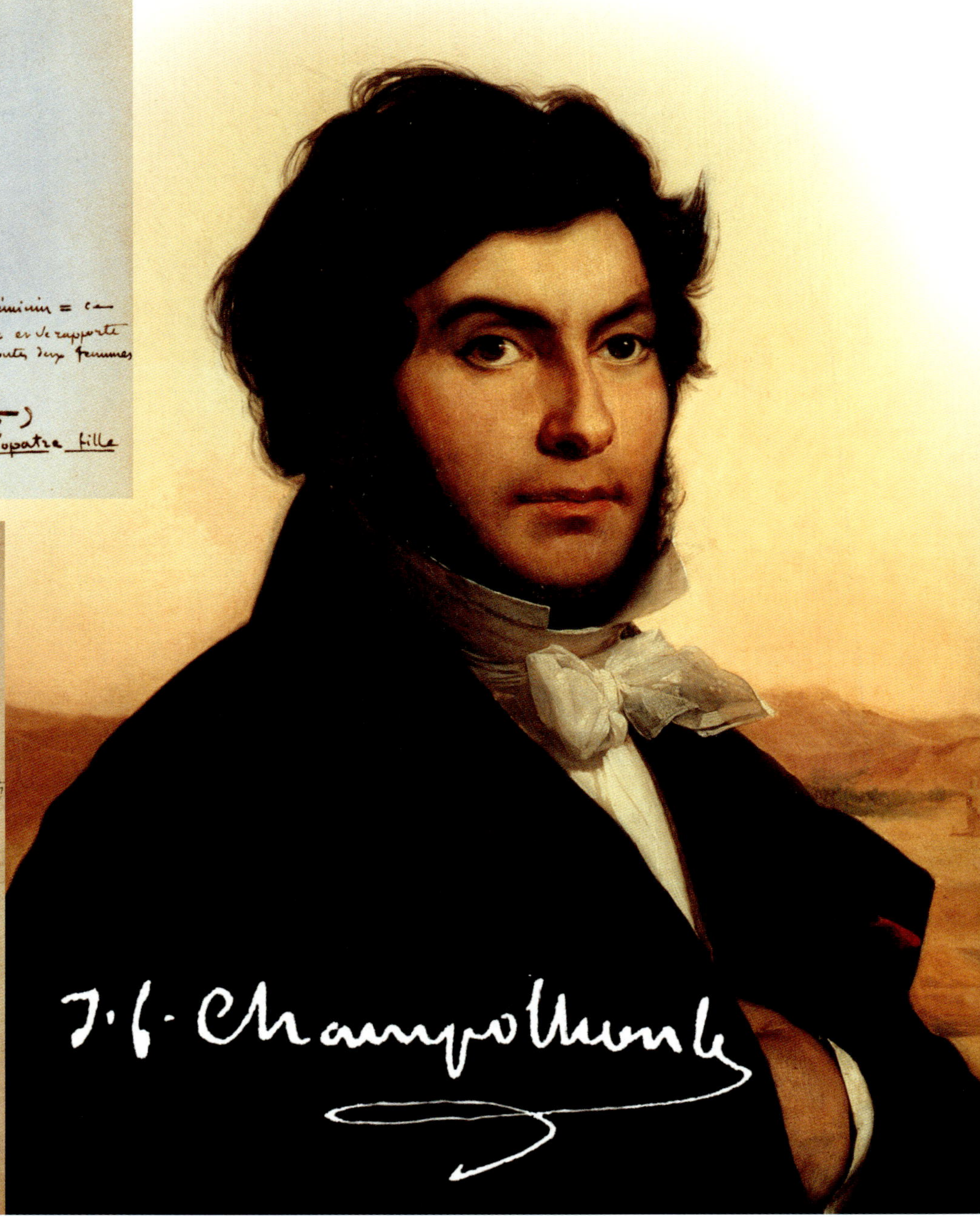

36 links
Zwei Handschriftenseiten aus der Grammaire Egyptienne *von Jean François Champollion.*

36 rechts
Jean François Champollion, Entzifferer der Hieroglyphen, Porträt von Léon Cogniet.

37
Der berühmte »Stein von Rosetta«, heute im Britischen Museum, auf dem derselbe Text in Hieroglyphen sowie in demotischer und griechischer Schrift wiedergegeben ist.

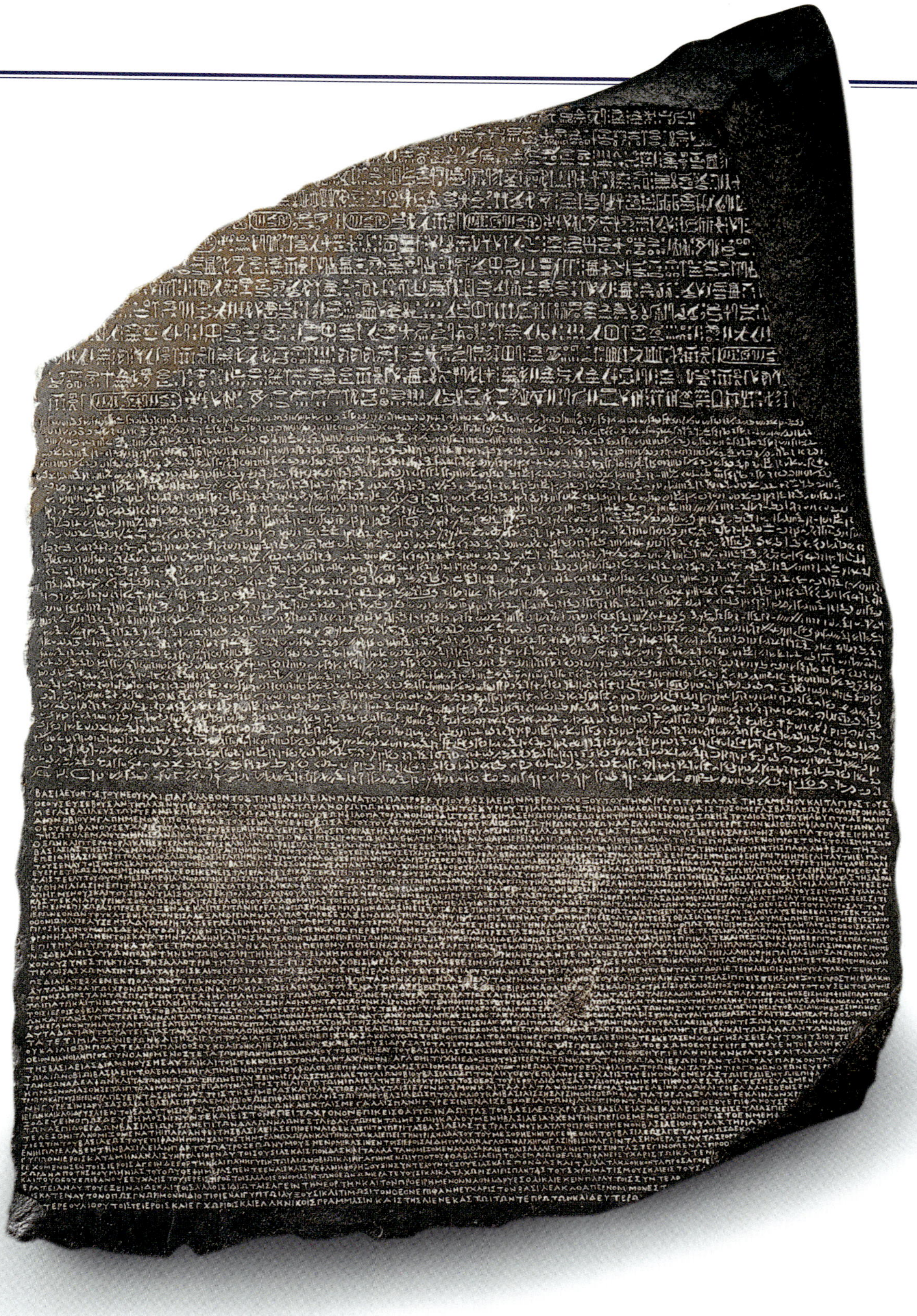

von Pharaonen wiedergaben. 1821 gelang es ihm, bei der Analyse des zweisprachigen Textes – in griechischer und altägyptischer Sprache – eines von Belzoni auf der Insel Philae entdeckten und nach England transportierten Obelisken, den Namen Kleopatras zu identifizieren und damit die alphabetische Bedeutung von zwölf Zeichen auszumachen. Unter Anwendung der gleichen Methode bei weiteren Kartuschen erschloss Champollion die Bedeutung vieler anderer Hieroglyphen. 1822 präsentierte er seine Entdeckung der Gelehrtenwelt in seinem berühmten »Lettre à M. Dacier« an den Sekretär der Académie des Inscriptions et Belles Lettres und 1824 in seinem Buch »Précis du système hieroglyphique des Anciens Egyptiens«, in dem er die Grundlagen der Hieroglyphenschrift darlegte. Nachdem er die Inschriften zahlreicher Fundstücke aus europäischen Sammlungen studiert hatte, organisierte Champollion mit der Unterstützung des französischen Königs Karl X. und des Großfürsten der Toskana, Leopold II., eine französisch-toskanische Expedition, die im Juli 1828 von Toulon aus in Richtung Ägypten aufbrach. Endlich im Land der Pharaonen, sah Jean François Champollion seine Erkenntnisse, die der alten ägyptischen Sprache zu neuem Leben verhalfen, bestätigt. Der Grundstein für die moderne Ägyptologie war damit gelegt.

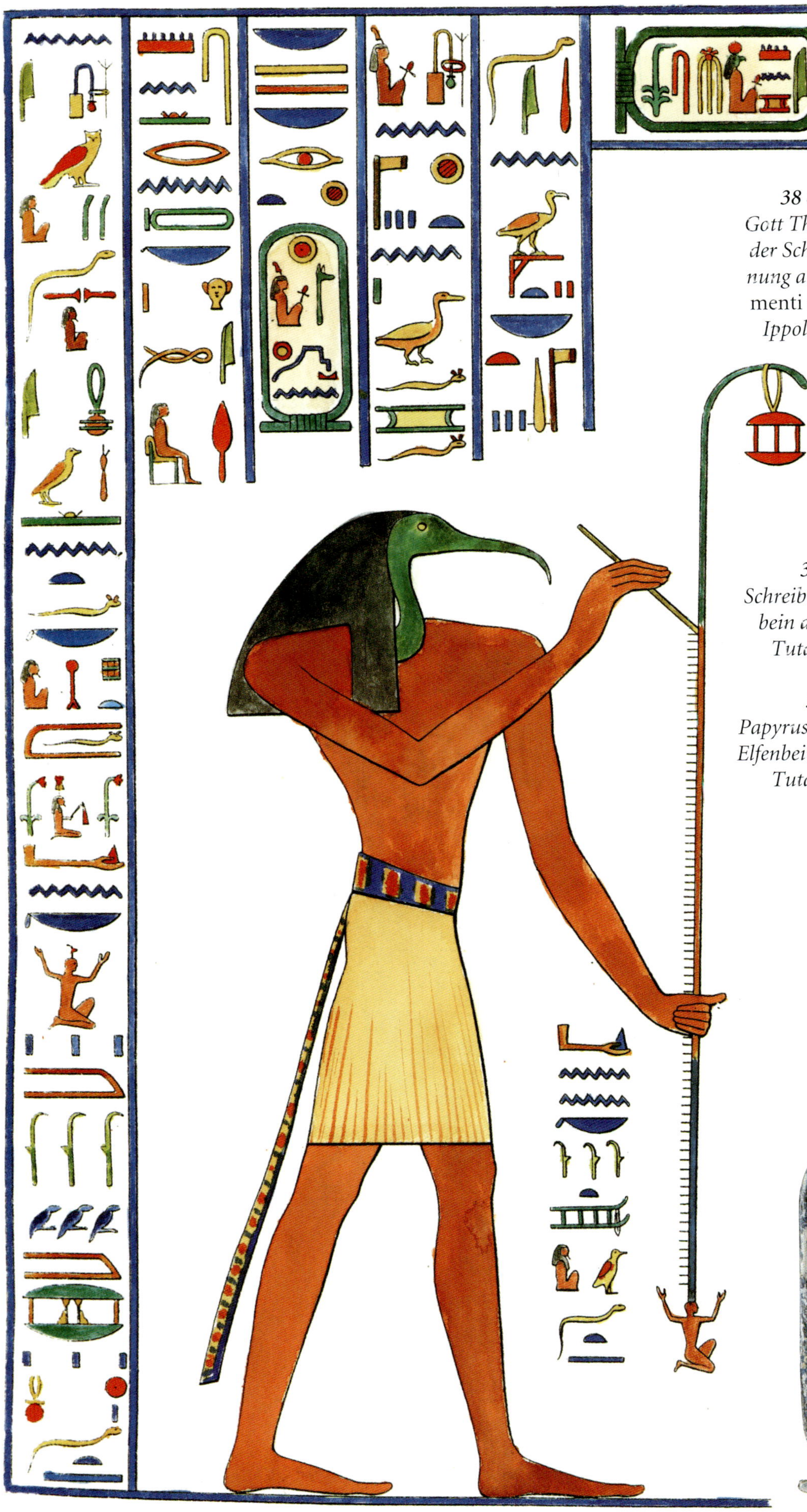

38 oben links
Gott Thot, Beschützer der Schreiber. Zeichnung aus den Monumenti del Culto *von Ippolito Rosellini.*

38 Mitte rechts
Kartuschen mit den Namen des Pharao Haremhab aus dessen Grab im Tal der Könige.

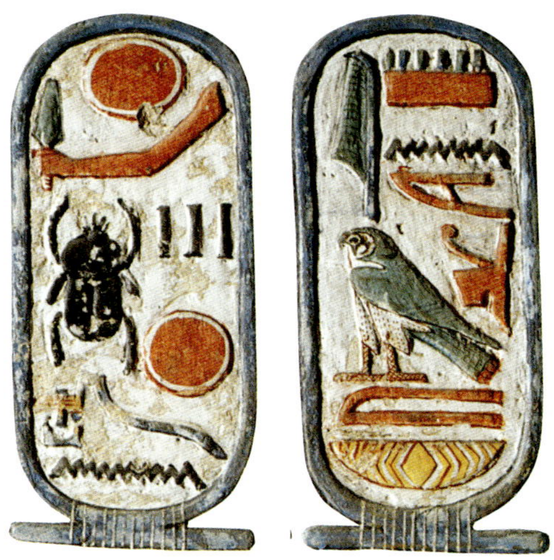

38 unten
Schreibtafel aus Elfenbein aus dem Grab Tutanchamuns.

39 links
Papyrus-Polierstein aus Elfenbein aus dem Grab Tutanchamuns.

39 oben Mitte
Schreibgerätetui aus vergoldetem Holz aus der Grabausstattung Tutanchamuns.

39 oben rechts
Schreibtafel aus vergoldetem Holz aus dem Grab Tutanchamuns.

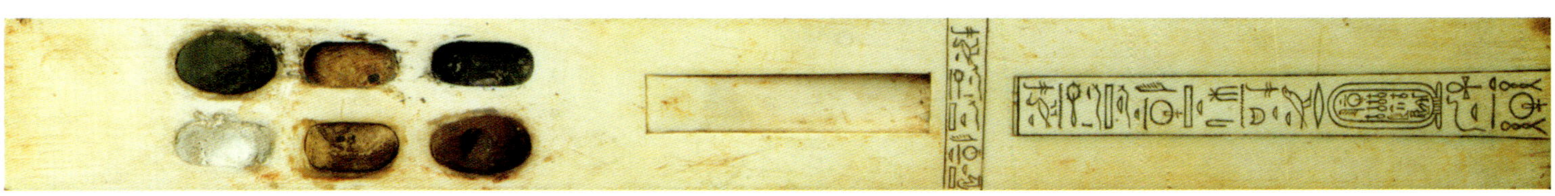

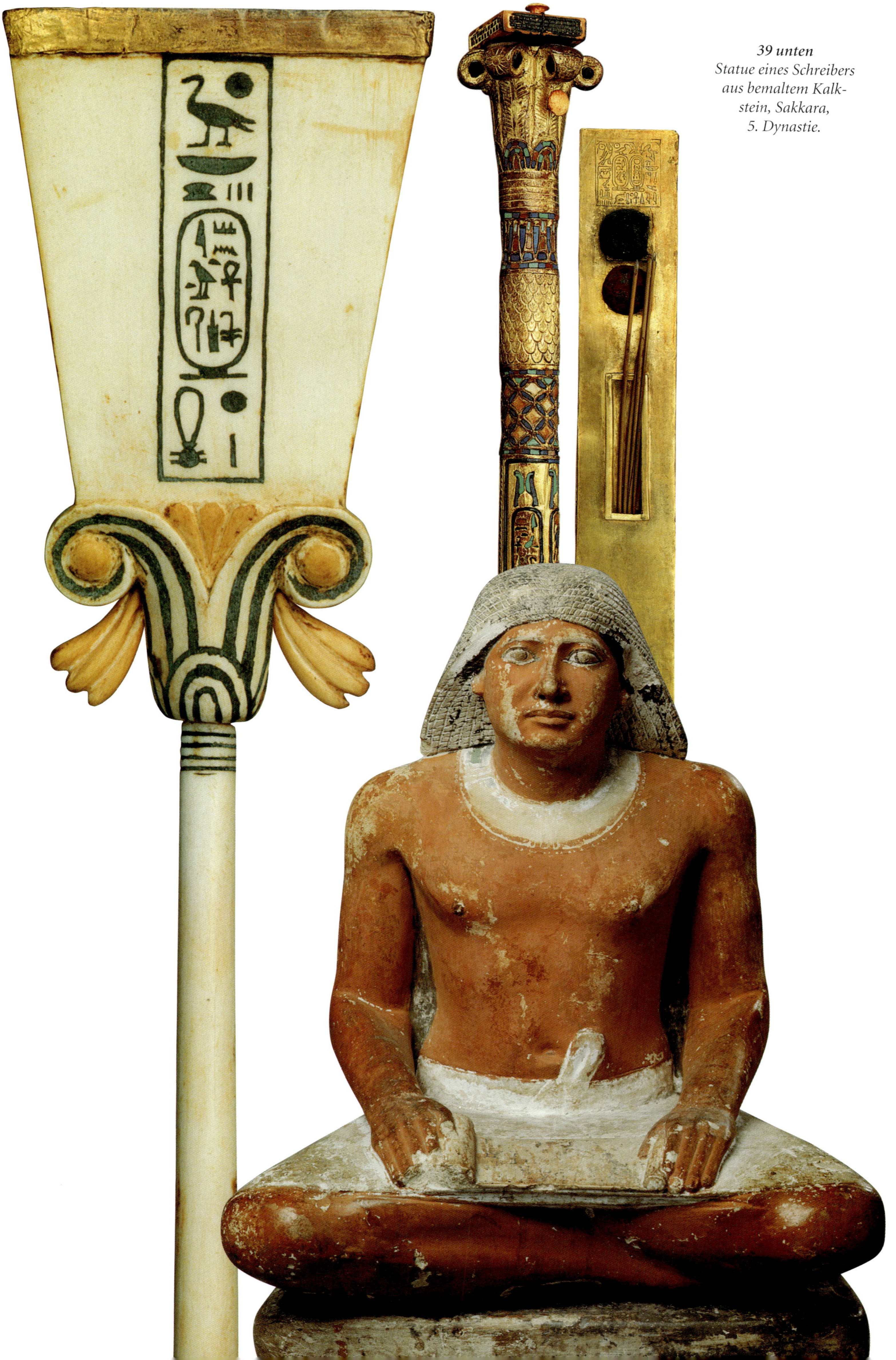

39 unten
Statue eines Schreibers aus bemaltem Kalkstein, Sakkara, 5. Dynastie.

REISENDE UND FORSCHER

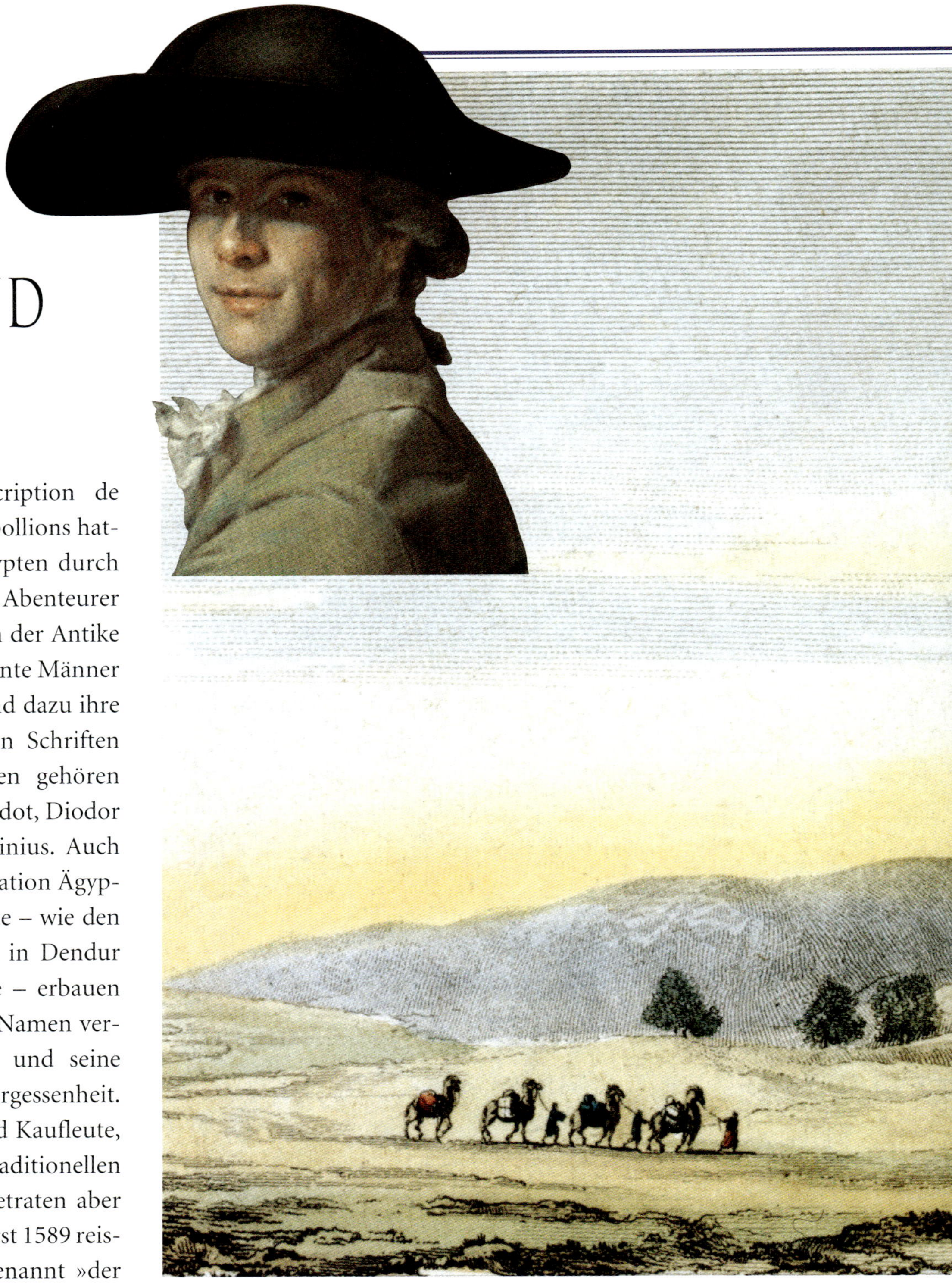

Die Veröffentlichung der »Description de l'Egypte« und der Schriften Champollions hatte einen wahren Ansturm auf Ägypten durch Forscher, Antiquitätenhändler, Abenteurer und Touristen zur Folge. Bereits in der Antike hatten mehr oder weniger prominente Männer das Land der Pharaonen bereist und dazu ihre mehr oder weniger glaubwürdigen Schriften hinterlassen. Zu den bekanntesten gehören Homer, Hekataios von Milet, Herodot, Diodor Sikulus, Strabon, Plutarch und Plinius. Auch römische Kaiser erlagen der Faszination Ägyptens. Viele ließen neue Monumente – wie den von Augustus errichteten Tempel in Dendur oder den Trajan-Kiosk auf Philae – erbauen und bestehende Bauten mit ihren Namen versehen. Danach gerieten Ägypten und seine Denkmäler für Jahrhunderte in Vergessenheit. Zwar zogen mitunter Reisende und Kaufleute, vor allem aus Venedig, auf den traditionellen Handelswegen durch das Land, betraten aber nie das Gebiet südlich von Kairo. Erst 1589 reiste ein unbekannter Kaufmann, genannt »der

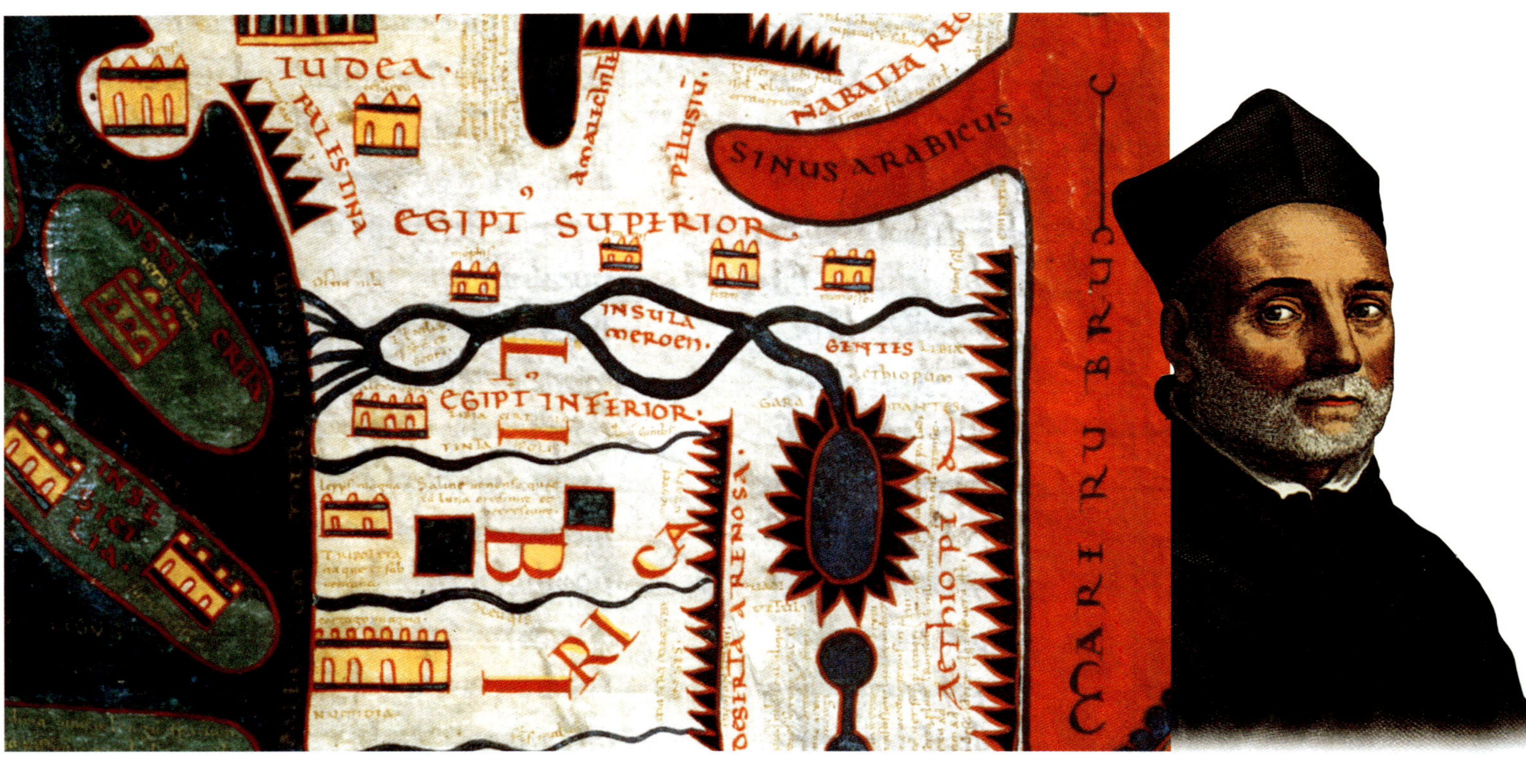

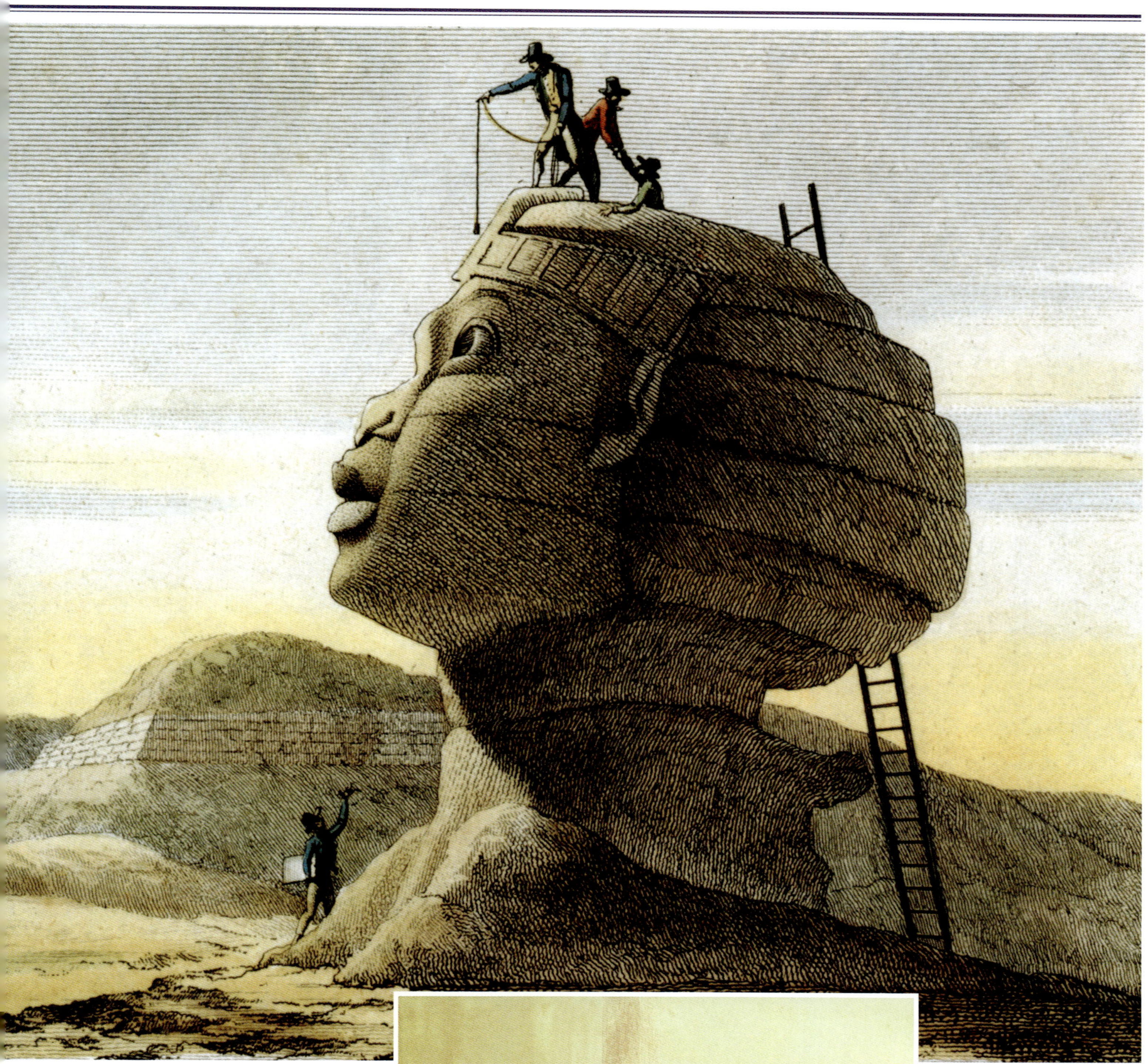

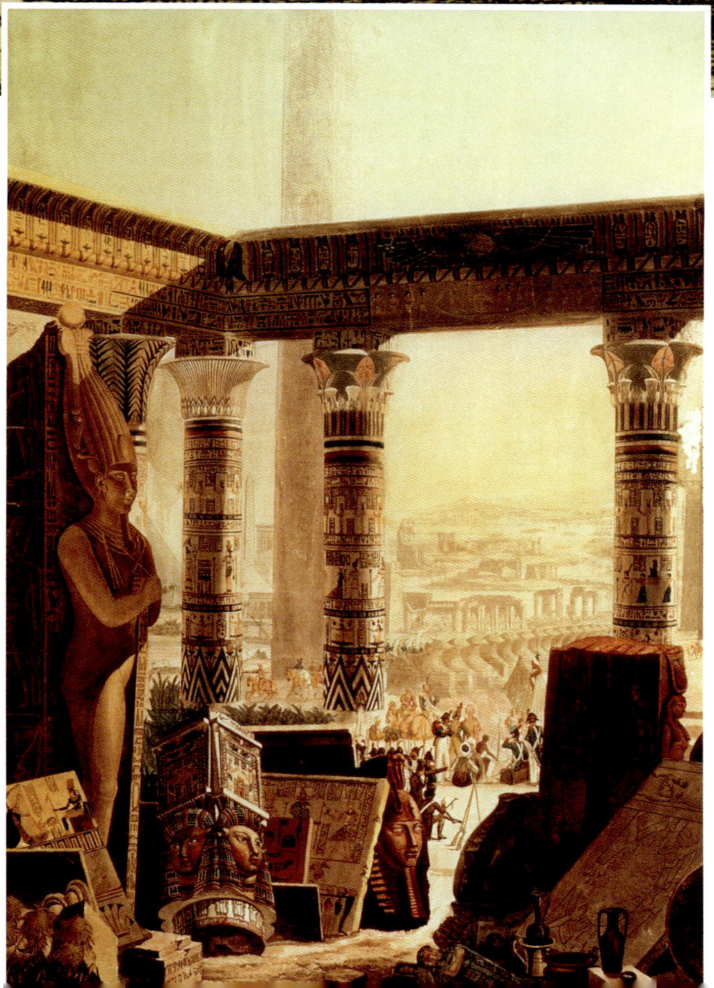

40 oben
Dominique Vivant Denon (1747–1825), einer der ersten Ägyptologen, Jugendbildnis.

40 unten links
Ägypten auf einer mittelalterlichen Weltkarte zwischen 1042 und 1072.

40 unten rechts
Der deutsche Jesuit Athanasius Kircher (1602–1680), Autor einer Studie über die Korrelationen zwischen dem ägyptischen Kalender, dem gregorianischen Kalender und dem Tierkreis.

40–41
Die Vermessung des Sphinx während der napoleonischen Expedition in Ägypten. Illustration von Vivant Denon.

41 unten
Frontispitz der Description de l'Egypte *in der Ausgabe des Verlegers Jean Josephe Panckoucke aus dem Jahr 1825.*

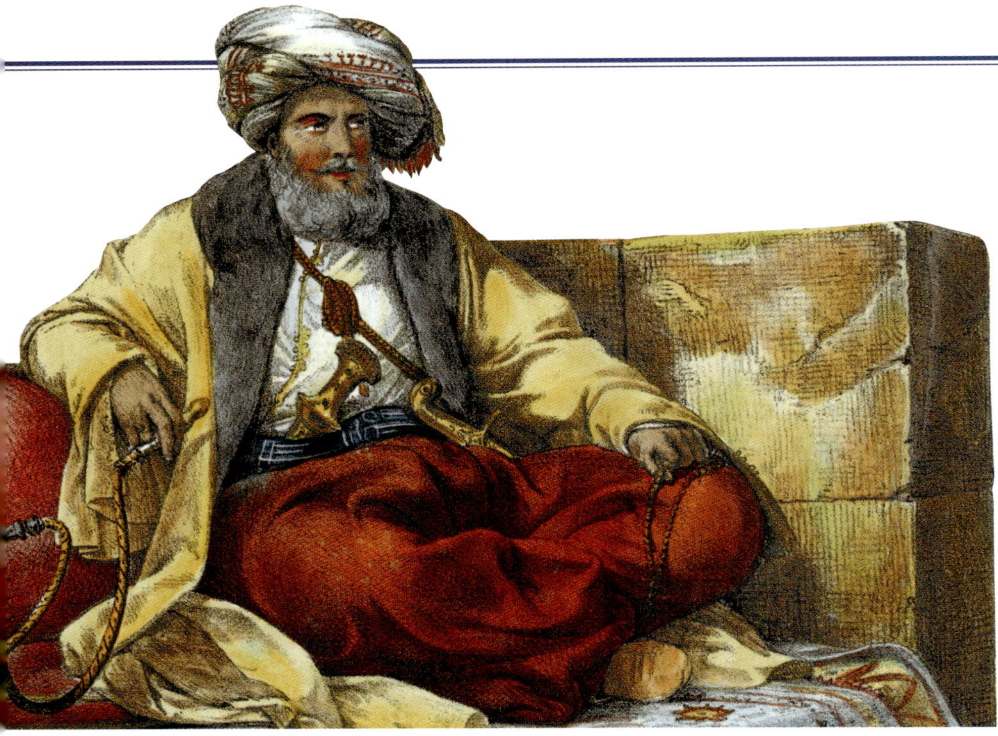

»unbekannte Venezianer«, am Nil entlang nach Theben und schrieb den ersten heute bekannten Reisebericht über Oberägypten.

Im Laufe der darauffolgenden zwei Jahrhunderte wurde das Land sporadisch von Reisenden besucht, darunter der deutsche Jesuit Athanasius Kircher, die Franzosen Sicard, Volney, d'Anville und die Engländer James Bruce und Henry Salt. Zu ernsthaften Untersuchungen mit Zeichnungen und Plänen der Monumente Ägyptens kam es jedoch erst während der Militärexpedition Napoleons. 1798 kamen Dominique Vivant Denon und ausgewählte Forscher nach Ägypten, wo sie viele Monumente katalogisierten und registrierten. Diese wurden später (1809) in der »Description de l'Egypte«, einem Werk aus neun Textbänden und elf Bildtafelbänden, veröffentlicht, die mehr als dreitausend Zeichnungen von zweihundert Künstlern umfassten. Die Denkmäler Altägyptens blieben jedoch stumm, obwohl sie mit Inschriften bedeckt waren, denn alle Versuche, die Schrift der Pharaonen zu entziffern, waren bis dahin fehlgeschlagen. 1799 aber entdeckte der Statthalter Bouchard bei Rosetta jenen Stein, der Jahre später eine Schlüsselrolle bei der Entzifferung der Hieroglyphen spielte.

42 oben
Mohammed Ali Pascha war der unangefochtene Herrscher Ägyptens von 1805 bis 1849.

42 unten
Bernardino Drovetti (1776–1852), Konsul von Frankreich, posiert 1818 vor einem Kolossalkopf in Theben.

43 oben links
Bildnis des Abenteurers und Ägyptologen Giovanni Battista Belzoni (1778–1823) in orientalischer Kleidung.

43 unten links
Riesiger anthropoider Sarg, entdeckt von Heinrich von Minutoli im Jahr 1820.

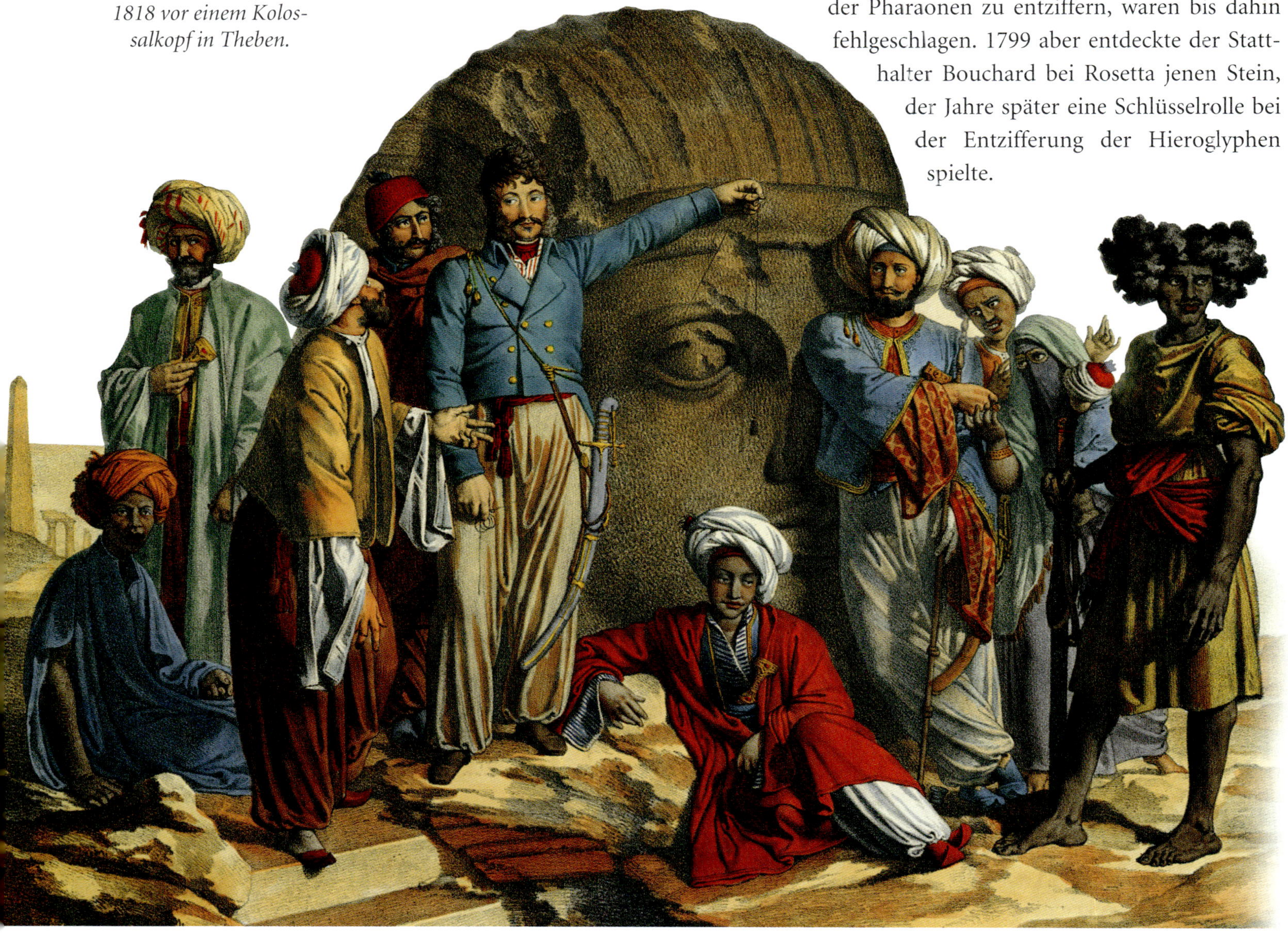

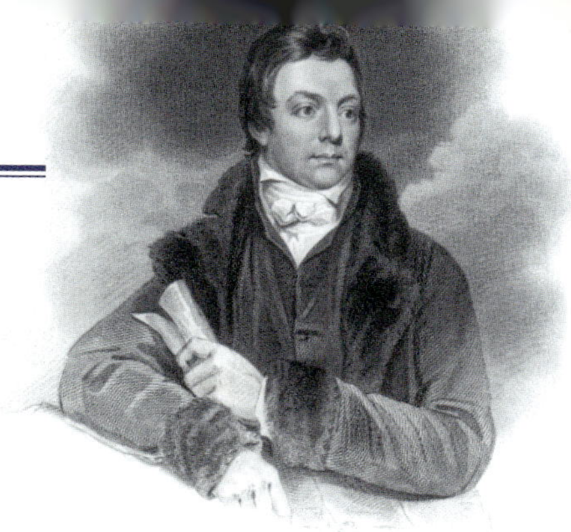

43 oben rechts
Der Künstler und Diplomat Henry Salt wurde 1816 zum englischen Generalkonsul in Ägypten ernannt.

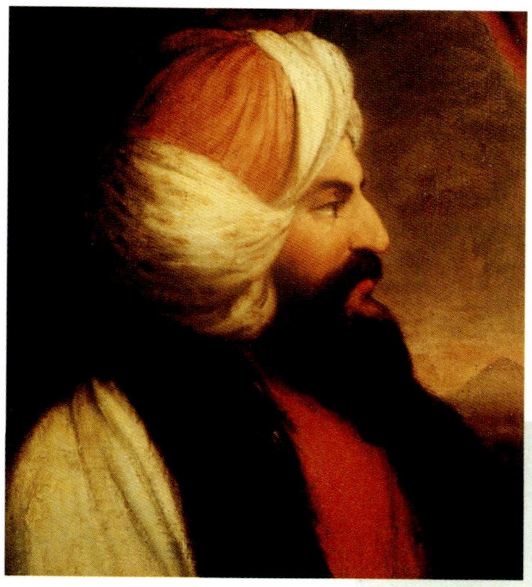

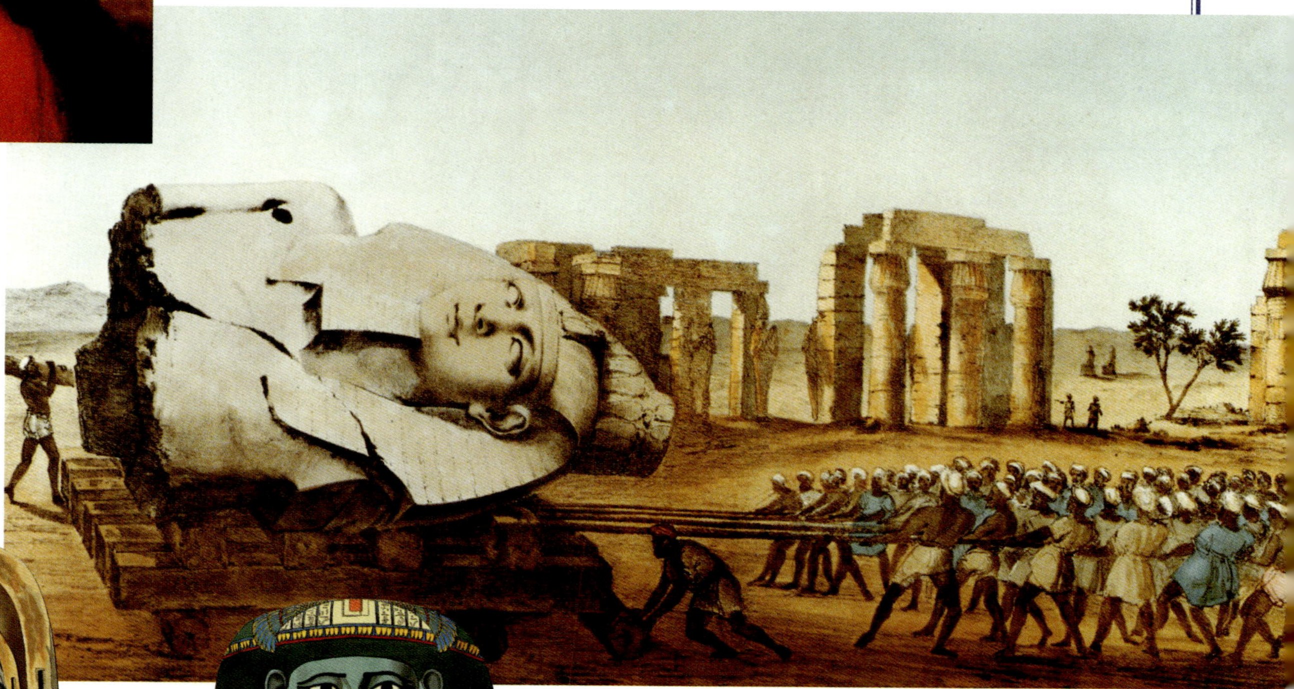

43 Mitte
Bergung einer Kolossalbüste Ramses' II. im Jahre 1816 in Theben, unter Belzonis Leitung.

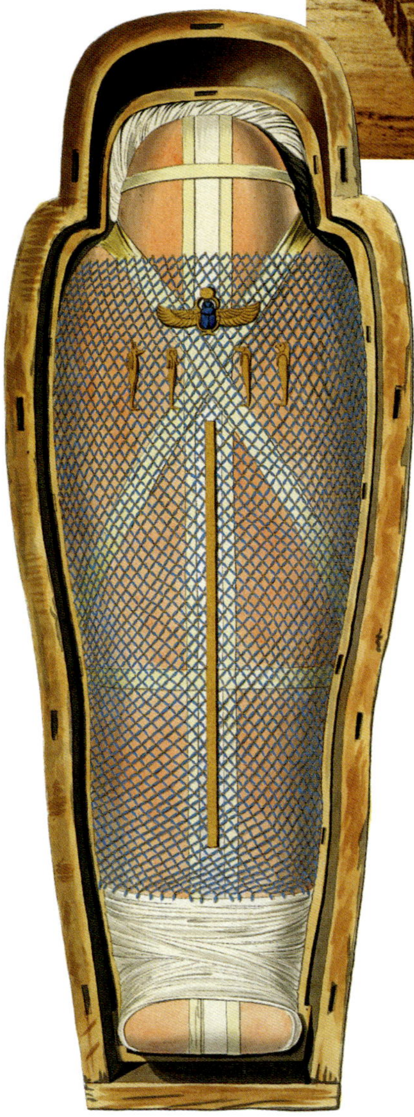

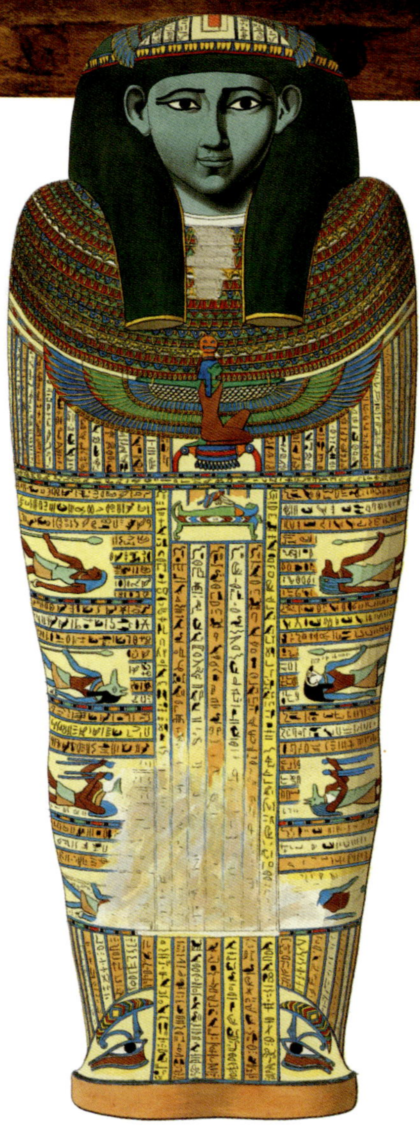

Auch nach dem unrühmlichen Ende des napoleonischen Abenteuers kam es zu zahlreichen Entdeckungen. 1813 entdeckte der Schweizer Orientalist Ludwig Burckhardt den Tempel von Abu Simbel. 1815 landete Giovanni Battista Belzoni aus Padua in Ägypten, wo er zwischen 1816 und 1818 aufsehenerregende Unternehmen initiierte, darunter die Öffnung des großen Tempels von Abu Simbel, die Entdeckung des Grabes von Sethos I. im Tal der Könige und jene des Eingangs der Chefren-Pyramide in Giseh. Der hünenhafte Abenteurer zeichnete sich durch archäologische Intuition und technische Genialität aus und errang dank dieser Eigenschaften manchen spektakulären Erfolg.

1820 entdeckte ein anderer Italiener, Girolamo Segato, den Eingang zur Stufenpyramide des Djoser in Sakkara und erschloss kartografisch große Gebiete Oberägyptens und Nubiens, wobei er bis zur weit entfernten Oase Siwa vordrang. 1828 schließlich organisierte Jean François Champollion mit seinem Schüler Ippolito Rosellini die französisch-toskanische

44 oben links
Der Ägyptologe Ippolito Rosellini (1800–1843) aus Pisa, Autor der Monumenti dell'Egitto e della Nubia.

44 unten links
Ramses II. erschlägt Feinde unterschiedlicher Rasse. Zeichnung aus den Monumenti Storici *von Ippolito Rosellini.*

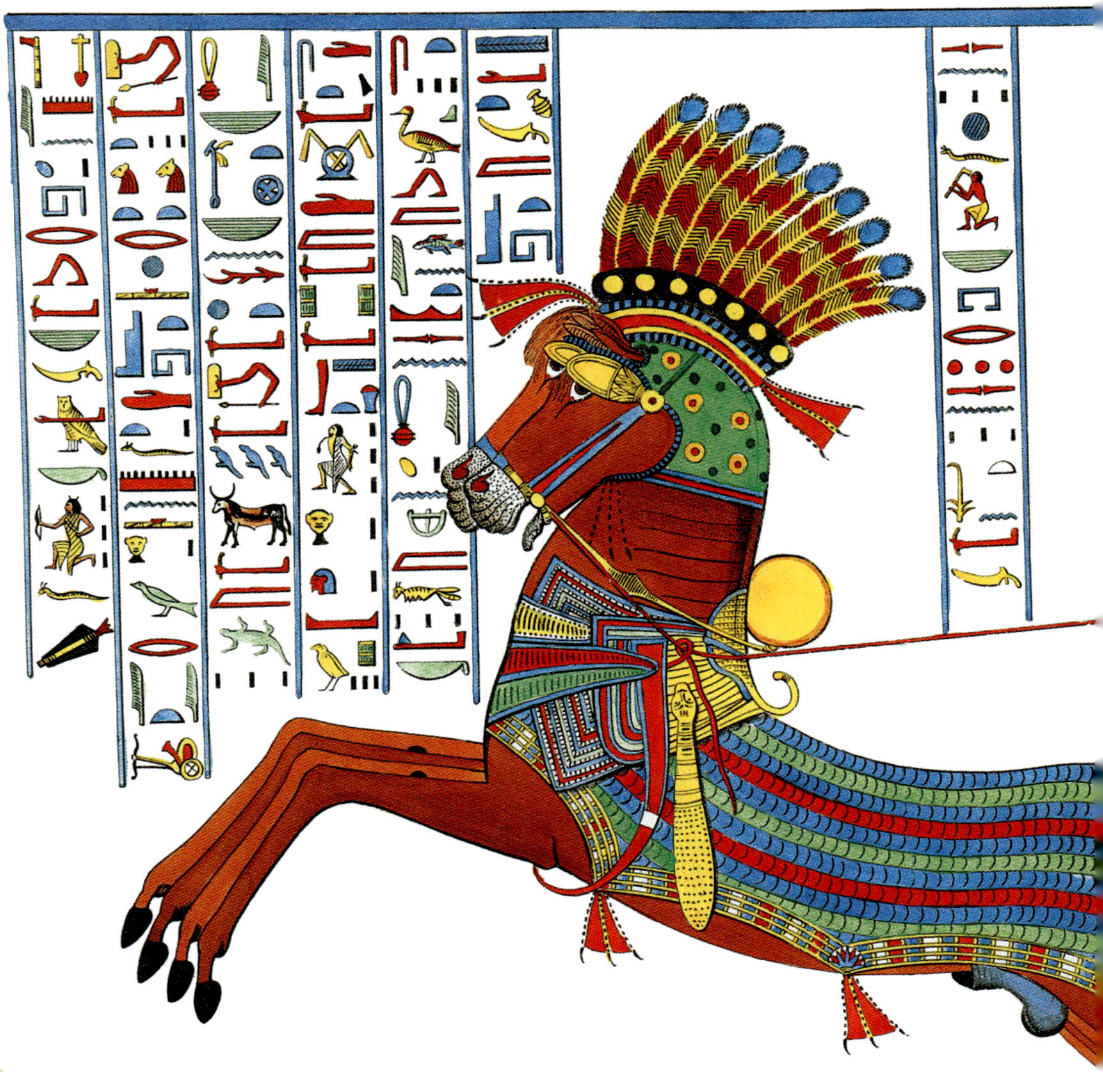

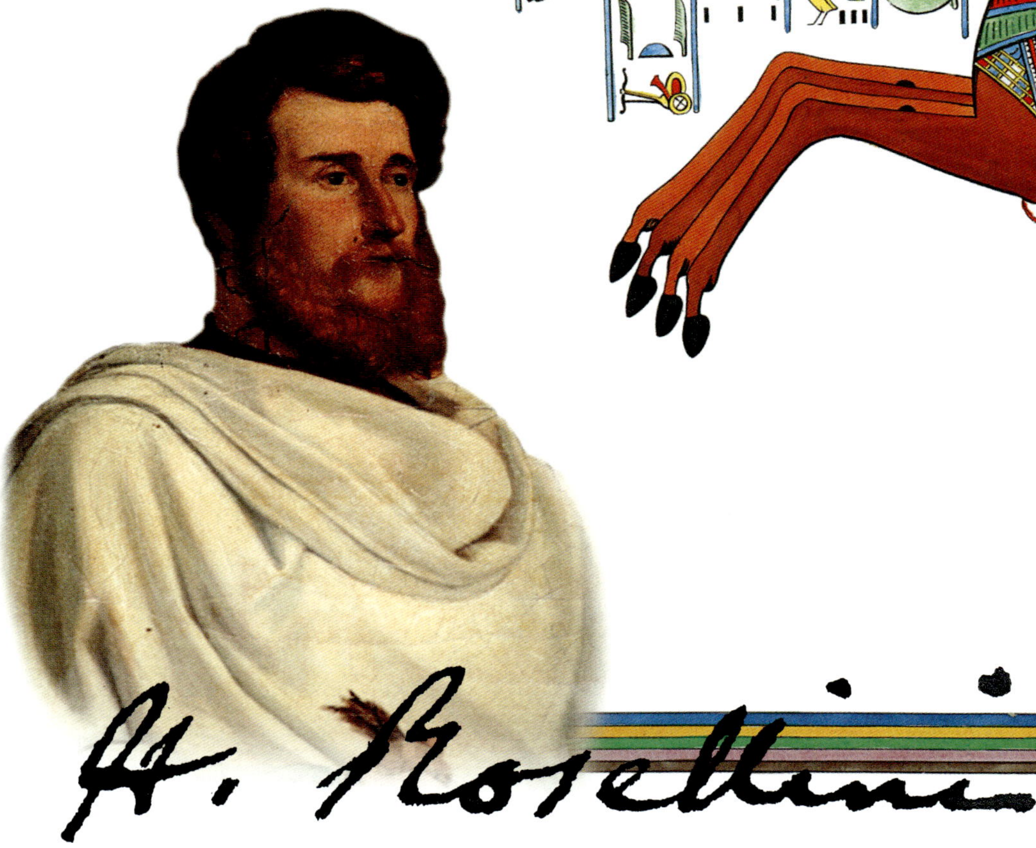

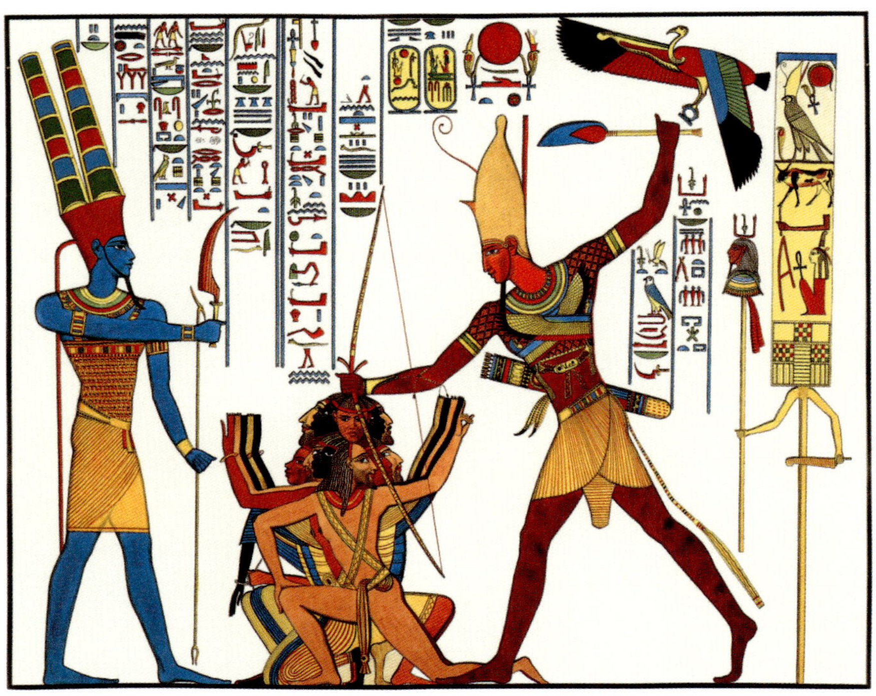

Expedition, um seine Ergebnisse vor Ort zu überprüfen und sie mit neuen epigrafischen Dokumenten zu untermauern. Während seines Aufenthalts koordinierte Rosellini nicht nur die grafische Dokumentation zahlreicher epigrafischer Reliefs und der wichtigsten Monumente Altägyptens, sondern erwarb auch bedeutende archäologische Funde, die den Grundstock der ägyptologischen Sammlung des heutigen Museo Archeologico in Florenz bilden. Nach seiner Rückkehr nach Italien veröffentlichte er zwischen 1832 und 1844 sein Werk »Monumenti dell'Egitto e della Nubia«, aus dem die Bilder auf diesen Seiten stammen.

Das Werk des früh verstorbenen Champollion führte der Preuße Richard Lepsius fort, der 1842 eine Expedition nilaufwärts bis nach Meroe

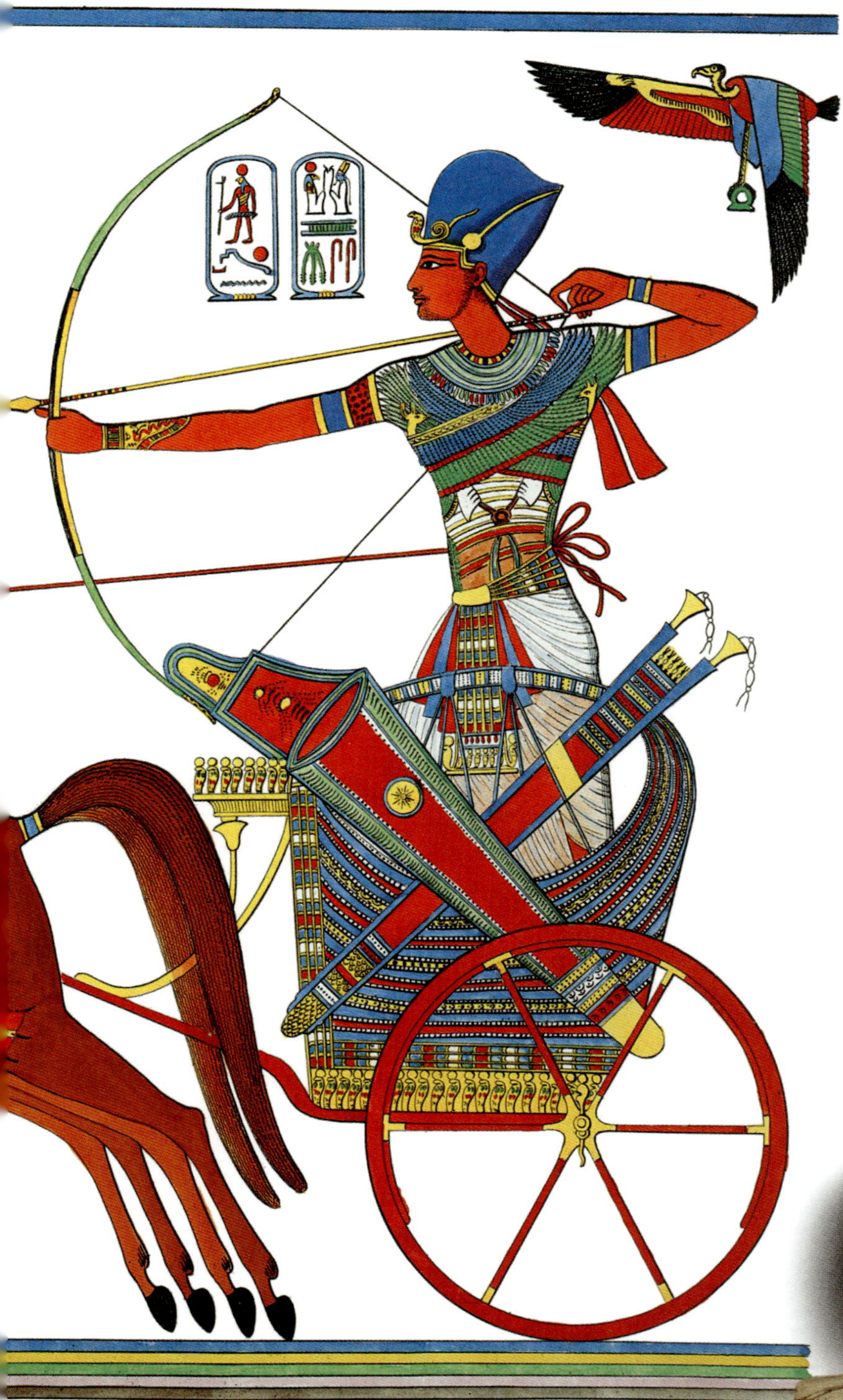

44–45
Ramses II. auf einem Streitwagen, Basrelief in der Säulenhalle des Tempels von Abu Simbel. Zeichnung aus den Monumenti Storici *von Ippolito Rosellini.*

45 oben rechts
Der Ägyptologe Karl Richard Lepsius (1810–1884).

45 unten rechts
Der große Tempel von Abu Simbel aus dem Werk Denkmäler aus Ägypten und Äthiopien, *das zwischen 1849 und 1859 von Karl Richard Lepsius herausgegeben wurde.*

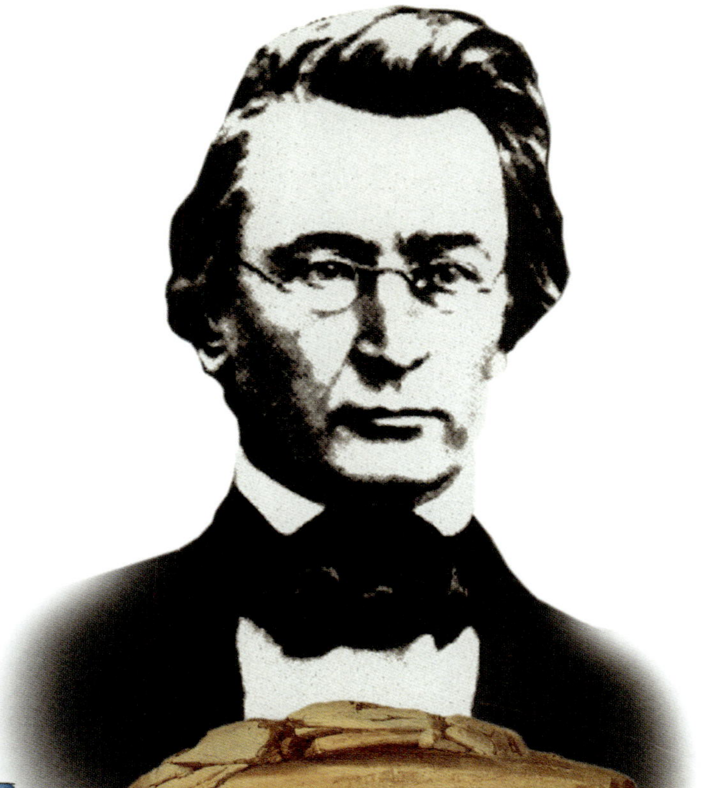

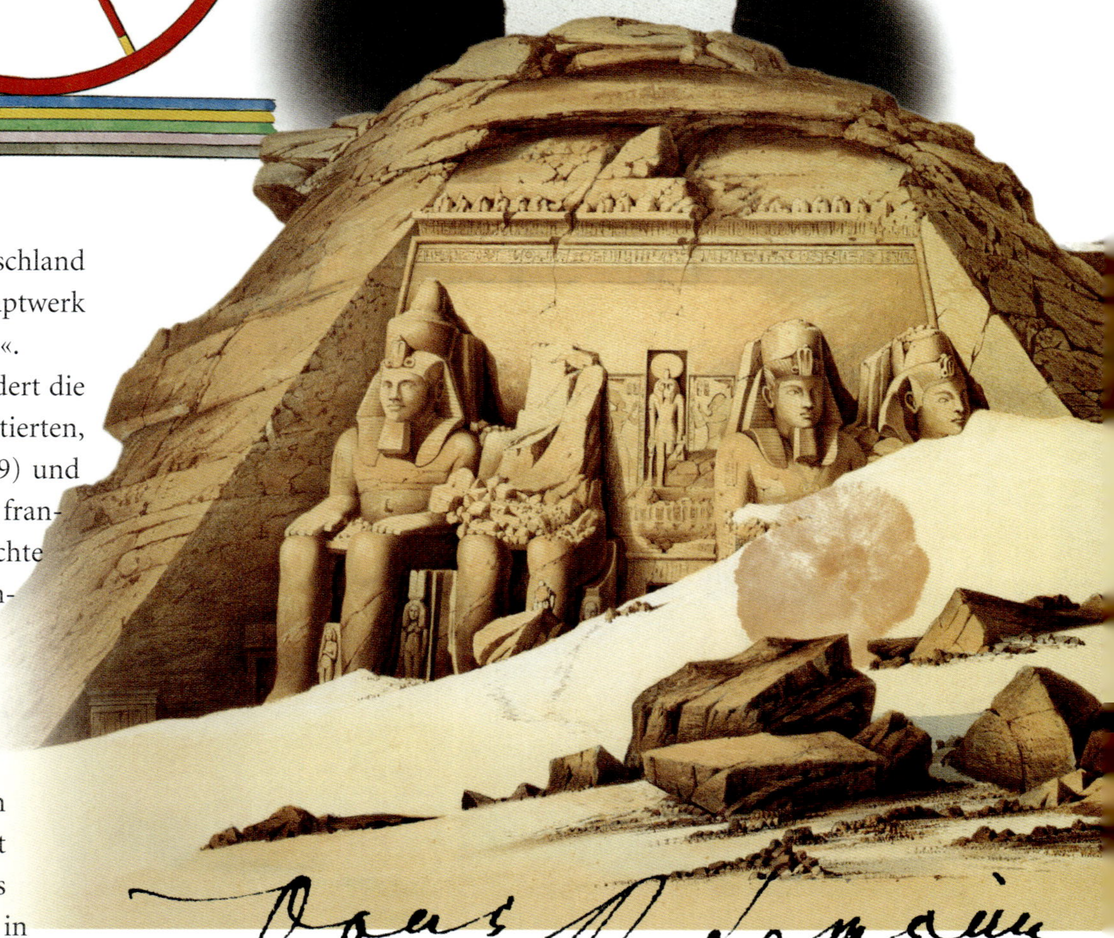

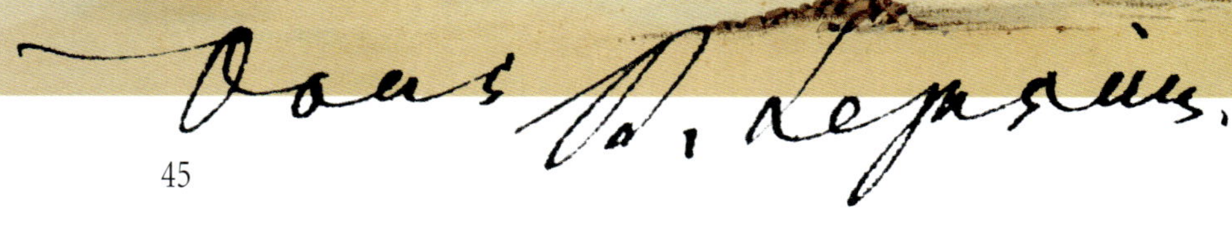

organisierte. Als er 1848 nach Deutschland zurückkehrte, veröffentlichte er sein Hauptwerk »Denkmäler aus Ägypten und Äthiopien«.
Von den Künstlern, die im 19. Jahrhundert die Relikte des Pharaonenreiches dokumentierten, sind Emile Prisse d'Avennes (1807–1879) und David Roberts zu erwähnen. Ersterer, ein französischer Ingenieur und Architekt, besuchte 1827 auf Einladung von Pascha Mohammed Ali Ägypten. Der hochintelligente, mit bemerkenswertem zeichnerischen Talent ausgestattete Franzose begann sehr bald mit dem Studium der pharaonischen Monumente, wobei er sich auch für die Zeugnisse der islamischen Kunst interessierte. 1836 reiste er nilaufwärts nach Abu Simbel und ließ sich danach in

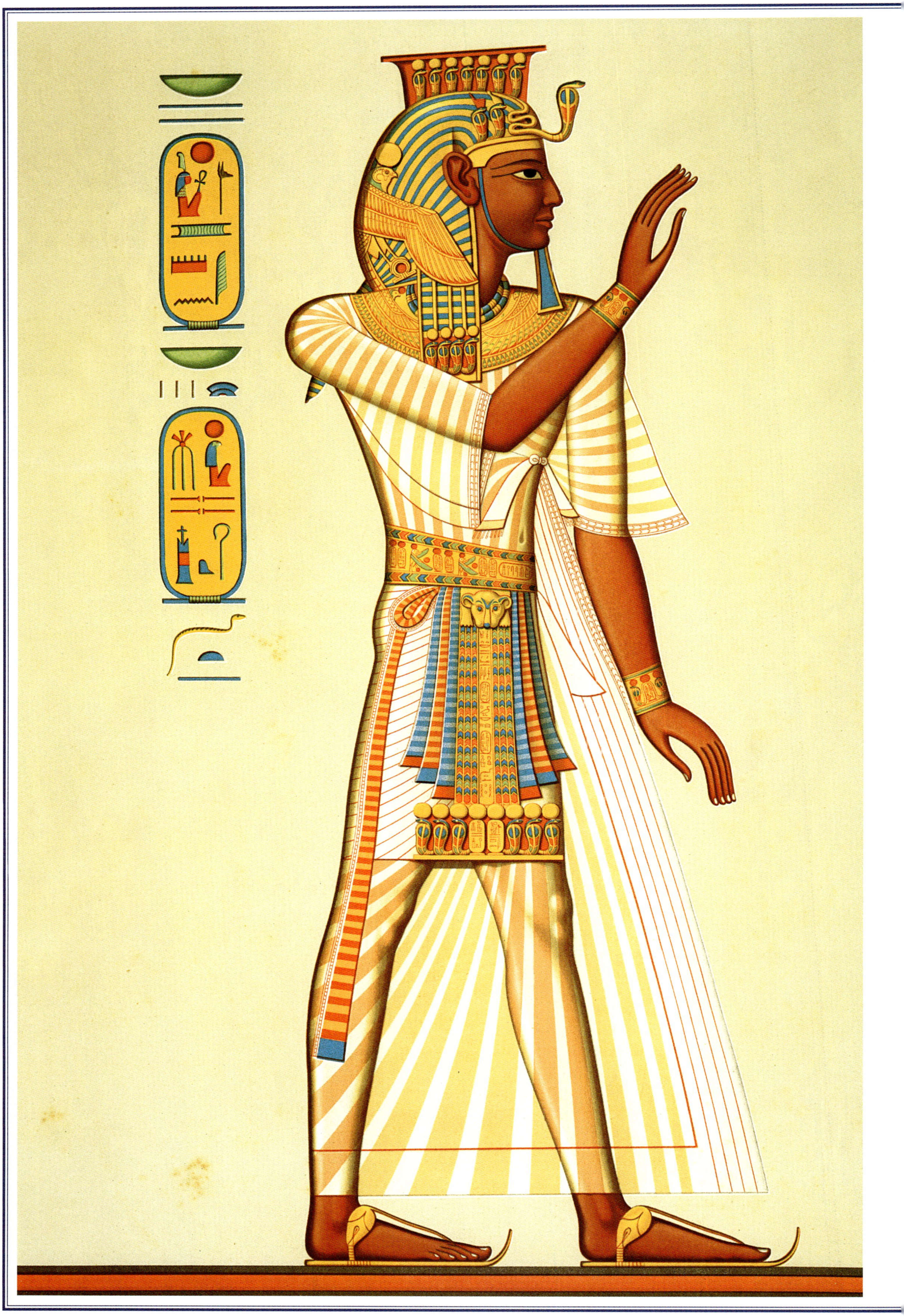

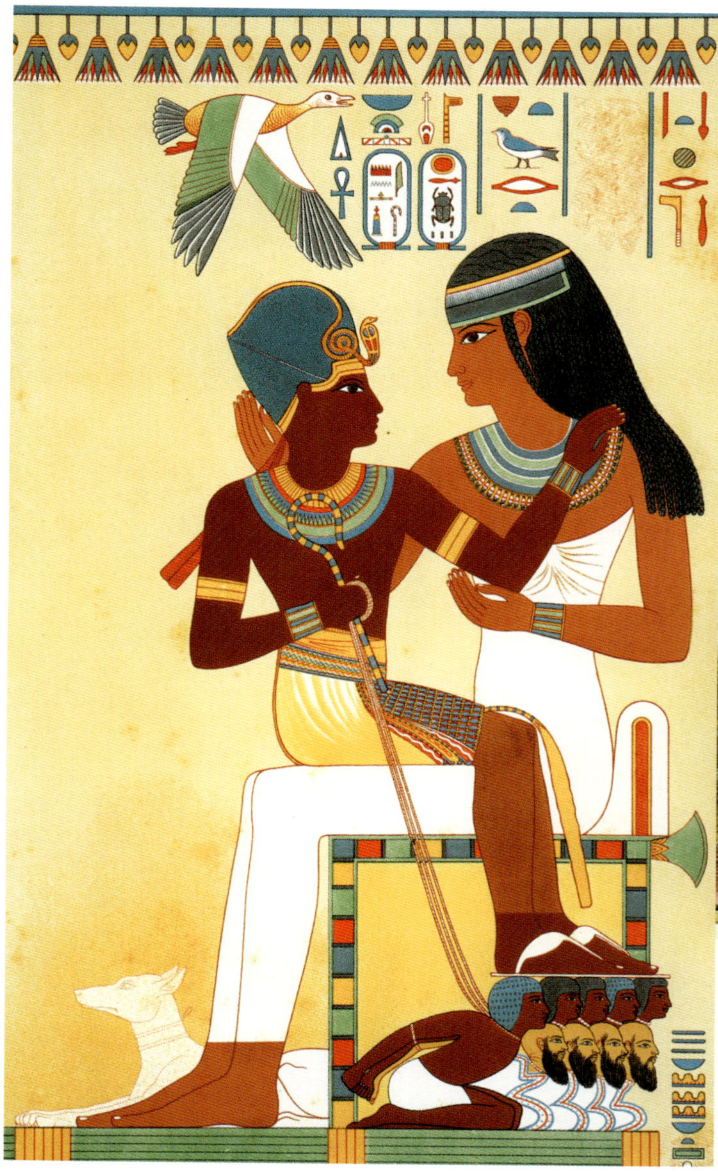

46
Basrelief Ramses' III. aus dessen Grab im Tal der Könige. Zeichnung von Emile Prisse d'Avennes.

47 unten links
Magd, die auf der Laute spielt; Basrelief im Grab Chenamons, Theben. Zeichnung von Emile Prisse d'Avennes.

47 oben links
Die königliche Amme hält Amenophis II. im Arm. Zeichnung von Emile Prisse d'Avennes.

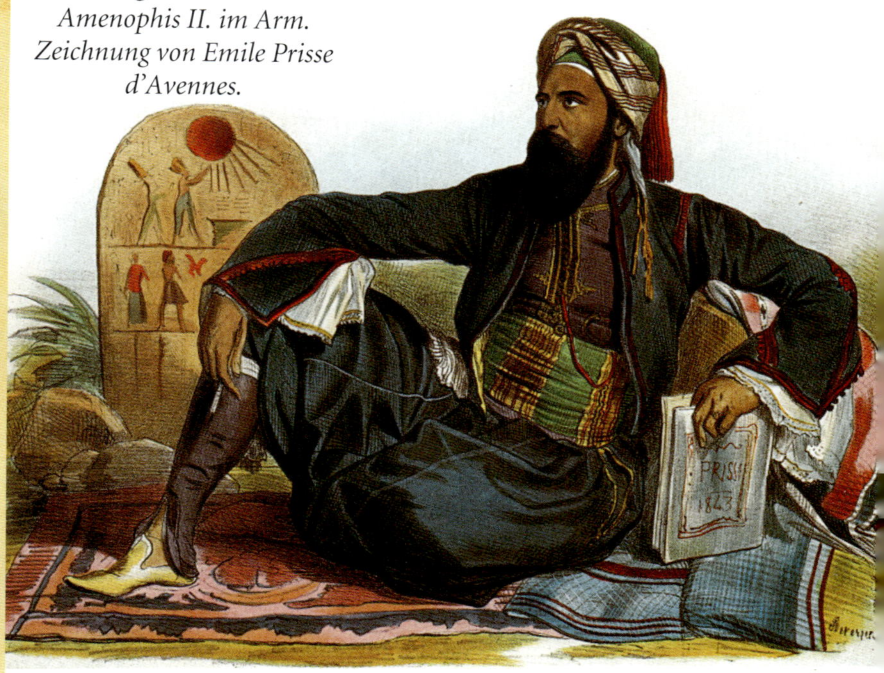

47 oben rechts
Bildnis des Ägyptologen und Abenteurers Emile Prisse d'Avennes (1807–1879) in orientalischer Kleidung.

47 unten rechts
Vertreter fremder Völker huldigen Amenophis IV. Skizze von Prisse d'Avennes.

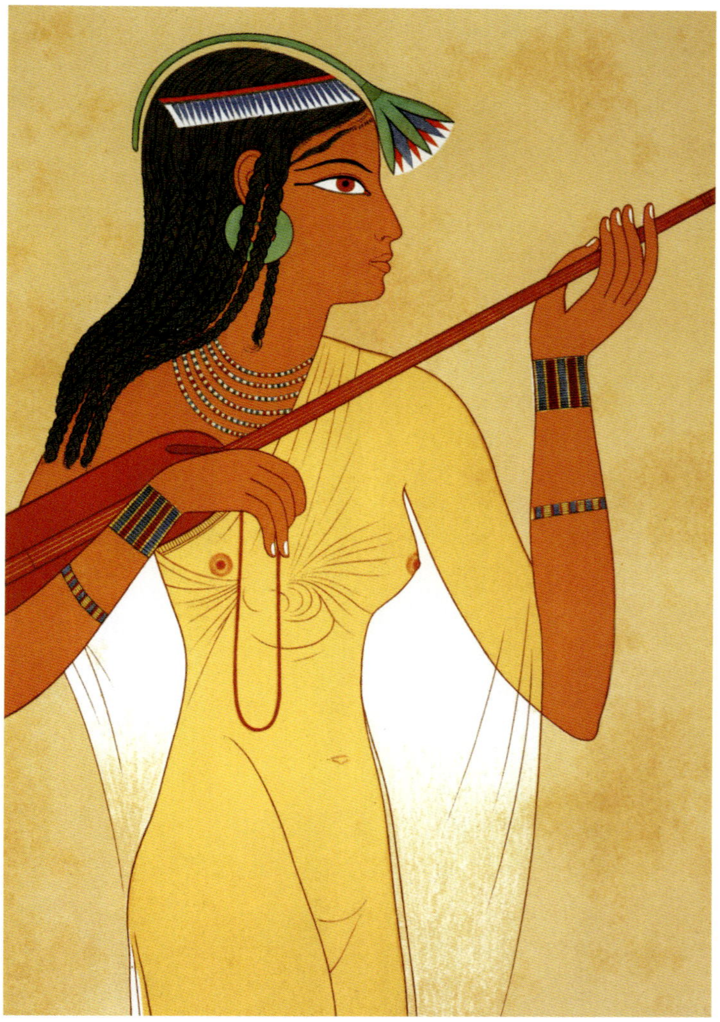

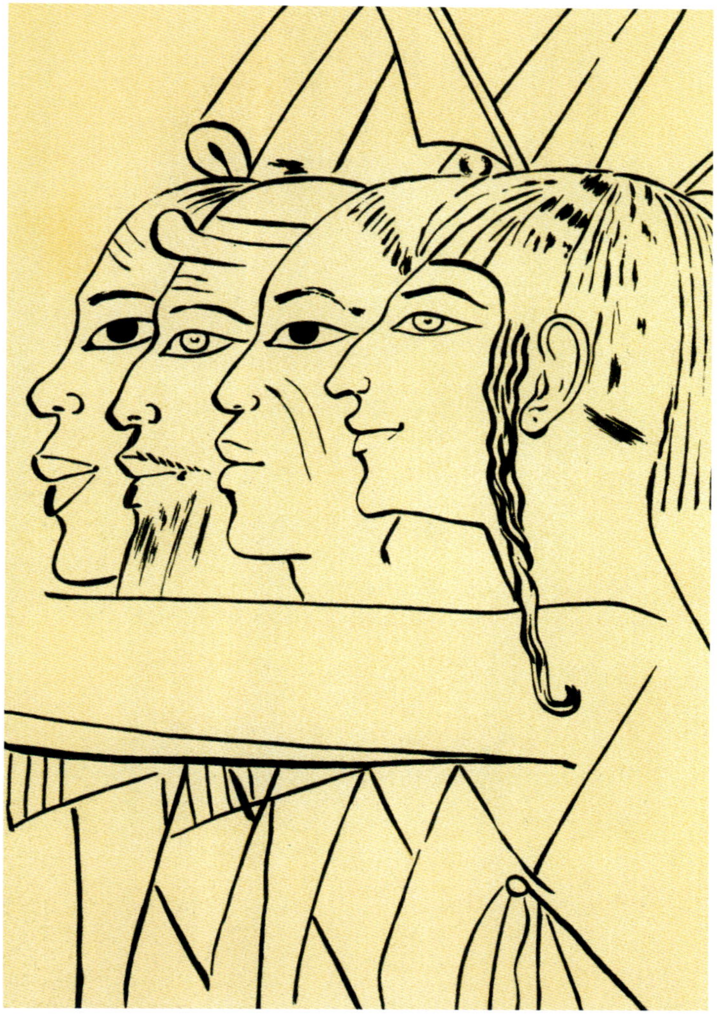

48–49
Tempel von Abu Simbel mit den Kolossalstatuen Ramses' II.

48 unten links
Pronaos des Tempels von Edfu, zweitgrößter nach dem von Karnak.

48 unten rechts
Der Nil nahe der Festung Ibrim, heute vom Nassersee überflutet.

Alle fünf Lithografien stammen aus Ägypten und Nubien *(1846–1849) von David Roberts.*

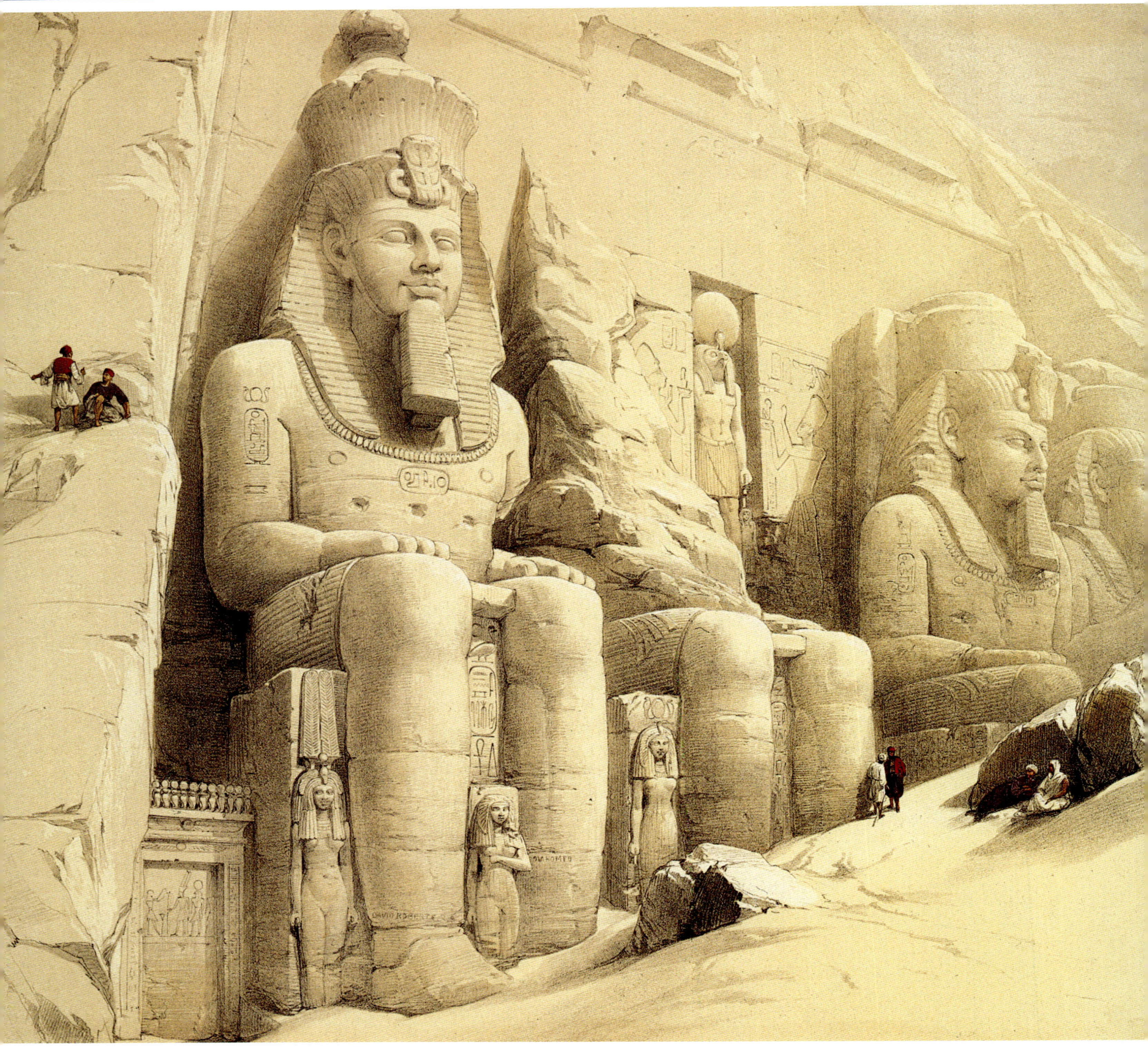

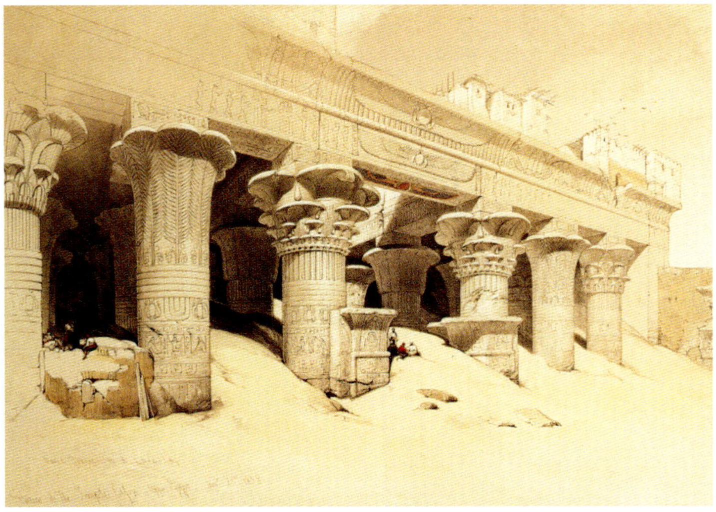

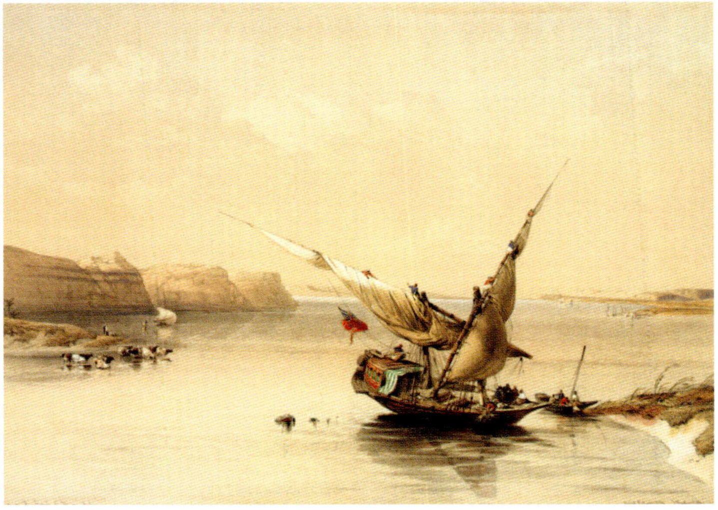

49 oben
David Roberts in orientalischer Kleidung. Porträt von Robert Scott Launder.

49 unten
Aufziehen des Simoon, eines heißen Wüstenwindes.

50–51
Der Tempel von Philae.

Luxor nieder. 1844 kehrte er nach Frankreich zurück und begann mit der Veröffentlichung seiner Zeichnungen. Seine letzten Jahre, 1858 bis 1860, verbrachte er wieder in Ägypten, wo er seine beiden Werke »Atlas de l'histoire de l'art egyptien« und »Art arabe, d'après le monuments du Caire« verfasste, deren Bilder auch heute noch sehr geschätzt werden.

Der Schotte David Roberts (1796–1864), einer der gefeiertesten Vedutenmaler des 19. Jahrhunderts, reiste 1838 nach Ägypten, wo er alle wichtigen archäologischen Schauplätze und die Moscheen Kairos zeichnete. Seine wunderbaren Lithografien, die er zwischen 1846 und 1849 in London unter dem Titel »Egypt and Nubia« veröffentlichte, sind ein wertvolles Zeugnis für die Farben der vielen Basreliefs, die heute fast vollständig verloren sind. Das dokumentarische Werk Roberts' hat zudem in Bezug auf die nubischen Tempel eine ganz besondere Bedeutung, da diese aufgrund der Errichtung des großen Assuan-Staudammes, der am 15. Januar 1971 eingeweiht wurde, abgebaut und häufig viele Kilometer von ihrem Originalstandort wiederaufgestellt worden sind. Viele der von Roberts abgebildeten Dörfer sind für immer verloren gegangen.

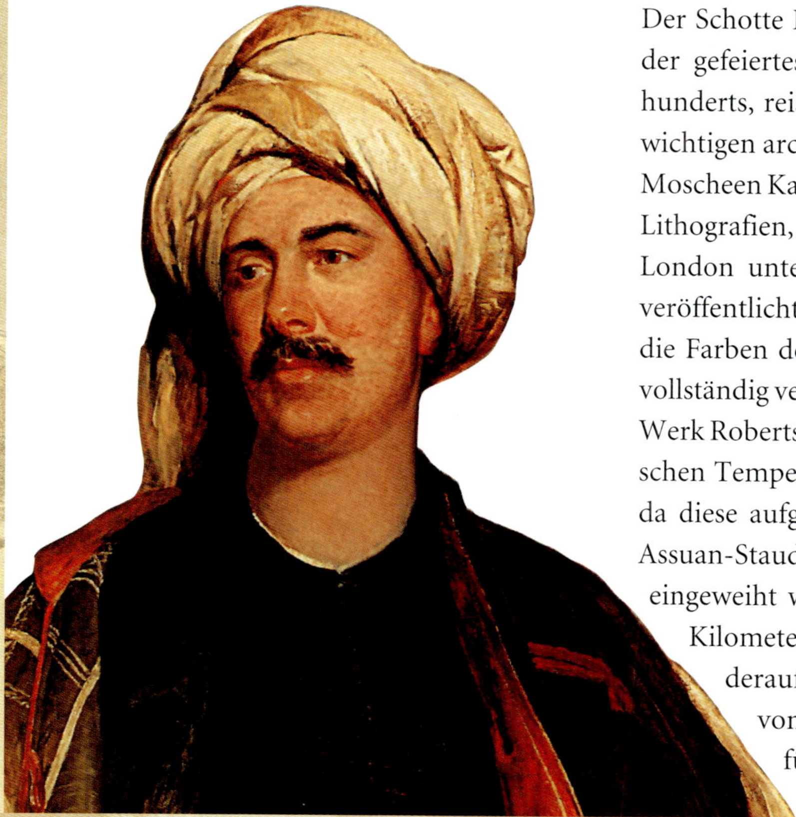

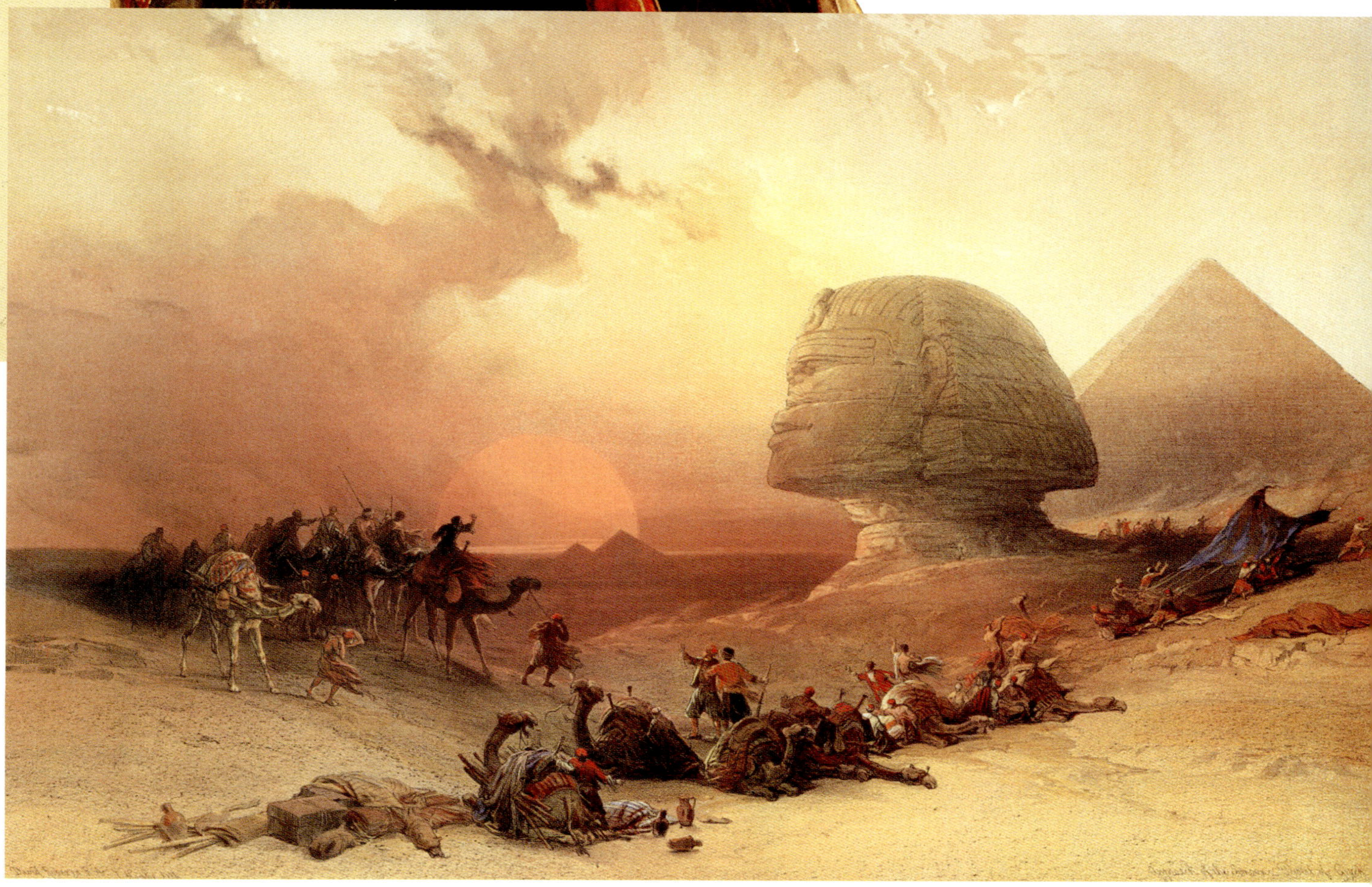

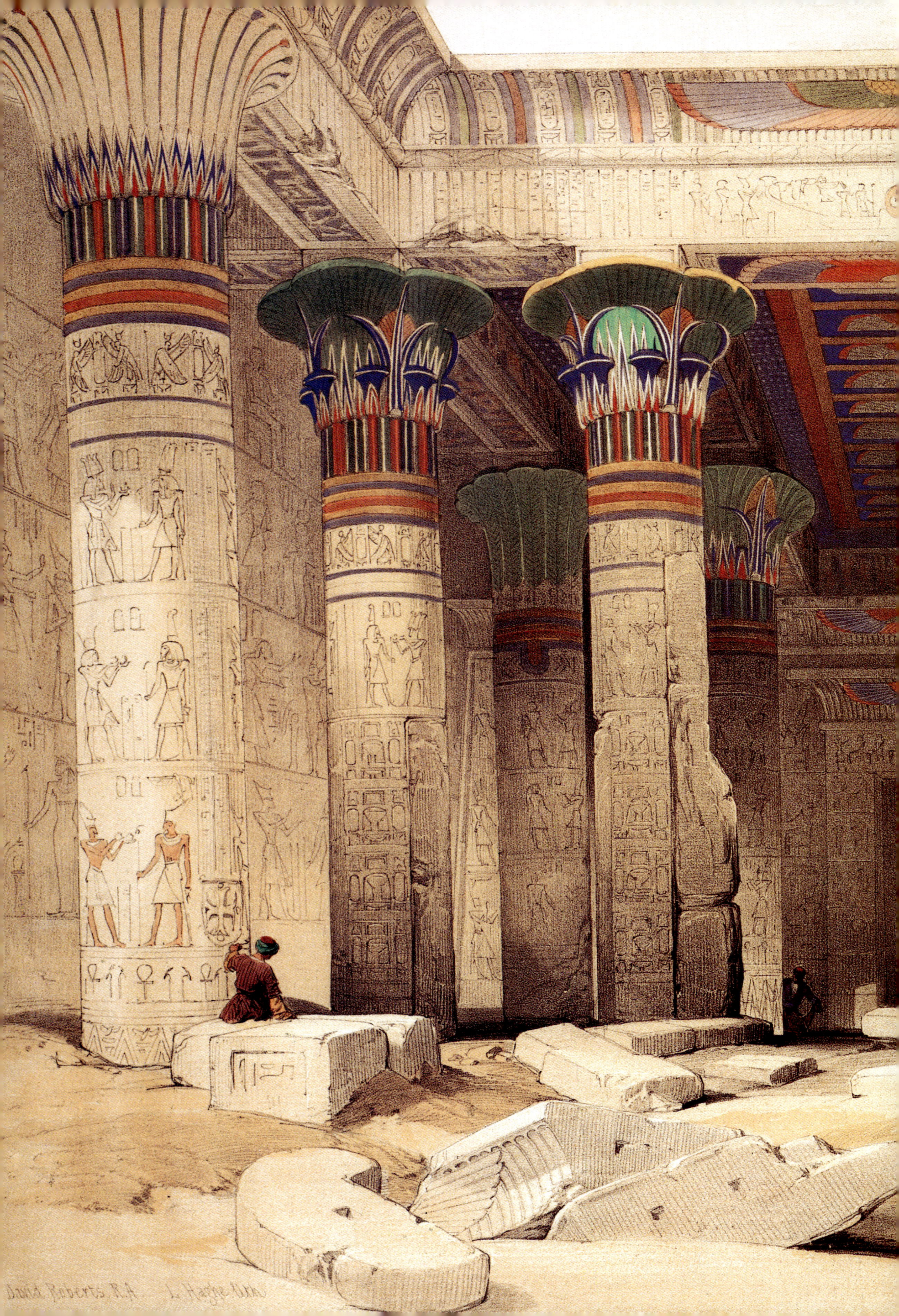
David Roberts R.A.
L. Haghe Lith.

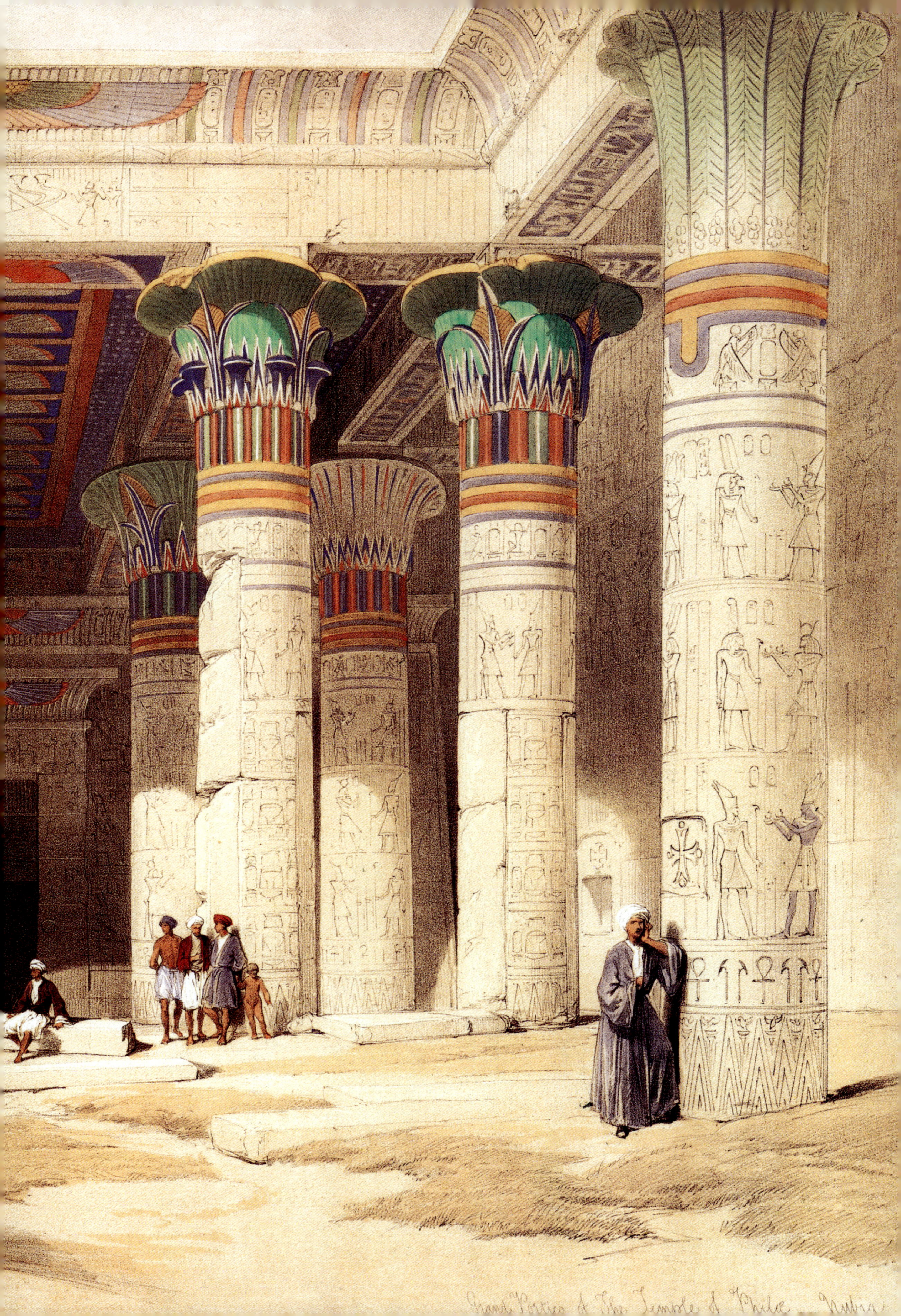
Grand Portico of The Temple of Philae _ Nubia

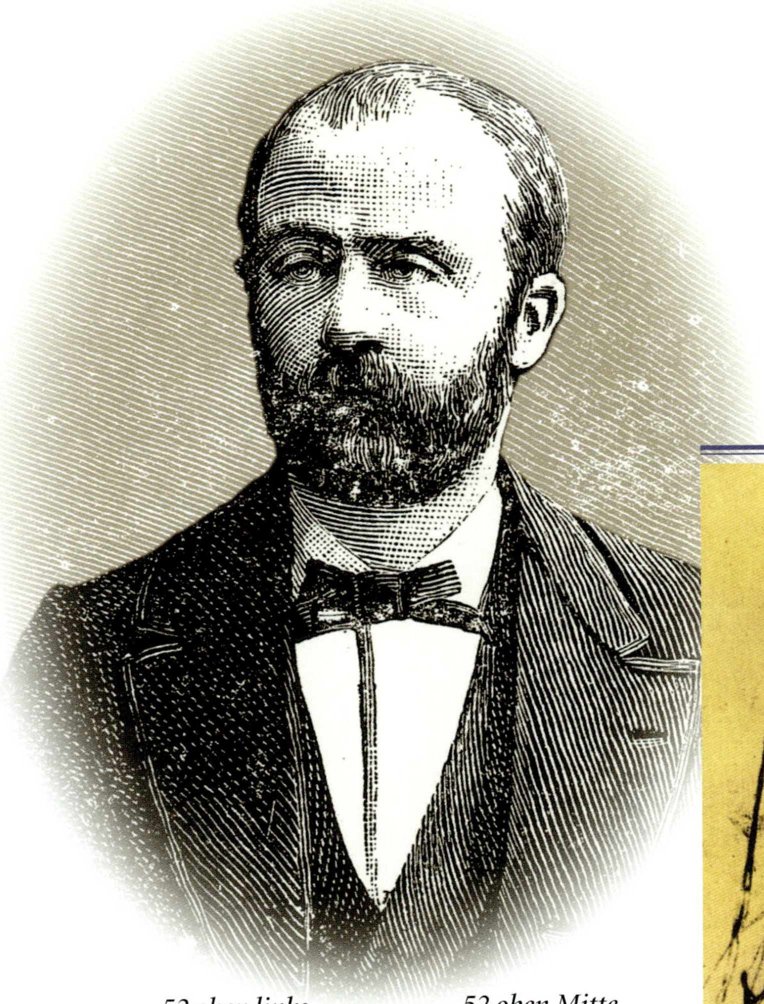

DER BEGINN DER MODERNEN ARCHÄOLOGIE

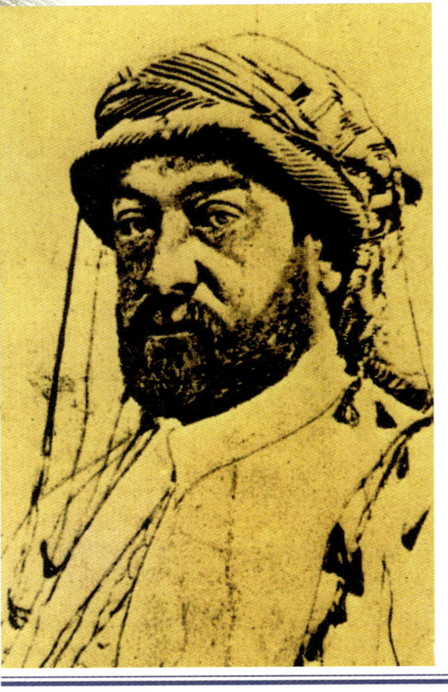

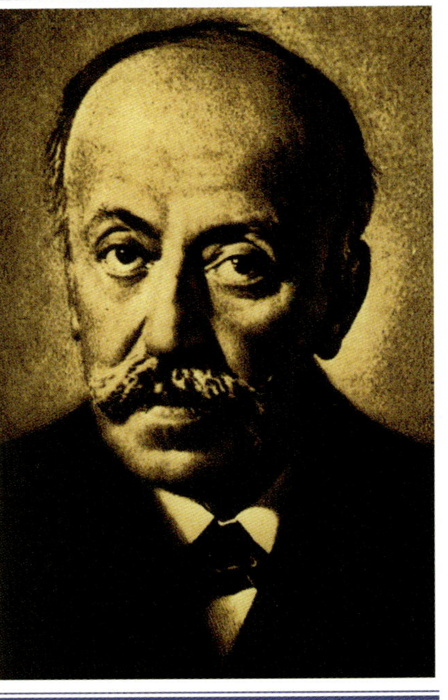

52 oben links
Bildnis von Gaston Maspero (1846–1916), Direktor des Service des Antiquités Egyptiennes.

52 unten links
Ausgrabungsarbeiten zu den in der Cachette von Karnak versteckten Statuen unter Jacques de Morgan 1903.

52 oben Mitte
Auguste Mariette (1821–1881), der Gründer des »Service des Antiquités Egyptiennes« und des Ägyptischen Museums in Kairo.

52 rechts
Der Ägyptologe Ernesto Schiaparelli (1856–1928), Direktor des Ägyptischen Museums in Turin.

53
Tal der Könige, November 1922: Howard Carter und Arthur Callender öffnen die Türen der vier Truhen aus vergoldetem Holz mit den Sarkophagen Tutanchamuns.

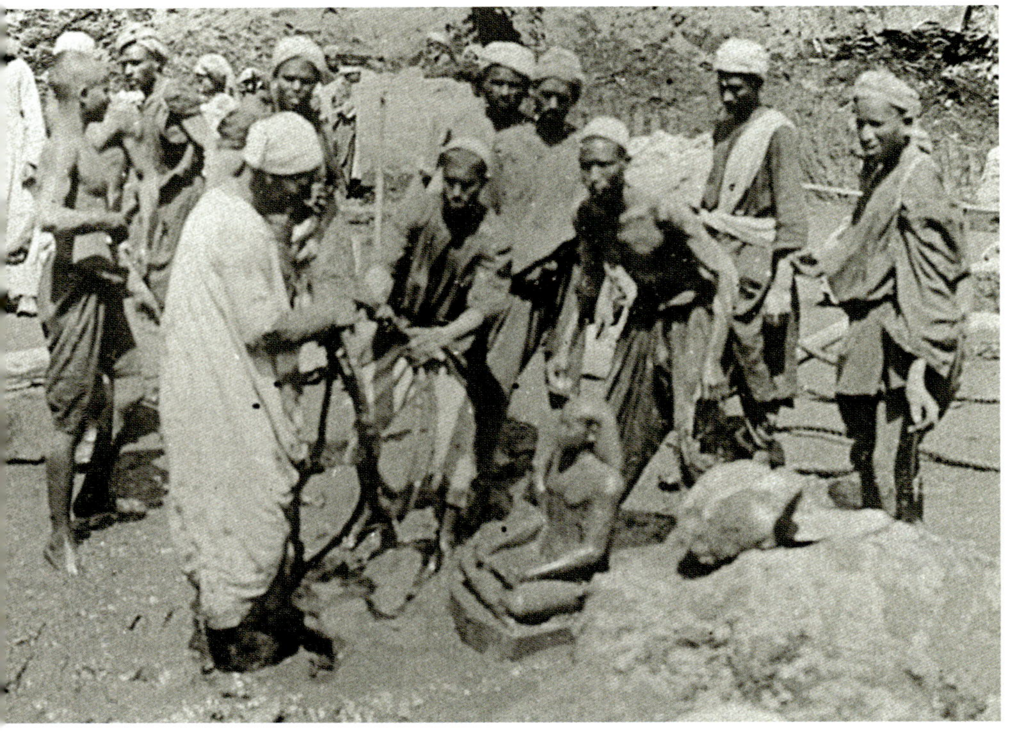

1850 kam Auguste Mariette als Mitarbeiter des Louvre mit dem Auftrag nach Ägypten, koptische Manuskripte zu kaufen. Als scharfer Beobachter und Kenner antiker Texte nutzte er die Gelegenheit, um zwischen Sakkara und Abusir zu graben. Dabei kam das »Serapeum«, die Kultstätte der göttlichen Apis-Stiere, zum Vorschein. Dieser wichtige Fund gereichte dem unbekannten Angestellten zum Ruhm. 1858 wurde er von Vizekönig Said Pascha zum leitenden Direktor der Ausgrabungen ernannt. Ihm ist auch die Gründung des Ägyptischen Museums zu verdanken.

Mariettes Nachfolger war Gaston Maspero, der wichtige Ausgrabungen bei Giseh und Luxor veranlasste. Ihm ist auch die Entdeckung des berühmten Grabes »DB120« in der Nekropole von Deir el-Bahari zu verdanken, in dem die Mumien verschiedener Pharaonen der 18. und 19. Dynastie (Amenophis I., Ramses I. und II. und Sethos I.) ruhten.

Zwischen dem Ende des 19. und dem Anfang des 20. Jahrhunderts kam es zu zahlreichen Ausgrabungen. Dabei wurden die Funde zu gleichen Teilen zwischen den geldgebenden Ländern und der ägyptischen Regierung aufge-

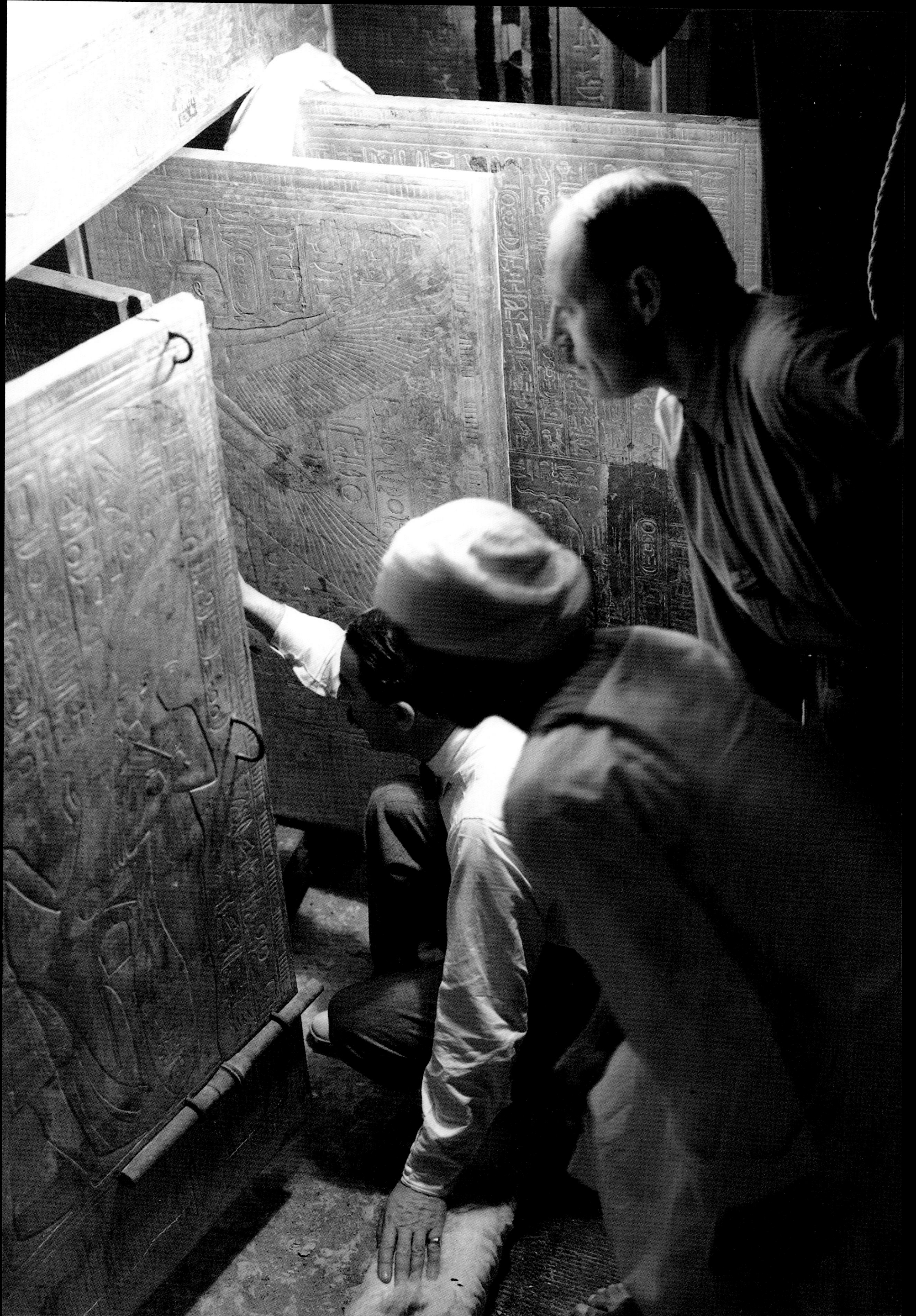

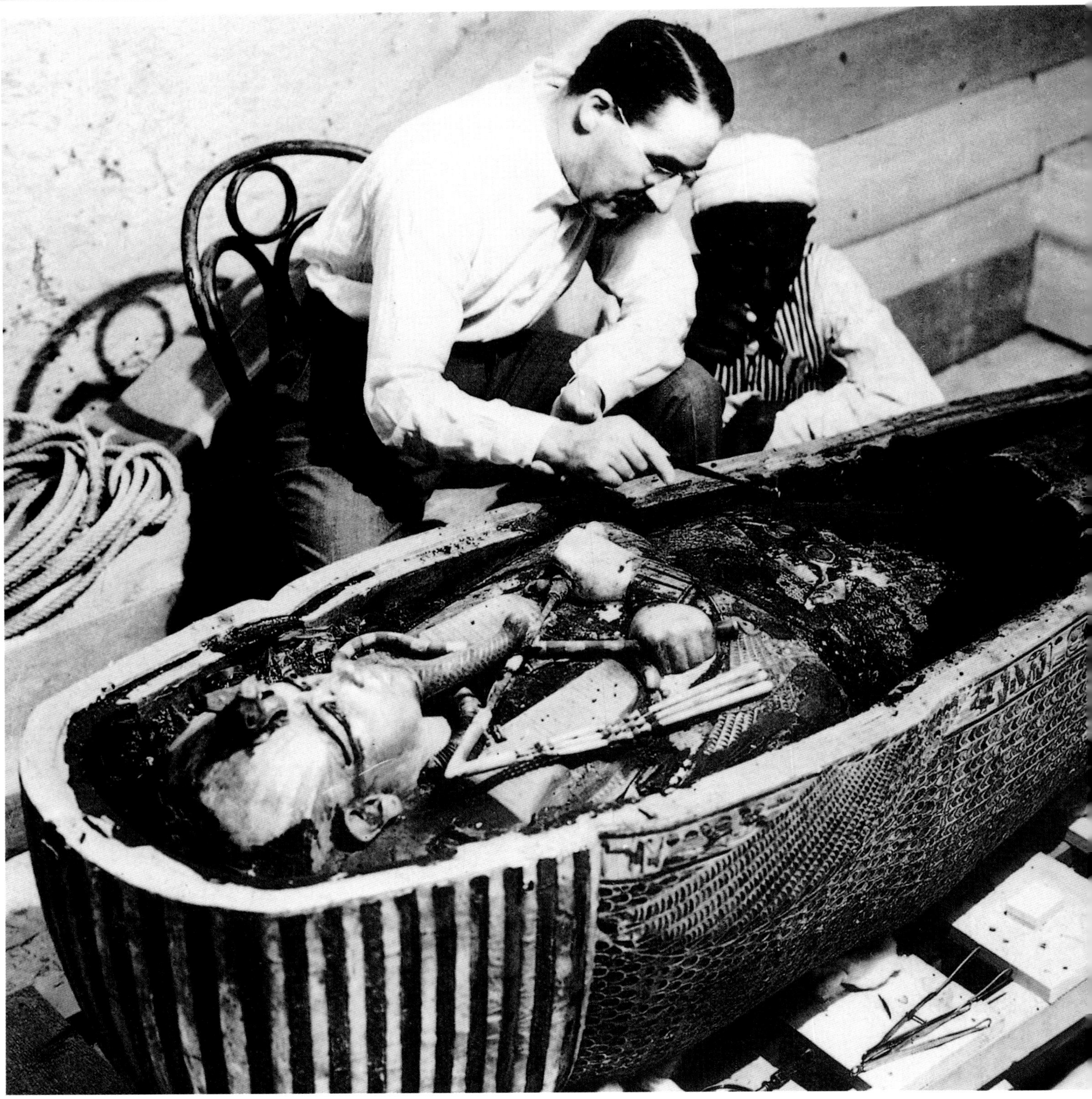

54–55
Howard Carter während der Reinigungsarbeiten am dritten Sarkophag Tutanchamuns aus massivem Gold.

54 unten links
Die Schatzkammer im Grab Tutanchamuns wird von der furchteinflößenden Anubis-Statue beherrscht.

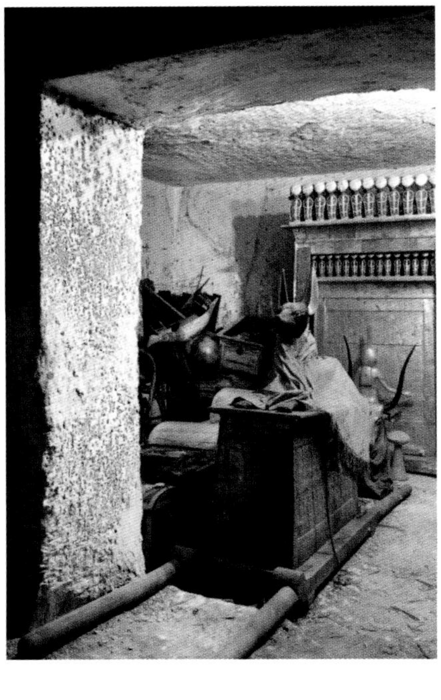

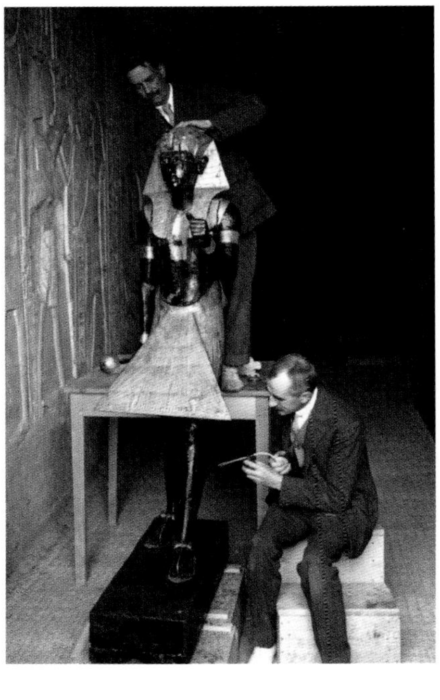

54 unten rechts
Arthur Mace und Alfred Lucas, Mitarbeiter von Howard Carter, bei Restaurierungsarbeiten einer im Grab Tutanchamuns entdeckten Wächter-Statue.

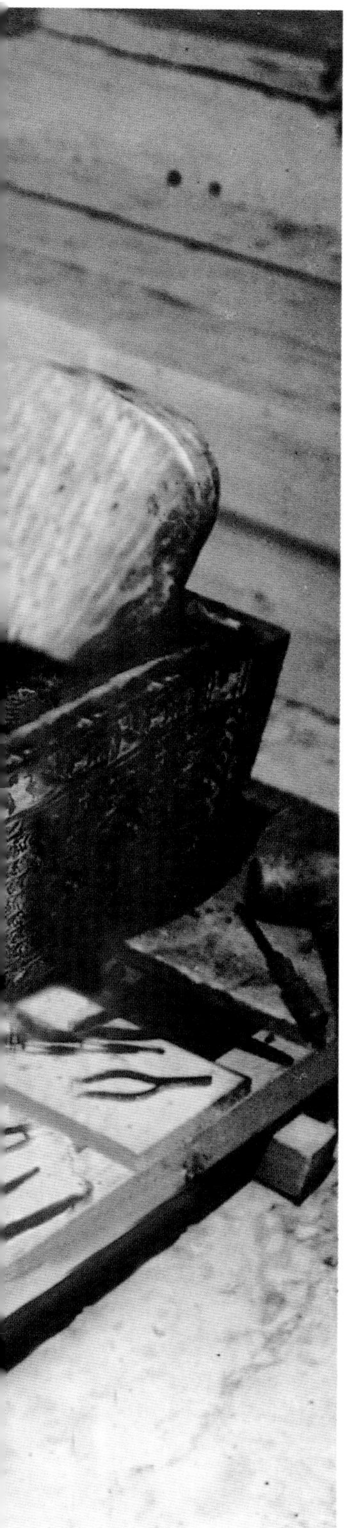

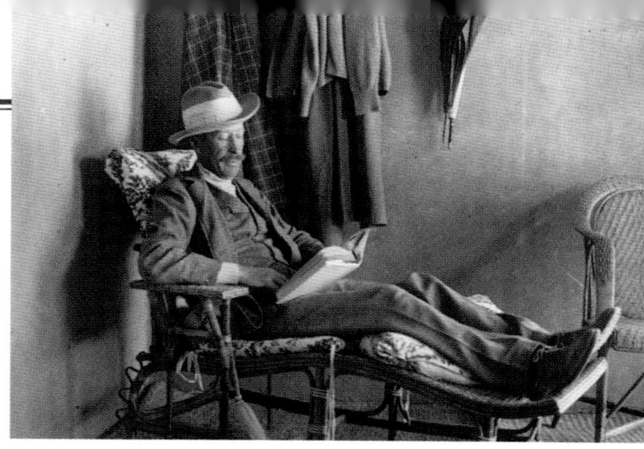

teilt. Zu den berühmtesten Sponsoren gehörte George Edward Earl of Carnarvon, der sich auch aus gesundheitlichen Gründen häufig in Ägypten aufhielt. Dort lernte er den jungen englischen Archäologen Howard Carter (geboren 1874) kennen, den er mit Forschungsarbeiten beauftragte. Nach diversen Ausgrabungen erhielt Carnarvon 1914 die Erlaubnis, im Tal der Könige zu graben, auf einem Gelände, das in archäologischer Hinsicht als erschöpft galt. Carter aber war davon überzeugt, dass dort das Grab des Pharaos Tutanchamun liegen müsse, dessen Namen er auf einer Stele im Tempel von Karnak und auf einigen Fundstücken im Tal selbst entdeckt hatte.

Der Ausbruch des Ersten Weltkriegs hinderte Carter an einer sofortigen Aufnahme der Arbeiten. Die 1917 begonnenen Untersuchungen zogen sich ohne große Resultate bis 1921 hin. Lord Carnarvon, der eine beträchtliche Summe investiert hatte, erwog bereits, das Unternehmen abzubrechen, gestand Carter aber noch einen letzten Versuch zu.

Am 4. November 1922 stieß ein Wasserträger auf eine Steinstufe – die erste einer Treppe, die in den Felsen hinabführte. Carter erkannte sofort die Tragweite dieser Entdeckung und bat seinen Gönner telegrafisch nach Ägypten. Bereits am 20. November traf Lord Carnarvon in Begleitung seiner Tochter ein, und am 24. wurden die Ausgrabungen wiederaufgenommen. Die Treppe wurde von den Trümmern befreit, und die beiden Engländer standen vor einer ersten vermauerten Tür, der eine zweite Innentür folgte. Beide trugen die Siegel der Nekropole und den Namen Tutanchamuns. Am 26. November gelang es Carter und Carnarvon, durch ein Loch an der zweiten Tür einen ersten Blick auf den Innenraum und die darin enthaltenen Schätze zu werfen. Es handelte sich um das erste und bis zum heutigen Tag einzige altägyptische Königsgrab, das praktisch unbeschädigt aufgefunden wurde, auch wenn Untersuchungen ergaben, dass es in der Antike mindestens zweimal von Grabräubern heimgesucht worden war – glücklicherweise aber ohne schwere Folgen. Die Erforschung des Grabes dauerte einige Jahre. Man entdeckte über 3500 Gegenstände, darunter auch einen über 110 kg schweren Sarkophag aus massivem Gold. Es war die außergewöhnlichste Entdeckung, die jemals in Ägypten gemacht wurde.

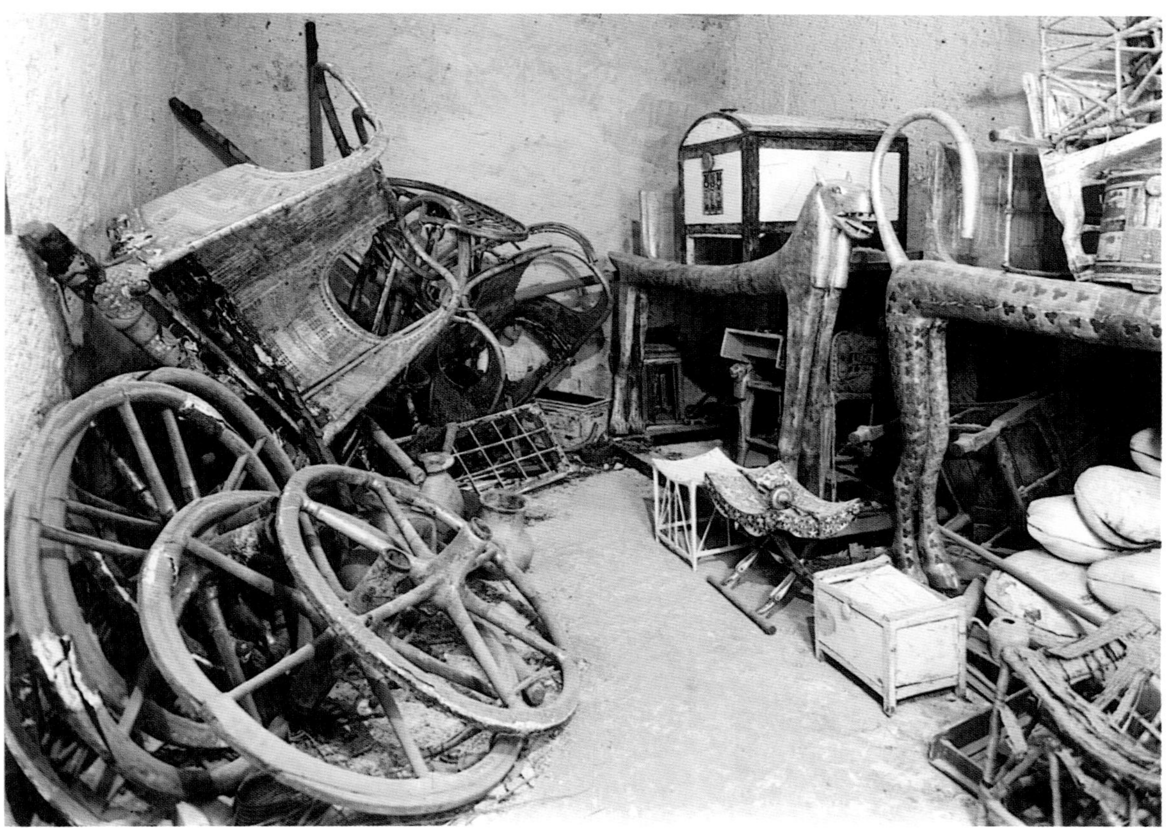

55 oben
Lord Carnarvon finanzierte die Ausgrabungsarbeiten, die zur Entdeckung des Grabes Tutanchamuns führten. Foto aufgenommen in Theben 1924.

55 unten
Die Grabvorkammer Tutanchamuns mit den zerlegten Streitwagen des Pharaos und den Ritualbetten zum Zeitpunkt der Öffnung.

1939 entdeckte der französische Archäologe Pierre Montet, der Ausgrabungen in San el-Hagar, dem antiken Tanis, leitete, die unversehrten Gräber von Pharaonen der 21. und 22. Dynastie. Die üppigste Grabausstattung fand man im Grab des Psusennes. Sie umfasste Juwelen, Gefäße aus Gold und Silber und Goldmasken von außergewöhnlicher künstlerischer Qualität. Neben dem Grab des Herrschers stieß Pierre Montet auf weitere vier Grabstätten, die Amenemope, dem Nachfolger des Psusennes, den Pharaonen Osorkon II. und Scheschonk II. sowie dem General Wendjebauendjed zugeordnet werden konnten. Die Entdeckung der königlichen Nekropole von Tanis bildete den Schlusspunkt einer Epoche der Ägyptologie, die mit den Entdeckungen Belzonis begonnen hatte. Aber Ägypten hört nicht auf, den Forschern Überraschungen zu bieten: Funde von außerordentlicher Bedeutung werden bis in die heutigen Tage gemacht. Besonders interessant war 1989 die Entdeckung einer Cachette (eines Verstecks) im Tempel von Luxor, die wunderbar erhaltene Statuen aus dem Neuen Reich enthielt. Sie sind heute in der neuen Galerie des Museums von Luxor zu besichtigen. Größte Aufmerksamkeit aus aller Welt erregte die Entdeckung einer Nekropole aus römischer Zeit

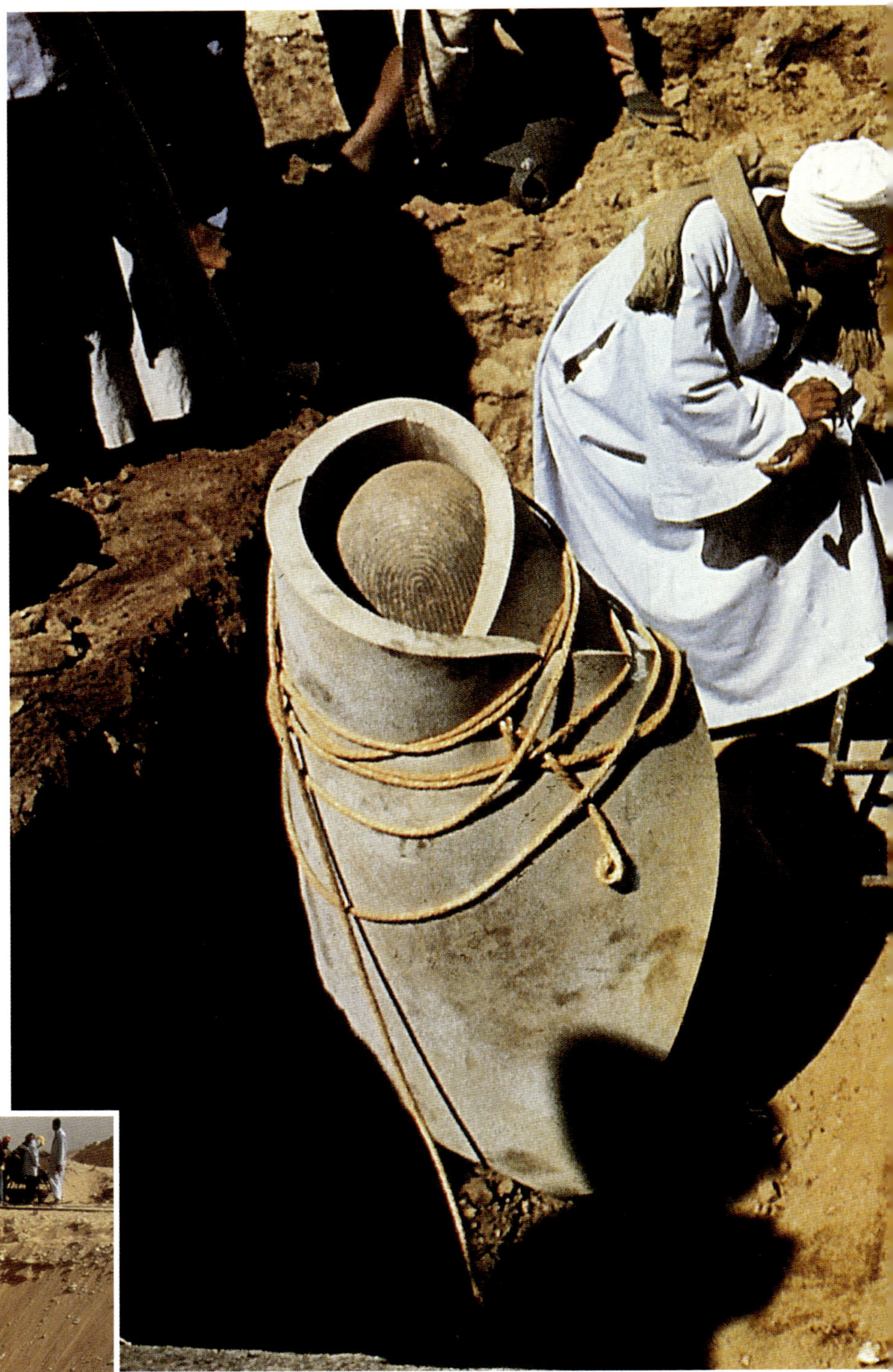

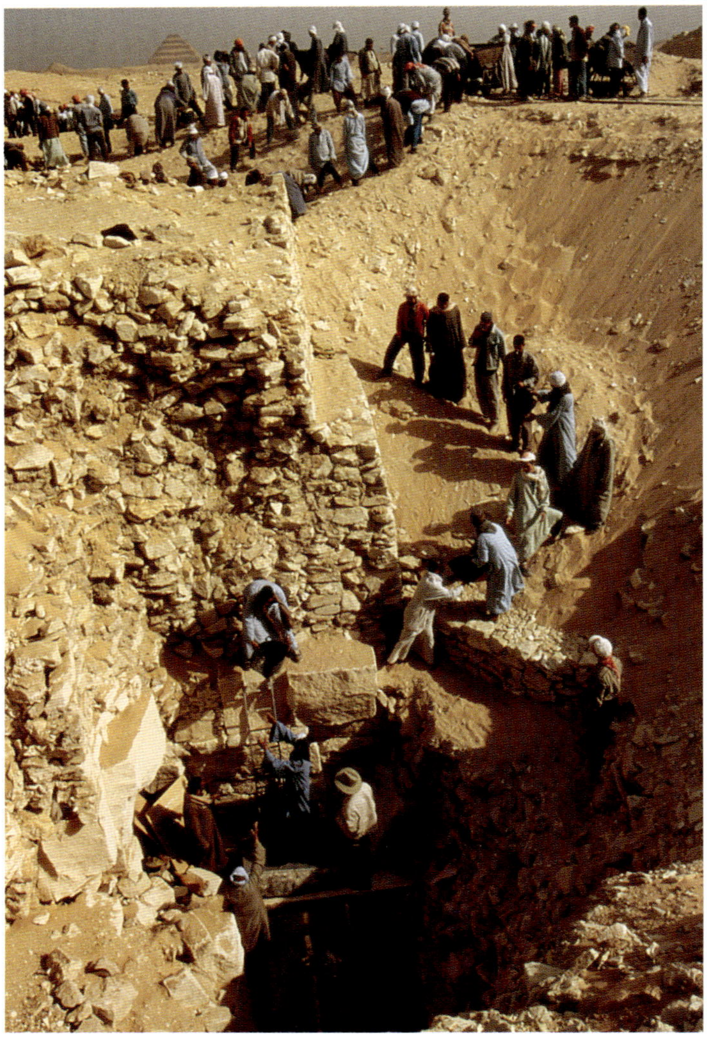

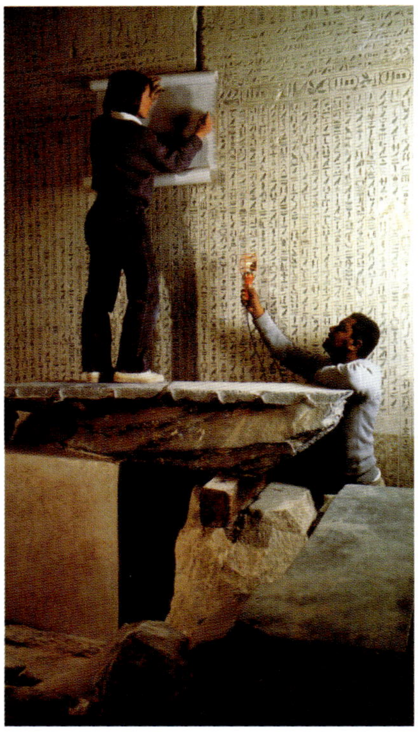

56–57
Entdeckung einiger im Hof Amenophis' III. in Luxor bestatteter Statuen Anfang 1989.

56 links unten
Entdeckung der Pyramide der Königin Ancherespepi II. nahe Sakkara.

56 rechts unten
Ein französischer Archäologe kopiert in der Pyramide Pepis I. einen Hieroglyphentext.

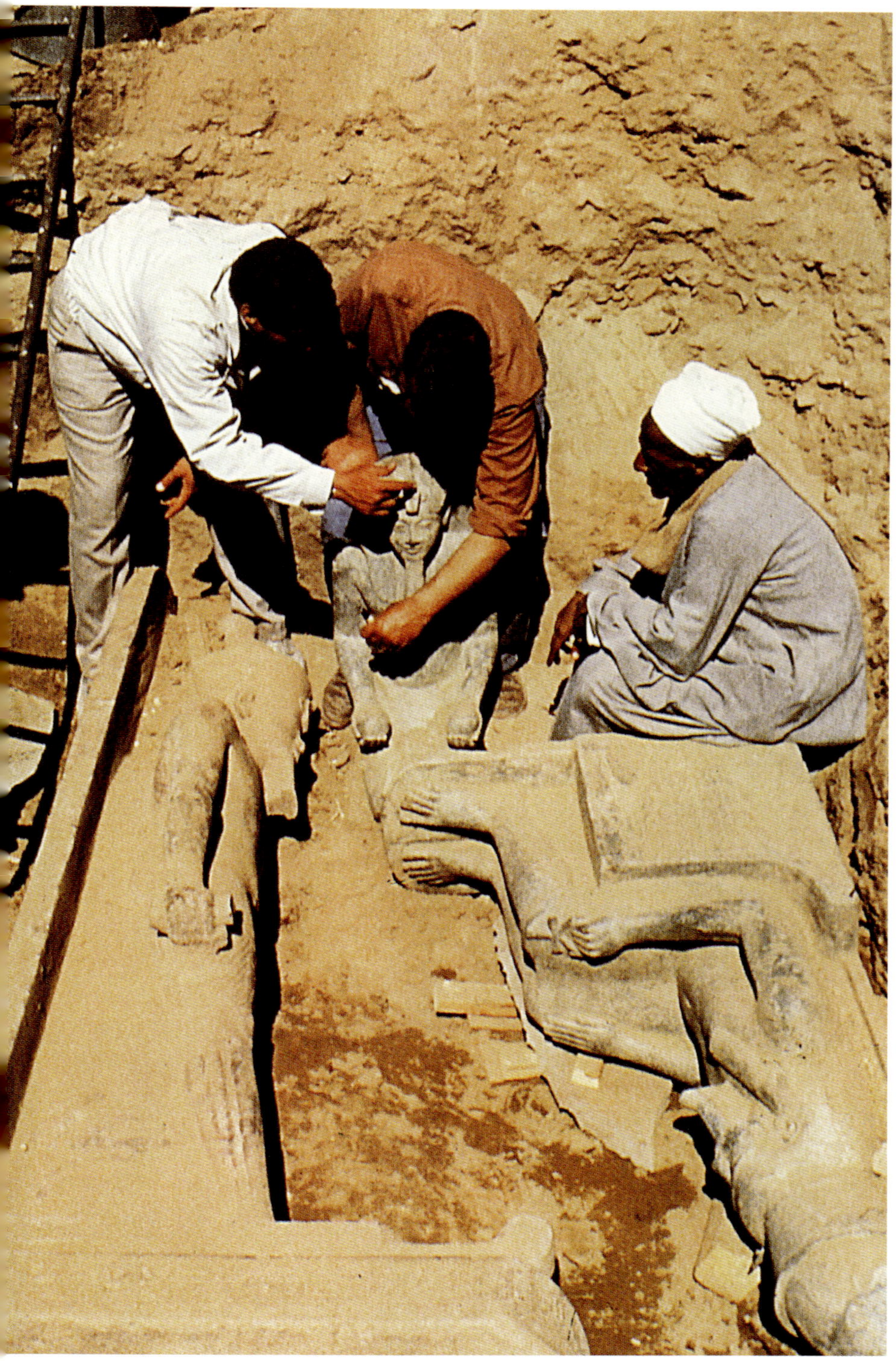

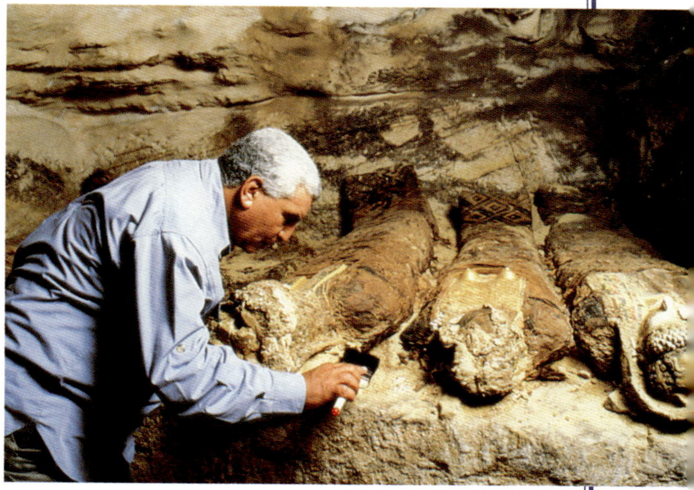

(1. und 2. Jahrhundert n. Chr.) in der Baharija-Oase. 1996 versank ein Esel mit einem Bein im Sand, und so fand man das darunterliegende Grab. In den darauffolgenden Monaten brachten die vom berühmten ägyptischen Archäologen Zahi Hawass geleiteten Ausgrabungen Hunderte von Mumien ans Licht, die in vergoldete Papyruskartonage eingewickelt waren. Da das »Tal der Goldmumien« ein sehr großes Gebiet umfasst, rechnen Experten mit über 10 000 Mumien, die dort gefunden werden könnten. Bei der jüngsten Entdeckung handelt es sich um das intakte Grab eines Gouverneurs der Baharija-Oase, der während der 26. Dynastie (um 500 v. Chr.) lebte. Im Grab entdeckte man einen Kalksteinsarkophag mit Hieroglypheninschriften und eine Grabausstattung, die Amulette aus Gold und Fayence enthielt. In Alexandria brachte der Franzose Frank Goddio, ein Experte auf dem Gebiet der Unterwasserarchäologie, zahlreiche Funde ans Licht und entdeckte die untergegangene Insel Antirrodos.

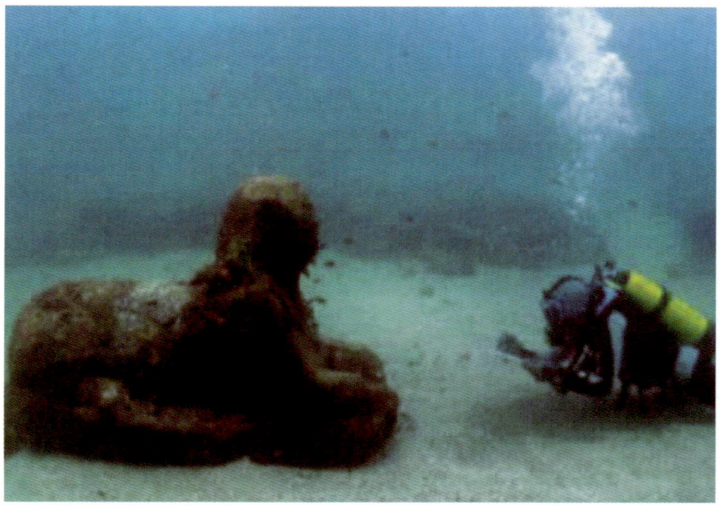

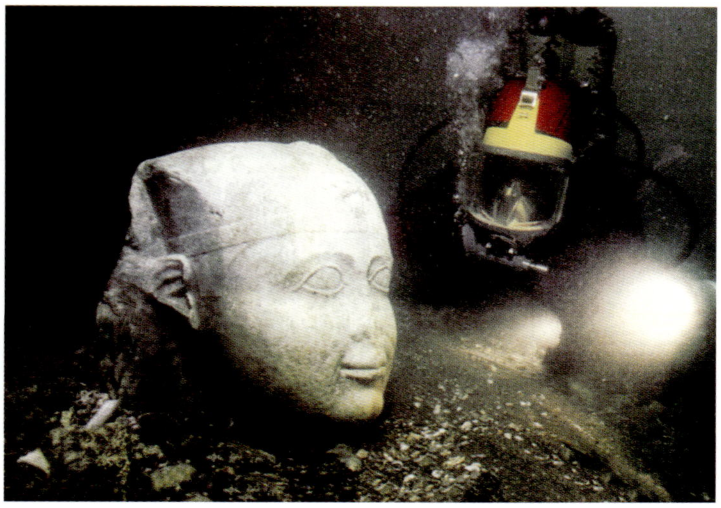

57 oben
Der prominente ägyptische Archäologe Zahi Hawass beim Säubern einiger in der Oase von Baharija entdeckter Mumien. Der Fundort wurde mittlerweile als »Tal der Goldmumien« berühmt.

57 unten
1995 entdeckte eine vom französischen Archäologen Frank Goddio geleitete Equipe im Wasser des Hafens von Alexandria zahlreiche Teile von Monumenten, Statuen und Skulpturfragmente, die möglicherweise zu einem Palast Kleopatras und zum berühmten Leuchtturm von Alexandria gehörten.

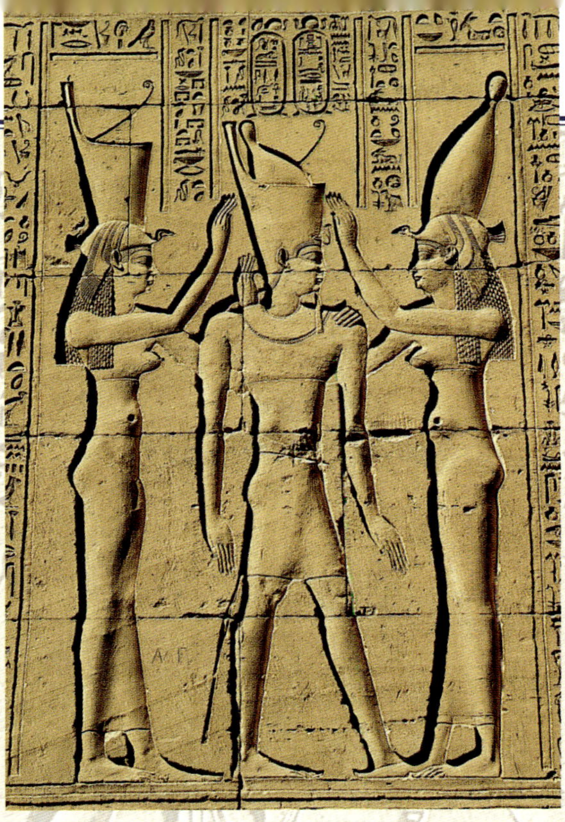

58
Auf diesem Basrelief vom Tempel von Edfu setzen die Göttinnen Nechbet und Uadjet die Doppelkrone Ober- und Unterägyptens auf den Kopf des Pharao.

59
Vor dem Pronaos des Tempels von Edfu steht diese berühmte Granitstatue, die den Gott Horus als Falken mit der Doppelkrone auf dem Kopf darstellt.

ARCHÄOLOGISCHE ROUTEN

62–63
Vor dem Pylon des Tempels stehen eine Statuengruppe und eine Kolossalstatue Ramses' II.

63 unten
Die gesamte archäologische Zone von Tanis besteht aus Blöcken von Granitfiguren, verstreuten architektonischen Fragmenten und den Ruinen diverser altägyptischer Tempelanlagen.

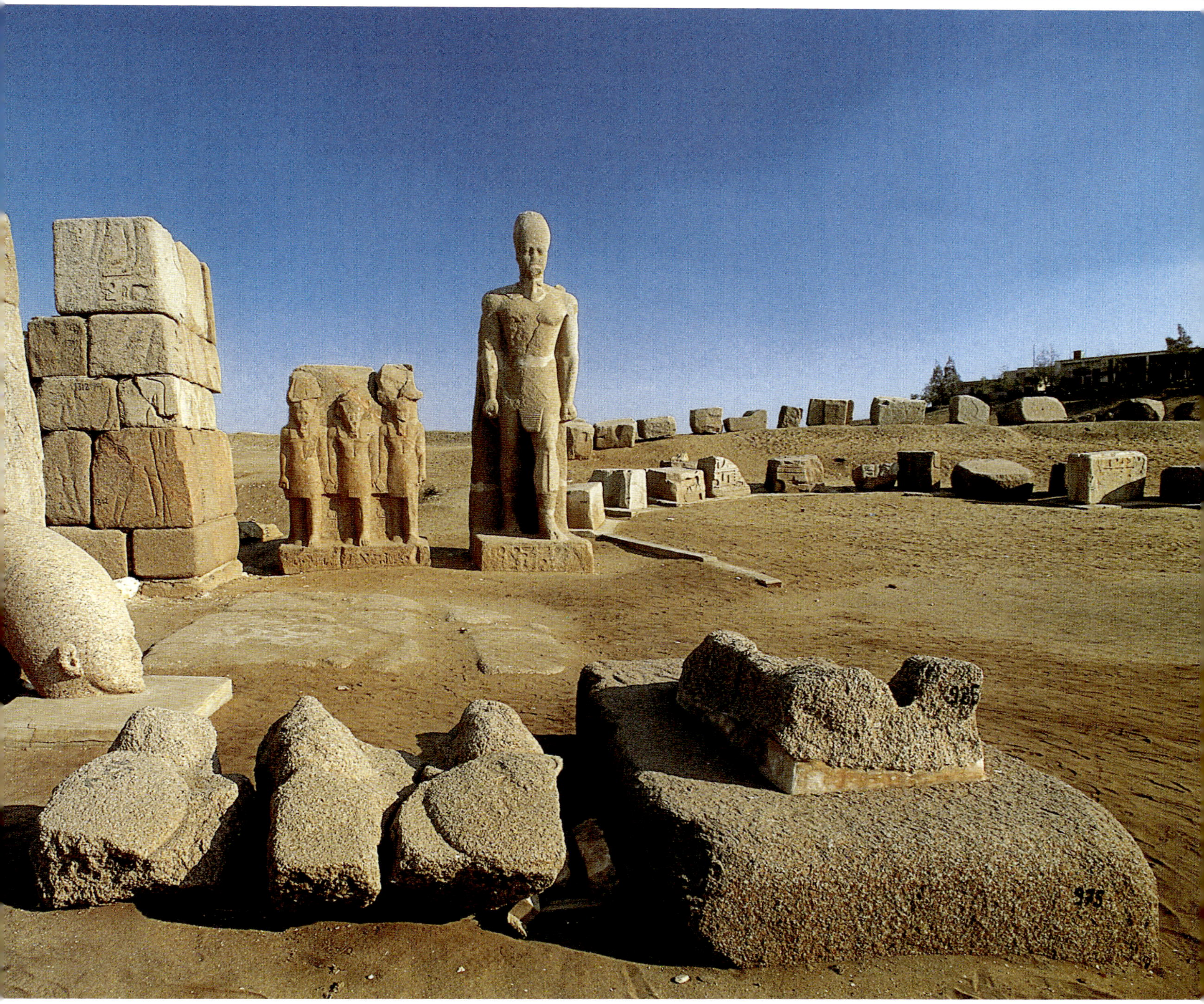

einen Steinblock, der als »Dekret von Kanopus« bekannt wurde und dessen Bedeutung durchaus der des Steins von Rosetta entspricht. Eine der beiden Seiten trägt eine Inschrift in Hieroglyphen und gleichzeitig dazu deren griechische Übersetzung, während die andere Seite dieselbe Inschrift in demotischen Buchstaben trägt.

1939 gelang dem Ägyptologen Pierre Montet an der Südwestecke der Innenmauer des Amun-Tempels eine Entdeckung, die ihrer Bedeutung nach mit der des Grabes von Tutanchamun zu vergleichen ist: Er fand eine unterirdische Nekropole mit den intakten königlichen Gräbern von Psusennes I., Osorkon II. und Scheschonk III. aus der 21. bis 22. Dynastie.

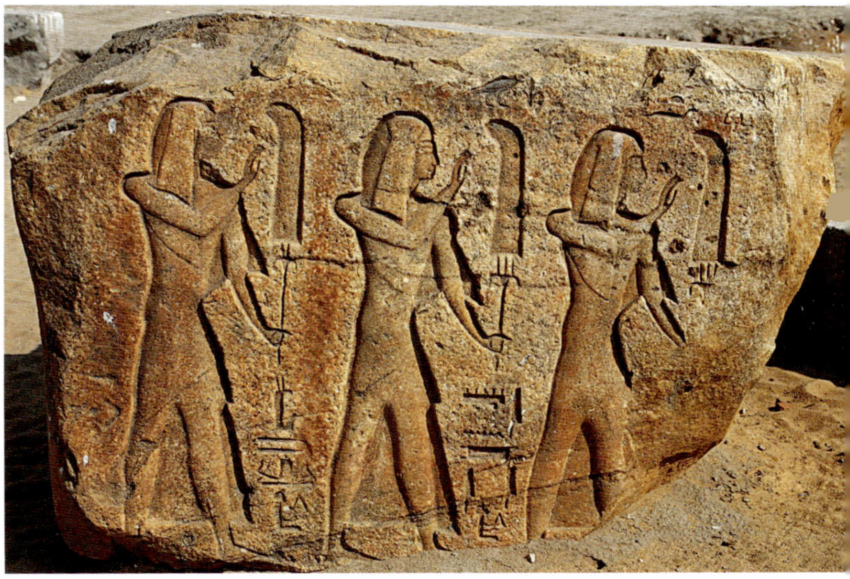

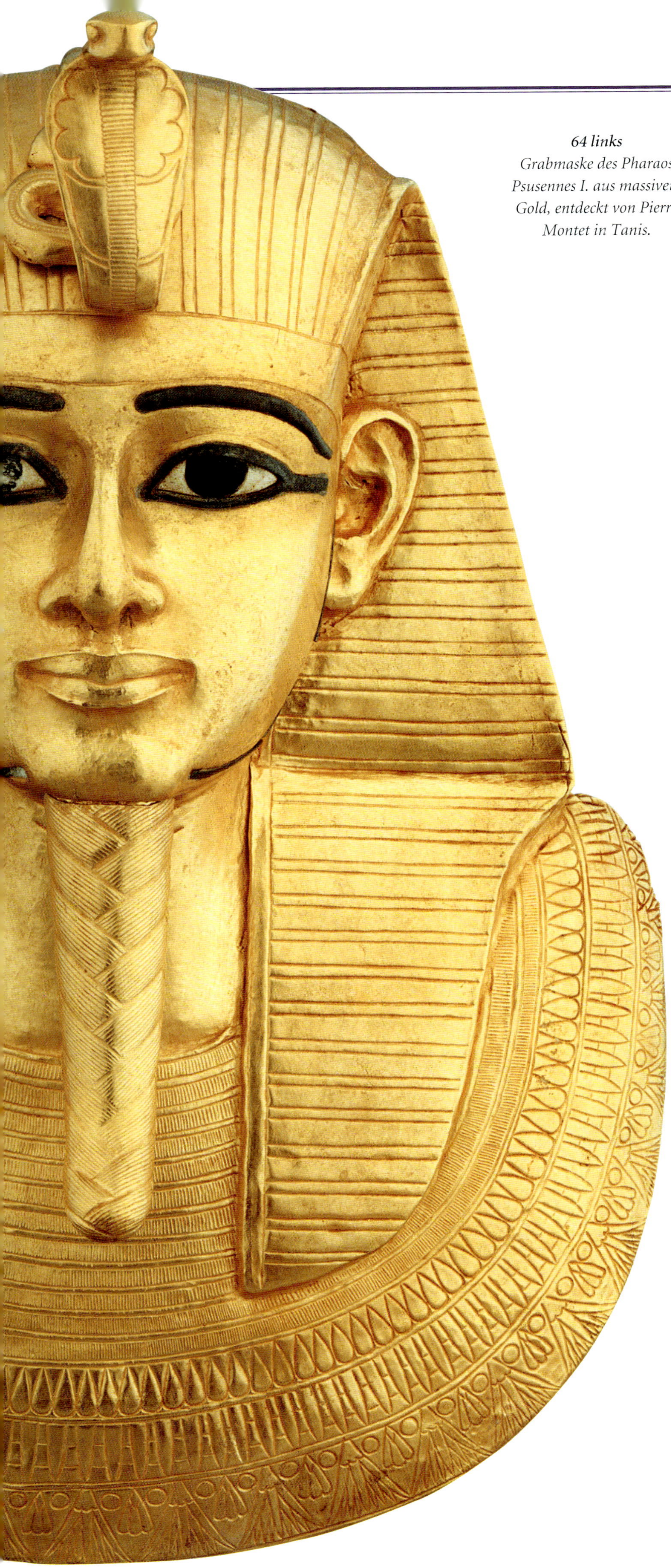

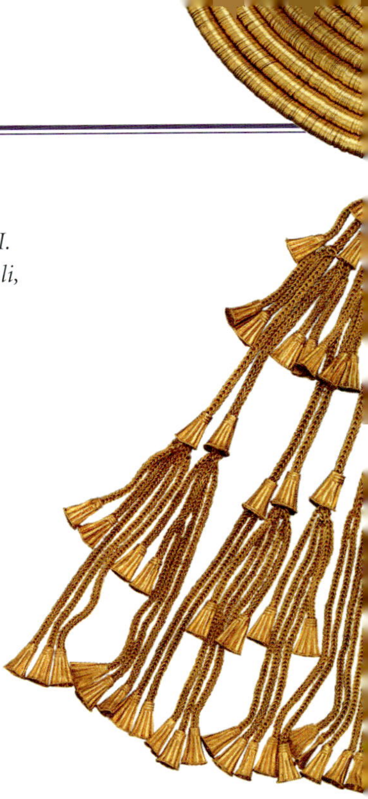

64 links
Grabmaske des Pharaos Psusennes I. aus massivem Gold, entdeckt von Pierre Montet in Tanis.

64 unten rechts
Pektoral Scheschonks II. aus Gold und Lapislazuli, entdeckt in Tanis.

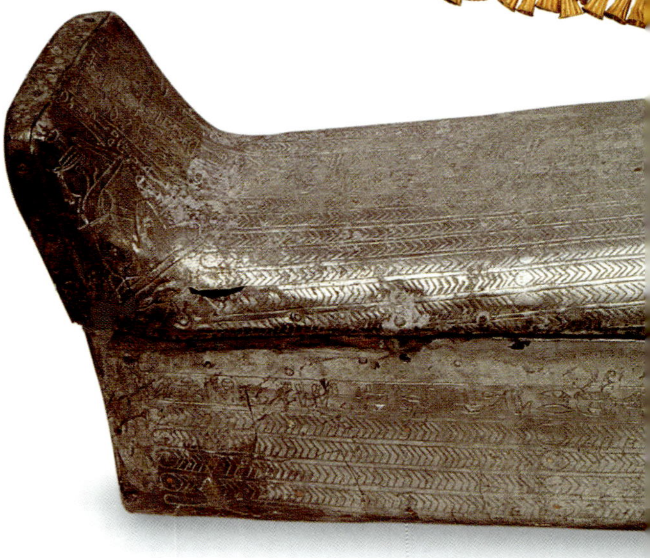

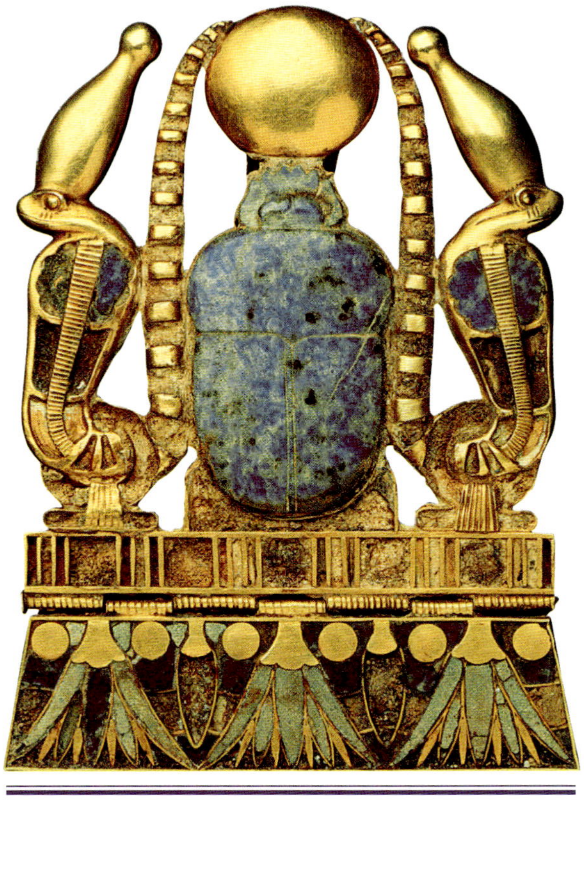

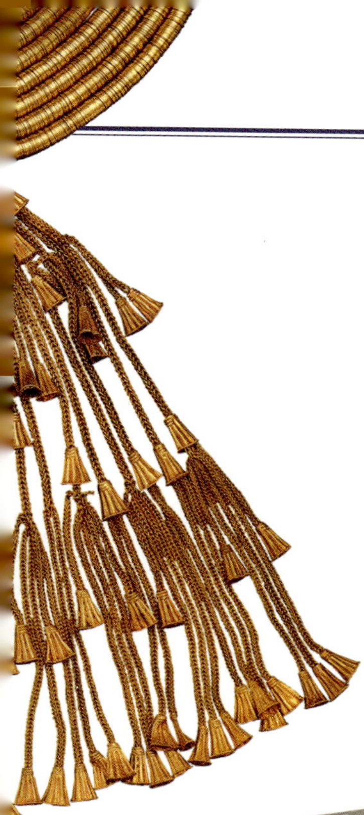

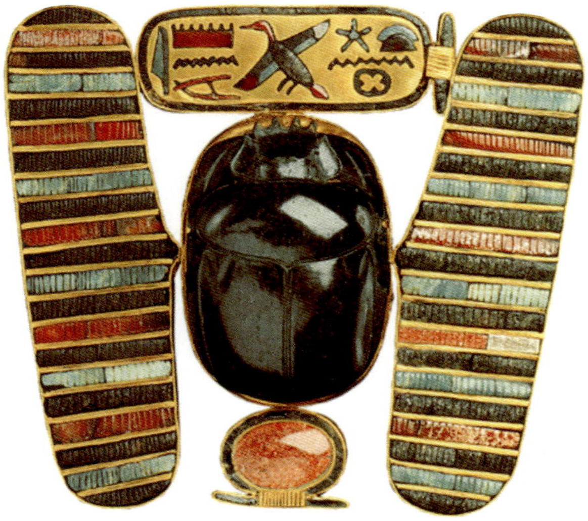

65 oben
Der Anhänger in Form eines geflügelten Skarabäus aus Gold und Schmucksteinen gehört zur Grabausstattung Psusennes' I.

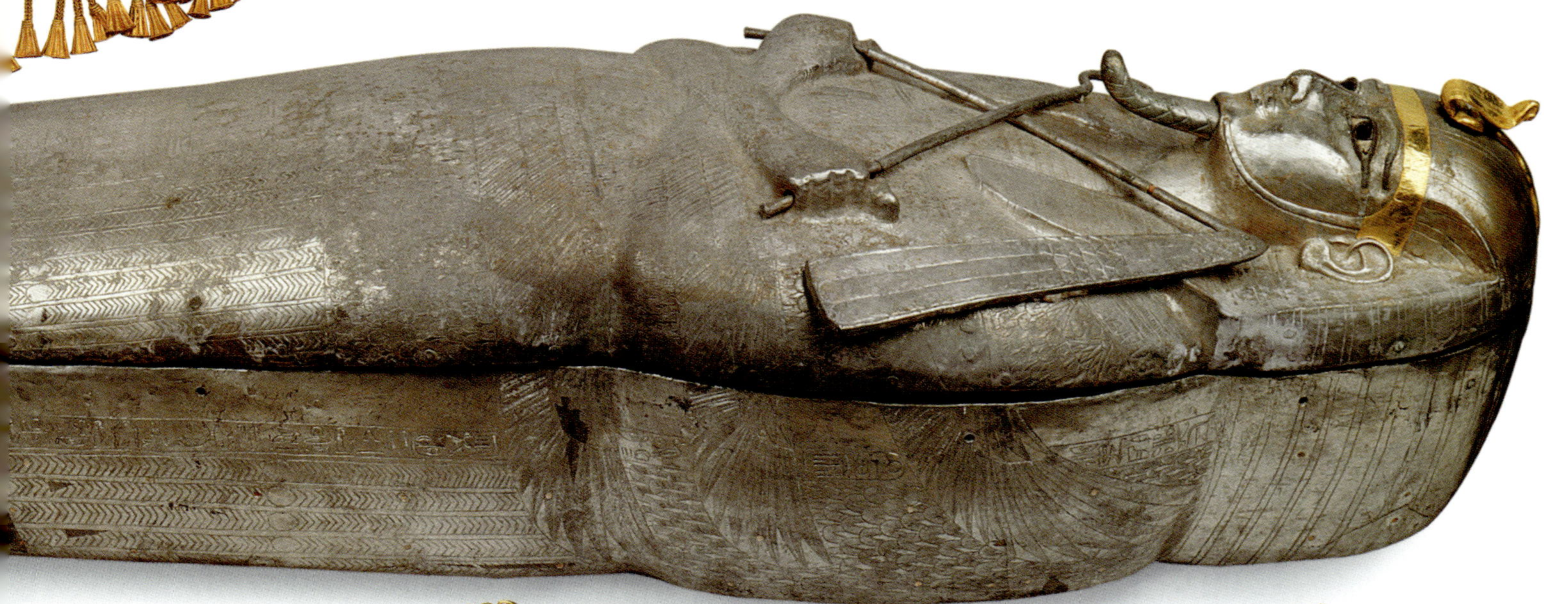

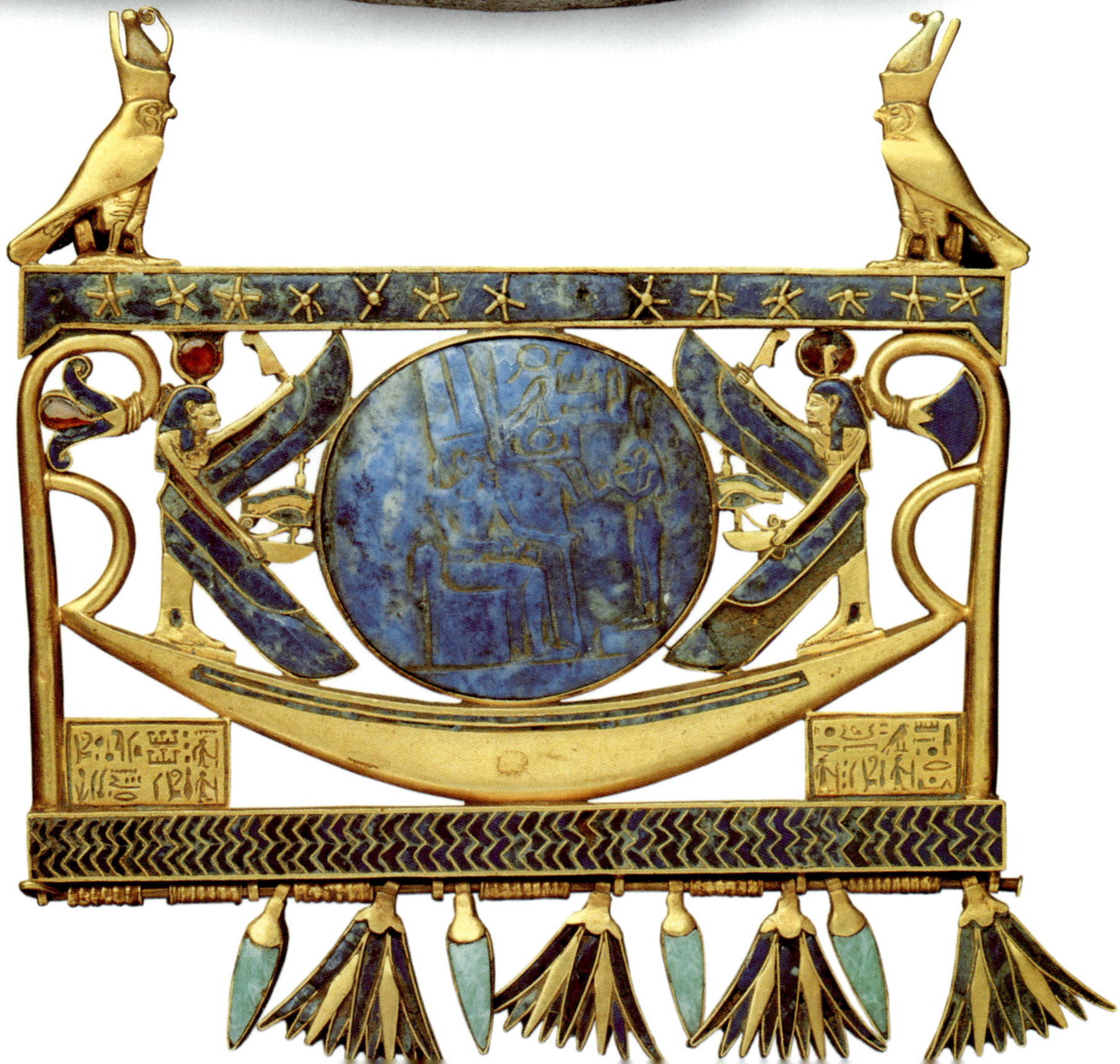

64–65 oben
Halsband aus Gold, entdeckt im Grab Psusennes' I. in Tanis.

64–65 Mitte
Der Sarkophag Psusennes' I. besteht aus massivem Silber, einem Metall, das die Ägypter für kostbarer als Gold hielten.

65 unten
Pektoral aus Gold, Lapislazuli und Glaspaste, entdeckt im Grab Scheschonks II. in Tanis.

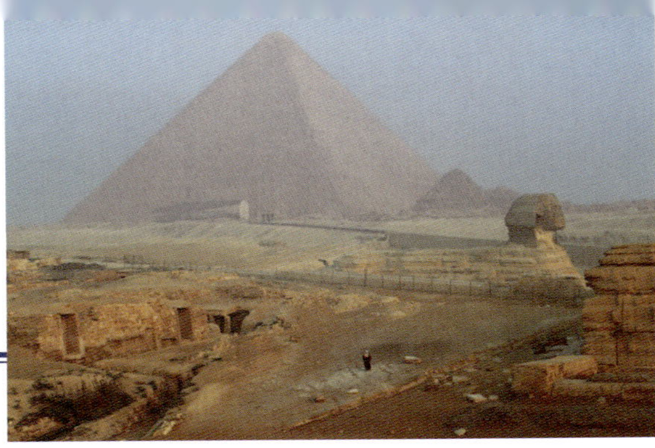

DIE EBENE VON GISEH

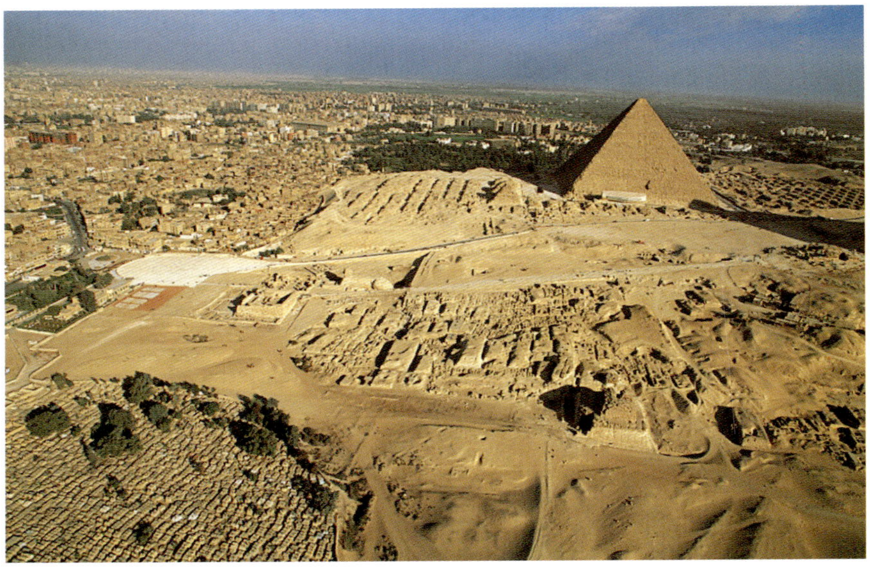

66 Mitte
Die Pyramide des Cheops und, im Vordergrund, die Mastabas der Nekropole.

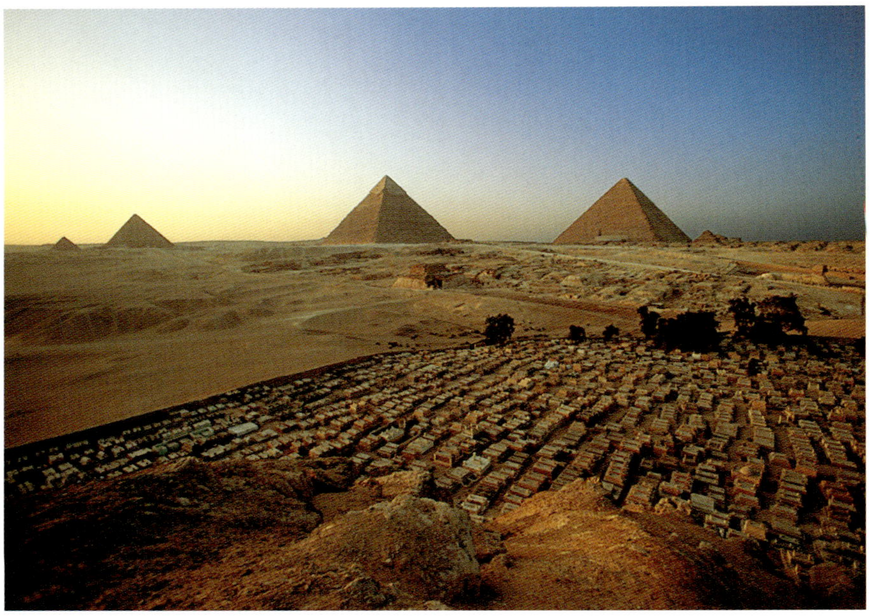

66 unten
Die Pyramiden von Giseh stehen in einer von Nordosten nach Südwesten gerichteten Reihe.

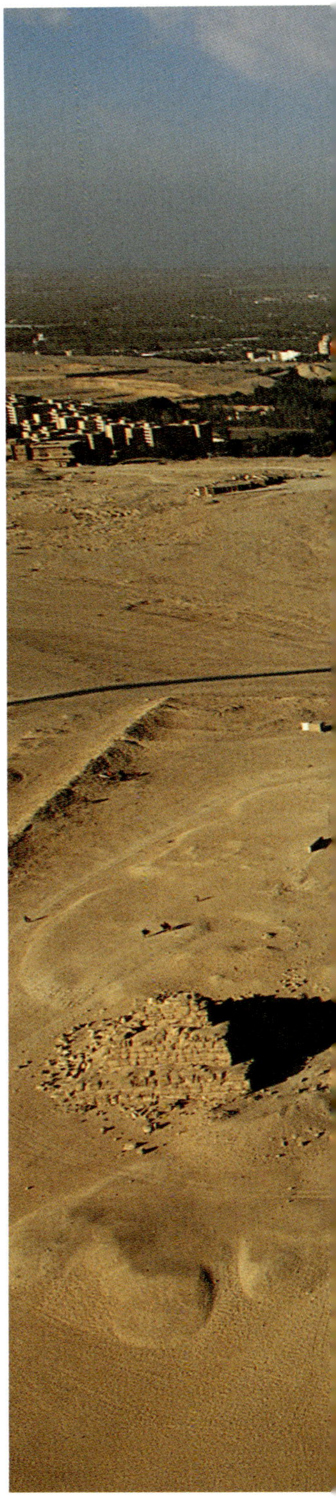

66 oben
Der Sphinx und die Pyramide des Cheops im Morgendunst.

Die Ebene von Giseh befindet sich etwa zwölf Kilometer von Kairo entfernt, an den Ausläufern der westlichen Wüste. Ihre ebene und regelmäßige Beschaffenheit machte sie zum idealen Ort für die Errichtung von monumentalen Bauwerken, und ihre Lage westlich des Nils, sozusagen am Ort des Sonnenuntergangs, erfüllte alle Bedingungen für eine Nekropole, die den Lehren der altägyptischen Religion entspricht. Die Nähe zum Fluss schließlich erleichterte auch den Transport von Materialien. Nordwestlich der Ebene fand man fossile Nummuliten aus der späten Kreidezeit bzw. aus dem frühen Tertiär. Es handelte sich dabei um Einzeller, genauer gesagt um sog. Foraminiferen (Lochschalentierchen), die nach der Jurazeit vor ca. 100 000 000 Jahren in warmen Meeren verbreitet waren. Die Hänge erstrecken sich in Richtung Südosten und weisen abwechslungsweise harte und weiche Gesteinsschichten auf. Die alten Ägypter entfernten die weichere Kalkschicht, um an das harte Gestein zu gelangen, aus dem sie Blöcke herausmeißelten, mit denen sie ihre Pyramiden, Gräber und Tempel bauten. Südlich davon erhebt sich ein unregelmäßiger Hügel (Maadi) mit zahlreichen Spalten, Wadis (ausgetrockneten Bächen) und Schluchten, aus denen man

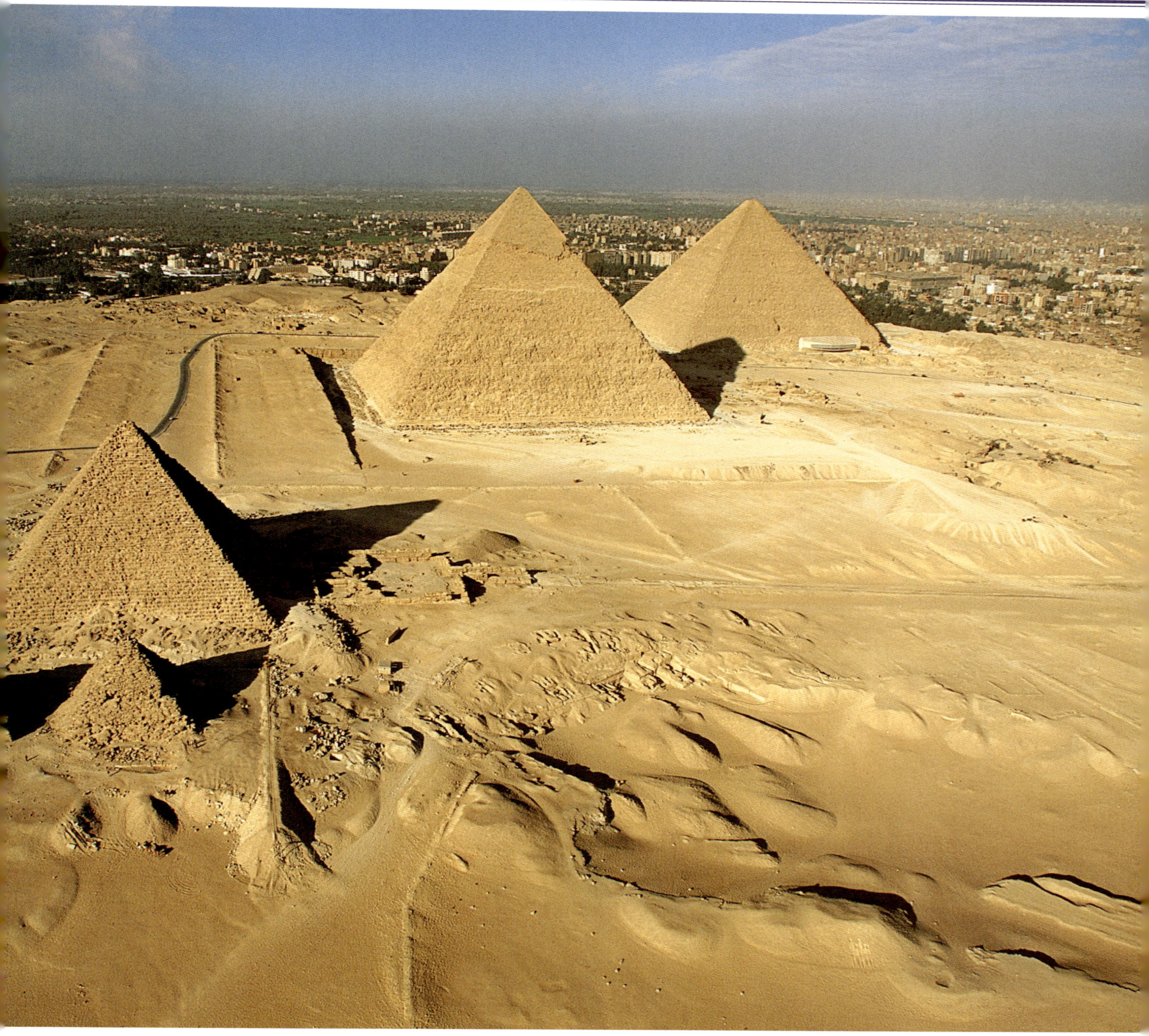

für die Bauten notwendige Steine und Lehm abtrug: Es handelte sich dabei um Materialien bester Qualität, die leicht zu beschaffen und nahe dem Verwendungsort verfügbar waren. Der weiße Kalkstein für die Außenschicht der Pyramiden kam aus Turah am Ostufer des Nils, während der Granit auf dem Flussweg aus Assuan herangeschafft wurde – dies berichten zumindest die Basreliefs in der Pyramide Unas' aus der 5. Dynastie, nahe bei Sakkara. Ungefähr fünf Kilometer von der Cheops-Pyramide entfernt entdeckte der Italiener Barsanti 1904 das vielleicht älteste Grab der Ebene; etwas weiter oben befindet sich eine Mastaba der 2. Dynastie.

Das Gebiet galt schon vor der Errichtung der großen Pyramiden als heilig. Sein Name ist auf die Cheops-Pyramide zurückzuführen und lautete »Cheret-Neter-Achet-Chufu« (Nekropolen im Umkreis des Cheops). Eine andere Bezeichnung, »Rostaw«, geht auf eine Legende zurück, nach der Osiris sowohl der Gott der Toten als auch der »Herr von Rostaw«, also Herrscher über Höhlen und Wege unter der Ebene von Giseh ist. Angesichts neuester Ausgrabungen erscheint die Annahme solcher unterirdischer Gänge durchaus plausibel. Die Ebene wird von den drei großen Pyramiden und dem Sphinx dominiert.

66–67
Panoramablick auf das weltberühmte Ensemble von Giseh; im Vordergrund die Pyramide des Mykerinos.

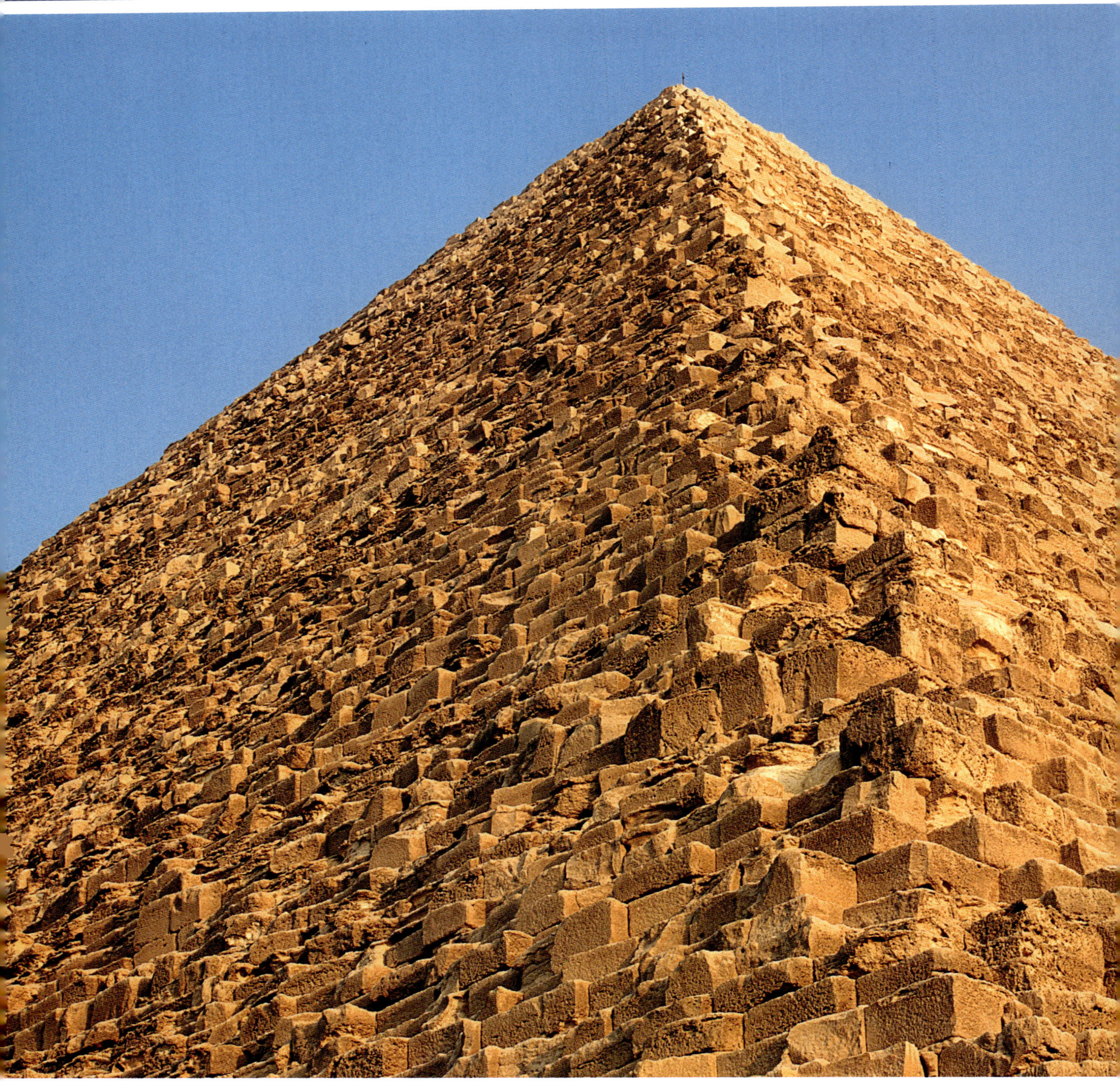

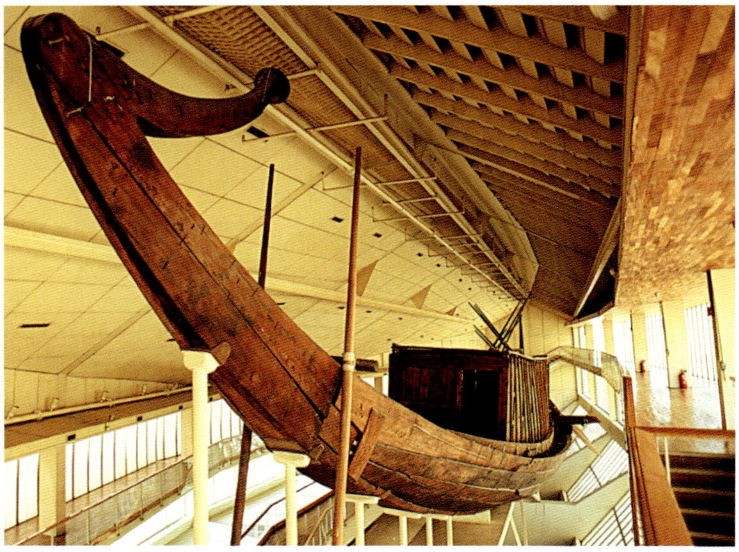

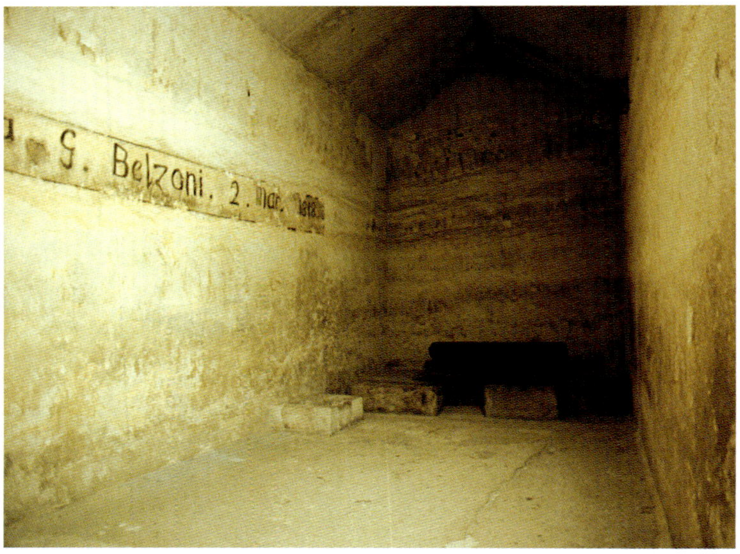
G. Belzoni. 2. mar.

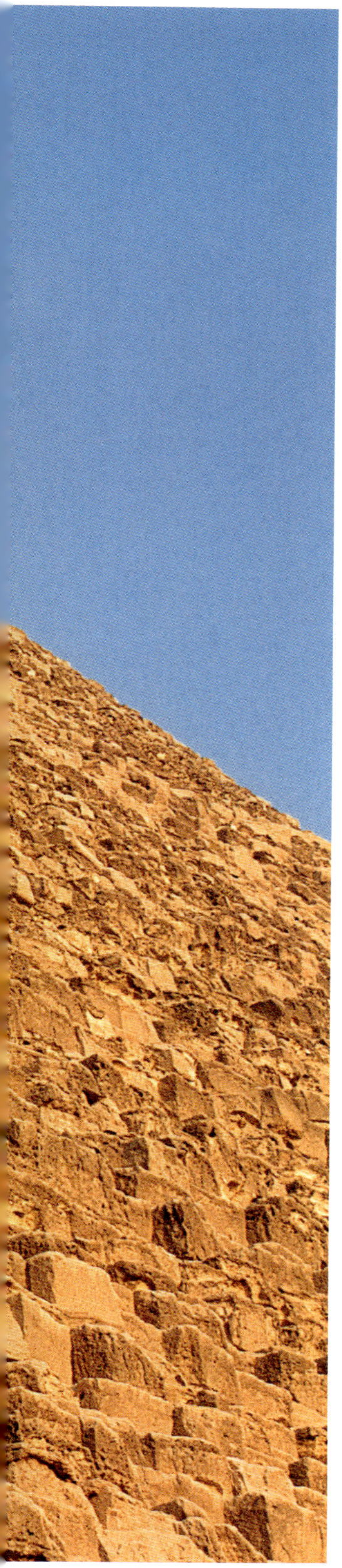

68–69

Ungewöhnlicher Blick auf die Cheops-Pyramide.

68 unten links

Die Sonnenbarke wurde 1954 in einem Graben am Fuße der Cheops-Pyramide entdeckt und wird heute in einem eigens dafür errichteten Museum ausgestellt.

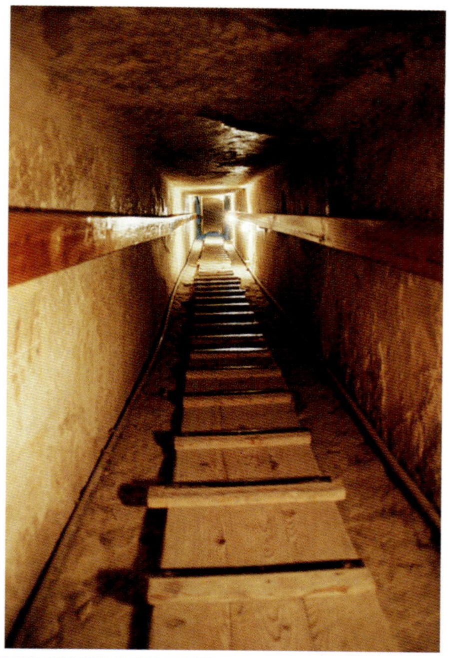

68 unten rechts

Die Grabkammer der Chefren-Pyramide wurde 1818 von Giovanni Battista Belzoni entdeckt.

69

Ein enger Korridor führt zur Grabkammer der Cheops-Pyramide.

DIE PYRAMIDEN

DIE CHEOPS-PYRAMIDE

Die während der Herrschaft des Cheops zwischen 2551 und 2528 v. Chr. errichtete Pyramide wurde höchstwahrscheinlich als dessen Mausoleum errichtet. Über die Epoche dieses Pharaos ist nur sehr wenig bekannt, daher sind die vielen Hypothesen antiken und jüngeren Datums mit Vorsicht zu behandeln. Herodot berichtet, dass man die Pyramide innerhalb von 20 Jahren mit der Arbeitskraft von 100 000 Männern errichtet habe, die in vierteljährlichem Turnus abgelöst worden seien. Diese Zahl könnte der Realität entsprechen. Die Form der Pyramide hat eine religiös-symbolische Dimension: Sie gilt als Stein gewordenes Abbild der Sonnenstrahlen oder als Ursprungshügel des Weltenanfangs. Das Bauwerk, das in der Antike zu den sieben Weltwundern zählte, erregt auch heute noch Bewunderung, sowohl wegen seiner Ausmaße als auch wegen der, im Hinblick auf die vor 4500 Jahren verfügbaren Werkzeuge, verblüffenden Präzision. Die Seiten des Sockels messen 230,40 auf 230,51 auf 230,60 auf 230,54 Meter, differieren also nicht einmal um 20 Zentimeter, was einer Fehlerquote von einem Promille entspricht. Mit ihrer Höhe von 146,59 Metern war sie bis zum Bau des Eiffelturms im Jahre 1889 das höchste Bauwerk der Welt. 2 500 000 Steinblöcke von jeweils 2,5 Tonnen füllen ein Volumen von 2 700 000 Kubikmetern. Ebenfalls frappierend ist die präzise geografische Ausrichtung der Eingangsfassade, die nur um 0° 3'6" von der exakten Nordrichtung abweicht. Das heutige stufenförmige Aussehen ist auf die Entfernung der Außenverkleidung durch die Araber zurückzuführen. Diese Verkleidung bestand aus weißem Turah-Kalk und ließ die Pyramide im Licht der Sonne leuchten. Heute schließt die Grabstätte mit einer Plattform ab, ursprünglich aber wies sie eine Spitze mit einem vielleicht vergoldeten Pyramidion auf. Der Eingang befindet sich an der ca. 15 Meter hohen Nordwand. Heute liegt der Zugang tiefer und besteht aus einem von antiken Besuchern und Grabschändern ins Innere getriebenen Schacht. Ein Korridor führt nach unten zu einer unterirdischen Kammer, ein anderer hinauf zur großen Galerie und zur Kammer der Königin. Bei der »Königinnenkammer« handelt es sich nicht um eine Grabstätte für weibliche Mitglieder der Königsfamilie. Vielmehr wurde sie von arabischen Besuchern wegen der besonderen Deckenkonstruktion mit doppeltem Überhang als »weibliche« Grabkammer bezeichnet. Die »Königskammer«, Gegenstand lebhafter Diskussionen und ungelöster Rätsel, hat mit Monolithen aus Granit verkleidete Wände. Dasselbe Material wurde auch für die neun Lagen der Decke verwendet. Alle Platten sind perfekt verarbeitet und millimetergenau aneinandergepasst. Der Sarkophag aus ebendiesem roten Granit weist weder Inschriften noch einen Deckel auf. Außerhalb des Gebäudes an der Ostseite befinden sich drei Satellitenpyramiden, die die Gräber der Königinnen Hetepheres, Meritetes und Henutsen beherbergen. An der Südseite der Pyramide birgt das Sonnenschiff-Museum ein über 40 Meter langes, perfekt erhaltenes und rekonstruiertes Sonnenschiff, das den Nil befahren haben könnte.

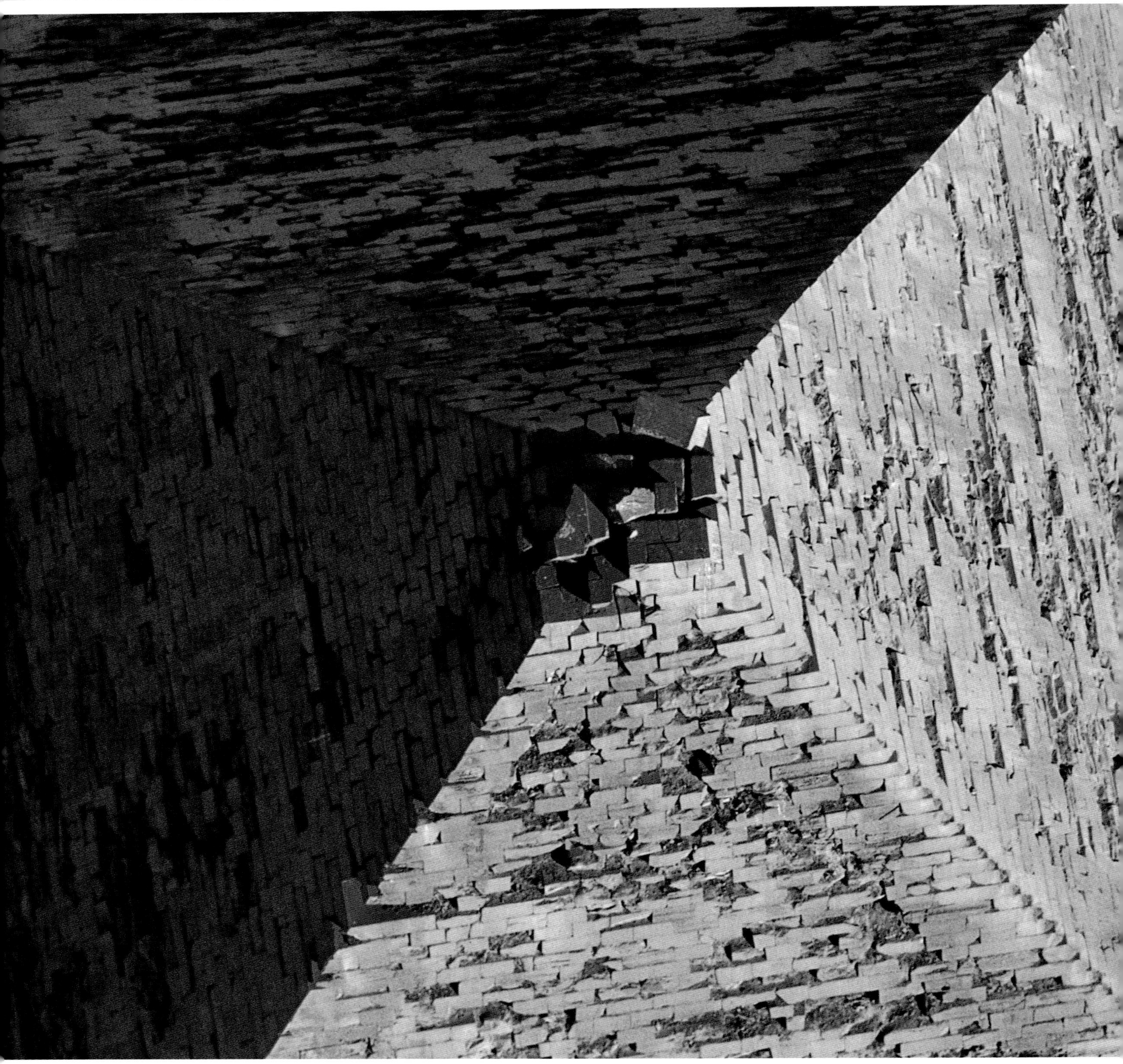

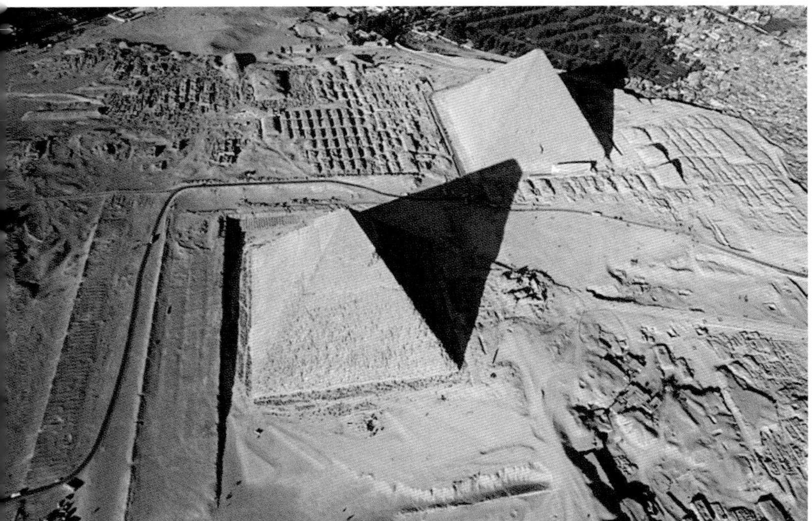

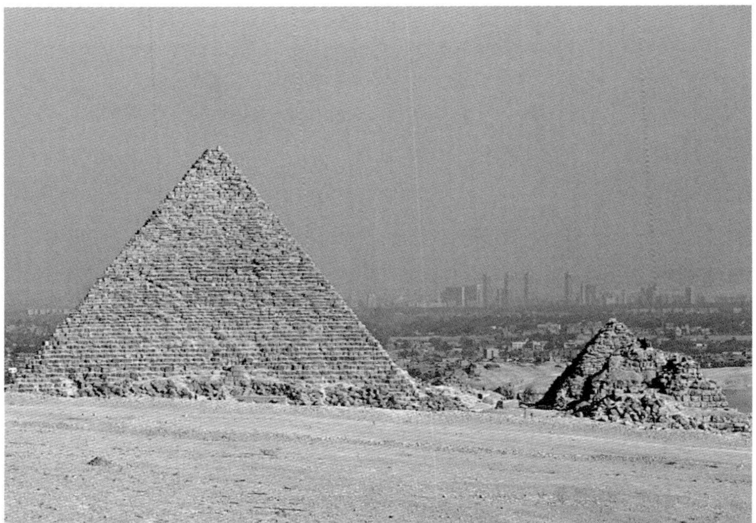

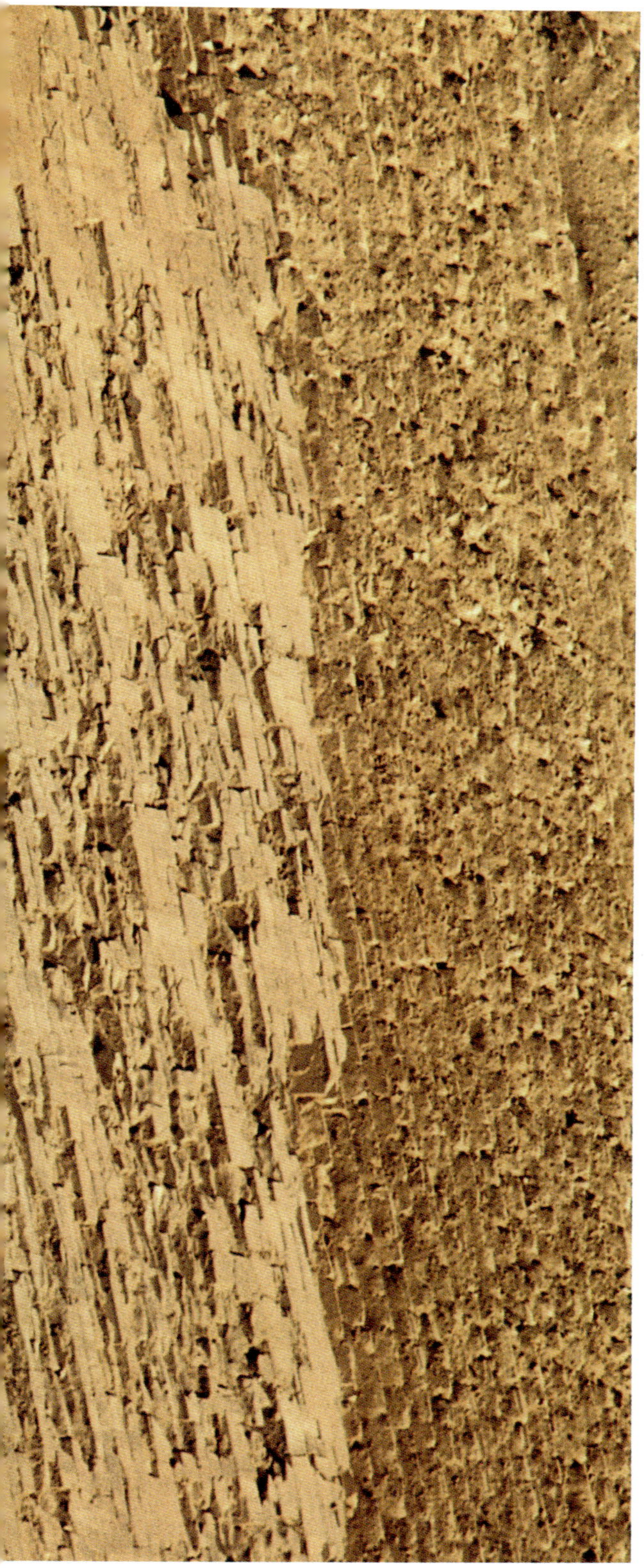

70–71
Blick von oben auf die Chefren-Pyramide, an der noch die Kalksteinverkleidung der Außenseiten zu erkennen ist.

70 unten links
Die Chefren-Pyramide wirft ihren Schatten auf die Cheops-Pyramide inmitten der großen Nekropole.

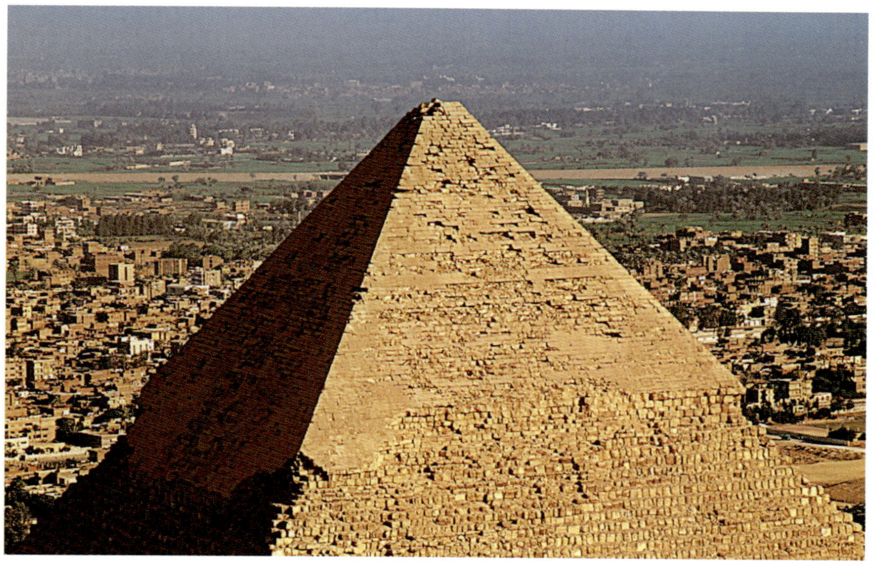

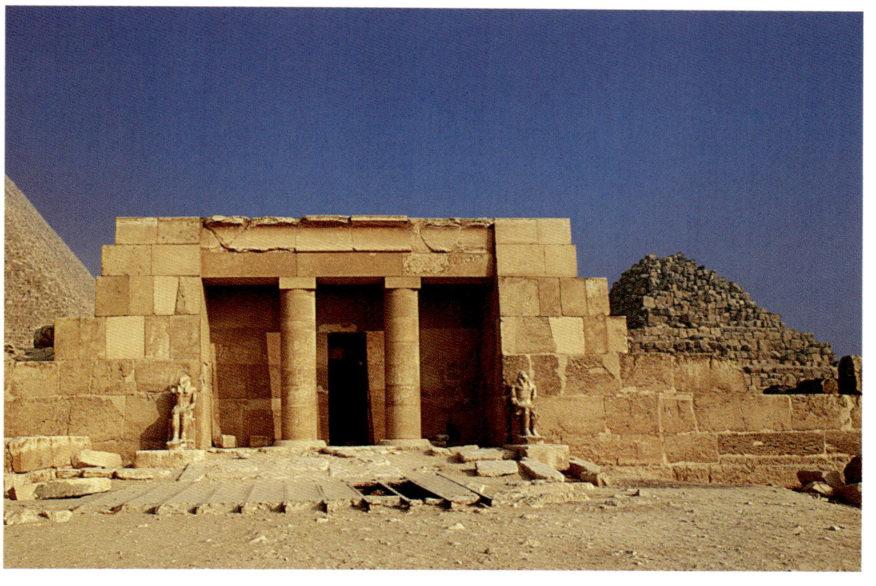

DIE CHEFREN-PYRAMIDE

Trotz ihrer im Vergleich zur Cheops-Pyramide geringen Ausmaße (215 x 215 x 143,5 m) ist die Chefren-Pyramide eine imposante Erscheinung. Sie liegt ein wenig höher und ist an der Spitze noch mit einem Rest der charakteristischen Außenverkleidung versehen. Der Eingang befindet sich an der Nordseite. Entdeckt wurde er 1818 von Giovanni Belzoni. Am Ende eines Korridors befindet sich eine einzige Grabkammer, die in den Felsen gemeißelt ist und deren Decke aus Kalksteinplatten besteht. Hier befindet sich der inschriftslose Sarkophag aus schwarzem Granit.

DIE MYKERINOS-PYRAMIDE

Die Mykerinos-Pyramide (102,2 x 104,6 x 65 m) ist die kleinste der drei Pyramiden von Giseh, muss aber früher besonders schön gewesen sein, da sie bis zu einem Viertel ihrer Höhe mit rosa Granit verkleidet war.

Der Eingang befindet sich am Sockel der Nordseite und führt über einen Korridor zu einer einfachen Grabkammer, die in ca. sechs Metern Tiefe in den Felsen geschlagen wurde. Hier hat man einen Sarkophag aus Basalt gefunden, ohne Inschrift zwar, aber bereits mit Palastmotiven verziert. Der Sarkophag ging später während eines Schiffbruchs verloren.

70 unten rechts
Blick auf die Mykerinos-Pyramide mit ihren drei Satellitenpyramiden.

71 oben
Blick auf die Chefren-Pyramide.

71 unten
Grab des Seschmnefer, eines Würdenträgers am Hof der 4. Dynastie.

72 oben
Der Sphinx ist gut 20 Meter hoch. Sein Kopf allein misst etwa fünf Meter.

72 unten
Dieses Luftbild lässt das Ausmaß des 57 Meter langen Monuments erahnen.

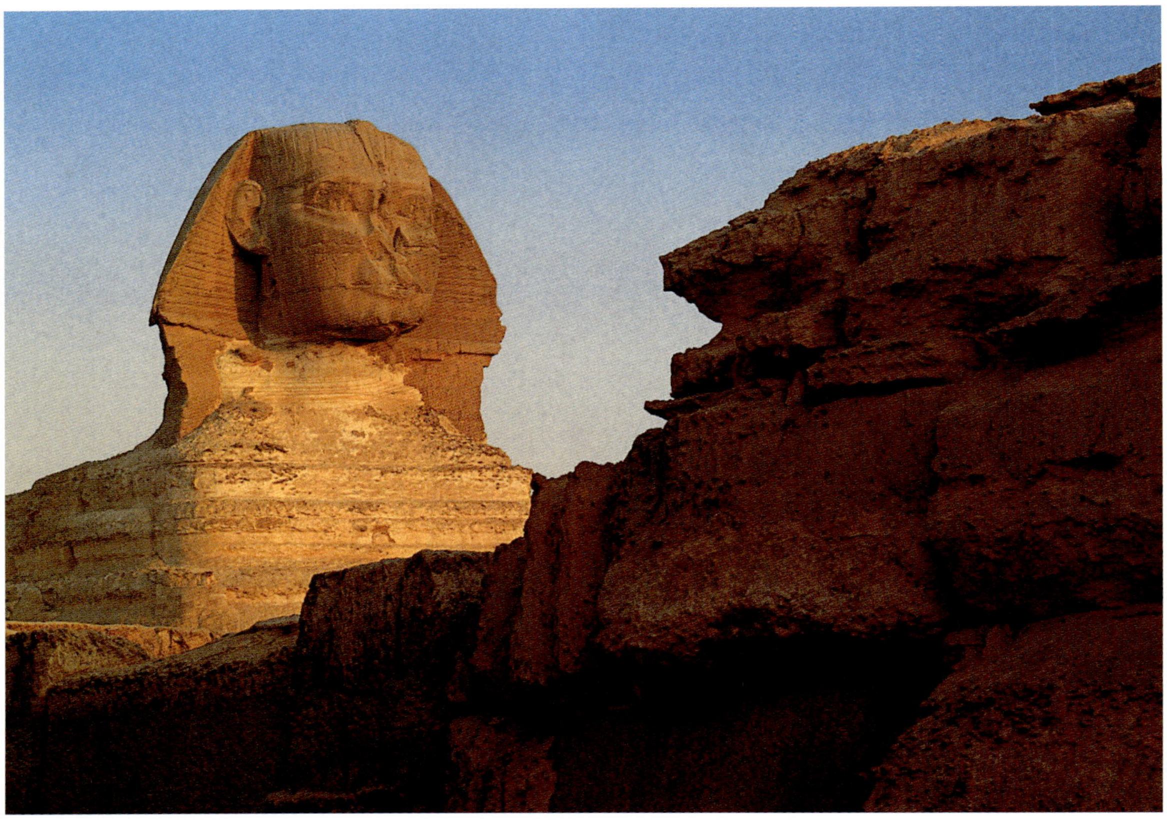

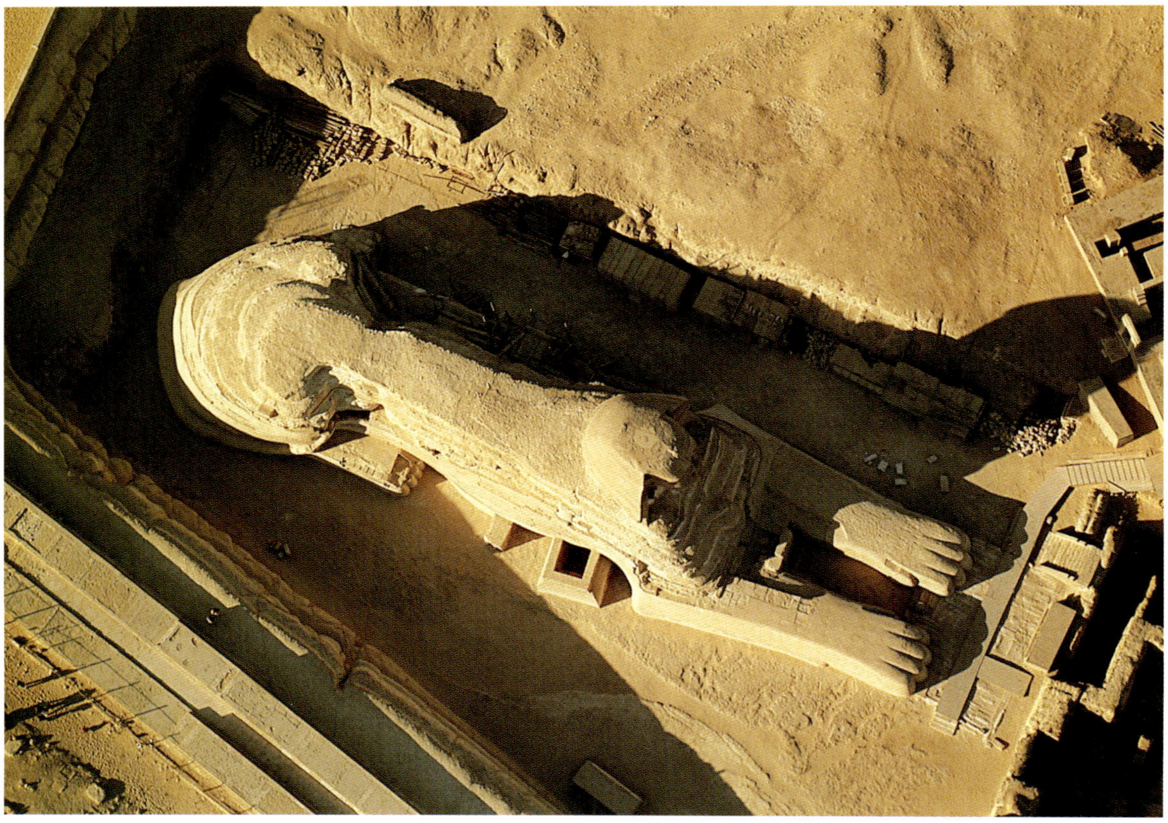

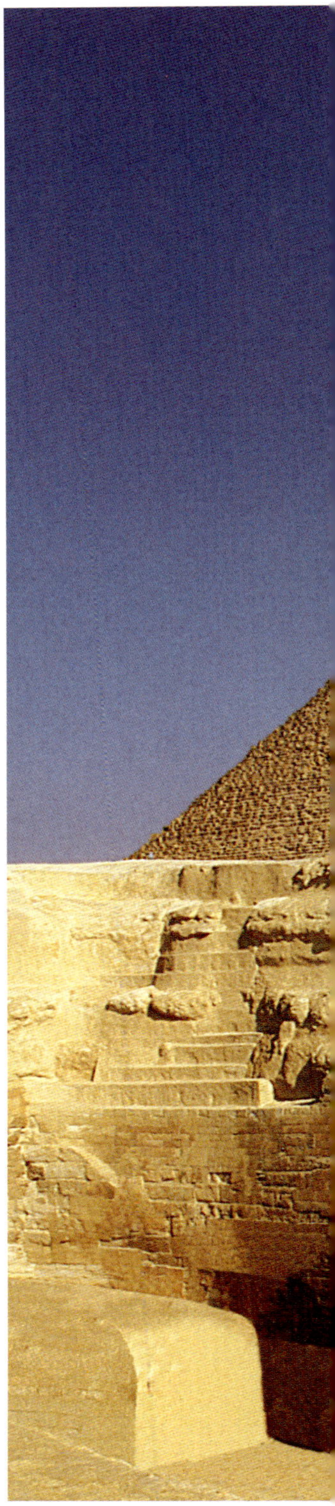

72–73
Die Errichtung des Sphinx geht auf Chefren zurück, jenen Pharao, dessen Gesichtszüge der Koloss vermutlich wiedergibt.

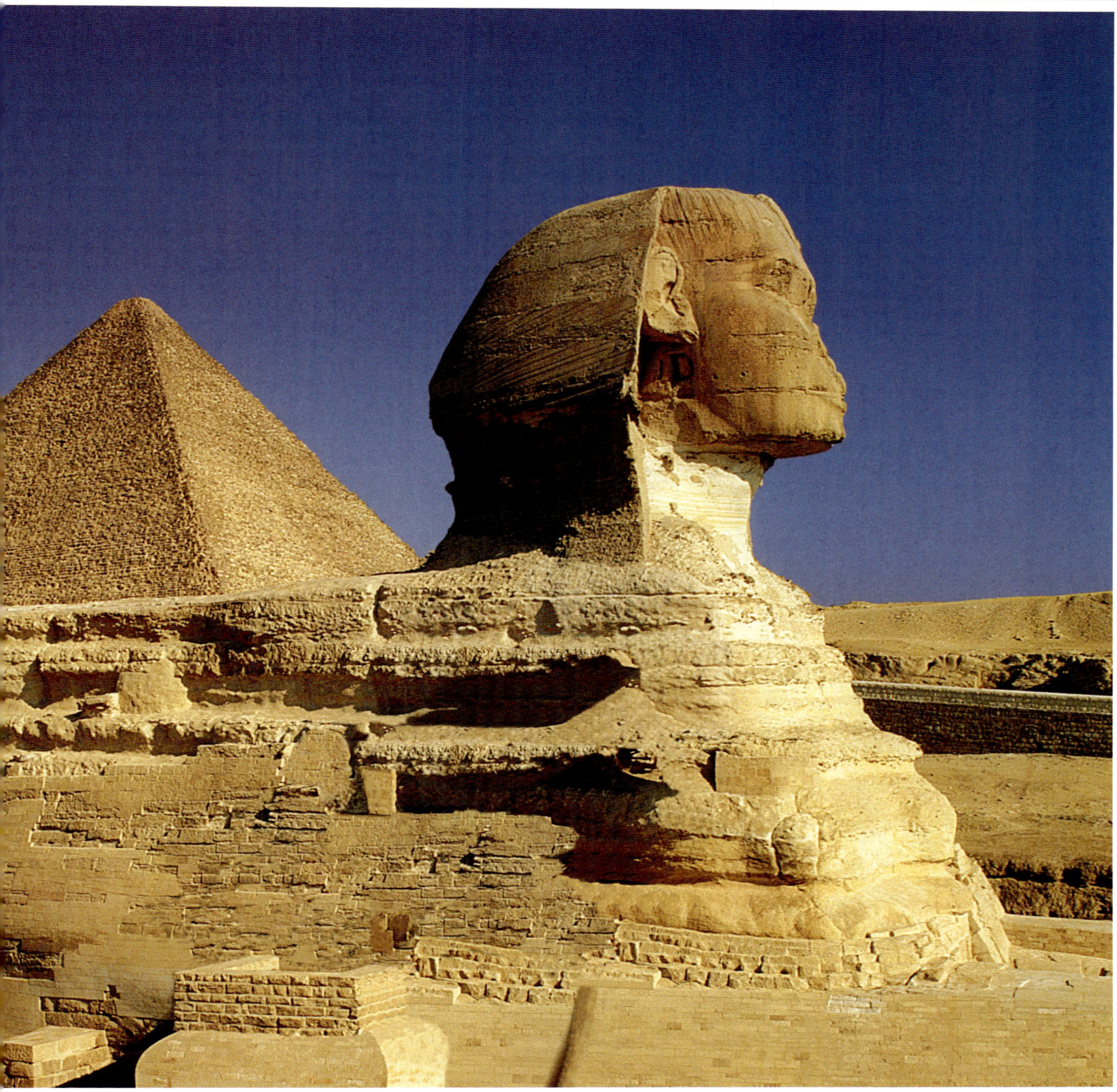

DER SPHINX

Der Sphinx befindet sich etwa 500 Meter östlich der Chefren-Pyramide an der Monumentalstraße, die den Bestattungstempel mit dem Tempel im Dorf der Pharaonen verbindet. Der Sphinx wurde aus einem natürlichen Felsstock gemeißelt. Sein menschlicher Kopf trägt ein Kopftuch mit einer Uräusschlange und dem Zeremonialbart der Pharaonen (beides wurde von G. Caviglia im Sand gefunden). Sein Körper ist der eines liegenden Löwen, das Symbol der königlichen Macht. Das Gesicht des Sphinx entspricht wohl den Zügen des Pharaos Chefren. Zwischen den Vorderpfoten befindet sich die Stele Thutmosis' IV., die an dessen Traum erinnern soll, der besagte, dass er – der Pharao – die Herrschaft über Ägypten gewinnen könne, wenn er den damals noch vom Sand verhüllten Sphinx ausgraben würde. Im Laufe der Jahrhunderte wurde der Sphinx einige weitere Male vom Sand verschüttet: Herodot, der aufmerksame Beobachter, erwähnt ihn in seinen Historien nicht, was als Hinweis darauf gedeutet werden kann, dass er ihn nicht gesehen hat. Die Ruinen des Tempels, auf dem der Sphinx thront, flankieren den Tempel des Chefren-Tales. Der massive Bau, für dessen Säulen, Architrave und Innenverkleidung man schwere Granit-Monolithen verwendet hat, zeichnet sich durch eine enorme Präzision aus. Es empfiehlt sich in der Ebene von Giseh auch ein Rundgang zwischen den Mastabas der 4. und 5. Dynastie nahe der Cheops-Pyramide.

74–75
Der Zahn der Zeit – Die Nase des Sphinx ist abgebrochen, der Zeremonialbart abgefallen, und die Augen sind hohl. Die Erosion hat die geologischen Schichten der Statue freigelegt, aber die Härte des Gesteins, aus dem der Kopf gearbeitet wurde, lässt die einstigen majestätischen Züge noch erahnen.

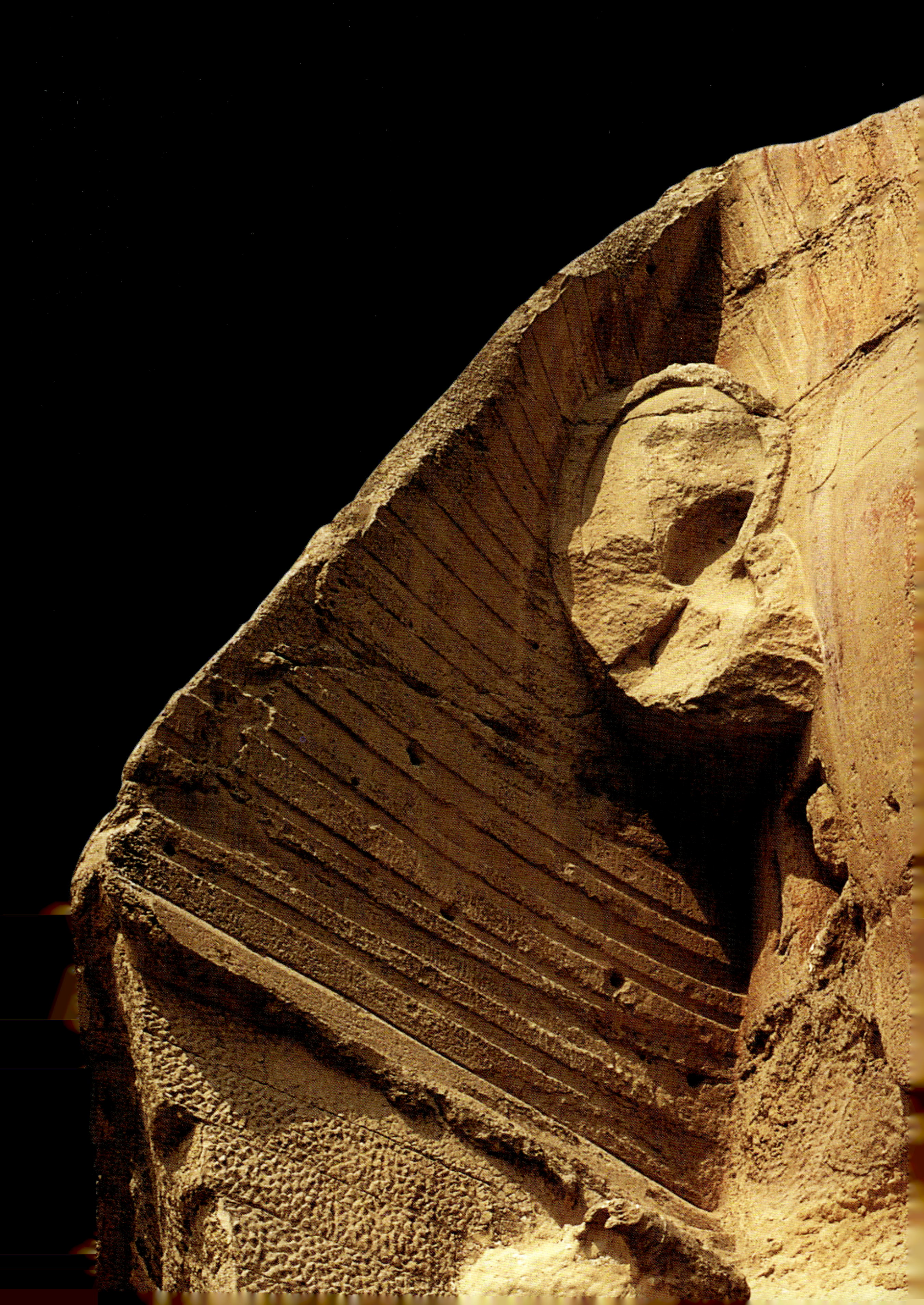

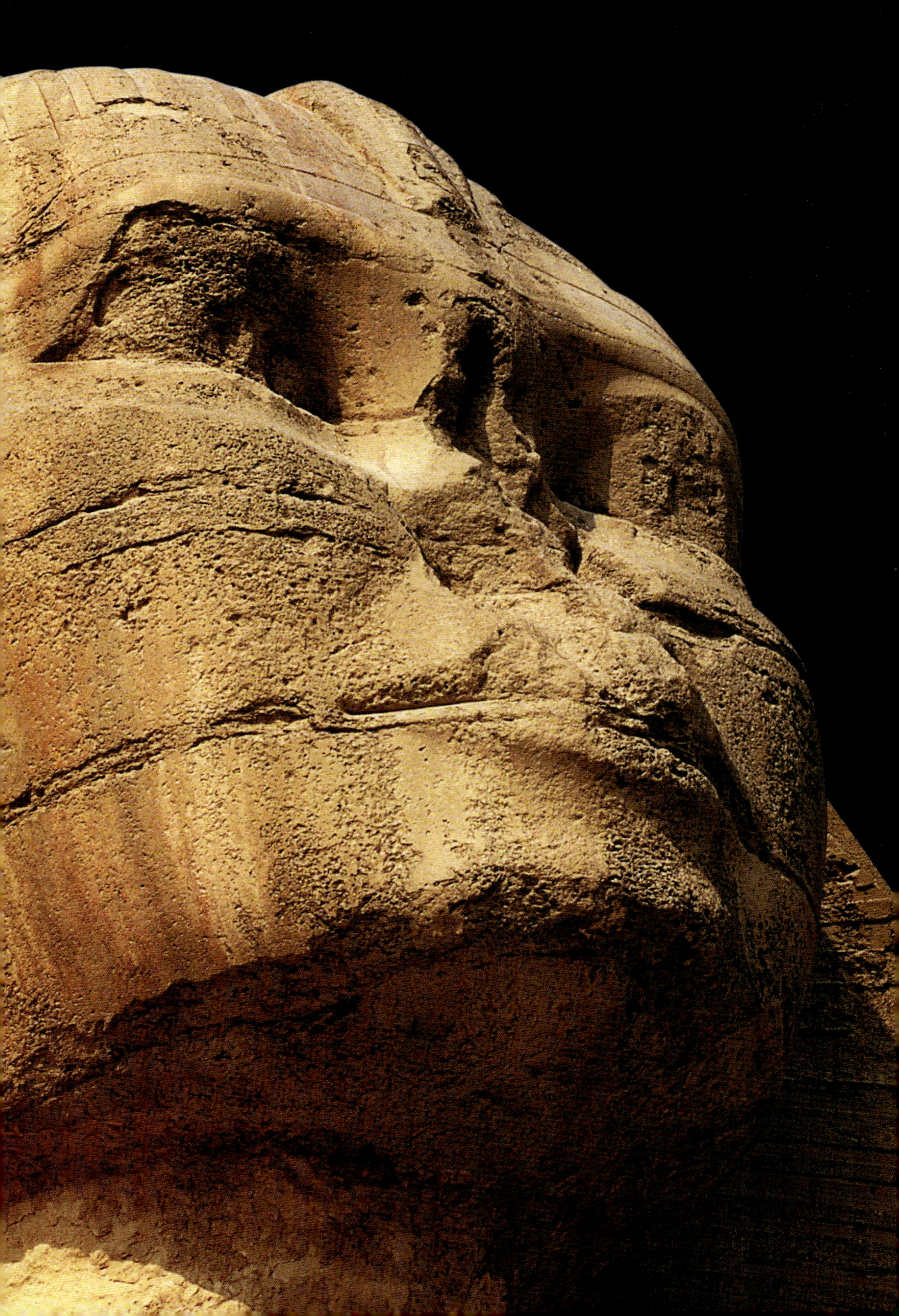

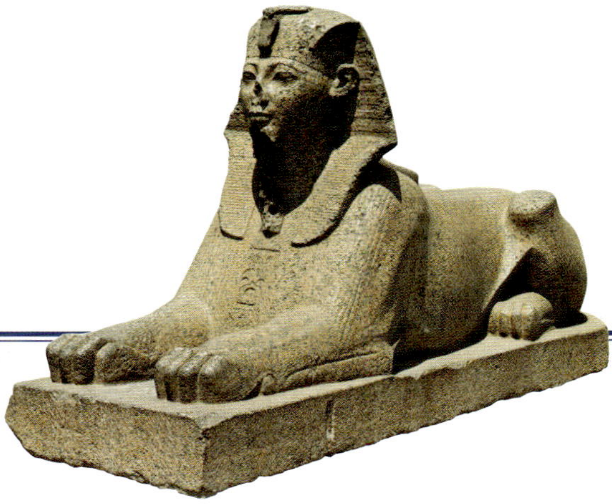

DAS ÄGYPTISCHE MUSEUM

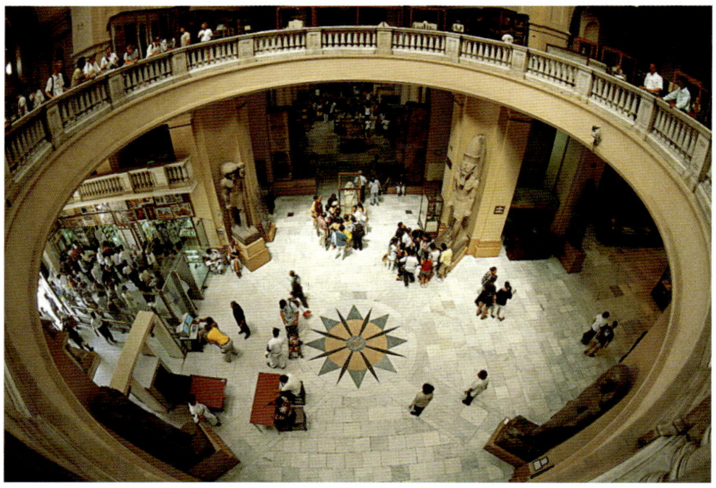

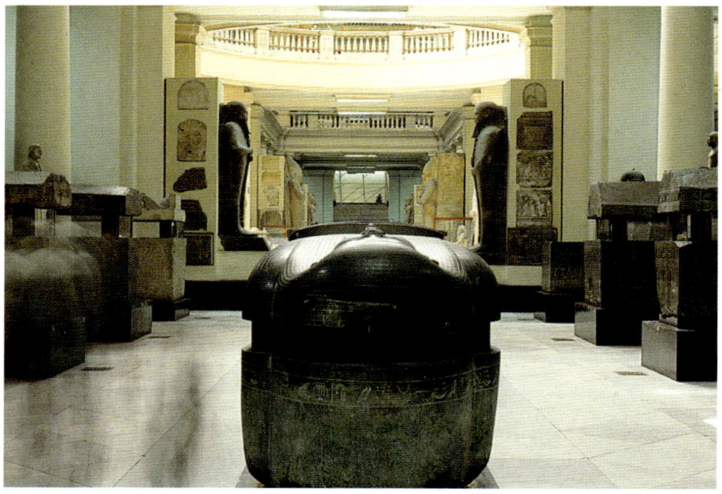

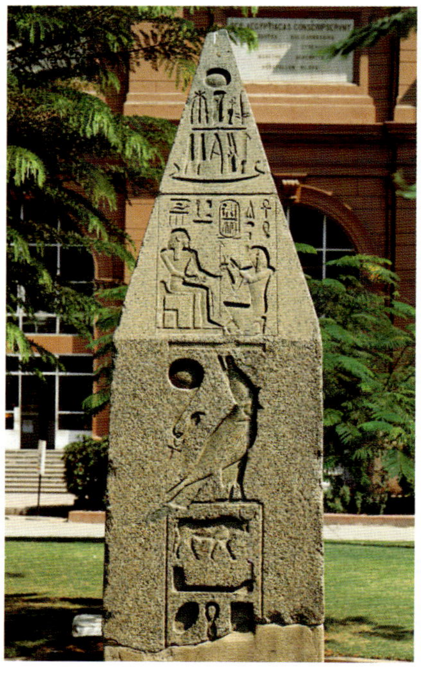

76 oben
Sphinx Thutmosis' III., außerhalb des Museums aufgestellt.

76 oben Mitte
Einzigartiger Blick auf das Atrium des Ägyptischen Museums.

76 unten Mitte
Flügel der »Ehrengalerie« des Museums.

76 unten
Oberteil eines Obelisken Ramses' II. aus Tanis vor dem Museum.

Wer sich für Kunst und Kultur des alten Ägyptens interessiert, wird mit einer solchen Fülle an Material konfrontiert, dass es nahezu unmöglich erscheint, einen vollständigen Überblick zu bekommen. Ein Besuch im Museum von Kairo ist der beste Weg, um einen Überblick über die Vielfalt und den Reichtum der archäologischen Kostbarkeiten zu gewinnen, die von den Kulturleistungen zeugen, die in Ägypten über einen Zeitraum von etwa 4500 Jahren seit der Bronzezeit erbracht worden sind. Die erste Sammlung ägyptischer Altertümer wurde 1858 von dem Franzosen Auguste Mariette im Viertel Bulaq in einem Lager des Flusshafens gegründet. Aus Platzgründen wurde sie 1902 dorthin verlegt, wo sie sich noch heute befindet, in einen Palast aus dem 19. Jahrhundert beim Midan-el-Tahrir-Platz nahe am Ufer des Nils. Das Gebäude hat sich in all den Jahren nicht wesentlich verändert, was man von der chaotischen Stadt, in der es sich befindet, nicht behaupten kann. Das von der ausufernden Stadt umschlossene Museum ist von einem Garten umgeben, der neben zahlreichen Skulpturen auch das Mausoleum des Gründers birgt, der sich auch im Tod nicht von der wunderbaren Sammlung trennen wollte. Die über 100 Räume des Museums enthalten die weltgrößte Sammlung an ägyptischen Altertümern, etwa 100 000 Exponate, zu denen sich eine fünfstellige Zahl an weiteren Fundstücken gesellen, die in den Magazinen aufbewahrt werden. Das Ausstellungskonzept folgt zwei Kriterien, die noch von Mariette selbst festgesetzt wurden: Das Erdgeschoss widmet sich den großen Meisterwerken der Bildhauerei und ist chronologisch geordnet. Es umfasst die Geschichte Ägyptens von der archaischen und frühdynastischen Zeit bis zur Spätzeit, der saitischen, der persischen und der griechisch-römischen Periode. Im ersten Stock hingegen orientiert sich die Einteilung an der Typologie der Fundstücke. Empfangen wird der Besucher in der Großen Galerie des Erdgeschosses, in der die Steinsarkophage des Alten Reiches präsentiert werden. Er trifft dann auf die Statuen großer Herrscher, die das Zeital-

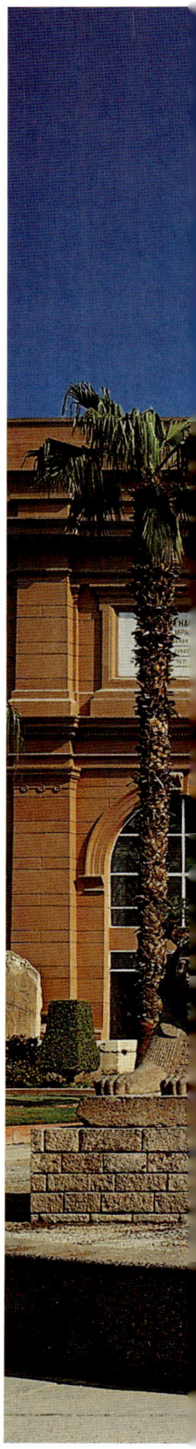

76–77
Die Fassade des Ägyptischen Museums. Der Grundstein für diesen Bau wurde im Jahre 1897 gelegt. 1902 wurde das Museum eröffnet. Vorgelagert ist ein mit Funden aus ganz Ägypten geschmückter Garten.

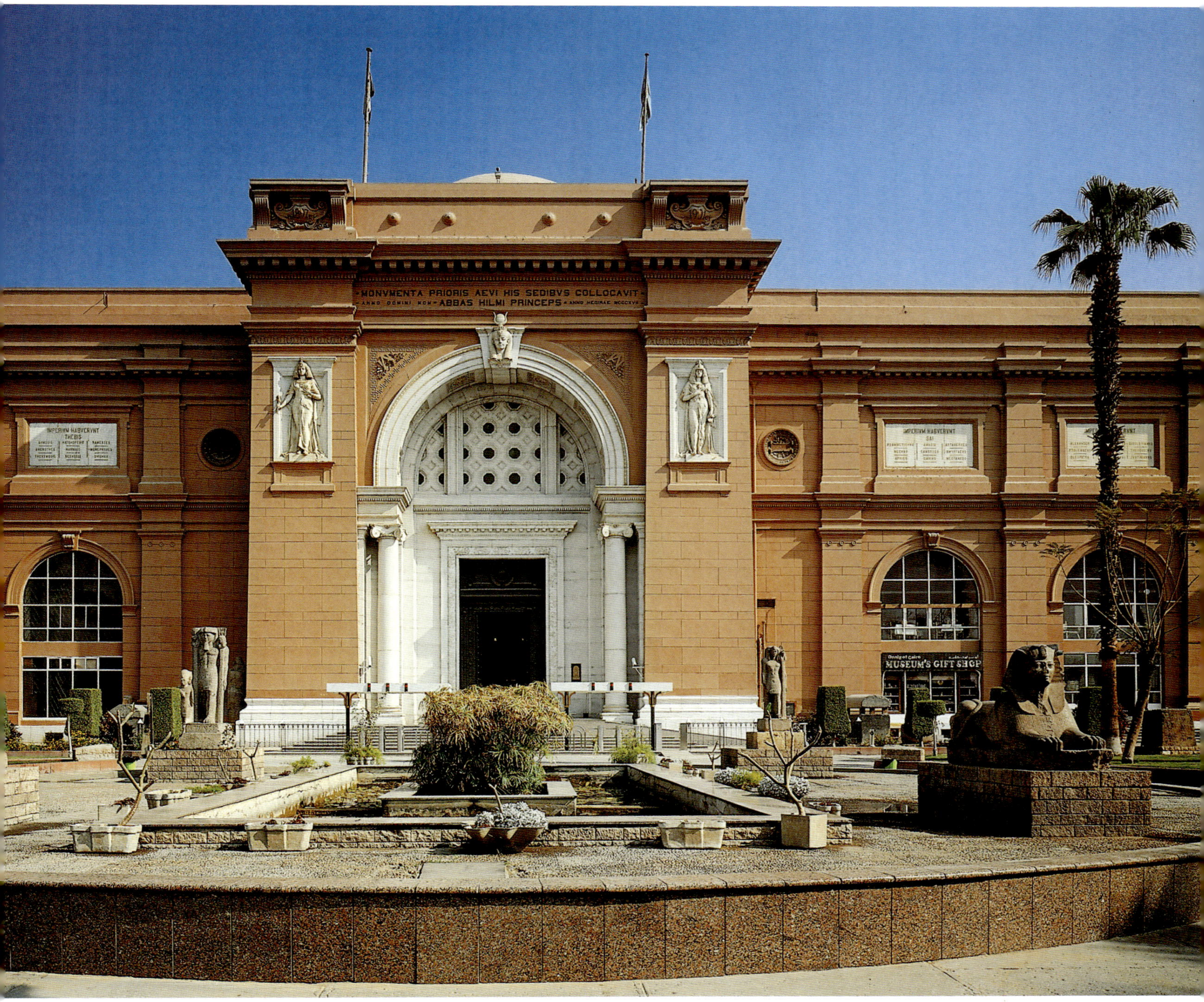

77 links unten
Die Statue eines sitzenden Löwen aus rosafarbenem Granit wird in die Spätzeit datiert. Sie stammt aus Tell el-Muqdam und steht ebenfalls im Garten des Museums.

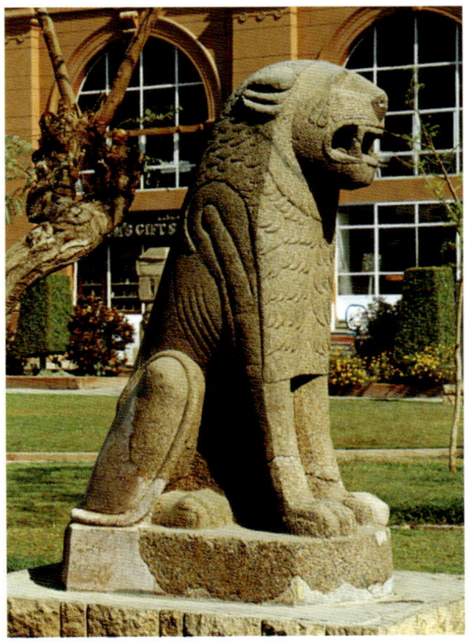

77 rechts unten
Großer zentraler Saal des Ägyptischen Museums, um den weitere Ausstellungsräume angeordnet sind.

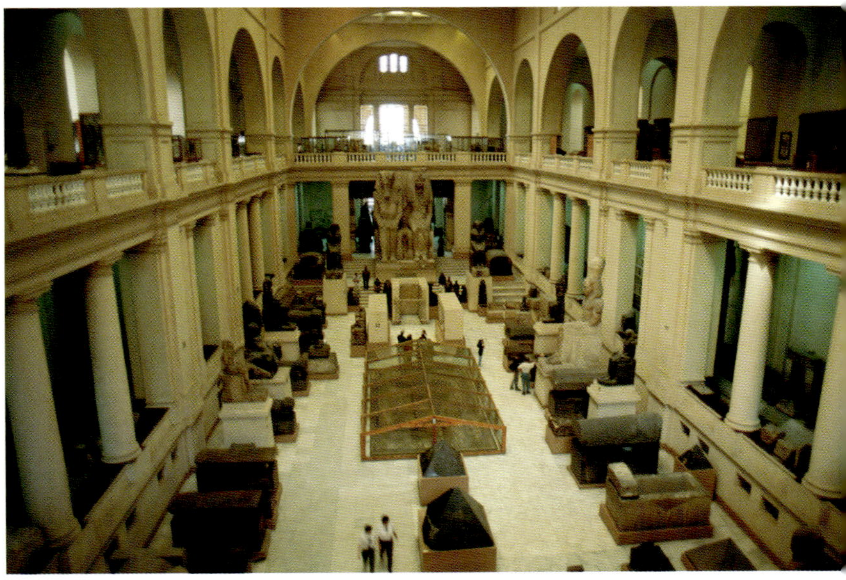

ter der Pyramiden zwischen der 3. und der 4. Dynastie geprägt haben, vom Kalksteinbild des Djoser über die Dioritabbildung des Chefren bis hin zu den Mykerinos-Triaden aus Grauwacke, dazu auf Statuen hochrangiger Persönlichkeiten, wie die farbenfrohe Gruppe des Priesters Rahotep, des Sohnes von König Snofru aus der 4. Dynastie, und seiner Gattin Nefret, die man in Meidum entdeckt hatte. Um die sitzende Kolossalstatue des Amenhotep III. herum, der zusammen mit seiner Gemahlin den Mittelkorridor in Beschlag nimmt, sind im Uhrzeigersinn zwischen den Sälen des Erdgeschosses Statuen und Stelen aufgestellt, die zu Herrschern des Mittleren Reiches (Amenemhet III. und Sesostris I.), zu Herrschern des Neuen Reiches (von der Kinderstatue des Thutmosis III. über einen Sphinx, der die Gesichtszüge der Königin Hatschepsut trägt, bis hin zu den vier Kolossalstatuen des häretischen Pharao Echnaton) führen, die eine außergewöhnliche Besonderheit in der traditionellen Kunstproduktion des alten Ägyptens darstellen und zur Spätzeit gehören. Sehr interessant ist dann die Grabkammer des Harhotep aus Deir el-Bahari, die sich durch ein großartiges Dekor aus gemalten Gerätschaften auszeichnet. Im ersten Stock, in dem eine zusätzliche Eintrittskarte für das Betreten des Mumiensaales erforderlich ist, lässt sich der Besucher von jenen Räumen faszinieren, die den Tutanchamun-Schatz mit seinen 2099 Fundstücken zeigen, die 1922 von

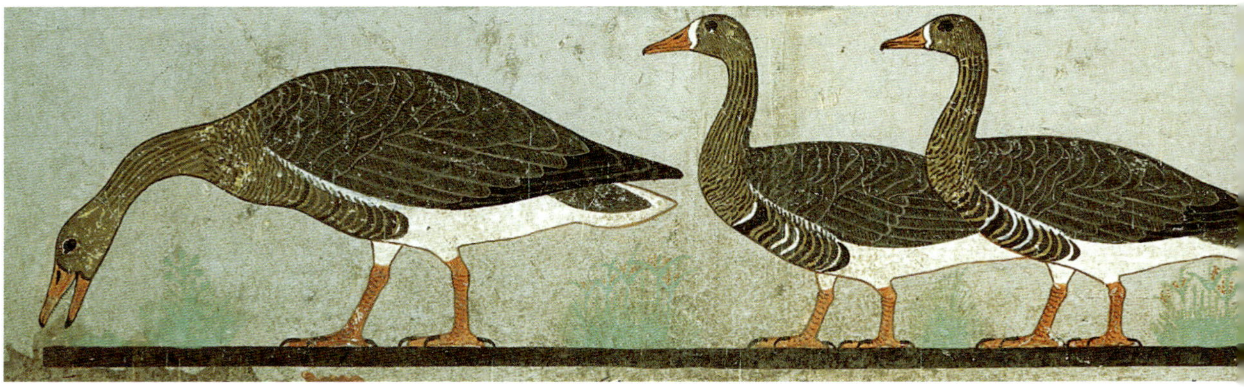

78–79
Die »Gänse von Meidum«, bemalter Stuck, 4. Dynastie.

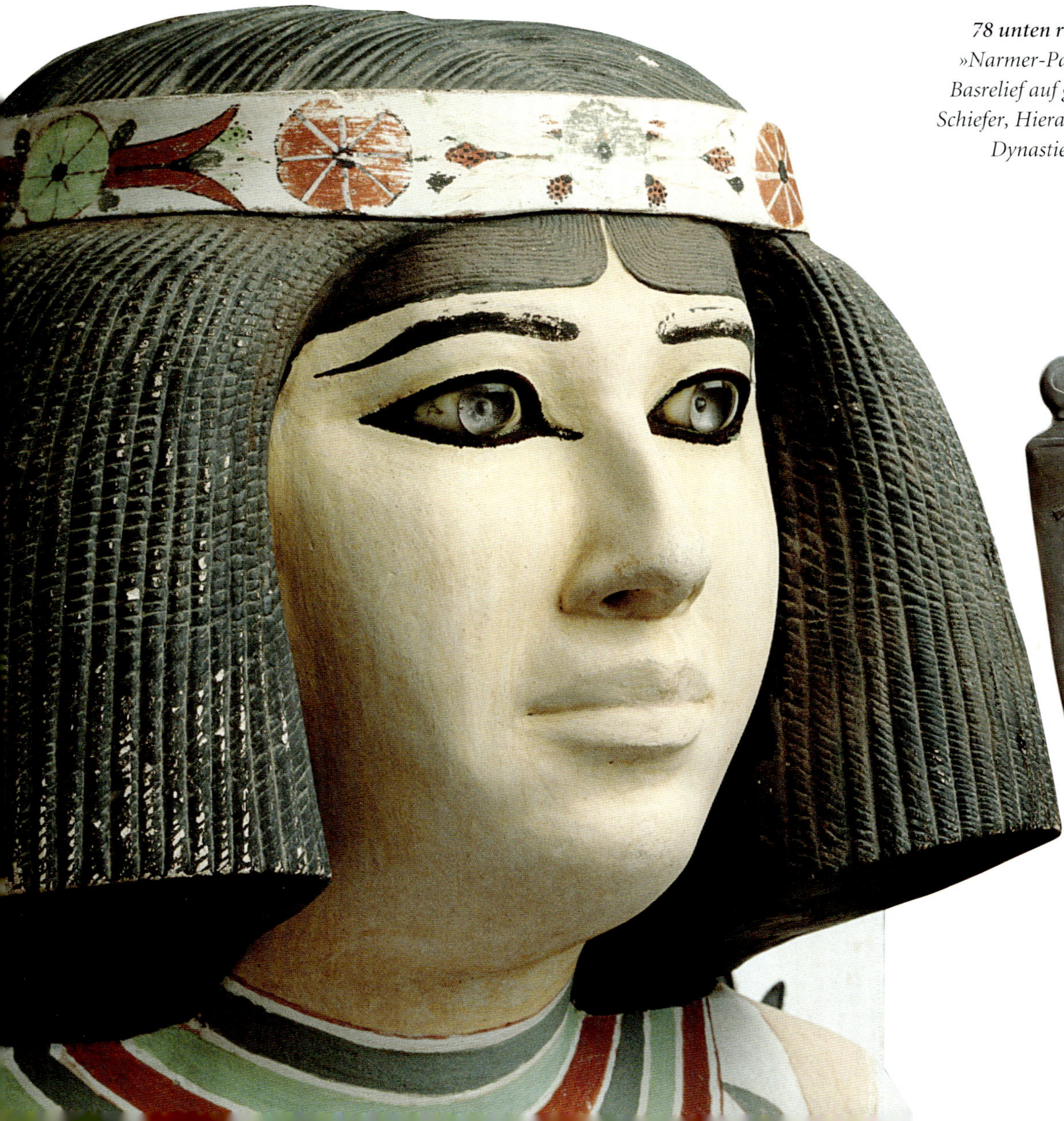

78 unten links
Detail der Nefret-Statue aus Meidum, 4. Dynastie.

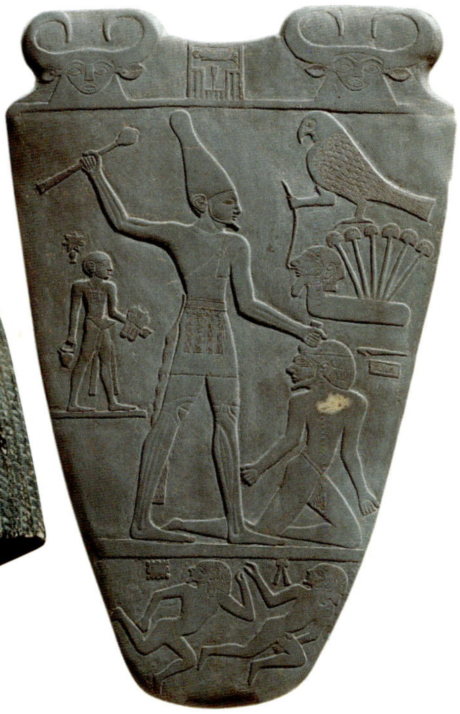

78 unten rechts
»Narmer-Palette«, Basrelief auf grünem Schiefer, Hierakonpolis, Dynastie 0.

79 oben
Nilpferd aus blauer Fayence, Nekropole von Dra Abu el-Naga, Zweite Zwischenzeit.

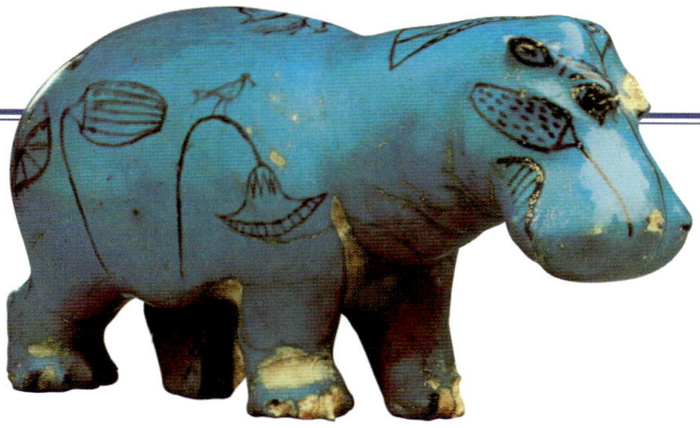

Howard Carter im Tal der Könige entdeckt wurden. Dem Betrachter präsentiert sich eine Reihe von Vitrinen, in denen neben den bereits unzählige Male ausgestellten und veröffentlichten Exponaten Hunderte von wunderbaren Stücken ausgestellt sind, die den König ins Jenseits begleiten sollten. Es handelt sich um die reichhaltigste und kompletteste Grabausstattung, die man in Ägypten gefunden hat. Daneben zeigt der erste Stock Grabausstattungen von außergewöhnlichem Wert. Besonders beeindruckend ist der Schatz der Hetepheres, der Mutter des Cheops, eine Sammlung mit Werken der Goldschmiedekunst von den Anfängen der ägyptischen Geschichte bis zur byzantinischen Zeit und ein Korpus mit auf Papyrus geschriebenen Hieroglyphentexten aus dem Totenbuch. Zudem ist die erste Etage reich an Exponaten, die vom Alltagsleben der alten Ägypter erzählen: Modelle von Kriegern und Wohnungen, Werkzeuge und Schmuck, »kleinere« Gegenstände also, die aber manchen Besucher noch mehr anrühren werden als die Erhabenheit der Statuen oder die Pracht des Goldes.

79 unten links
Triade des Mykerinos aus Grauwacke, Giseh, 4. Dynastie.

79 unten rechts
Chefren-Statue aus Diorit, entdeckt in Giseh, 4. Dynastie.

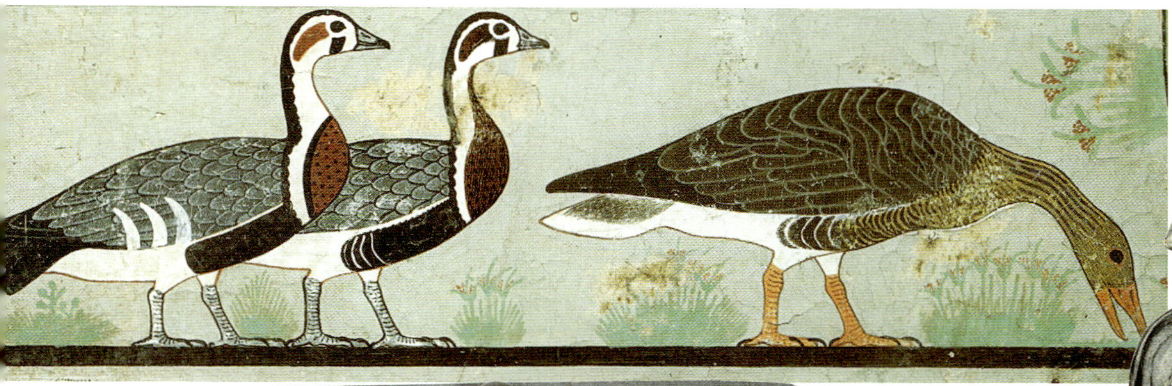

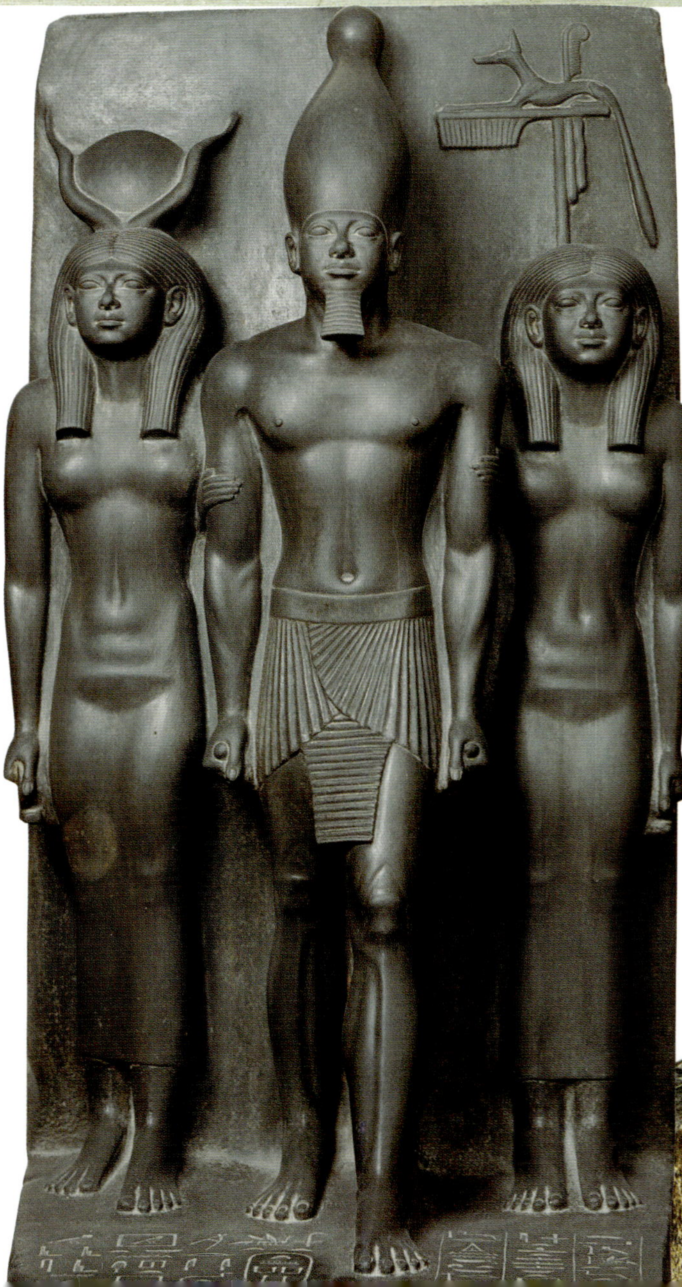

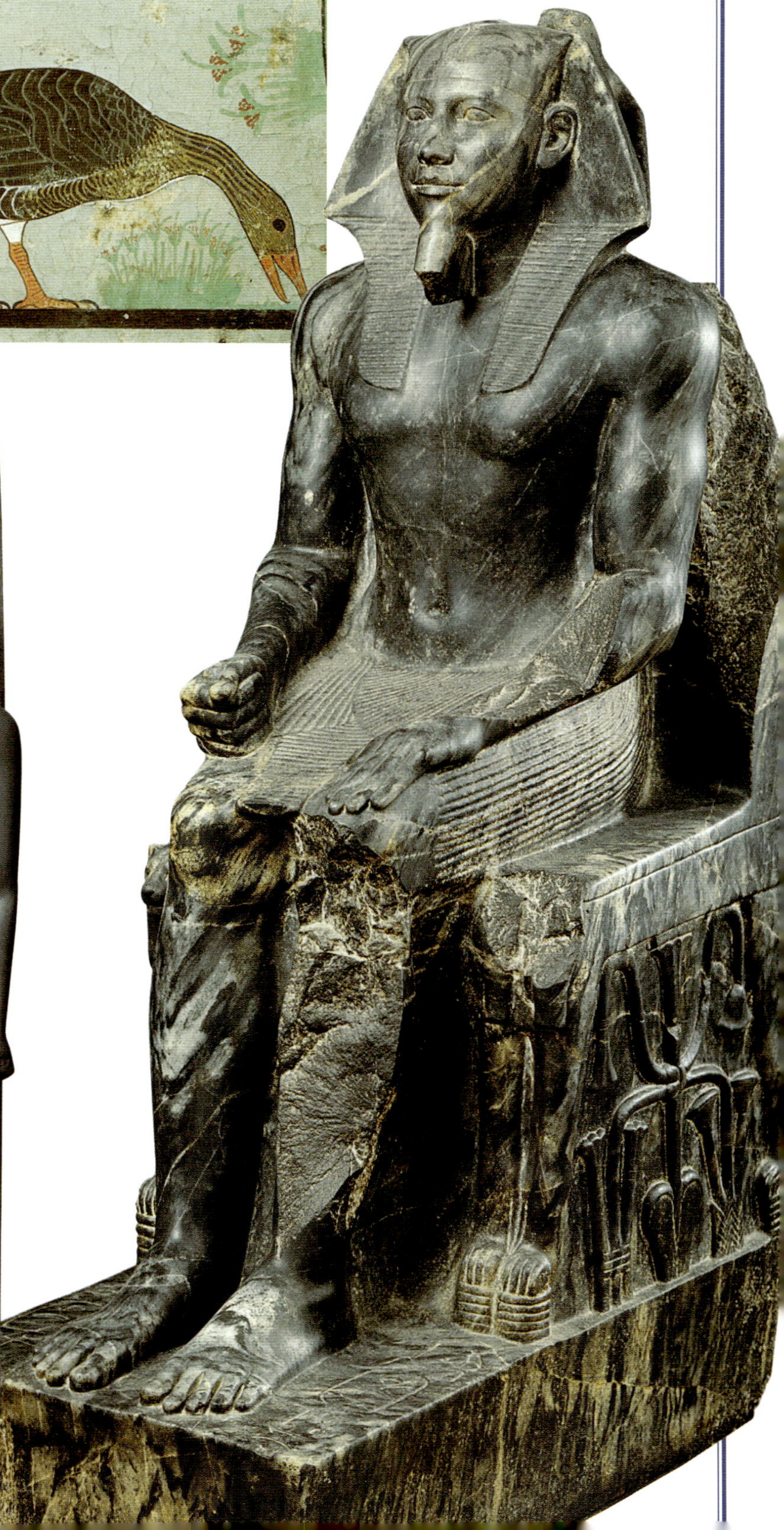

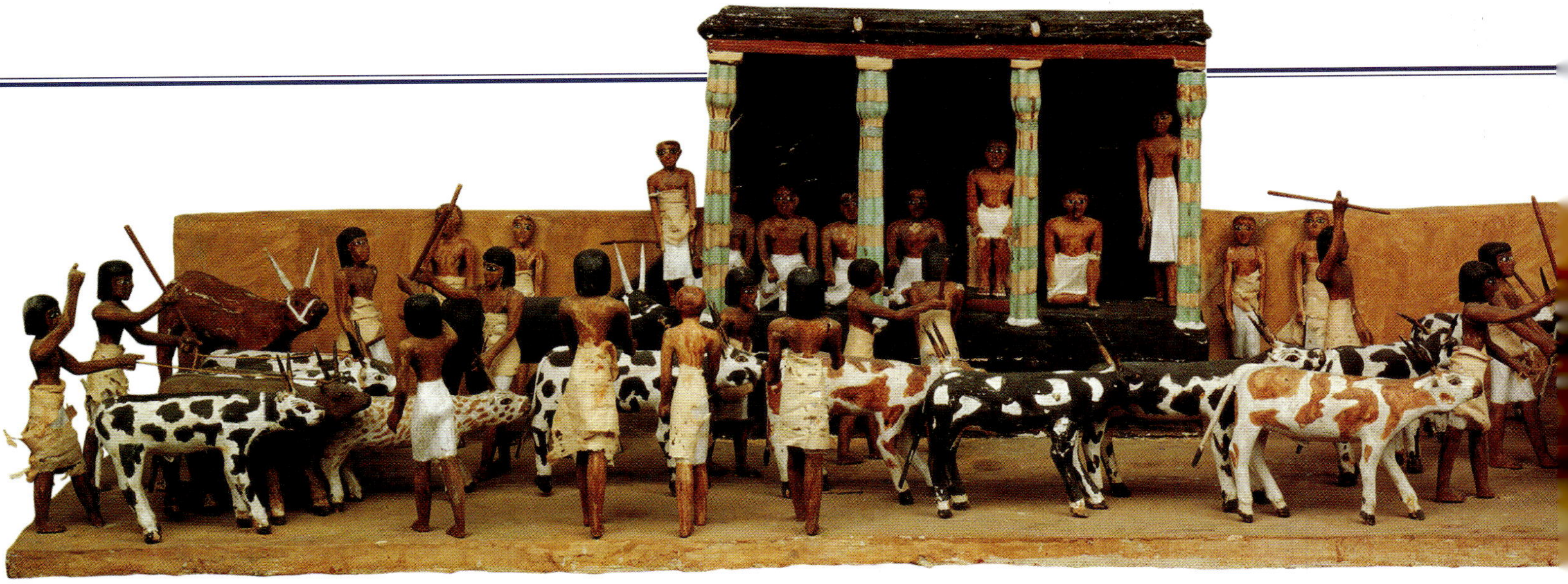

80–81 oben
Modell einer Hausvieh-Inspektion aus Deir el-Bahari, 11. Dynastie.

80–81 unten
Modell einer Truppe nubischer Bogenschützen aus Assiut, 11. Dynastie.

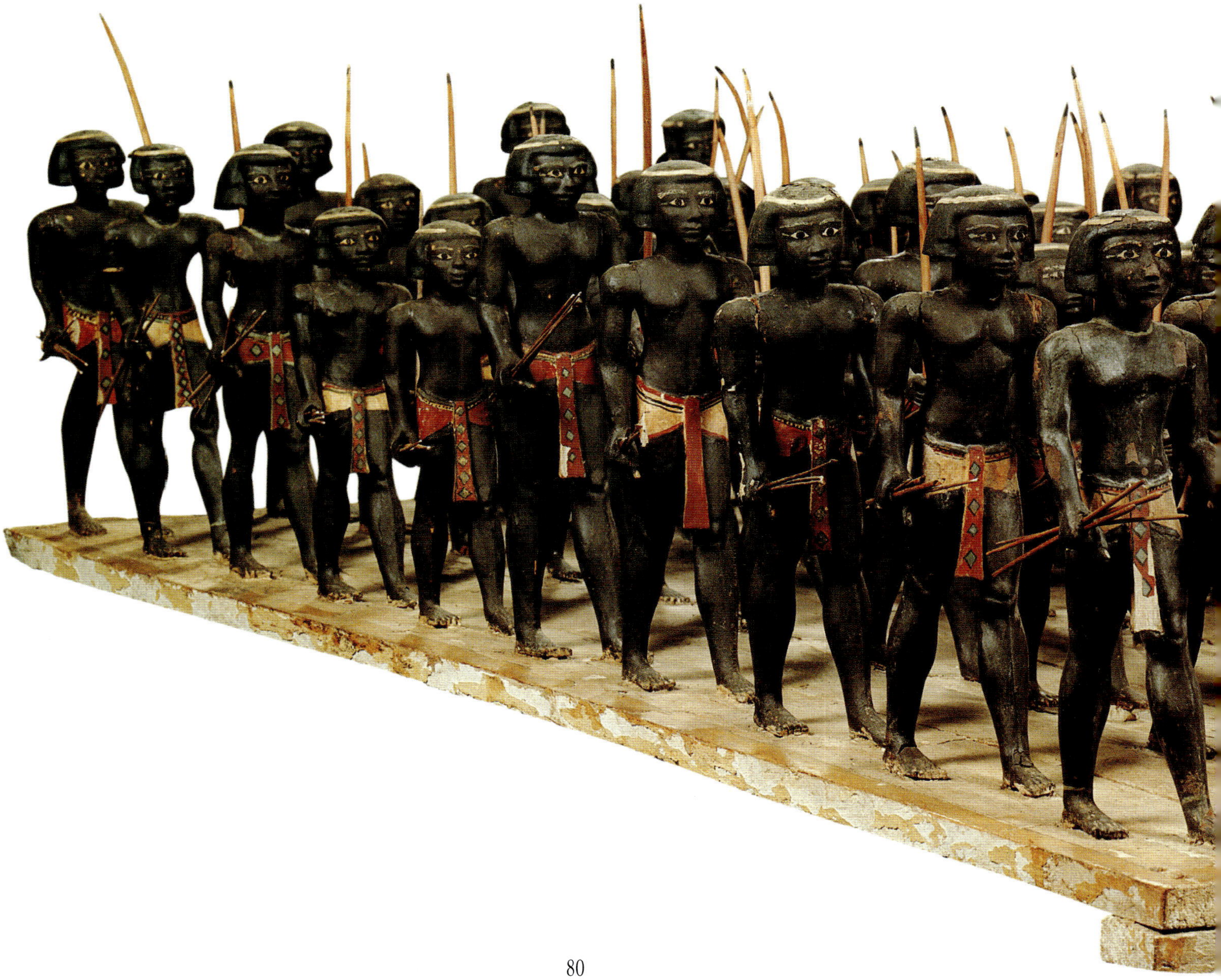

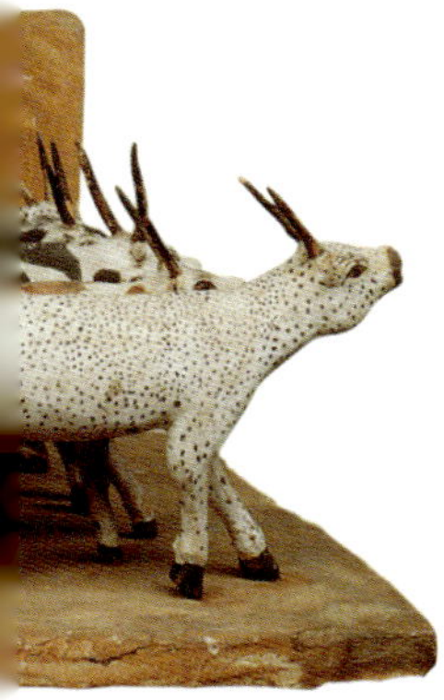

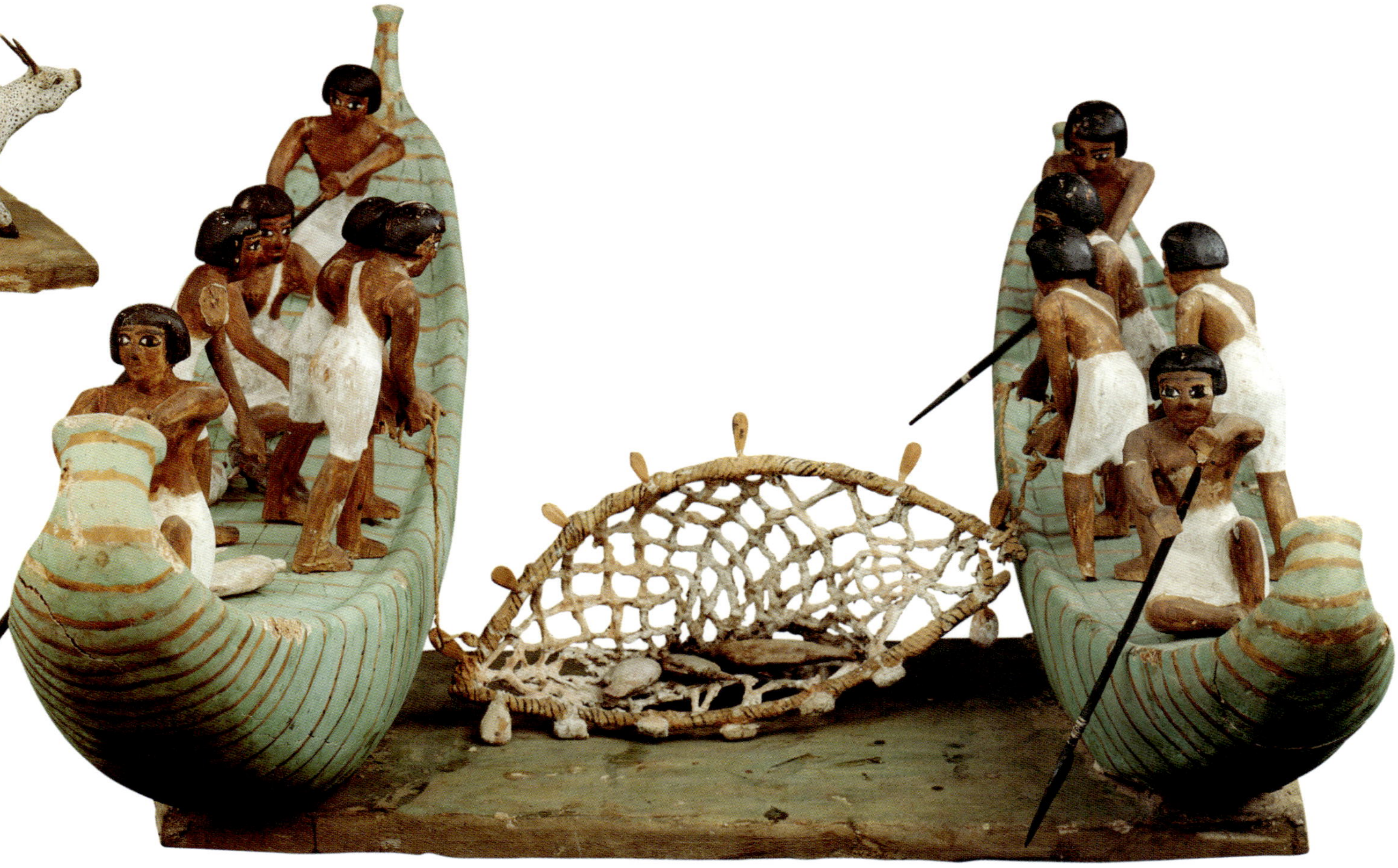

81
Modell einer Fischereiszene am Nil aus Deir el-Bahari, 12. Dynastie.

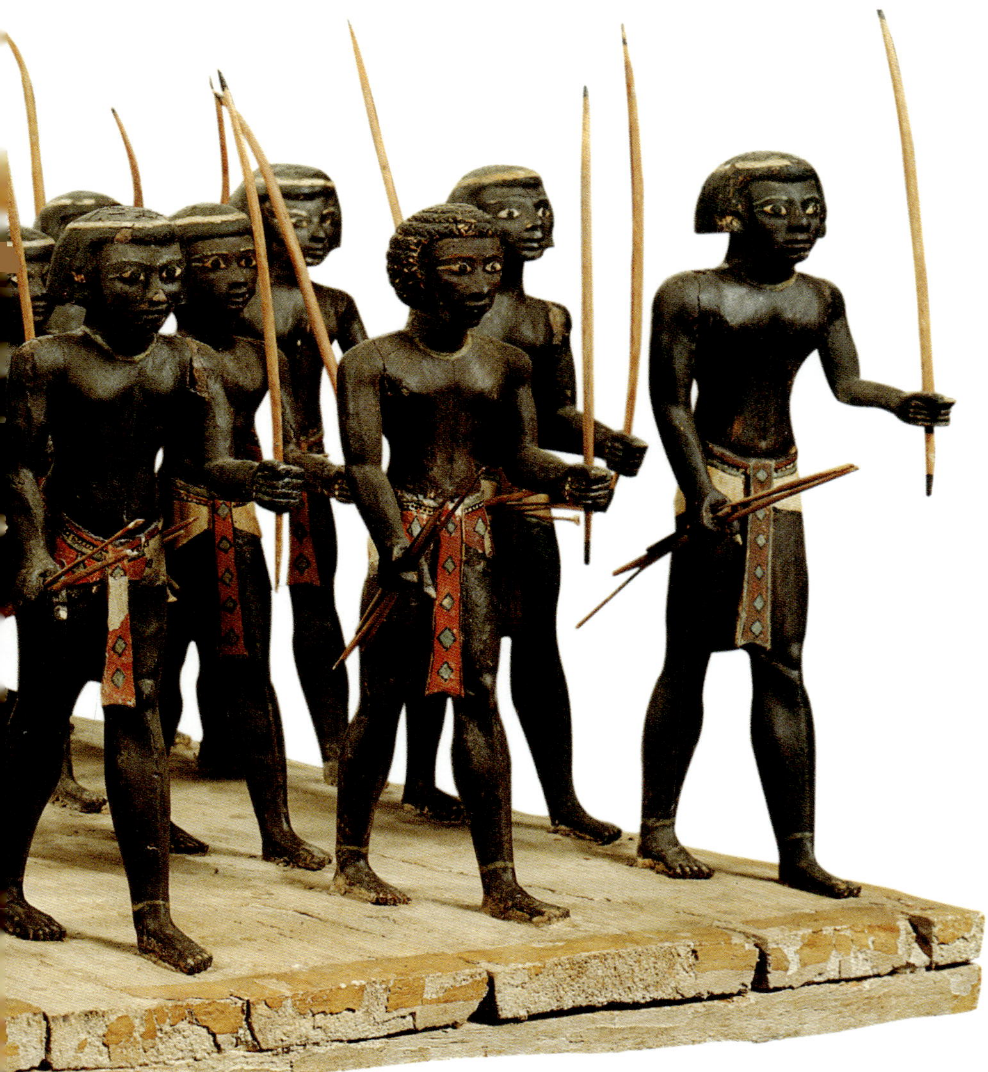

82
Oberteil einer Kolossalstatue Amenophis' IV. aus Sandstein, Karnak, 18. Dynastie.

83
Unvollständiger Quarzitkopf der Königin Nofretete aus Tell el-Amarna, 18. Dynastie.

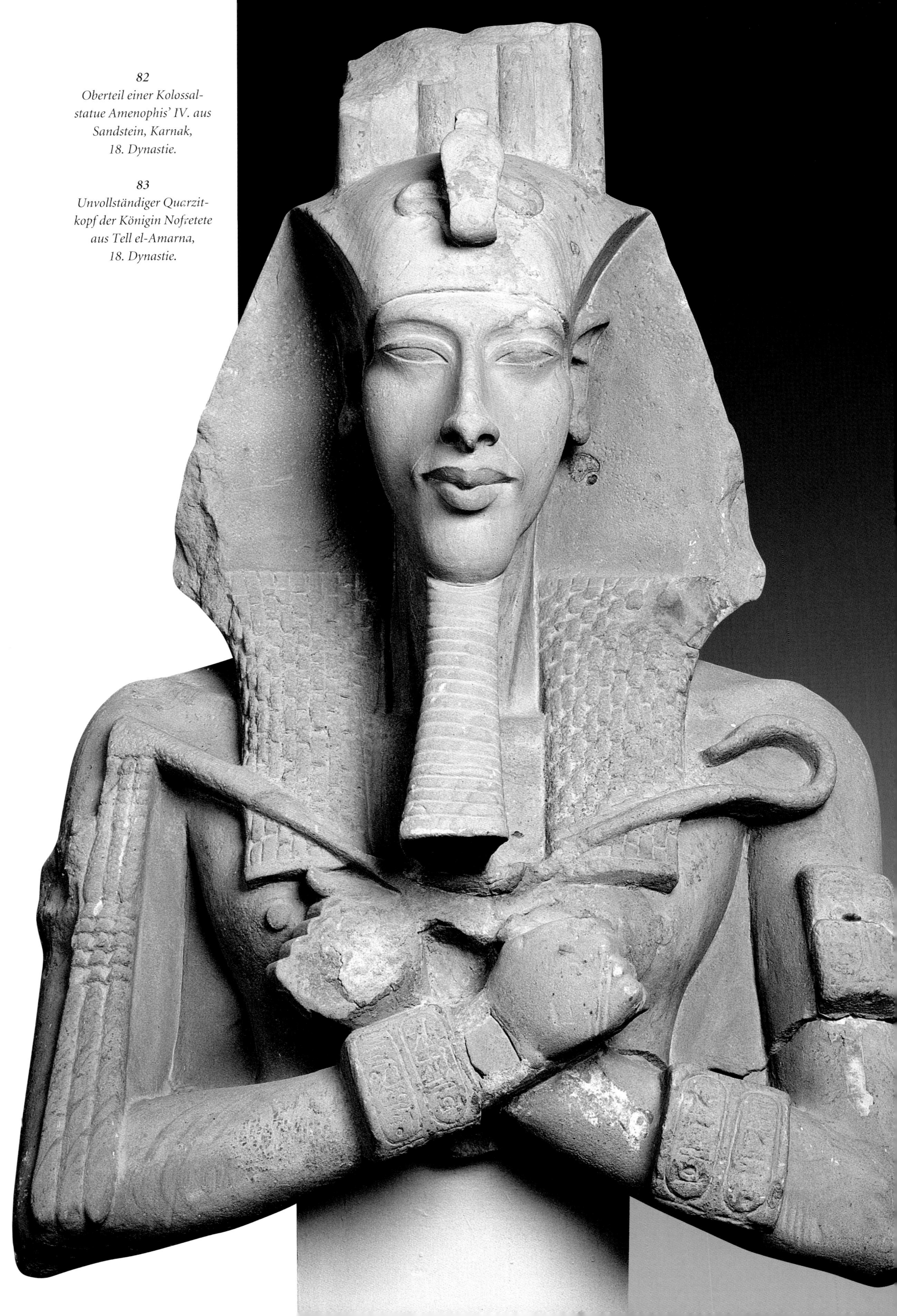

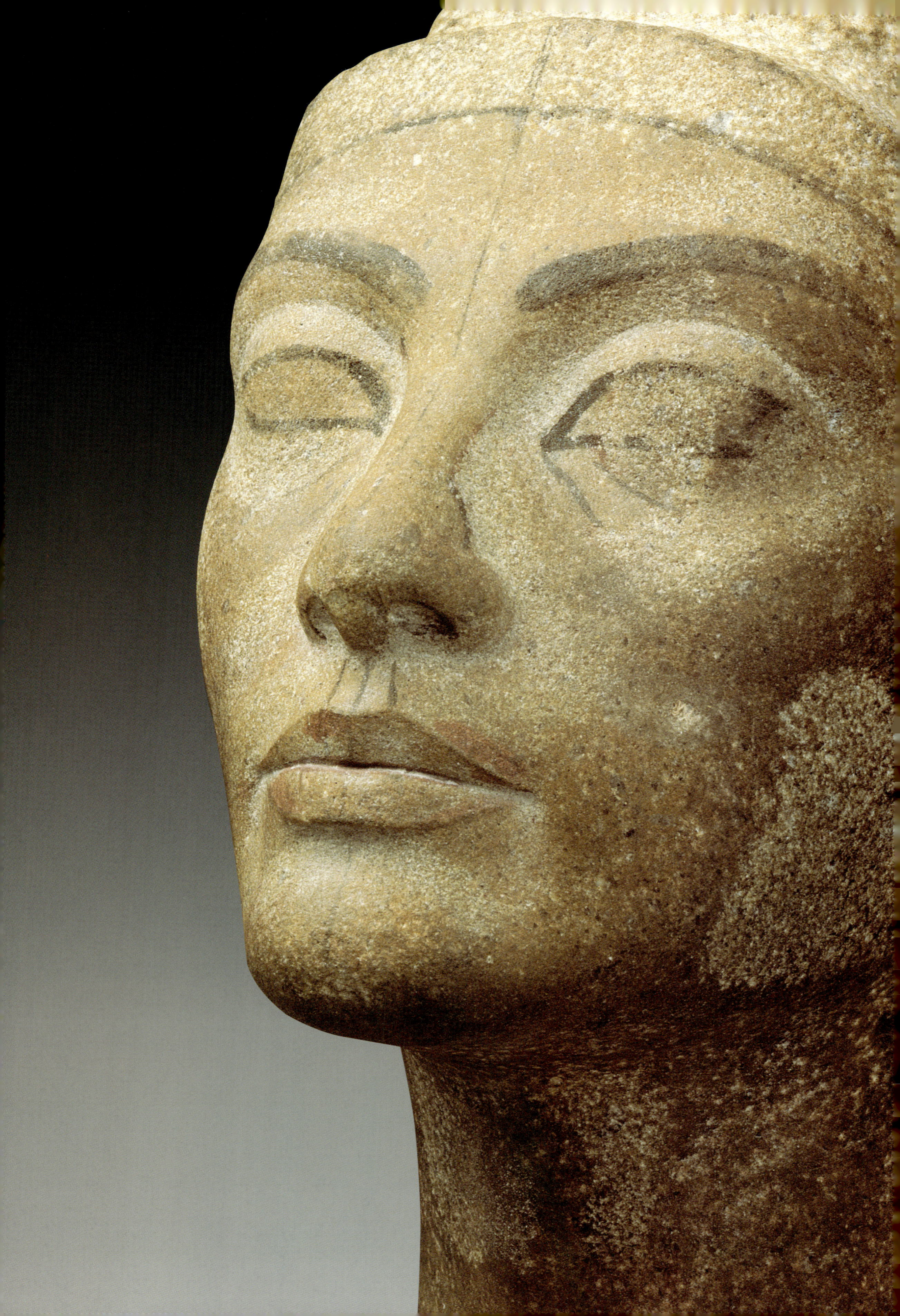

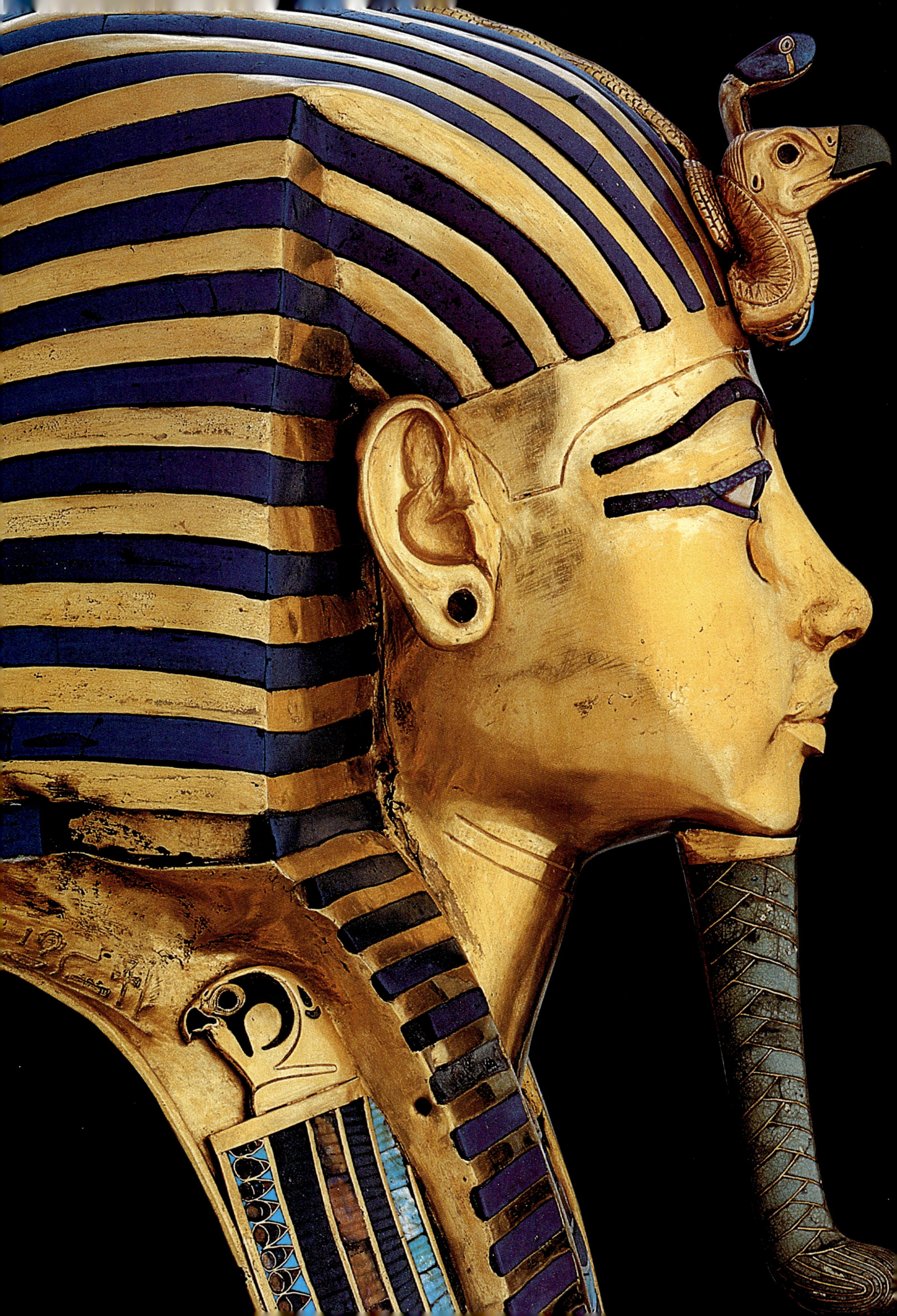

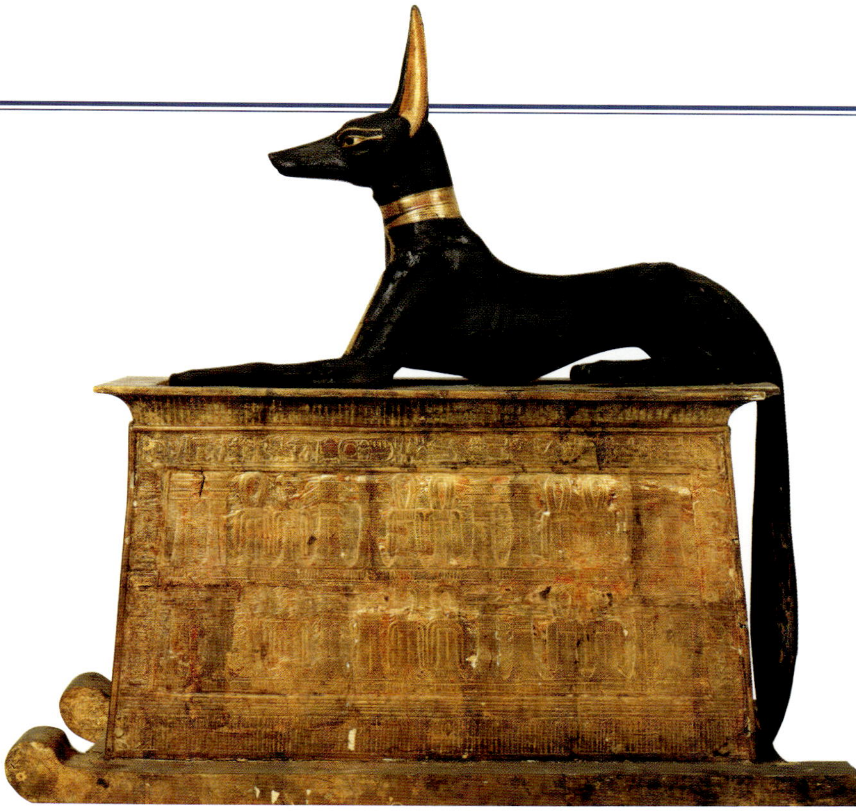

84
Grabmaske Tutanch-amuns aus massivem Gold, Tal der Könige, 18. Dynastie.

85 oben links
Tragbares Heiligtum des Gottes Anubis aus geteer-tem und vergoldetem Holz, Tal der Könige, 18. Dynastie.

85 unten links
Vergoldete Holzstatue des Kas Tutanchamuns aus dem Tal der Könige, 18. Dynastie.

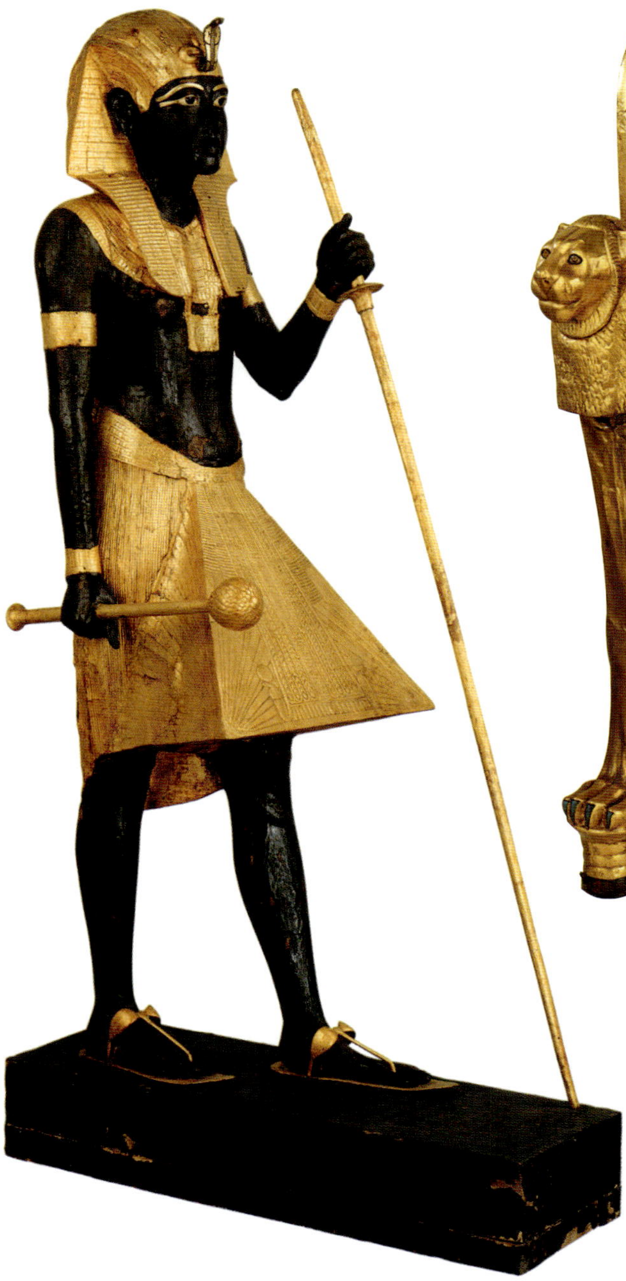

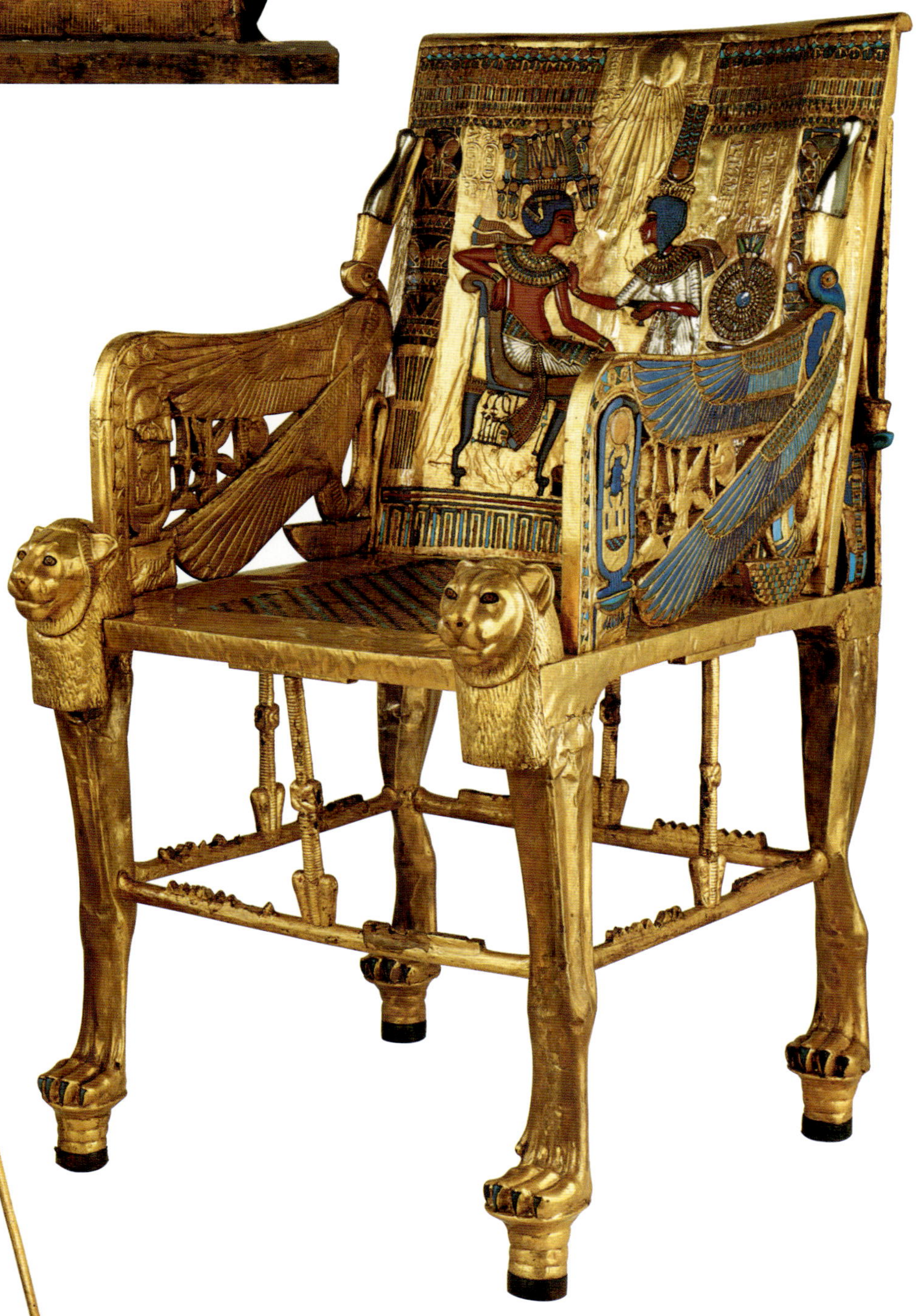

85 rechts und 86–87
Thron Tutanchamuns aus Holz, Blattgold, Schmuck-steinen und Glaspasten aus dem Tal der Könige, 18. Dynastie.

88–89
Tutanchamun und seine Gemahlin Anchesenamun auf der Entenjagd. Detail vom kleinen Goldschrein. Tal der Könige, 18. Dynastie.

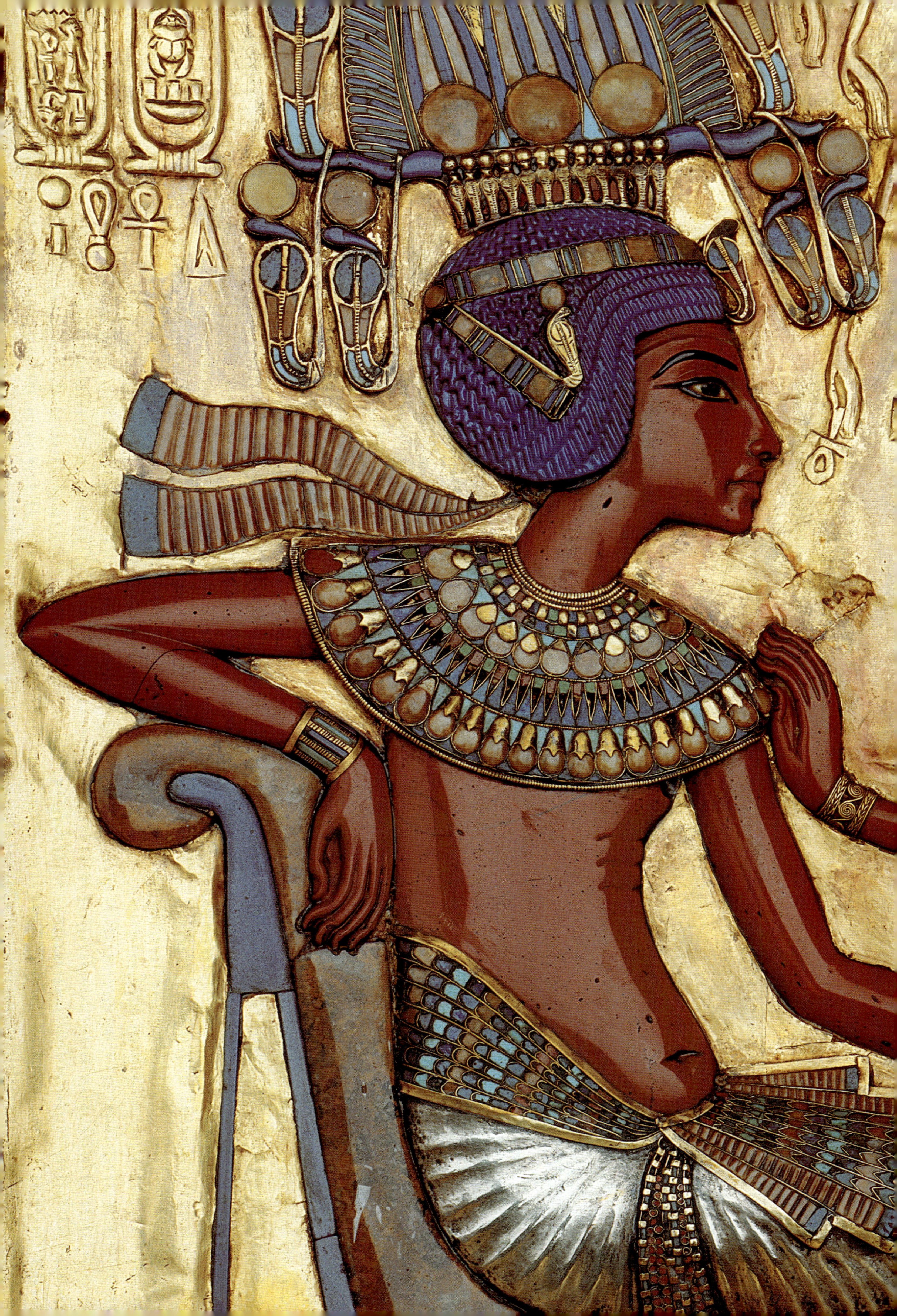

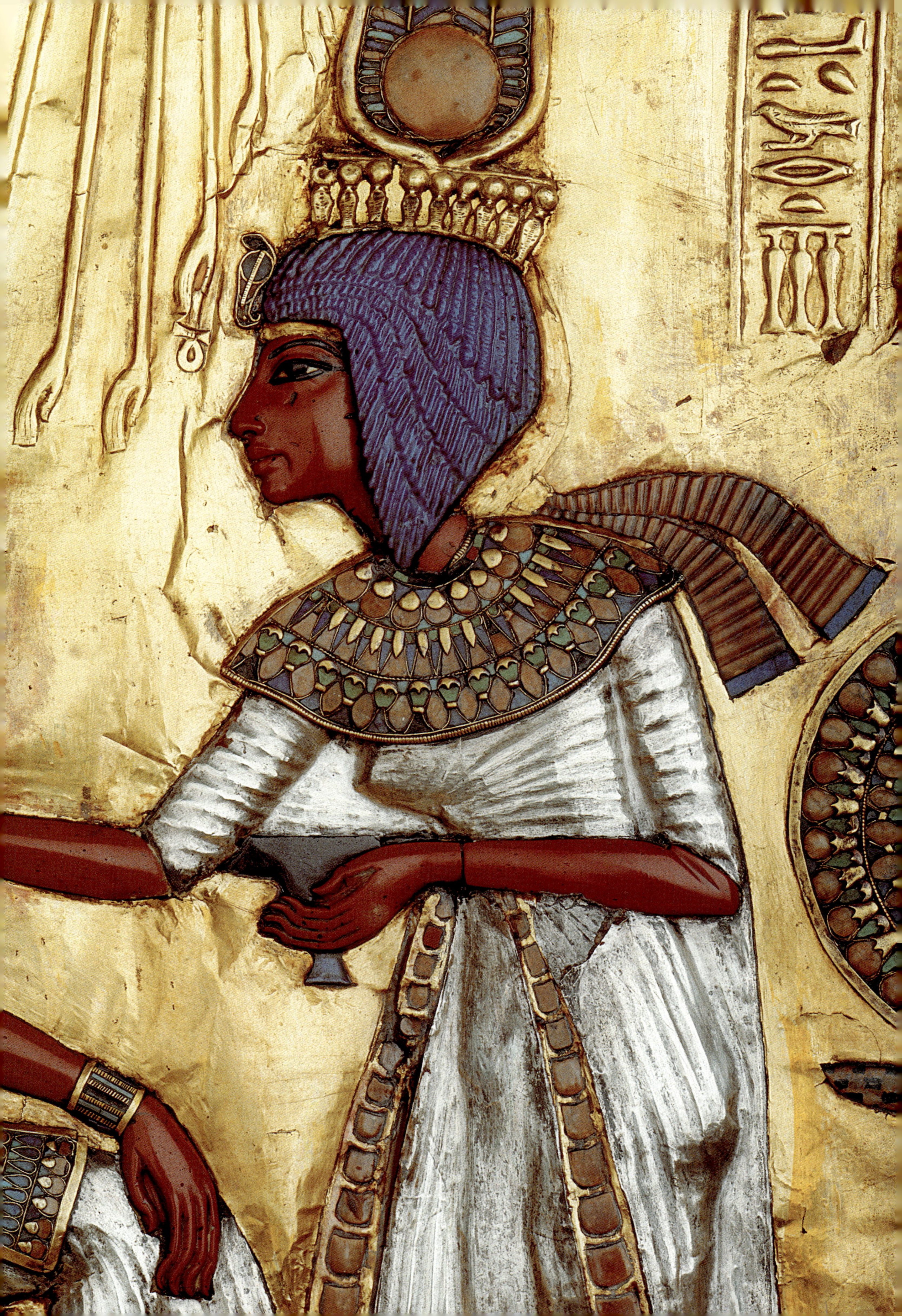

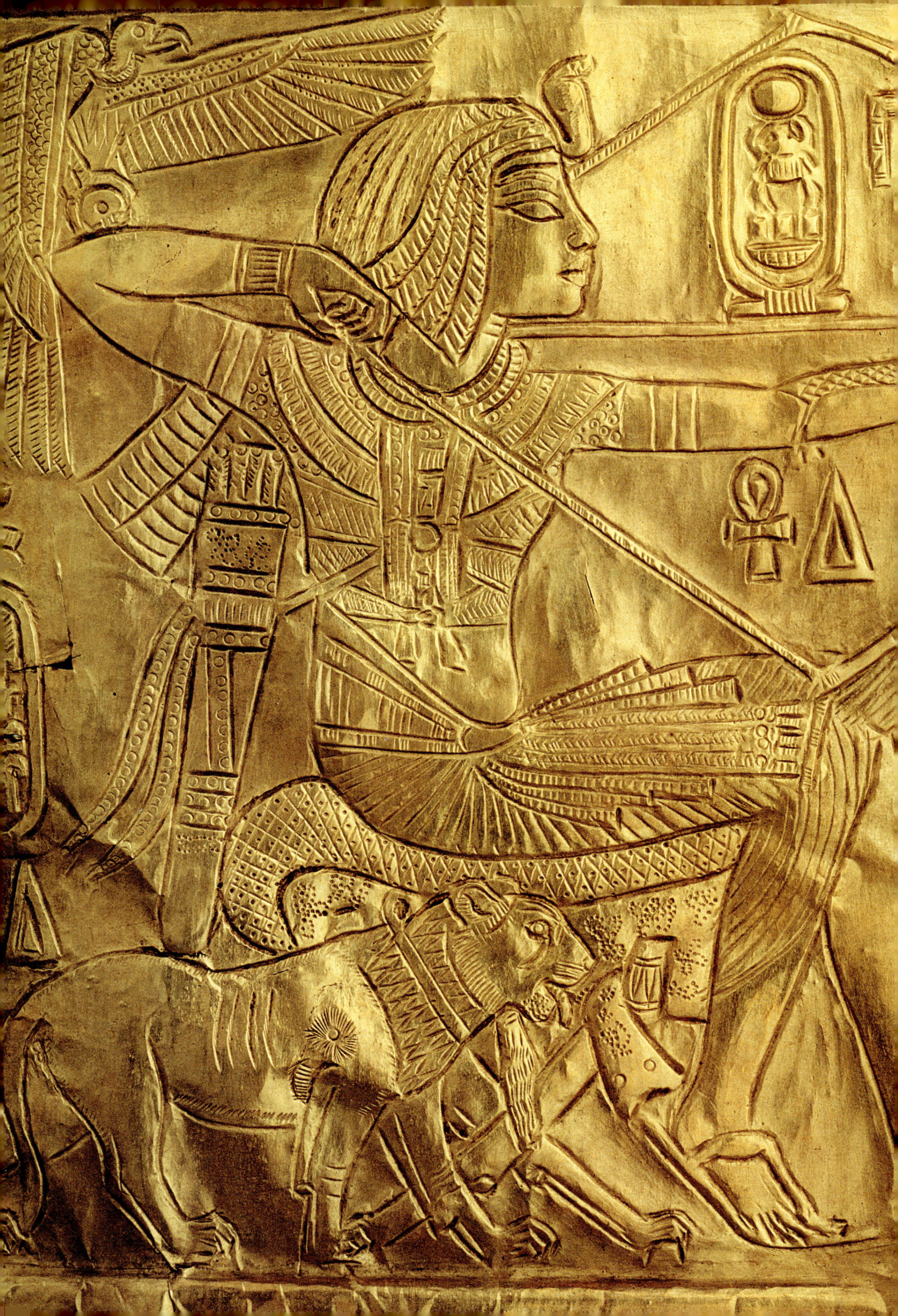

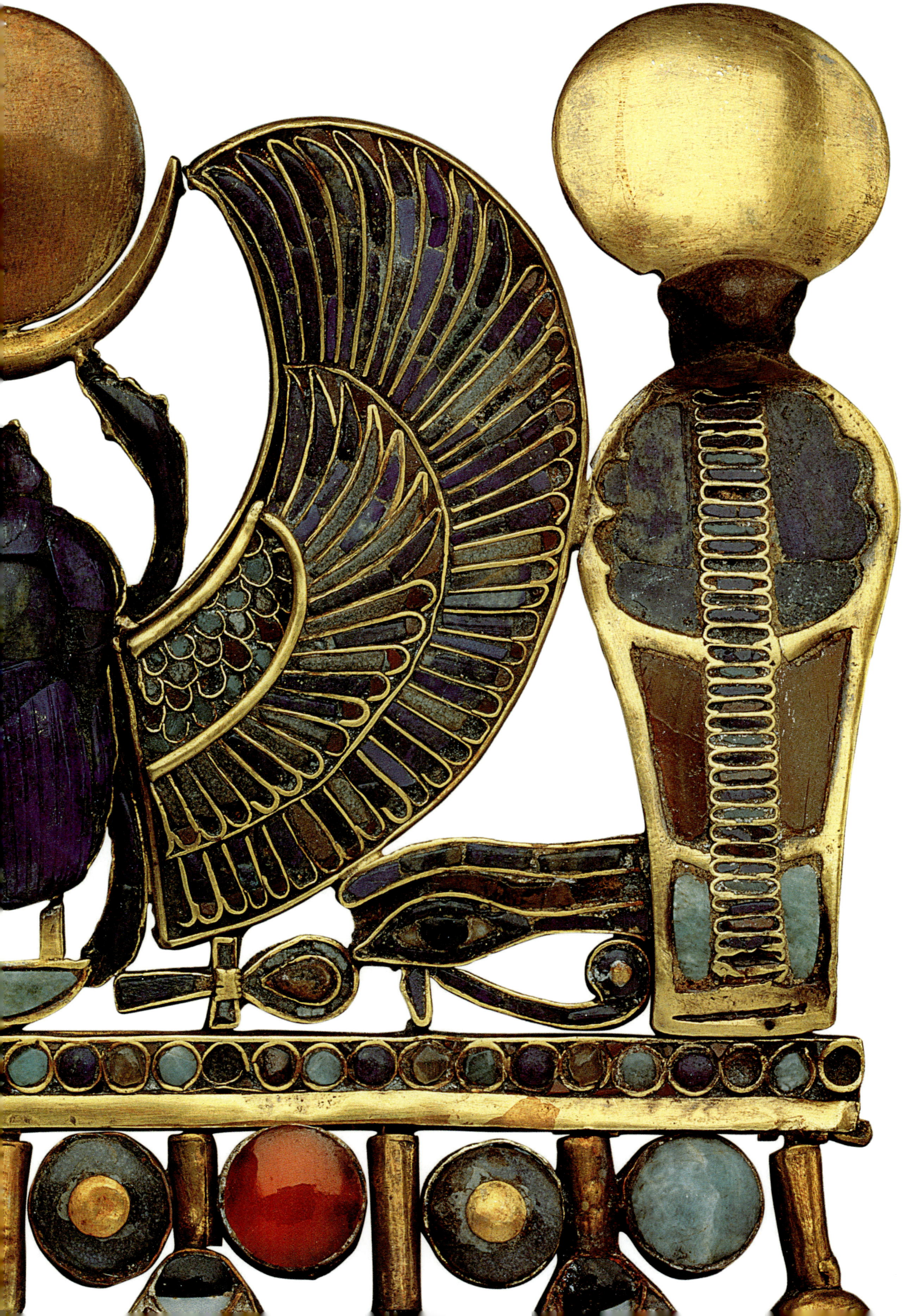

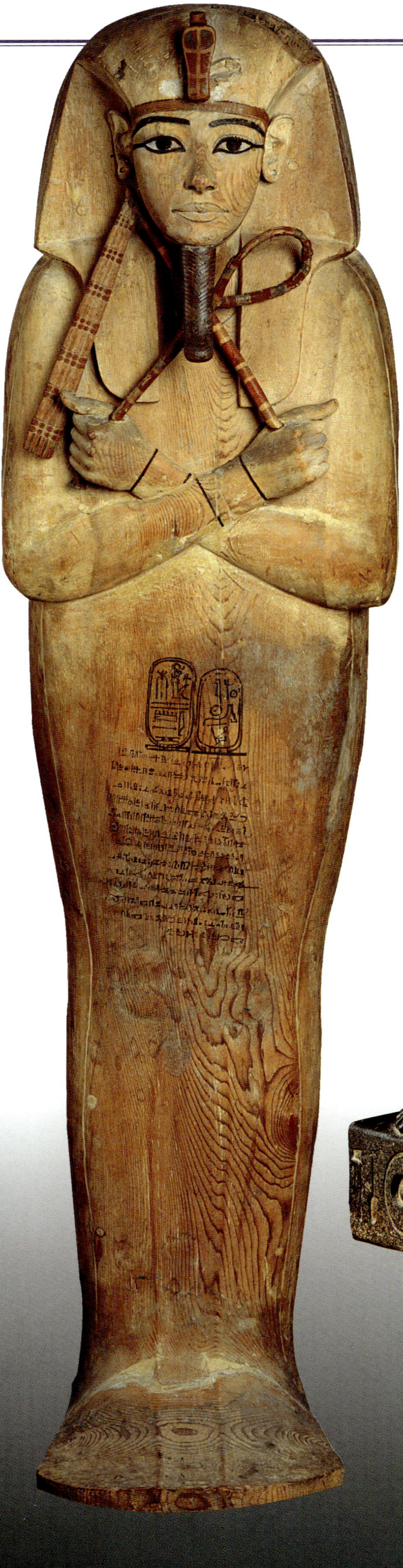

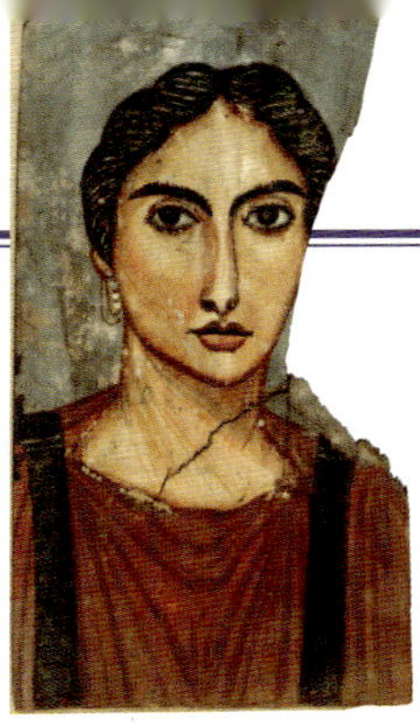

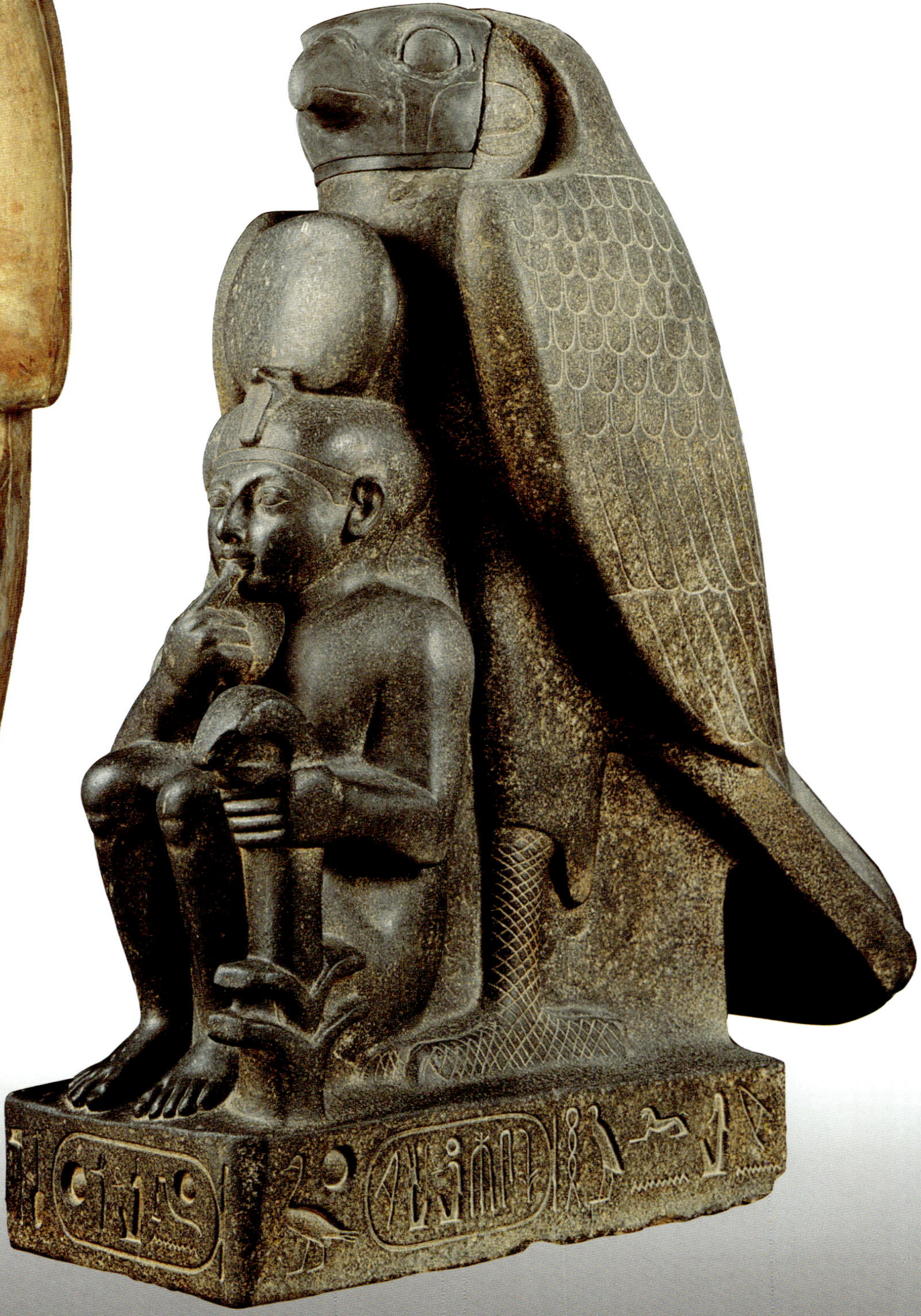

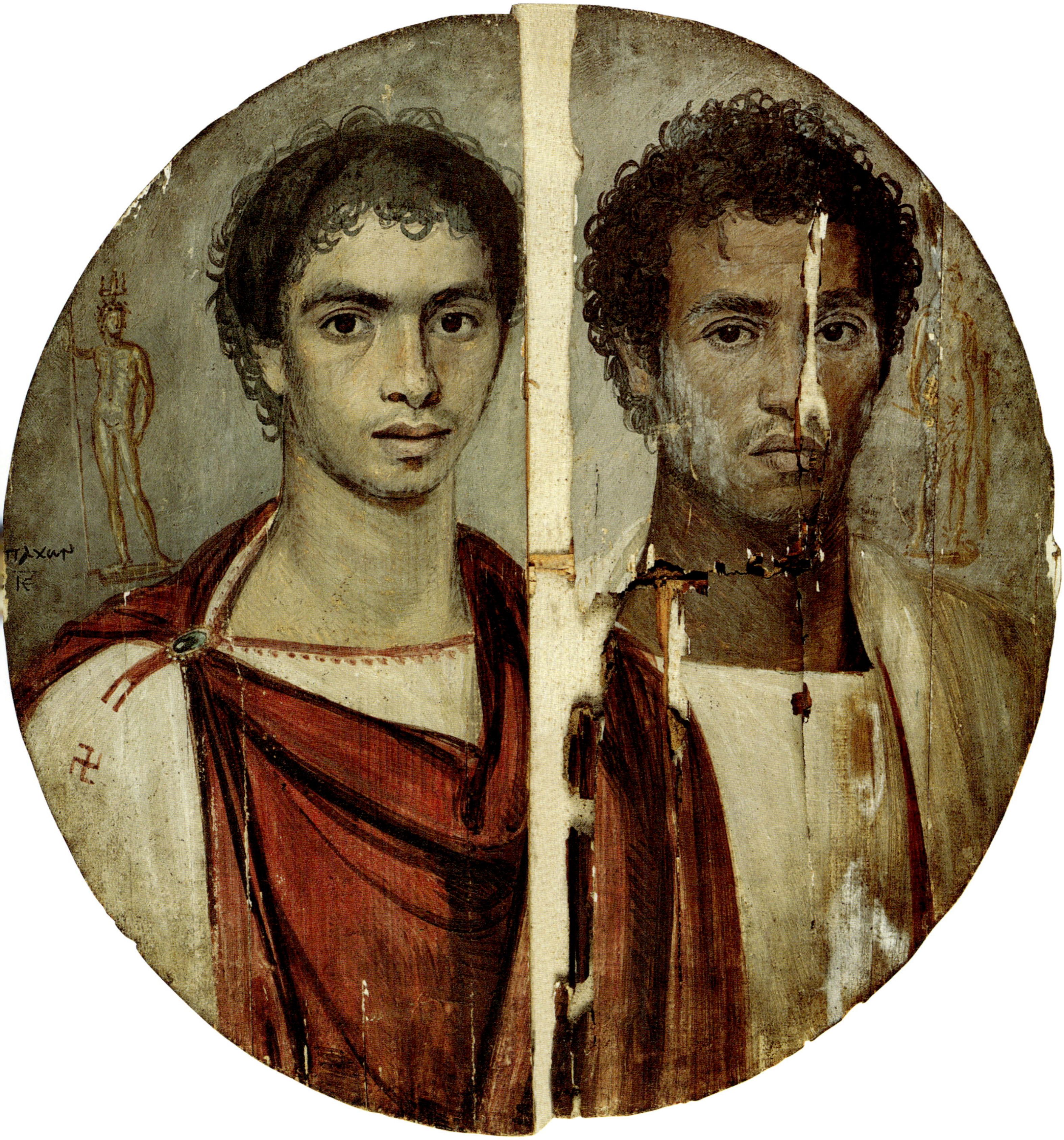

94 links
Holzsarkophag Ramses' II. aus dem Tal der Könige, 19. Dynastie.

94 oben rechts
Bildnis einer jungen Frau, Tempera auf Holz, aus El-Rubajat, römische Epoche.

94 unten rechts
Kolossalstatue Ramses' II. als Kind und des Gottes Horus, Granit und Kalkstein, Tanis, 19. Dynastie.

95
Bildnis zweier Brüder, Wachsmalerei auf Holz, Antinoupolis, römische Epoche.

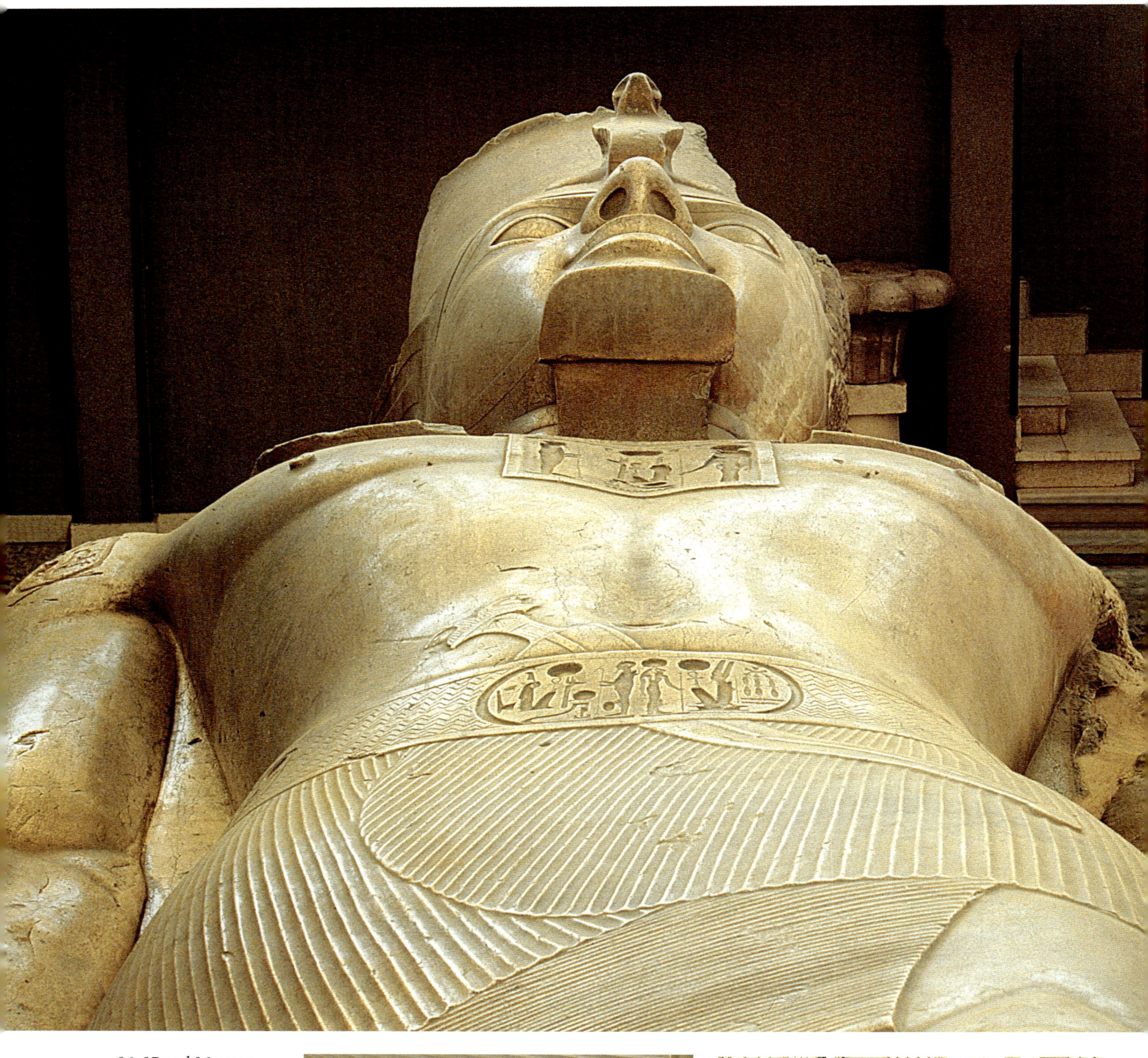

96–97 und 96 unten
Die 10,3 Meter hohe Kolossalstaue Ramses' II. aus Kalkstein wird in einem eigens angefertigten modernen Gebäude aufbewahrt.

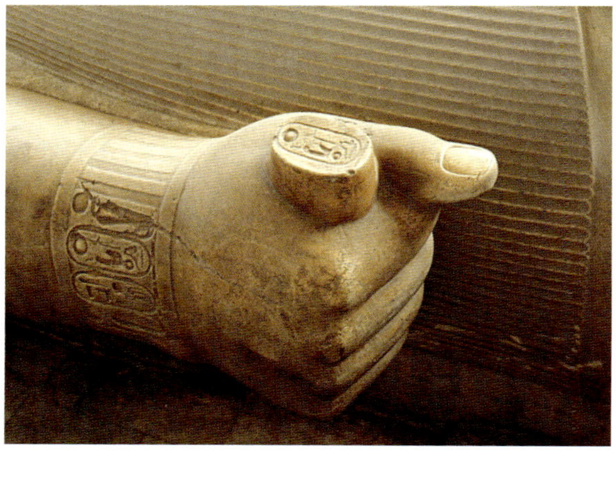

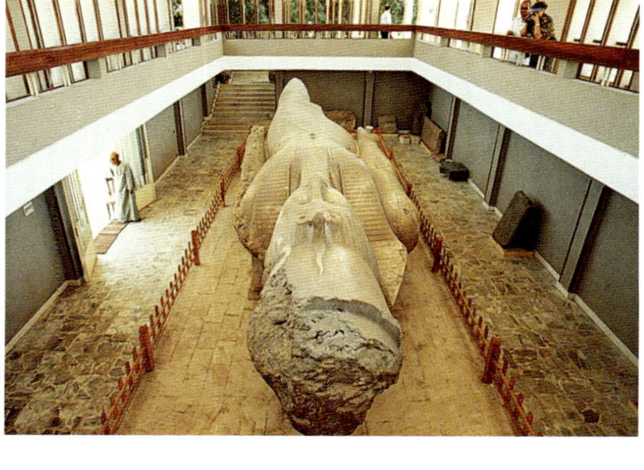

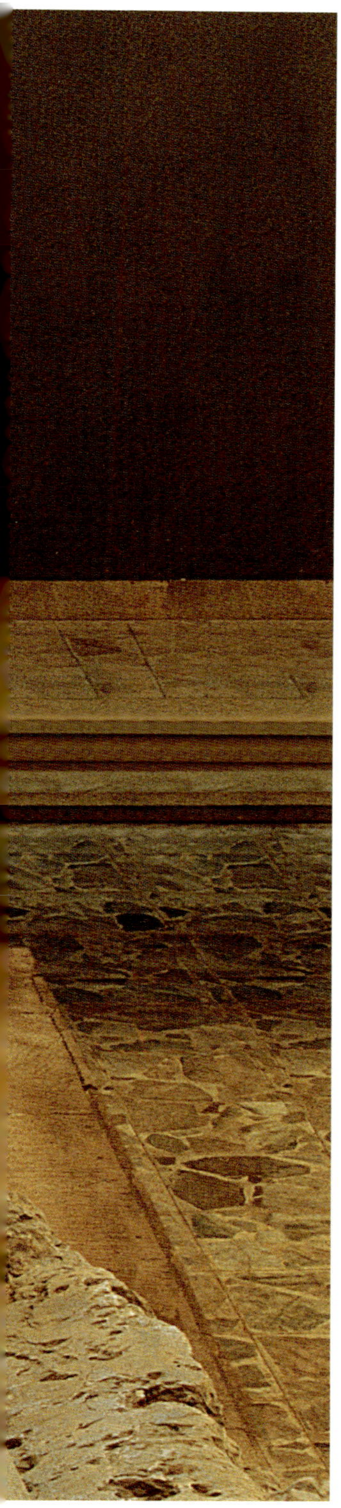

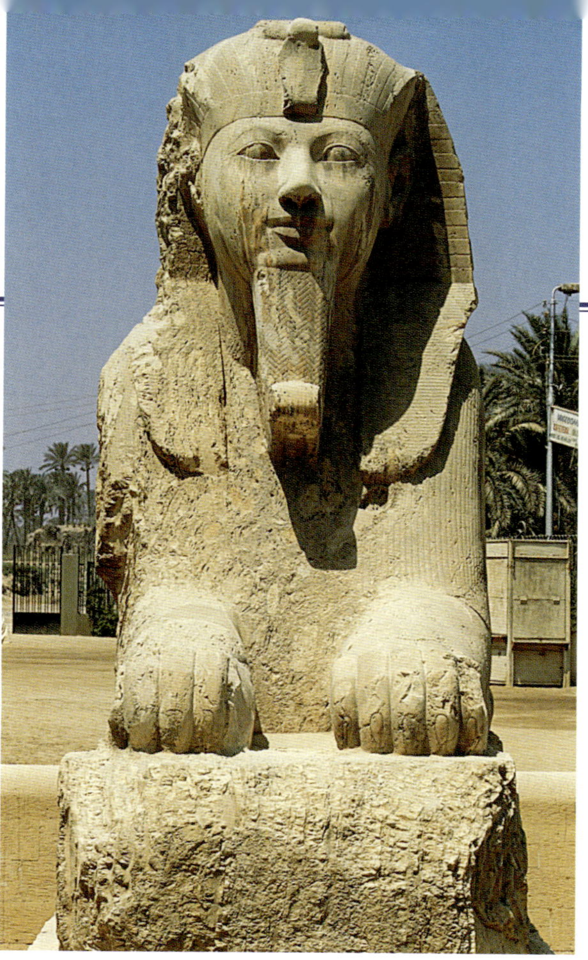

MEMPHIS

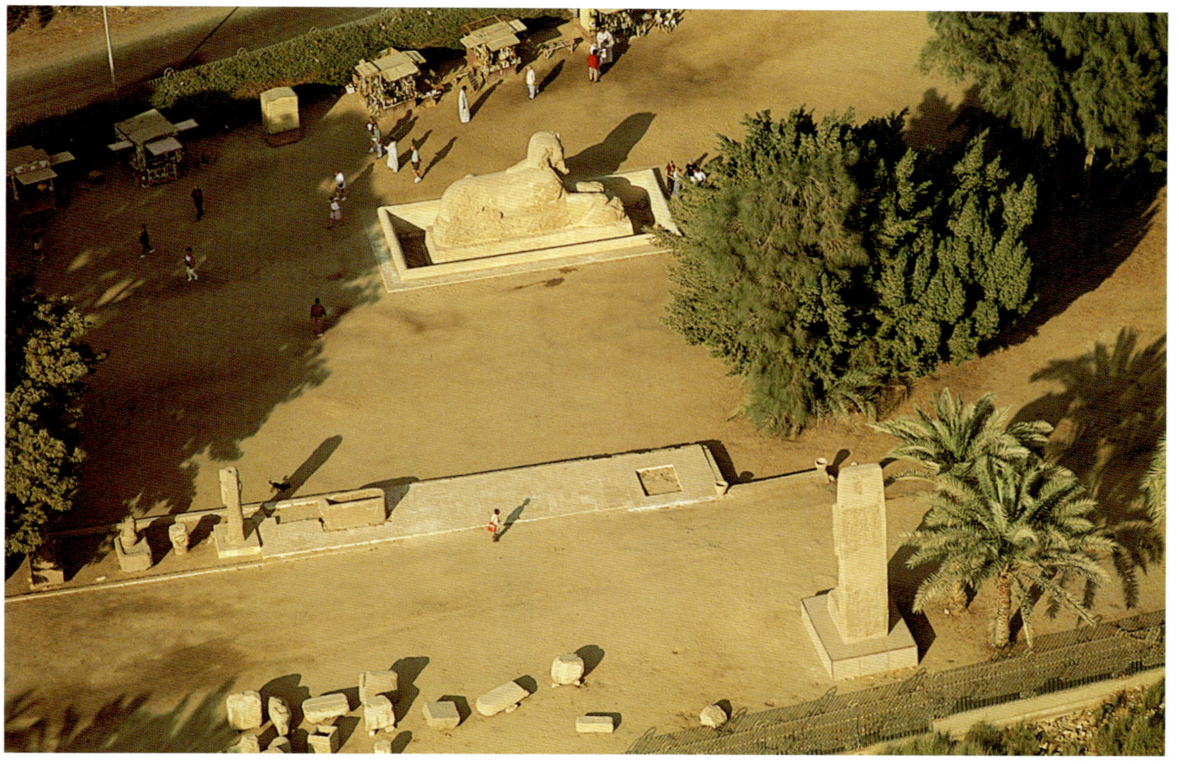

97 oben
Der große Alabaster-Sphinx ist acht Meter hoch und wiegt acht Tonnen.

97 unten
Luftaufnahme des lokalen Freilichtmuseums mit Alabastersphinx.

Die Ruinen von Memphis, der Hauptstadt des Alten Reiches, liegen ca. 30 Kilometer von Kairo entfernt in der Nähe des Dorfes El-Badraschein, unweit der Nekropole von Süd-Sakkara. Nach der Überlieferung wurde Memphis von König Menes (oder Aha), dem ersten König der 1. Dynastie, gegründet und war über Jahrhunderte hinweg die Hauptstadt des vereinigten Ägyptens, bis zu Beginn der 18. Dynastie Theben zum administrativen und religiösen Mittelpunkt des Landes aufstieg. Der Niedergang von Memphis, das während der ptolemäischen Epoche noch eine wichtige Rolle spielte, ist hauptsächlich dem Erstarken der alexandrinischen Kultur geschuldet. Unter den Mamelucken verlor die Stadt weiter an Bedeutung. Heute sind vor allem noch die aus einem einzigen Kalksteinblock gemeißelte und in einem modernen Schutzhaus aufbewahrte Kolossalstatue Ramses' II. sowie der Alabastersphinx zu besichtigen, der aus der Epoche des Pharaos Amenophis II. stammt und vor dem Ptah-Tempel steht.

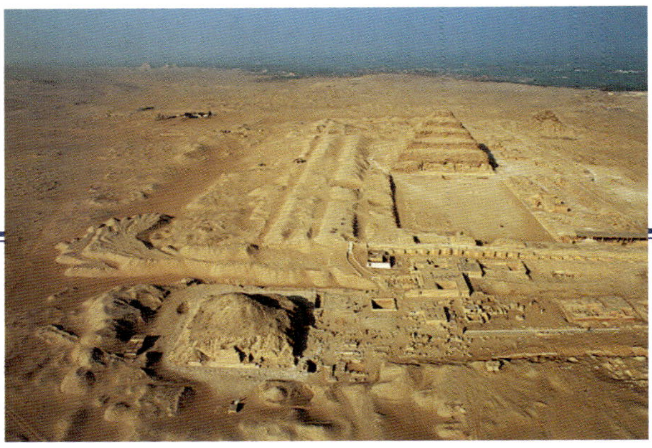

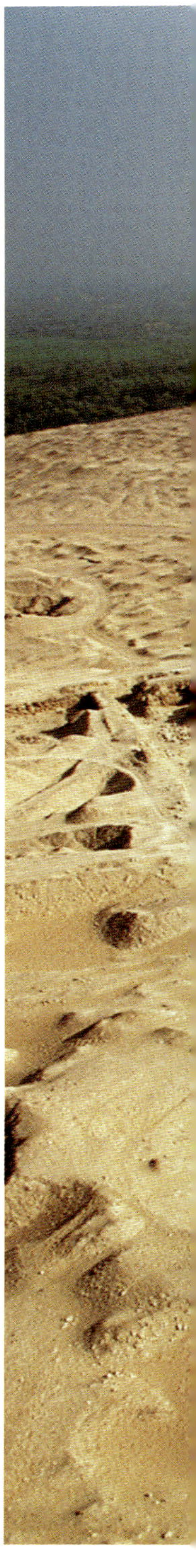

SAKKARA

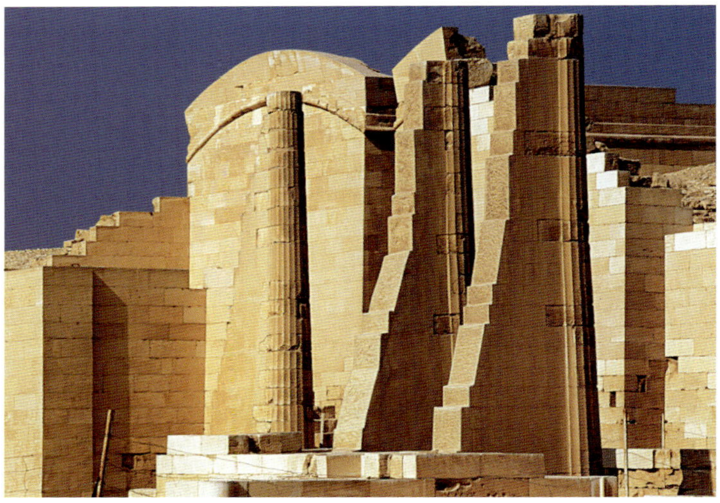

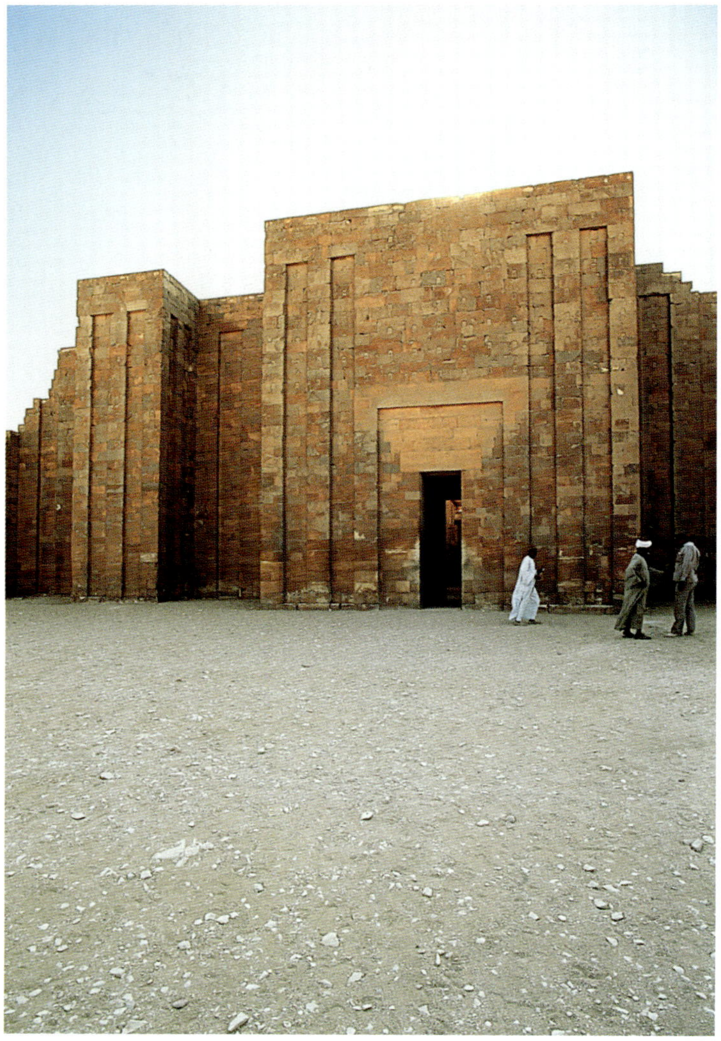

Nicht weit von den Ruinen von Memphis entfernt in östlicher Richtung befindet sich die Nekropole von Sakkara-Süd. Der nördliche Bereich der Anlage umfasst die Pyramiden von Djedkare Isesi, einem König der 5. Dynastie, sowie von Pepi I. und Merenre, beides Herrscher der 6. Dynastie. Die erste ist am besten erhalten, jedoch ist bei allen die Innenverzierung mit den heiligen Pyramidentexten verloren gegangen. Diese wiederum sind in der weiter südlich gelegenen Pyramide Pepis II. noch lesbar. Ein Stück weiter steht die El-Faraun-Mastaba, das Grab von Schepseskaf, dem letzten König der 4. Dynastie: Die mit zwei Stufen versehene Grabstätte weist die längliche Form eines rechteckigen, ost-westlich gerichteten Sarkophags auf.

Fährt man nach Norden in Richtung Giseh zurück, so erreicht man die große Ausgrabungsstätte Sakkara, die eine der ältesten pharaonischen Nekropolen Ägyptens birgt. Ebenso wie Giseh liegt sie auf einer Ebene ein wenig oberhalb des Nils. Die 1912 begonnenen Grabungen brachten im nördlichen Gebiet Gräber und Mastabas der 1. Dynastie zum Vorschein. Das König Aha zugesprochene Grab barg Grabbeigaben und den ältesten bis heute gefundenen Papyrus.

DIE GRABANLAGE DES DJOSER

Die Grabanlage Djosers ist das wichtigste Monumentalwerk Sakkaras und wurde vom Wesir Imhotep, dem Architekten und Arzt des Hofes, errichtet. Die älteste ägyptische Pyramide ist von einer rechteckigen Mauer aus Kalkstein umschlossen, die ursprünglich mit Lisenen verziert und mit 14 Scheintüren an allen Seiten ausgestattet war. Der sehr enge Eingang führt in eine Galerie mit 40 zweireihig angeordneten Büschelsäulen. Im Hof kann man die Pyramide mit ihren sechs Stufenreihen bewundern. Ihr Sockel ist rechteckig, der terrassenförmige Gipfel befindet sich auf ungefähr 60 Meter Höhe. Die Pyramide wurde in fünf Phasen errichtet. Ursprünglich war das Grab als

98 oben
Luftaufnahme der Nekropole von Sakkara, der größten in Ägypten.

98 Mitte
Die Ruinen des sogenannten »Königspavillons« in der Grabanlage Djosers.

98 unten
Eingang der Ummauerung der Grabanlage König Djosers.

98–99 und 99 unten
Für die Pyramide Djosers wurde eine Mastaba ausgebaut.

100–101
Die Stufenpyramide überragt die Ausgrabungsstätte in Nord-Sakkara.

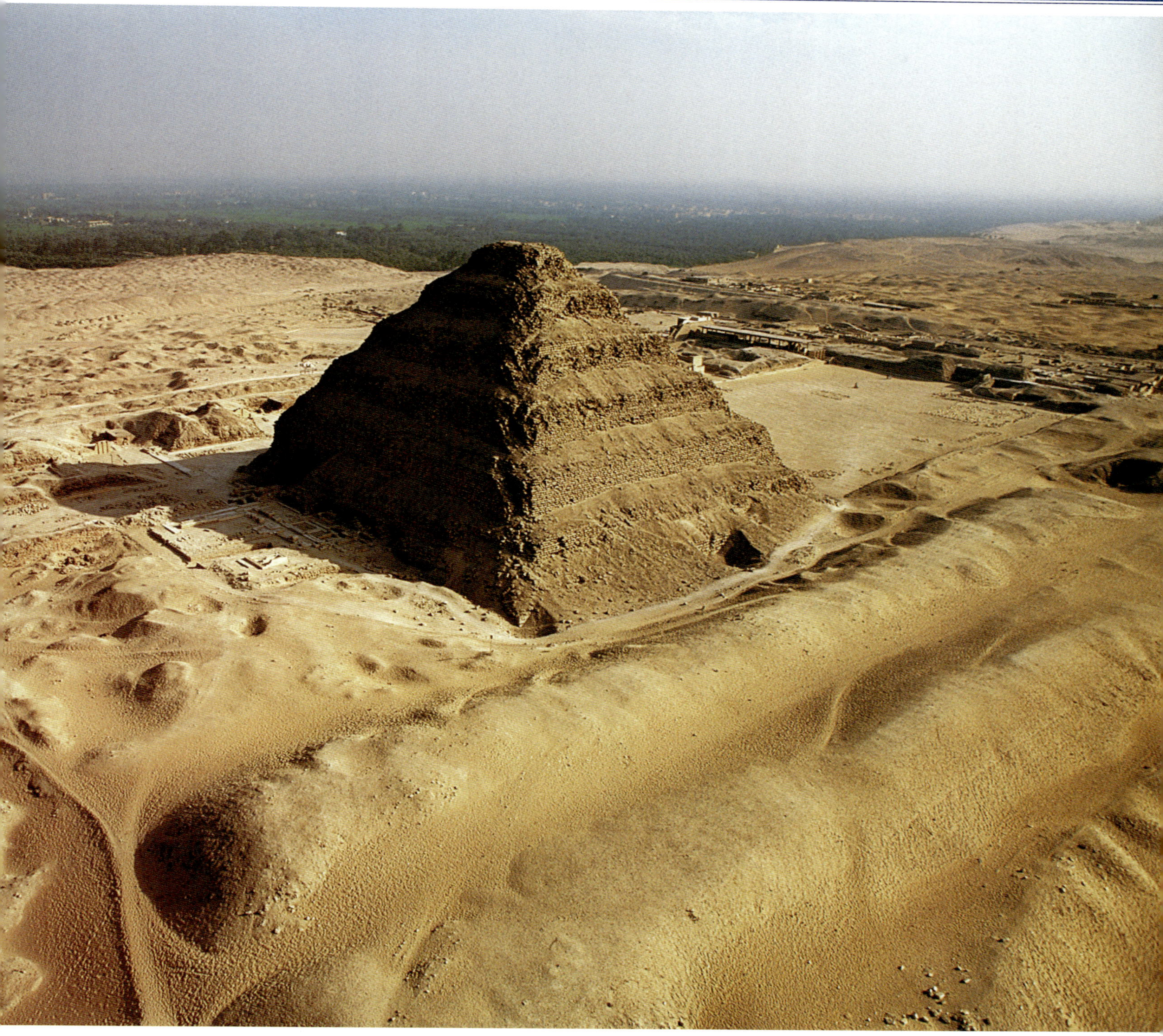

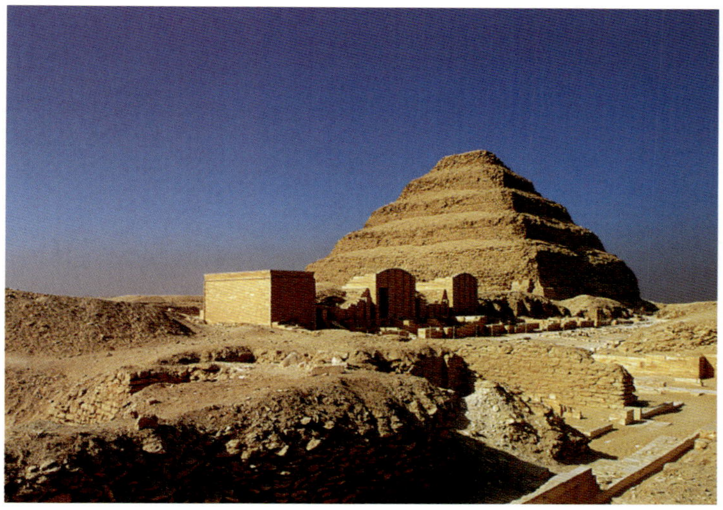

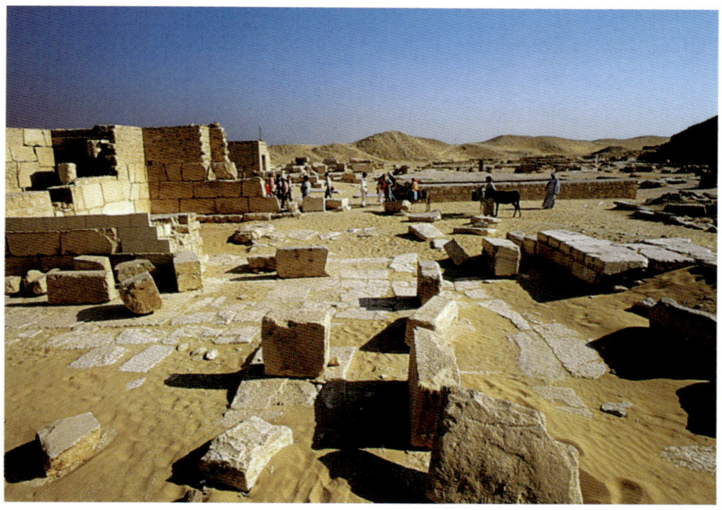

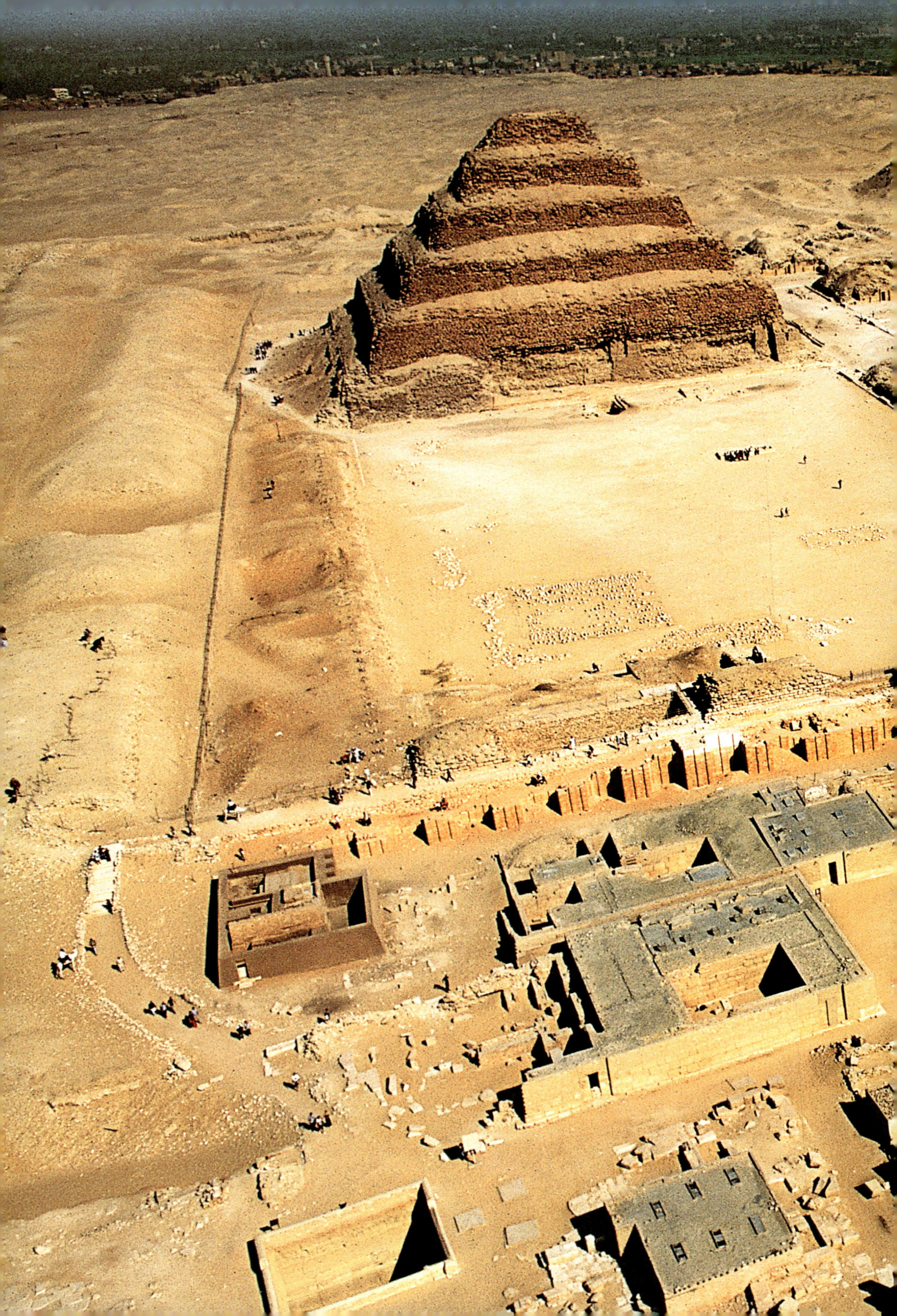

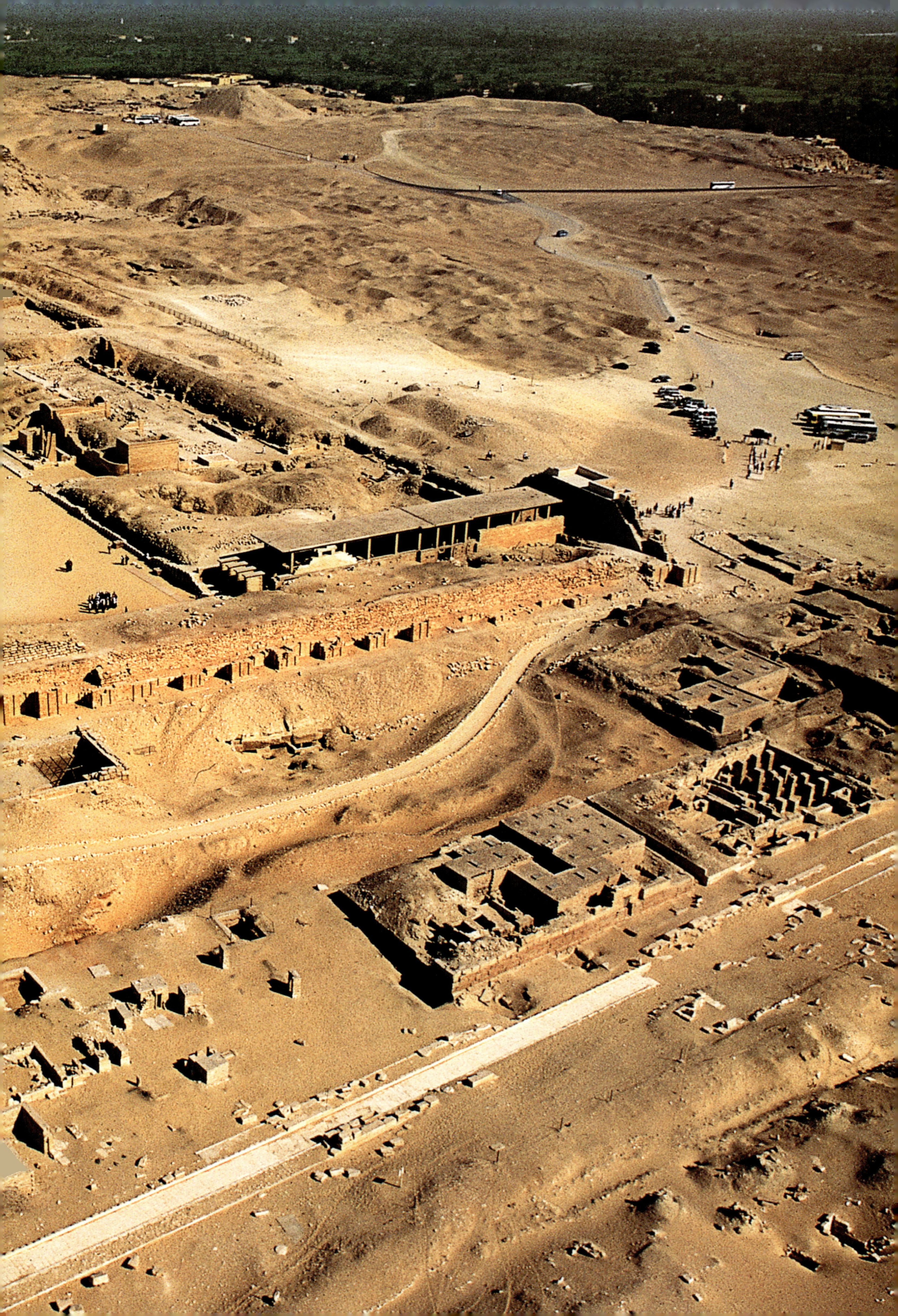

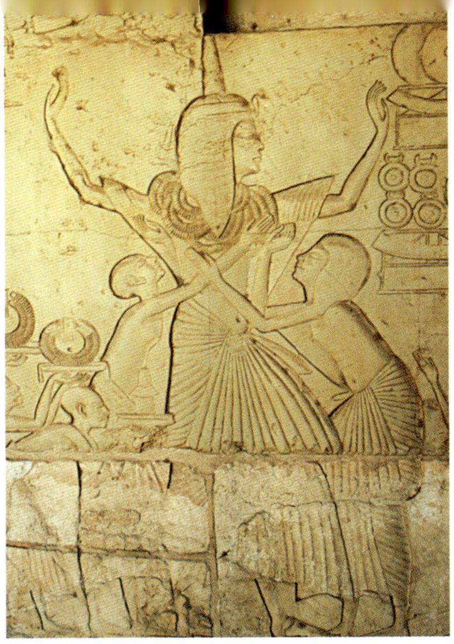

102 oben
Basrelief in einer der Mastabas, die die Grabanlage Djosers umgeben.

102 Mitte
Basrelief aus einer der Satellitenpyramiden der Grabanlage Djosers.

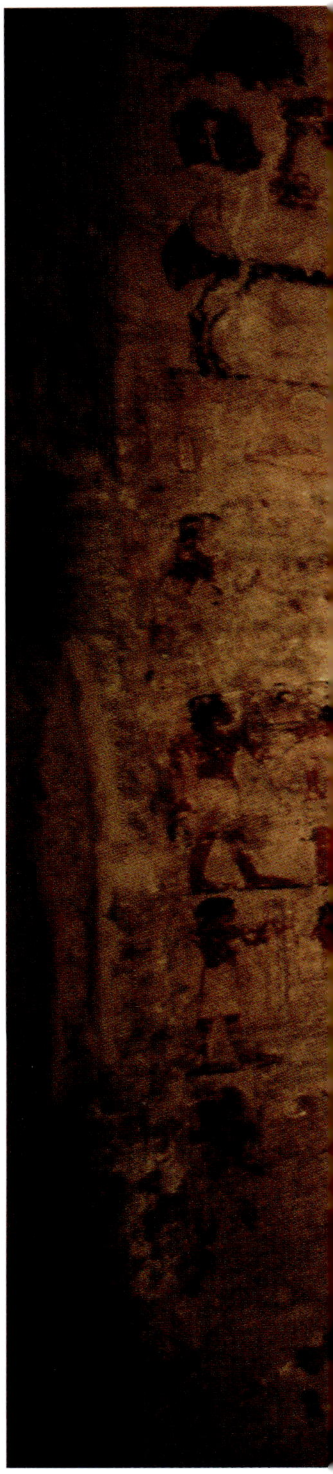

Mastaba konzipiert. Der Innenraum ist höchst kompliziert aufgebaut. Die Grabkammer Djosers befindet sich unterhalb eines Brunnens fast in der Mitte des Bauwerks. Der unterirdische Teil besteht aus einem Labyrinth von Korridoren, Treppen, Brunnen und Kammern und erstreckt sich über die erstaunliche Länge von mehr als fünf Kilometern. In den Magazinen fand man Töpferware, bestehend aus über 40 000 Vasen, von denen 4000 wieder zusammengefügt wurden, dazu Broschen, Teller, Schüsseln und Sarkophage. Es handelt sich dabei um die Grabbeigaben der Frauen und Kinder. Im Hof stößt man auf die Ruinen eines kleinen Tempels, auf Kapellen für die Feier des Jubelfestes Heb-Sed und auf zwei Gebäude, die Südhaus und Nordhaus genannt werden. Interessant ist der Serdab, der sich an der Nordwand der Pyramide befindet. Es handelt sich dabei um eine Kammer, die eine Statue Djosers birgt. Auf deren Augenhöhe weist sie zwei Gucklöcher auf, durch die der Ka des Königs herausschauen kann. Die heutige Statue ist eine Kopie des Originals, das im Museum von Kairo aufbewahrt wird. Die Reste des Grabtempels befinden sich an der Nordseite der Pyramide. Innerhalb der südlichen Ummauerung liegt das rätselhafte Südgrab, das aus einem Grabtempel und einem wichtigen unterirdischen Bereich unterhalb des Brunnens besteht. Außerhalb der Ummauerung in südlicher Richtung befindet sich die kleine Pyramide Unas, eines Königs der 5. Dynastie. Diese ist zwar außen beschädigt, aber die Innenräume sind hochinteressant: Sowohl in der Vorkammer als auch in der Grabkammer befinden sich sehr gut erhaltene Hieroglyphen-Inschriften, die den Inhalt der Pyramidentexte in ihrer ältesten Fassung wiedergeben. Südlich der Mauer der Unas-Pyramide liegt das Grab von Maja, dem Schatzmeister Tutanchamuns. Das 1986 entdeckte Grab besteht aus drei mit Hieroglyphen und figurativen Szenen verzierten Räumen.

Eine weitere Grabanlage enormen Ausmaßes gehört Pharao Sechemchet, dem Nachfolger Djosers, der sieben Jahre lang regierte. Die Ummauerung umfasst

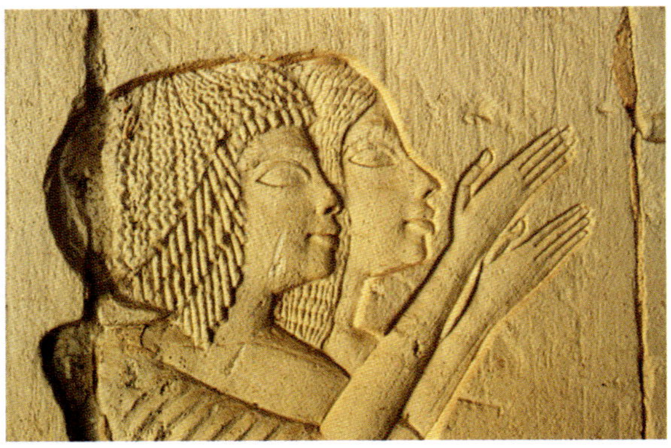

eine Stufenpyramide. Der Brunnen-Eingang führt in ein Untergeschoss mit 132 Kammern. Dort fand man einen leeren Alabastersarkophag. Im nordöstlichen Teil der Anlage, gleich neben der Ummauerung, befinden sich die Überreste der Pyramide Userkafs (2465–2458 v. Chr.) und etwas weiter östlich die Ruinen der Pyramide des Teti (2323–2291 v. Chr.).

DIE MASTABAS

Mastabas sind Gräber von parallelflacher Form und unterschiedlicher Größe, je nach Bedeutung ihres Eigentümers. Äußerlich bestehen sie aus einer oder mehreren Kapellen, von denen aus man durch eine Treppe oder einen Brunnen den unterirdischen Bereich erreicht. In Sakkara findet man sehr viele und sehr gut erhaltene Mastabas. In den Verzierungen dieser Grabstätten erreichte die figurative Kunst des Alten Reiches ihre größte Ausdruckskraft. Von besonderem Interesse ist die Mastaba Merukas und seiner Gattin Sesheshet. Mit ihren 32 Kammern ist sie die größte und aufwendigste des Alten Reiches. Hier fand man Verzierungen mit Alltagsszenen, Jagd- und Fischereiszenen, Haus- und wilden Tieren, Arbeitsszenen mit Bauern, Arbeitern und Handwerkern sowie Familienbildern, die es den Forschern ermöglichten, das Alltagsleben der Epoche zu rekonstruieren. Weitere bedeutende Mastabas dieser Stätte sind die des Kagemni und besonders die Mastaba des Ti, die wegen ihrer Wandreliefs zu den schönsten des Alten Reiches zählt.

102–103
Im Grab des Irukaptah sind zehn mehrfarbige, aus dem Felsen geschlagene Statuen aneinandergereiht.

103 unten links
Blick in eine der Kammern der Kagemni-Mastaba in Sakkara.

103 unten rechts
Basrelief mit Begräbnisprozession aus einem der Privatgräber von Sakkara.

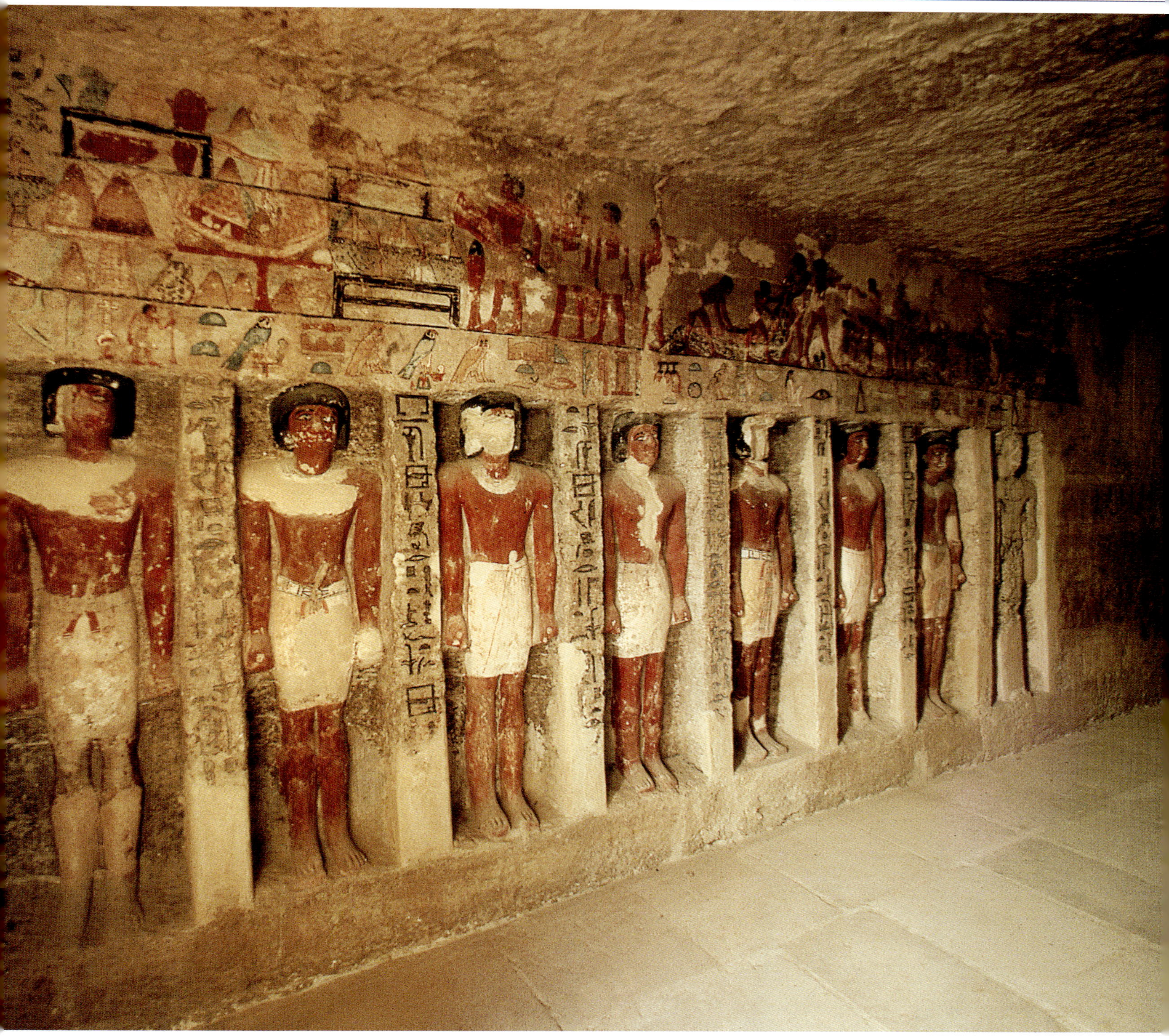

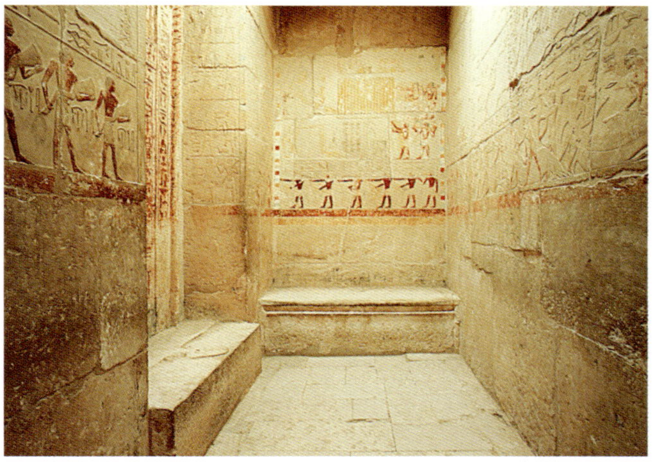

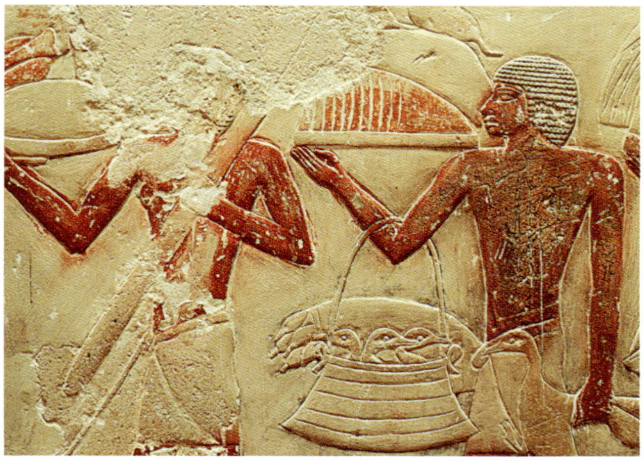

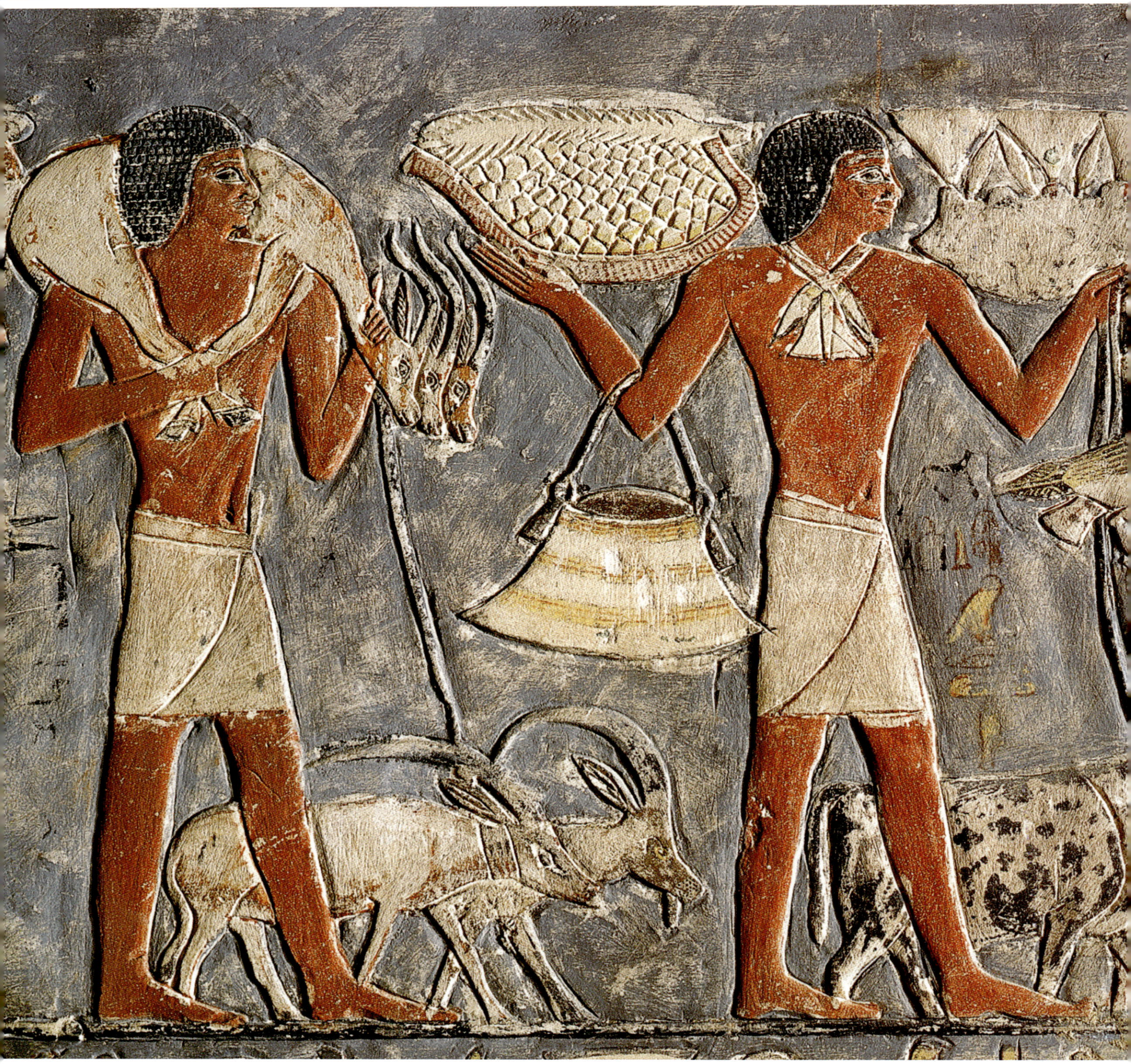

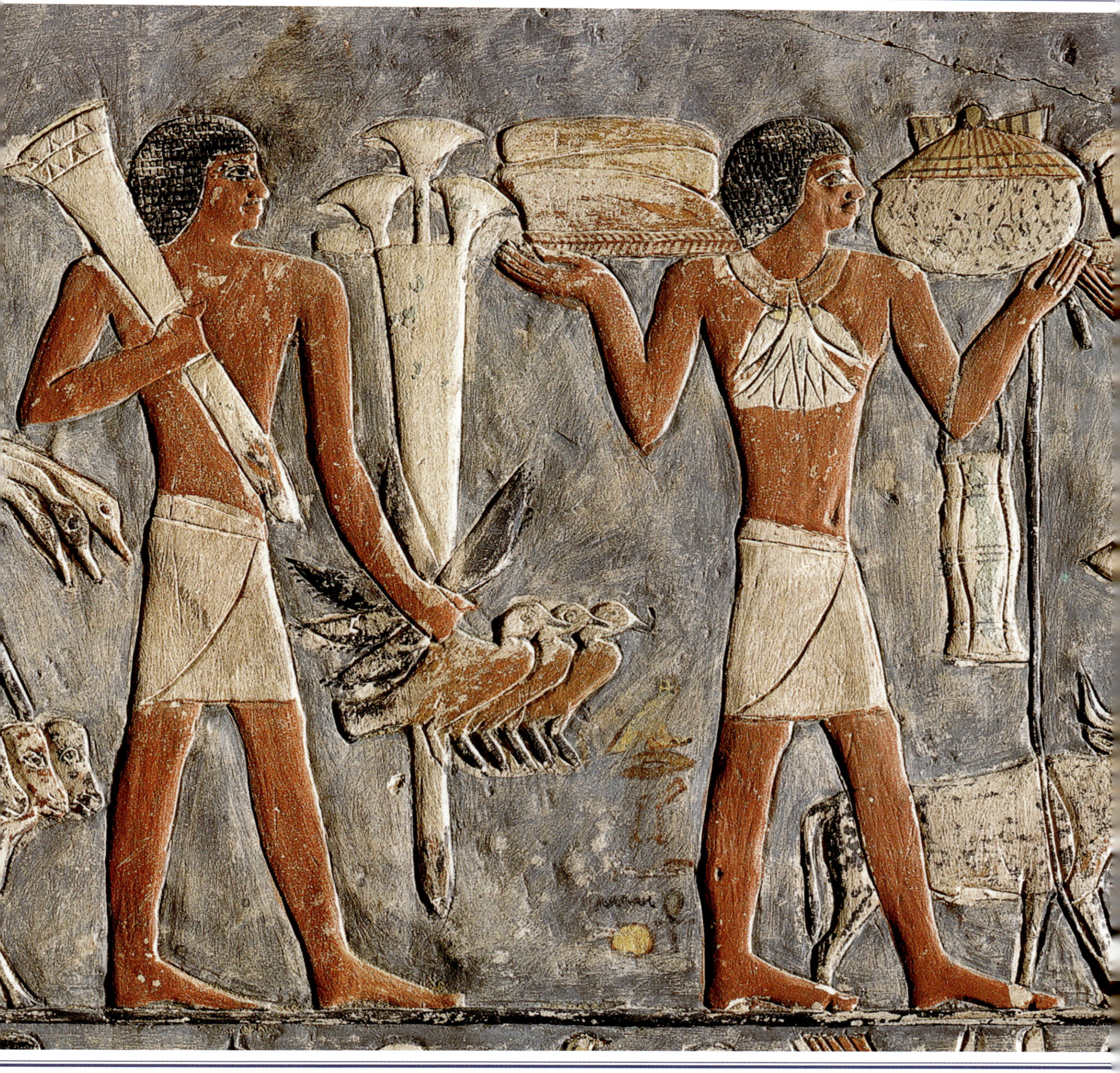

104–105
Träger an der Südwand der Opferkammer in der Mastaba des Ti.

106–107
Landarbeiter schneiden bei der Ernte das Korn mit Sicheln. Aus der Mastaba des Mehu.

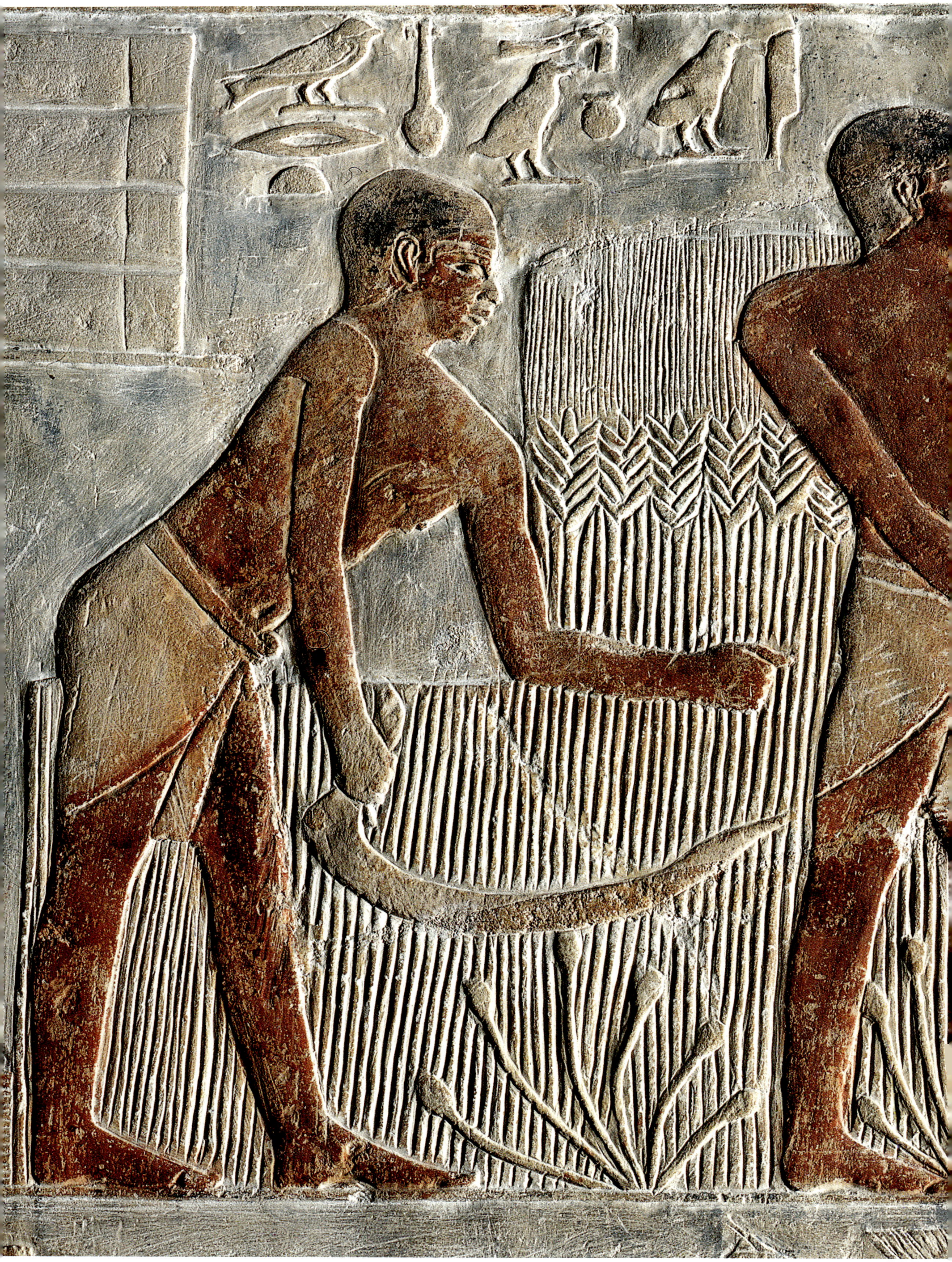

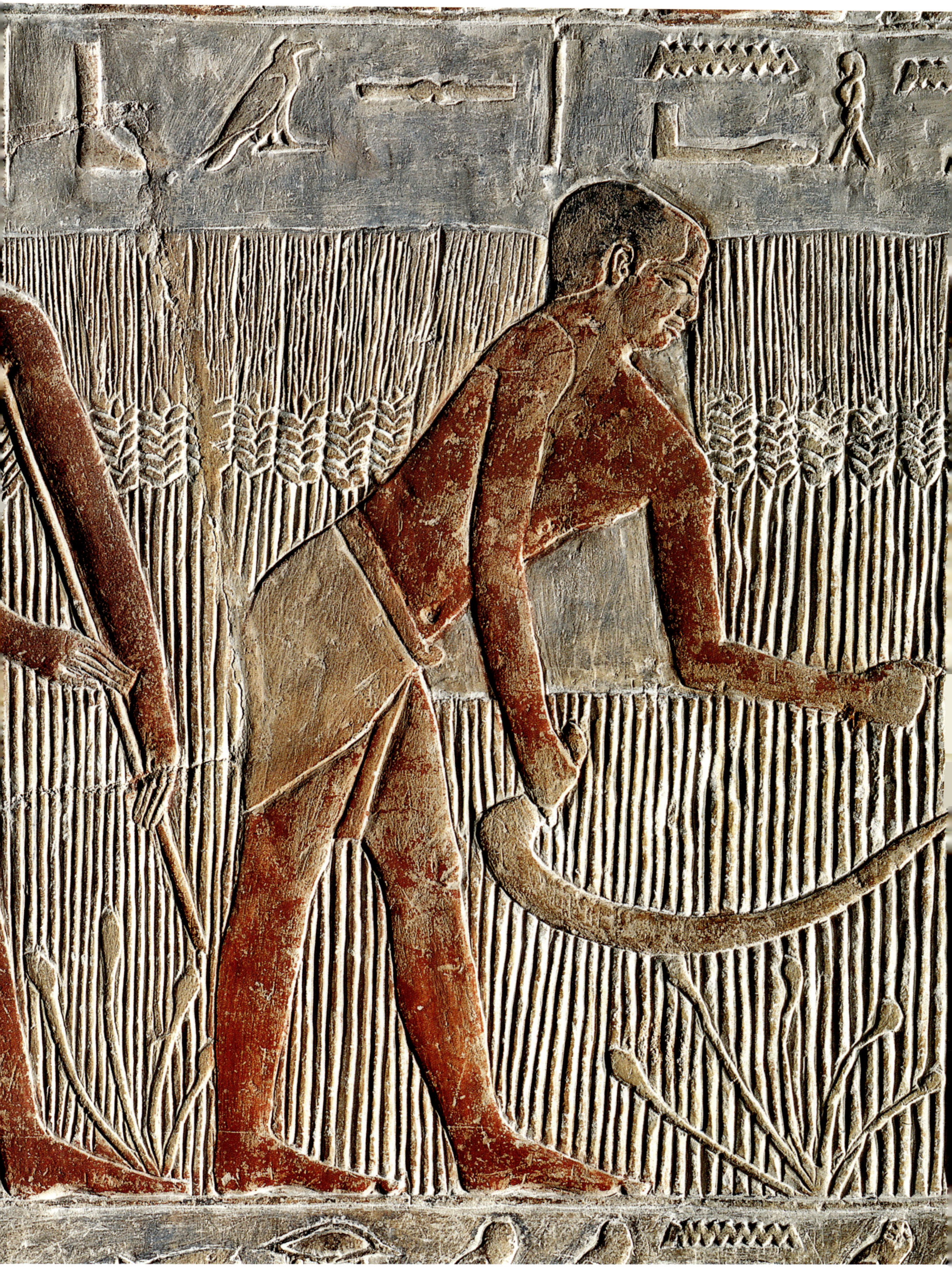

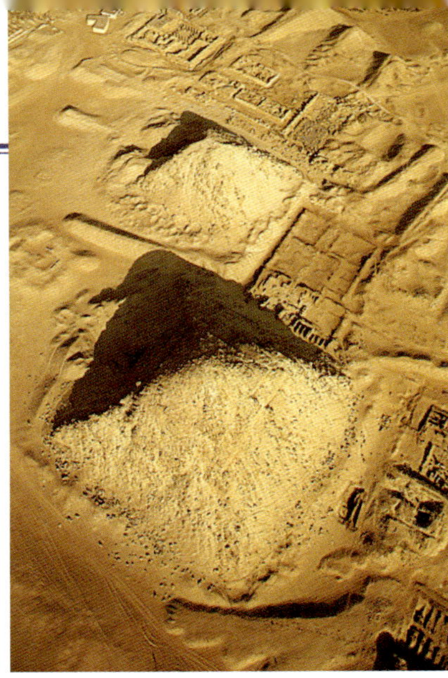

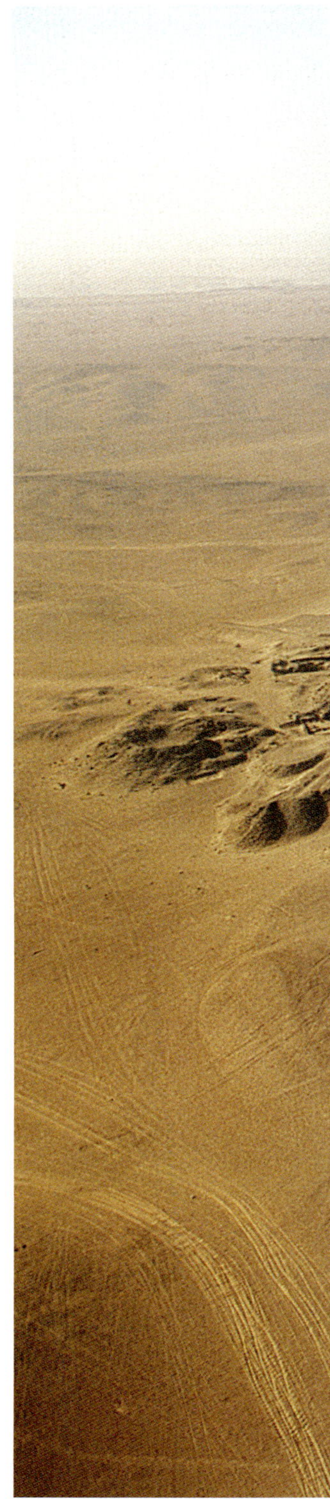

DAHSCHUR UND UMGEBUNG

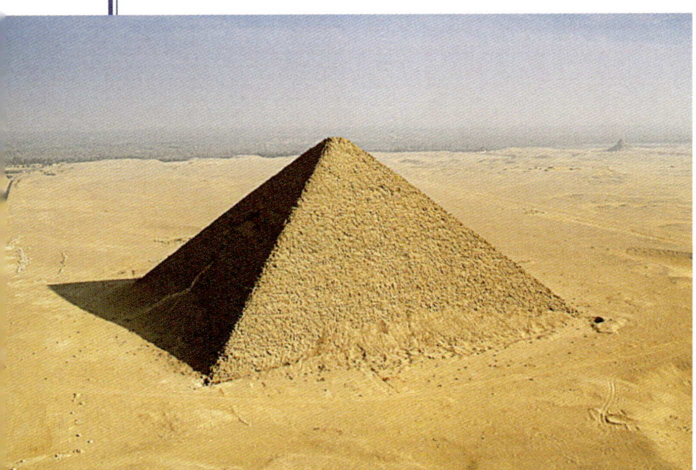

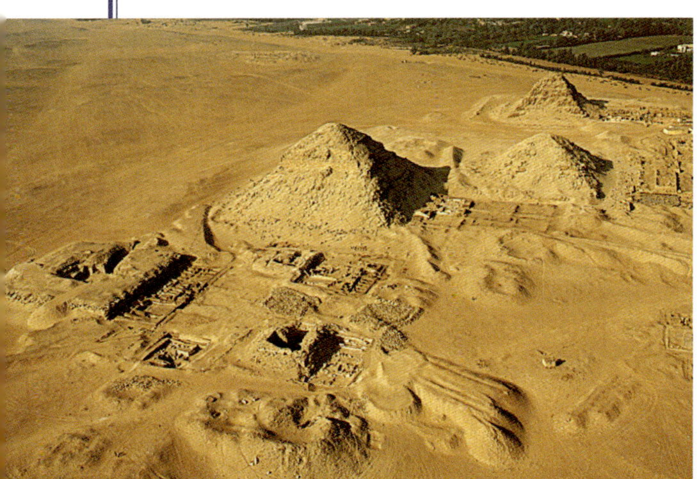

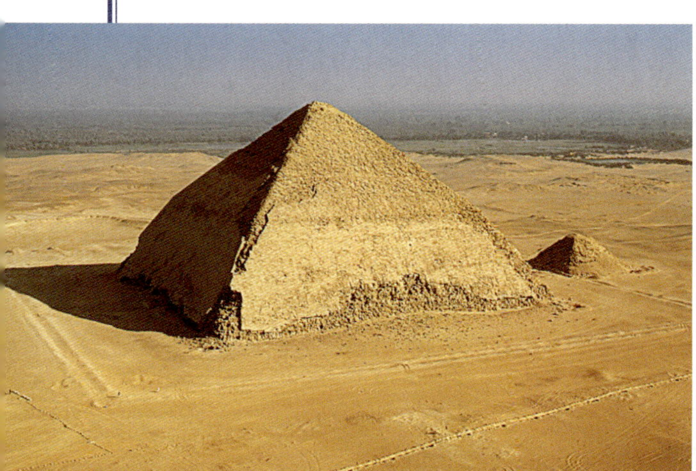

Die südlichste Anlage der riesigen Ausgrabungsstätte Kairos befindet sich wenige Kilometer südlich von Sakkara. Es ist die Königsnekropole des Alten und des Mittleren Reiches. Hier hat man fünf bis heute existierende Pyramiden errichtet. Zwei davon sind interessant, und beide gehören zu Pharao Snofru (2575–2551 v. Chr.), dem Begründer der 4. Dynastie. Das Grabmal im südlichsten Teil der Anlage wird wegen der Veränderung des Neigungswinkels seiner Fassaden auf halber Höhe als »Knickpyramide« bezeichnet. Die »Rote Pyramide« hingegen hat im oberen Bereich die gleiche Neigung wie erstere, im Vergleich zu den Pyramiden von Giseh jedoch einen kleineren Neigungswinkel. Beide sind höher als 90 Meter, bestehen aus Stein und bergen im Inneren eine Grabkammer mit einem durch überkragende Steinplatten gebildeten Deckengewölbe.

Im Inneren der »Knickpyramide« fand man weder Sarkophage noch Inschriften. Man stieß jedoch während der Grabungen auf den Taltempel, der aus einem Hof mit Säulengang und aus Kammern und Kapellen mit Flachreliefs besteht. Die »Rote Pyramide«, die ihren Namen den beim Bau verwendeten roten Steinen verdankt, hat einen breiteren Sockel und ist ein wenig höher als die »Knickpyramide«. Die anderen drei Pyramiden von Dahschur werden Amenemhet II., Sesostris III. und Amenemhet III. zugeordnet, Herrschern der 12. Dynastie.

ABUSIR UND ZAWIJET EL-ARIJAN

Zwar sind diese beiden Ausgrabungsstätten nicht Bestandteil der traditionellen Touristenrouten, aber dennoch sind sie in gewisser Weise archäologisch sehr interessant.

Abusir ist die Nekropole der 5. Dynastie und liegt zwischen Giseh und Sakkara. Die Anlage umfasst die

108 oben
Luftaufnahme der Pyramiden Neferirkares (unten) und Niuserras (oben) in Abusir.

108 oben links
Das elegante Profil der Roten Pyramide in Dahschur.

108 Mitte links
Blick auf die Grabanlage von Abusir. Links die unvollständige Pyramide Neferefras.

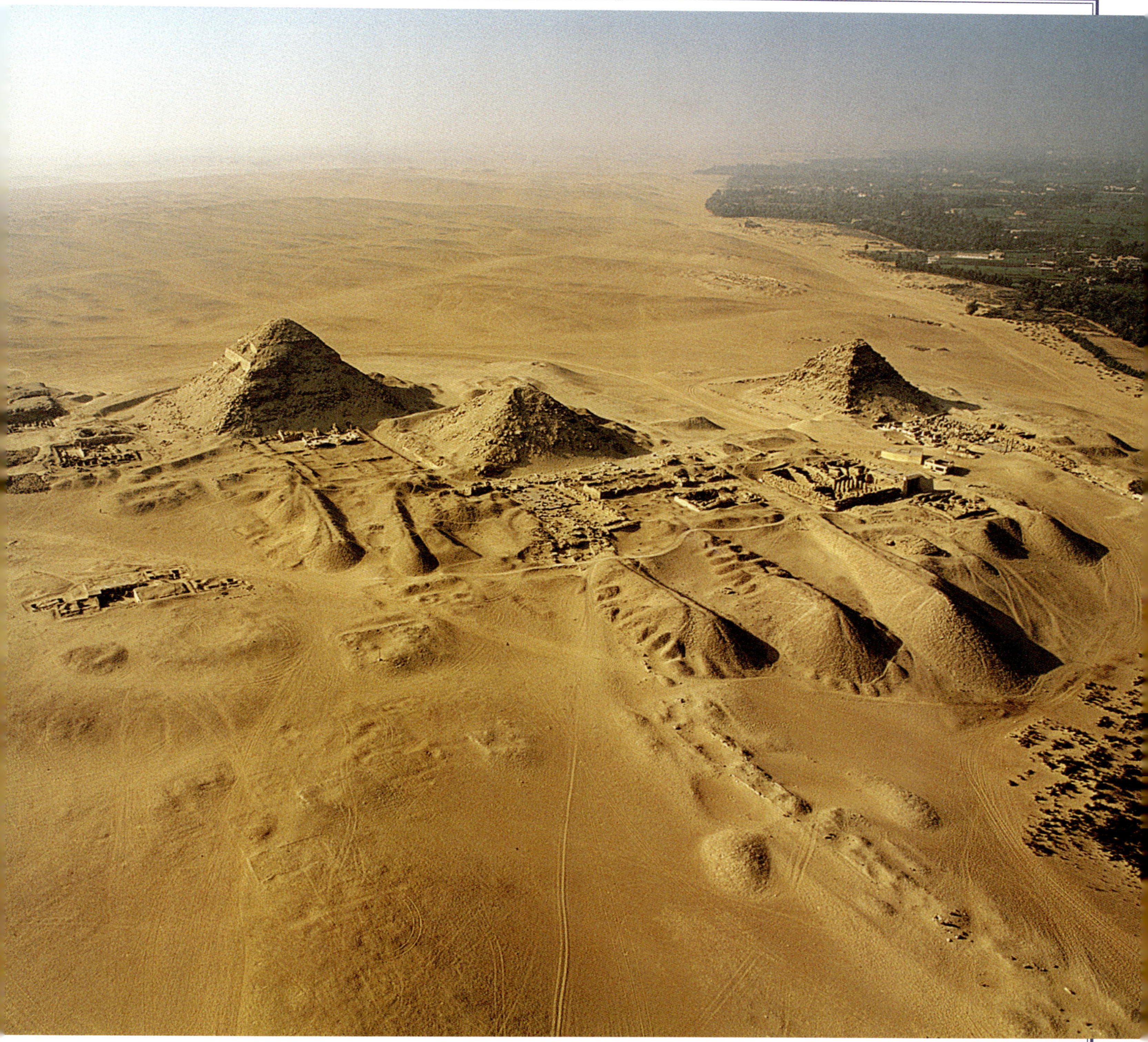

Sonnentempel und zahlreiche weitere Tempel, von denen nur noch Ruinen zu sehen sind. Die Bauwerke der Pharaonen Sahure, Neferirkare und Niuserra aber sind Paradebeispiele für Grabstätten der 5. Dynastie (2465–2323 v. Chr.). Die Pharaonen dieser Dynastie sahen sich als Nachkommen der Sonnengottheit Ra, und ihre Tempel symbolisieren den Verbindungspunkt zwischen dem Herrscher und seinem göttlichen Ursprung. Auf diese Epoche gehen auch die Obelisken (von den alten Ägyptern Tekhen genannt) im Inneren des Heiligtums zurück, die auf einem Pyramidenstumpf standen. Der Obelisk war die symbolische Darstellung des Gottes Ra von Heliopolis und wurde, ebenso wie die Pyramiden, als in Stein gegossene Sonnenstrahlen oder als heiliger Ursprungsstein, auf dem die Sonne aufgeht, verstanden.

In Abusir sieht man im Vergleich zu Giseh weniger beeindruckende, dafür aber umso elegantere Werke: Anstelle der strengen, rechteckigen Pilaster gibt es hier Säulen mit Kapitellen, in die Dattelblätter eingemeißelt sind. Die Wände sind verschiedentlich mit Flachreliefs verziert, von denen die meisten leider während der früheren Jahrhunderte von Vandalen zerstört wurden.

Die Tempel und Pyramiden von Abusir sind ebenso wie jene von Giseh genau entlang des Nillaufes aufgestellt. Die Taltempel wurden wahrscheinlich Jahr für Jahr vom Nilwasser überspült. Im Gebiet von Zawijet el-Arijan befinden sich eine Grabungsstätte für eine große, niemals errichtete Pyramide und die Ruinen einer Pyramide der 3. Dynastie, die einem ansonsten unbekannten König Chaba zugeordnet wird.

108 links unten
Die unvergleichliche Gestalt der »Knickpyramide« von Dahschur.

108–109
Luftaufnahme der Grabanlage von Abusir mit den drei von einer großen Nekropole umgebenen Pyramiden.

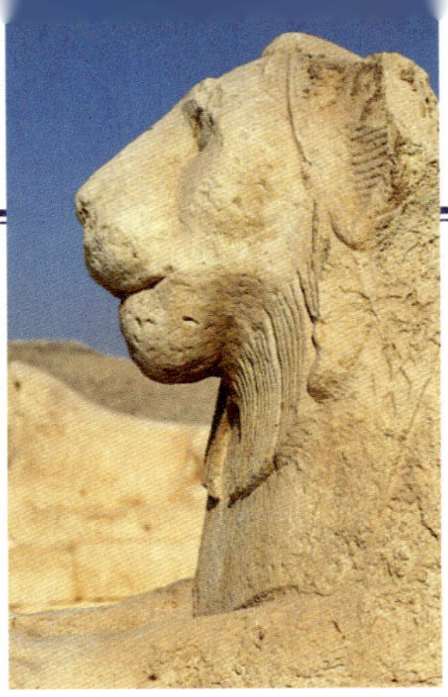

DIE OASEN

Das Wort »Oase«, von den alten Ägyptern und später auch von Herodot im Zusammenhang mit den fruchtbaren Zonen der Libyschen Wüste westlich des Nils verwendet, bedeutete »Kessel«. Es handelt sich dabei um natürliche Wasserreservoirs, bedingt durch den fast wasserundurchlässigen Boden, die durch zahlreiche Brunnen und Quellen erschlossen wurden, die schon in frühesten Zeiten Landwirtschaft ermöglichten. Ein in Edfu gefundener Text der ptolemäischen Epoche berichtet von sieben Oasen, zu denen Charga, Dachla, Farafra Baharija, Siwa und Faijum zählen. Diese waren bereits in prähistorischer Zeit bewohnt, und dort entwickelten sich organisierte Stämme noch früher als im Niltal. Seit den ersten Dynastien bemühten sich die Pharaonen, möglichst viele dieser Gebiete zu kontrollieren, weil diese aufgrund ihrer strategischen Lage und der Tatsache, dass ihre Bewohner kompetente Führer durch die Wüste waren, große Bedeutung hatten.

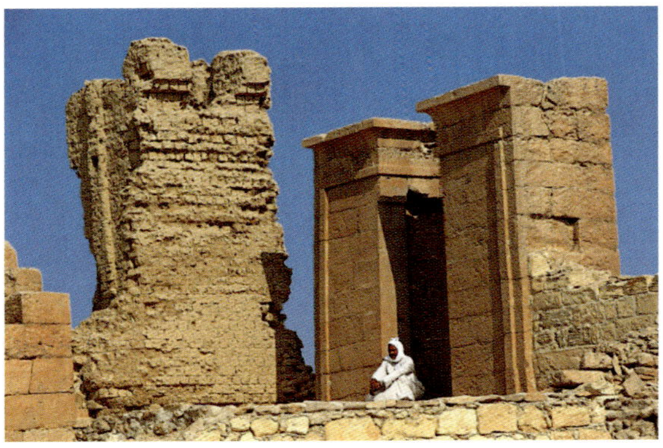

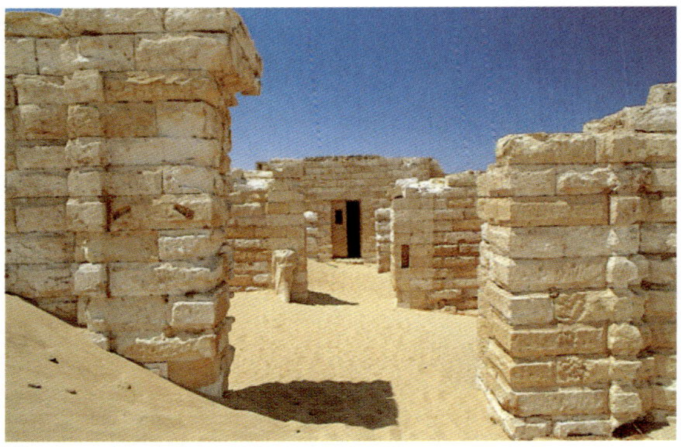

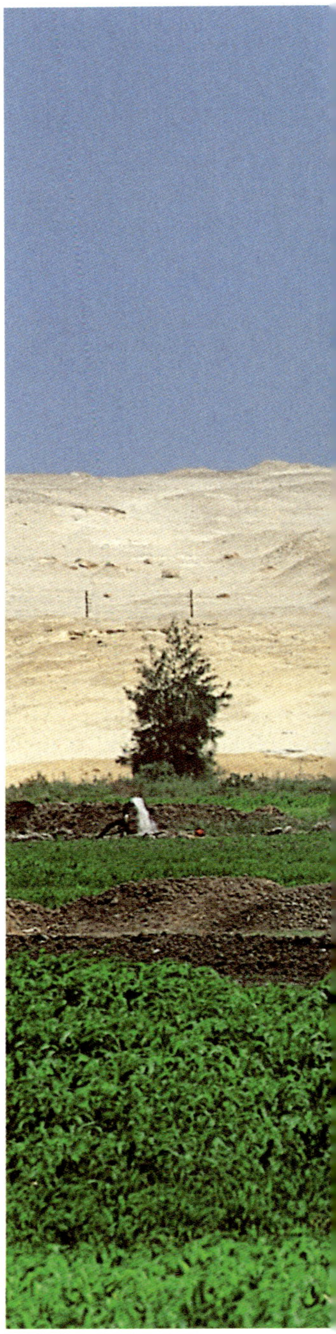

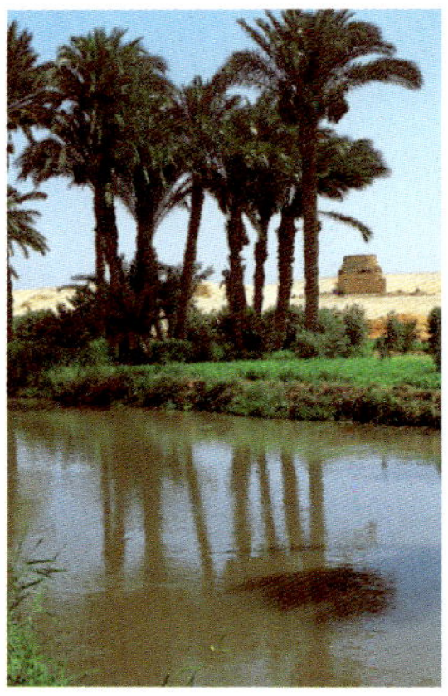

FAIJUM

Die Oase Faijum ist ein großes, fruchtbares Gebiet im Südwesten Kairos. Sie wird vom Bahr Jusuf (dem Josephskanal) gespeist, einem Kanal, der die Oase mit dem Fluss verbindet und in den Karunsee mündet. Die Oase war der Krokodilsgottheit Sobek geweiht. Ihr Name entwickelte sich aus dem koptischen Begriff »Phiom«, Meer oder See, der sich wiederum vom ägyptischen Wort »Pa-iam« gleicher Bedeutung ableitet. Da es keine Abflüsse gab, bildeten sich um die Oase Sümpfe mit üppiger Vegetation und reicher Fauna, wodurch Faijum zu einem bevorzugten Jagdrevier der Pharaonen wurde. Einige Herrscher der 12. Dynastie unternahmen groß angelegte Trockenlegungsarbeiten. Mithilfe eines komplizierten Netzes aus Schleusen und Kanälen erweiterten sie das fruchtbare Land und lockten damit zahlreiche Kleruchen an. Im Mittleren Reich erlebte Faijum eine Expansionsperiode. Der Moerissee wurde zwei Meter unter den Meeresspiegel abgesenkt, sodass man dank eines genialen hydraulischen Systems, das auch von Strabon und Herodot erwähnt wird, weitere Nutzflächen gewann. Makedonische Kleruchen, Griechen und Hebräer erbauten neue Städte wie Krokodilopolis, Karanis und Dyonisias, und Faijum wurde zum Mittelpunkt der hellenistischen Kultur in Ägypten. Aus diesen Zentren stammen zahllose griechische und ägyptische Papyri. Einzigartig sind aber die vielen Porträts von Privatpersonen, die in Wachsmalerei auf Holz angefertigt wurden.

Die Oase lebte jahrhundertelang in Wohlstand, bis der See infolge des Niedergangs, den Ägypten im 3. Jahrhundert erlebte, nach und nach auf seine heutige Größe schrumpfte. In Karanis stehen die Ruinen des Nero-Tempels, der den Krokodilgottheiten Pnepheros und Petosuchos gewidmet ist. Man fand auch viele Mumien dieser Tiere, die Sobek geweiht waren. Ungefähr zehn Kilometer südwestlich befinden sich die alten Ruinen von Dime, dem antiken Soknopaiu Nesos, dessen Name Sobek-Insel bedeutet. An der

110 oben
Einer der löwenköpfigen Sphingen, die den Dromos des Tempels von Medinat Madi in Faijum schmücken.

110 Mitte oben
Ruinen des Nordtempels von Karanis in Faijum.

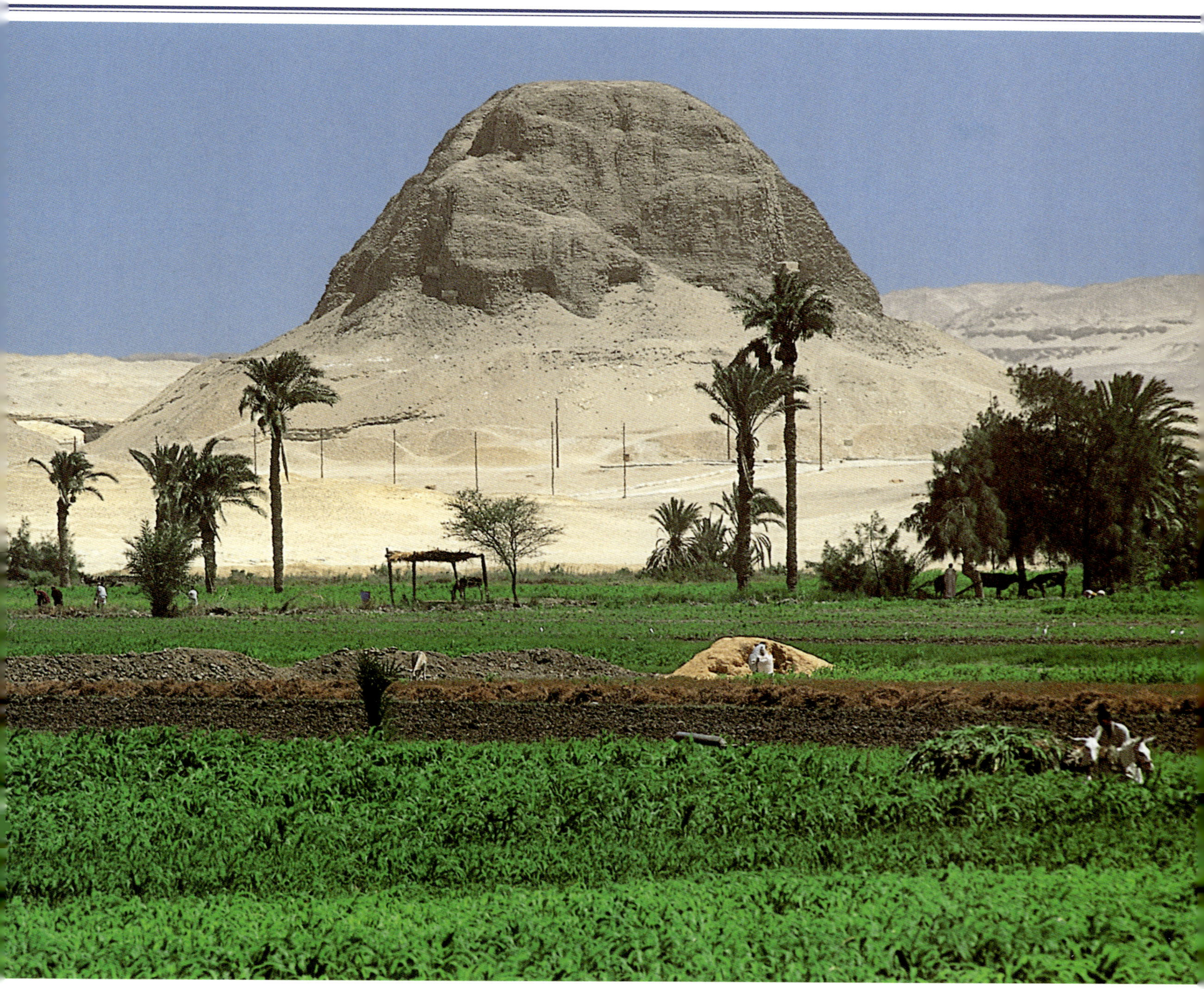

Südseite befindet sich die große, 400 Meter lange Prozessionsstraße, die am Tempel vorbeiführt, der heute noch Reliefs birgt, auf denen Ptolemäus II. im Gebet vor Gott Amun abgebildet ist. In der Nähe des Dorfes Biahmu standen die beiden imposanten Kolossalstatuen Amenemhets III., die schon Herodot während seiner Ägyptenreise bewundert hatte und die auch von einem Reisenden des 18. Jahrhunderts noch erwähnt wurden. Heute sind nur noch die Fundamente der beiden Statuen und ein paar Fragmente übrig, die im Ashmolean Museum von Oxford zu sehen sind. Im Zentrum von Medinet el-Faijum befindet sich der Obelisk Sesotris' I. (12. Dynastie), den man in der Mitte einer Kreuzung aufgerichtet hatte. Im Dorf El Maqta fallen die Ruinen der Pyramide Amenemhets III. aus Hawara-Ziegeln ins Auge, und weiter südlich die Reste seines Grabtempels, dessen zwölf Höfe so sehr die Fantasie der griechischen Reisenden angeregt haben, dass sie ihnen den berühmten Beinamen »das Labyrinth« gaben.

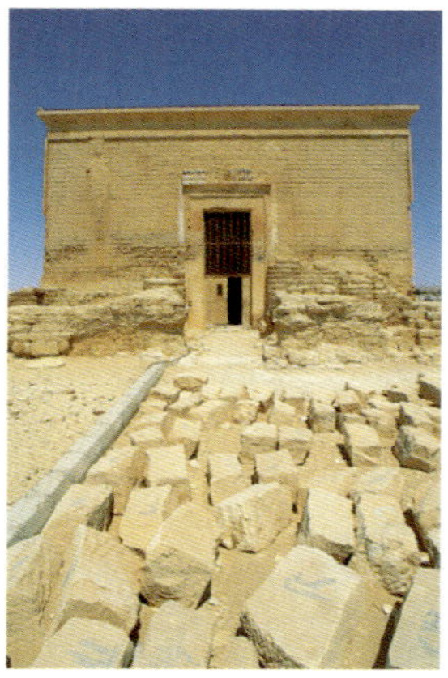

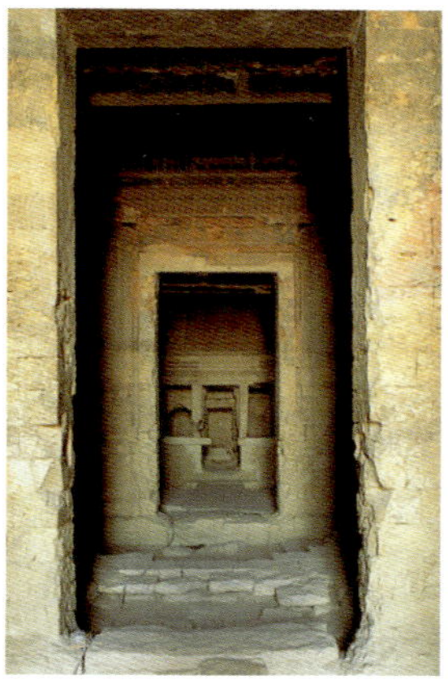

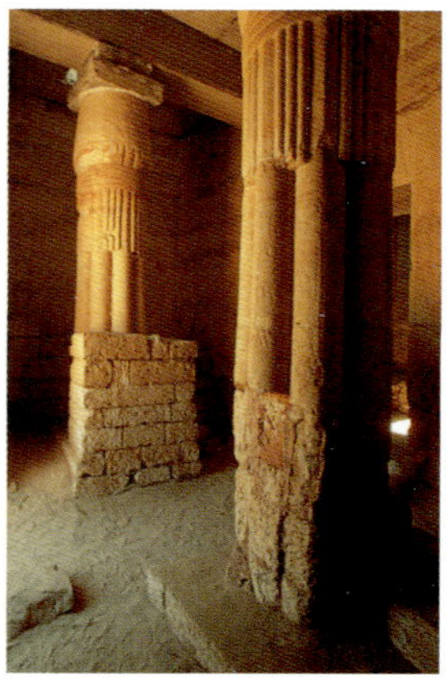

110 Mitte unten
Tempel Amenemhets III. in Medinet Madi.

110 unten rechts
Blick auf die Oase Faijum.

110–111
Pyramide von El-Lahun in Faijum.

111 unten links
Qasr-Qarun-Tempel in Faijum.

111 unten Mitte
Innenraum des Qasr-Qarun-Tempels.

111 unten rechts
Innenraum des Tempels von Medinet Madi in Faijum.

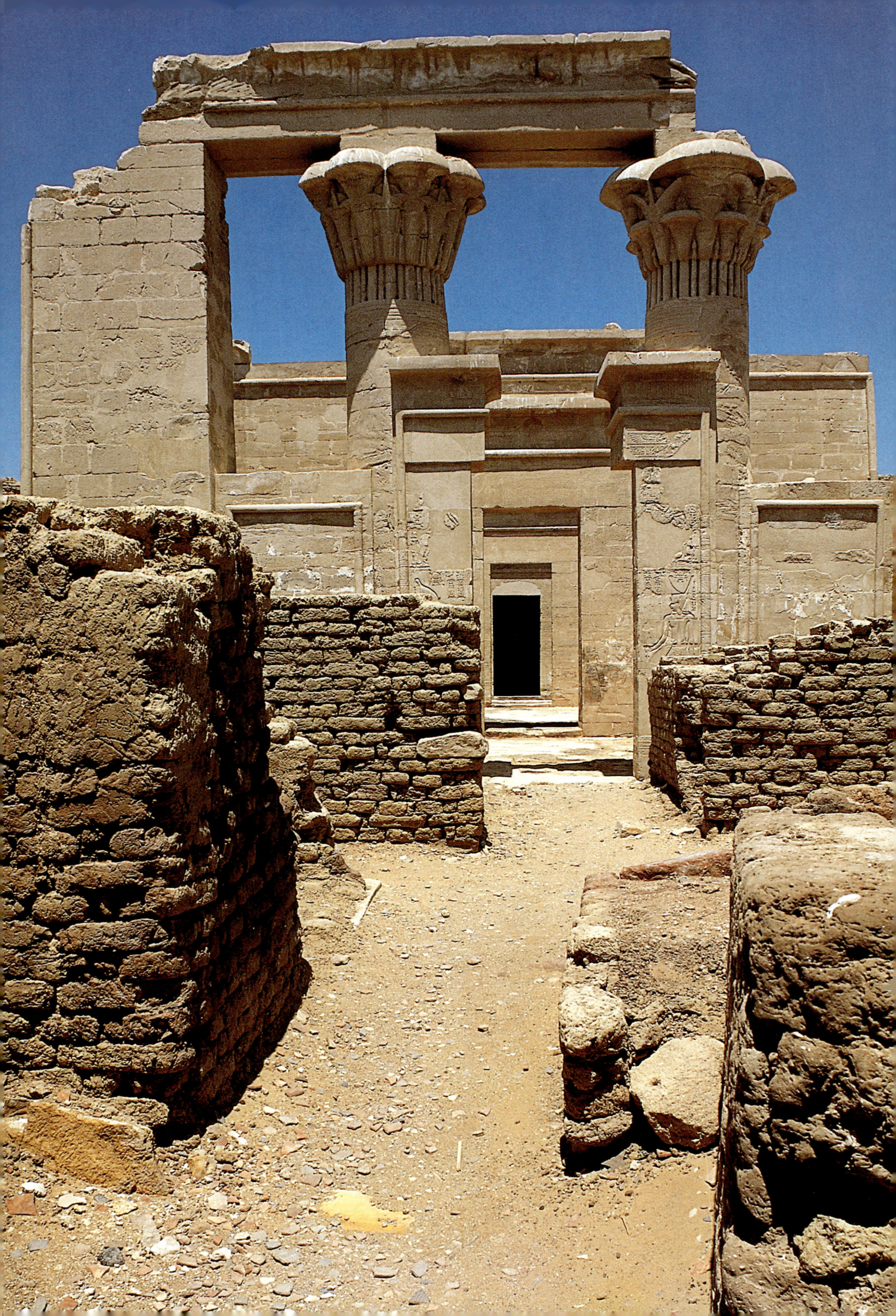

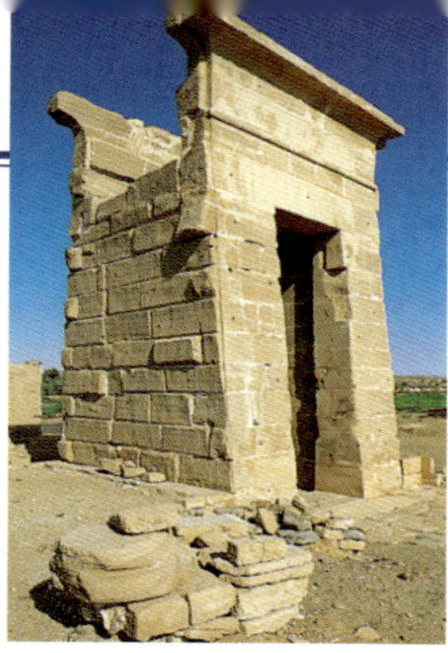

112
Hibis-Tempel in der Oase Charga.

113 oben links
Eines der großen Portale am Hibis-Tempel.

113 oben Mitte
Ruinen des Qasr Dusch, des dem Serapis geweihten Tempels südlich von Charga.

113 unten Mitte
Oase von Dachla: Tempel von Deir el-Hagiar.

113 oben rechts
Vielfarbiges Basrelief im Tempel von Deir el-Hagiar.

113 rechts Mitte oben
Oase von Siwa mit einem der typischen Felsenmassive.

113 rechts Mitte unten
Berühmter Orakel-Tempel in der Oase von Siwa.

113 unten rechts
Ruinen des Amun-Tempels in der Oase von Siwa.

CHARGA

Die Oasen von Charga und Dachla westlich von Theben standen immer unter ägyptischer Hoheit und ihre Bauwerke befinden sich auch heute noch in einem intakten Ambiente. Etwas nördlich von Charga, das auf Arabisch »Al-Chargia« heißt, stehen die Ruinen des antiken Hibis mit dem Amun-Tempel. Dieser wurde von Dareios I. erbaut, von Nektanebos II. restauriert und in der griechisch-römischen Epoche erweitert.

Der Tempel hat einen klassischen Grundriss mit Pylonen, Höfen und einer Pfeilerhalle. Interessant ist die Darstellung des Gottes Seth, der mit einer Lanze die Schlange Apophis ersticht. Der anfänglich als Beschützer der Oasen verehrte Gott hatte im Niltal eine entschieden negativere Bedeutung. Bemerkenswert ist, dass das Töten einer Schlange mit der Lanze über die Legende des heiligen Georg, der den Drachen tötet, auch in die christliche Ikonografie aufgenommen wurde. Etwa einen Kilometer nördlich des Tempels befinden sich die Ruinen der christlichen Nekropole El-Baqawat. In einigen Kapellen stößt man auf gemalte Darstellungen von biblischen Themen und symbolischen Figuren, die zum Teil gut erhalten sind.

DACHLA

Die Oase Dachla, auf Arabisch »Al-Dachila« genannt, zeichnet sich durch ihre natürliche Schönheit und ihre sprichwörtliche Stille aus. Sie ist die größte Oase der Westlichen Wüste und befindet sich etwa 350 Kilometer vom Nil entfernt. 1819 wurde sie vom Piemontesen Bernardino Drovetti entdeckt. Innerhalb des Gebiets gibt es kaum Ruinen, außer dem Steingrab des Kitines und den Überresten des Mut-Tempels, der während der 18. und 19. Dynastie errichtet und schließlich von Ramses IX. restauriert wurde.

In jüngster Zeit freilich entdeckte man hier Mastabas der Regenten des Alten Reiches – ein Beweis für das Interesse, das die Bewohner des Niltales bereits seit frühesten Zeiten der großen Oase entgegenbrachten.

FARAFRA

Farafra oder El-Farafira wurde von den alten Ägyptern als Taith, »Land der Kuh«, bezeichnet. Bei Grabungen stieß man auf die Überreste von Wohnungen aus der vordynastischen Zeit. Keine Spur weist jedoch

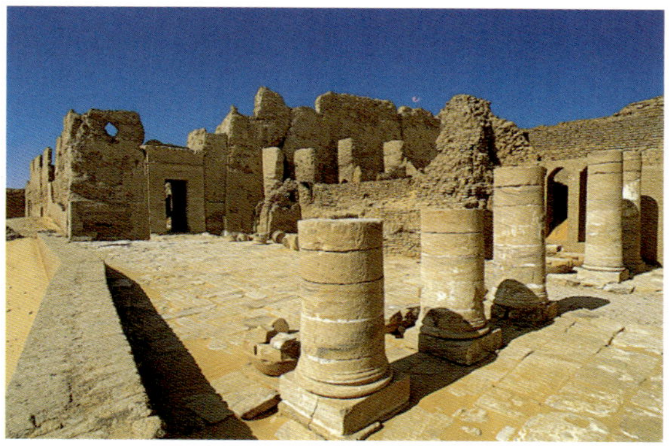

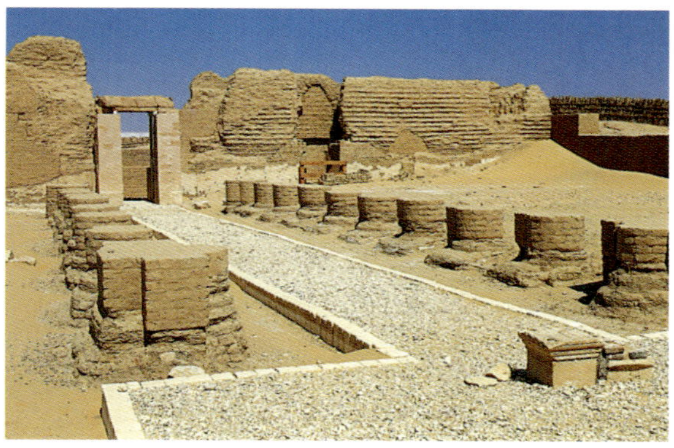

auf die Präsenz der pharaonischen Herrschaft hin, obwohl die Oase ab der 5. Dynastie in Dokumenten erwähnt wird. In der Nähe von Qasr Farafra befindet sich eine antike Nekropole mit Felsengräbern.

SIWA

Es wird überliefert, dass Alexander der Große, unmittelbar nachdem er die Stadt Alexandria gegründet hatte, eine anstrengende und lange Reise zur Oase Siwa unternommen haben soll, um das Orakel von Zeus-Amun zu befragen. Siwa rückt wegen der großen Entfernung zu den Machtzentren Ägyptens – sie ist 551 Kilometer von Kairo entfernt – und der Feindseligkeit der in der Umgegend ansässigen Völker erst in ptolemäischer Zeit ins Bewusstsein der Ägypter. In ältesten Zeiten wurde sie von den Libyern und anderen Wüstenvölkern einer einheimischen Gottheit geweiht, die dem Amun der Ägypter und Zeus der Griechen entsprach. Die Überreste der Tempel von Aghurmi und Umm-el-Beda, wahrscheinlich aus sethischer Epoche, sind die einzigen Zeugnisse.

BAHARIJA ODER EL-BAHARIJA

Der Name Baharija bedeutet »Meeresoase« oder »die Nördliche«. Die Oase liegt in einer tiefen Senke westlich von Faijum. Hier befinden sich noch die Ruinen

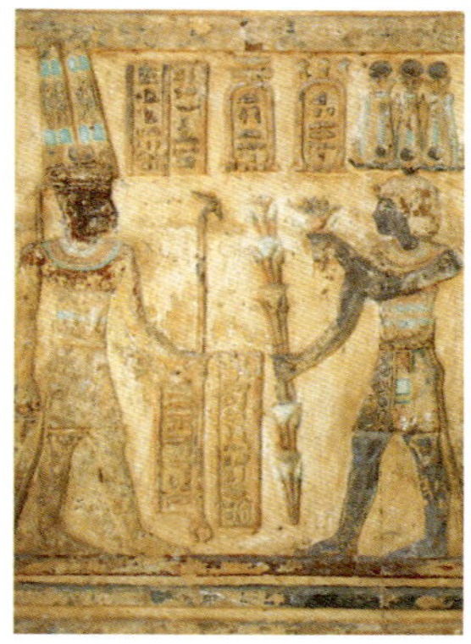

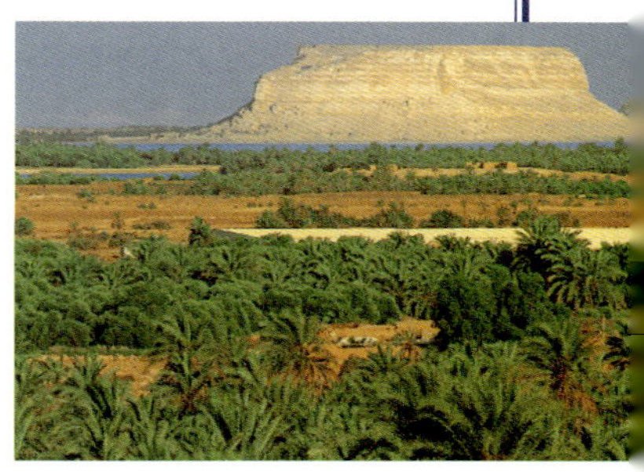

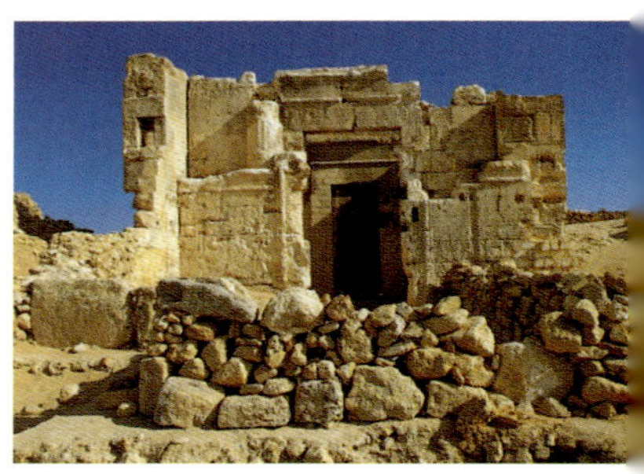

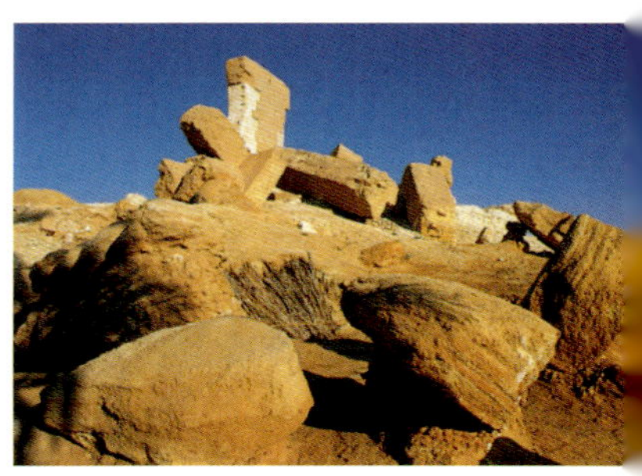

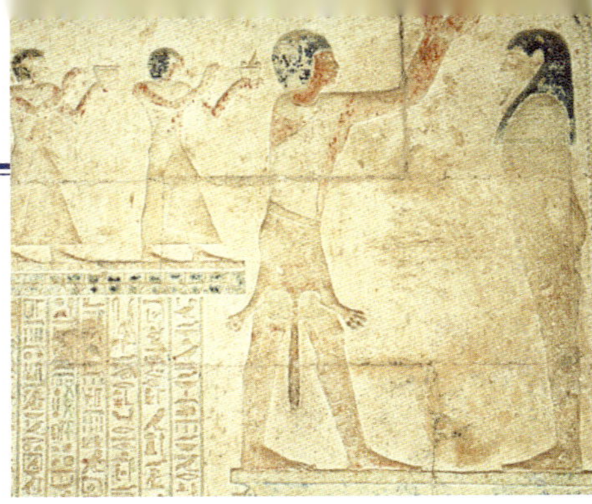

114 oben
Basrelief aus einem Grab aus Beni Hasan.

114 Mitte oben
Vergoldete Gipsmaske einer der in der Oase von Baharija entdeckten Mumien.

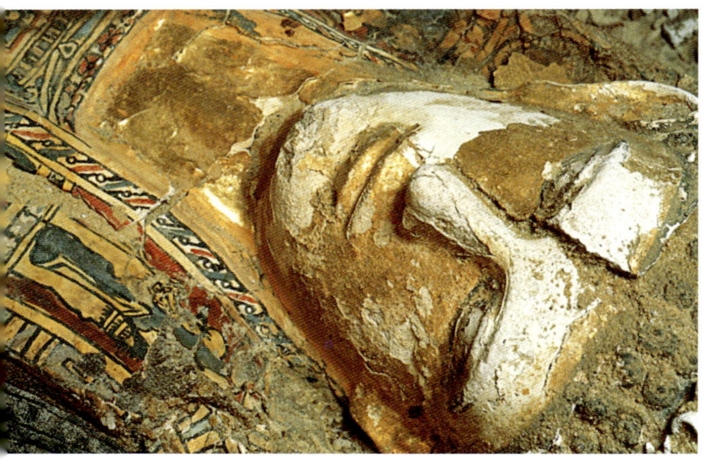

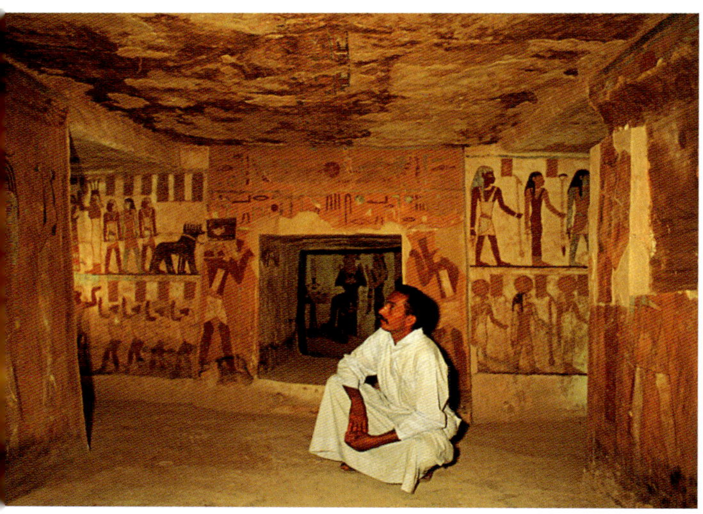

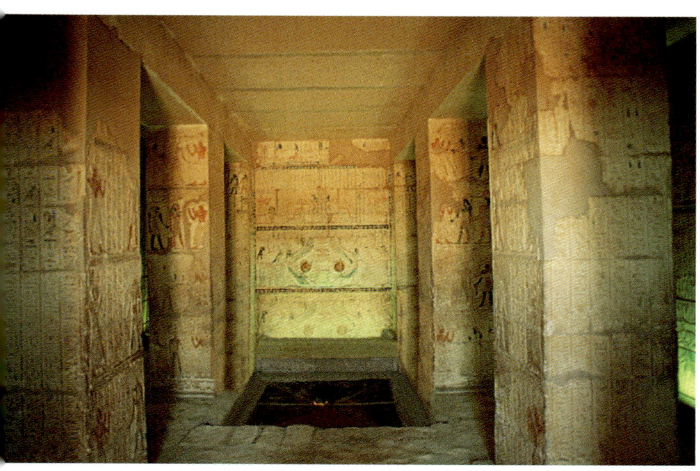

eines Tempels der 26. Dynastie. In der Kapelle des Pharaos Apries finden sich Inschriften, die beweisen, dass der Tempel Amun-Ra, dem Herrn des großen Hügels, und dem Gott Chonsu geweiht war. Dieser gehörte zusammen mit seinen Eltern Amun und Mut zur thebanischen Triade.
Interessant sind auch die Felsengräber der Adeligen, die sich hinter der Böschung des Dorfes befinden. Das älteste ist jenes des Gouverneurs Amenothep aus der 18. Dynastie. Obwohl es sich in schlechtem Zustand befindet, birgt es doch noch einige interessante originale Malereien. Die Grabanlage der Ibis in Qarat el Farag enthält bis heute einige Mumien dieser Vögel und Amulette. Die Oase weist nicht nur römische Ruinen auf. Internationales Aufsehen erregte sie in jüngerer Zeit wegen der Entdeckung einer Nekropole mit dem Beinamen »Nekropole der goldenen Mumien« durch das ägyptische Archäologenteam von Zahi Hawass. Bisher wurden über 100 Mumien aus der griechisch-römischen Epoche entdeckt. Nach Schätzungen sollen es aber insgesamt über 10 000 sein.
Die Nekropole befindet sich in der Nähe des Grabes Alexanders des Großen. Sie wurde 1996 durch einen Zufall entdeckt, als ein Wächter mit seinem Esel von der Arbeit nach Hause zurückkehrte und bemerkte, dass die Hufe des Tieres in den Boden einsanken. Unmittelbar darauf vorgenommene Grabungen brachten einige Mumien zum Vorschein.

BENI HASAN

Beni Hasan befindet sich auf halbem Wege zwischen den alten Königsstädten Memphis und Theben in einem Gebiet mit Palmenwäldern und grünen Feldern nahe des Nils. Die antike Nekropole aus dem Mittleren Reich besteht aus 39 Gräbern, die fast alle entlang eines Hügels angeordnet sind. Nur einige wenige wurden mittlerweile für die Öffentlichkeit zugänglich gemacht, aber diese sind alle besonders interessant, da sie mit Bildern verziert sind, die Szenen aus Landwirtschaft, Jagd und Sport zeigen. Das Grab Nr. 17, das zwei der sechs originalen Säulen aufweist, ist mit Kampf-, Jagd- und Tanzszenen geschmückt, auf denen die Bewegungen so präzise abgebildet sind, dass man den Eindruck hat, Einzelbilder eines Filmstreifens zu betrachten. Das Grab ließ Chethos, ein Ober-

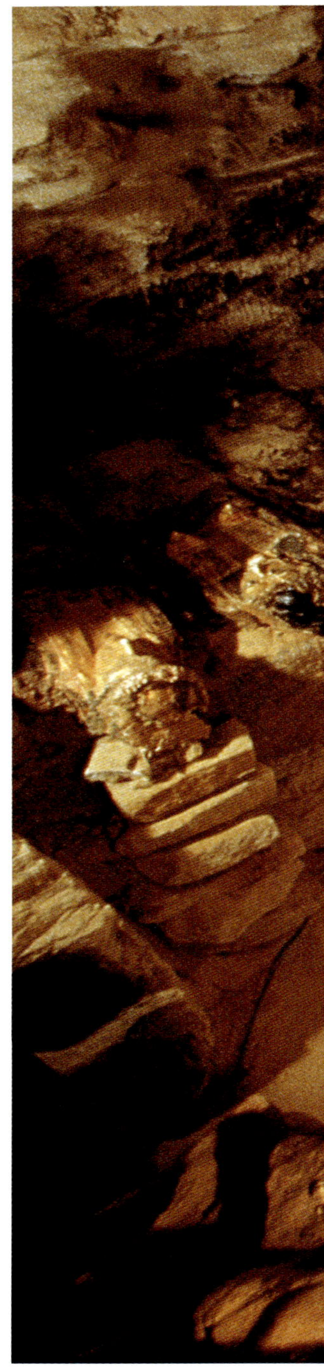

114 Mitte unten
Ansicht des Bannantiu-Tempels in der Oase von Baharija.

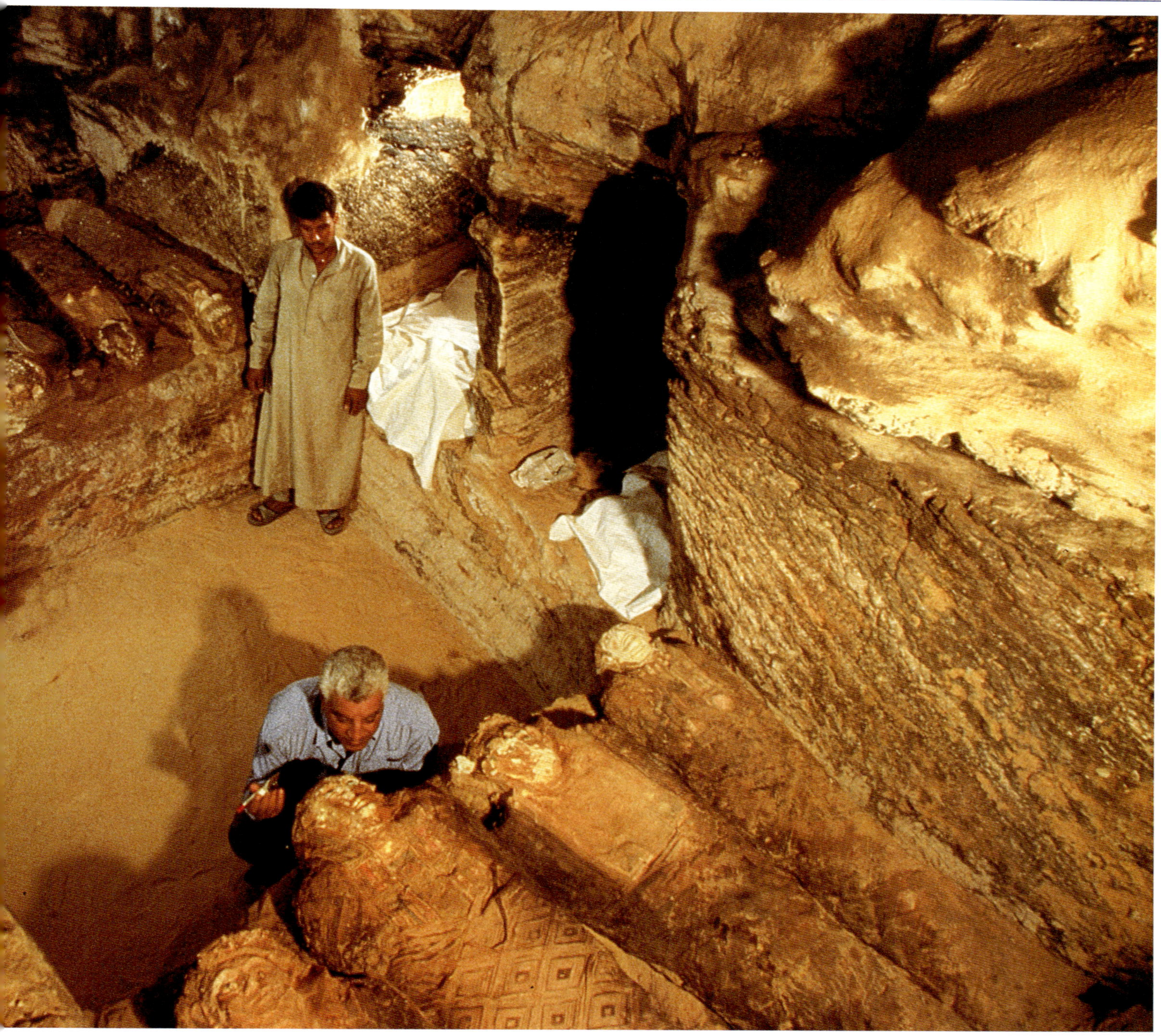

114 unten
Innenraum eines der Gräber von Beni Hasan.

114–115
Der Archäologe Zahi Hawass befreit Mumien, die in einem Grab in Baharija entdeckt wurden, vom Sand.

115 unten
Detail eines Grabes von Beni Hasan.

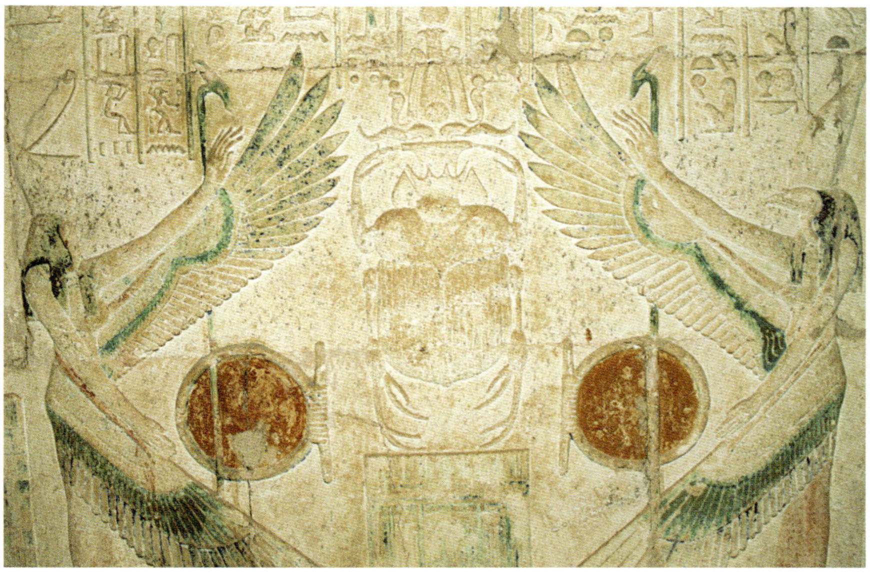

priester, für sich errichten. Dieser ist in der charakteristischen Priesterkleidung jener Zeit, gehüllt in ein Leopardenfell, abgebildet.

Das Grab Nr. 15 gehörte dem Chethos-Vater Baket, dem Gouverneur des Nomos (des Gaues). Das Grab Nr. 3 wird Chnumhotep, ebenfalls einem Gouverneur, zugeordnet. Es ist berühmt für seine Zeichnungen, die Jagd- und Fischereiszenen darstellen. Die Säulen des unterirdischen Bereichs bezeichnete Champollion als proto-dorisch. Die von ihm und dem Toskaner Ippolito Rosellini geleitete Expedition 1828–1829 hielt sich über einen längeren Zeitraum hinweg in dieser Anlage auf, da sich in den Innenräumen hervorragende Zeichnungen befinden. 1891 begann der junge Archäologe Percy Newbarry im Auftrag der Egypt Exploration Society mit Ausgrabungsarbeiten – zusammen mit einem jungen, talentierten Zeichner namens Howard Carter.

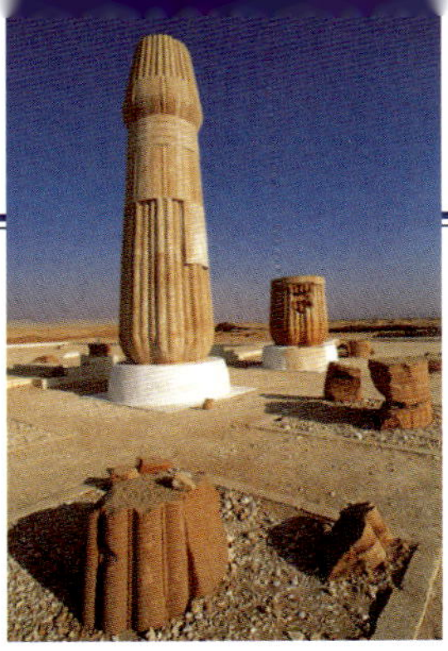

TELL EL-AMARNA

Etwa 70 Kilometer von der Stadt El-Minija in Mittelägypten entfernt stehen die Ruinen von Achet-Aton, der Hauptstadt der nach dem heutigen Ort Tell el-Amarna benannten »amarnianischen« Revolution. Die Stadt entstand im Auftrag von Amenophis IV., einem Herrscher der 18. Dynastie, der besser unter seinem selbst gewählten Namen Echnaton bekannt ist. In der Nähe des heutigen Dorfes El-Till, an einer von Felswänden umschlossenen Stelle, befanden sich die Grenzen dieser kurzlebigen Hauptstadt, die sich über fast drei Kilometer entlang des Nils erstreckte. Die Stadt wurde auf unbebautem Grund errichtet und nicht mehr als 30 Jahre lang bewohnt. Echnaton hatte den Mut, sich der Macht der thebanischen Priesterkaste entgegenzustellen. Nach der Überlieferung liebte dieser Pharao die Natur und die Künste und lehnte den Krieg grundsätzlich ab. So suchte er seine Macht mithilfe der Religion zu sichern. Er verkündete Aton als einzigen Gott, symbolisiert in der Sonnenscheibe, und die Abschaffung des thebani-

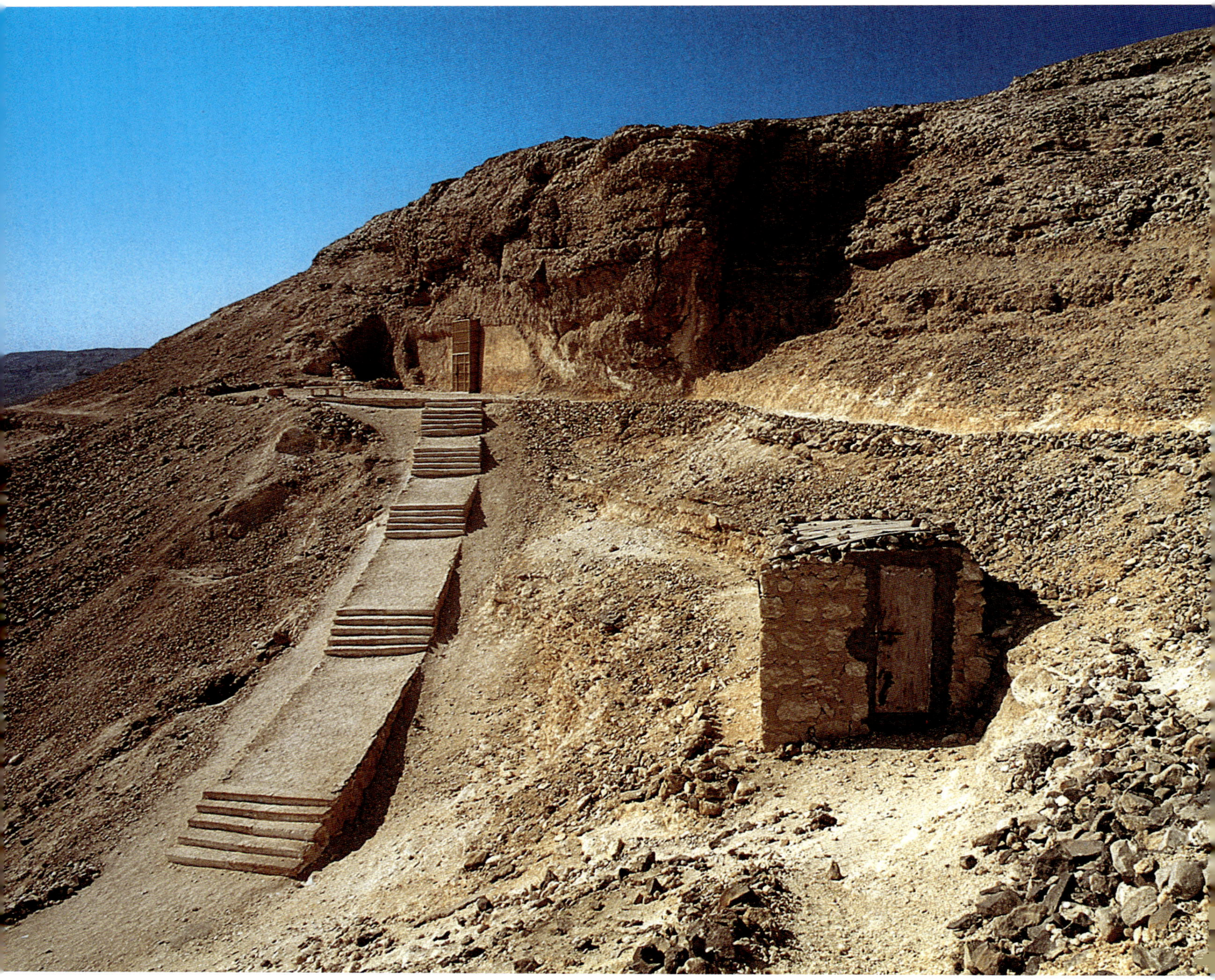

116 oben
Säule des großen Aton-Tempels.

116–117
Stufen zur Felsennekropole.

117 oben
Detail der vielfarbigen Basreliefs, die den Innenraum eines der Gräber schmücken.

117 unten
Blick auf die Ruinen Tell el-Amarnas.

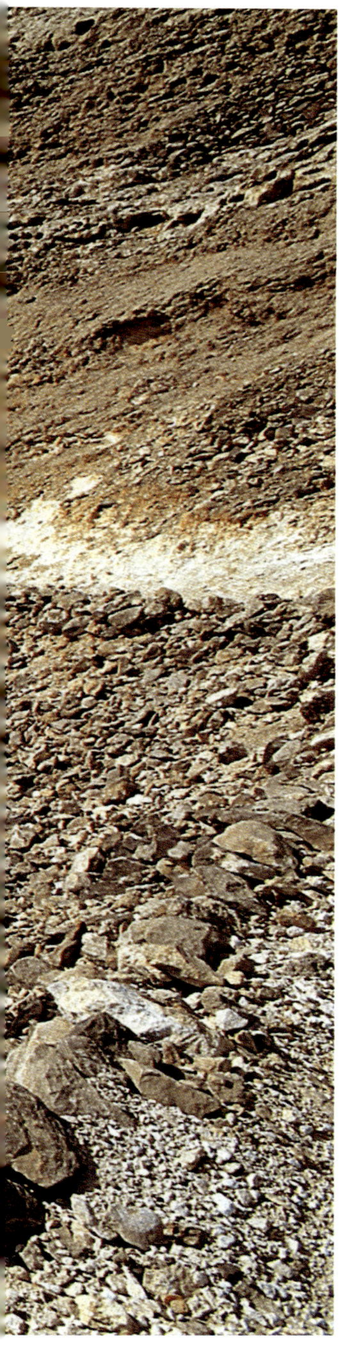

schen Pantheons. Um dessen aufgebrachte Priesterschaft zu entmachten, schien es ihm wohl erforderlich, das Machtzentrum Ägyptens ihrem Einflussbereich zu entziehen. Hand in Hand mit diesem religiösen Wandel ging eine künstlerische Umorientierung, die den Bau einer neuen, weder durch bestehende Bauten behinderten noch an überkommenen architektonischen Idealen orientierten Metropole wünschenswert erscheinen ließ. Unter diesen Aspekten erscheint der Rückzug aus Theben in seinem fünften Regierungsjahr und der hastige Bau dieser neuen Hauptstadt plausibel.

Diese wurde zu Ehren des Sonnengottes errichtet, der sie in täglichem rituellen Zyklus beleuchtete und beim Sonnenuntergang die lebendigen Farben der Häuser und der Tempel zum Leuchten brachte. Im Zuge einer genaueren Untersuchung der Ruinen fanden sich genügend Beweise für die These, dass die Stadt in äußerst kurzer Zeit erbaut worden sein muss. Nach dem Tod Echnatons geriet die Hauptstadt, verlassen und von rachedurstigen Thebanern zerstört, für Hunderte von Jahren in Vergessenheit. Erst gegen Ende des 19. Jahrhunderts begann F. Petrie mit einer Reihe von systematischen Grabungsarbeiten. Unterstützt wurde er dabei von Howard Carter.

In der folgenden Zeit unternahmen auch deutsche und englische Teams Ausgrabungen an der Stätte. An einer der Stelen, die die Grenzen der Stadt markieren, finden sich Hinweise auf die Gründung. Dort heißt es, dass »am dreizehnten Tag des achten Monats des sechsten Jahres der König von seinem Prunkzelt, in dem er die Nacht verbracht hatte, aufbrach und sich daranmachte, die Grenzen der Echnatonstadt zu bestimmen. Nachdem er der Gottheit geopfert hatte, begab er sich weiter südlich an einen Punkt, an dem die Sonnenstrahlen ihm die Südgrenze anzeigten.«

Der Aton-Tempel wurde nach dem Tod Echnatons fast völlig zerstört, die Steine ließ Ramses II. für seinen Tempel in Hermopolis Magna wiederverwenden. An den Fundamenten kann man noch die Gestalt des 800 Meter langen und 275 Meter breiten Gebäudes erkennen. Hinter dem ersten Pylon befand sich eine Hypostylhalle, die nur an den Seiten des nach oben offenen Mittelschiffs geschlossen war. Es folgten einige durch Säulengänge unterteilte Höfe mit Altären, die längs der Achse des Tempels in Vierereihen aufgestellt waren. Der letzte Saal ist der zeremoniellen Vereinigung mit der Gottheit gewidmet. Unweit davon existieren noch die Fundamente der Magazine der Tempelanlage. Der Königspalast umfasste den Hof und die privaten Gemächer des Königspaares. Hier fand man eine Darstellung von Echnaton und Nofretete, die sich auf Kissen gegenübersitzen und

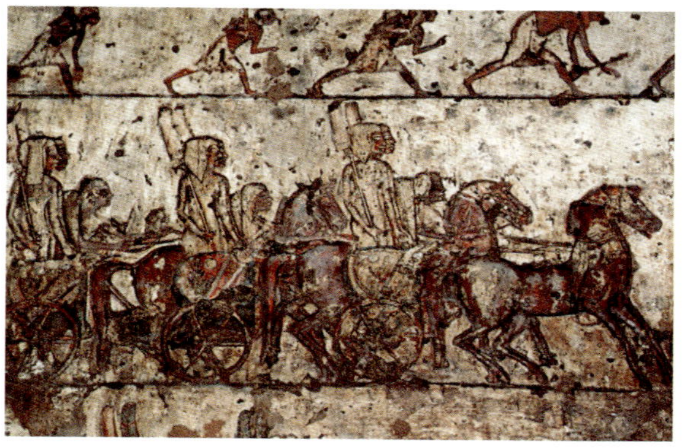

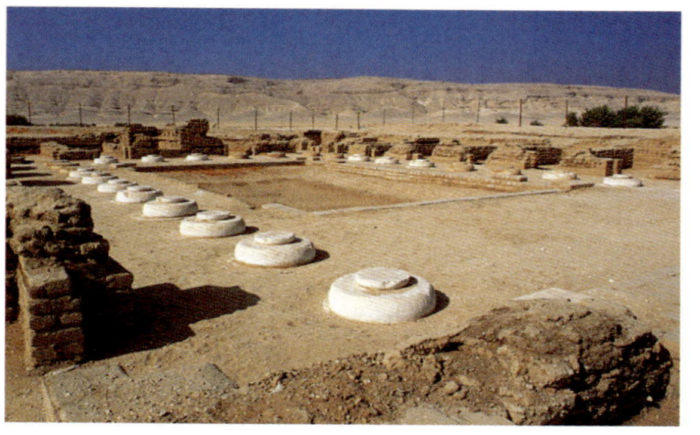

von ihren sechs Kindern umringt sind (heute im Ashmolean Museum in Oxford). Die gesamte Residenz war mit Szenen aus der Natur und aus dem täglichen Leben geschmückt, wobei Letztere vom traditionellen Kanon abwichen. Das Herrscherpaar scheint zudem auch Wert auf eine originalgetreue Abbildung gelegt zu haben, sodass wir daraus auf die Schönheit Nofretetes und mögliche physische Deformationen des königlichen Gatten schließen können. Aus dem nahe gelegenen Archiv des Palastes kamen zwei Tontafeln zum Vorschein, die in Keilschrift die diplomatische Korrespondenz der Pharaonen Amenophis III., Echnaton und Tutanchamun mit den Königen Asiens und den syrischen Vasallenstaaten wiedergibt.

Nahe den königlichen Gebäuden machte man einen sensationellen Fund: die Werkstatt des Bildhauers Thutmose mit einigen seiner Büsten. Die berühmteste davon schmückt nahezu alle Geschichtsbücher. Sie ist bemalt, vollständig erhalten und mit Sicherheit Königin Nofretete zuzuordnen. Aufbewahrt wird sie heute in Berlin. Die Nekropole der Stadt befindet sich auf den östlichen Hügeln. Die Darstellungen in den Gräbern enthalten, anders als bei denen in Theben, keine Szenen aus der Totenwelt. Man trifft stattdessen auf lebhafte Abbildungen des irdischen Lebens. Viele Gräber blieben leer, und wenige weisen Anzeichen einer Bestattung auf. Es scheint, als ob die Konterrevolution den Frieden der adeligen Toten der Sonnenstadt unterbrochen hätte. Nach der Mumie Echnatons hat man lange gesucht, sowohl in Theben als auch in Amarna, aber die Forschungen waren bis heute nicht erfolgreich, obwohl man das königliche Grab auf den Hügeln bei Darb el-Malik entdeckte.

118–119
Die beeindruckenden Ruinen des Tempels Ramses' II.

118 unten links
Basrelief im Tempel Ramses' II.

118 unten rechts
Ramses II. vor den Opfergaben für die Götter.

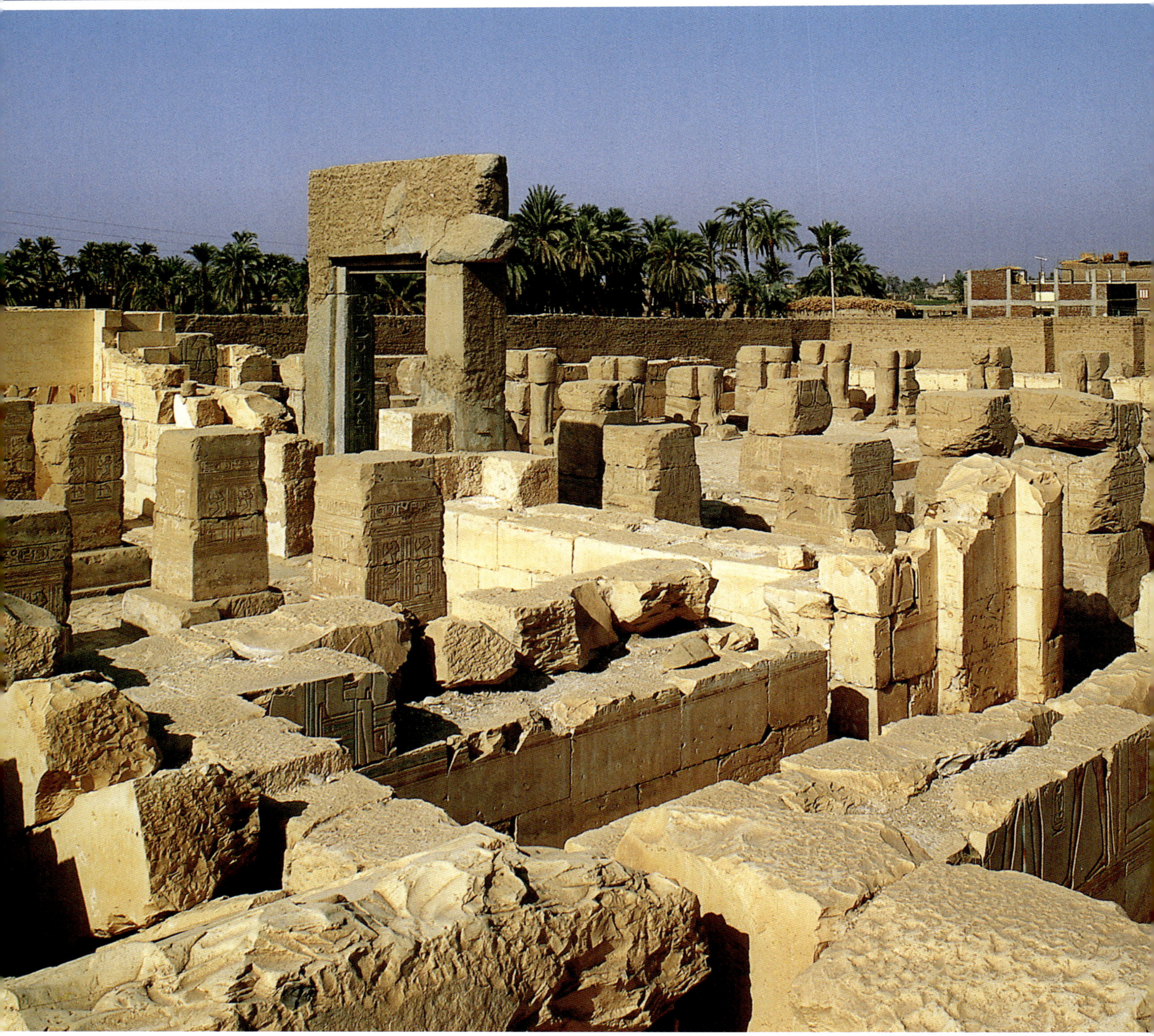

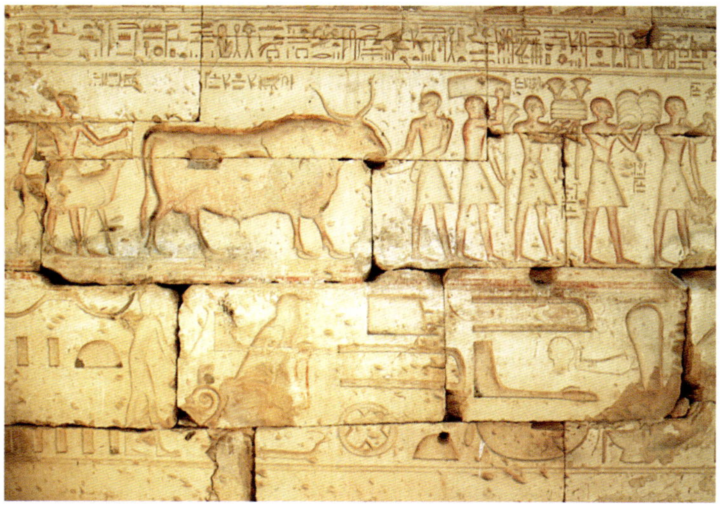

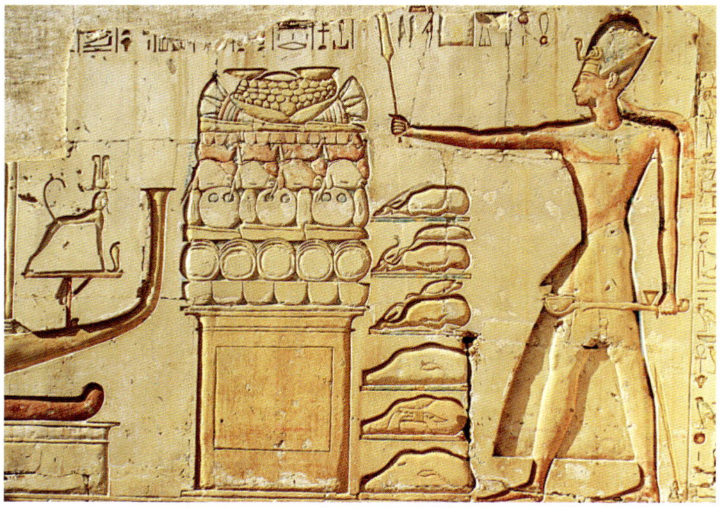

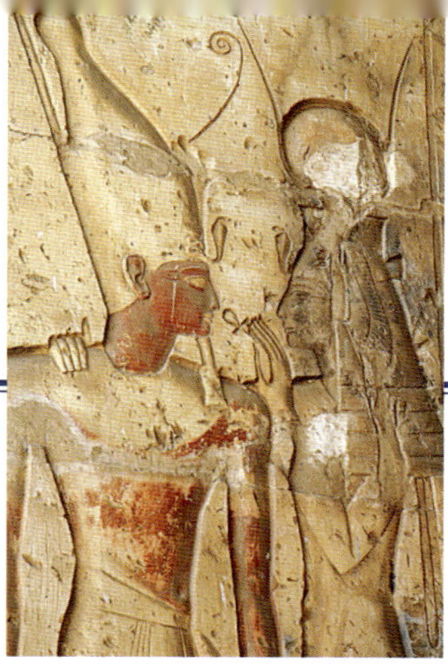

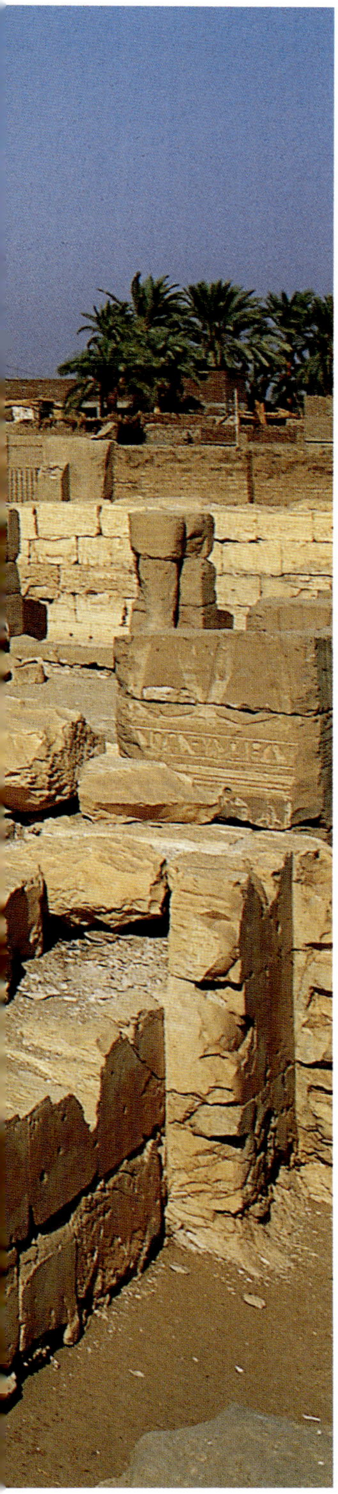

ABYDOS

Das am Westufer des Nils, ca. 145 Kilometer nördlich von Luxor gelegene Abydos war ursprünglich die Fürstennekropole der nahe gelegenen Stadt This oder Thinis, der ersten Hauptstadt des vereinigten Ägyptens. Abydos wurde von den Königen der ersten Dynastie zu Beginn des dritten Jahrtausends v. Chr. zur Nekropole erwählt. Die Stadt war auch ein beliebtes Ziel von Wallfahrten, denn man betrachtete es als höchste Ehre, zumindest symbolisch durch eine Stele in der Nähe des Grabes von Osiris, dessen Kultzentrum die Stadt war, begraben zu sein.

Die Legende besagt, dass hier der Kopf des Gottes bestattet wurde, nachdem sein Bruder Seth ihn getötet und den Leichnam zerstückelt hatte. Auf dem Areal der thinitischen Nekropole wurden etwa 350 Gräber, einige davon königlicher Herkunft, freigelegt. Darunter finden sich sowohl bescheiden in den Boden gegrabene Ruhestätten als auch prachtvolle Grablegen hochgestellter Persönlichkeiten. In Abydos fand man auch Gräber heiliger Tiere: Nekropolen von Schakalen – Inkarnationen des Gottes Anubis –, von Ibissen – Inkarnationen des Gottes Thot – und von Falken – Inkarnationen des Gottes Horus.

DER TEMPEL SETHOS' I.

Der Bau des Osiris-Tempels von Abydos wurde unter König Sethos I. begonnen und unter Ramses II., seinem Sohn, mit einem Pylon und zwei Höfen, die heute leider nur noch als Ruinen zu bewundern sind, vollendet. Was heute als Fassade des Tempels zu erkennen ist, hatte ursprünglich eine andere Funktion: Es handelt sich um einen Zwölf-Säulen-Portikus, der dem zweiten großen Hof als Rückwand diente.

Über eine Rampe betritt man den Tempel und die erste Pfeilerhalle. Das architektonische Konzept des Tempelgebäudes basiert auf den heiligen Zahlen Zwei und Sieben. Es weist zwei Pylonen und zwei Säulenhöfe sowie sieben Tore auf, durch die man ins Innere gelangt, sieben Gewölbe, die die beiden Pfeilerhallen

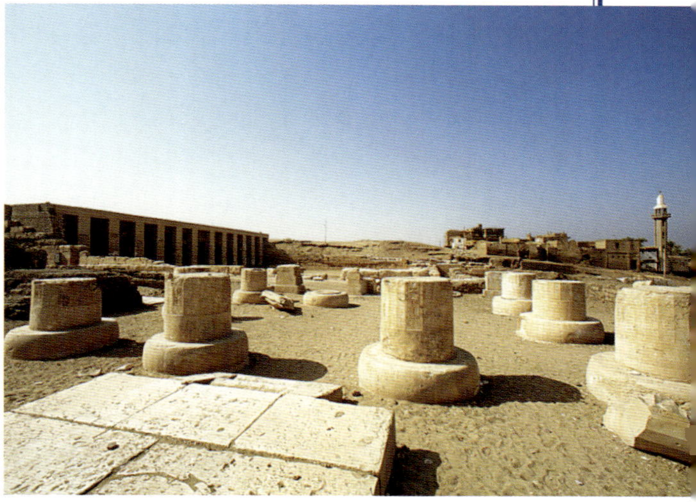

überspannen, und sieben Kapellen, die das Herz des Tempels darstellen. Die erste Hypostylhalle mit zwei Querreihen aus jeweils zwölf Säulen und die zweite, mit drei Reihen aus zwölf Säulen versehene Halle zeigen an den Seitenwänden Durchgänge zu den sieben Heiligtümern, die Sethos I., Osiris, Isis, Horus, Amun, Mut und Chonsu gewidmet sind.

Die erste Halle misst 52 auf 11 Meter und ist in sieben Kapellen für ebenso viele Gottheiten unterteilt. Die zweite Halle ist genauso groß wie die erste, weist Säulen mit Papyruskapitellen auf und zeichnet sich durch einen nach oben geneigten Boden und eine nach unten geneigte Decke aus.

Die Osiris-Kapelle unterscheidet sich deutlich von den sechs anderen Kapellen, an deren Rückwänden jeweils eine Stele angebracht ist. In dieser Kapelle öffnet sich – ebenfalls an der hinteren Wand – ein Durchgang zu einem weiteren Tempel, der Isis, Osiris und Horus geweiht ist. Er besteht aus einer Haupthalle mit zehn Säulen und führt zu weiteren drei Kapellen. Ein Kuriosum dieses dem Osiris geweihten Nebentempels ist die kleine Zwei-Säulen-Halle in der Nordwestecke, die keine Öffnung besitzt und daher nicht zugänglich ist – sozusagen als Symbol dafür, dass das Geheimnis der Mysterien von Abydos für immer unentdeckt bleiben wird. Der linke Bereich des Tempels beginnt mit einer Drei-Säulen-Halle und zwei Kapellen, von denen die

119 oben
Basrelief: Die Göttin Isis umarmt Ramses II.

119 unten
Fassade des Tempels Sethos' I. mit zwölf Pfeilern.

eine Nefertari und die andere Ptah Sokaris geweiht ist. Die beiden Nekropolengötter werden mit den Auferstehungsriten in Verbindung gebracht. Der lange Korridor mit seinem Sternenhimmel und den königlichen Schriftrollen verkündet eine eindeutige Botschaft: Die Seelen der toten Könige steigen zum Himmel auf, um sich dort in Licht aufzulösen und zu ewigen Sternen zu werden.

Vom Korridor aus hat man Zutritt zu den sechs südlichen Sälen, von denen der erste als Lagerplatz für die während der Prozessionen verwendeten Schiffe diente. Die restlichen fünf Räume wurden als Magazine für das heilige Werkzeug genutzt. Im selben Korridor gibt es eine Treppe, die früher zum Dach führte, heute aber Zugang zum Kenotaph gewährt.

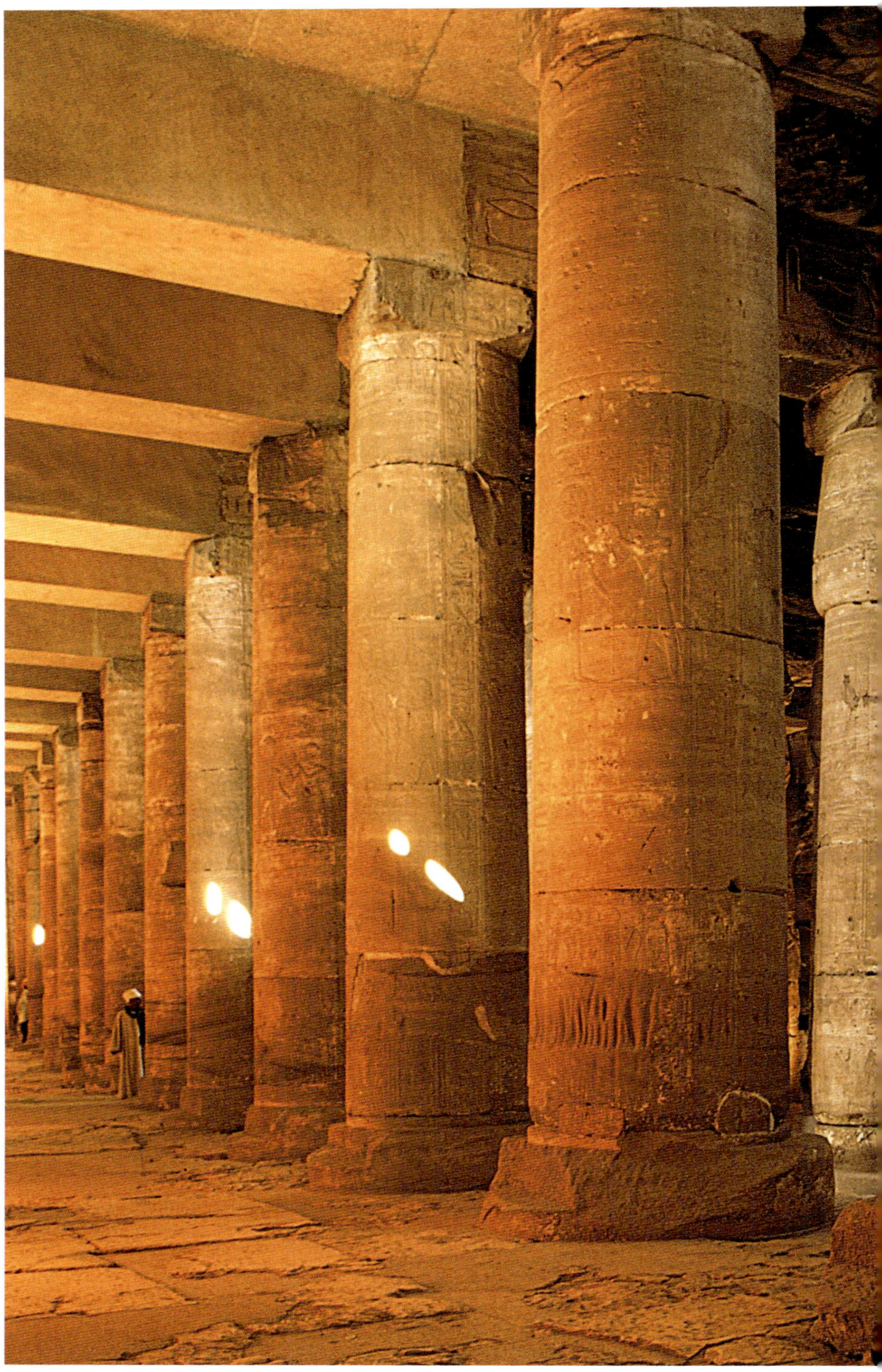

DER KENOTAPH SETHOS' I. (OSIREION)

Der Begriff Kenotaph definiert eine ganz besondere Art von Grabmal, in dem der Leichnam des Verstorbenen nicht enthalten ist. Es handelt sich dabei um ein symbolisches Grab, das ausschließlich für die Seele des Dahingeschiedenen bestimmt ist.

Der Kenotaph Sethos' I. in Abydos gilt als das spirituelle Grab des Gottes Osiris und geht auf die Zeit vor der 19. Dynastie zurück. Sethos I., dessen Grab im Tal der Könige in Westtheben liegt, verwandelte dieses »virtuelle Grab« in jenes kolossale Bauwerk, das heute zu sehen ist. Man betritt den Kenotaph heute vom Sethos-Tempel aus. Denn der ursprüngliche Zugang nordwestlich des Gebäudes bestand aus in die Wüste gegrabenen Brunnen – Eingängen also, die kein Mensch, sondern nur die Seele des Verstorbenen passieren konnte, um bis zur Krypta vorzudringen. Das Innere besteht aus einer Zehn-Pfeiler-Halle, die die

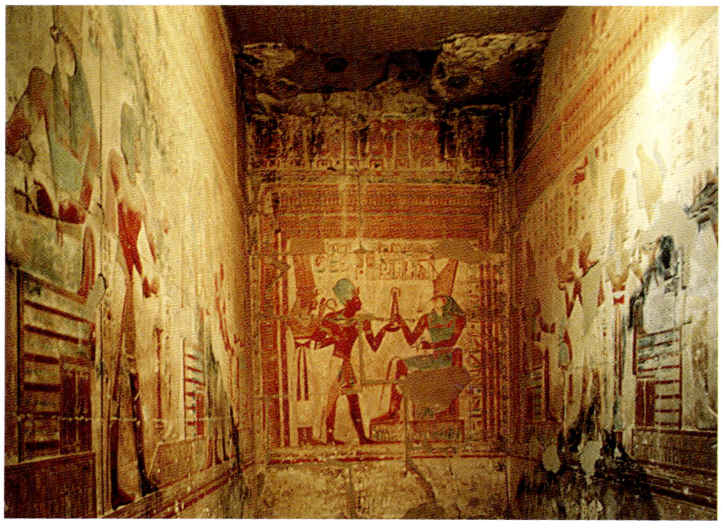

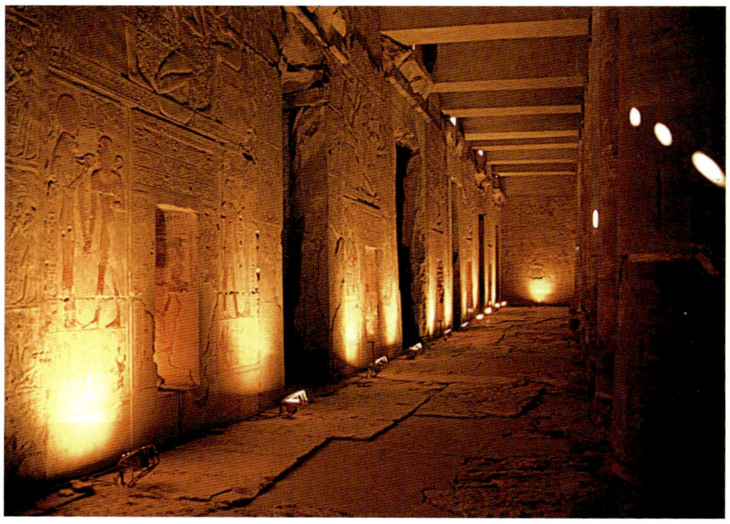

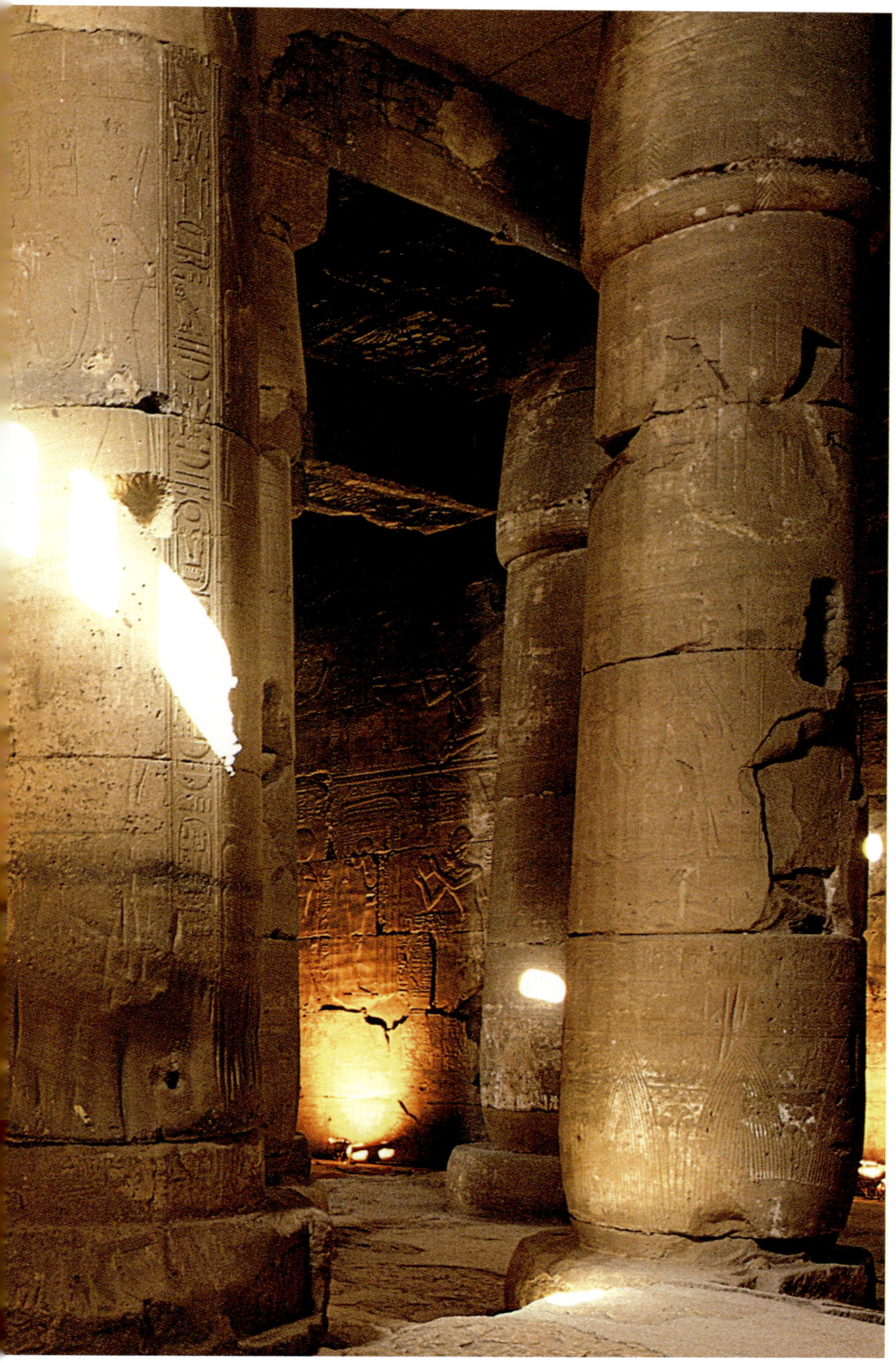

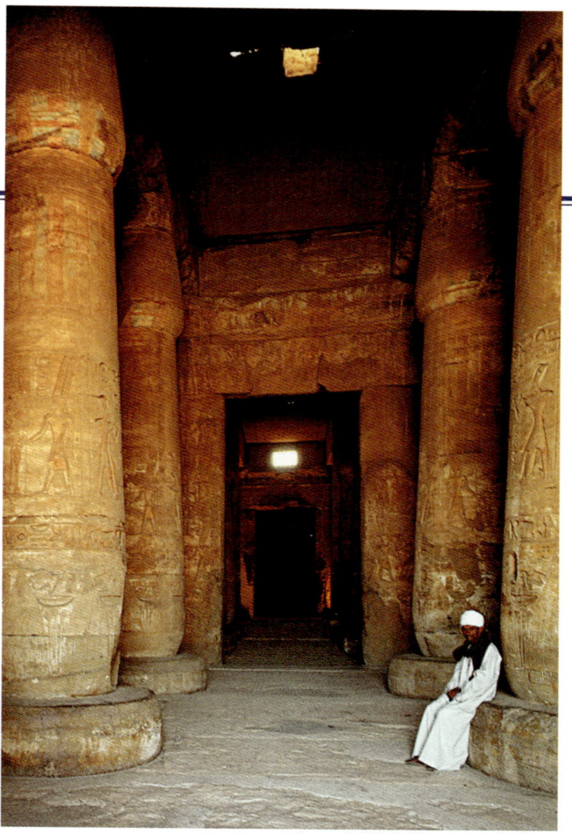

120–121
Die große Säulenhalle des Tempels von Sethos I. mit auf drei Reihen verteilten 36 Säulen.

120 unten links
Basrelief im Horus-Naos, auf dem der Gott dem Pharao das Zepter überreicht.

120 unten rechts
Blick auf das obere Schiff der zweiten Säulenhalle, ebenfalls im Tempel Sethos' I.

121 rechts
Blick auf die erste Säulenhalle, in der papyrusförmige Säulen, die Decke tragen.

aus dem Ozean der Weltschöpfung aufgetauchte Insel im Zentrum der Welt symbolisiert. Interessanterweise wurde der Kenotaph während des alljährlichen Nilhochwassers tatsächlich zum Symbol einer von Wasser umgebenen Insel.

Im Osireion gibt es zwei Nischen, eine quadratische und eine rechteckige, die mit höchster Wahrscheinlichkeit den Sarkophag und die Kanopen des Gottes Osiris beherbergten. Hinter der Pfeilerhalle befindet sich der letzte Saal des Tempels, das rechteckige Allerheiligste mit einem überstehenden Dach. Die Halle ist mit astrologischen und astronomischen Inschriften und Bildern verziert.

DER TEMPEL RAMSES' II.

Der kleine Tempel Ramses' II. liegt etwa 300 Meter nordwestlich des Sethos-Tempels und ist heute nur noch in spärlichen Überresten erhalten. Wahrscheinlich begannen die Handwerker und Künstler mit dem Bau schon zu Zeiten Sethos' I. und schufen damit einen der wichtigsten Ramses II. gewidmeten Tempel.

Der ursprüngliche Bau bestand aus zwei Pylonen und zwei Höfen, einer Eingangshalle mit Säulengang, zwei Säulenhallen und einem Heiligtum mit drei Kapellen. Der erste Pylon und der erste Hof sind vollständig zerstört; man betritt den Tempel folglich durch den zweiten Pylon, der leider ebenfalls eine Ruine ist.

Der zweite Hof unterschied sich vom ersten durch seine 26 mit Osiris-Figuren geschmückten Pilaster. Zahlreiche Reliefs zeigen Szenen mit rituellen Opferungen und Schenkungen an die Götter. Durch den Einsturz seines oberen Bereichs verlor der Tempel beide Säulenhallen und das Heiligtum. Dennoch ist es interessant, die zum Teil noch vorhandenen Originalfarben der Reliefs zu betrachten.

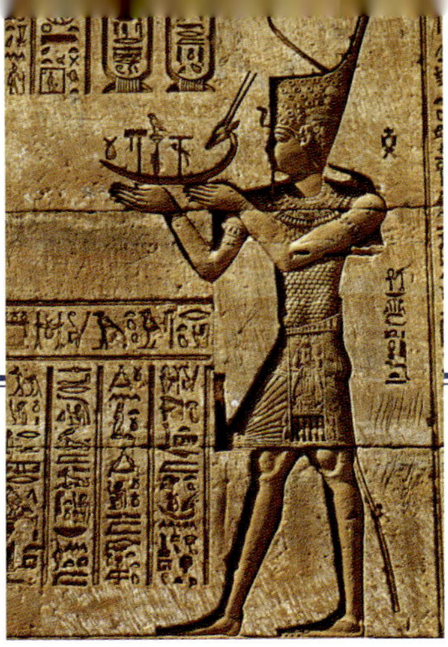

DENDERA

Die Stadt Dendera befindet sich etwa 60 Kilometer nördlich von Luxor und weist einen der Göttin Hathor gewidmeten Tempel auf. Von dem Ort, an dem sich einst das antike Junet, die Hauptstadt der sechsten Provinz Oberägyptens, befand, ist heute nur noch ein Heiligtum aus ptolemäischer Zeit erhalten, das der Göttin Hathor geweiht ist und am Ende des ersten Jahrhunderts v. Chr. erbaut wurde. Die Göttin, symbolisch oft als Frauengestalt mit Kuhhörnern dargestellt, wird hier als Gottheit des Kosmos verehrt, in dem das Leben Gestalt annimmt. Hathor, deren Name »Horus-Tempel« bedeutet, symbolisiert den mütterlichen Schoß, in dem Horus – das Leben – empfangen wurde. Sie ist auch bekannt als Göttin der Liebe, als Quelle der Freude der lebenden Kreaturen. Nicht zufällig ist eines ihrer häufigsten Symbole das Sistrum, ein magisches Instrument, das durch seine Vibrationen die negativen Einflüsse vertreiben und die positiven anziehen soll. Der Tempel von Dendera wird auch Sistrum-Tempel genannt, weil er wie ein riesiges Musikinstrument konzipiert ist, in dem die Harmonien des Kosmos zusammenfließen.

Das Gebäude war ursprünglich von einer dreifachen Ziegelmauer umgeben. Davon ist heute nur noch die Hathor-Mauer übrig, die das Herz des Heiligtums umfing. Innerhalb der Mauern wetteifert der heilige See mit den zwei Mammisi (Geburtstempeln).

Auf dem Mauerwerk des Sees waren Szenen der Osiris-Mysterien abgebildet, in denen der See den Urozean und die Quelle des Lebens symbolisiert. Die Fassade des Tempels zeigt sechs Säulen, die die Musikinstrumente der Göttin darstellen und jeweils von Hathors Kopf gekrönt werden. Über jedem Sistrum befinden sich vier Köpfe, die jeweils den vier Himmelsrichtungen zugewandt sind. Vom Eingang des überdachten Tempels aus nähert man sich der Hypostylhalle, in der entlang der Hauptachse zwei Gruppen aus jeweils neun Säulen aufgestellt sind. Die Decke ist mit kosmischen und astrologischen Motiven verziert. Der Himmel wird von der Göttin Nut symbolisiert, die abends die Sonne verschluckt, um sie während der Nacht zu stärken und sie am Morgen der Welt wiederzugeben.

Schließlich gelangt man zum »Saal des Erscheinens« mit seiner von sechs Säulen getragenen Decke und den sechs Kammern zu beiden Seiten. Links befindet sich eine Werkstatt, rechts die Schatzkammer, in der die Alchimisten Salben, Öle und andere kostbare Essenzen herstellten. Es folgen das Kalenderzimmer und das Nilzimmer, in dem man den Wasserpegel des Nils maß, von dem das Wohlergehen des Landes

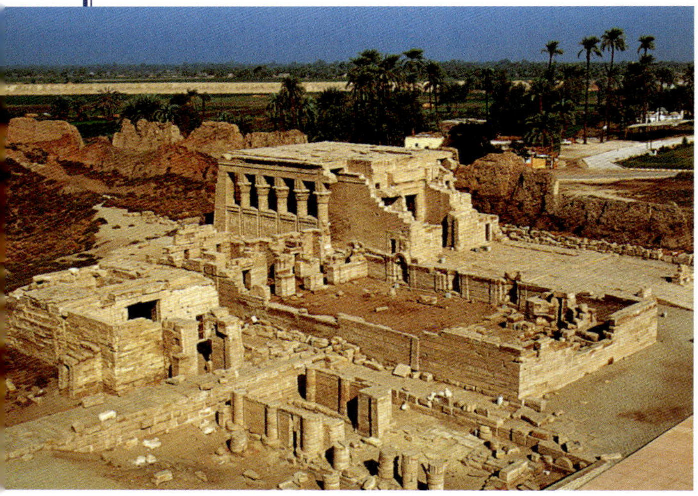

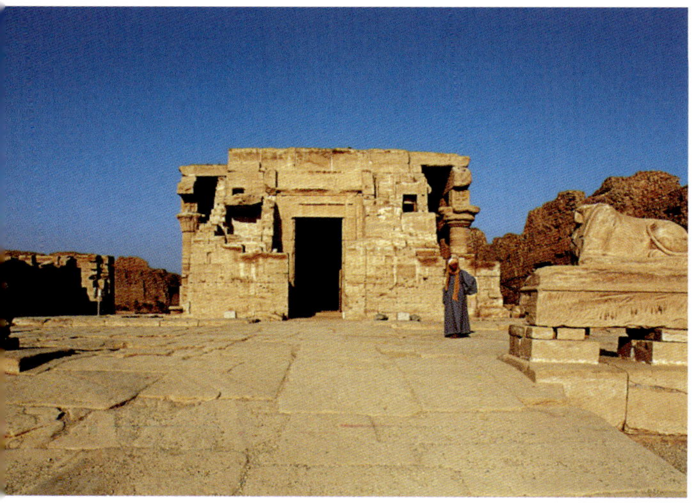

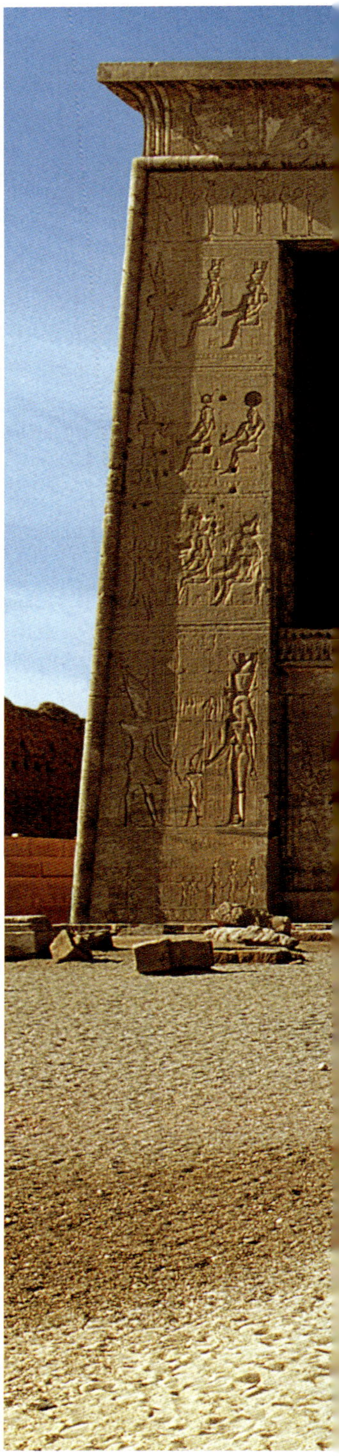

122 oben
Auf einem Relief des römischen Mammisi in Dendera bringt der Herrscher Hathor ein Opfer dar.

122 Mitte
Vor dem Tempel stehen die Ruinen zweier Mammisi und einer christlichen Kirche.

122 unten
Seitenansicht des Mammisi aus römischer Zeit.

122–123
Tempelfassade, 42 Meter breit.

123 unten links
Seitenansicht des Mammisi aus römischer Zeit.

123 unten rechts
Rückwand des Hathor-Tempels.

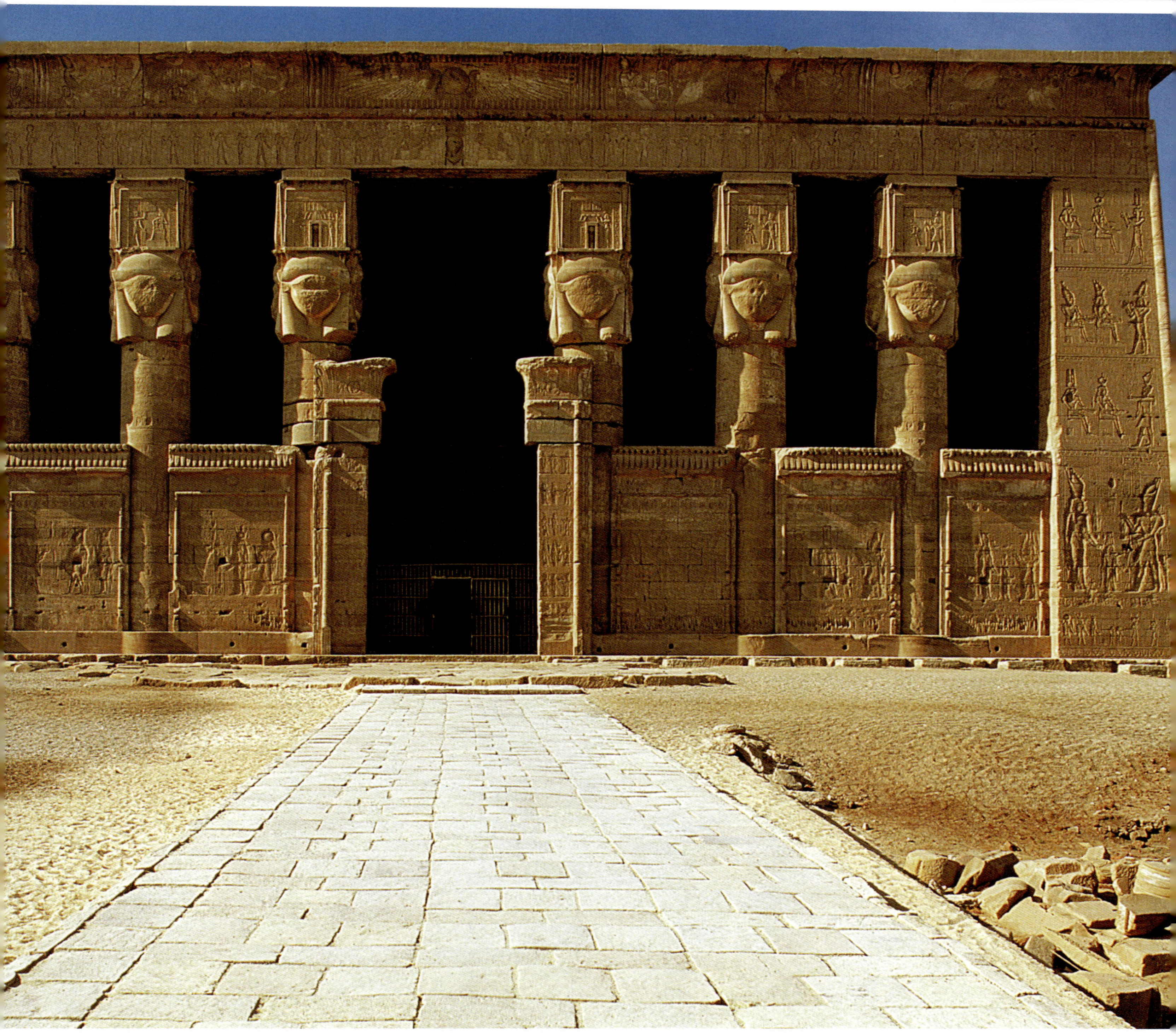

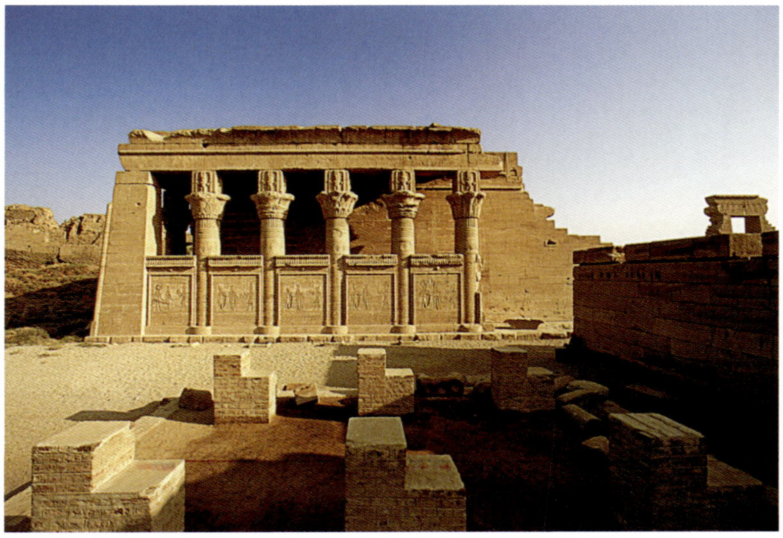

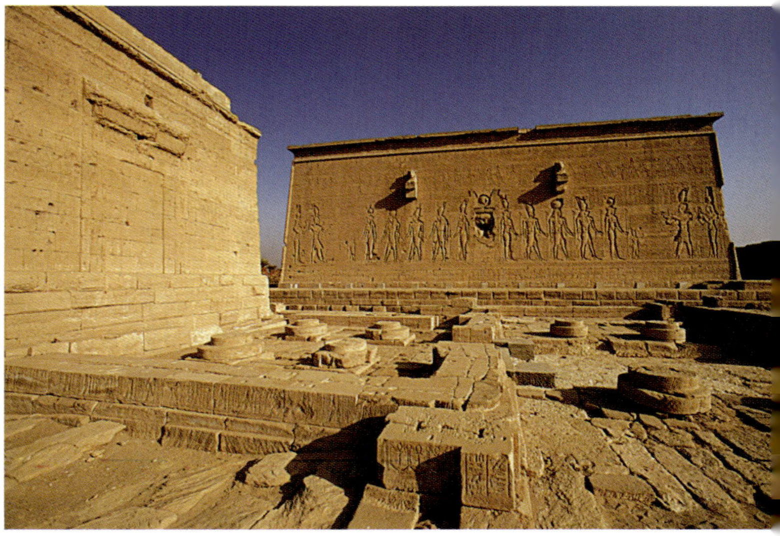

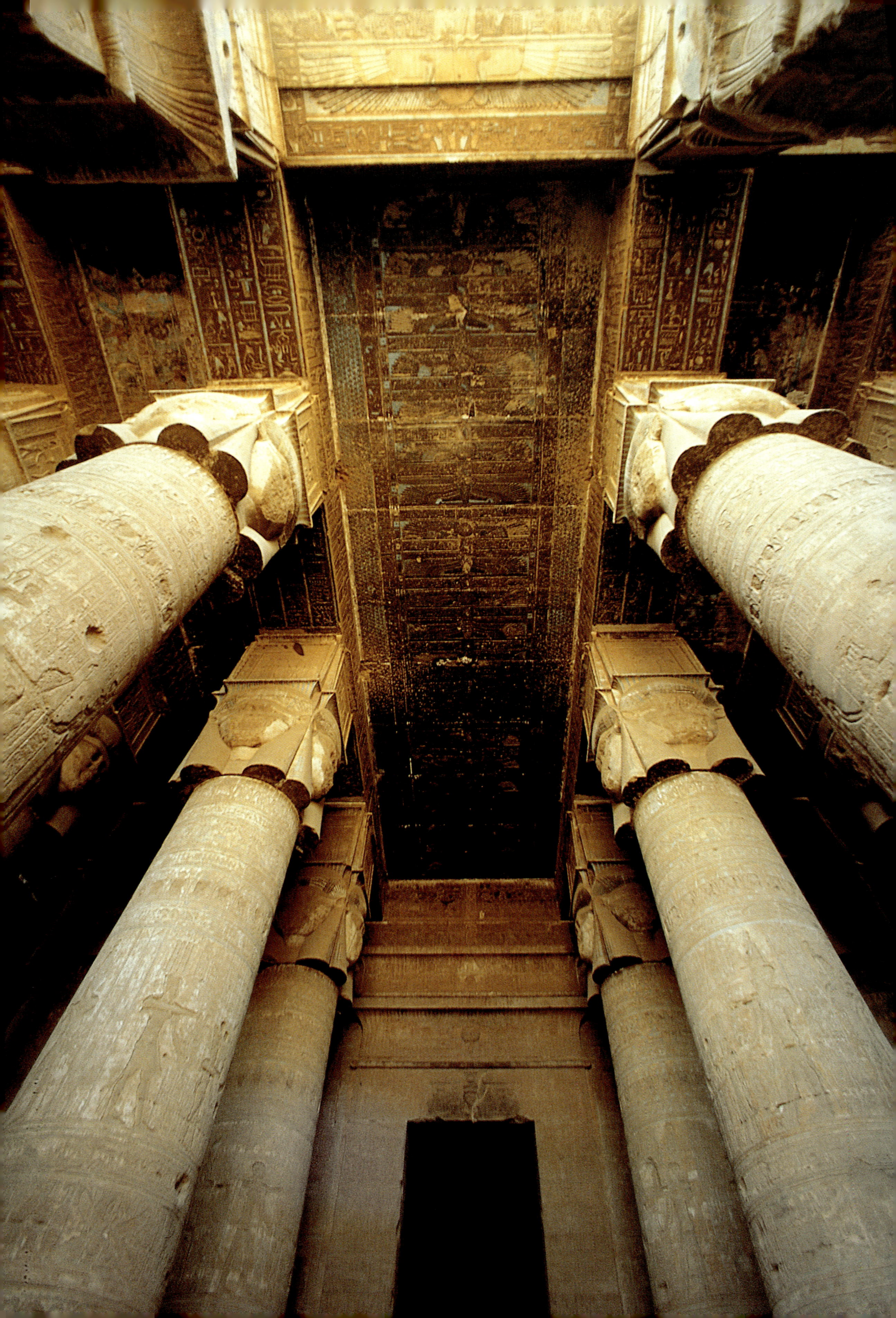

124
Decke der großen Säulenhalle mit astronomischen Motiven.

125 links
Wunderbare Beispiele von Hathor-Kapitellen.

125 oben rechts
Basreliefreihe im Mammisi.

125 rechts Mitte oben
Das vielfarbige Relief zeigt die Sonnenscheibe des Amun-Ra, die die Göttin Hathor erleuchtet.

125 rechts Mitte unten
Eingang zur Hathor-Kapelle.

125 unten rechts
Um Naos verlaufender Gang.

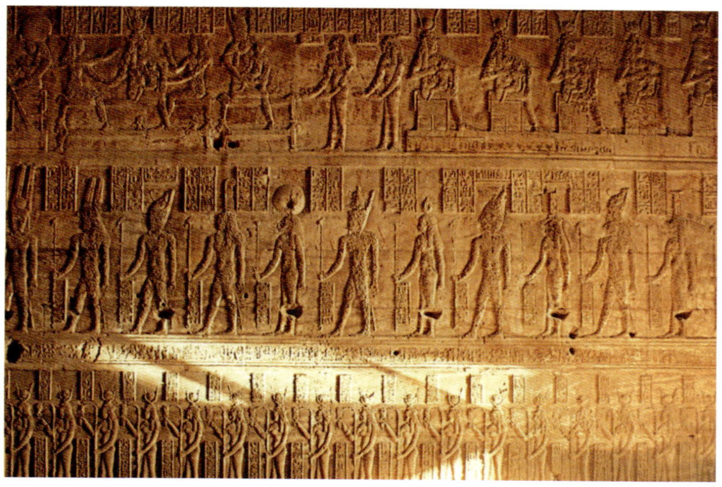

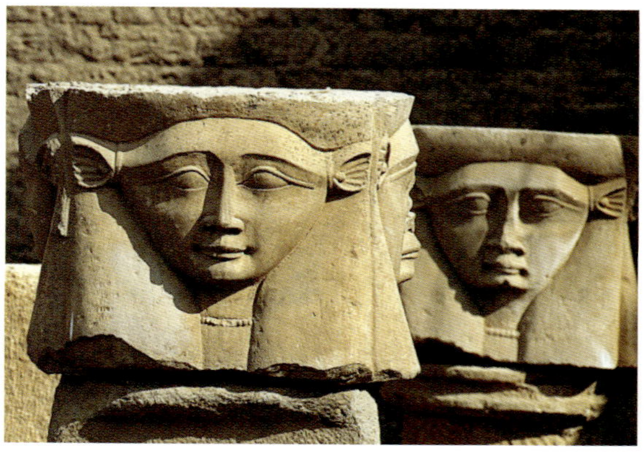

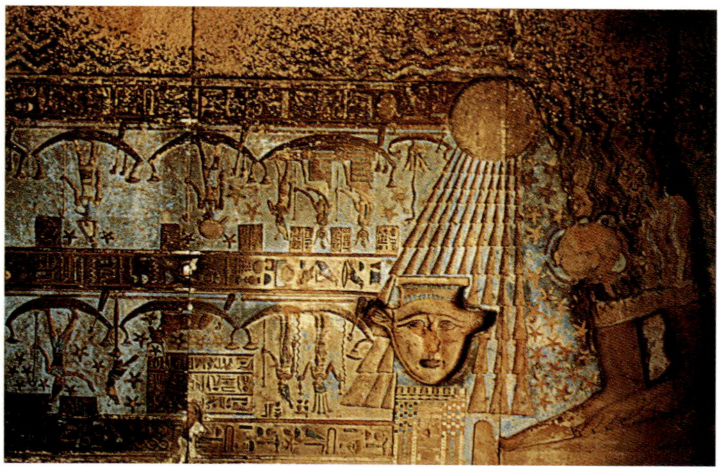

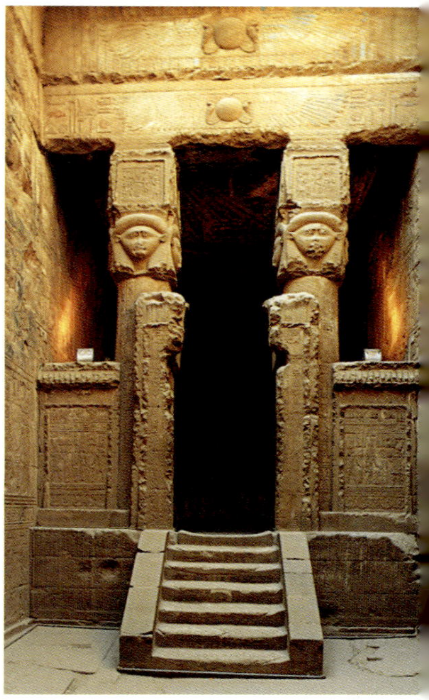

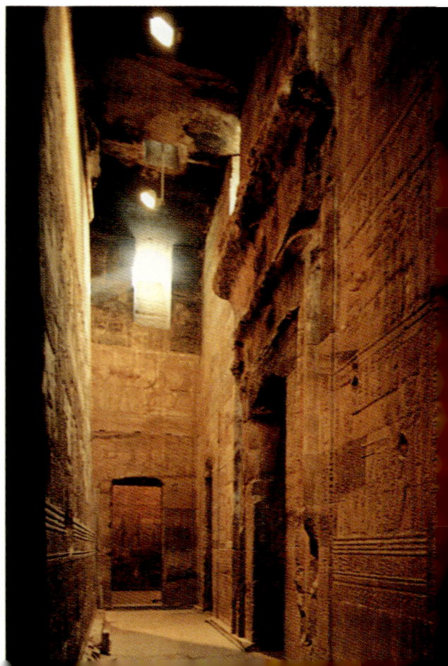

abhing. Das Mittelzimmer, auch Saal des Aeneas, war ein Ort, an dem man Verse rezitierte, um die Gottheit zu wecken. Von hier aus erreicht man das von Kapellen umgebene Allerheiligste.

Unter dem Tempel befinden sich zwölf Krypten, die auf drei verschiedenen, die Unterwelt symbolisierenden Ebenen angeordnet sind. Es handelt sich dabei um enge Räume, in denen Gegenstände für den Kult der Göttin aufbewahrt wurden und in deren Stille sich die göttlichen Kräfte regenerieren konnten.

Auf dem Tempel befindet sich eine Terrasse, auf der die jährliche Feier der Vereinigung mit der Sonnenscheibe stattfand. Während dieser Zeremonie wurde die Statue der Göttin den Sonnenstrahlen ausgesetzt, um wieder mit positiver Energie aufgeladen zu werden.

Nördlich der Terrasse befindet sich die Osiris-Kapelle – ein symbolisch mit der Wiederauferstehung verbundener Ort. Er ist von besonderem Interesse, weil hier eine Kopie des berühmten – und einzigen in Ägypten angefertigten – Tierkreises ausgestellt ist, der heute in Paris aufbewahrt wird. 1820 hatte der französische Parlamentsabgeordnete Sebastian Saulnier den Zodiak in die Werkstatt des Maurers Baptiste Lelorrain transportieren lassen, der innerhalb von vier Wochen eine Kopie anfertigte. Der Zodiak traf im Januar 1822 in Paris ein und wurde vom König für die königliche Bibliothek angekauft. 1919 wurde er schließlich in den Louvre verlegt. Das Flachrelief aus Sandstein misst 2,55 auf 2,53 Meter, die Scheibe im Zentrum hat einen Durchmesser von 1,55 Meter. Der Kreis mit der astronomischen Darstellung wird von vier Götterpaaren mit Falkenkopf und den vier Gottheiten der Himmelsrichtungen getragen. Hinter dem großen Hathor-Tempel hatte man ein weiteres Gebäude errichtet, das der Geburt der Isis gewidmet war, der großen, magischen Herrscherin über die heiligen Stätten Ägyptens und Beschützerin des Lebens.

In Dendera stößt man auch auf zwei einzigartige Bauten. Bei dem ersten, rechts vom großen Hof, handelt es sich um ein Sanatorium, in dem sich Kranke Thermalkuren unterziehen konnten. Es handelte sich dabei wohl nicht um eine öffentliche Einrichtung, denn das Gebäude befand sich innerhalb des Mauerrings. Der zweite Bau ist ein Mammisi oder Geburtshaus, ein Ort, der dem Fest der Geburt eines Gottessohnes geweiht ist. Die Bedeutung eines Mammisi, eines für ägyptische Tempelanlagen aus der griechisch-römischen Epoche typischen Gebäudes, wird durch die Abbildungen auf den Reliefs verdeutlicht, mit denen sie verziert sind. Die Illustrationen zeigen die heilige Hochzeit und die Geburt des göttlichen Sohnes – typische Szenen aus der Jugendzeit der Schöpfergötter.

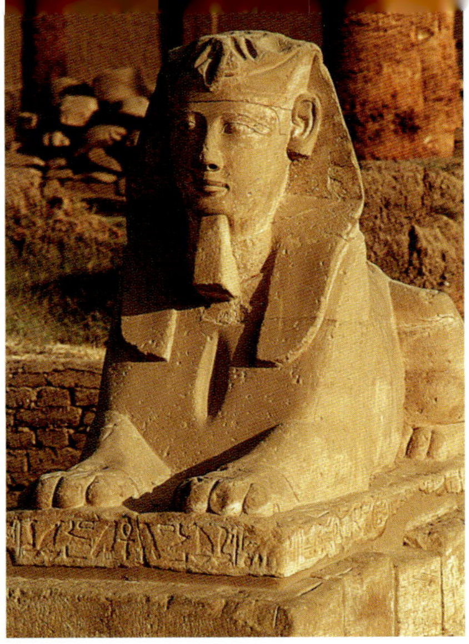

LUXOR

126 oben
Einer der menschenköpfigen Sphingen vor dem Month-Tempel.

126 unten
Erster Pylon des Tempels von Karnak, davor die Kryosphingen-Allee.

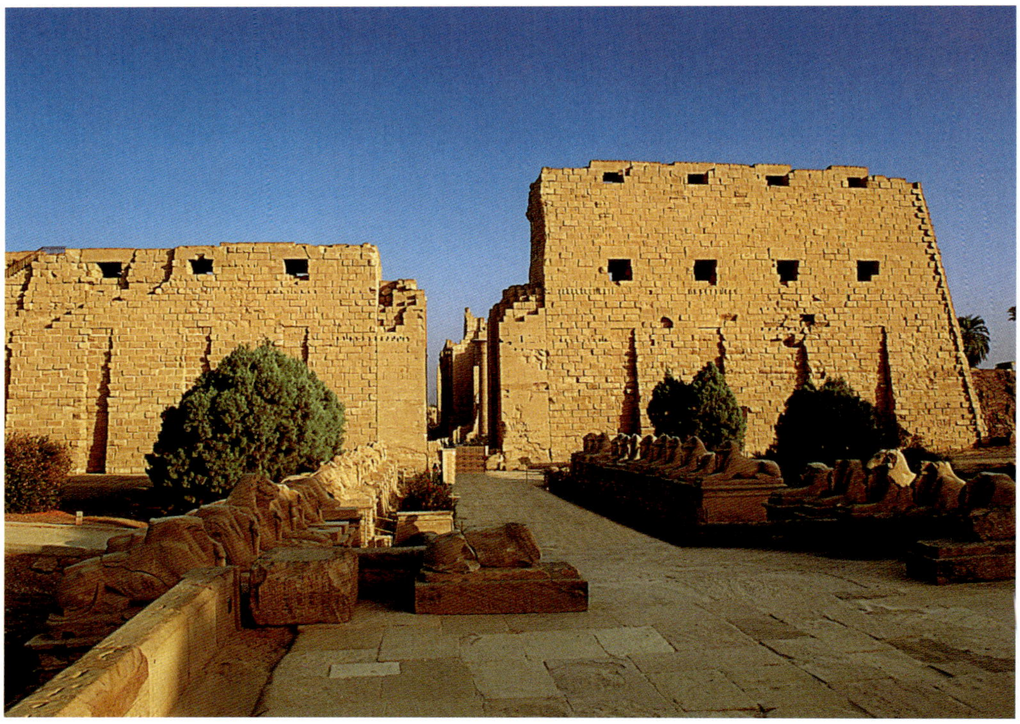

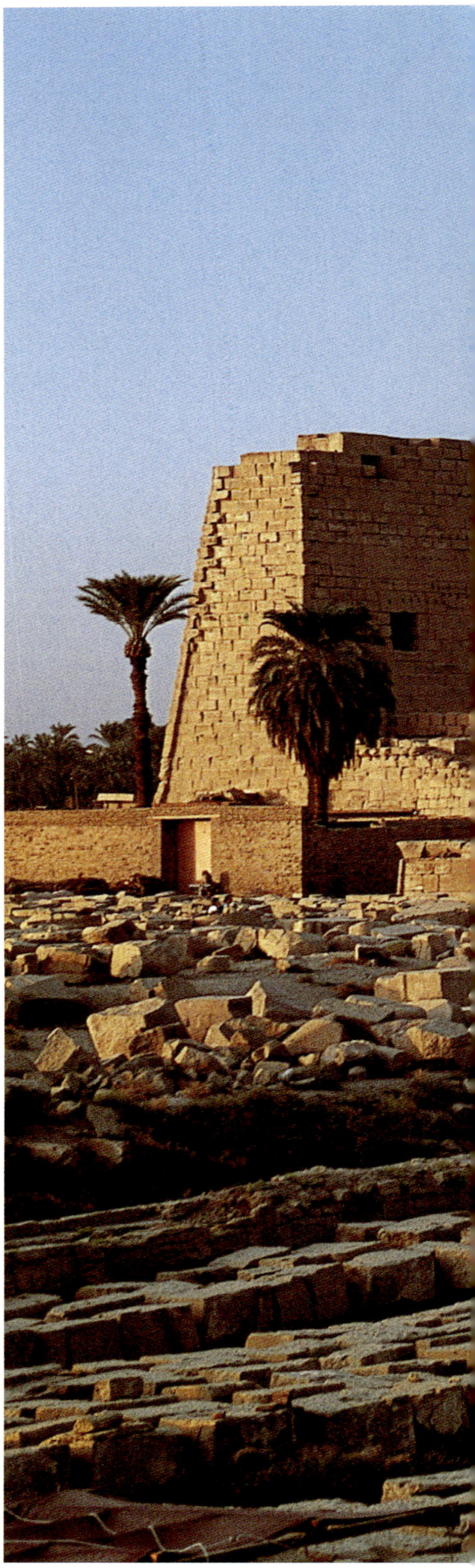

Erreicht man Luxor des Abends, wenn die Sonne gerade hinter den Bergen, die die Wüste verbergen, untergegangen ist, dann kann sich wohl kein empfindsamer Mensch der Faszination der zarten Farbschattierungen entziehen, die das Land plötzlich verwandeln.

Der Nil fließt ruhig und träge dahin, und zwischen den Palmenhainen an seinem Ostufer erkennt man bereits die erleuchteten Fenster der ersten Häuser. Betrachtet man dann den meist wolkenlosen Himmel, sieht man einen hell leuchtenden Stern langsam im Blau der Nacht untergehen und – viel später – hinter den Bergen im Osten verschwinden. Für die Ägypter war dieser Stern Sothis, den man mit Isis gleichsetzte. Dieses Schauspiel wiederholt sich bereits seit Jahrtausenden, seit jenen Urzeiten, bevor Theben, Luxor und Karnak gegründet wurden. Theben, die reiche, hochmütige Hauptstadt ruhmreicher Dynastien und Pharaonen, die Ägypten von den Invasoren befreiten, die weiße, von den Griechen als »Theben der hundert Tore« besungene Metropole, die heilige Stadt Amuns, Muts und Chonsus, dieses Theben ist heute verschwunden.

Von der antiken Weltstadt sind »nur« noch die Tempel von Karnak und Luxor und ein paar weitere Ruinen verblieben, die wir heute bewundern, aber als einen geringen Teil der glanzvollen Vergangenheit betrachten müssen.

126–127
Der achte Pylon des großen Tempels von Karnak, links erkennt man den ersten Pylon.

127 unten links
Kolossalstatue Ramses' II. im großen Hof.

127 unten rechts
Einer der Kryosphingen im Hof.

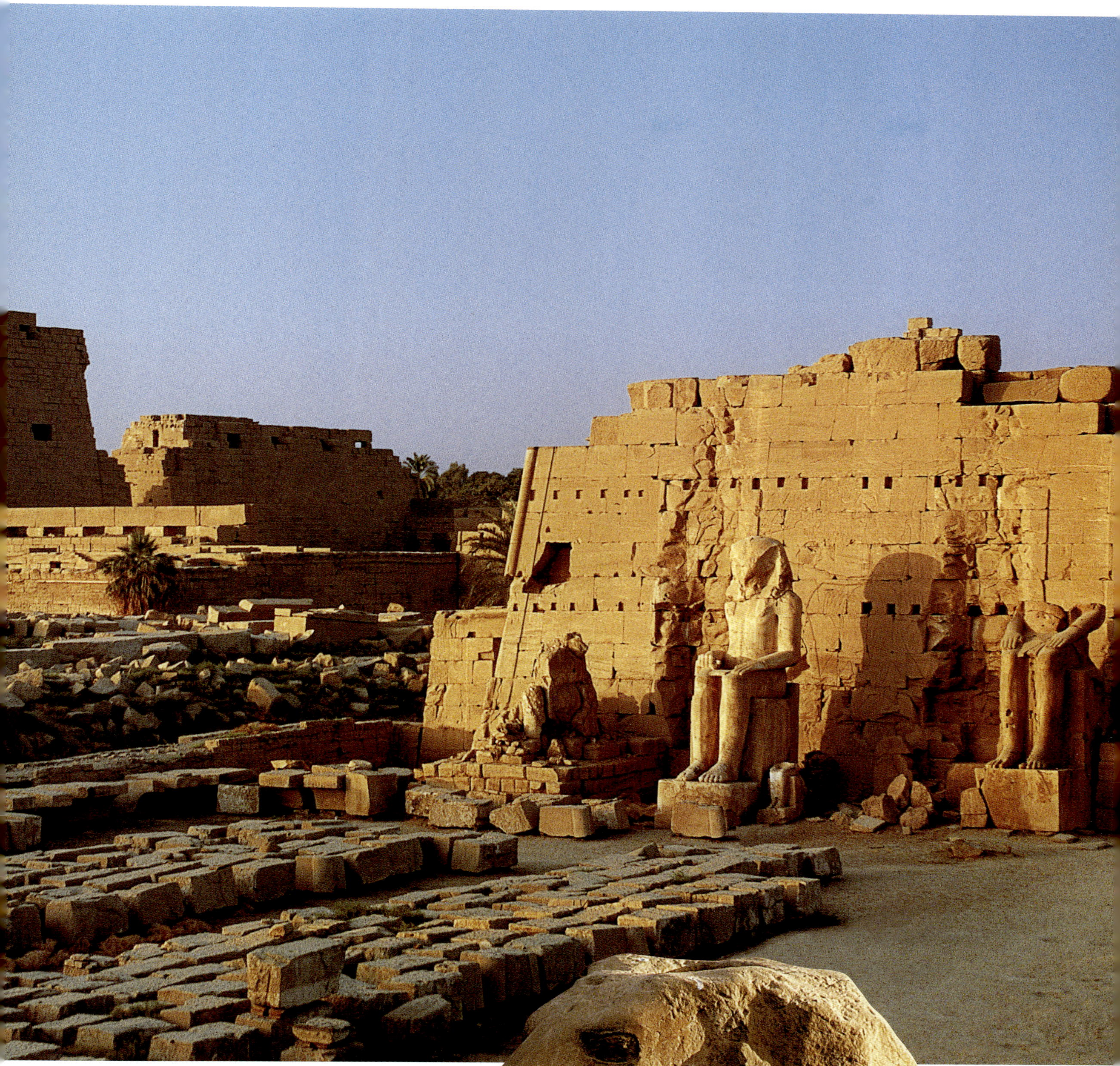
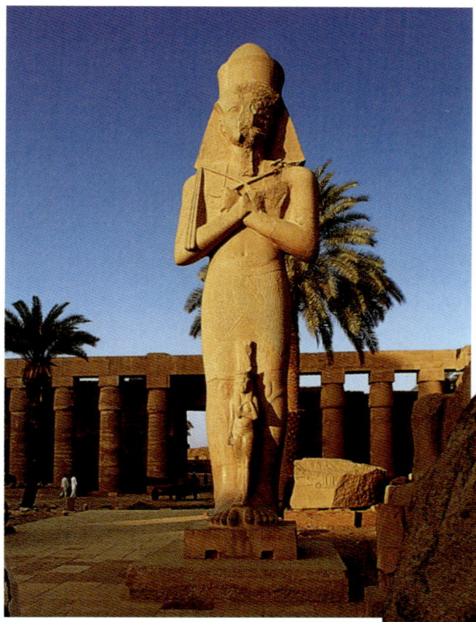
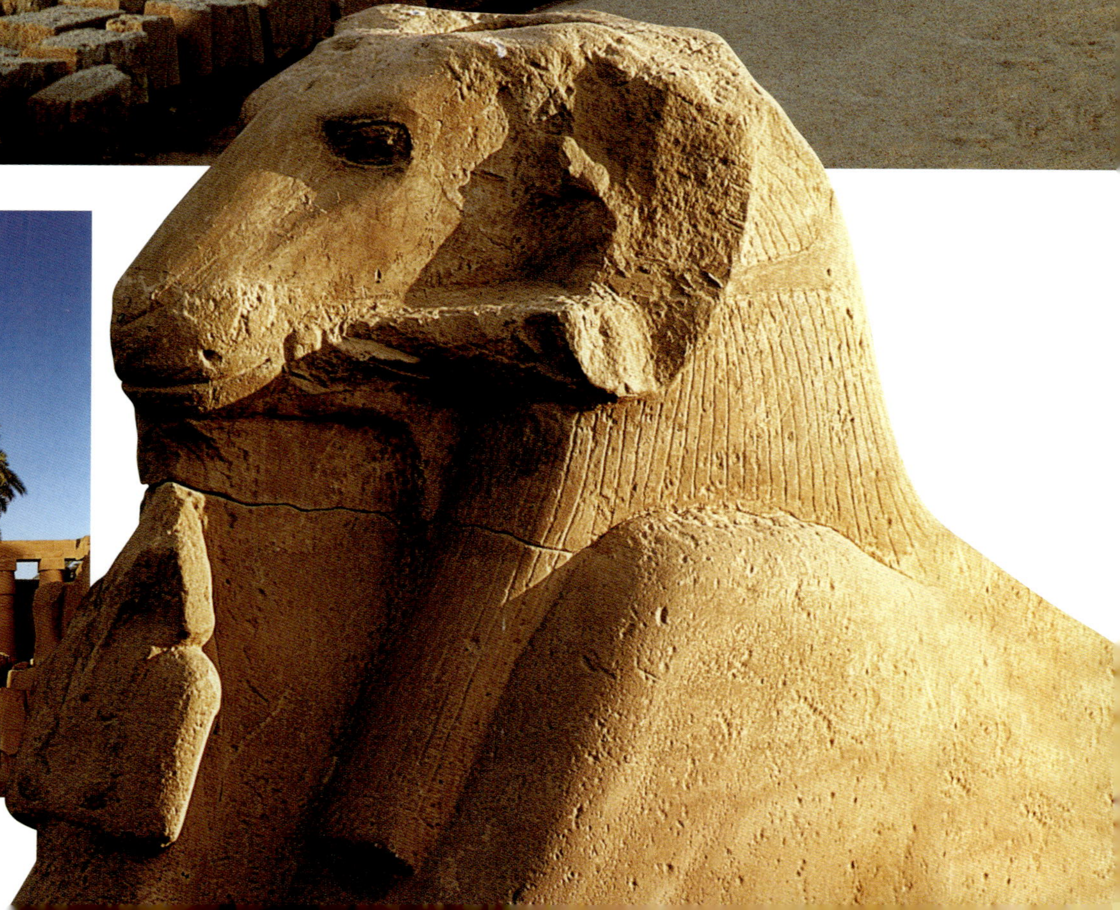

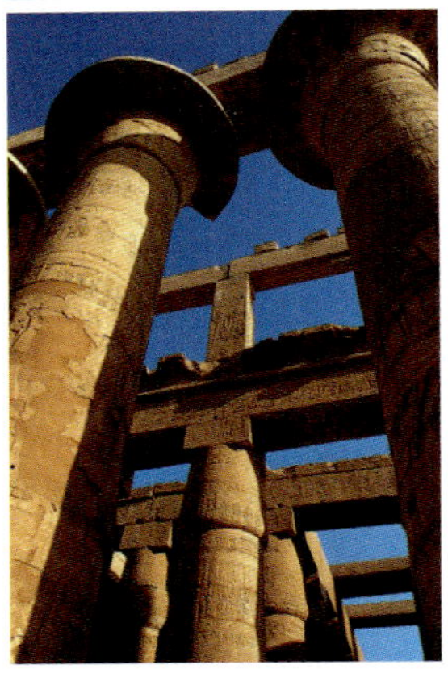

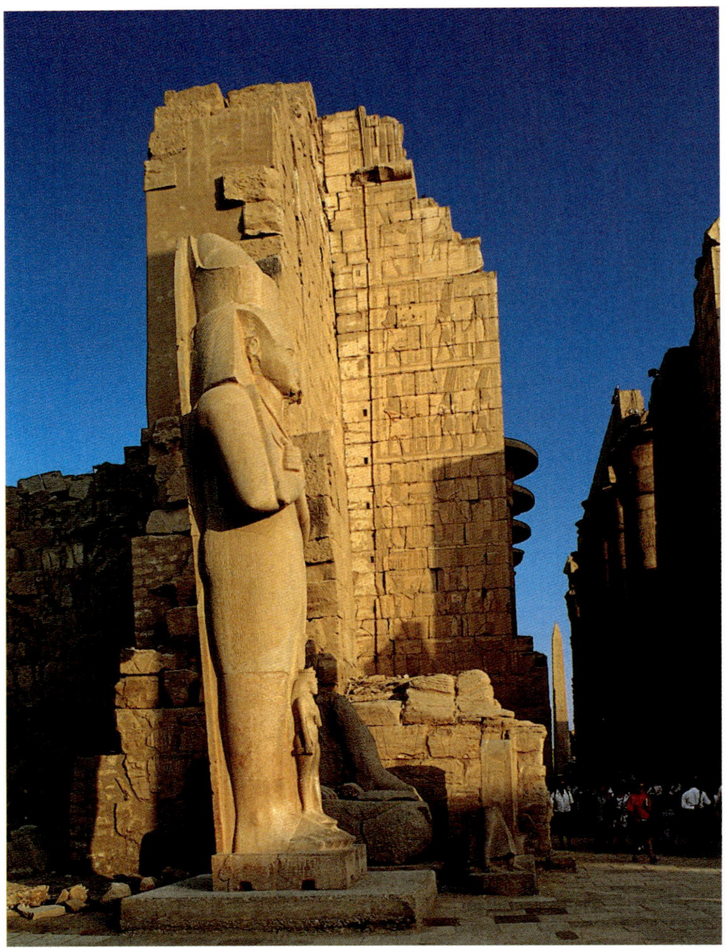

DER TEMPEL VON KARNAK

Die steinernen Bücher von Karnak mit ihrem großen archäologischen Wissensschatz erzählen von mehr als 13 Jahrhunderten Geschichte. Zeitlich reichen die Bauwerke von den Fundamenten eines Tempels aus dem Mittleren Reich bis zum ersten, wohl während der späten 30. Dynastie entstandenen Pylon. Der Kriegsgott Month, der während des Alten Reiches in Theben verehrt wurde, litt im Mittleren Reich als Erster unter der plötzlichen Popularität des Kultes um den Gott Amun, die durch nach Westen ausgerichtete Tempel bezeugt wird. Mit der Vertreibung der Hyksos und dem Beginn der berühmten 18. Dynastie wurde »Ipet Isut« oder »der erwählte Ort« in spiritueller, politischer und wirtschaftlicher Hinsicht zum wichtigsten Heiligtum Ägyptens. Amun wurde als gegen die feindlichen Völker siegreiche Gottheit verehrt. Viele Pharaonen, darunter Amenophis I. und Thutmosis I., ließen ihm um zuvor schon bestehende Bauwerke herum Kapellen erbauen und identifizierten sich selbst mit dieser Gottheit. Königin Hatschepsut fügte den von ihrem Vater errichteten Obelisken zwei weitere hinzu, und Thutmosis III. verschönerte Karnak mit dem Bau der Südlichen Propyläen, die über die Straße der Sphingen zum Tempel der Muttergöttin Mut führen.

In den Jahrhunderten zwischen den asiatischen Eroberungen dieses großen Pharaos und der Herrschaft Amenophis' III. entwickelte sich in Kunst und Architektur der sogenannte imperiale Stil, der in Karnak am von Amenophis III. errichteten dritten Pylon zu bewundern ist. Darüber hinaus begann man mit den Arbeiten an der großen Säulenhalle, die später

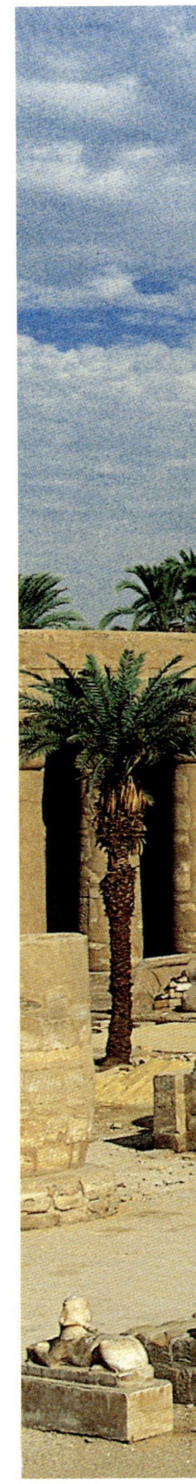

128 oben
Die Kapitelle des Mittelschiffes haben oben einen Durchmesser von 15 Metern.

128 unten
Statue Ramses' II. mit den Säulen der Hypostylhalle im Hintergrund.

128–129
Im großen Hof steht eine 21 Meter hohe Säule mit einem Kiosk, der vom äthiopischen König Taharqa um das Jahr 680 v. Chr. in Auftrag gegeben wurde.

A Eingangsdromos
B Amun-Mauer
C Tempel von Ramses III.
D Große Hypostylhalle
E Obelisken
F Uadjet (s. auch Register) (kleine Hypostylhalle)
G Hof des Mittleren Reiches
H Achmenu
I Ptah-Tempel
J Heiliger See
K Opet-Tempel
L Chonsu-Tempel
M Siebter Pylon
N Achter Pylon
O Neunter Pylon
P Zehnter Pylon
Q Erster Pylon (von Nektanebos)
R Zweiter Pylon
S Dritter Pylon
T Vierter Pylon

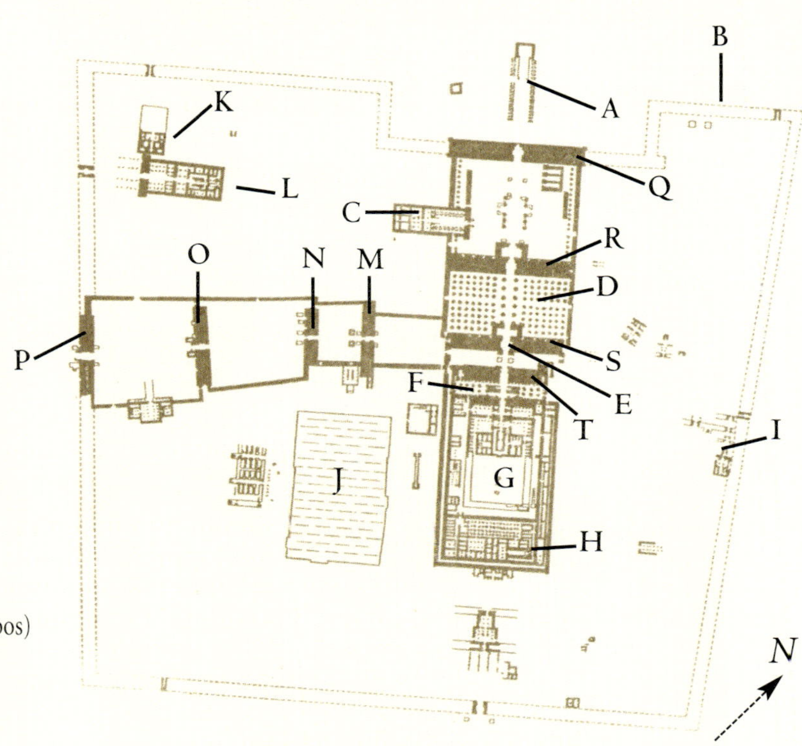

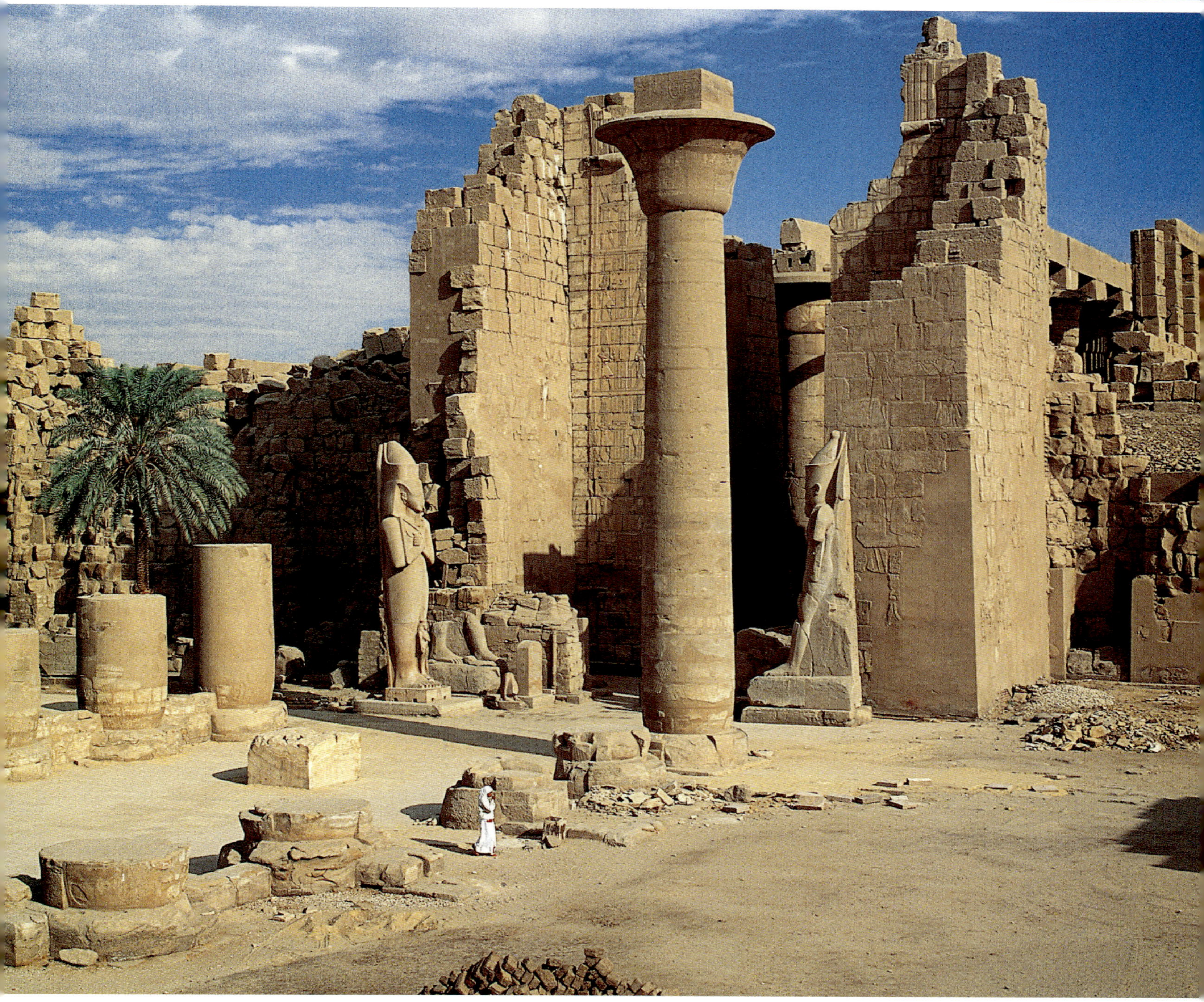

von den Pharaonen Sethos I. und dessen Sohn Ramses II. vergrößert wurde. Günstige äußere Einflüsse verhalfen der Nation zu großem Wohlstand, und Amun, der mit seinem Schwert den Pharaonen Siege beschert hatte, sah die Größe und den Reichtum seines Tempels, der Priesterkaste und der alten Aristokratie ins Unermessliche wachsen. Sein Tempel stieg auf zum Machtzentrum des Landes. In dieser Epoche höchsten Ruhmes besaß der Tempel etwa 81 000 Sklaven mit ihren Familien, 240 000 Stück Vieh und 83 Schiffe. Er erhielt Tribute aus Gold, Silber, Juwelen und Edelsteinen von mehr als 65 Städten des Landes. In jener Zeit wurde aber auch der Unterschied zwischen den Interessen des Pharaos und jenen der Priesterkaste immer deutlicher – ein Konflikt, der in den folgenden Jahren unter Amenophis IV., dem Sohn Amenophis' III., seinen Höhepunkt erreichte. Während seiner Herrschaft unterstützte Amenophis IV. eine radikale religiöse Revolution, die Ägypten für

129 unten
Beeindruckender Blick auf die große Säulenhalle.

130–131
Die gewaltige Tempelanlage von Karnak war dem göttlichen Dreigestirn Amun, Mut und Chonsu geweiht.

132–133
Dieses Luftbild zeigt die faszinierende Architektur der Tempelanlage von Karnak.

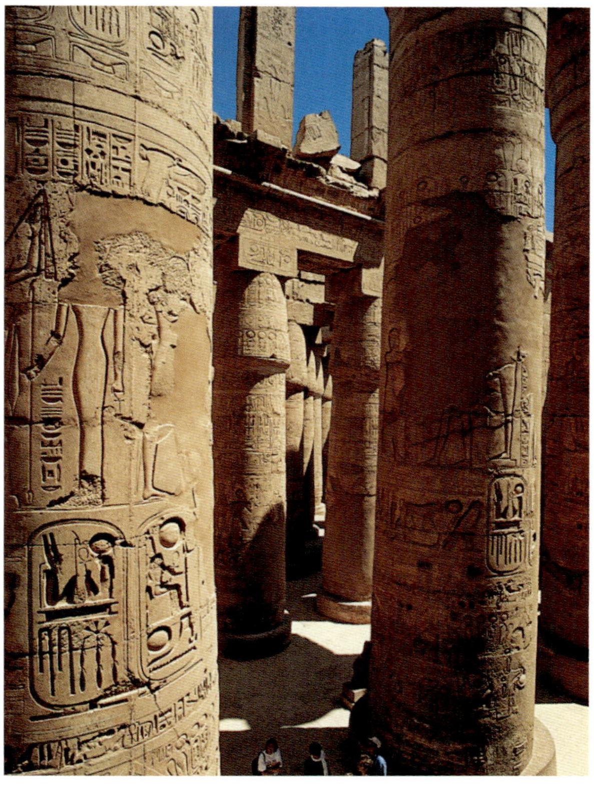

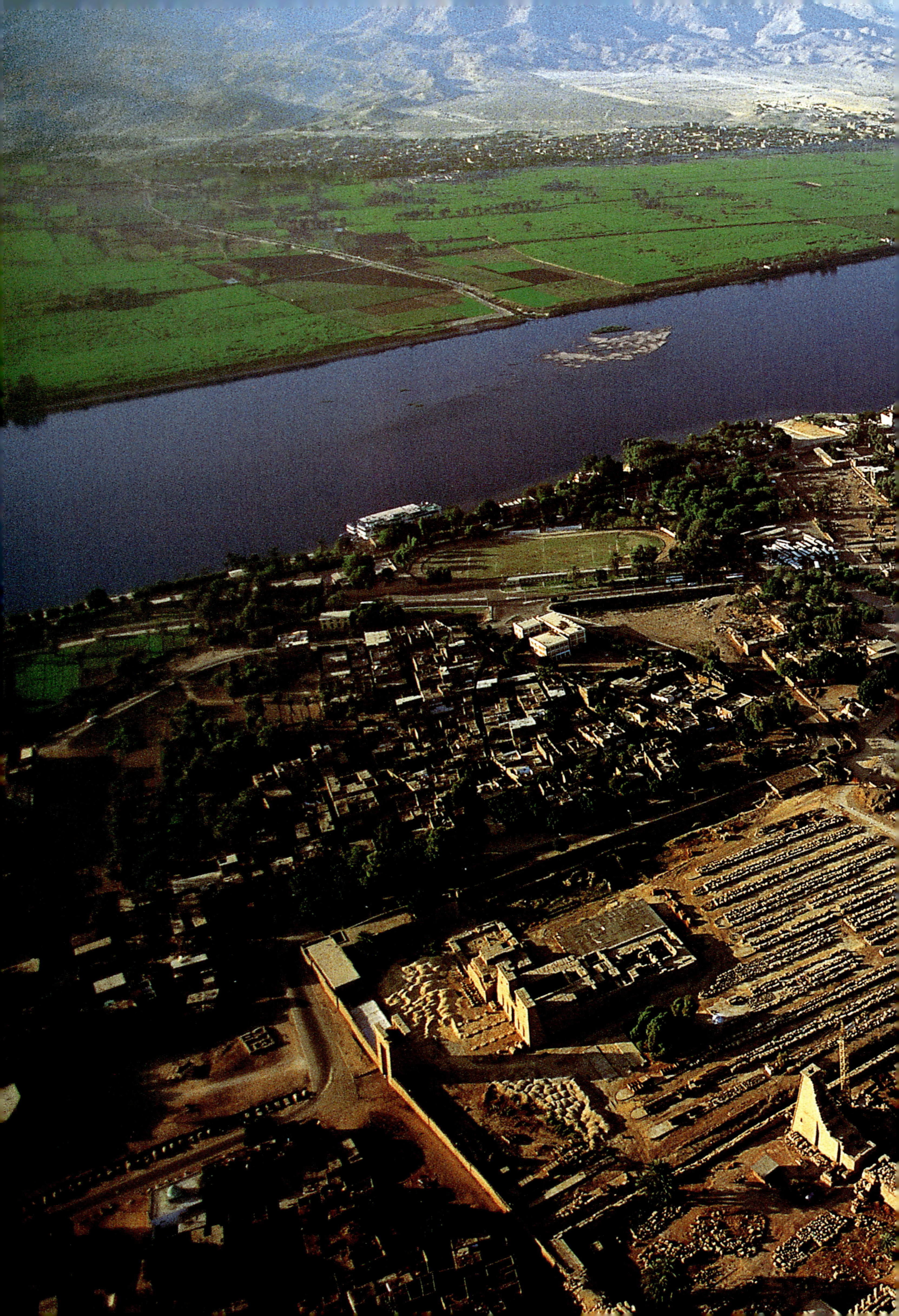

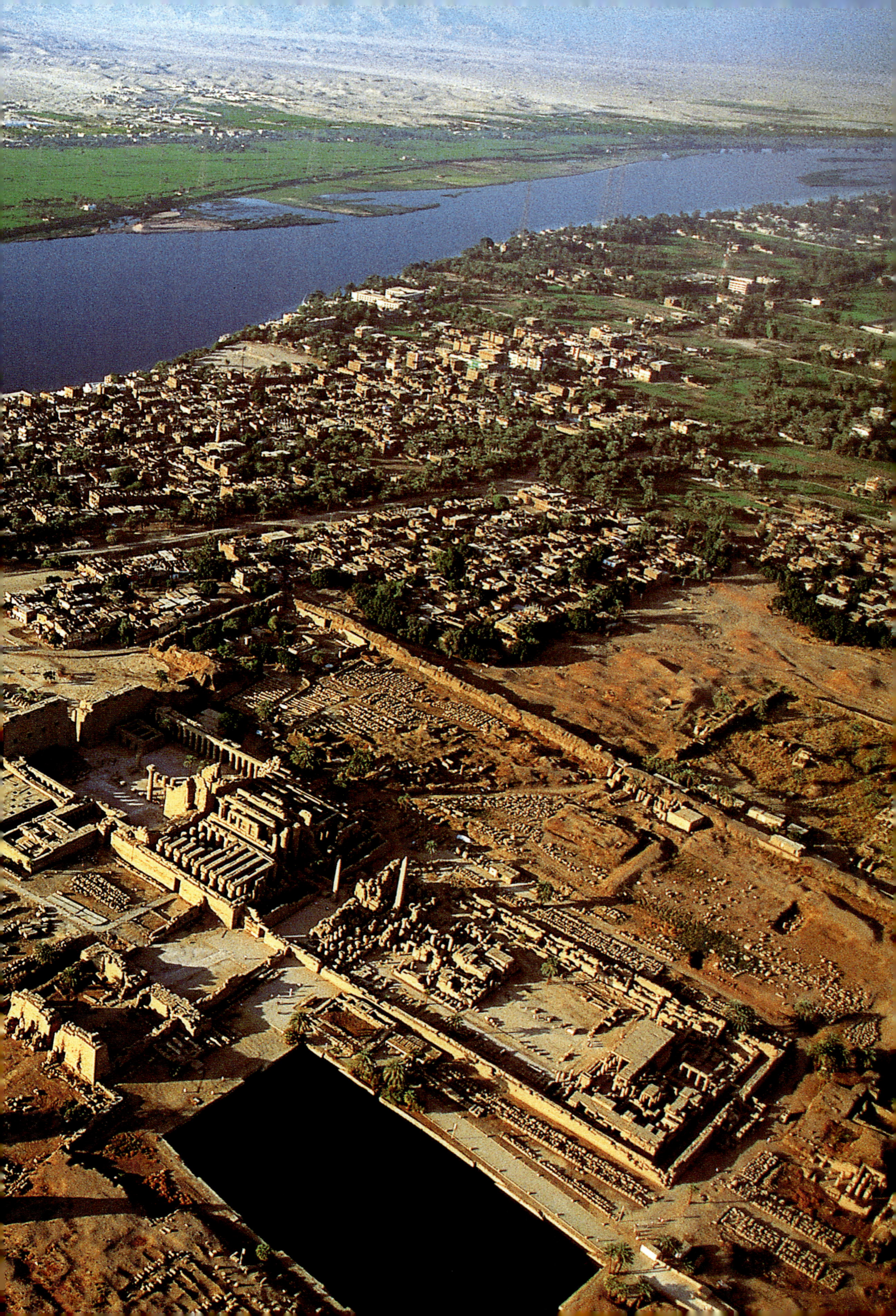

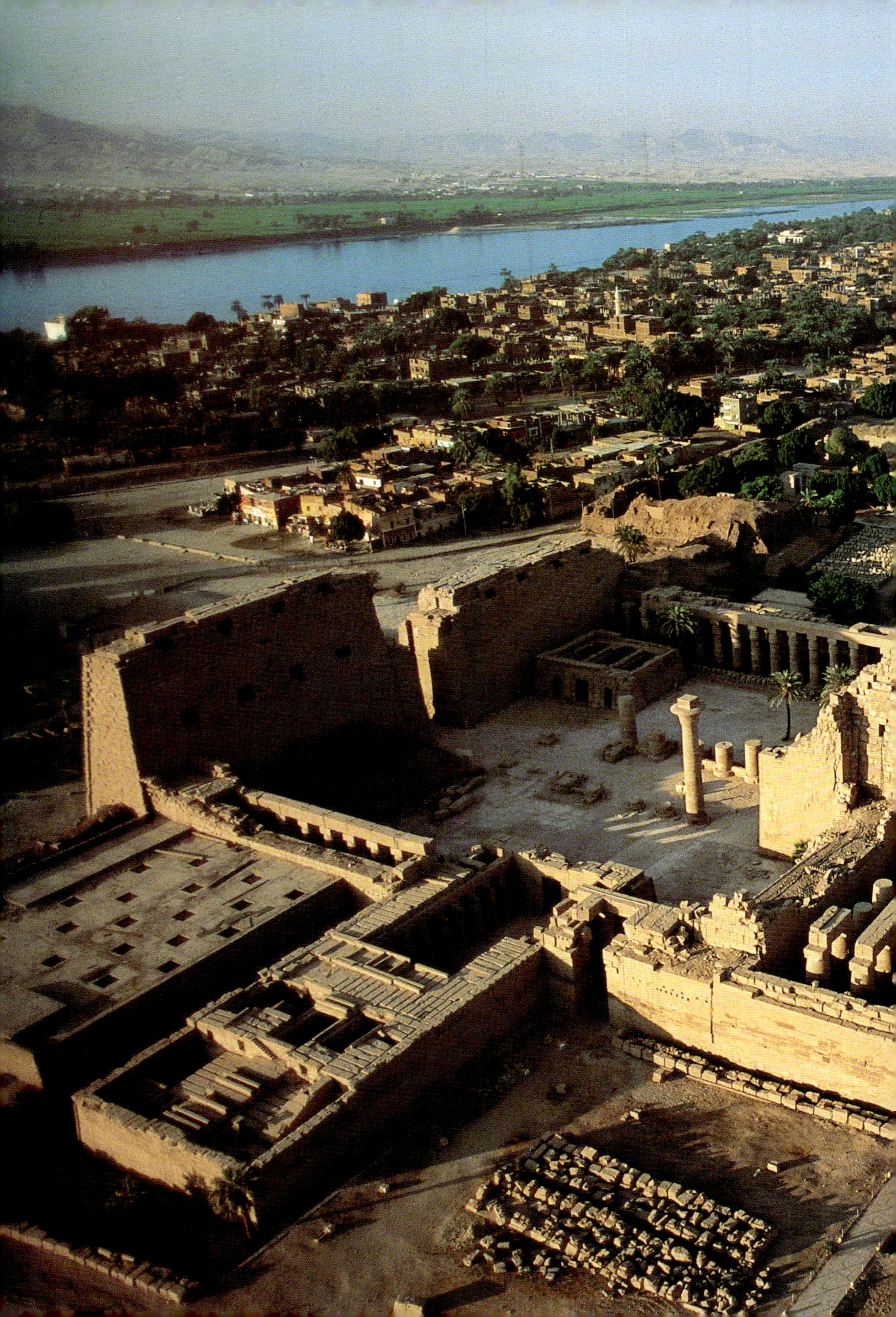

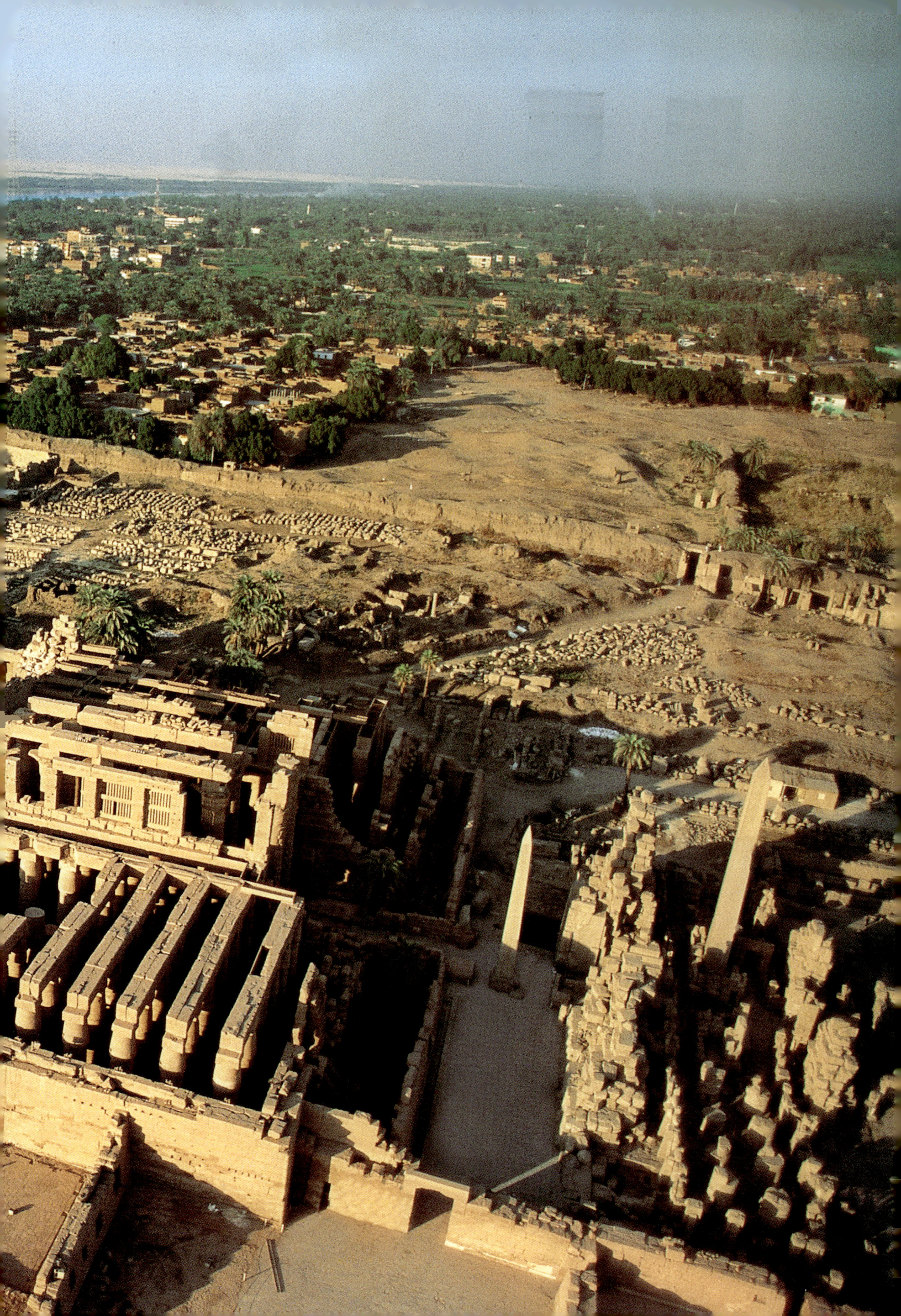

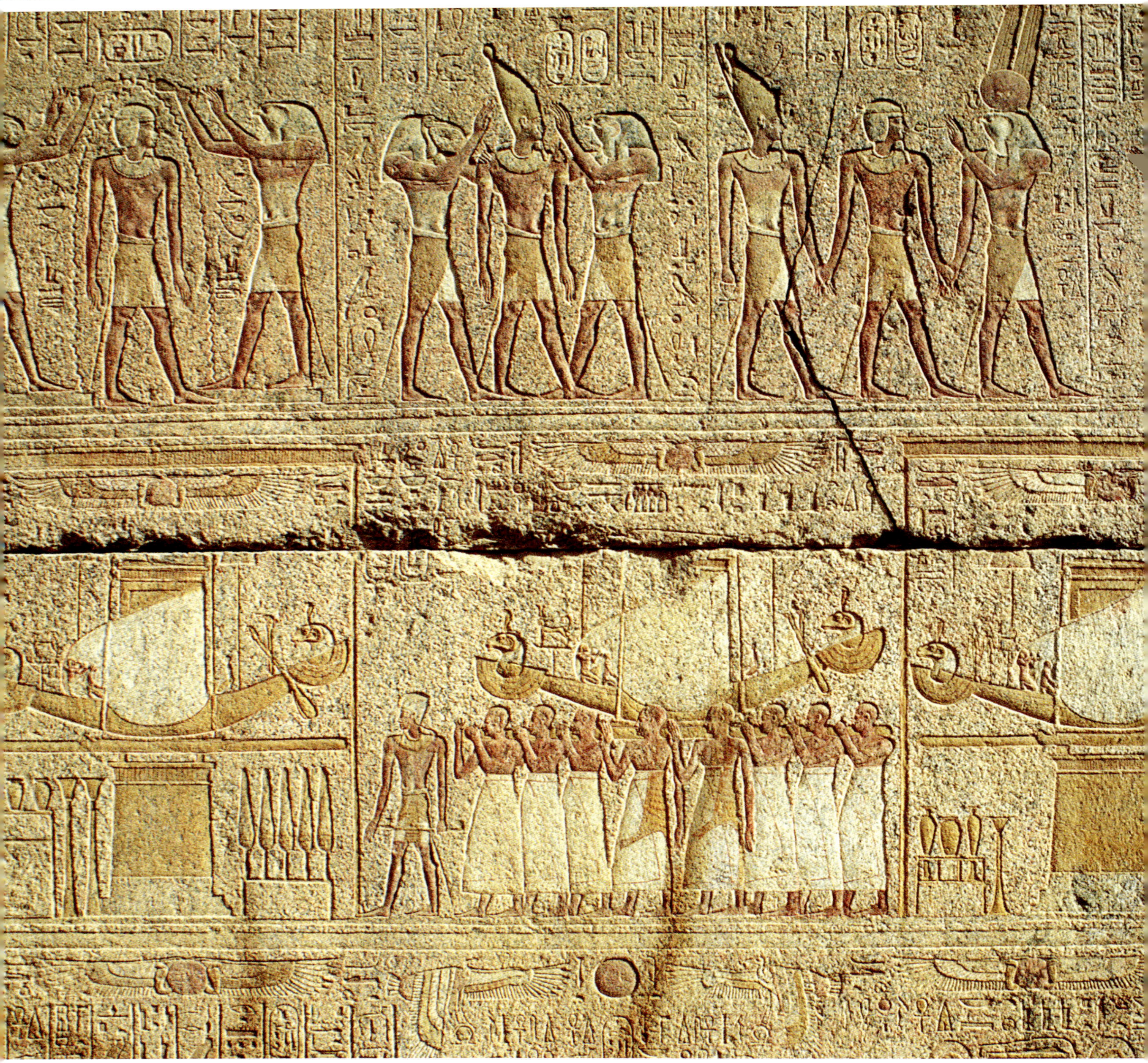

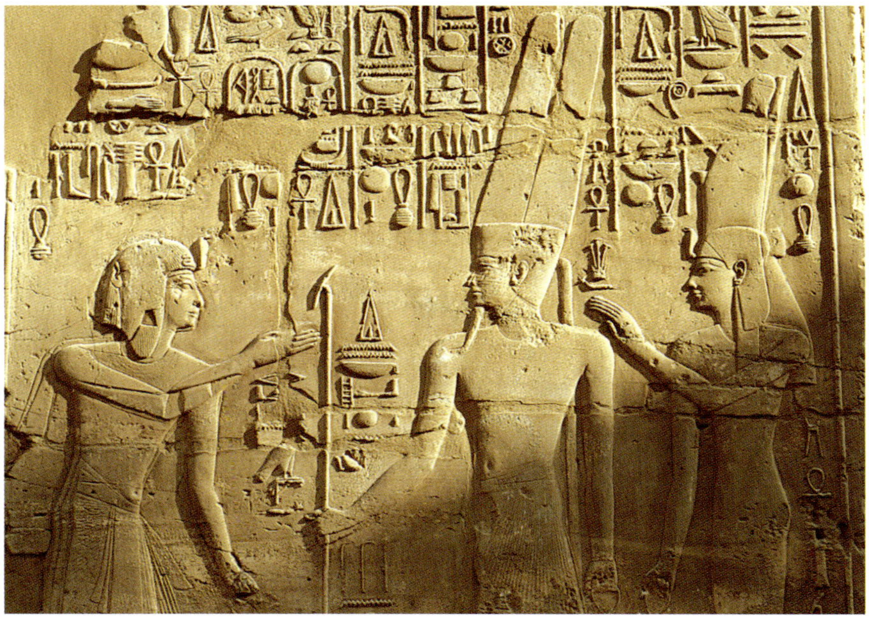

134–135
Basrelief aus dem Naos, auf dem die Krönung Philipps (oberes Register) und eine Prozession von Priestern, die die heilige Barke tragen (unteres Register), abgebildet ist.

134 unten
Eines der unzähligen Basreliefs, die den Tempel von Karnak schmücken.

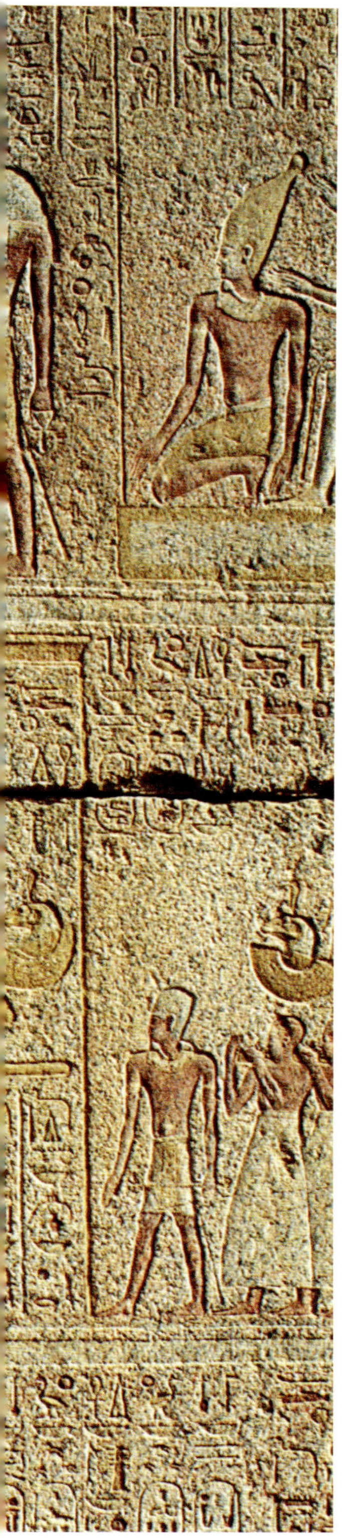

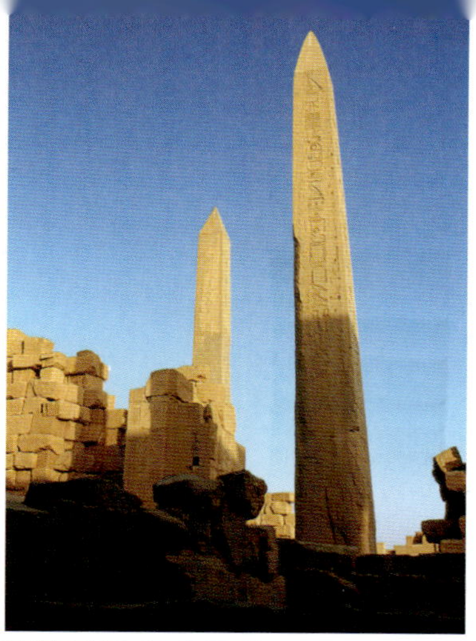

über ein Vierteljahrhundert erschütterte. Zu Anfang ließ auch der neue Pharao Bauwerke in Karnak errichten, ziemlich bald aber verlegte er seinen Palast an einen Ort in Mittelägypten und ließ dort eine neue Stadt, die Stadt Echnatons, errichten.

Es waren die Stelen der neuen Stadt am Westufer des Nils, in die zum ersten Mal der Name »Echnaton« eingeritzt wurde, jener Name, den sich Amenophis IV. gab, um das Volk auf den von ihm propagierten Kult des Sonnengottes Aton zu verpflichten. Der Herrscher änderte dementsprechend auch seinen Horusnamen »Mächtiger Stier mit hohen Federn« in den weniger mit Theben verknüpften Namen »Mächtiger, von Aton geliebter Stier«.

Für den Tempel von Karnak war dieser Entschluss des Pharaos ein schwerer Schlag, denn mit der Verlegung der Hauptstadt wollte dieser auch die Macht der Amun-Priesterschaft brechen. Doch der neue Kult hat den Tod des Herrschers nicht überdauert. Sein Sohn und Nachfolger Tutanchamun rehabilitierte die alten Kulte, verlegte die Hauptstadt wieder nach Theben zurück, und Karnak konnte seinen einstigen Einfluss zurückgewinnen. Die Bauwerke Echnatons wurden dem Erdboden gleichgemacht und die Steine seiner Tempel für die Errichtung späterer Heiligtümer verwendet.

Der zweite Pharao der 19. Dynastie, Sethos I., bezeichnete seine Zeit als die »Epoche der Wiedergeburt«. Sowohl er als auch sein Sohn Ramses II. bereicherten Karnak um außergewöhnliche Bauwerke. Ihr großartigstes Werk ist die Vollendung der großen mittleren Säulenhalle. Den folgenden vier Dynastien war es vorbehalten, Karnak mit dem Bau des ersten Pylons und des großen Hofes zu seinem heutigen Aussehen zu verhelfen. Obwohl der Anfang eines langen und irreversiblen Niedergangs bereits eingeläutet war, konnte der Amun-Kult seine unbestrittene Macht erhalten. Der Pharao jedoch wurde mehr und mehr zu einem Instrument in den Händen der mächtigen Priester-Oligarchie.

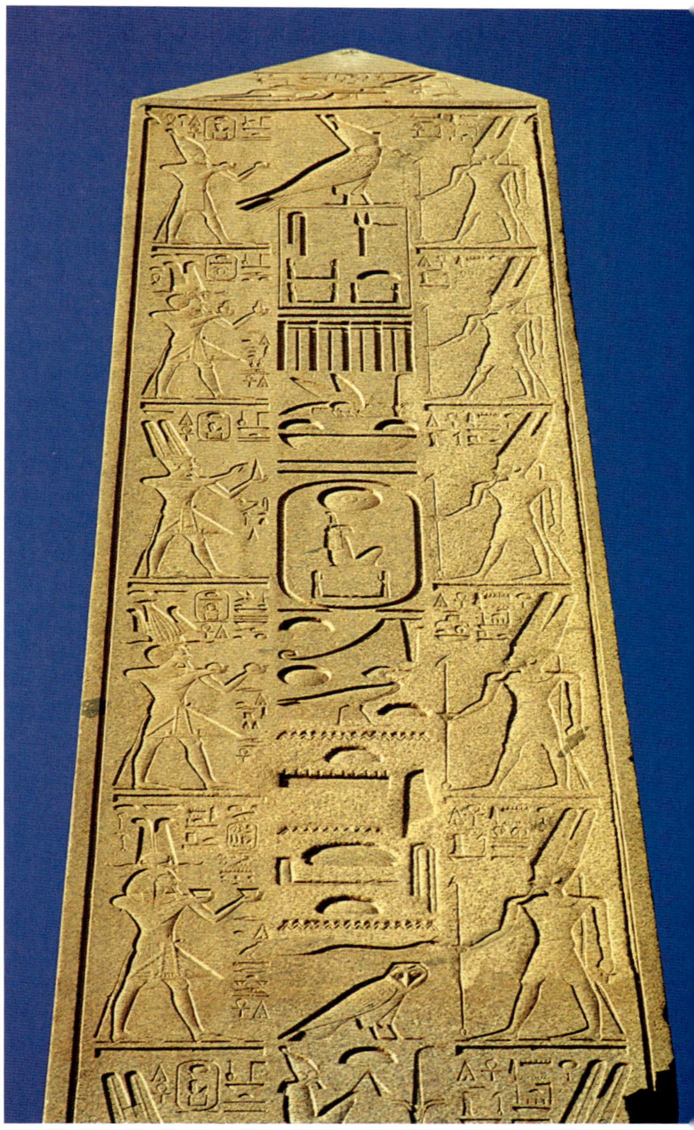

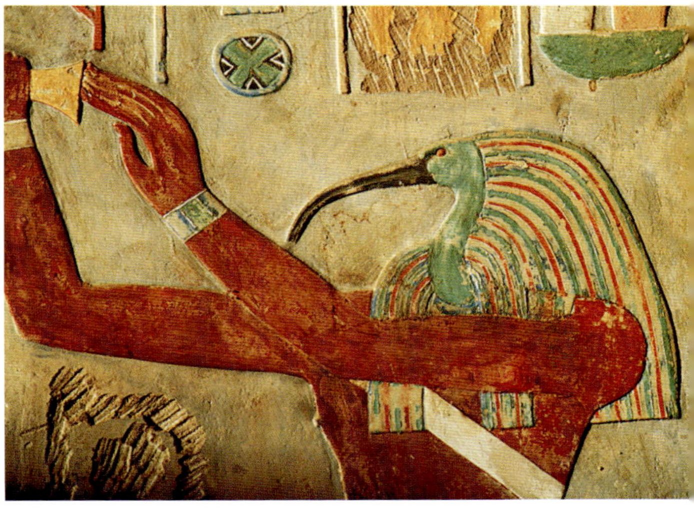

135 oben
Zwei von Thutmosis I. und von Königin Hatschepsut in Auftrag gegebene Obelisken.

135 Mitte
Das Oberteil des Obelisken Hatschepsuts.

135 unten
Relief mit dem Gott Thot in der Hatschepsut-Kapelle.

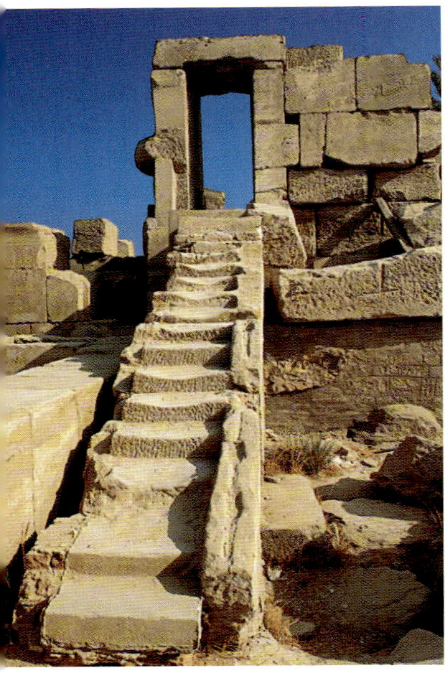

136 oben links
Eine der Prozessionsstufen, die zum Dach des großen Tempels führen.

136–137
Panoramablick des Tempels von Karnak mit dem heiligen See im Vordergrund.

136 unten links
Die Osiris-Pfeiler im Hof des Tempels Ramses' III.

136 unten rechts
Einer der beiden von Thutmosis III. in Auftrag gegebenen Pfeiler mit Wappenmotiven Ober- und Unterägyptens.

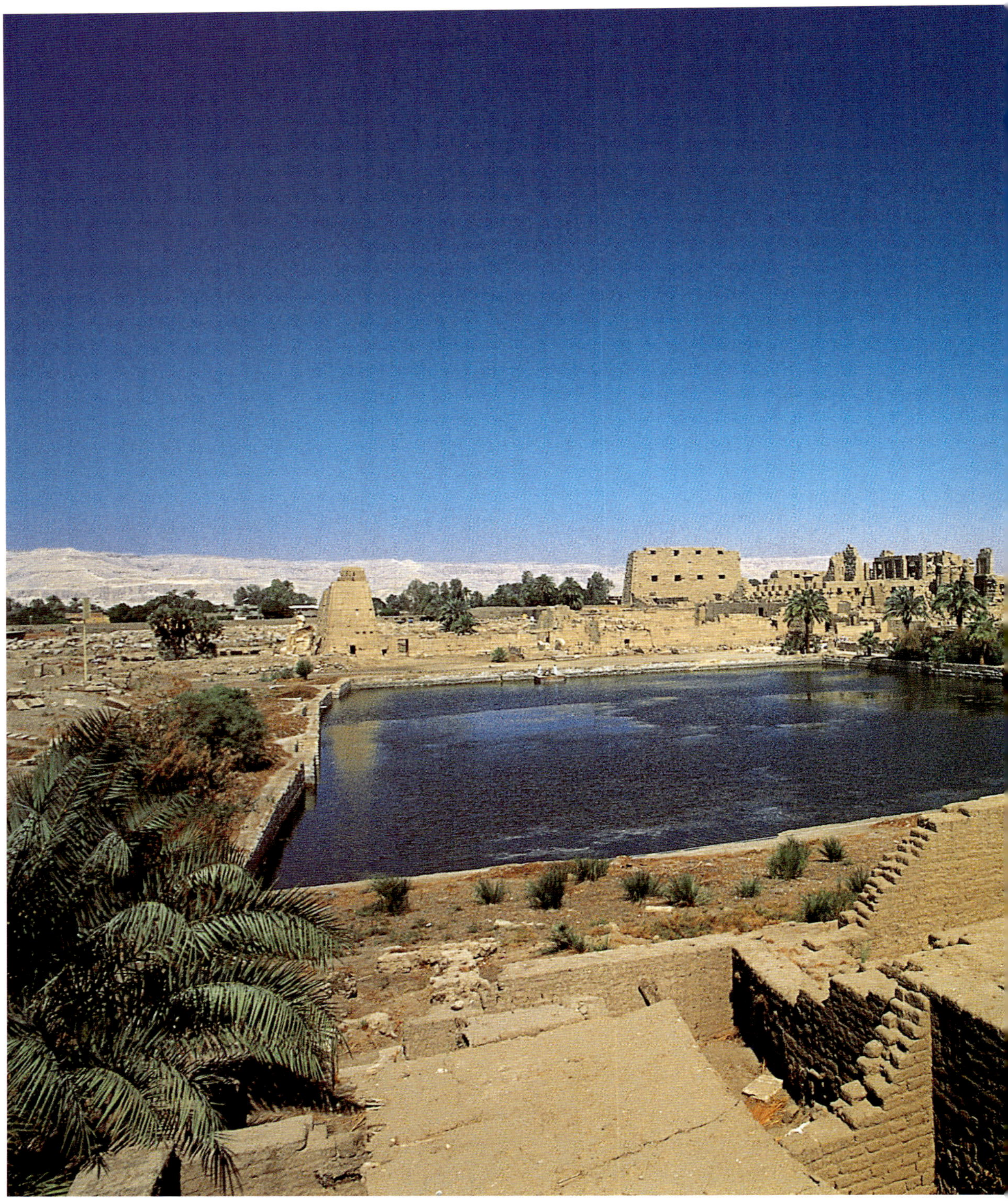

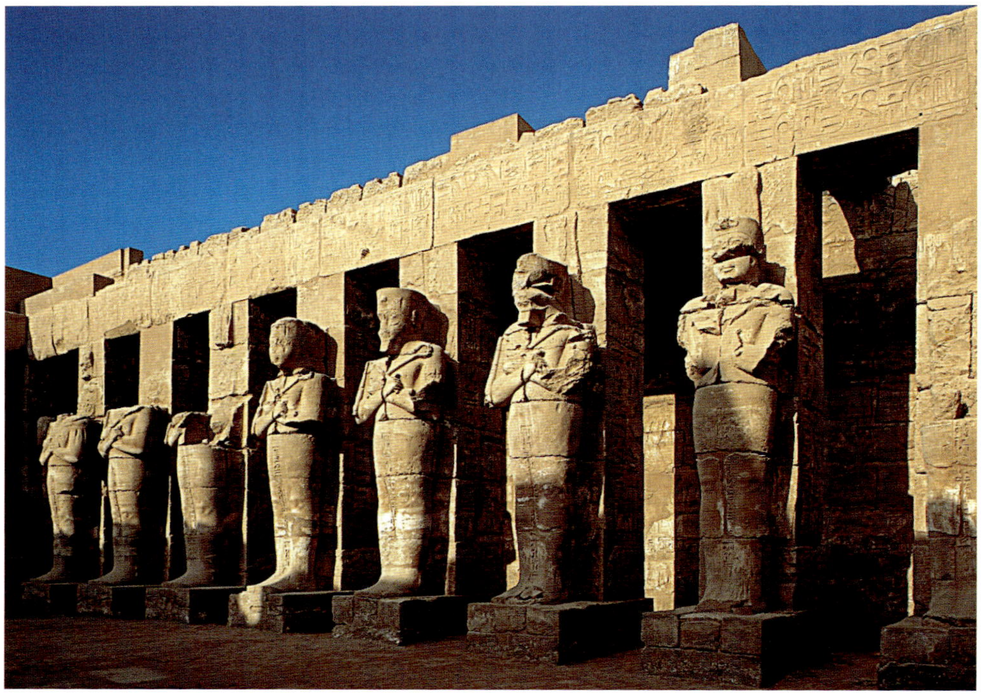

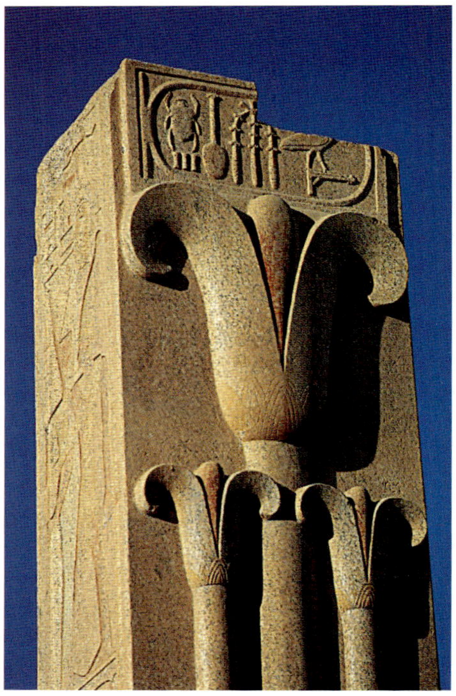

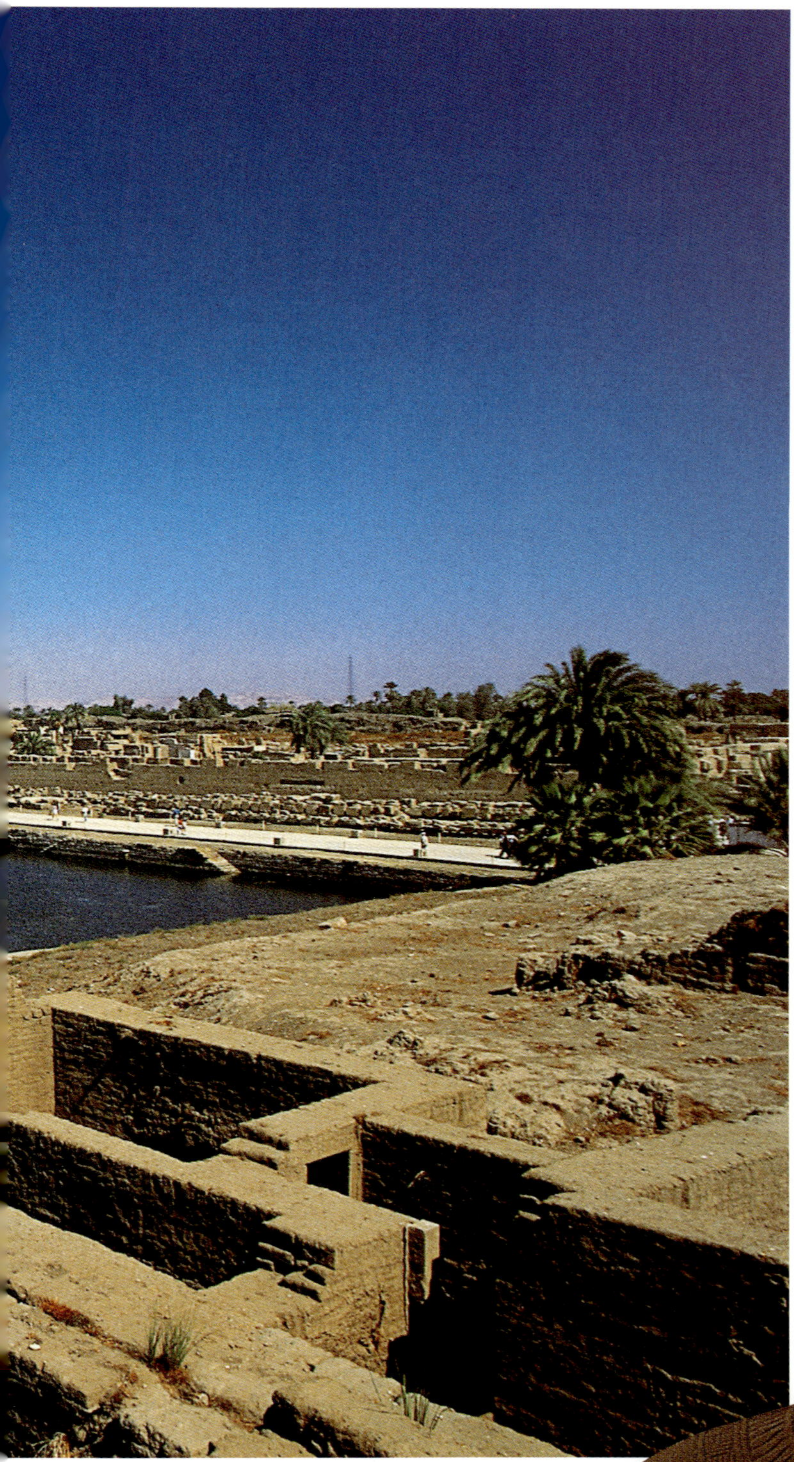

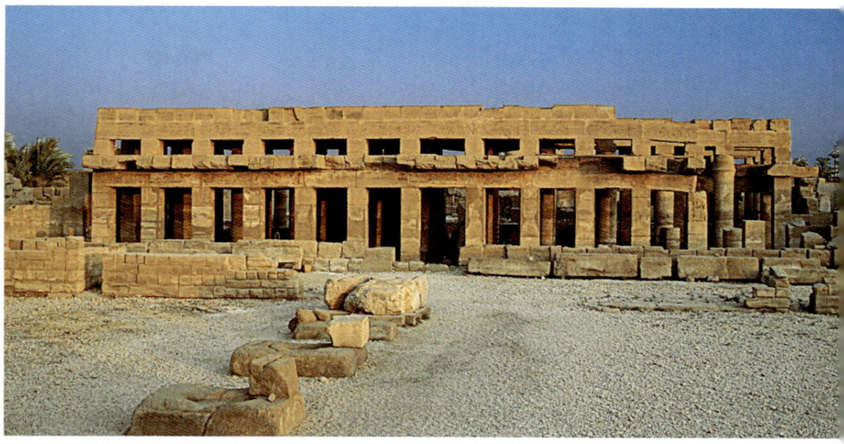

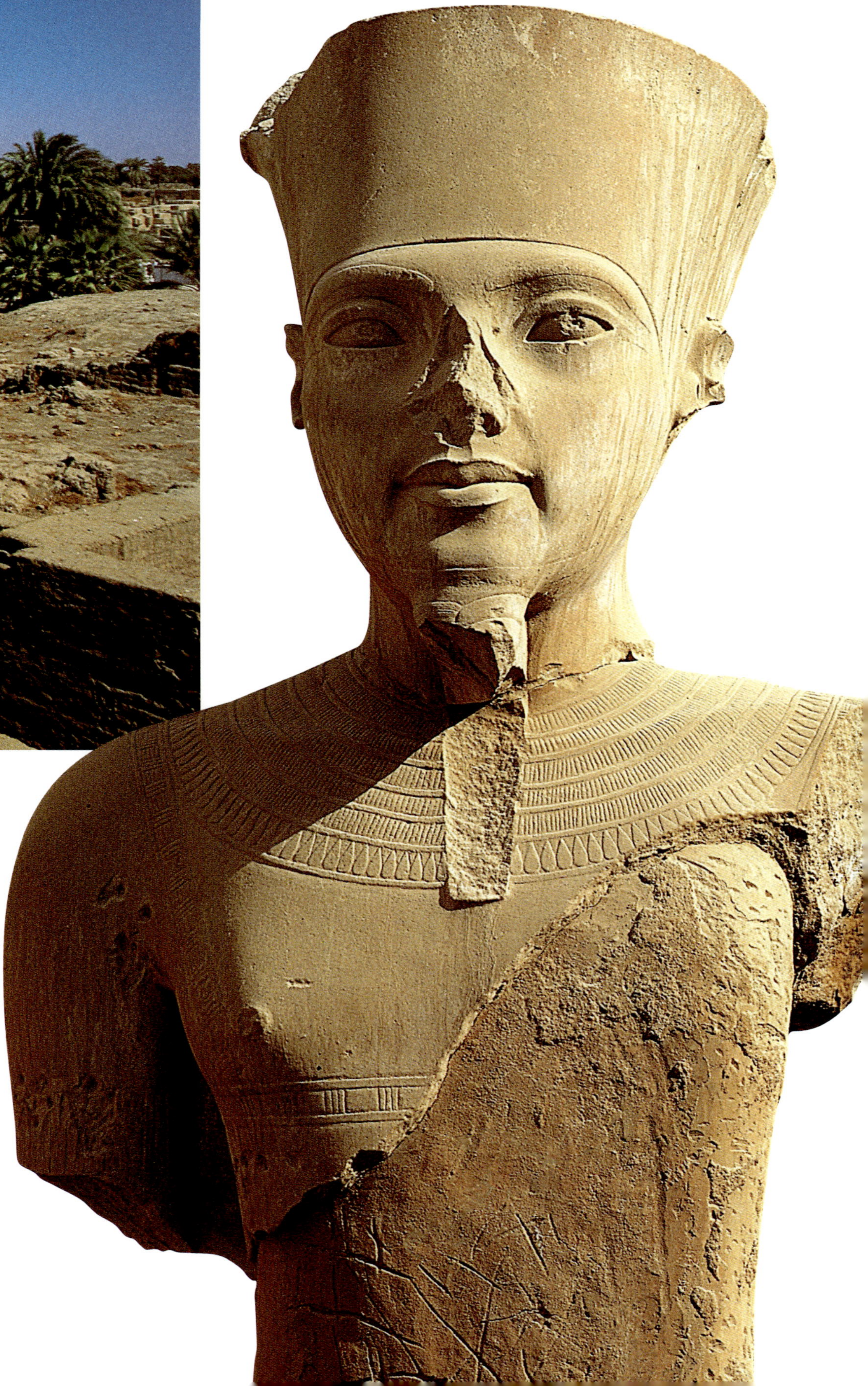

137 oben
Der Ach-Menu oder Festsaal Thutmosis' III. ist von 20 Säulen und 32 Pilastern umgeben.

137 unten
Der Gott Amun-Ra war die Hauptgottheit von Karnak.

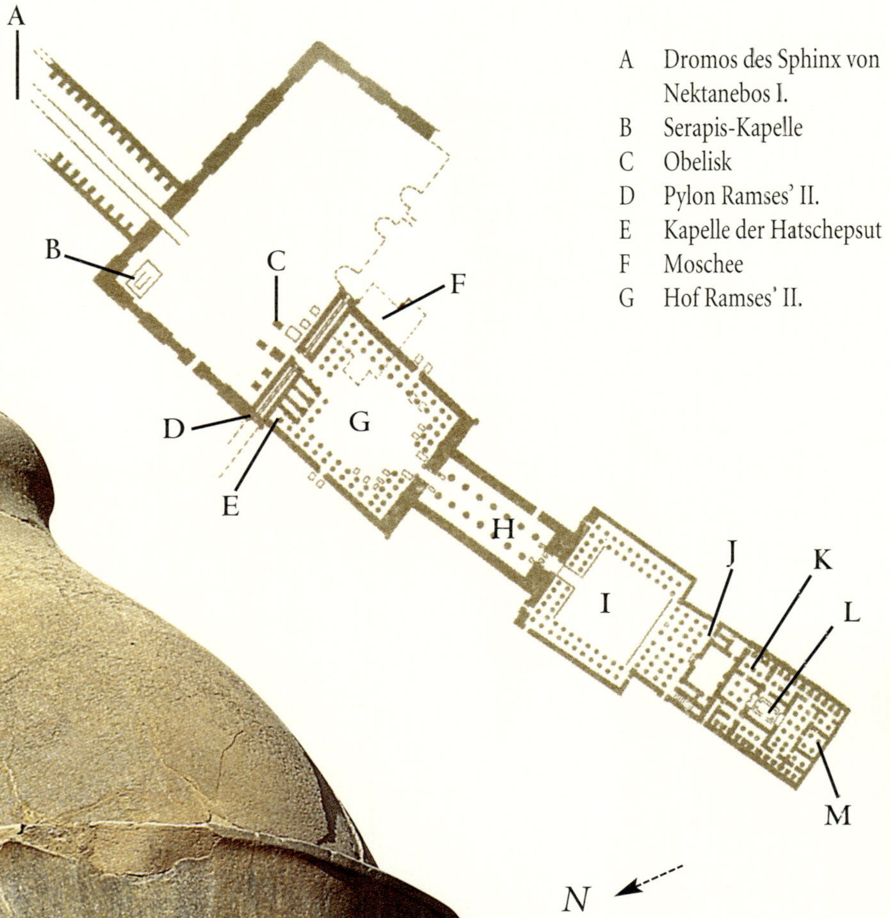

A Dromos des Sphinx von Nektanebos I.
B Serapis-Kapelle
C Obelisk
D Pylon Ramses' II.
E Kapelle der Hatschepsut
F Moschee
G Hof Ramses' II.
H Große Kolonnade
I Hof Amenophis' III.
J Hypostyl-Atrium
K Geburtshalle
L Kapelle der heiligen Barke Alexanders
M Heiligtum Amenophis' III.

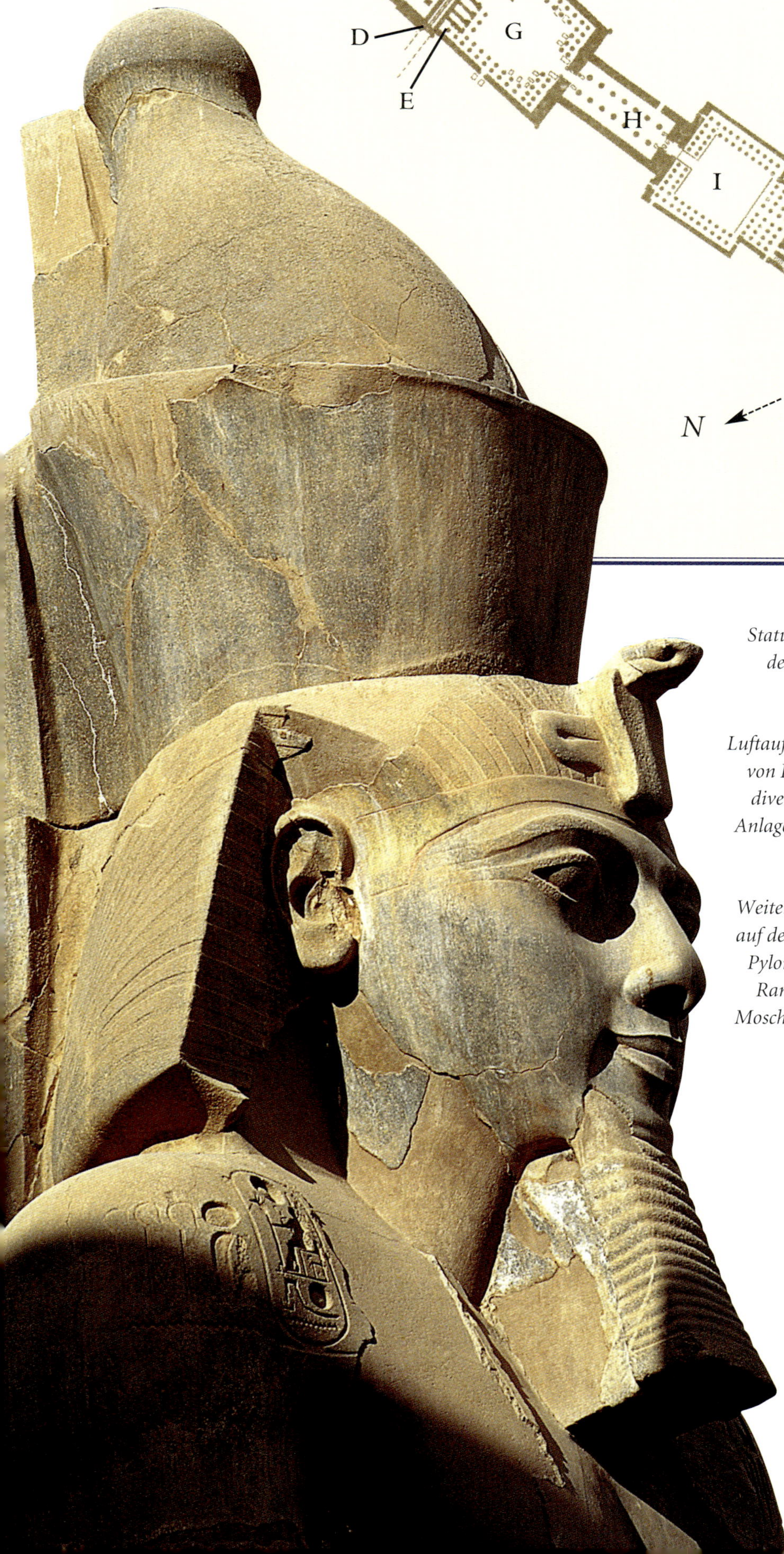

138 links
Statue Ramses' II. mit der Doppelkrone.

138–139
Luftaufnahme des Tempels von Luxor, auf der die diversen Bereiche der Anlage zu erkennen sind.

139 oben
Weiterer Panoramablick auf den Tempel mit dem Pylon, dem Obelisken Ramses' II. und der Moschee Abu el-Haggag.

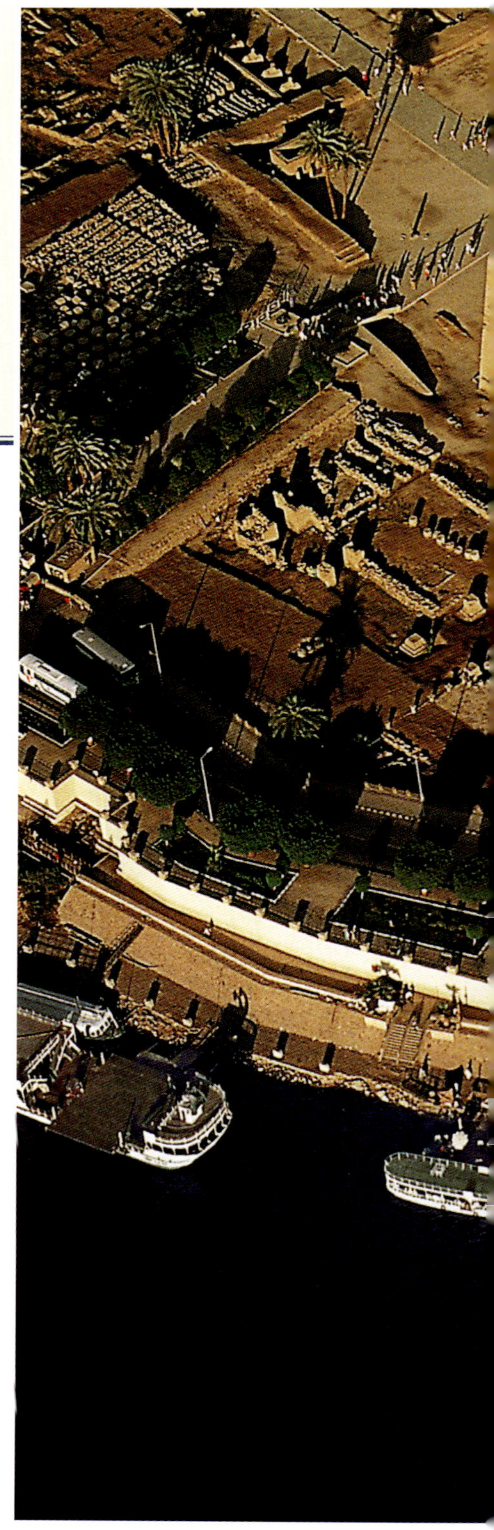

DER TEMPEL VON LUXOR

»Der Eingang zum Tempel: welch spektakuläres Aufeinandertreffen von vergangener Pracht und heutigem Elend, … welch Reise durch die Epochen bietet dieser einzigartige Schauplatz, welch Verschmelzung von Grandeur und Armut«, schrieb Vivant Denon, Mitglied der »Commission des savants«, die Napoleon auf seiner Expedition nach Ägypten begleitete. Der heutige Name kommt von »el-Uqsor«, dem arabischen Plural von Qasr, Schloss, und geht auf die Epoche des Kaisers Diokletian zurück. Der Tempel von Luxor wurde weitestgehend von Amenophis III. und Ramses II. erbaut und steht auf den Fundamenten eines Heiligtums aus einer früheren Epoche. Unter Amenophis III. wurde er zum politischen und religiö-

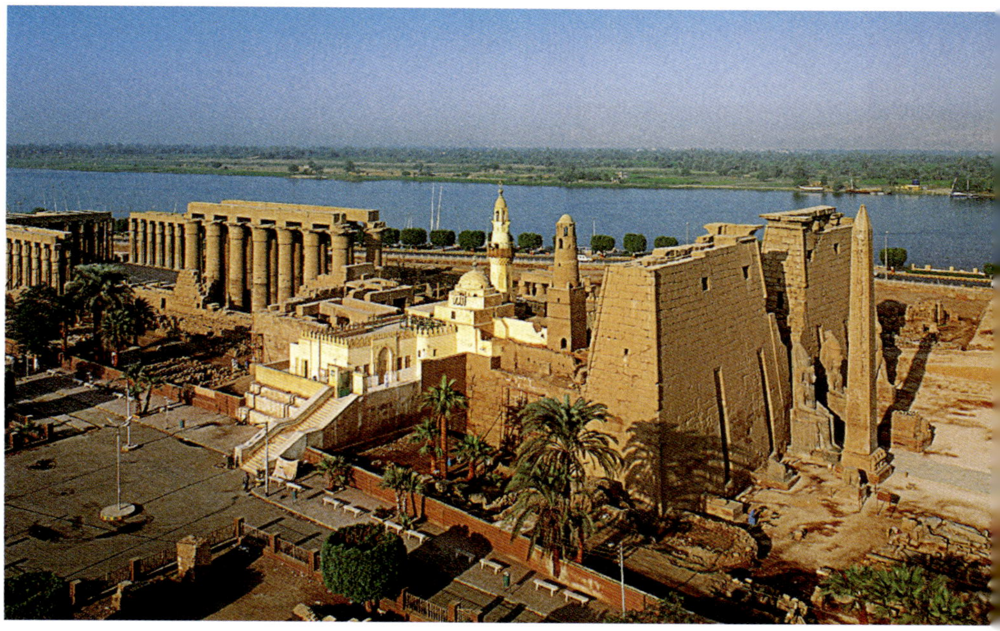

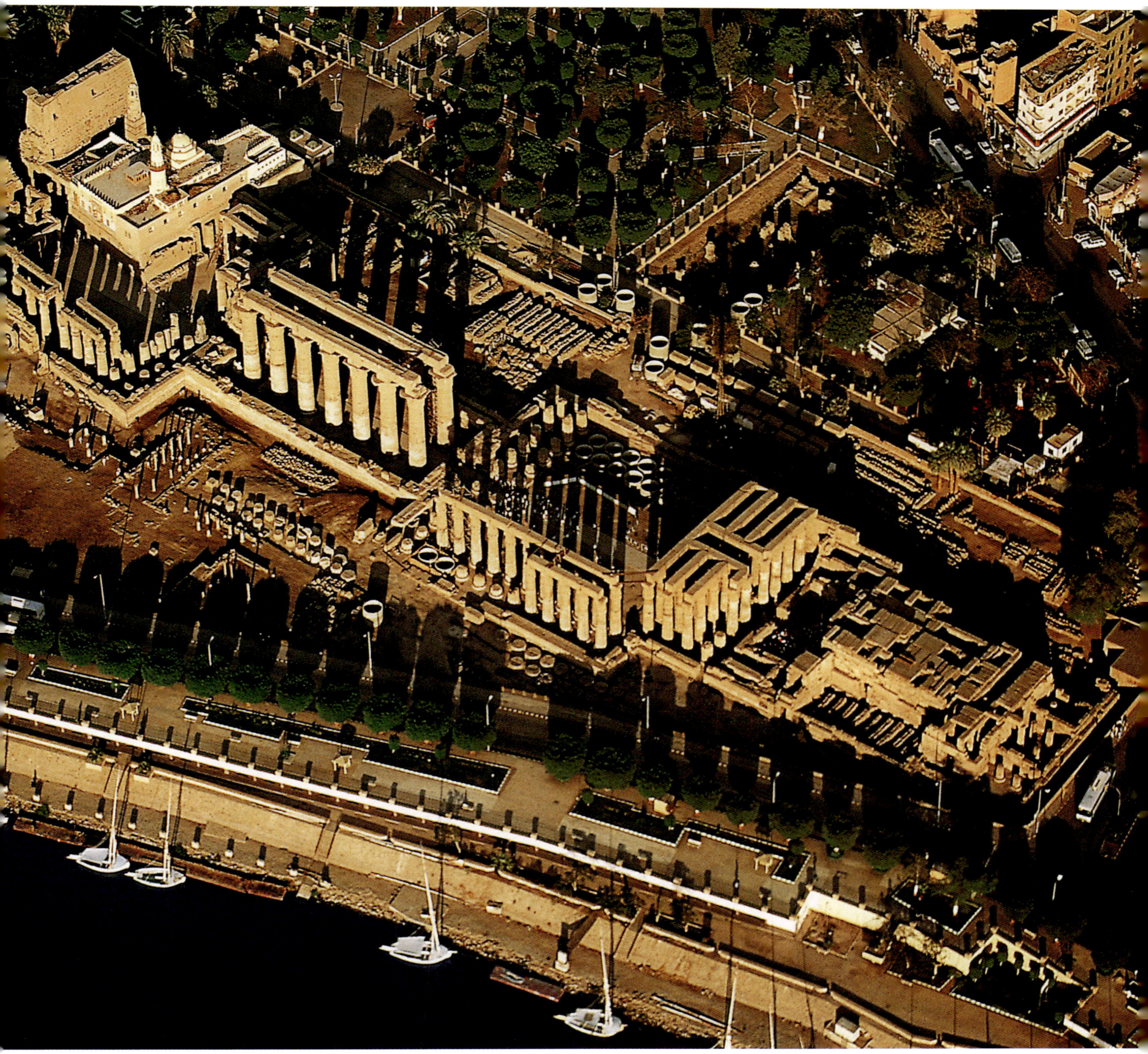

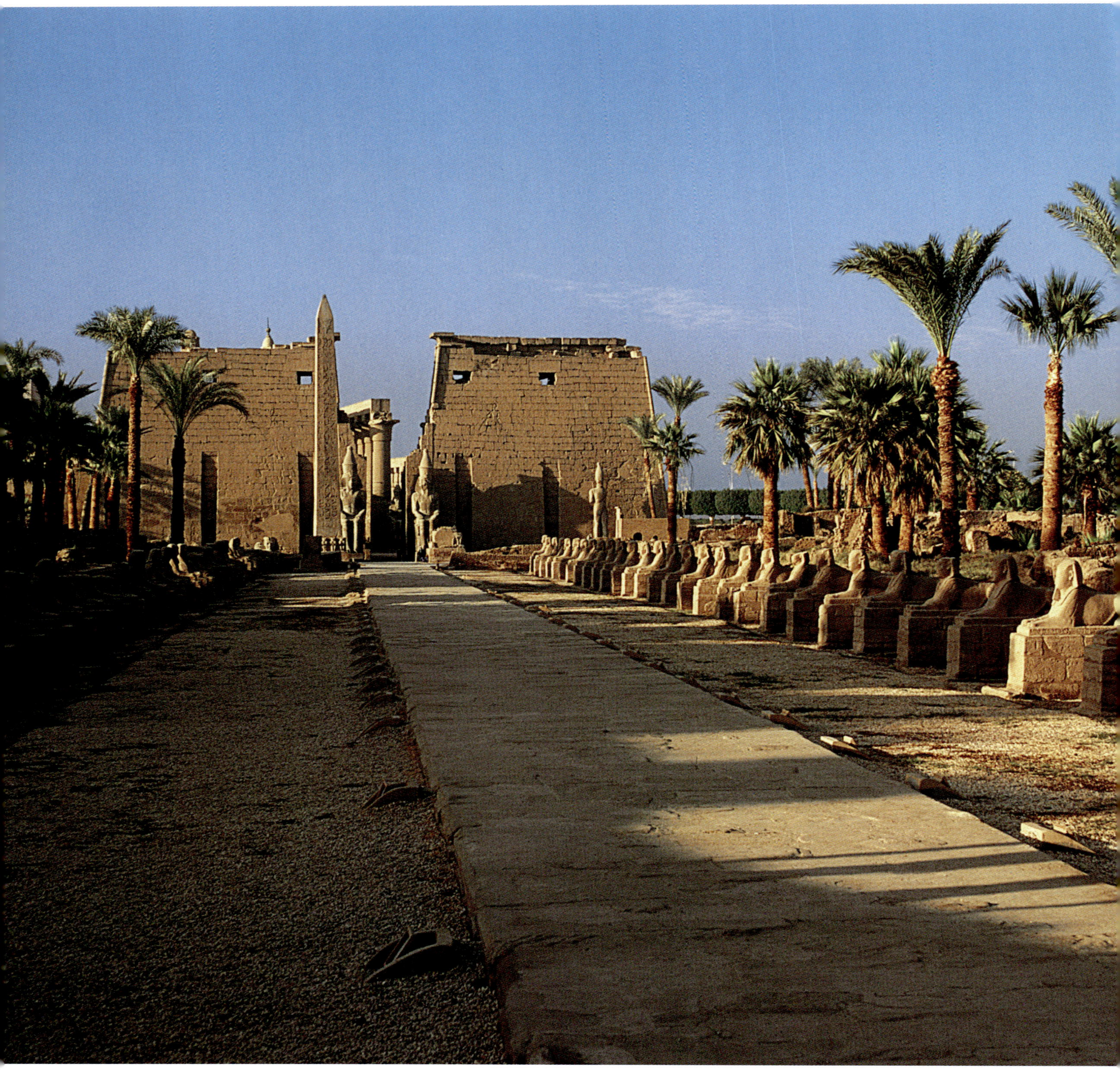

sen Machtzentrum des ganzen Landes. Hier spielten sich die wichtigsten Kulthandlungen ab. Während des Nilhochwassers wurde die Goldstatue Amuns von Karnak auf einem heiligen Schiff nach Luxor gebracht. In der mystischen Atmosphäre des Tempels opferte der Pharao der mit Tüchern umhüllten Statue des Gottes Geschenke und Weihrauch. Nach den Opferungen und Zeremonien trugen die Priester die Gottheit wieder ins Schiff und kehrten in einer Prozession nach Karnak zurück.

Amenophis III. war der erste Pharao des Neuen Reiches, der Bauwerke errichten ließ, die in ihrer Größe den imperialen Anspruch jener Epoche demonstrierten. Auch Thutmosis III., Hatschepsut und Tutanchamun leisteten ihren Beitrag zur Vergrößerung des Tempels, Ramses II. aber fügte mit den beiden majestätischen Pylonen und dem weiten Eingangshof die wichtigsten Erweiterungen hinzu. Er selbst nannte die Pylonen einen »Horizont, von dem aus der Sonnengott eintritt«. Diese Werke dienten militärischer Propaganda und erzählen, wie das berühmte »Pentaur-Gedicht«, vom Sieg des Pharao gegen die Hethiter in der Schlacht von Kadesch – die in Wahrheit so siegreich nicht war. Von den zwei ramessidischen Obelisken von 25 Meter Höhe, die bis in die erste Hälfte des 19. Jahrhunderts den Eingang des Tempels schmückten, steht nur noch einer an seinem alten Platz. Den zweiten machte Mohammed Ali im Jahre 1831 Frank-

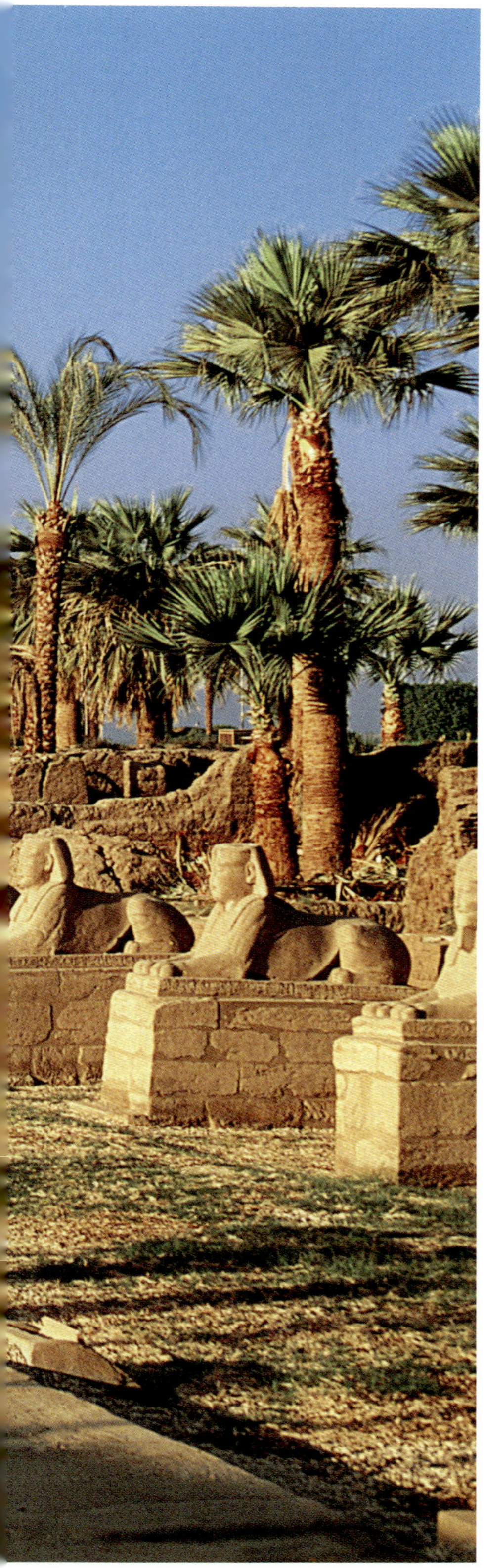

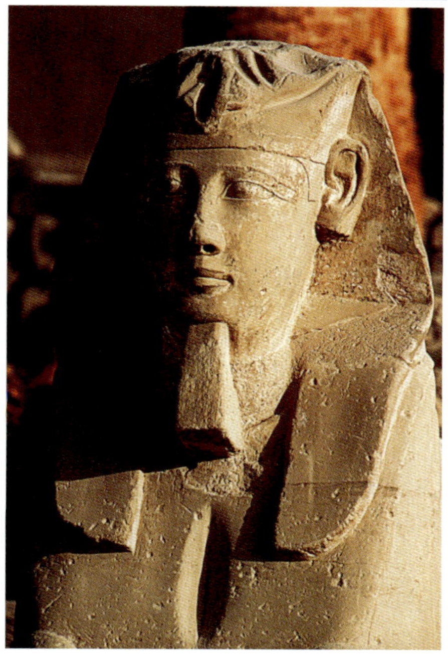

141 Mitte unten
Weiterer Blick auf die Sphingen mit Menschenkopf, die die Zugangsallee zum Tempel säumen.

141 unten
Blick auf die große, gut 19 Meter hohe Säulenhalle, die von Amenophis III. errichtet wurde.

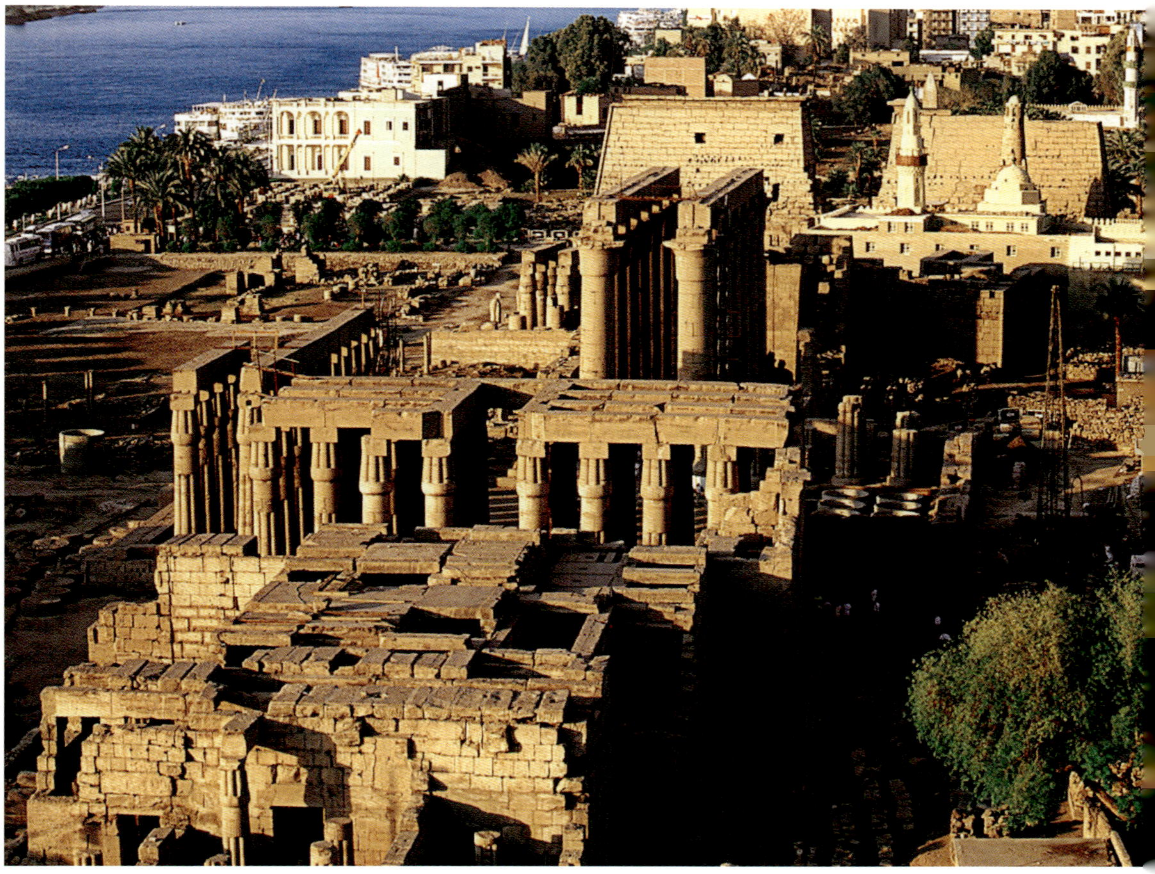

140–141
Sphingen-Allee, die den Tempel von Luxor (im Hintergrund) mit dem von Karnak verbindet.

141 oben
Einer der zahlreichen Sphingen vor dem großen Pylon des Tempels von Luxor.

141 Mitte oben
Ansicht des Tempels vom Südwesten.

reich zum Geschenk. Heute steht er in Paris auf der Place de la Concorde. Über die Pylonen und den Hof gelangt man zur Kolonnade Amenophis' III. mit ihren etwa 16 Meter hohen Papyrusbündelsäulen. Der eigentliche Tempel beginnt mit der ersten Vorkammer, die früher mit einem von acht Säulen getragenen Dach bedeckt war. In der zweiten Vorkammer stößt man wiederum auf Amenophis III., der Amun Geschenke und Weihrauch darbringt. Gleich dahinter betritt man die Kammer des heiligen Schiffes Amuns, das von Alexander dem Großen rekonstruiert wurde und mit Reliefs verziert ist, die den makedonischen Herrscher mit Göttern darstellen, darunter dem ithiphallischen Min.

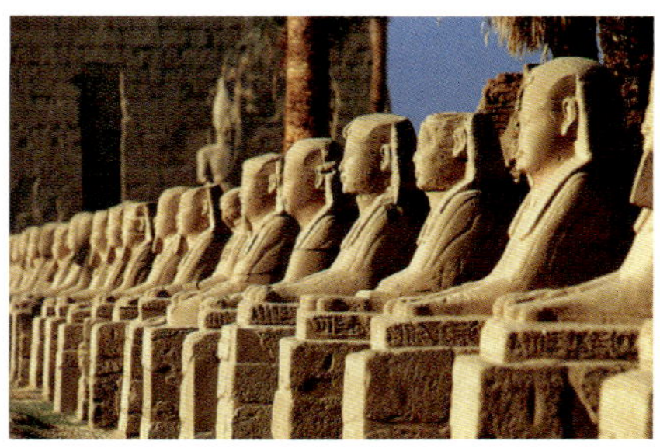

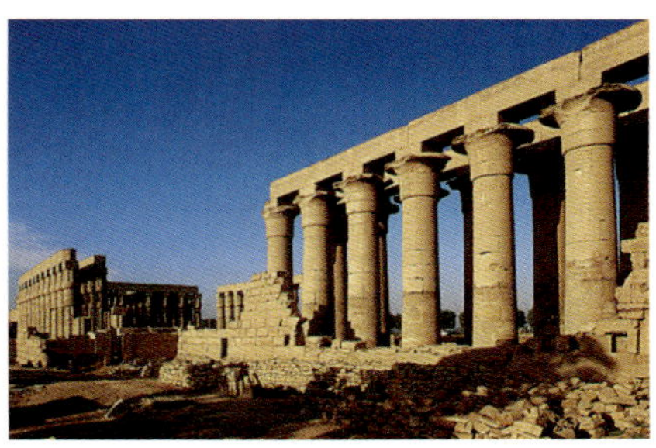

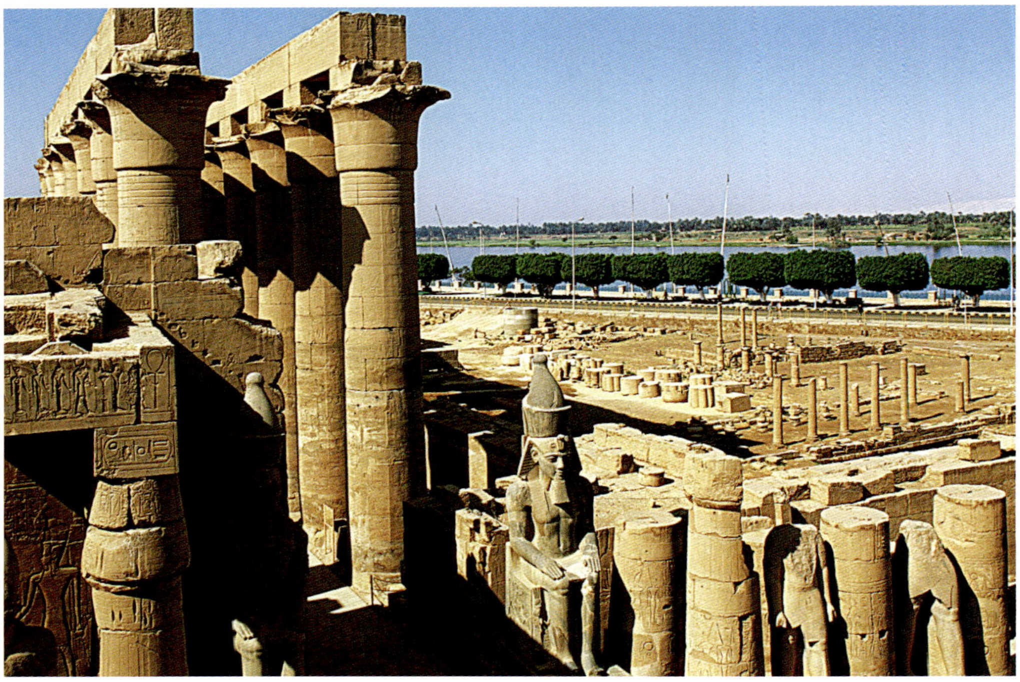

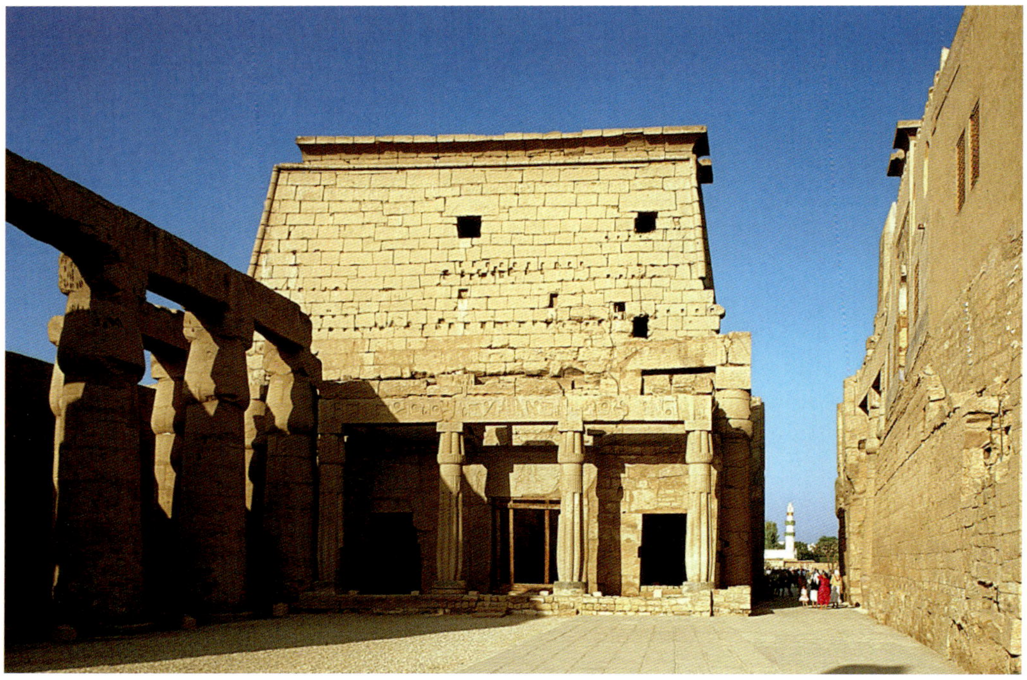

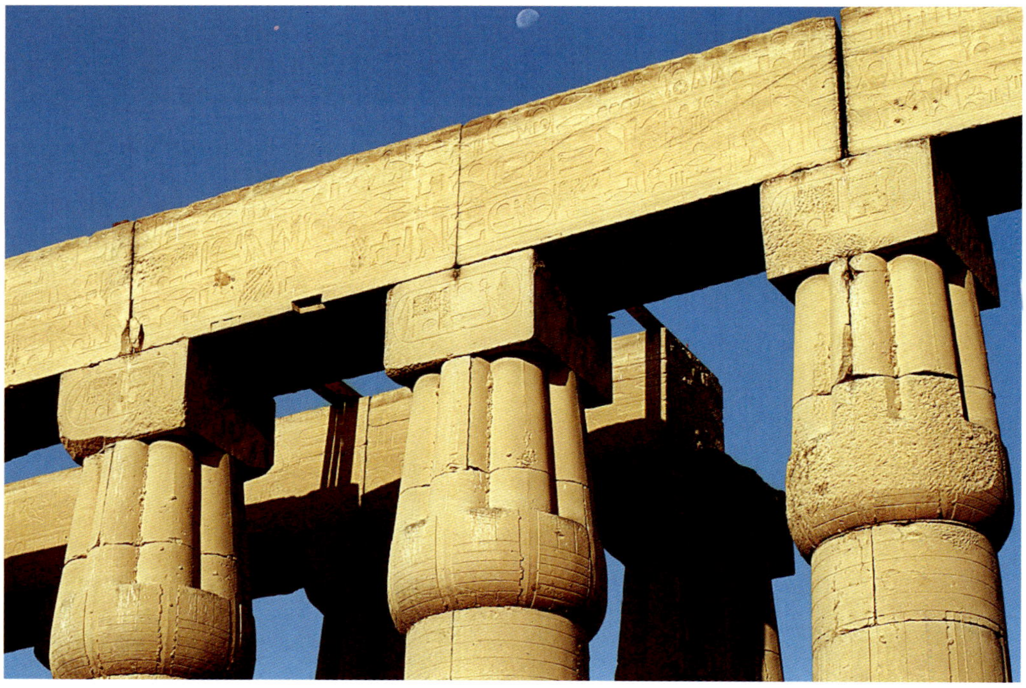

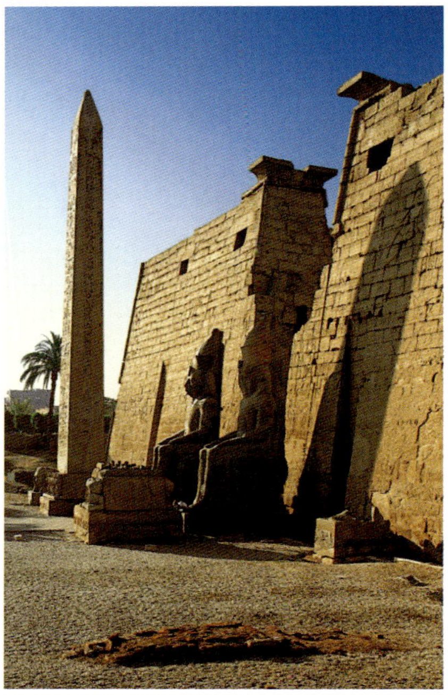

142 oben links
Kolonnade Amenophis' III., vom großen Hof Ramses' II. aus gesehen.

142 Mitte links
Ansicht des großen Hofes Ramses' II. mit Nordseite des Pylons. Rechts ist die Stütz-mauer der Abu-el-Haggag-Moschee zu erkennen.

142 unten links
Detail der Büschelsäulen, die den Hof Amenophis' III. säumen.

142 rechts
Großer Tempelpylon, gegenüber davon die Kolossal-statuen und der Obelisk Ramses' II.

143
Der Sockel des Obelisken und eine der beiden vor dem Pylon stehenden Kolossal-statuen Ramses' II.

144–145
Detail vom Gesicht einer der Kolossalstatuen Ramses' II. in Luxor.

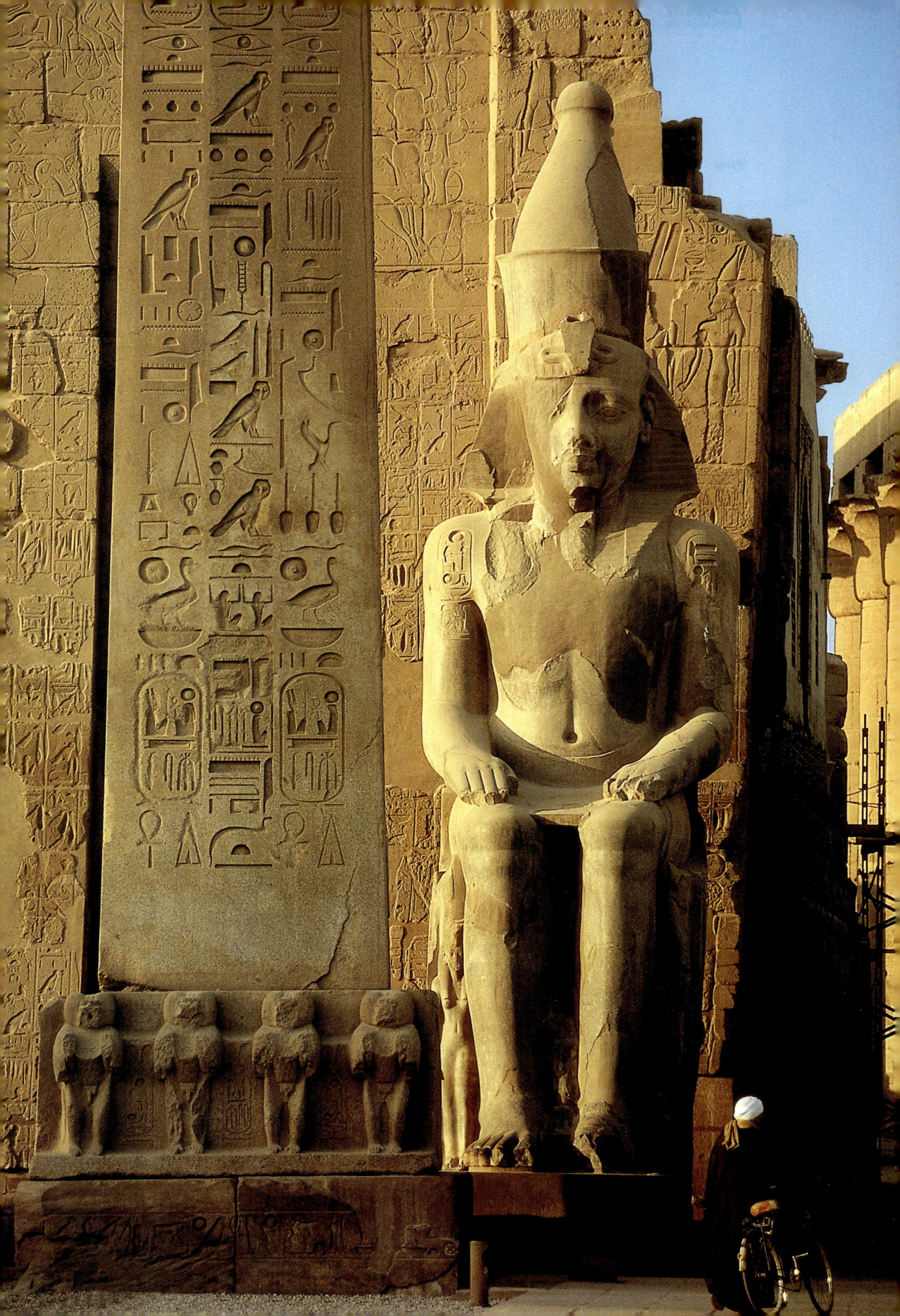

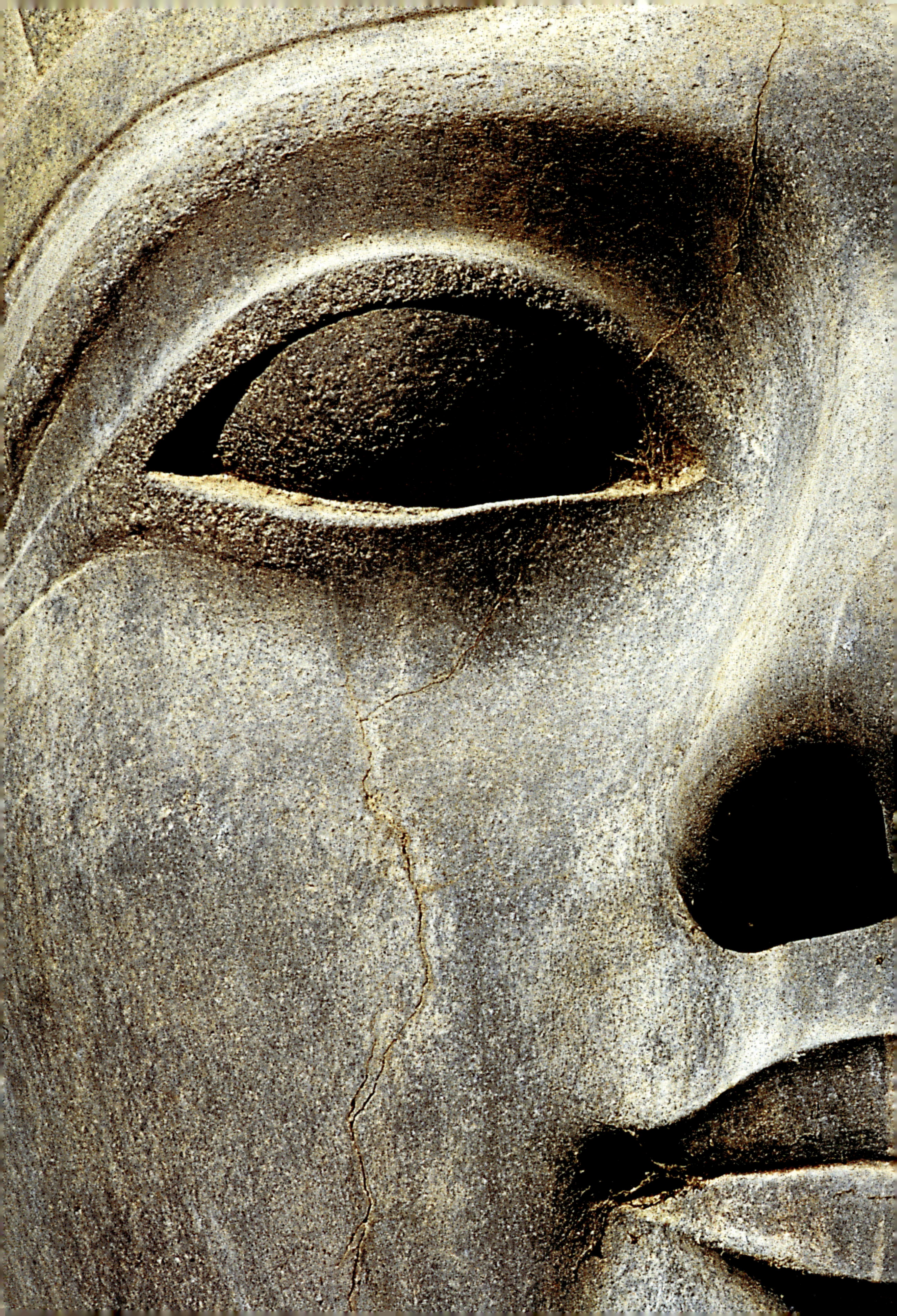

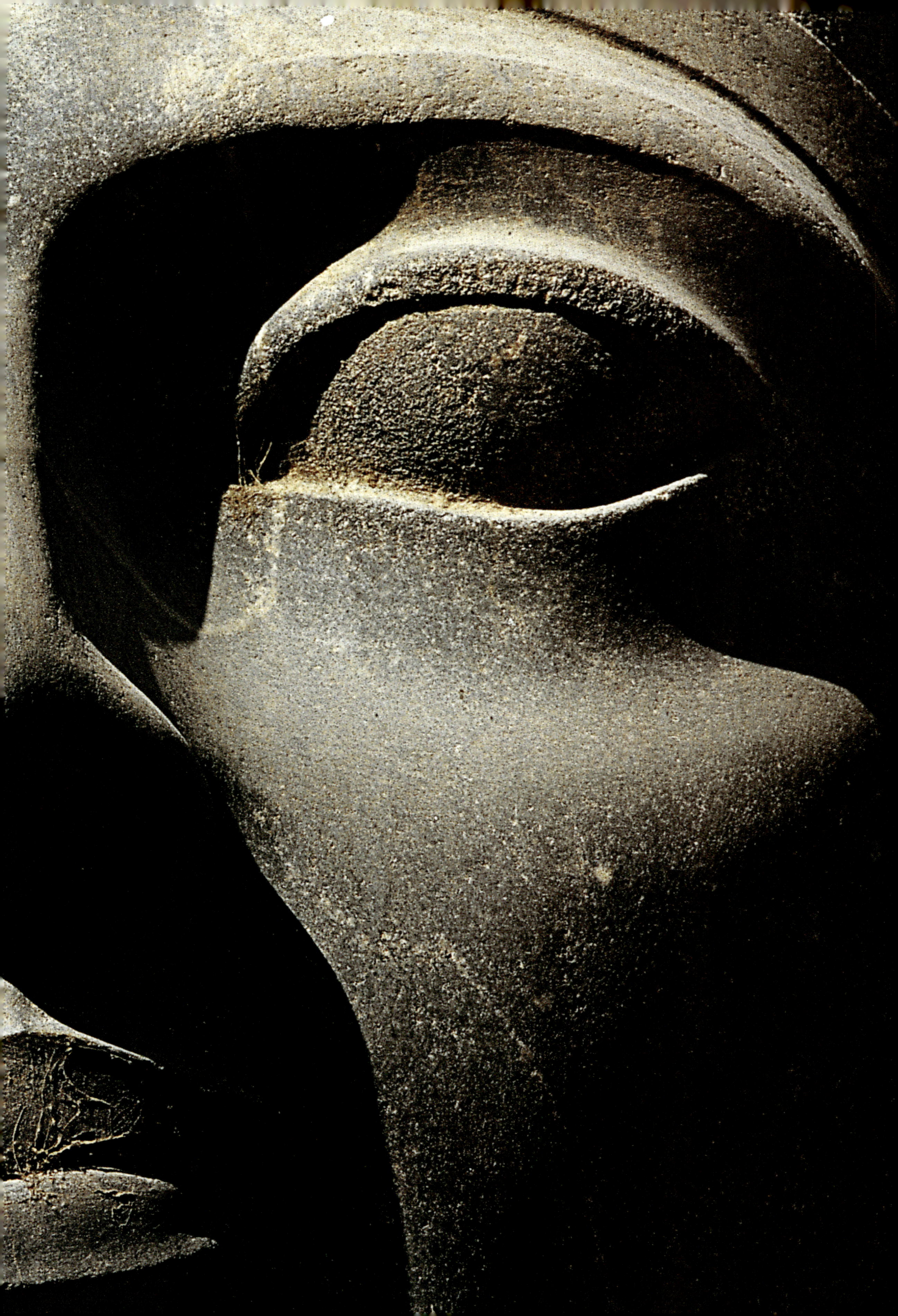

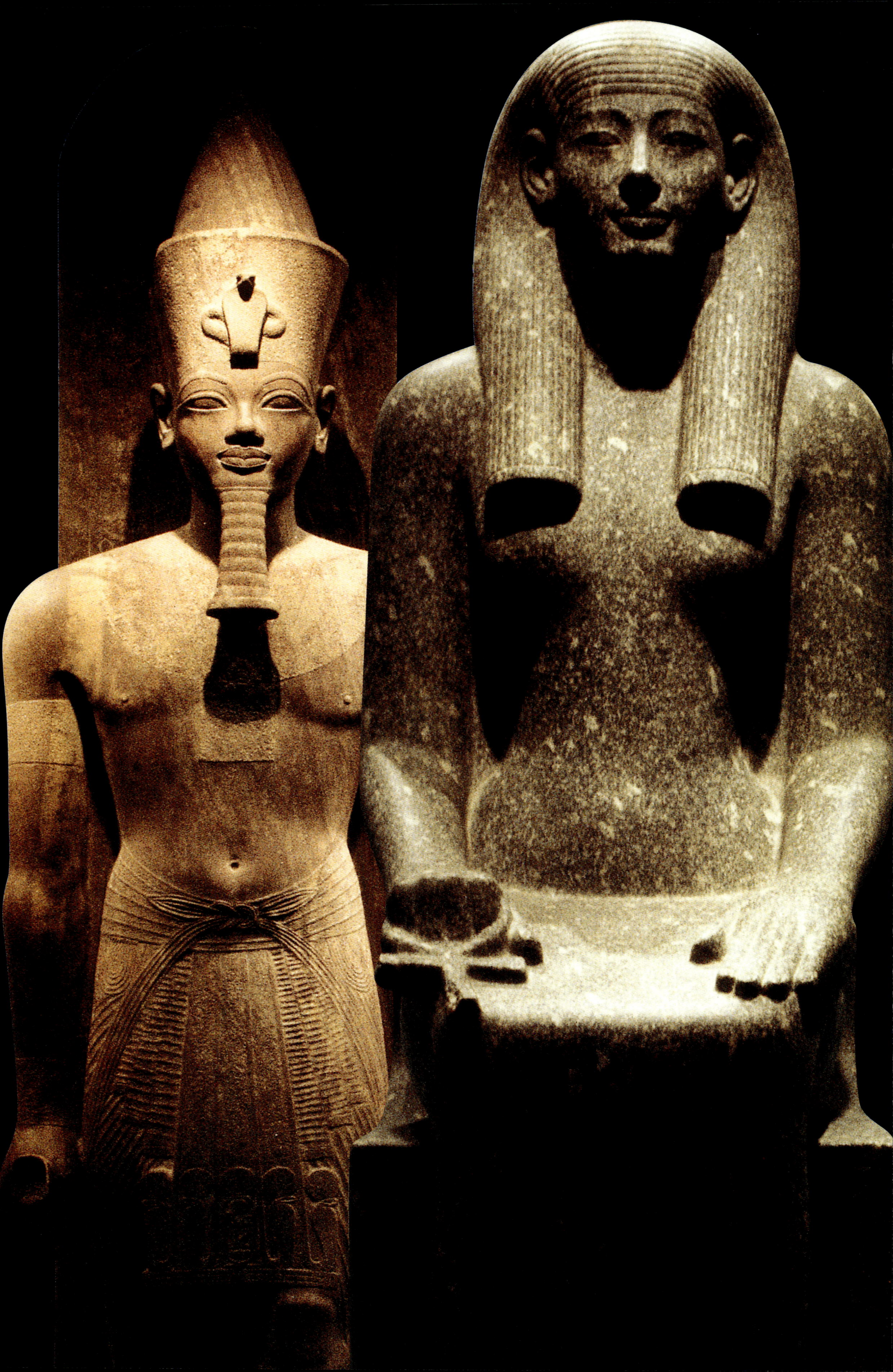

146 links
Statue Amenophis' III., 18. Dynastie.

146 rechts
Statue der Göttin Iwnit aus schwarzem Granit, Regierungszeit Amenophis' III.

147 oben links
Ansicht des Neuen Museums aus dem Jahre 1975.

147 unten links
Gesamtansicht der neuen Galerie.

147 Mitte
Skulpturengruppe mit Amenophis III. und dem krokodilsköpfigen Sobek.

147 rechts
Statue eines hohen Würdenträgers, Regierungszeit Thutmosis' IV.

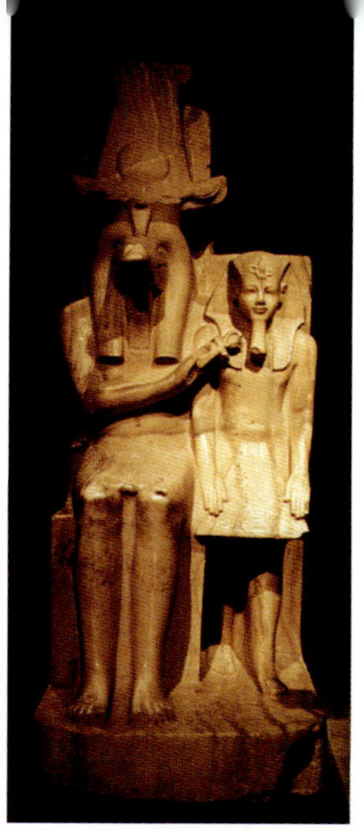

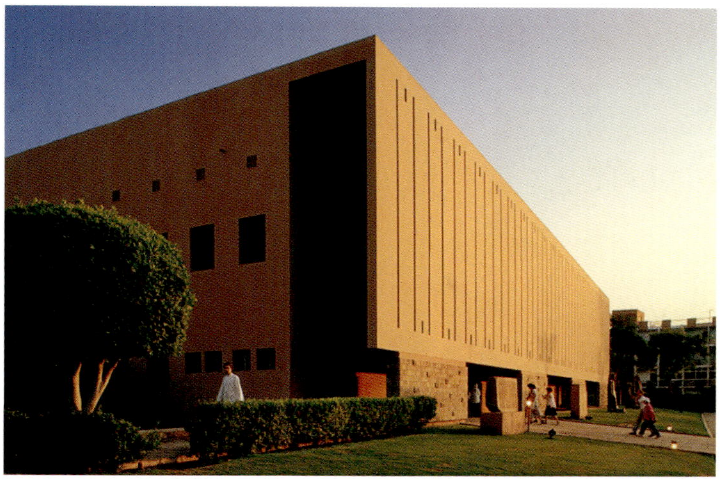

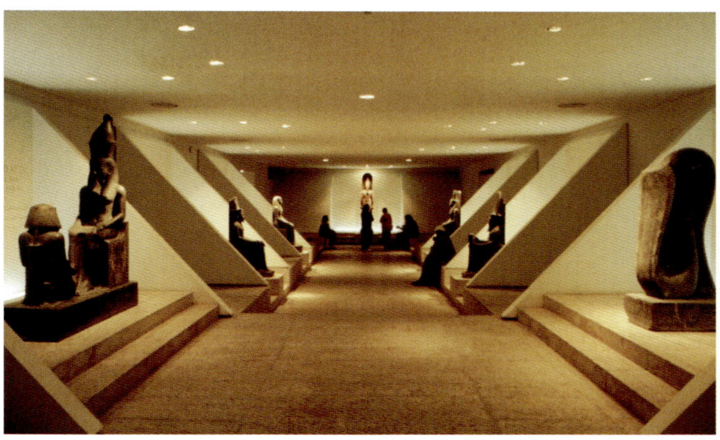

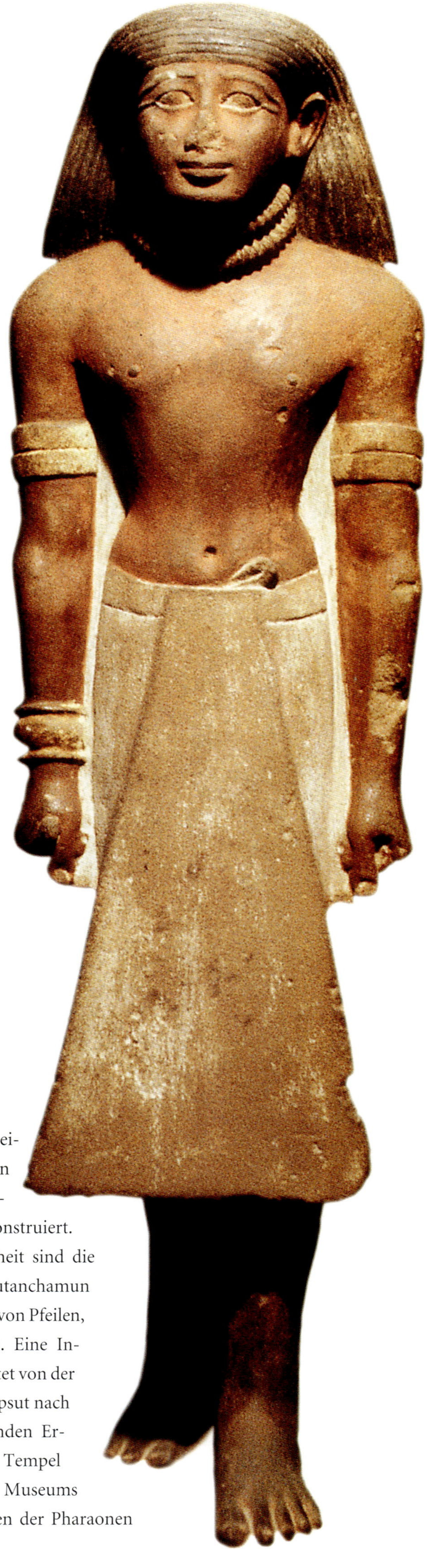

DAS MUSEUM VON LUXOR

Das 1975 eingeweihte Museum von Luxor ist reich an außergewöhnlichen Schätzen: Juwelen, Möbel, Geschirr, Stelen verschiedenster Epochen und vor allem die Statuen und Büsten großer Herrscher wie Sesostris III. Thutmosis III. (letztere ist aus schwarzem Basalt und gehört zu den schönsten und besterhaltenen), Amenophis II. und Amenophis III. Bemerkenswert ist auch die Alabasterstatue des Sobek, die während der Herrschaft Amenophis' III. angefertigt und später von Ramses II. in Besitz genommen wurde. Die mit einem menschlichen Körper und dem Kopf eines Krokodils ausgestattete Statue ist ein Meisterwerk der ägyptischen Kunst zur Zeit ihrer größten Ausdruckskraft. Von beträchtlicher kunsthistorischer Bedeutung sind die Wandreliefs, die Echnaton und Nofretete in Anbetung der Sonnenscheibe Aton darstellen. Sie wurden in Blöcken nach Karnak zurückgebracht und dort umsichtig rekonstruiert. Von außergewöhnlicher Schönheit sind die kleinen Statuetten des jungen Tutanchamun und sein Köcher mit einer Reihe von Pfeilen, die aus seinem Grab stammen. Eine Inschrift in rosa Granitstein berichtet von der Expedition der Königin Hatschepsut nach Punt und von der darauffolgenden Errichtung zweier Obelisken im Tempel von Karnak. Im Vorhof des Museums befinden sich zwei große Statuen der Pharaonen Amenophis III. und Ramses II.

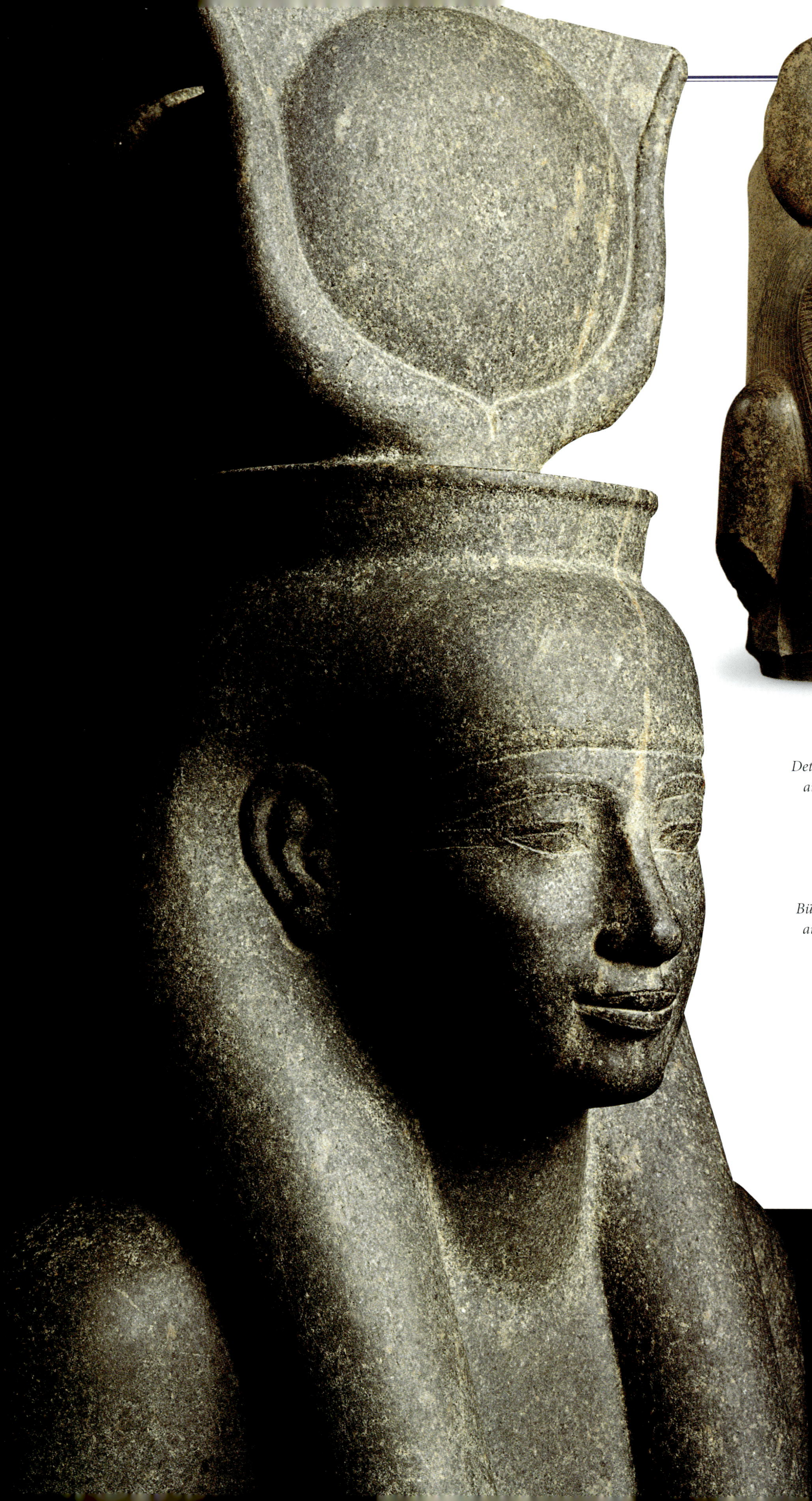

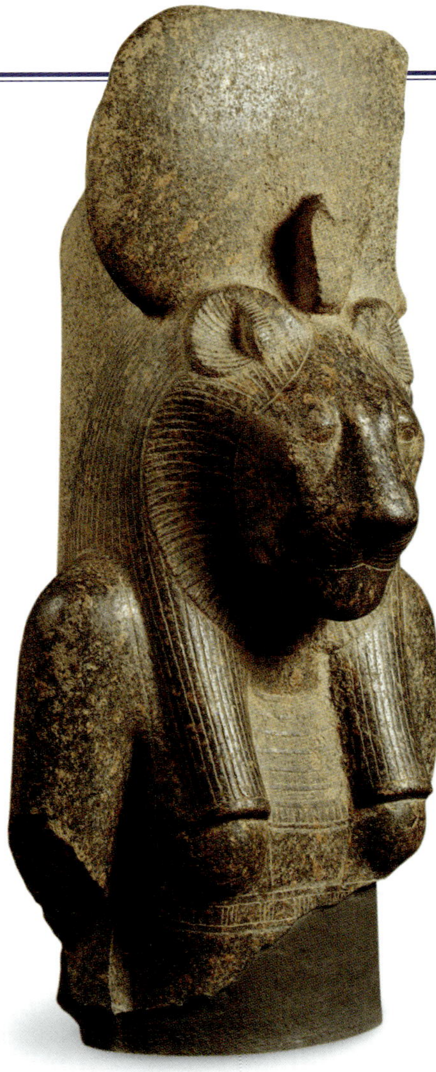

148 links
Detail einer Hathor-Statue aus schwarzem Granit, Regierungszeit Amenophis' III.

148 rechts
Büste der Göttin Sechmet aus schwarzem Granit.

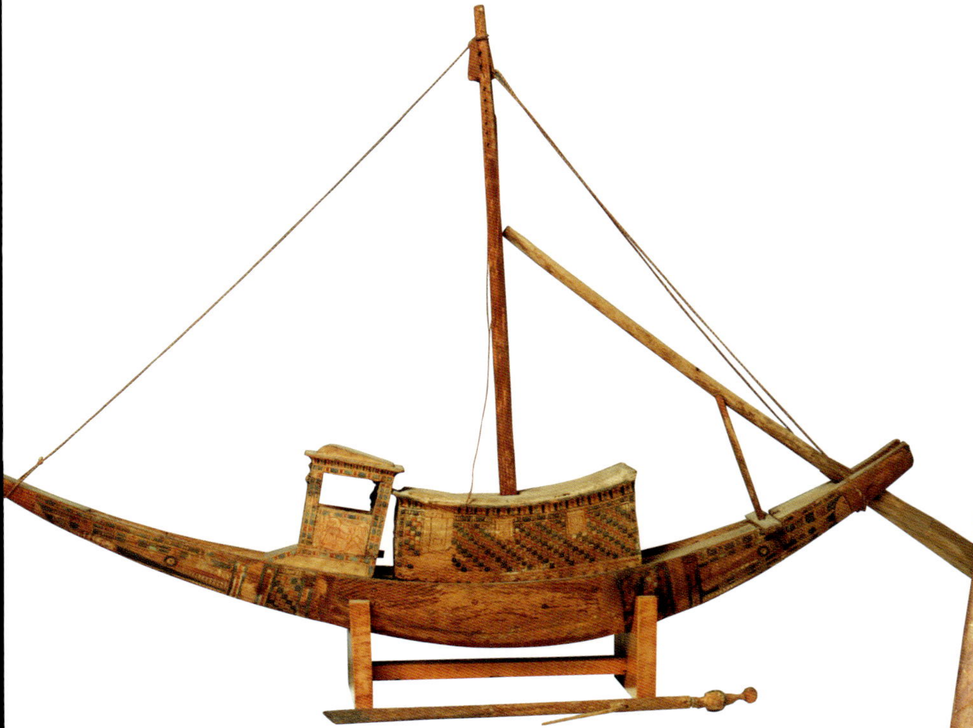

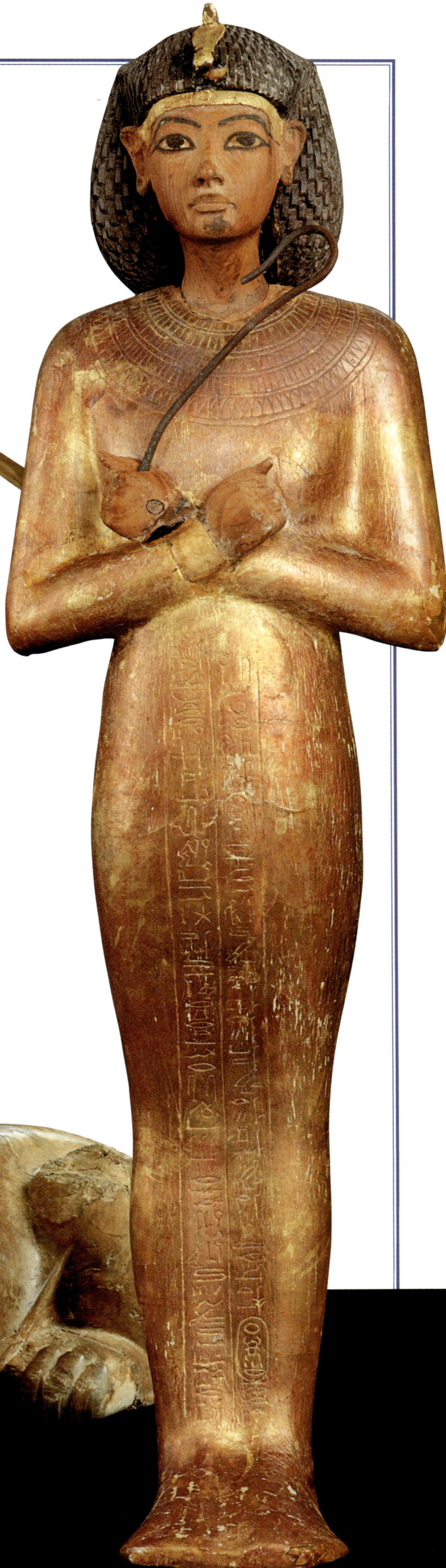

149 oben links
Modell einer Barke aus dem Grab Tutanchamuns im Tal der Könige.

149 unten links
Alabastersphinx aus dem Grab Tutanchamuns.

149 rechts
Uschebti aus Holz, gefunden im Grab Tutanchamuns.

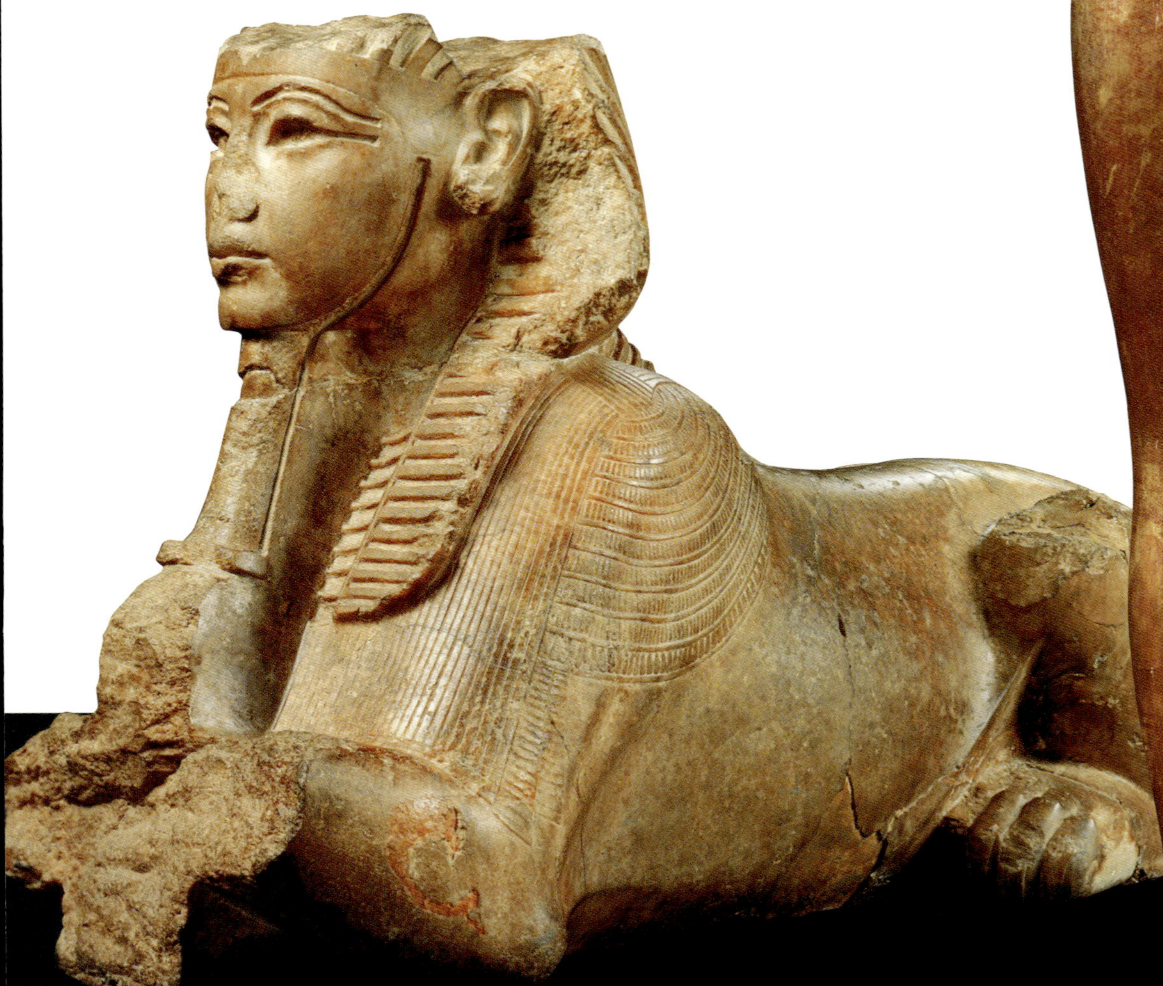

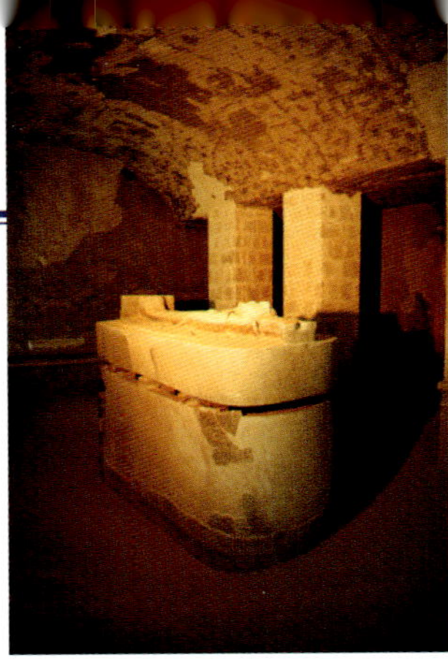

WESTTHEBEN

Gegenüber von Theben, am Westufer des Nils, errichteten sich die Pharaonen der 18., 19. und 20. Dynastie in der Stille der versteckten Täler zwischen roten Bergen und sonnenverbrannter Erde ihre Gräber. Sie verzichteten dabei auf jegliche äußere Monumentalität und bevorzugten eine farbige Innendekoration. Die Pharaonen wählten Täler in der Nähe der östlichen Berge und machten die Zugänge zu ihren Gräben mit Steinen und Schutt unkenntlich, um Einbrüche der damals schon aktiven Grabräuber zu verhindern. Die Westlage der Gräber im Tal der Könige entsprach den Gepflogenheiten entsprechend der religiösen Tradition, und der aus der Bergkette emporragende, annähernd pyramidenförmige Gipfel, der heute als »el-Qurn« bekannt ist, korrespondierte in bester Weise mit der Symbolik des Alten und Mittleren Reiches, die in der Pyramide in Stein gemeißelte Sonnenstrahlen sah.

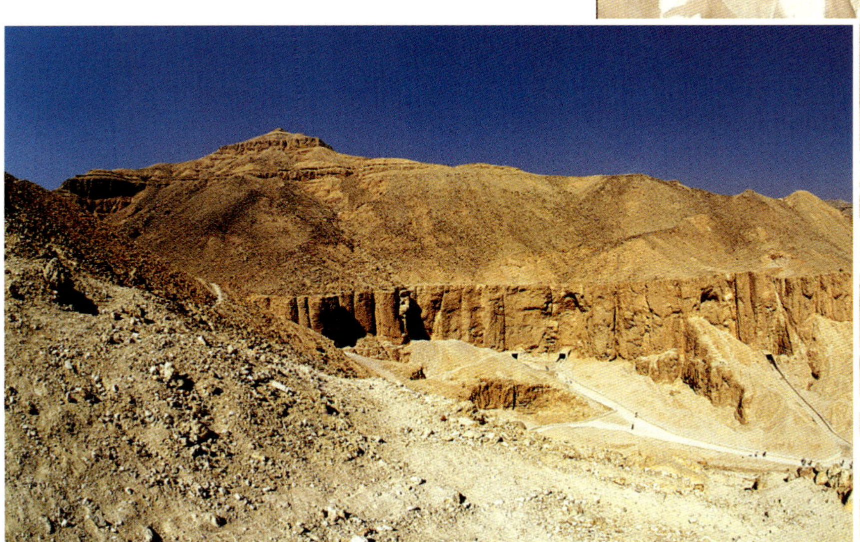

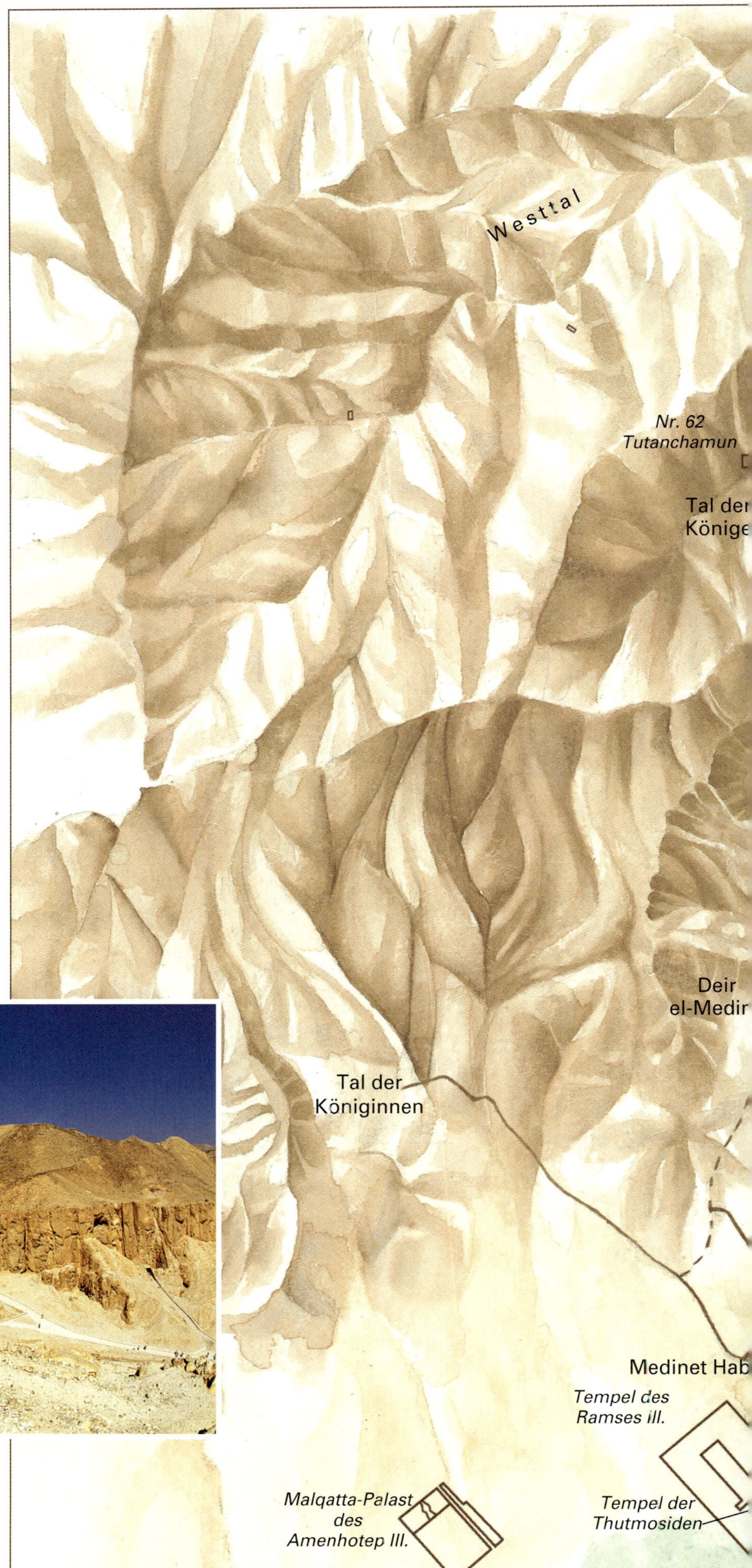

150 oben
Sargkammer des Grabes der Tausert.

150 unten
Panoramabild des Tales der Könige.

150–151
Karte von Westtheben mit den Grabtempeln und Fürstennekropolen.

152–153
Die Tempel des Mentuhotep Nebhepetre und der Hatschepsut in Deir el-Bahari. Im Hintergrund erkennt man das Tal der Könige, die Begräbnisstätte der Pharaonen des Neuen Reichs.

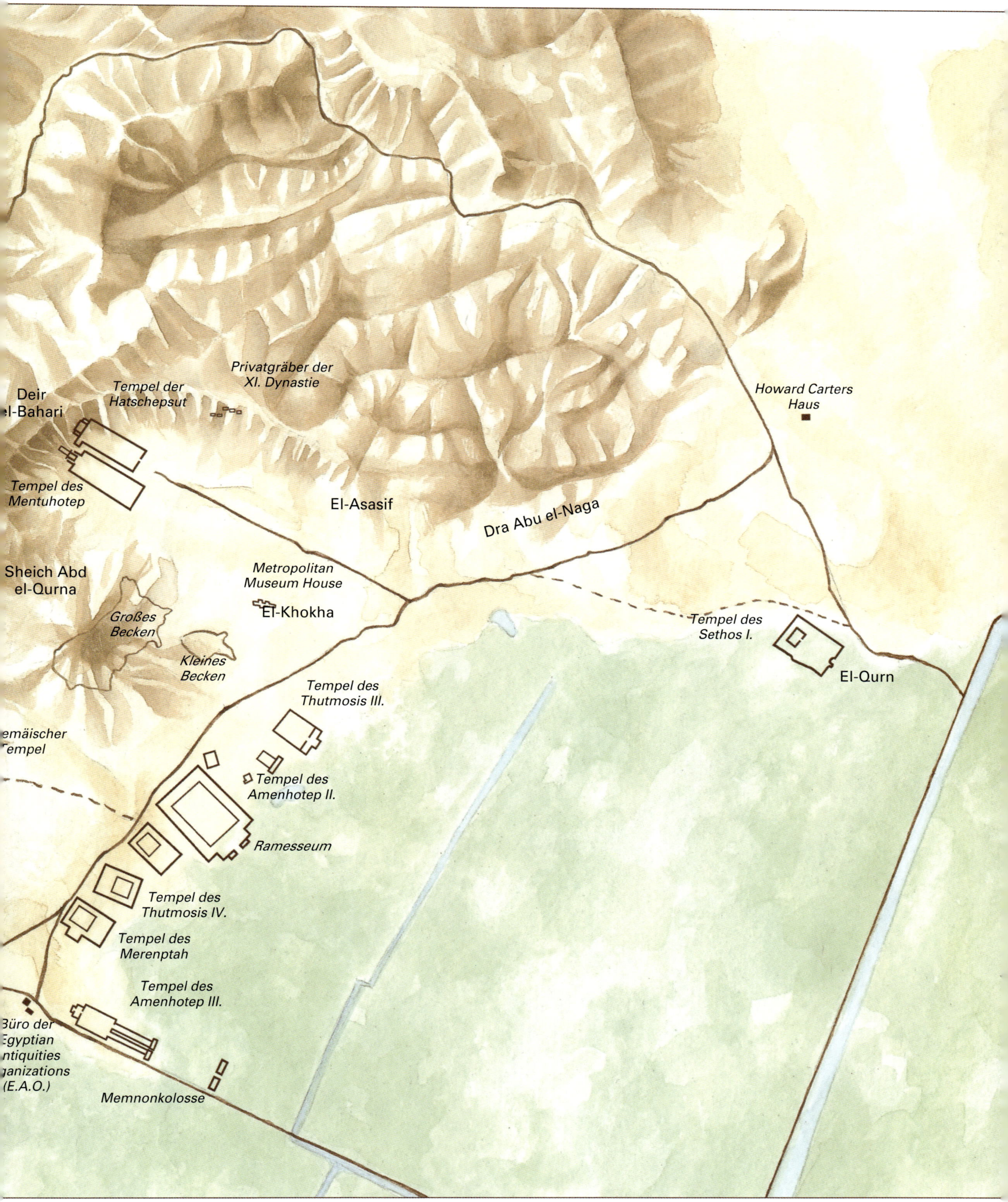

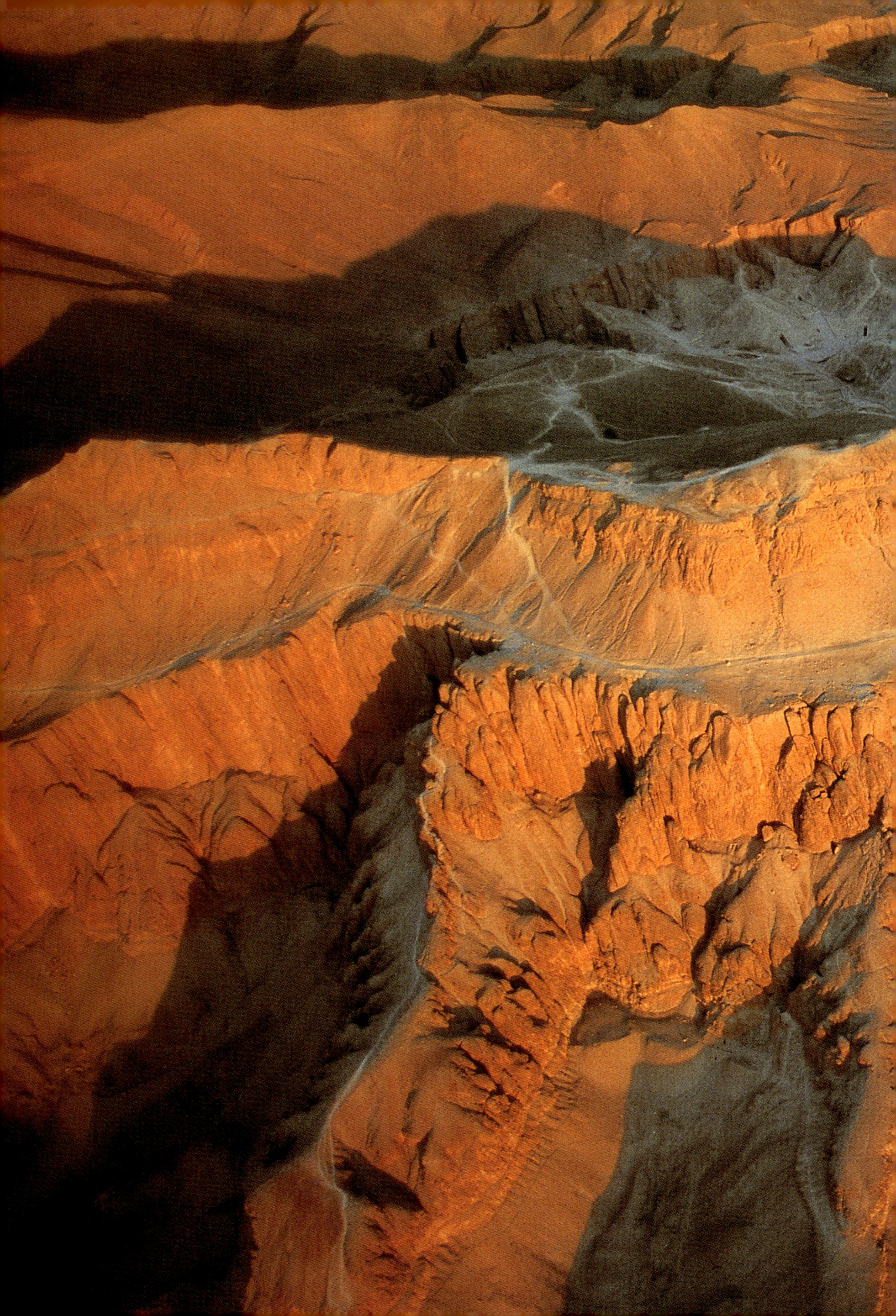

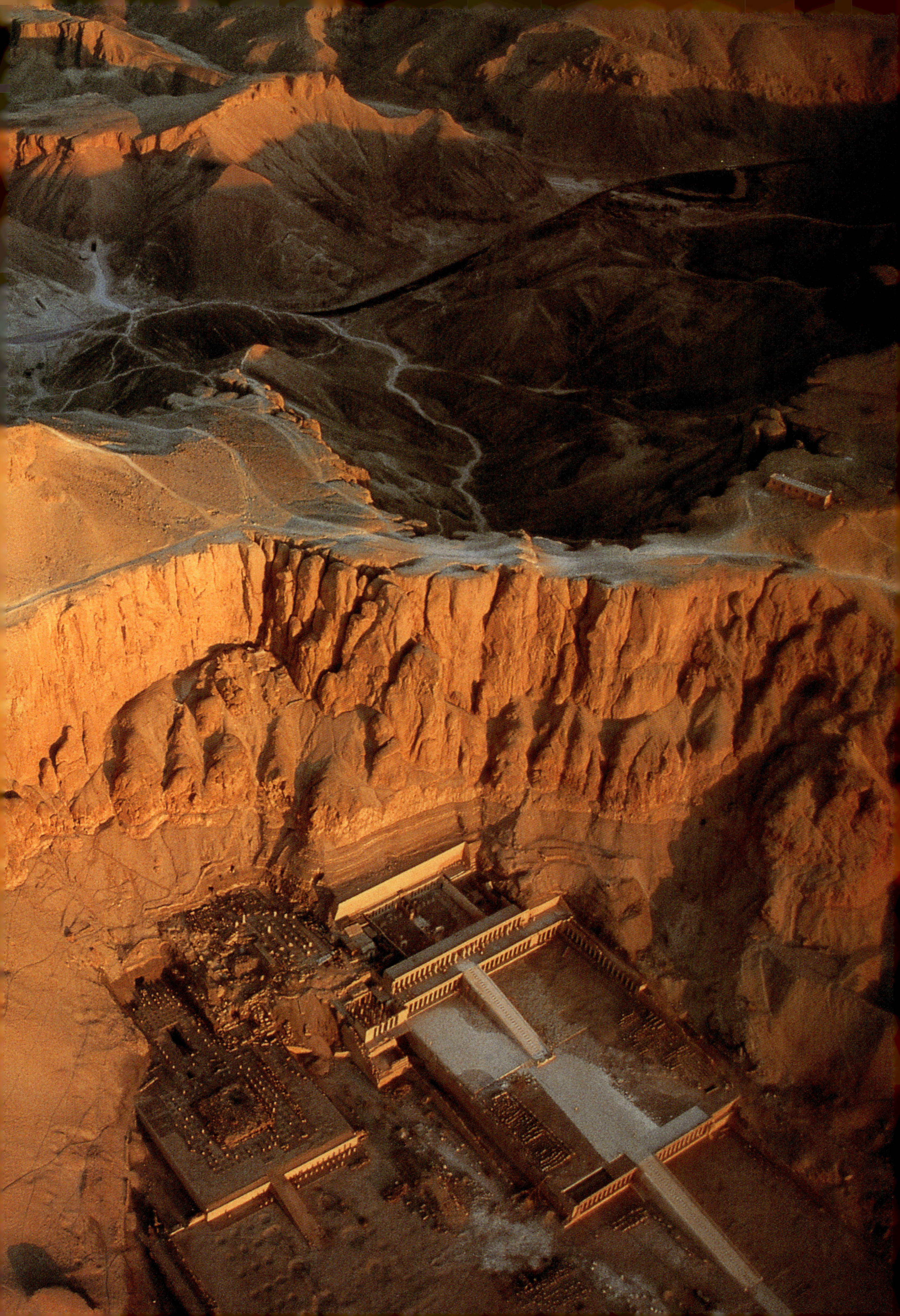

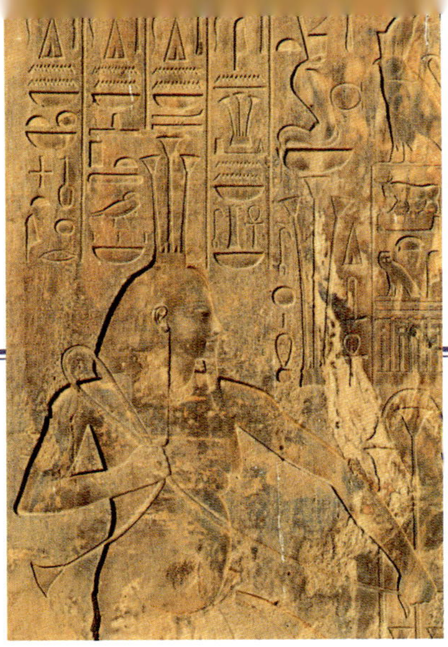

154 oben
Detail der Basreliefs, die die Throne der Memnonkolosse schmücken. Sie zeigen die Personifikationen Ober- und Unterägyptens.

DIE TEMPEL WESTTHEBENS

154 unten
Luftaufnahme der thebanischen Ebene mit den beiden Memnonkolossen.

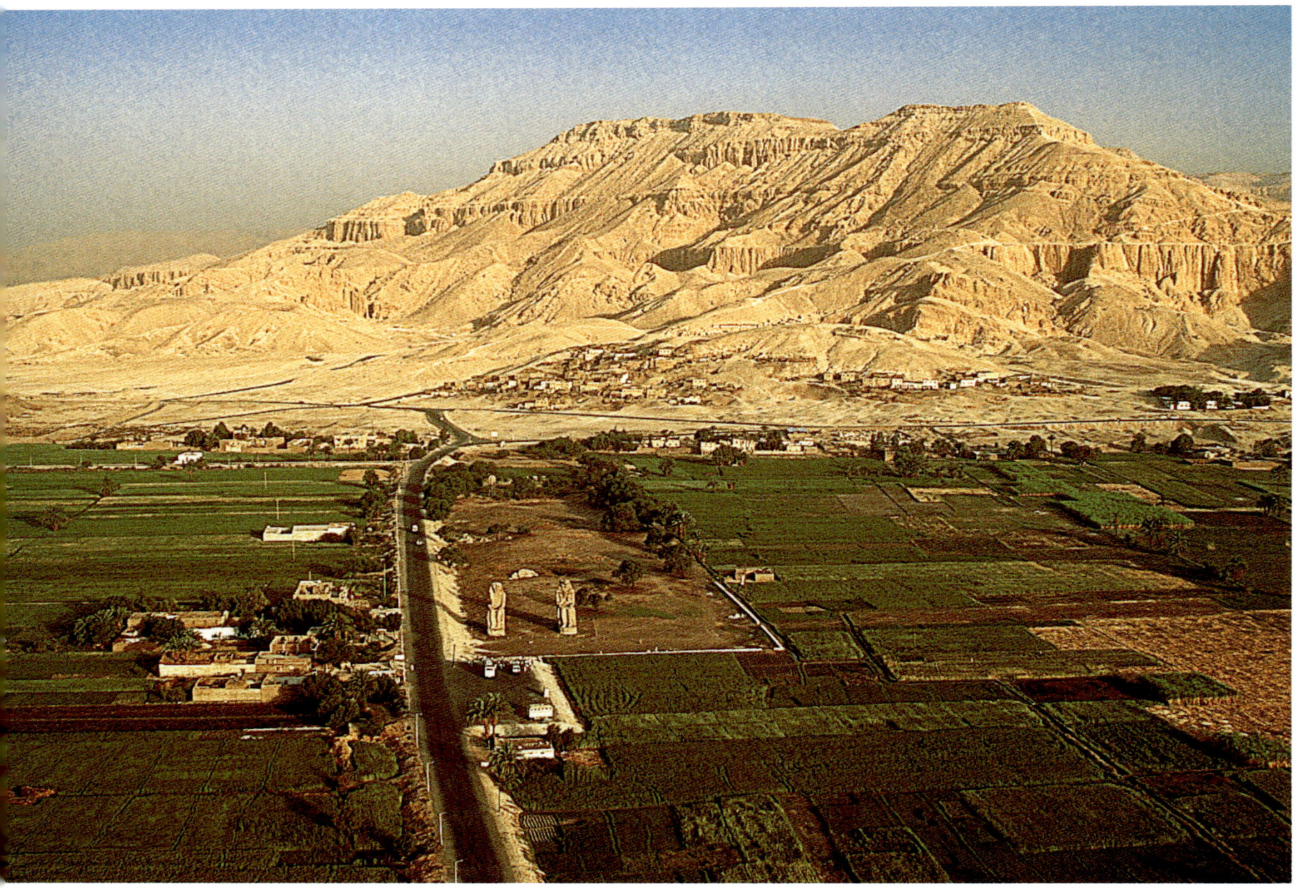

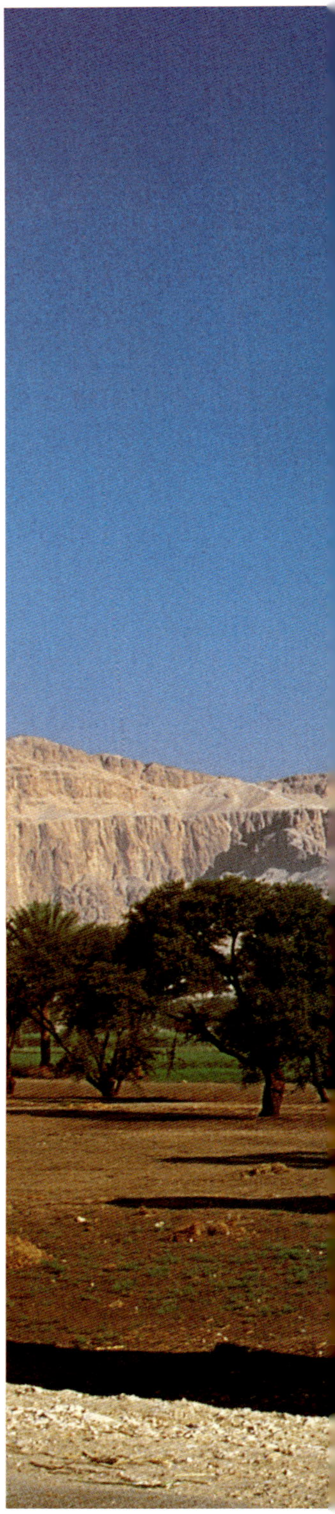

Die Pharaonen des Neuen Reiches ließen ihre großartigen Tempel am Westufer des Nils errichten, am Rande des fruchtbaren Vegetationsgebietes und im Angesicht der heiligen, thebanischen Berge. Man orientierte sich bei der Konzeption der Bauwerke am Lauf der Sonne von Osten nach Westen und richtete die Tempel danach aus.

Die thebanischen Tempel hatten eine etwas andere Funktion als die Tempel von Giseh und Sakkara, die für die Bestattungsrituale und den Pharaonenkult nach dem Tod des Königs errichtet wurden. Denn die Bauwerke in Theben waren für den Kult des vergöttlichten, lebenden Königs errichtet und galten bereits damals als Gedenkstätten für die nachfolgenden Generationen.

Hier wurden die magischen Rituale der Jubelfeste (Heb-Sed) vollzogen, die mit dem 30. Thronjubiläum verbunden waren und die nach alter Tradition den Geist des Pharaos stärken und ihm jene neuen Kräfte verleihen sollten, deren er für Regierung und Bewahrung des Landes bedurfte.

154–155
Die Memnonkolosse standen früher gegenüber dem Pylon des Grabtempels Amenophis' III, der heute zerstört ist. Die Gesamthöhe jeder Statue beträgt 17,9 Meter.

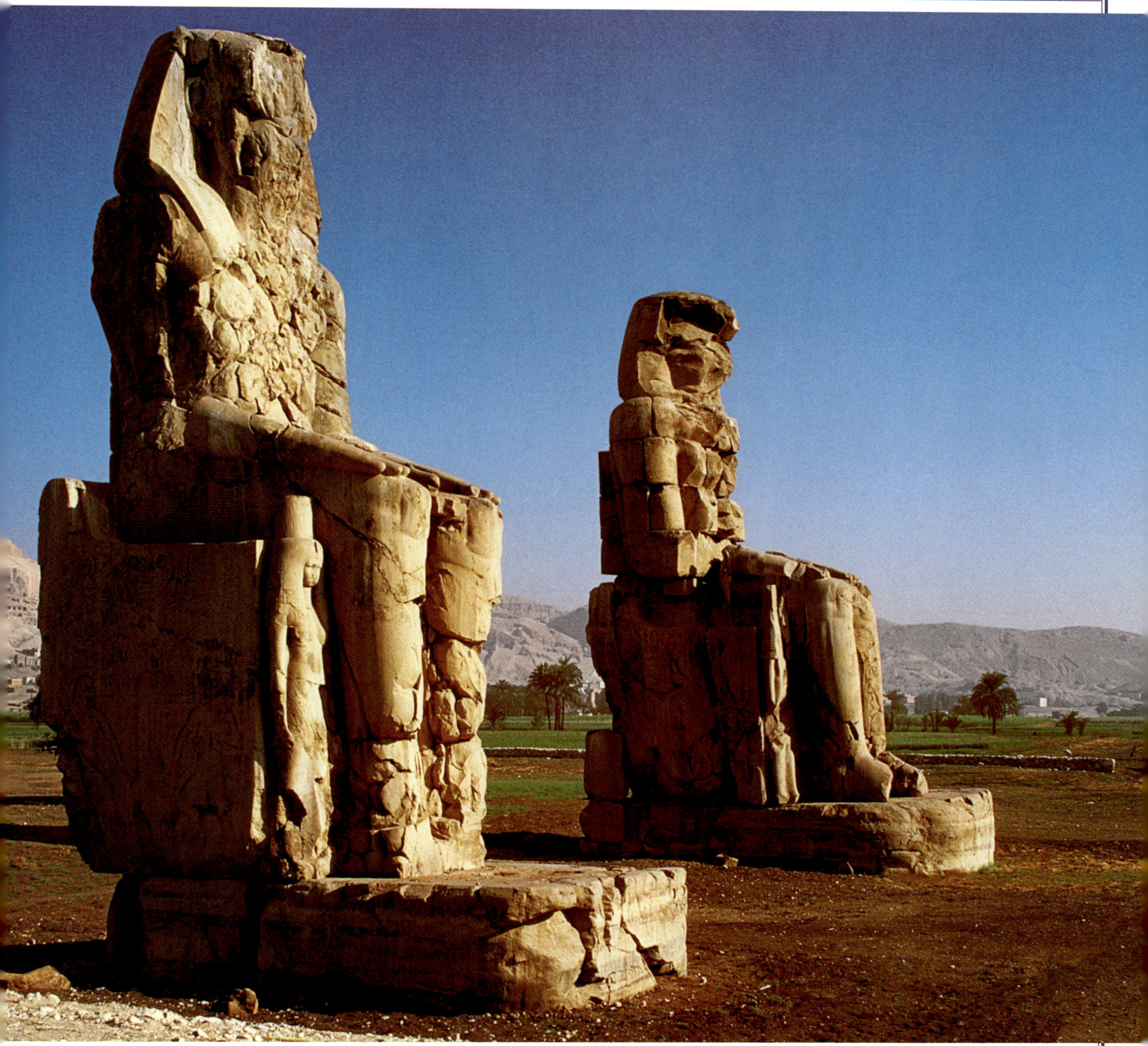

DIE MEMNONKOLOSSE

Memnon war eine Figur der griechischen Mythologie. Mit den Kolossalstatuen des Pharaos Amenophis III., die den Eingang eines großen, heute verschwundenen Tempels beherrschten, hat er nichts zu tun. Die beiden Statuen stehen einsam in der Ebene, die man durchquert, um nach Medinet Habu zu gelangen, und haben mit ihren 18 Metern Höhe eine enorme Wirkung. Ihre Berühmtheit erlangten sie in römischer Zeit, als sich aufgrund eines Erdbebens Risse bildeten und der nördliche Koloss bei morgendlichem Wind Töne von sich gab, die wie Klageseufzer klangen. Die Griechen brachten dieses Phänomen mit Memnon in Verbindung, der im Morgengrauen seine Mutter grüßte. Die beiden Statuen befanden sich später an einer äußerst frequentierten Straße, die nach Süden führte, und entwickelten sich zum Rastplatz, an dem viele Neugierige über 100 Graffiti hinterließen, darunter auch eines des römischen Kaisers Hadrian.

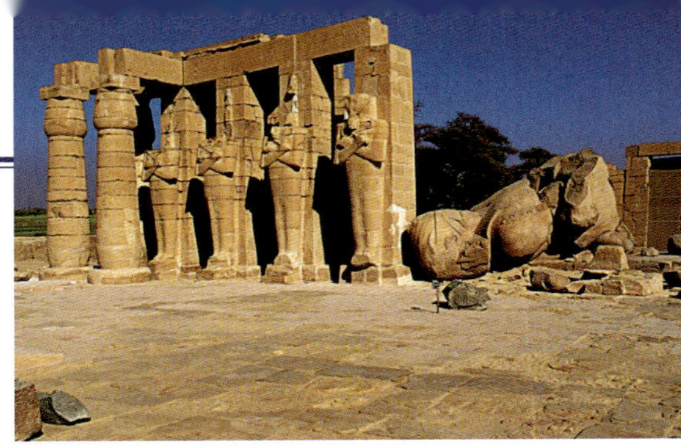

156 oben links
Seitenansicht des großen Hypostyls des Rameseums.

156 unten links
Kopf einer der beiden Statuen Ramses' II., die das Ramesseum schmücken.

156 rechts
Osiris-Pfeiler und Fragmente der Kolossalstatue Ramses' II. im Ramesseum.

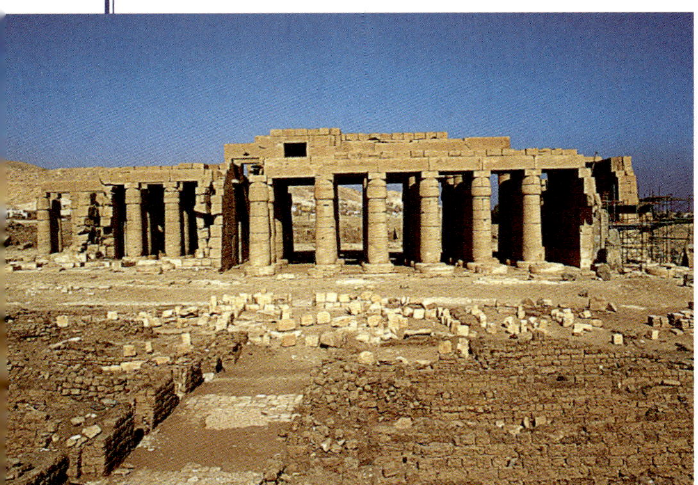

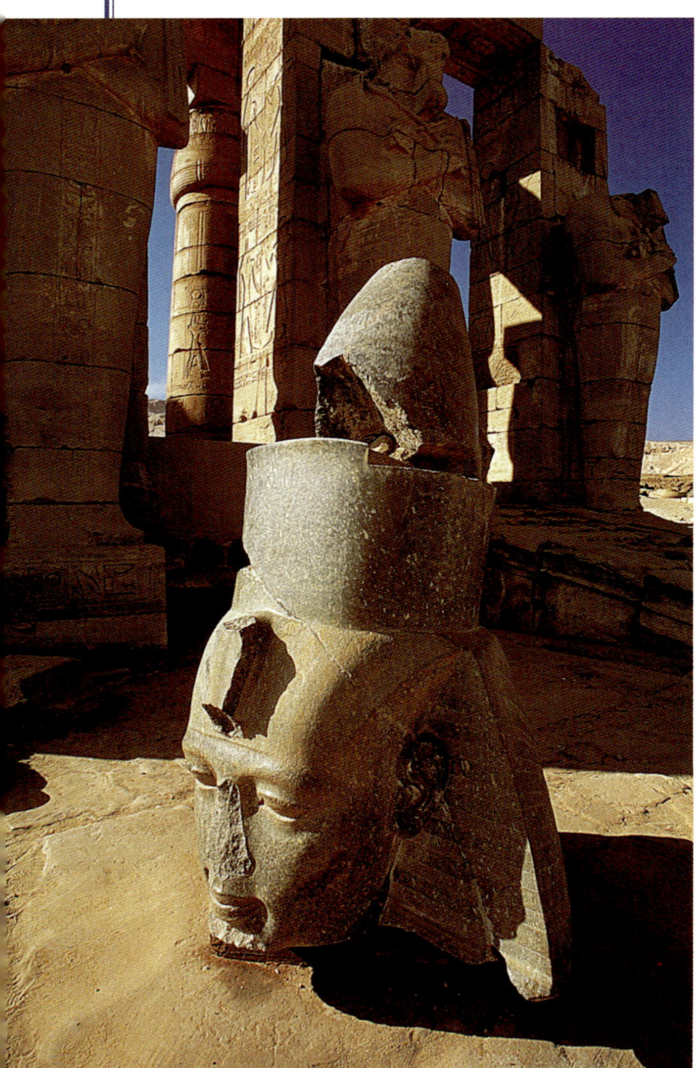

DAS RAMESSEUM

Der Tempel Ramses' II. ist Teil einer Anlage, die der Pharao in Westtheben errichten ließ. In seinem Bereich befanden sich Lagerräume, Häuser und Speicher für die Bediensteten und den Vorrat. Die imposanten Ruinen waren zu allen Zeiten ein beliebtes Reiseziel. Die Graffiti an den Wänden künden von der großen Zahl von Besuchern aus früheren Zeiten, zu denen auch G. B. Belzoni zählte. Dieser wurde 1818 von den Engländern mit der schwierigen Aufgabe betraut, eine riesige Pharaonenbüste, die seit undenklichen Zeiten im Vorhof des Tempels stand, anzuheben und auf ein Schiff zu verladen, um sie zum englischen Konsul H. Salt nach Kairo zu transportieren. Die Büste befindet sich heute im Britischen Museum. Der Grundriss der Anlage folgt einem klassischen Schema: Zwei aufeinanderfolgende Höfe, denen jeweils ein Pylon vorgebaut ist, geleiten zur großen Säulenhalle, die wiederum zu einer kleineren führt, die als Vorraum des dem Gott Amon geweihten Heiligtums dient. Die Seitenwände des Tempels sind Zeugnisse der ramessidischen Propaganda für die Schlacht von Kadesch, die im heutigen Syrien gegen die Hethiter, eine Großmacht des Altertums, geführt wurde. Auf den Reliefs sind die vier ägyptischen Divisionen im Kampf und der Pharao zu sehen, der in enormer Größe dargestellt ist und von der Höhe seines Streitwagens aus Scharen winziger Feinde vernichtet. Interessant ist auch die der Szene innewohnende Dynamik, die durch die Darstellung der Hufe des Pferdes erzeugt wird. Die Ägypter stellten einen Gegenstand häufig mehrfach dar, nicht nur um der Ausdrucksstärke willen, sondern um den Plural auszudrücken. Bei genauerer Betrachtung des Tierkopfes kann man hier die Konturen eines zweiten Kopfes erkennen. Eine weitere Besonderheit des Reliefs und einzigartig für die ramessidischen Tempel ist die Darstellung des Gottes Amun, der den Namen des Pharaos auf eine kleine Tafel schreibt.

Gegenüber dem zweiten Pylon stehen die Reste der riesigen Statue Ramses' II. Der Koloss zerbrach wahrscheinlich aufgrund eines Erdbebens. Zeichnungen aus dem 18. Jahrhundert stellen ihn bereits in seinem heutigen Zustand dar. Im Augenblick ist ein Projekt in Planung, das aus den verstreut liegenden Einzelteilen die Statue wieder zusammenzufügen soll.

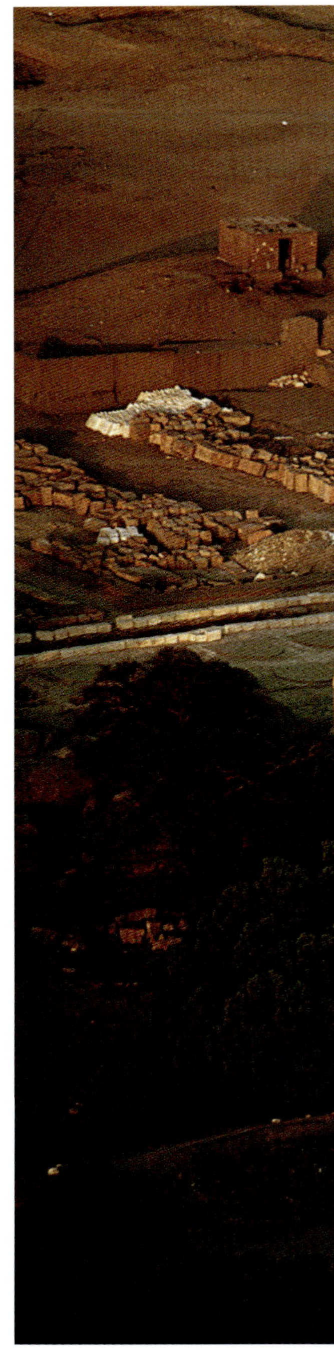

156–157
Luftaufnahme des Ramesseums.

157 oben rechts
Ruinen des Grabtempels Sethos' I.

157 unten rechts
Ausschnitt der Amun-Kapelle im Tempel Sethos' I.

158–159
Ramses II. kniet vor Amun-Ra. Ausschnitt aus einem Relief im Ramesseum.

160–161
Das Luftbild des Ramesseums offenbart die beachtliche Größe der Umfriedungsmauer.

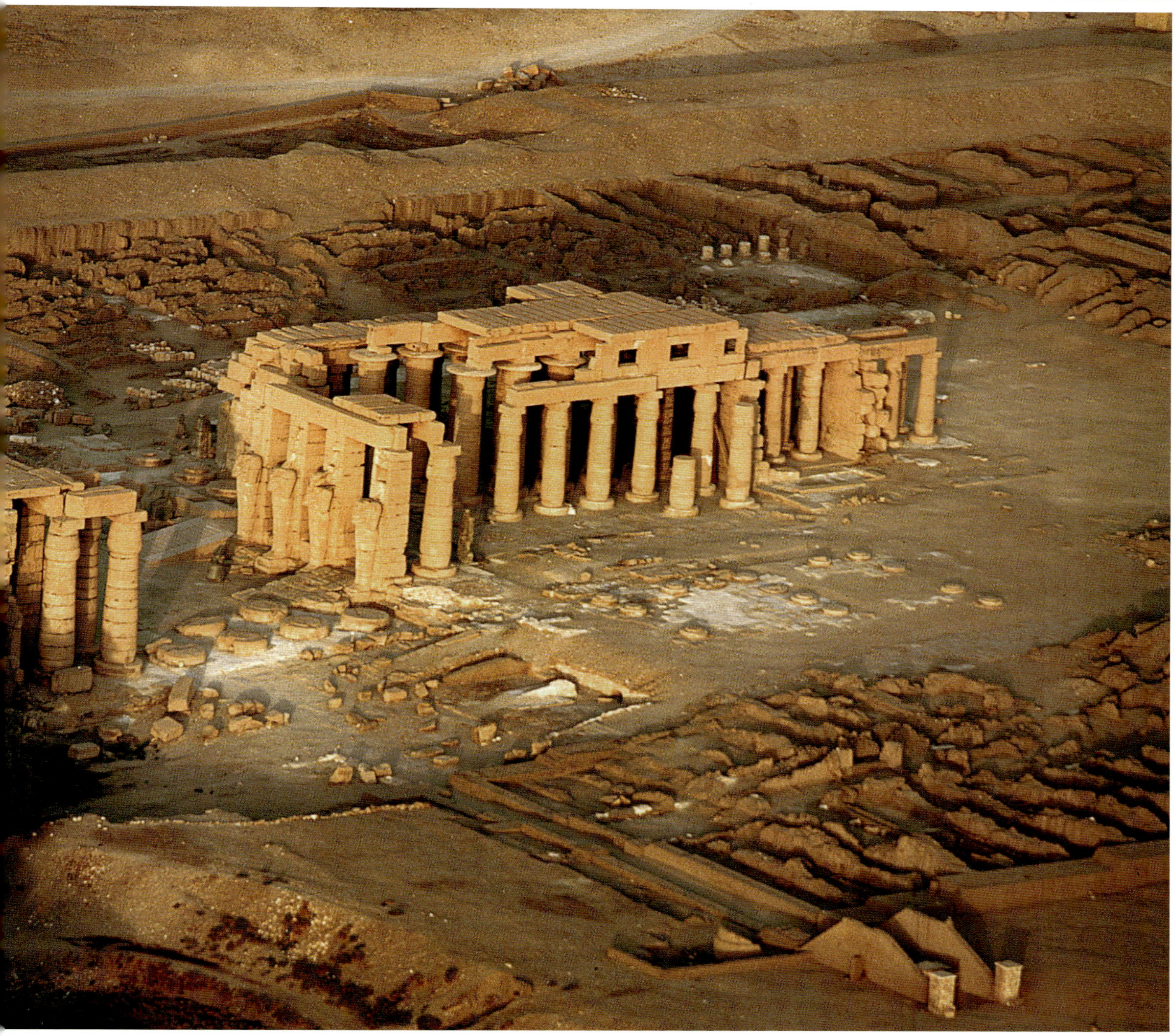

DER TEMPEL VON SETHOS I.

Obwohl er sich an einer kleinen Abzweigung von der Straße, die ins Tal der Könige führt, befindet, ist der Tempel Sethos' I. auf jeden Fall einen Besuch wert. Diesem Pharao sind einige der schönsten Bauten des Neuen Reiches zu verdanken, wie zum Beispiel der Tempel von Abydos und die Säulenhalle von Karnak. Vom Grabmal in Westtheben ist nur der geschlossene Tempel erhalten geblieben, die Pylone und Vorhöfe sind vollständig zerstört worden. Die auf den Reliefs als von Hathor bzw. Mut gestillte Säuglinge dargestellten Sethos I. und Ramses II. unterstreichen die Bedeutung des Bauwerks als Ort der Stärkung. Der Tempel ist in erster Linie dem Gott Amun, dem Sonnengott Ra-Horachte und dem Pharao Ramses I., dem Begründer der 19. Dynastie und Vater Sethos' I., geweiht. Auch Atum und Month, der Kriegsgott, konnten im Innenraum in ihnen gewidmeten Räumen verehrt werden.

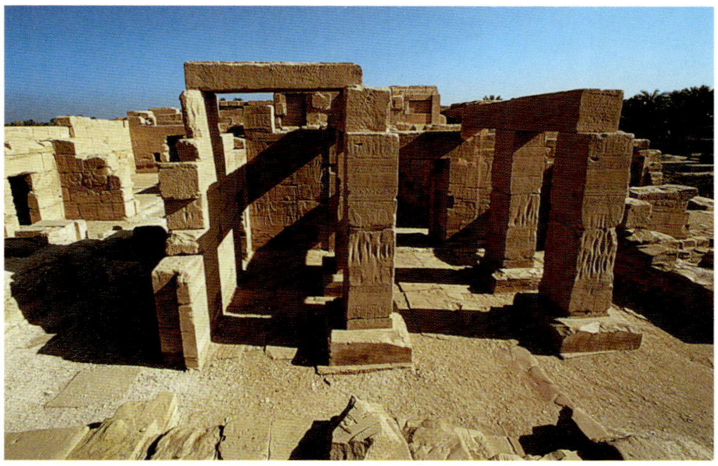

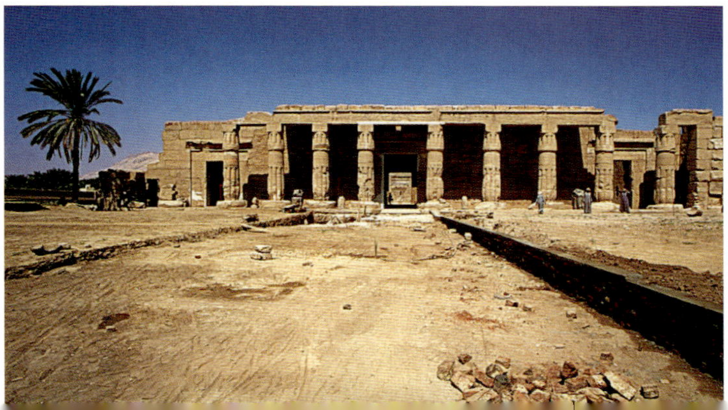

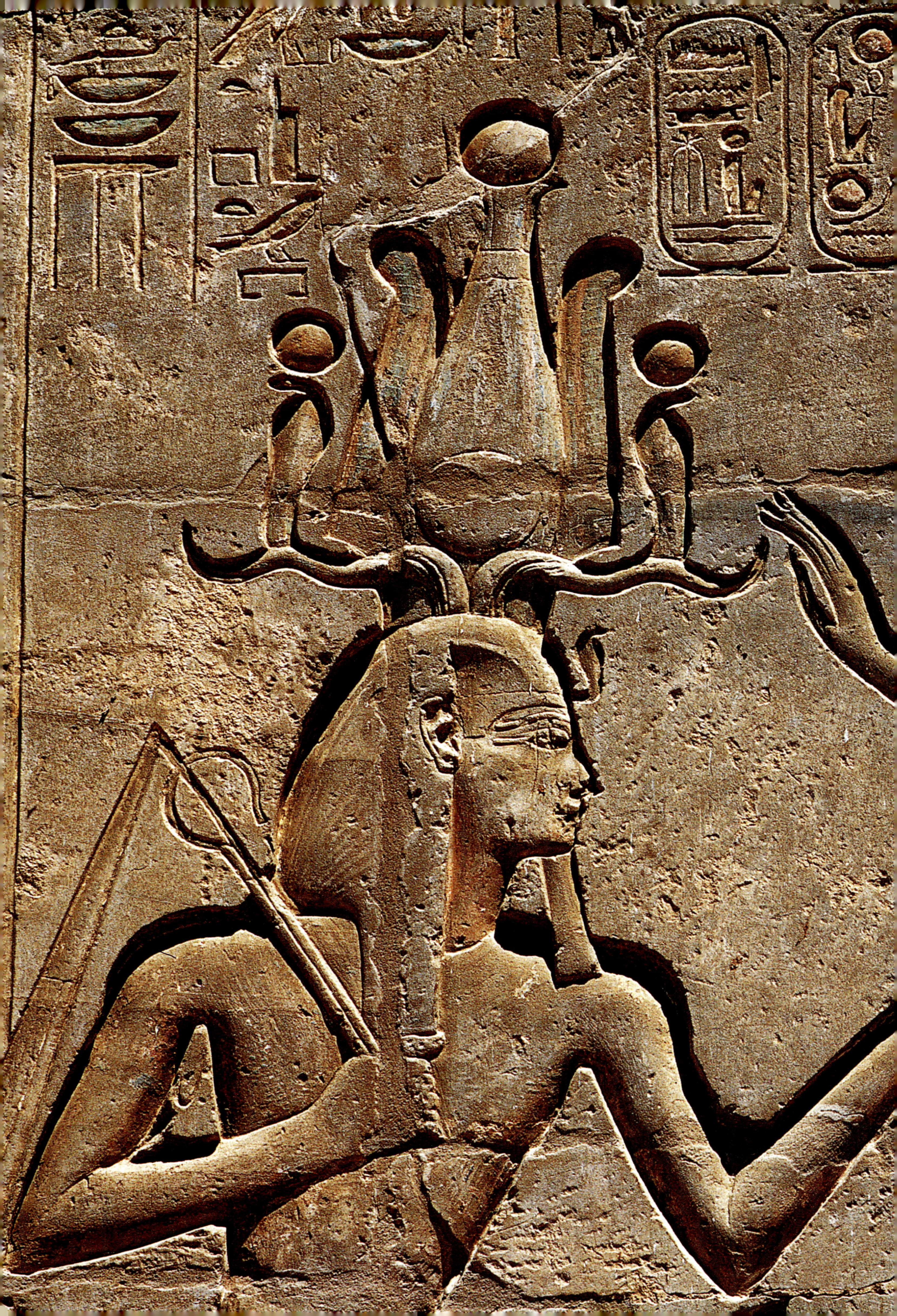

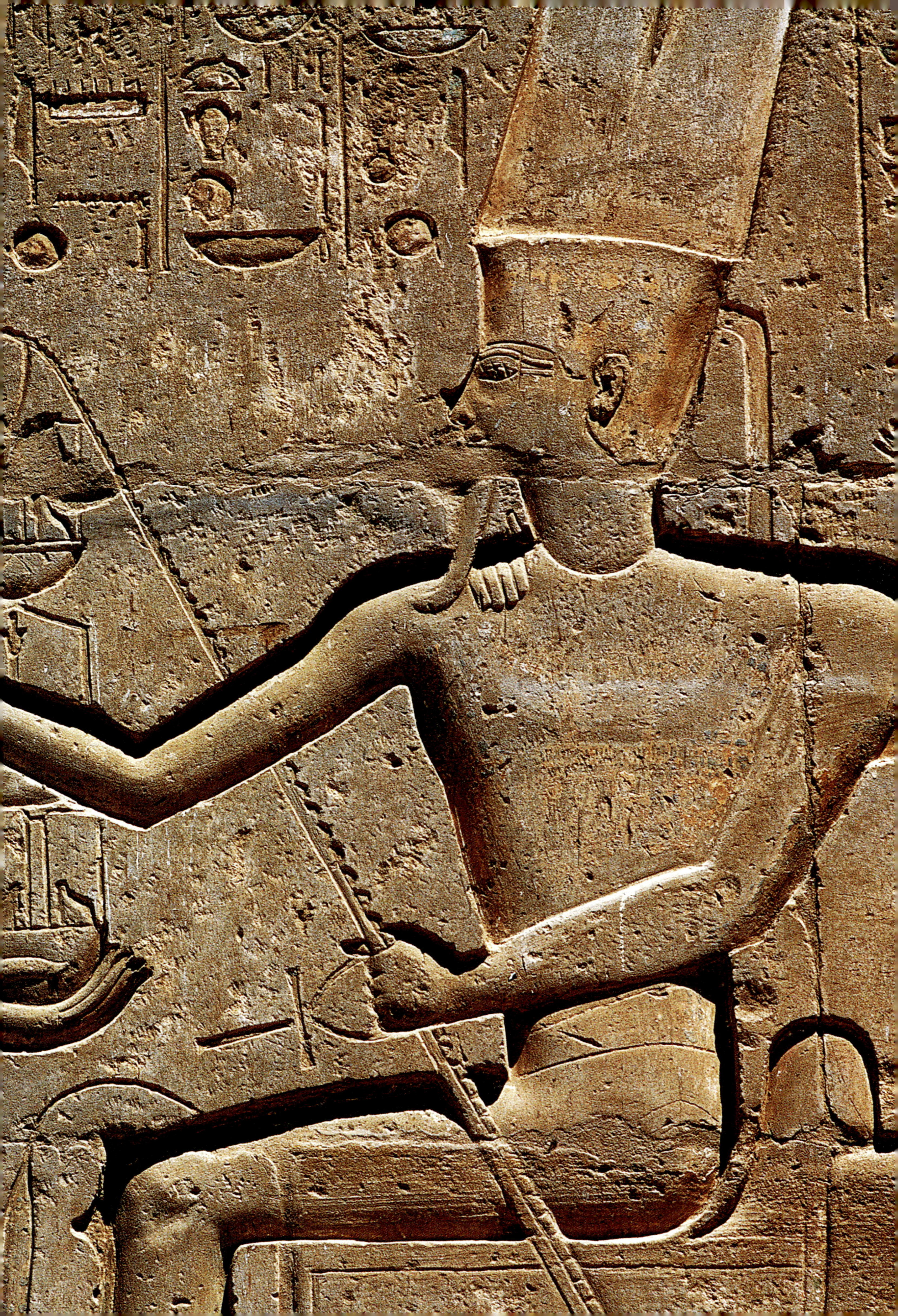

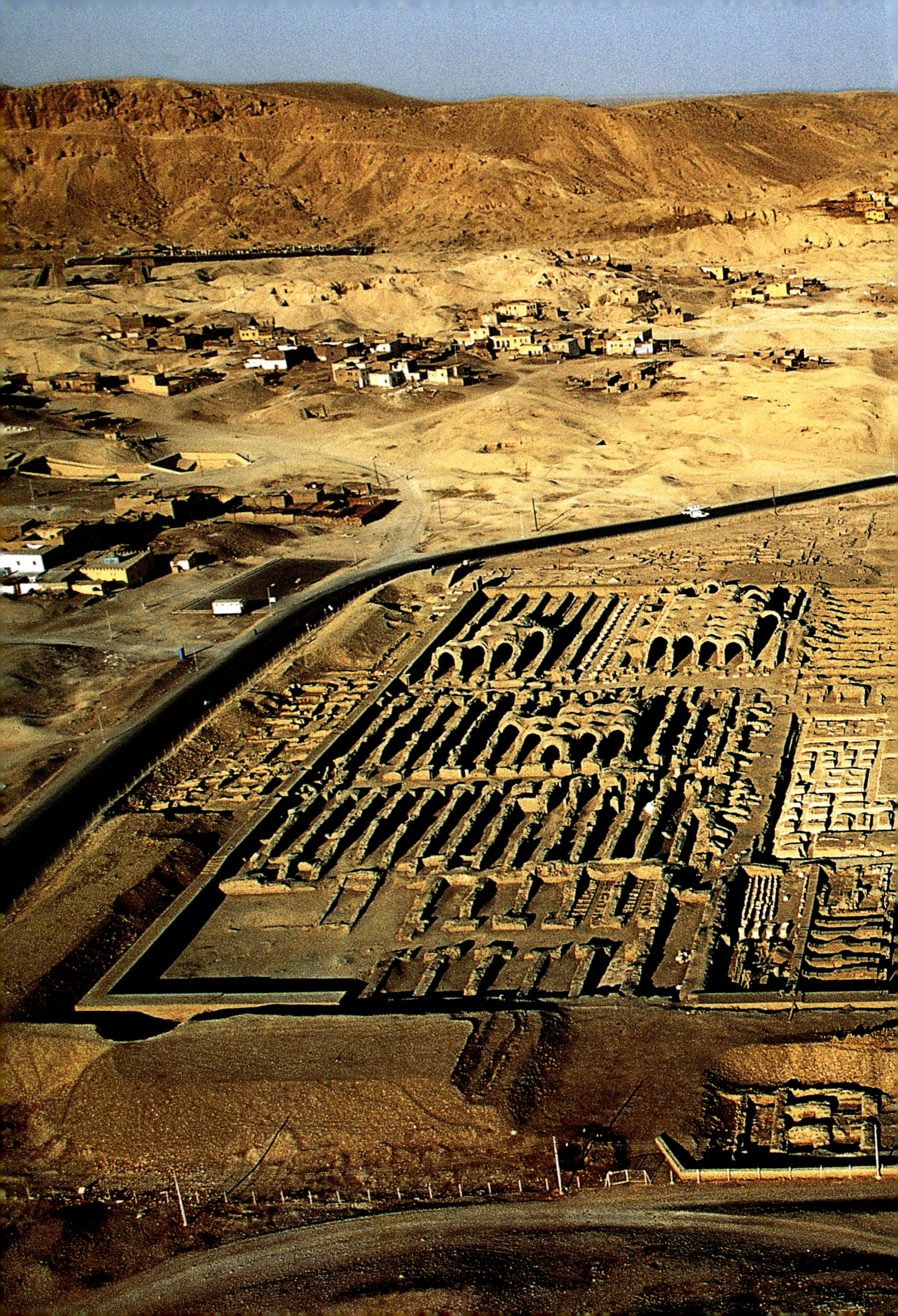

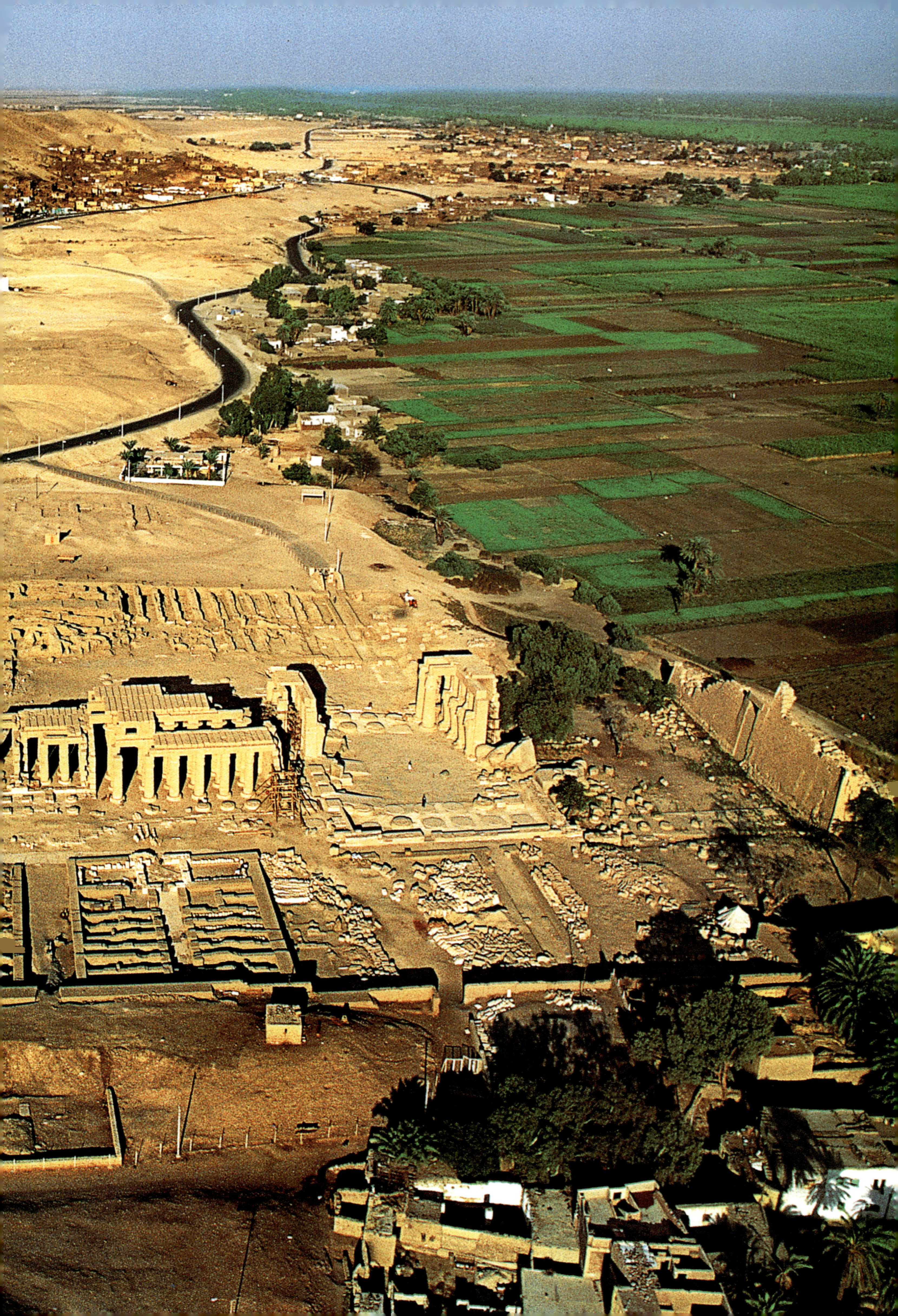

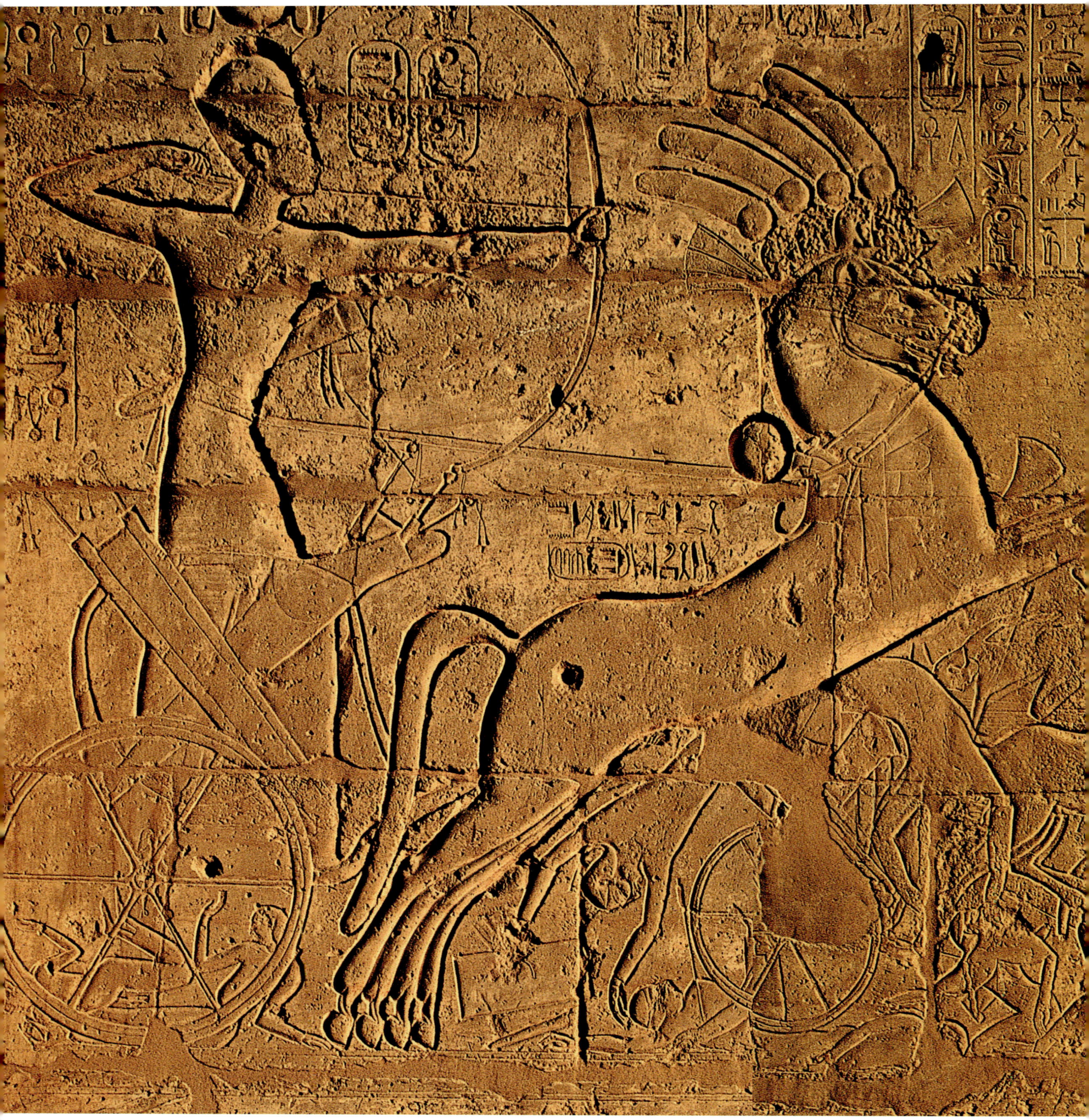

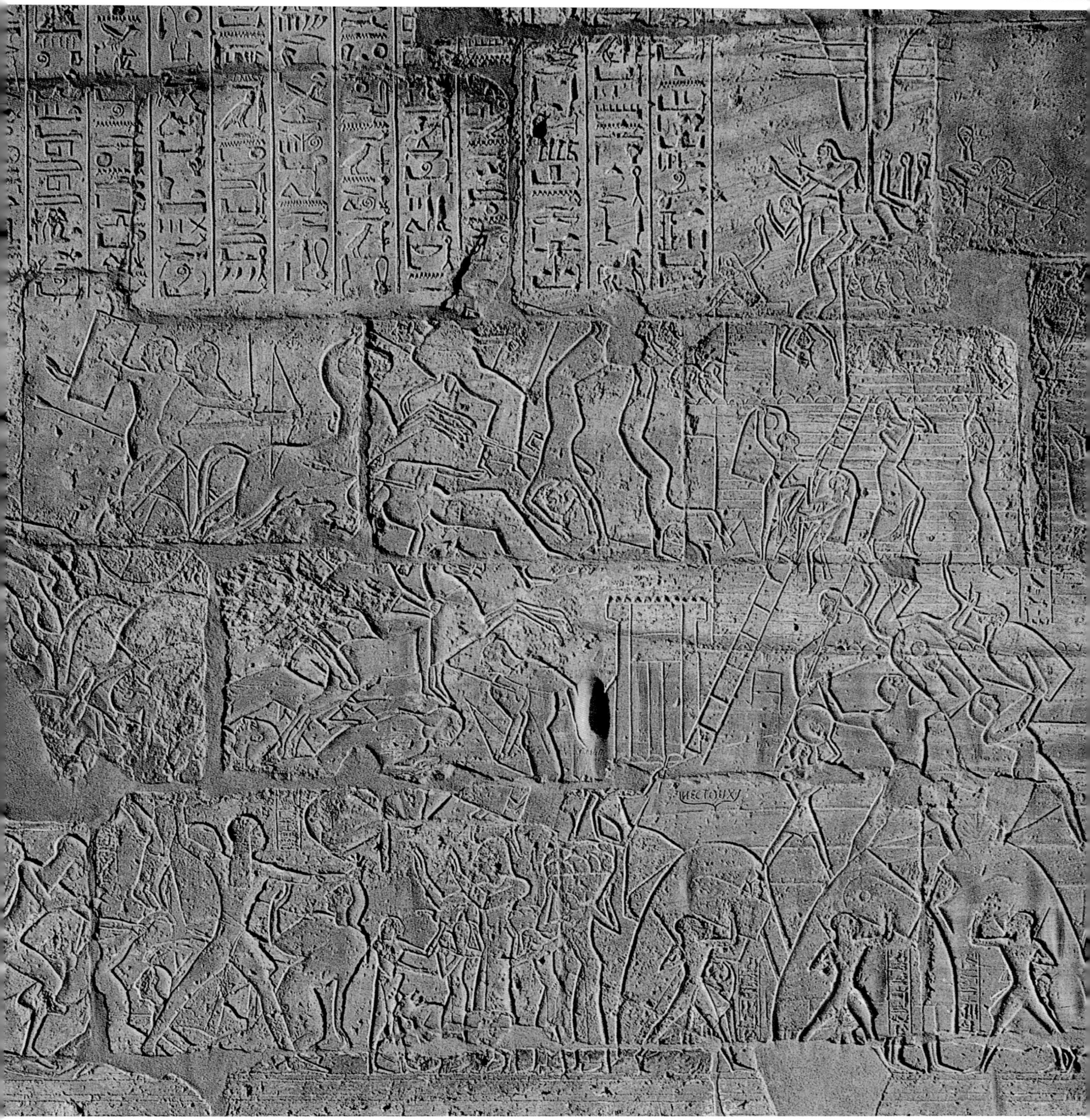

162–163
Ramses II. durchbricht mit seinem Streitwagen die Reihen der Amoriter, die ihm zur Verteidigung Dapurs entgegentreten. Detail aus dem Ramesseum.

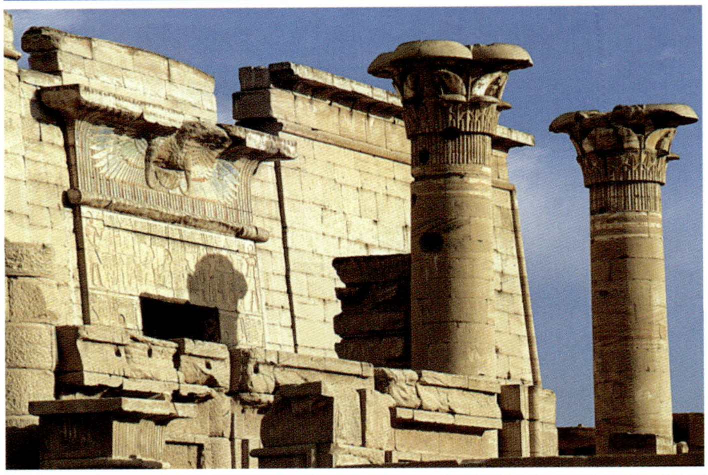

164 oben
Zwei Säulen vor dem Pylon des kleinen Tempels Thutmosis' III.

164 unten
Luftaufnahme von Medinet Habu: Der Tempel ist von einer Ziegelmauer mit Befestigungsturm, genannt Migdol, *umgeben.*

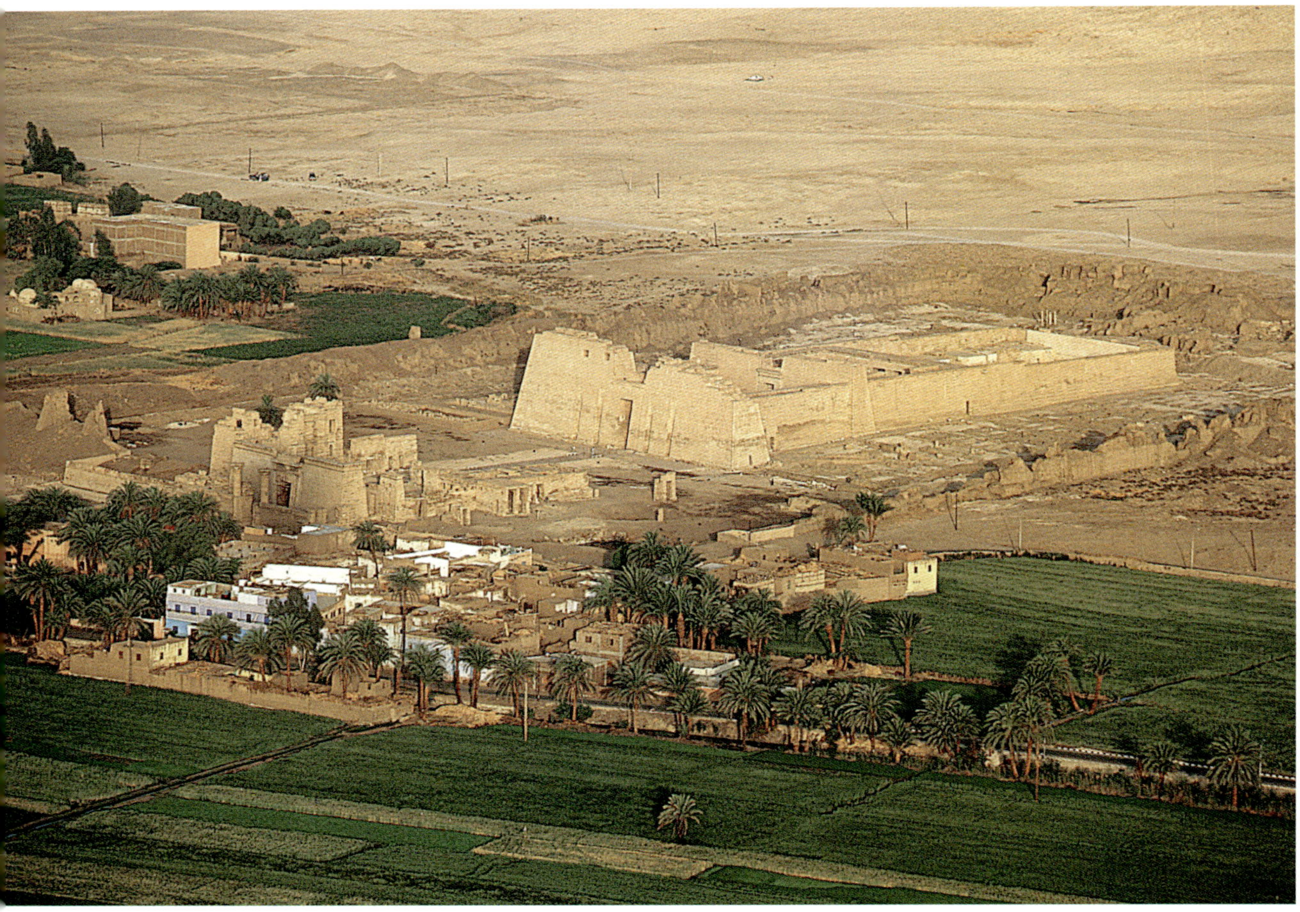

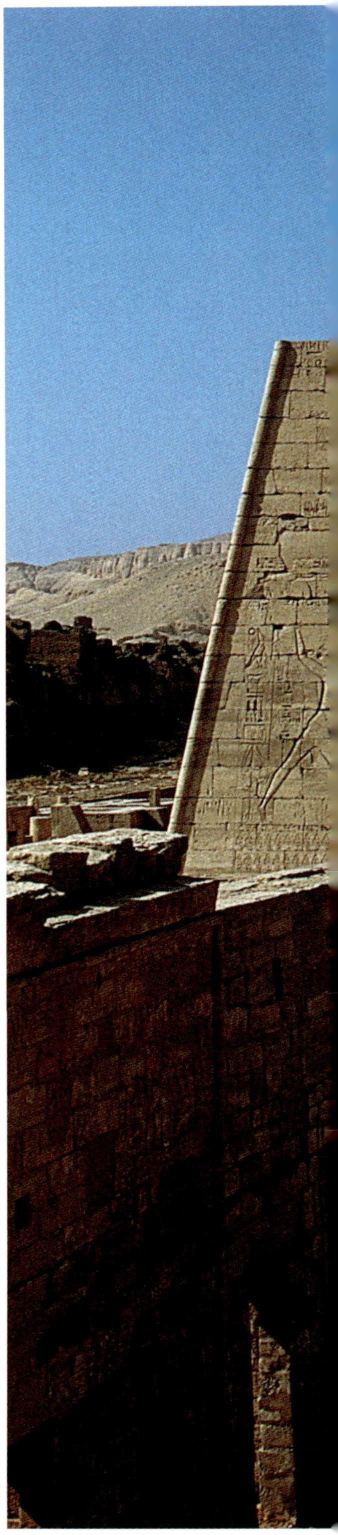

164–165
Der erste Pylon des Tempels von Medinet Habu ist 63 Meter lang und mit Basreliefs verziert, die an die Siege Ramses' III. erinnern.

165 unten links
Statue der Göttin Sechmet aus schwarzem Granit im Inneren der Anlage.

165 unten rechts
Einige der Osiris-Pfeiler, die den zweiten Hof umgeben.

MEDINET HABU

Medinet Habu war in ramessidischer Zeit ein wichtiges wirtschaftliches und religiöses Zentrum, in dem der Pharao, der Wesir und die Priester wohnten und in dem sich während der 20. Dynastie das administrative Leben abspielte. Es war aber auch ein Ort alter Traditionen. Der Überlieferung nach wurde es auf jenem Hügel errichtet, auf dem die acht Urgottheiten, die bereits vor der Erschaffung der Welt existierten, bestattet worden waren und auf dem Gott Amun zum ersten Mal erschien. Die archäologische Stätte umfasst einen dem Amun geweihten Tempel aus der 18. Dynastie, der unter Thutmosis III. erbaut wurde, einen Tempel Ramses' II., Kapellen für den Amun-Kult, einen kleinen Thot-Tempel, die königliche Palastanlage Amenophis' III., Lagerräume, den heiligen See und ein Nilometer. Später wurde es auf Befehl Ramses' III. mit einer Mauer umgeben, denn der Pharao wollte die Anlage zu einer Art Festung ausbauen. Der Tempel Ramses' II. ist das wichtigste Denkmal der Stätte. Das Ramesseum hatte den Pharao zum Bau eines der großartigsten Tempel der thebanischen Architektur inspiriert. Der Eingang liegt zwischen zwei 22 Meter hohen, massiven Pylonen, in die Kriegsszenen eingemeißelt sind, darunter mehrere Darstellungen des Pharao: wie er mit einem Stock auf eine Gruppe von Gefangenen einschlägt, die von Ägypten unterworfenen Völkern angehören, wie er mit der Doppelkrone auf dem Haupt und dem Schwert in der Hand dem Amun Gefangene opfert und wie er einen wilden Stier jagt.

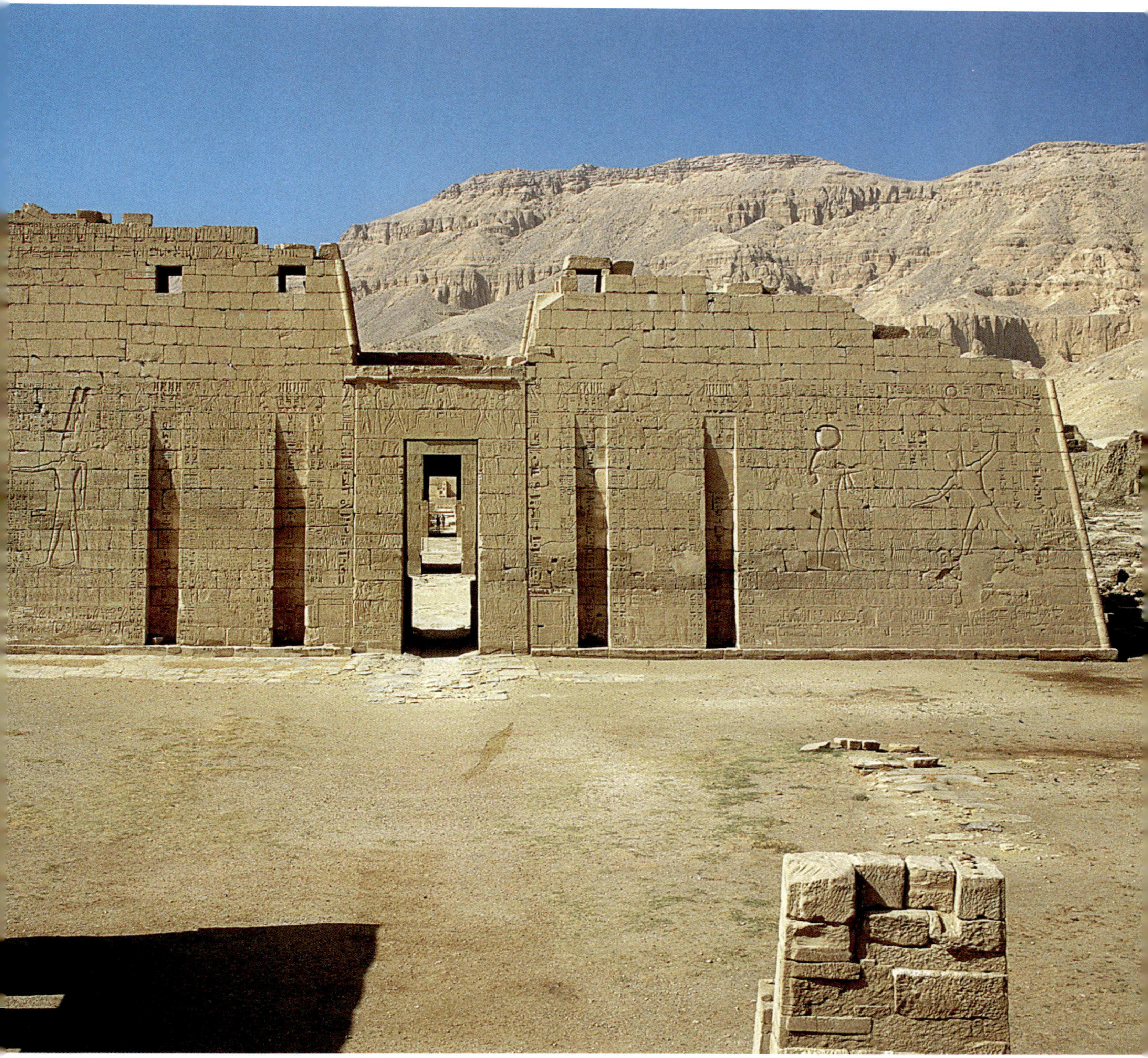

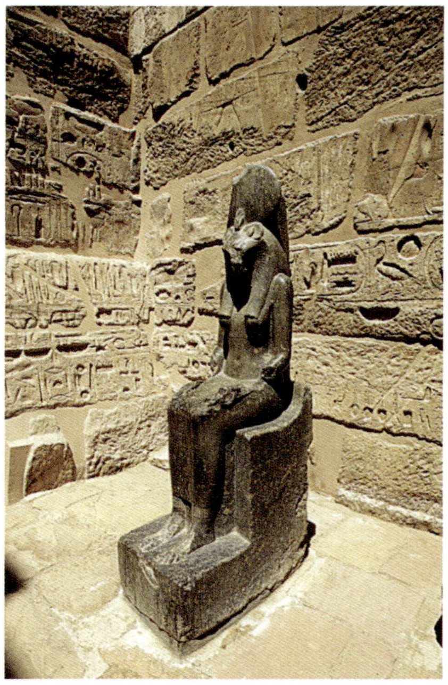

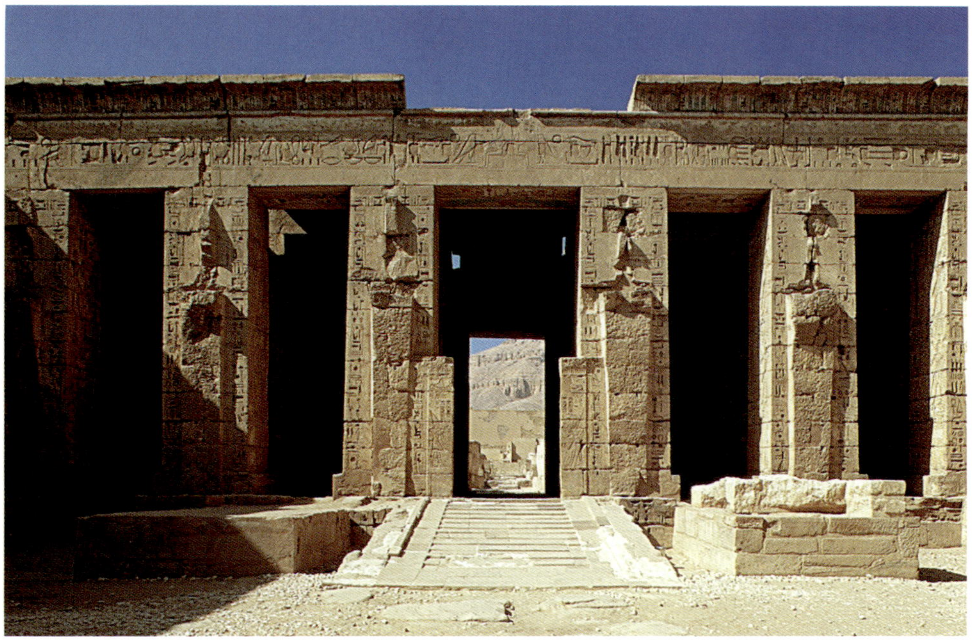

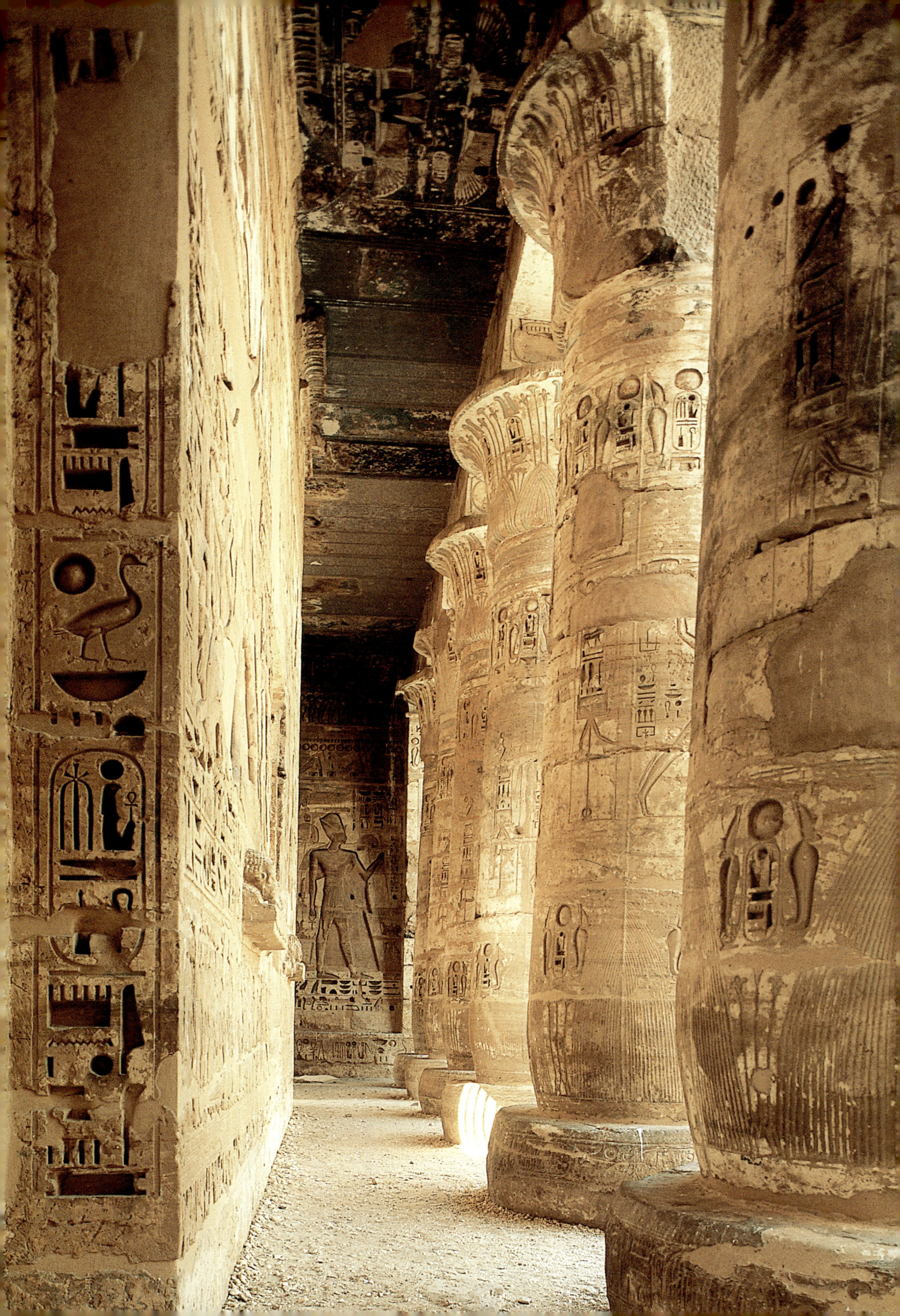

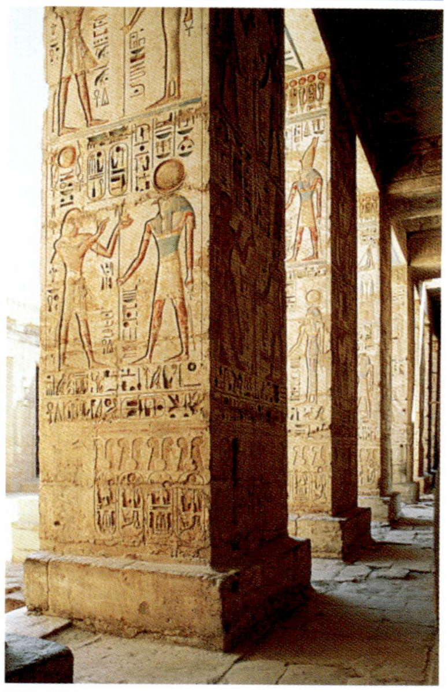

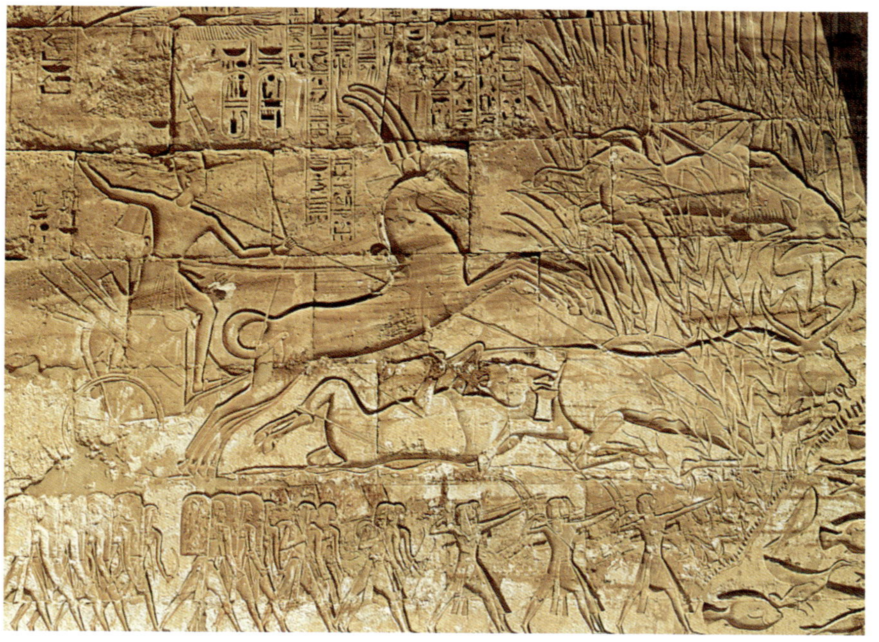

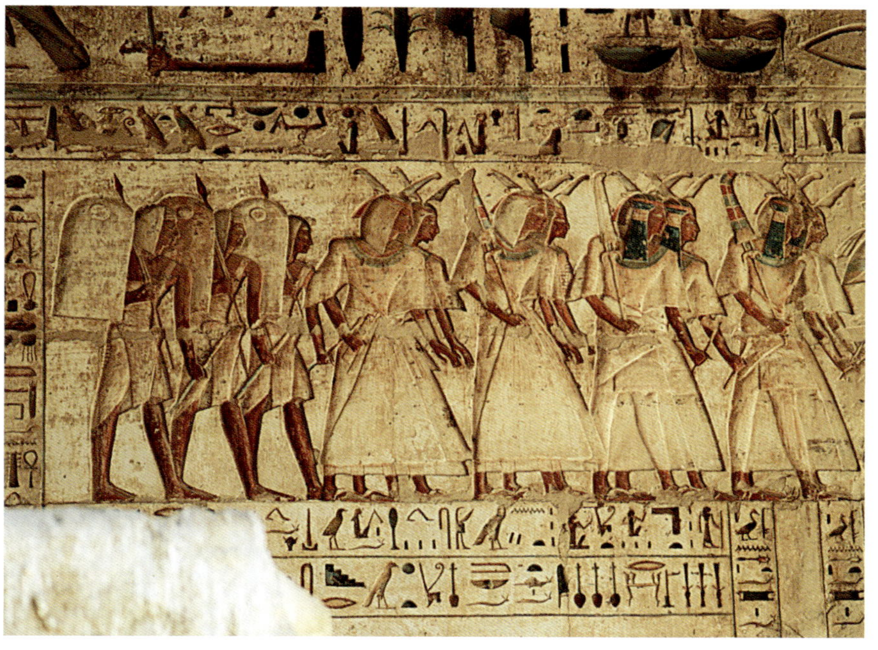

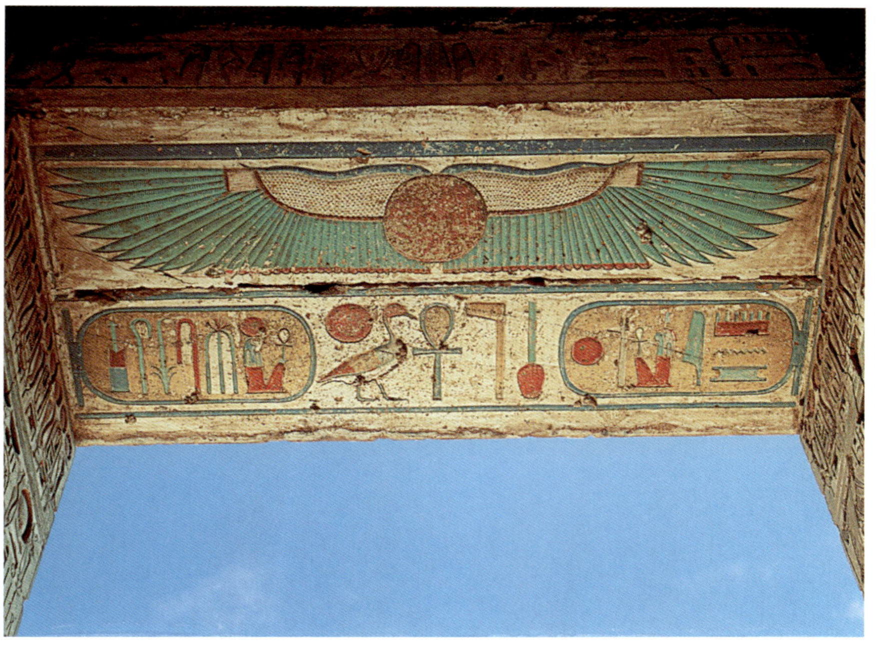

167 oben rechts
Gemeißeltes Basrelief an der südwestlichen Seite des ersten Pylons: Ramses III. jagt einen Stier.

167 Mitte rechts
Detail einer der Basreliefszenen, die die Wände des ersten Hofes schmücken.

167 unten rechts
Farbiges Basrelief mit einer geflügelten Sonnenscheibe auf einem der Architraven des zweiten Hofes.

166
Ausschnitt des südlichen Portikus im ersten Hof mit den großen, mit farbigen Basreliefs verzierten Säulen.

167 links
Die Pilaster des Portikus, der den zweiten Hof umgibt, sind mit Szenen des opfernden Pharaos verziert.

Im ersten großen Hof befindet sich auf der einen Seite ein Acht-Säulen-Gang und auf der anderen Seite eine Galerie mit osirischen Pilastern und Wänden, in die ebenfalls Schlacht- und Opferungsszenen eingemeißelt sind. Der zweite Pylon trägt Flachreliefs, die ebenfalls ausführlich militärische Unternehmungen darstellen. Es folgt ein zweiter Hof mit osirischen Pilastern und Säulen mit geschlossenen Kapitellen, die einen Säulengang einfassen, der wiederum mit Flachreliefs religiöser und militärischer Thematik verziert ist. Von hier aus hat man Zugang zu drei Säulenhallen, von denen die erste mindestens 24 Säulen aufwies, und zum Allerheiligsten, in dem sich das heilige Schiff Amuns verbarg. Daneben befinden sich die Überreste zweier den Göttern Mut und Chonsu geweihter Kapellen. Unweit davon stehen die Kapelle des Ra-Harmachis und die des vergöttlichten Ramses III. Die Außenmauern sind vollständig mit Flachreliefs bedeckt, die Kriegszüge darstellen, unter anderem auch eine Schlacht mit den Seevölkern. Interessant ist ein Kalender, der die verschiedenen religiösen Feste aufzählt. Betritt man den Tempel, so findet man folgende Raumfolge vor: einen römischen Hof aus der Kaiserzeit, eine römische Portikus-Kolonnade, einen Pylon aus der Epoche Ptolemäus' IX. und XII., den Hof Nektanebos' und einen Pylon von Schabaka. Der ursprüngliche Tempel wurde von Amenophis I. begonnen und von Hatschepsut und Thutmosis III. vollendet, wie man anhand der Figuren und Schriftrollen, die sich im Heiligtum befinden, erkennen kann. Der heilige Bereich des Tempels wurde in christlicher Zeit von den Kopten genutzt, die ebenfalls Schriften und Malereien hinterließen.

168–169
Luftaufnahme von Deir el-Bahari mit dem Hatschepsut-Tempel und den Tempeln von Thutmosis III. und Mentuhotep.

168 unten links
Auf diesem Basrelief überbringt Hatschepsut, dargestellt als Mann, dem falkenköpfigen Gott Horus Votivgaben.

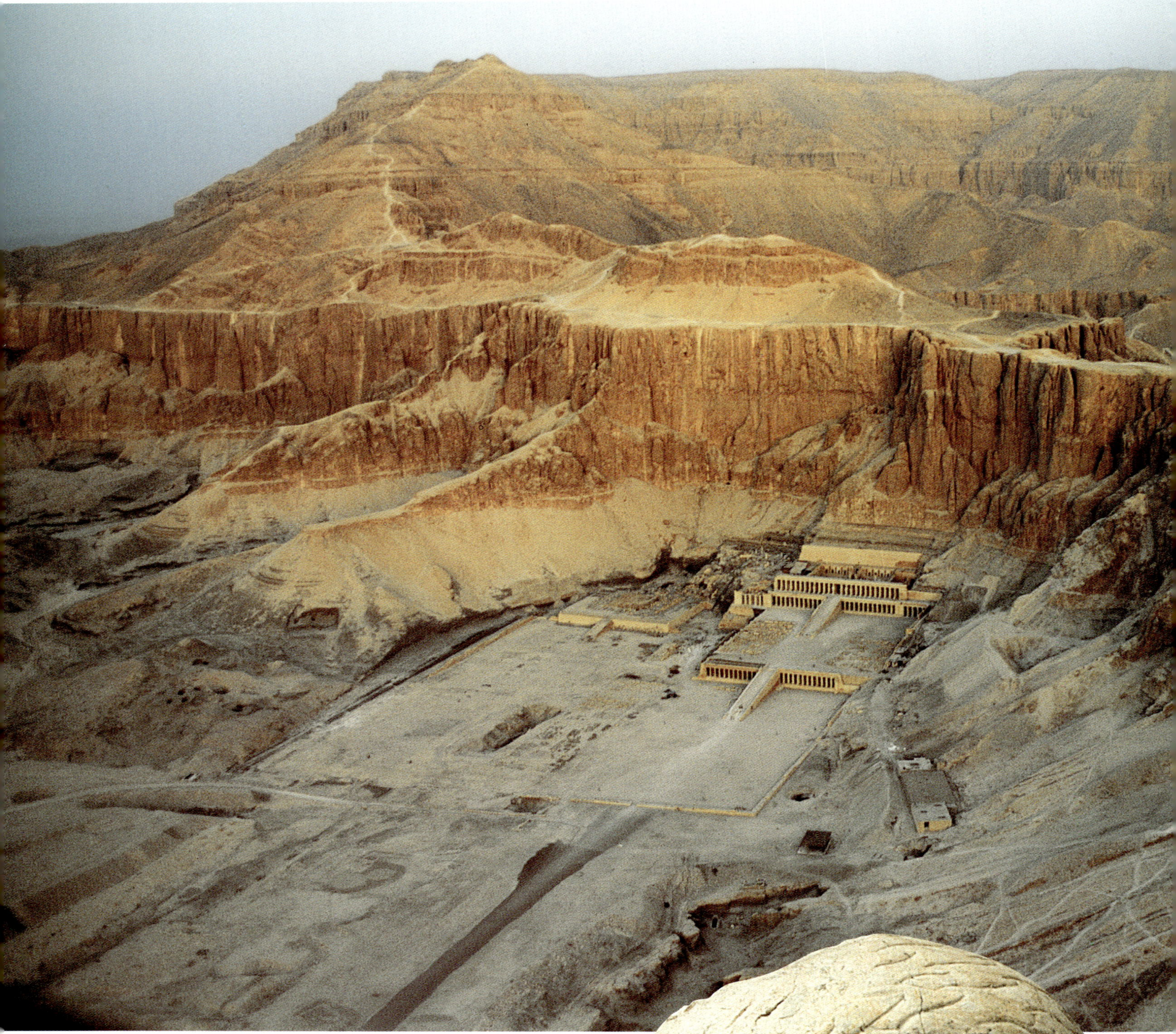

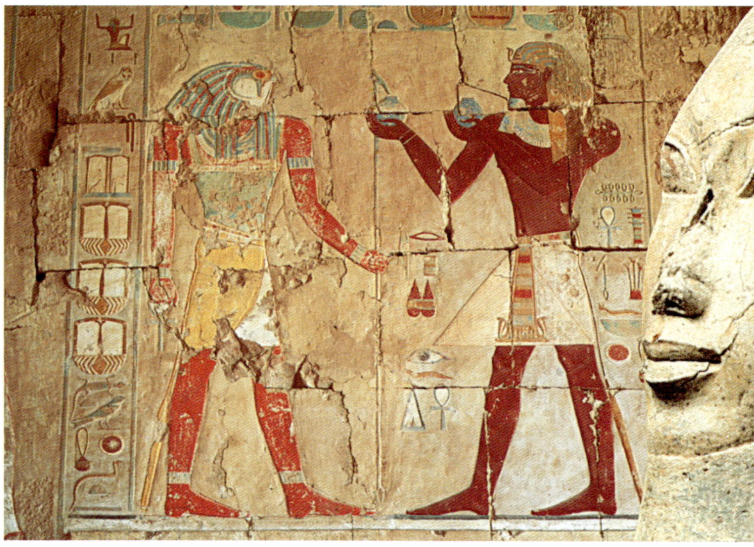

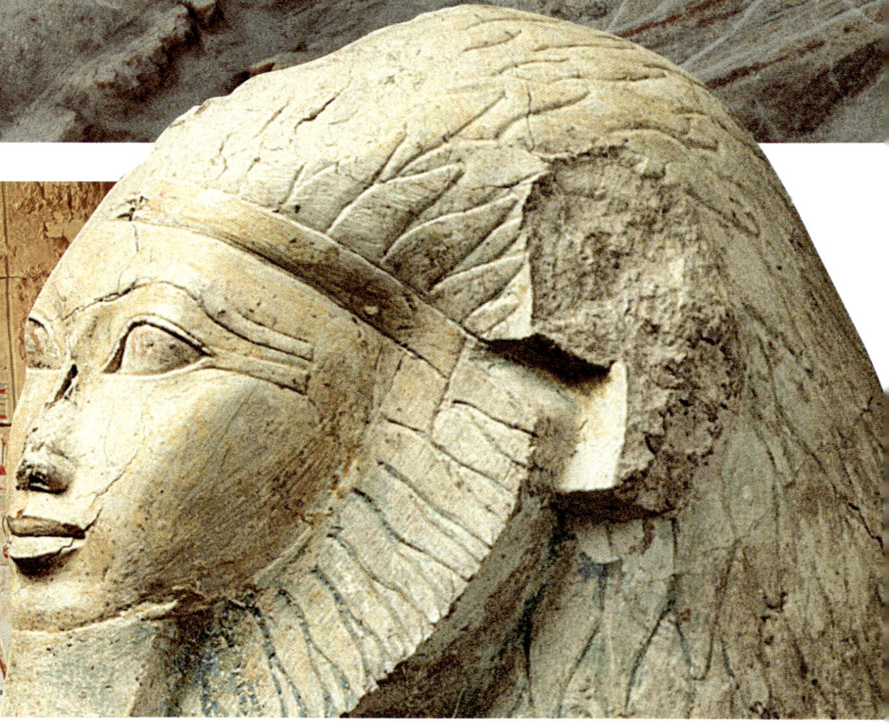

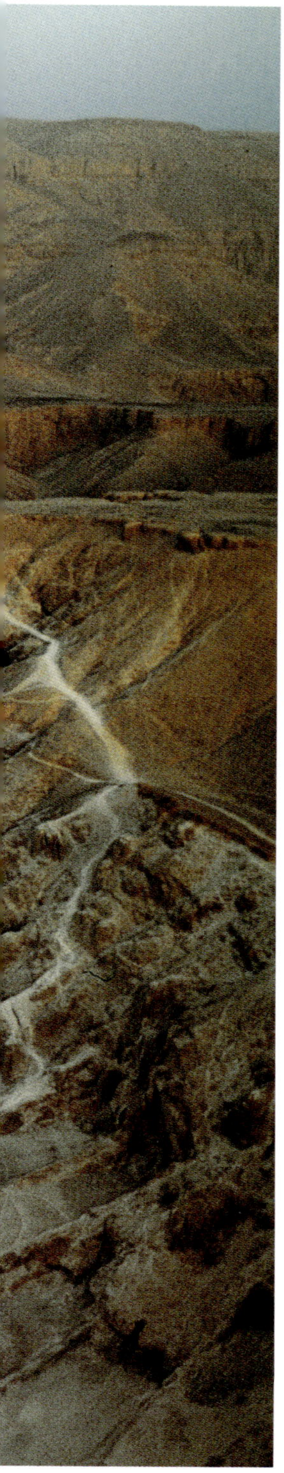

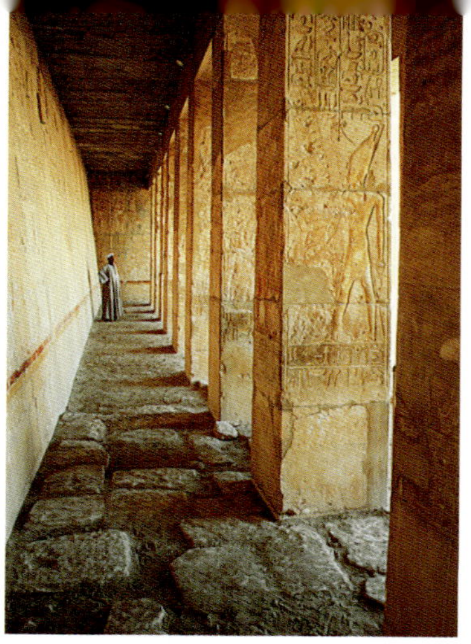

168 unten rechts
Sphinx aus bemaltem Kalkstein mit den Zügen der Hatschepsut, gefunden in Deir el-Bahari.

169 links
Ausschnitt des Mittelportikus, besser bekannt als »Portikus von Punt«.

169 oben rechts
Eines der besterhaltenen farbigen Friese. Es stellt einen Geier dar, über dem eine Reihe von Uräen angeordnet ist.

169 unten rechts
Basrelief mit der Abbildung des Gottes Amun-Ra.

DEIR EL-BAHARI
DER HATSCHEPSUT-TEMPEL

In einem spektakulären, der Göttin Hathor geweihten Amphitheater aus rötlich schimmernden Bergen befinden sich drei Tempel. Wenn die Sonne hoch am Himmel steht und den Besucher blendet, verschmelzen sie mit den Felsen im Hintergrund, sodass man sie kaum mehr von der Felswand unterscheiden kann. Die Stätte verdankt ihren Namen »Nordkloster« einem koptischen Kloster, das in der Nähe erbaut wurde und von dem heute nur noch wenige Überreste zu sehen sind. Hatschepsut war eine Königin, deren Charisma gerühmt wurde und deren Name gleichbedeutend neben den Namen vieler berühmter Herrscher des alten Ägypten steht. Auch heute noch wird über ihre Persönlichkeit und ihre Verwandtschaft mit Thutmosis II. und Thutmosis III. gemutmaßt und über ihre Beziehung zu ihrem Architekten Senmut spekuliert. Ihrer Genialität ist der Bau dieses Tempels zu verdanken, der, obwohl er Stück für Stück aus den Überresten, die Naville seit 1891 sukzessive gefunden hatte, rekonstruiert wurde, nie wieder die spektakuläre Wirkung früherer Tage erlangen wird. Ursprünglich führte eine monumentale, leicht abschüssige Allee, die von Sphingen gesäumt und von Gärten umgeben war, ins Innere des felsigen Amphitheaters. Man gelangte zum ersten großen, mit Blumenbeeten verzierten Hof, hinter dem sich eine Kolonnade befand, die durch eine zweite, in den oberen Bereich führende Rampe unterbrochen wurde. Die Mauer des Laubengangs schmücken Reliefs mit rituellen Jagd- und Fischereiszenen sowie einer Darstellung der Aufstellungszeremonie der Obelisken im Amun-Tempel von Karnak. Auf der zweiten Terrasse finden sich nördlich zwei Säulengänge (unvollständig) mit 15 Säulen und vier Nischen und gegenüber ein Säulengang mit 44 quadratischen Säulen in doppelter Reihe. Links befindet sich eine der Hathor geweihte Kapelle, rechts die Anubis-Kapelle. Die Reliefs an den Wänden des Säulengangs sind wegen ihres Detailreichtums von besonderer Bedeutung. Sie stellen Szenen aus dem Leben der Königin und die berühmte Expedition nach Punt dar.

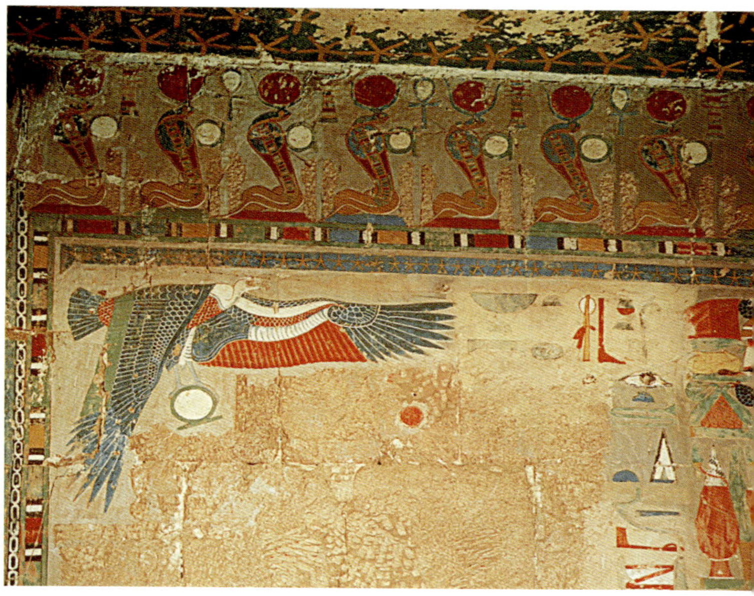

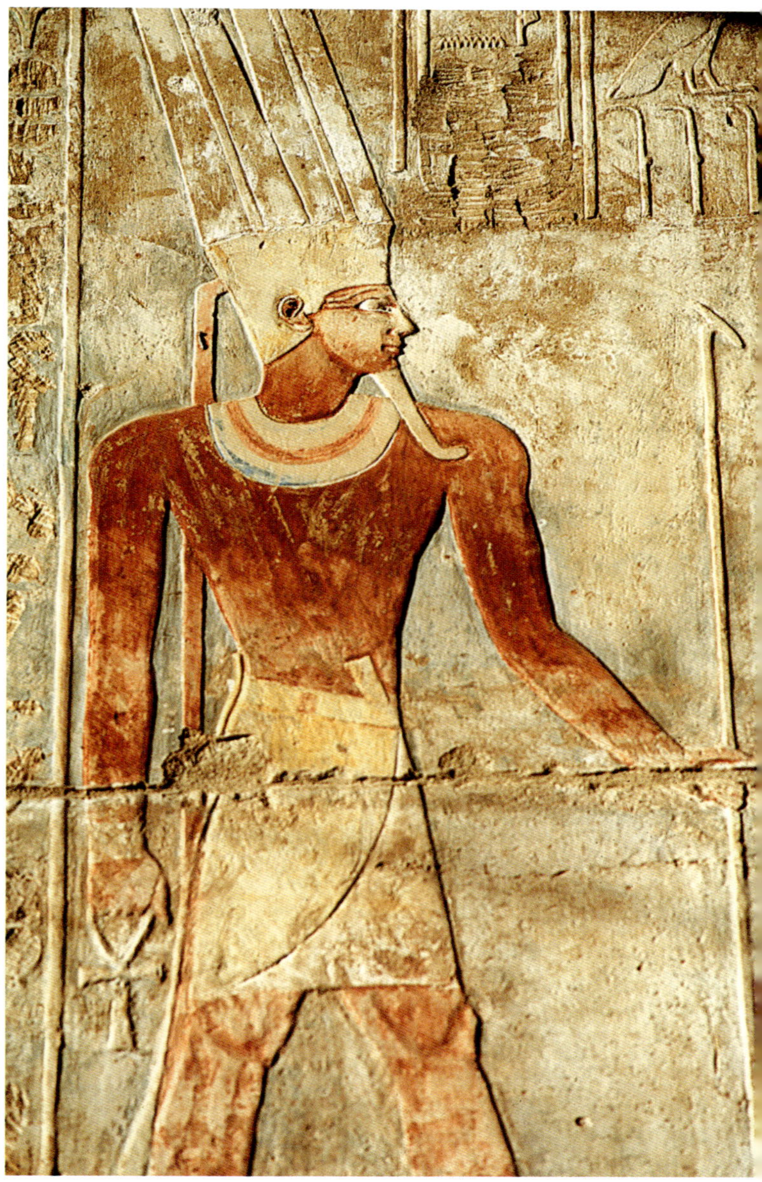

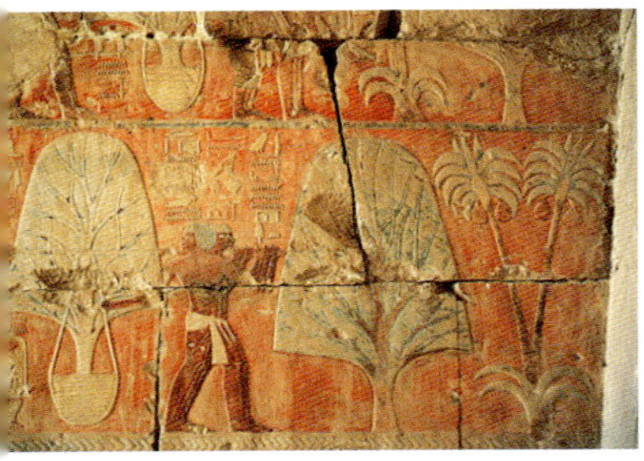

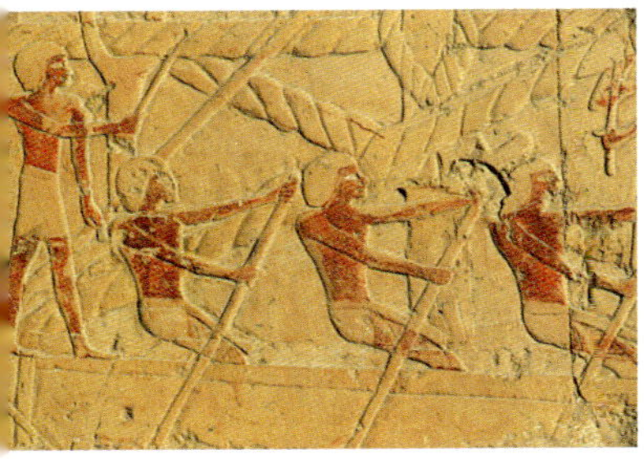

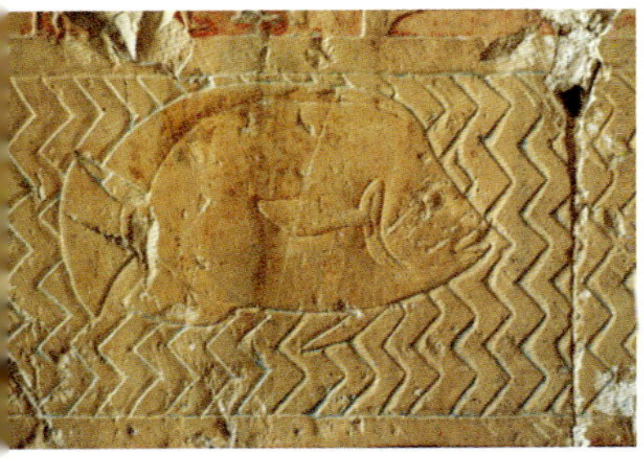

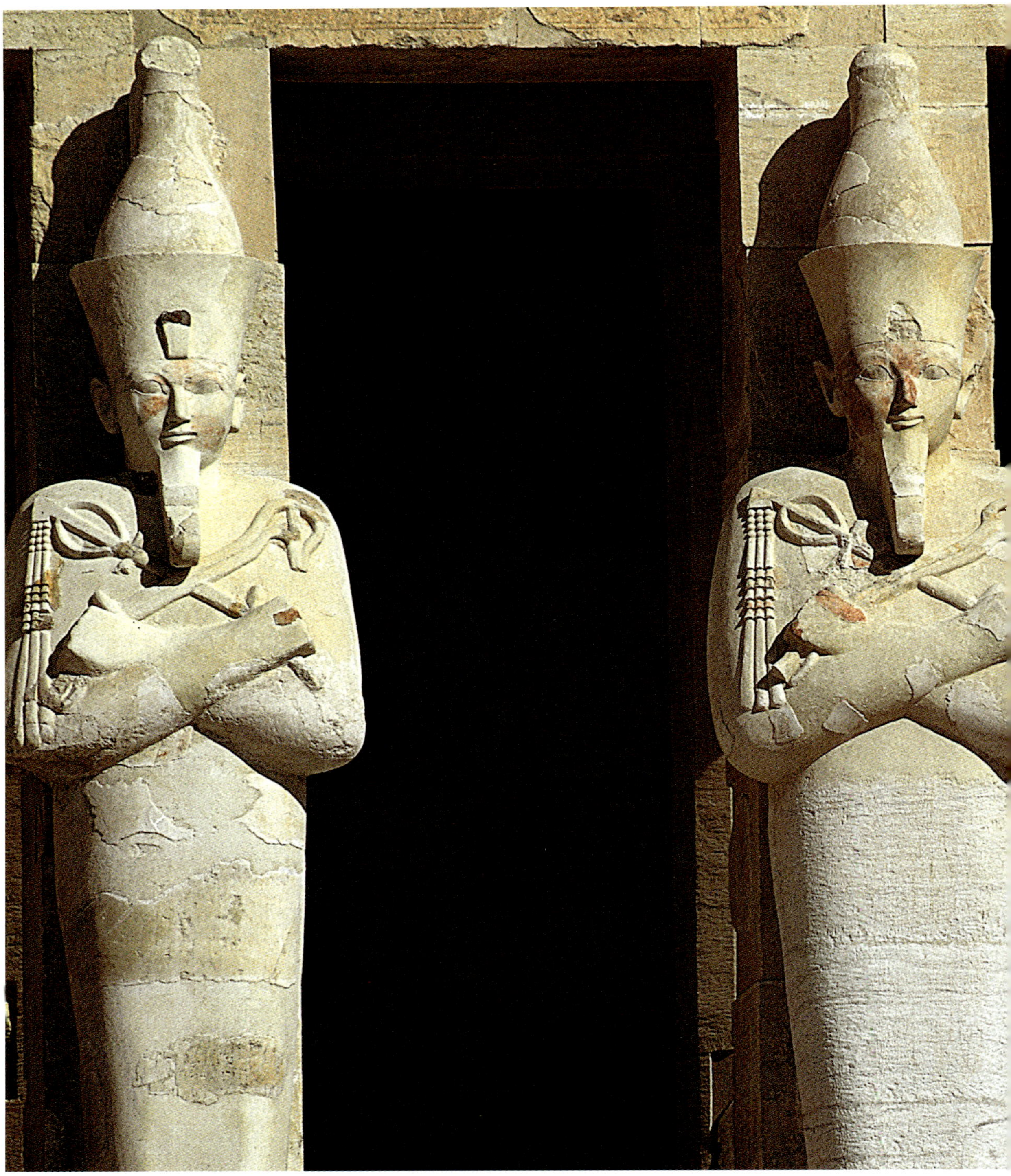

170 oben links
Basrelief an der Südwestseite des Portikus von Punt, das den Transport von Weihrauchbäumen zeigt.

170 Mitte links
Detail eines Basreliefs des Portikus von Punt, das Ruderer an Bord eines Schiffes zeigt.

170 unten links
Detail eines Basreliefs des Portikus von Punt.

170–171
Drei der rekonstruierten Osiris-Kolosse an den Pfeilern des oberen Portikus, die die Königin Hatschepsut darstellen.

Über eine Rampe erreicht man den Portikus der dritten Terrasse mit 22 Säulen. Durch ein Portal aus rosa Granit betritt man eine Säulenhalle, von der nur noch wenige Säulen erhalten sind. Von dort aus hat man linker Hand Zugang zu den beiden dem Kult der Königin und Thutmosis I. geweihten Kapellen und rechter Hand zur Kapelle des Sonnengottes Ra-Horachte. Am anderen Ende der Halle gelangt man zum Amun-Heiligtum, in dem das heilige Schiff verwahrt wurde. Rechts von der dritten Terrasse befindet sich die Hathor-Kapelle, die aus zwei Hypostylsälen und in den Berg gehauenen Räumen und Nischen mit zahlreichen interessanten Reliefs besteht. Eine Erwähnung verdient das Grab des Senmut, das in großer Tiefe nahe beim Eingang zur dritten Terrasse liegt. Die Grabstätte enthält ein Porträt des Architekten und an der Decke eine Darstellung der Sternenkonstellationen und der Monate. Das Grab wurde nicht vollendet. Senmut wurde in der Nekropole von Scheich Abd el-Qurna bestattet. Dieser Umstand ist Stoff vieler gelehrter Diskussionen, befriedigt aber nicht die Neugierde jener, die mehr über die Geschichte von Hatschepsut und ihrem Wesir erfahren möchten.

DER TEMPEL VON MENTUHOTEP I.

Dies ist der erste Tempel, der in Deir el-Bahari errichtet wurde. Er enthielt die Mumie von Mentuhotep I., dem ersten Pharao der 11. thebanischen Dynastie und Vollender der Vereinigung Ägyptens nach der leidvollen Zwischenzeit. Das Bauwerk orientierte sich an den Tempeln des Alten Reiches, besonders an der Grabanlage Djosers, teilweise aber auch an den Sonnentempeln von Abusir. Schriften der 12. Dynastie nannten den Tempel »Ach-Sut-Nebhepetre«, was übersetzt heißt »Glorreich

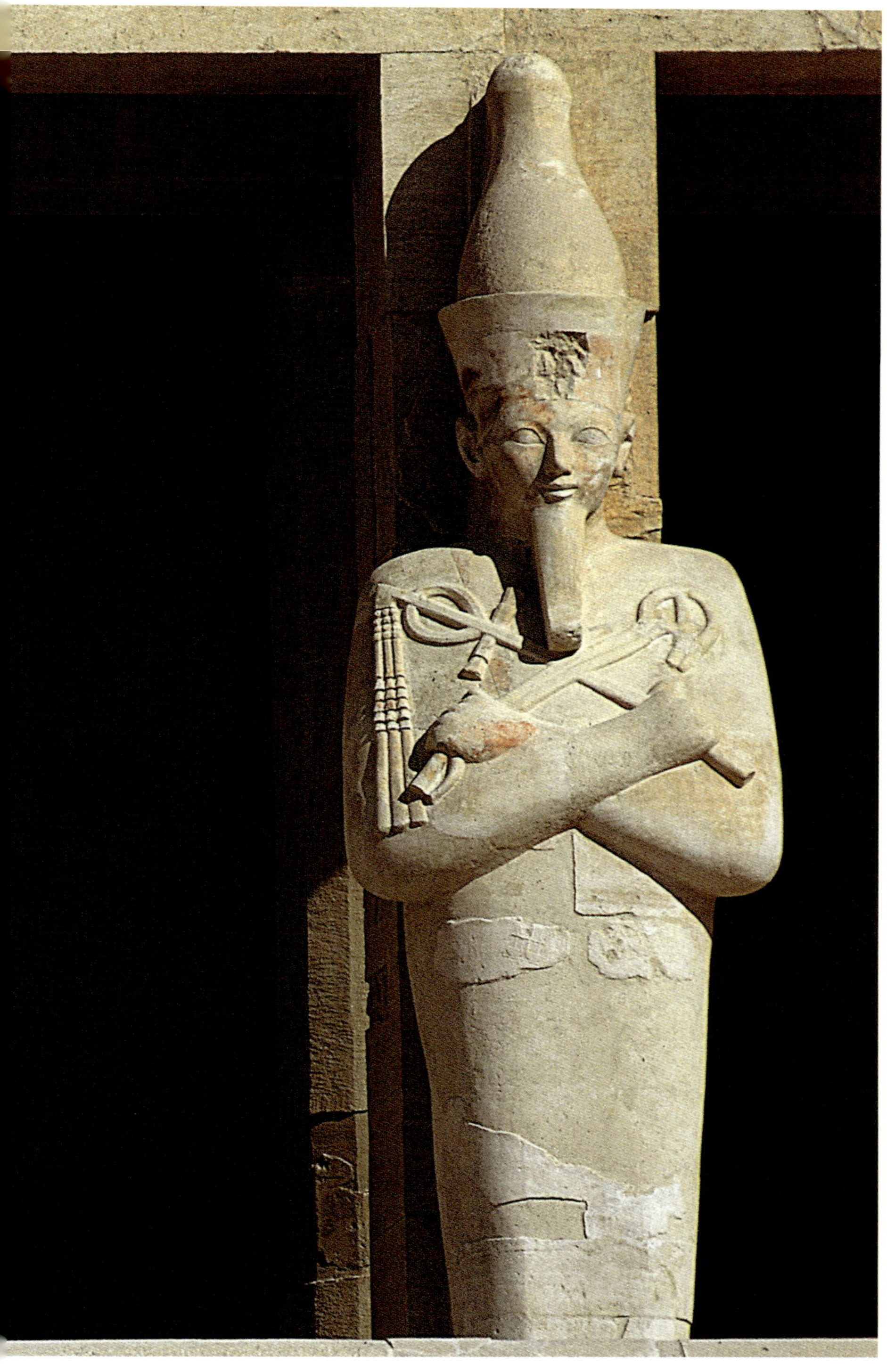

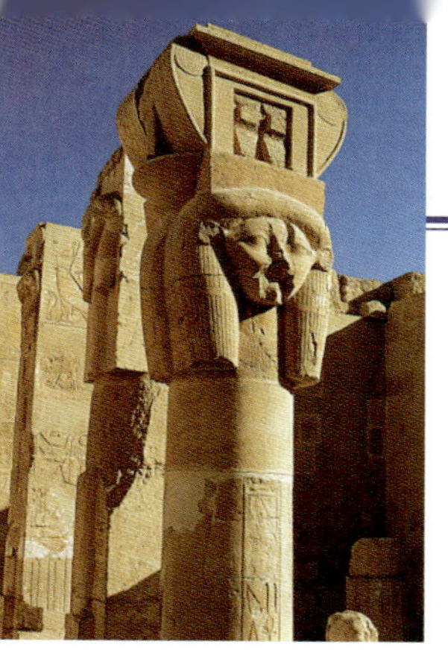

sind die Stätten des Mentuhotep«. Die Grabkammer befindet sich in 45 Meter Tiefe in einer in den Berg hineingehauenen Grotte und ist durch einen abschüssigen Gang zu erreichen. Ein zweiter Gang führt zu einer Krypta, die als Kenotaph dient. Hier entdeckte Howard Carter eine Statue aus bemaltem Sandstein, die man heute im Museum in Kairo bewundern kann. Das Hauptgebäude (Mastaba) wurde wahrscheinlich von einer Pyramide mit einem etwa 20 Meter breiten Fundament gekrönt. Das Projekt war in architektonischer Hinsicht innovativ, sei es wegen der Zutrittsrampe zur Wandelgangterrasse, die mit hexagonalen, einen Portikus bildenden Säulen geschmückt war, sei es wegen der großen Säulenhalle aus mindestens 80 Säulen.

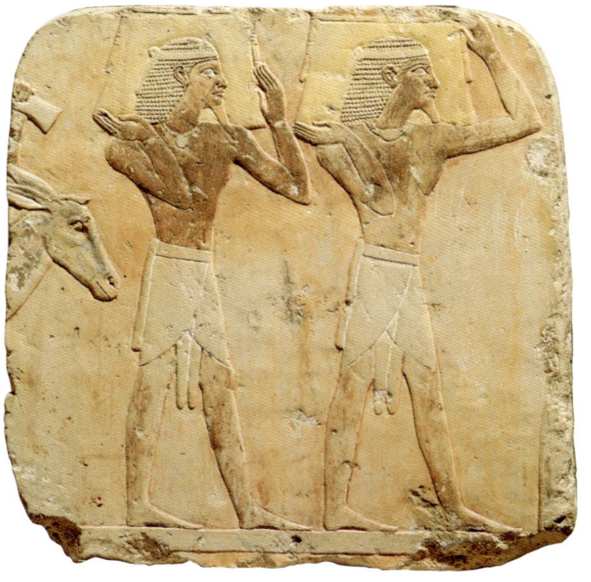

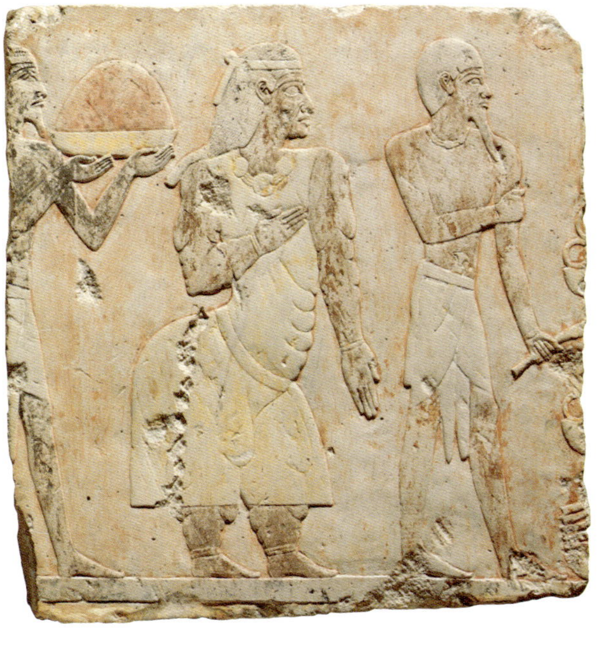

171 unten links
Der König und die Königin von Punt, die deutliche Anzeichen krankhafter Fettleibigkeit aufweist.

171 oben rechts
Eines der Hathor-Kapitelle, die die Säulen der Hathor-Kapelle schmücken.

171 unten rechts
Detail der Verzierung des Portikus von Punt mit zwei Trägern.

DER TEMPEL THUTMOSIS' III.

Dieser Tempel wurde erst in jüngster Zeit (1962) entdeckt. Da er vollständig in Trümmern liegt, wurde er bis dahin nicht einmal als solcher erkannt. Man fand einige Kalkstein-Flachreliefs, Statuen und Graffitis, die von Anhängern des Kults der Göttin Hathor hinterlassen wurden. All dies ist heute in den Museen von Luxor und Kairo zu bewundern.

Der Tempel Thutmosis' III. wurde zwischen der Säulenhalle hinter dem Mentuhotep-Tempel und der dritten Terrasse des Hatschepsut-Tempels erbaut und Amun sowie Hathor geweiht. Auch dieser Tempel wies einst eine große Halle mit 76 Säulen, eine Terrasse und eine Zutrittsrampe auf.

172 links oben
Detail der Sargkammer im Grab Tutanchamuns.

172 links Mitte
Südostecke des Vestibüls im Grab Haremhabs.

DIE THEBANISCHEN NEKROPOLEN

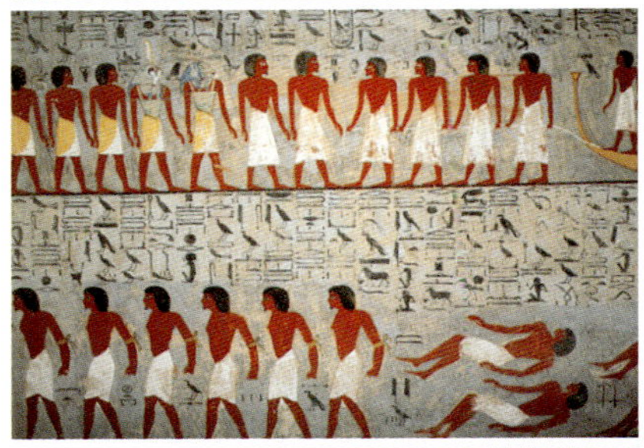

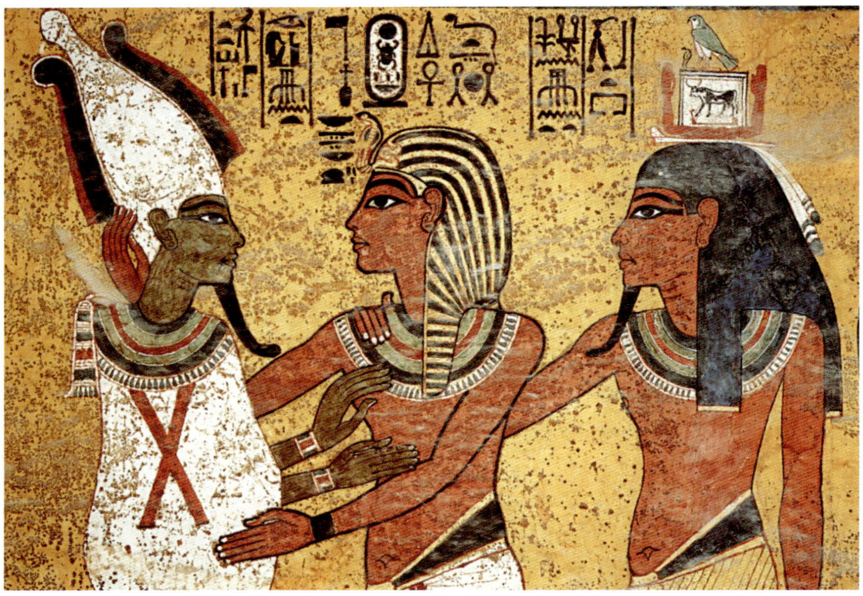

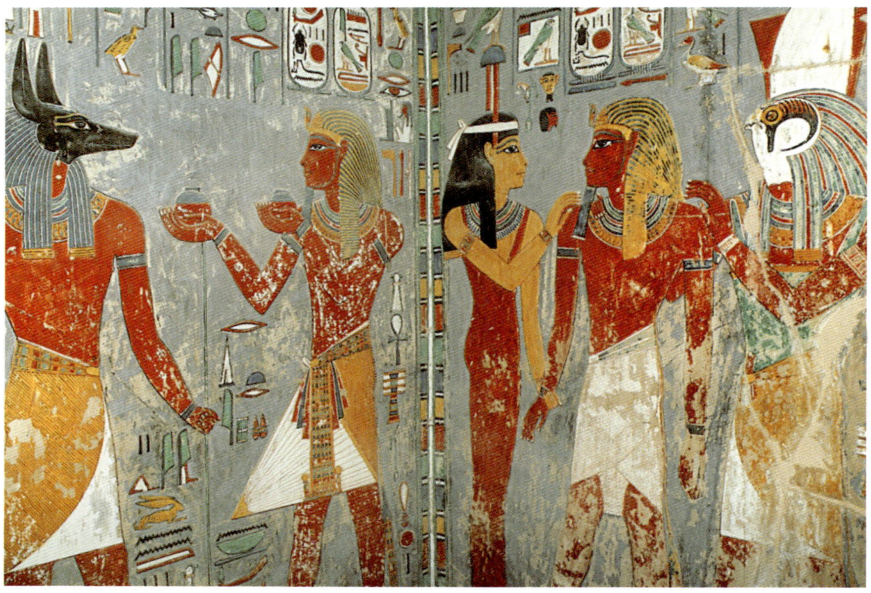

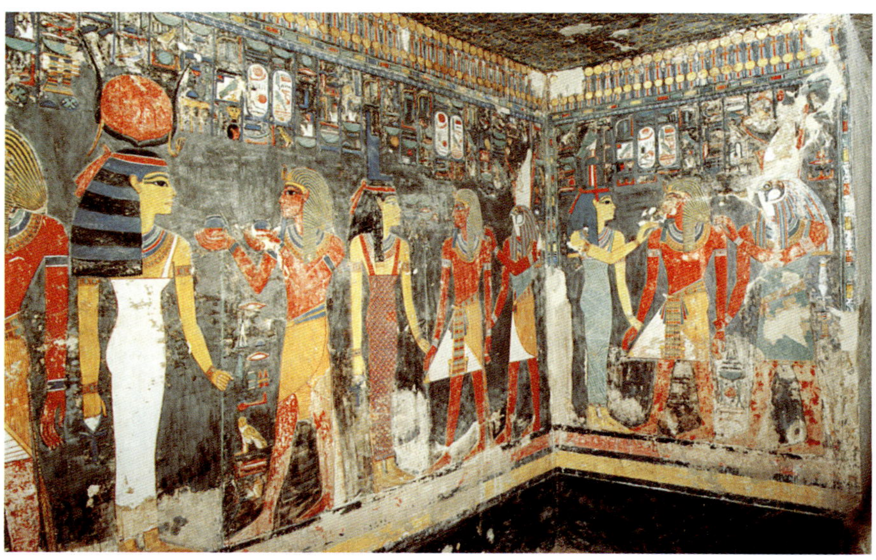

DAS TAL DER KÖNIGE

An den grünen Ufern des Nils entlang und durch charakteristische bunte Dörfer führt die Straße in Richtung der felsigen Berge von Deir el-Bahari. Sie dringt in ein Tal ein, das sich in zwei enge und abschüssige Arme aufspaltet: das Tal der Könige im Osten, auch Osttal genannt und in der Ägyptologie mit dem Kürzel KV versehen, und das Tal der Affen, auch Westtal genannt, das mit dem Kürzel WV gekennzeichnet ist. Das Westtal wird wegen der geringen Anzahl von nur vier Gräbern, von denen wiederum nur zwei der Öffentlichkeit zugänglich sind (Amenophis III. und Eje), bei Touristenrundfahrten gewöhnlich nicht berücksichtigt. Das Tal der Könige hingegen birgt 58 Gräber, die mit dem Kürzel KV und einer aufsteigenden, vom Zeitpunkt ihrer Entdeckung abhängigen Nummer versehen sind.

Das Gebiet westlich von Theben wurde in der Ersten Zwischenzeit (2152–1994 v. Chr.) zur Nekropole erwählt und als solche benutzt. Nur drei Herrscher der 11. thebanischen Dynastie ließen sich in El-Tarif am Westufer des Nils bestatten.

Während des Mittleren Reiches ließ Pharao Mentuhotep I. sein Grab und den Grabtempel im wunderschönen natürlichen Amphitheater von Deir el-Bahari errichten. Die Ruinen sind heute noch neben dem Tempel der Königin Hatschepsut zu sehen. Die ältesten unterirdischen Gräber im Tal der Könige scheinen die Gräber KV 38 (Thutmosis I. zugeschrieben und von seinem Architekten Ineni errichtet) und KV 20 zu sein, das Hatschepsut für sich und ihren Vater Thutmosis I. (1504–1492 v. Chr.) erbauen ließ. Als letzter Pharao wurde Ramses XI. (1104–1075 v. Chr.) in diesem Tal bestattet.

172 links unten
Ausschnitt vom Vestibül des Haremhab-Grabes: Der Pharao vor den Göttern.

172 rechts
Detail der Wandmalereien, die das Grab Haremhabs schmücken.

173
Üppig verzierte Grabkammer Tutanchamuns. Hier wird der wunderbare Quarzitsarkophag aufbewahrt, in dem sich der erste anthropoide Sarg des Herrschers befindet.

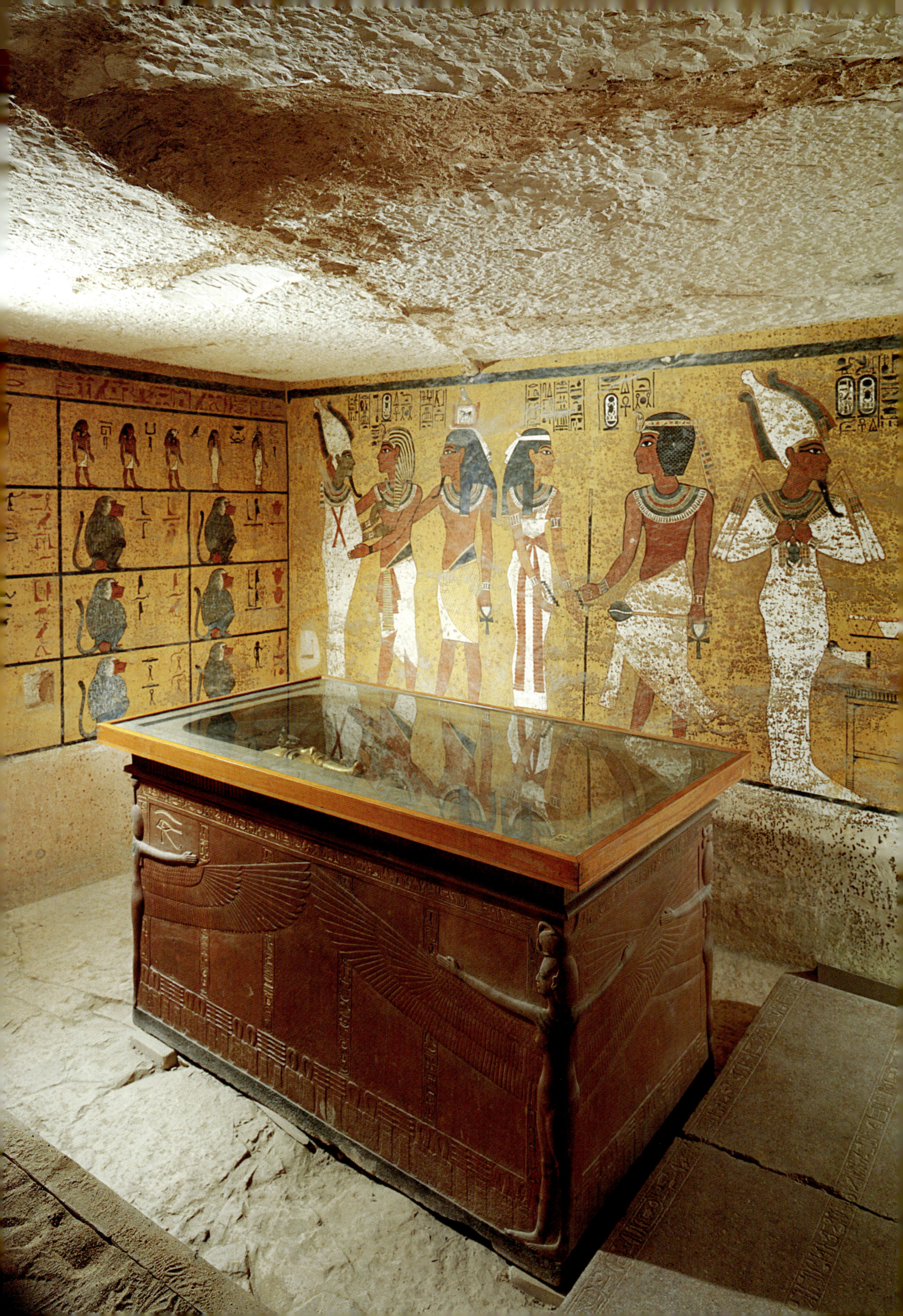

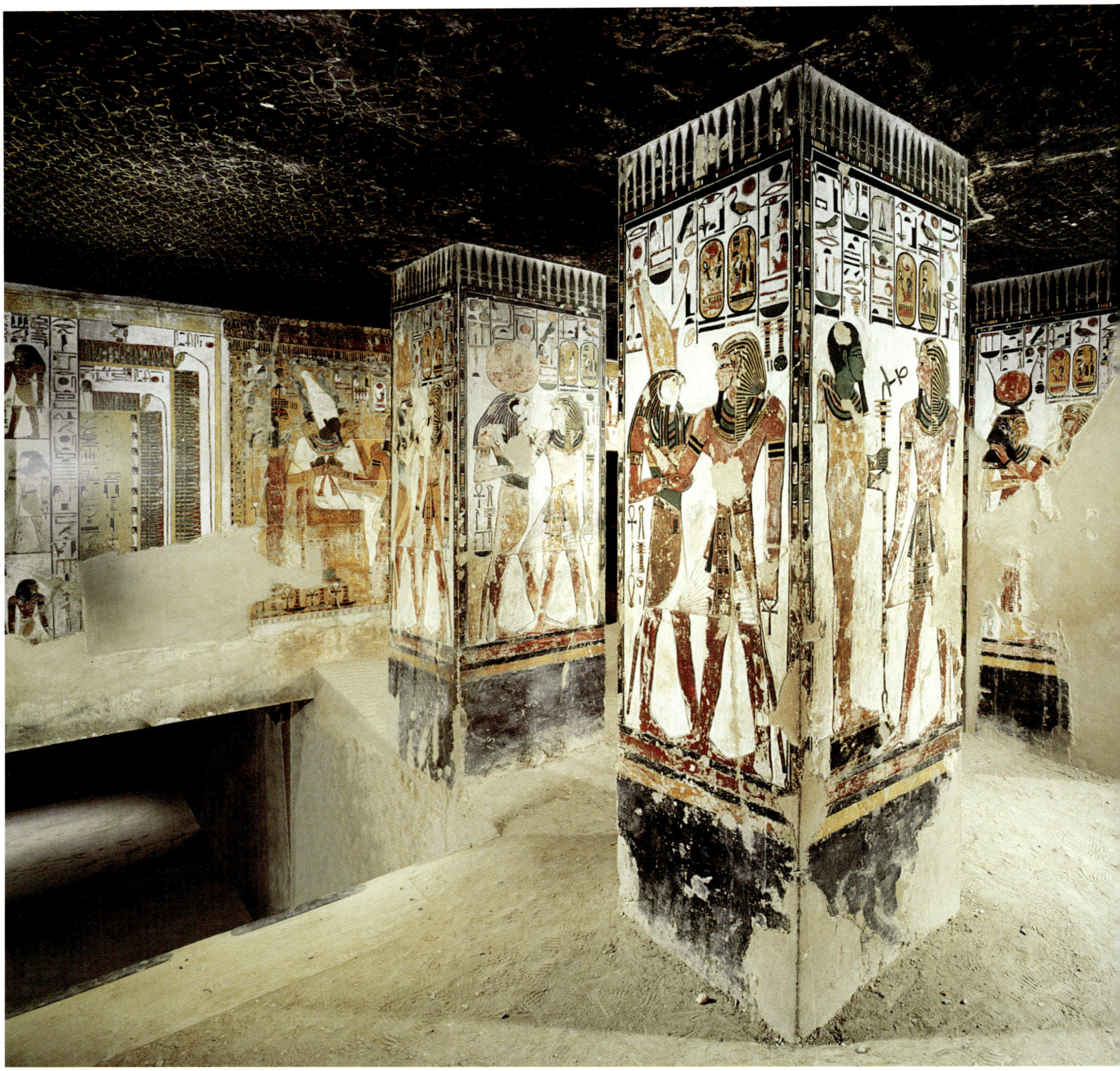

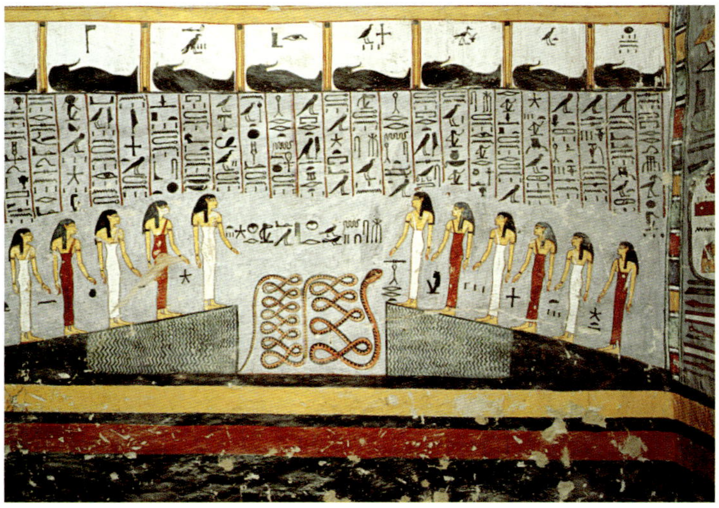

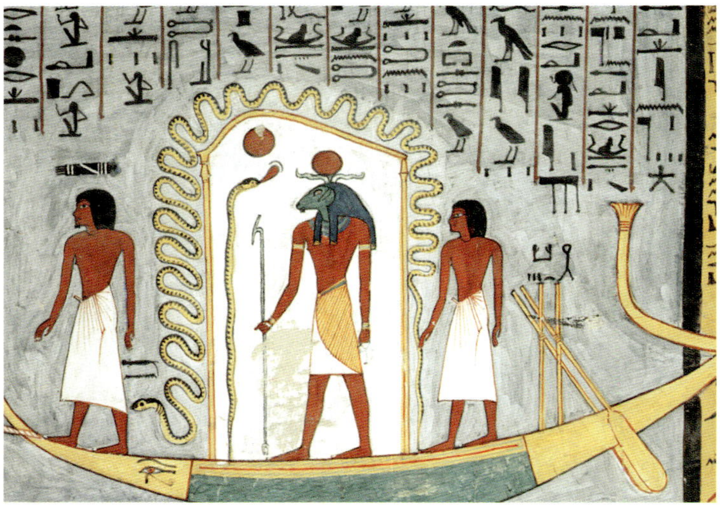

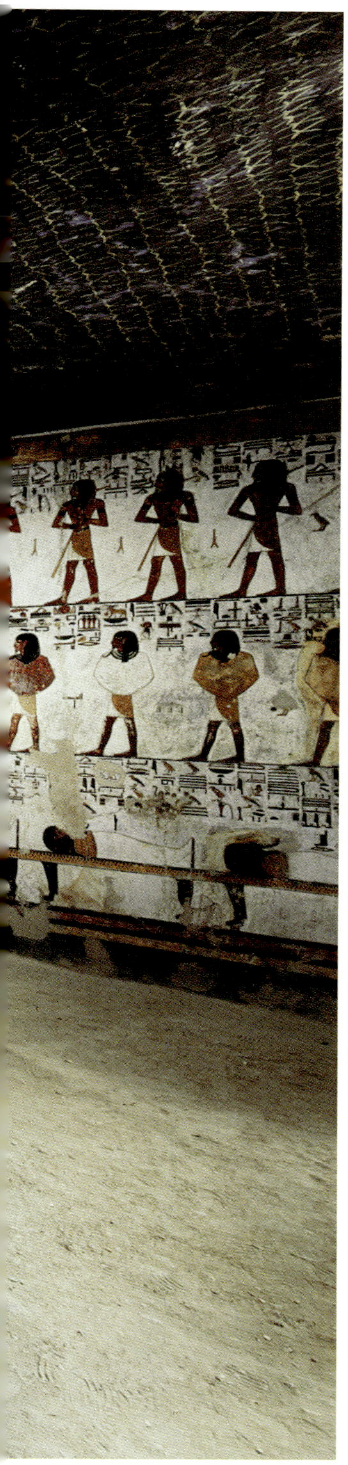

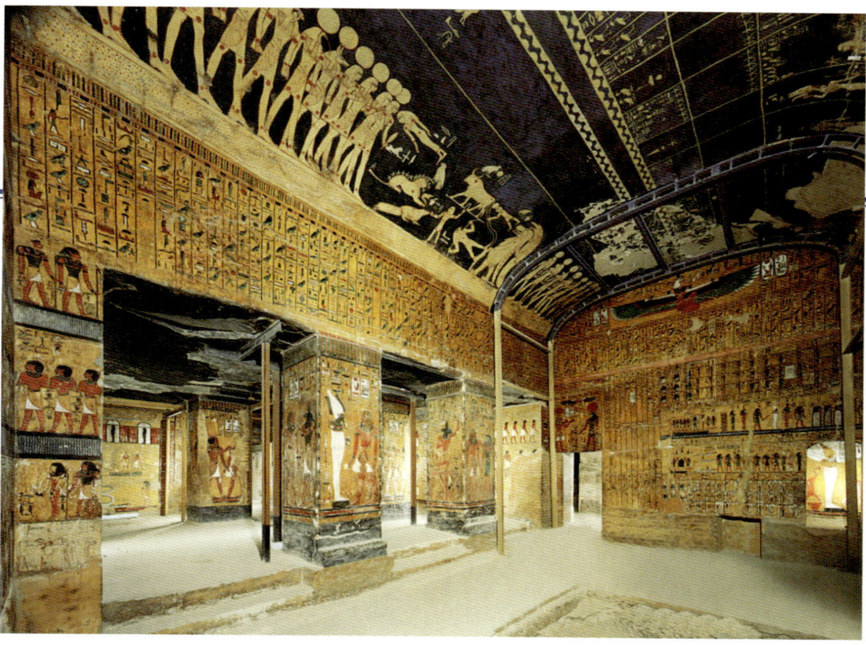

175 oben
Grabkammer Sethos' I., die astronomischen Motive der Decke.

175 unten
Grabkammer Ramses' I. mit dem Sarkophag aus rotem Granit.

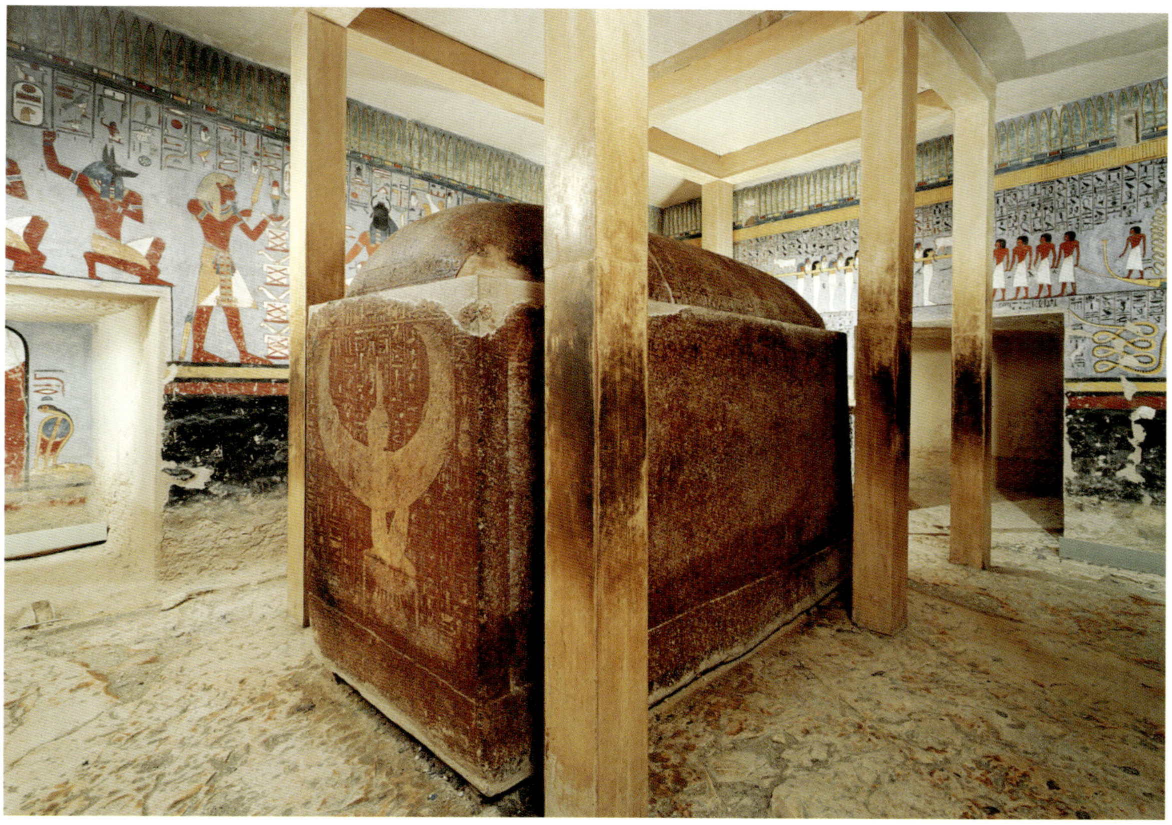

174–175
Der Vier-Pfeiler-Saal im Grab Sethos' I.

174 unten links
Die Vierte Stunde des Pfortenbuches: Wandgemälde im Grab Ramses' I.

174 unten rechts
Barke des Ra, Gemälde aus der Grabkammer Ramses' I.

Die Gräber der thebanischen Täler sind alle unterirdisch angelegt. Die Tiefe und Größe der Höhlen und ihre unterirdische Anordnung variieren von Mal zu Mal. Es gibt keine zwei identischen Gräber: Das Grab Tutanchamuns (KV 62) besteht aus nur vier Kammern, wohingegen das der Söhne Ramses' II. (KV 5) nicht weniger als 95 Räume aufweist. Die unterirdischen Gräber waren mit Treppen, Korridoren, Säulenhallen, Nischen und einer Grabkammer mit dem Sarkophag der Mumie ausgestattet. Alle Bereiche waren gemäß der Mode der Entstehungszeit mit lebhaften Farben auf getünchtem Hintergrund bemalt. Einige Gräber weisen völlig unversehrte Fresken auf, andere wurden mehr oder weniger sachverständig restauriert und wieder andere sind erheblich beschädigt oder gar unvollständig. Letztere sind für die Wissenschaft von besonderer Bedeutung, da man an ihnen sehr gut die Mal- und Flachrelief-Techniken der antiken Künstler studieren und die verschiedenen Arbeitsgänge nachvollziehen kann. Die künstlerische Innenausstattung, wiewohl von Grab zu Grab unterschiedlich, weist in ihrer Thematik viele Gemeinsamkeiten auf. Stets werden rituelle Szenen dargestellt und monoton Passagen aus heiligen Texten wie dem

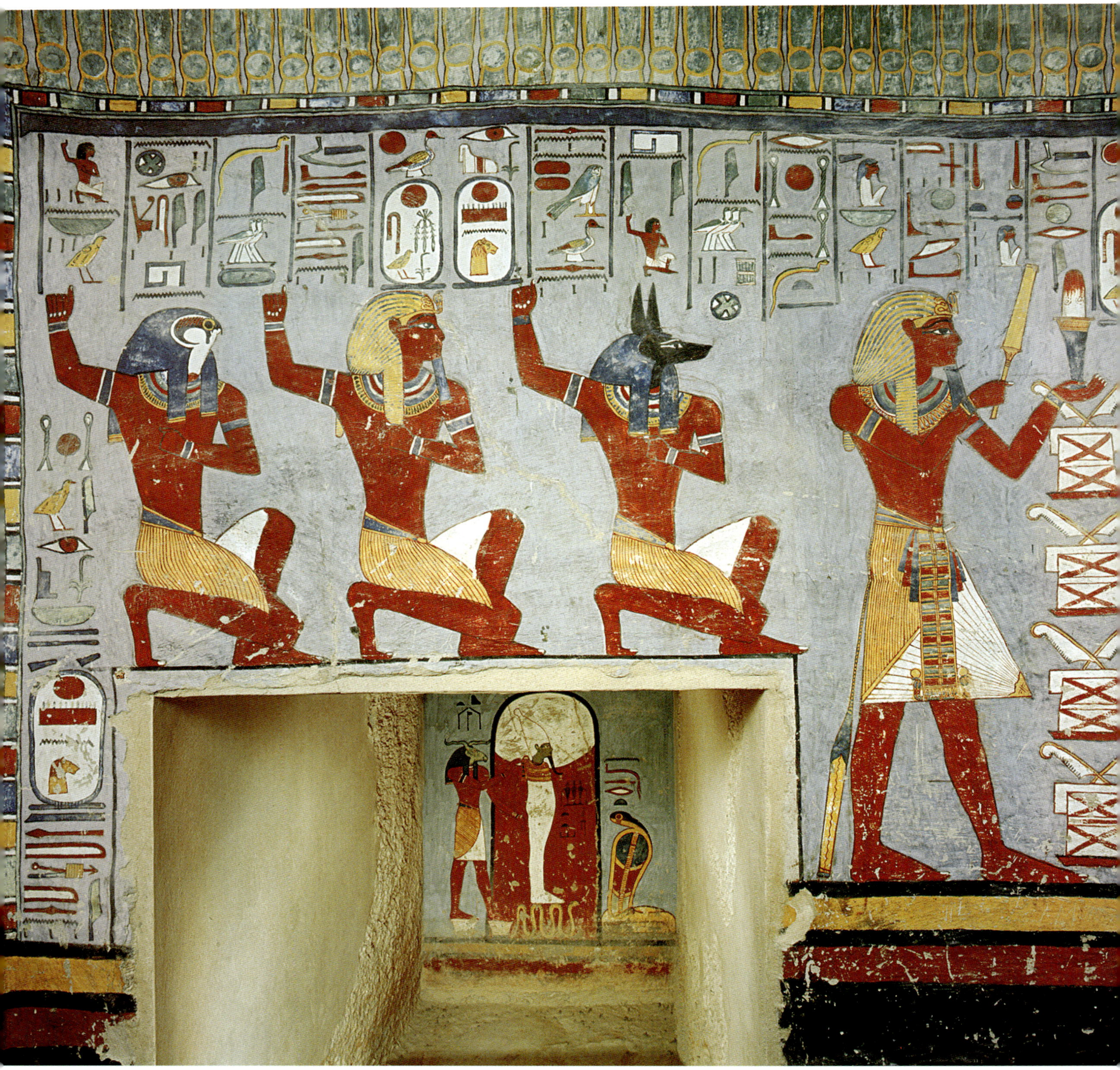

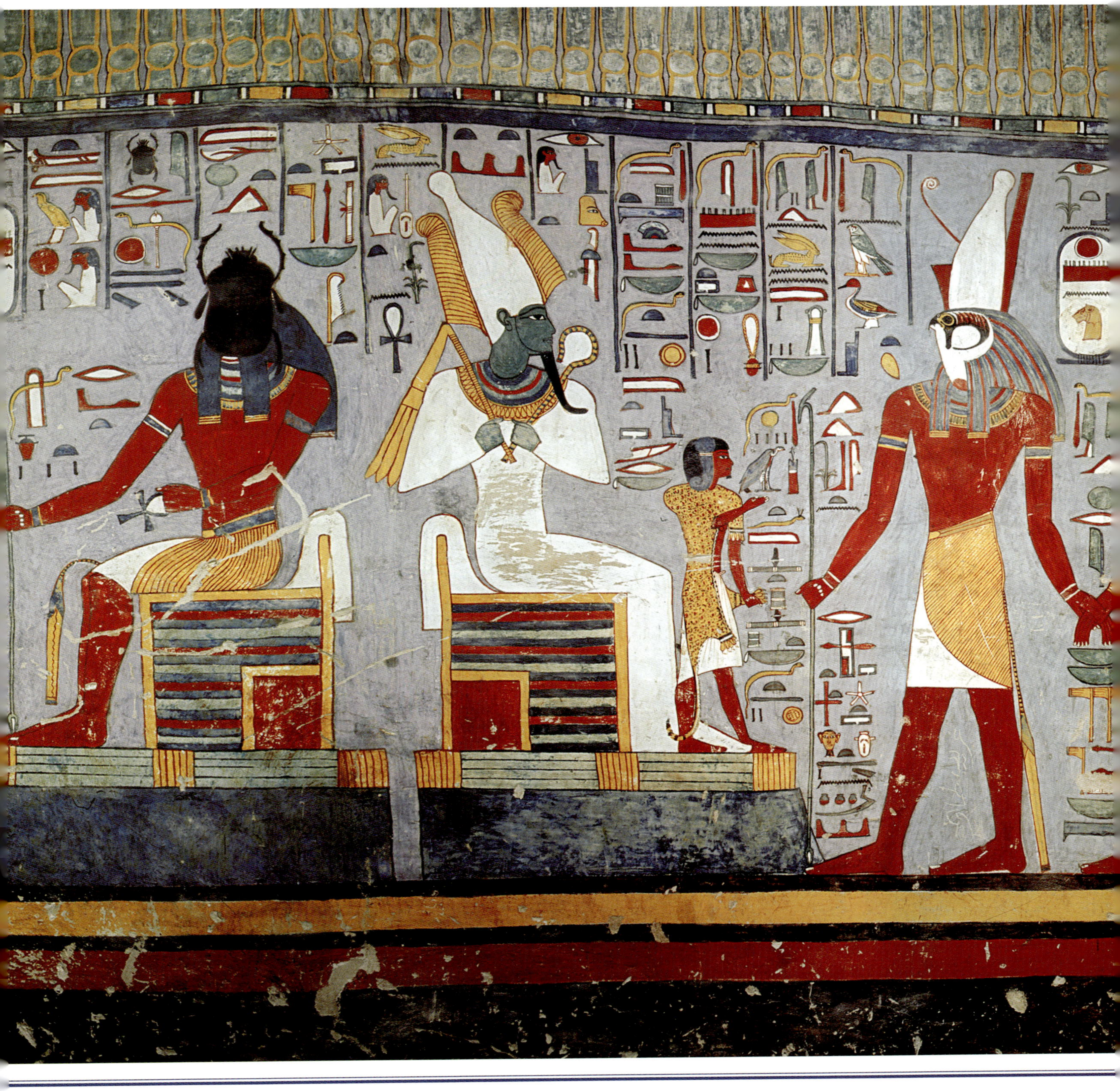

176–177
Die Rückwand der Grab-
kammer Ramses' I.

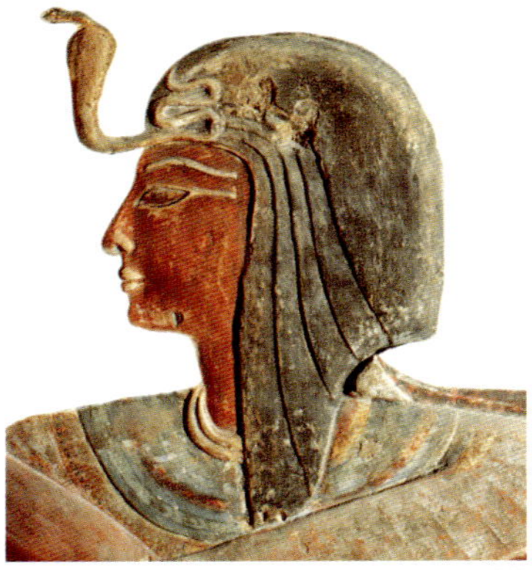

178 oben links
Detail eines vielfarbigen Basreliefs im Grab Ramses' III.

178 Mitte links
Opferszene im Grab des Ramses III.

178 unten links
Grab des Merenptah – große Grabkammer mit Granitsarkophag.

178–179
Die üppig bemalte Grabkammer in der Gruft Sethnachts.

179 unten
Im Grab des Merenptah führen schnurgerade Gänge zur Sargkammer.

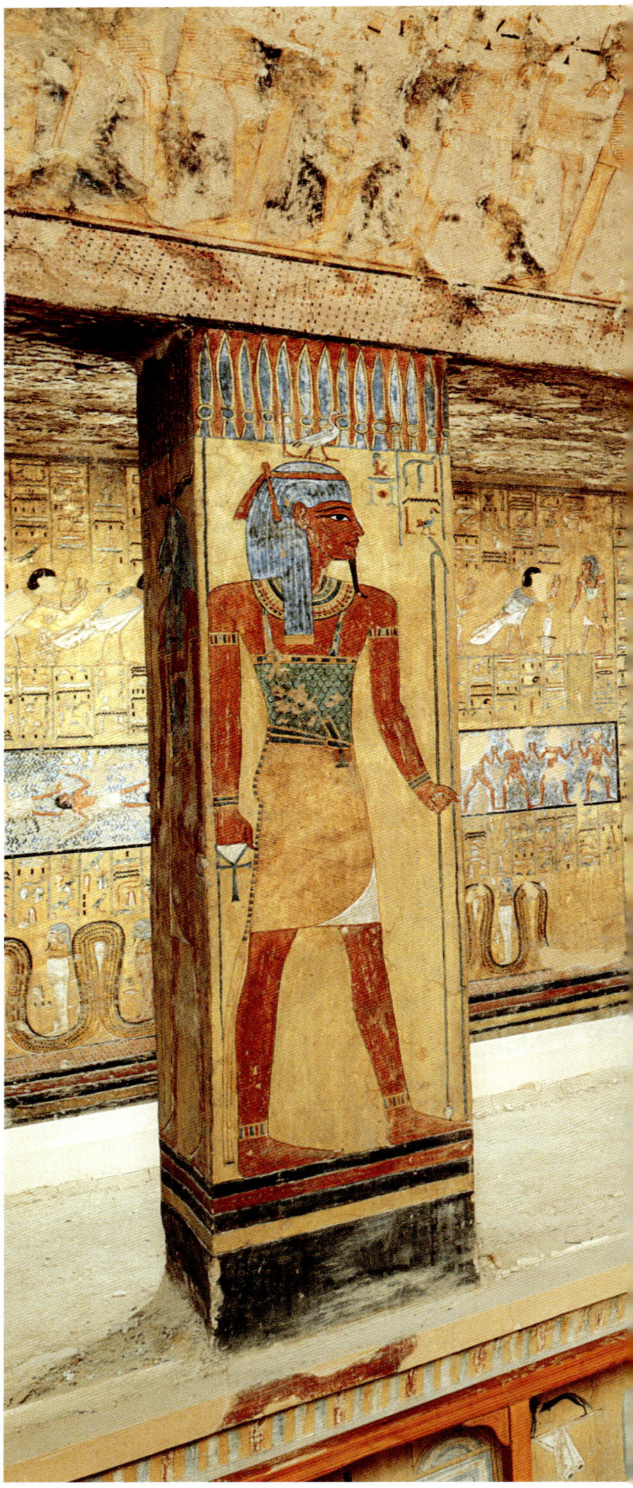

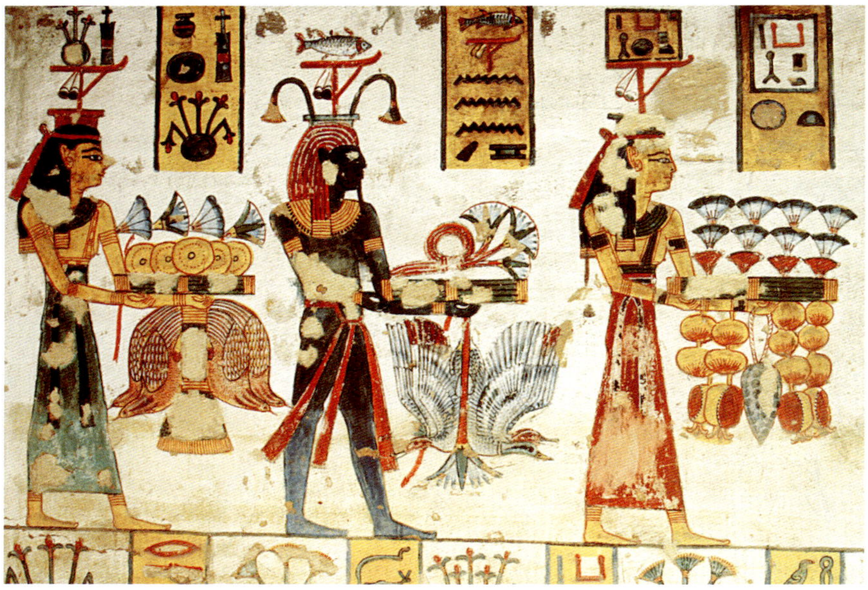

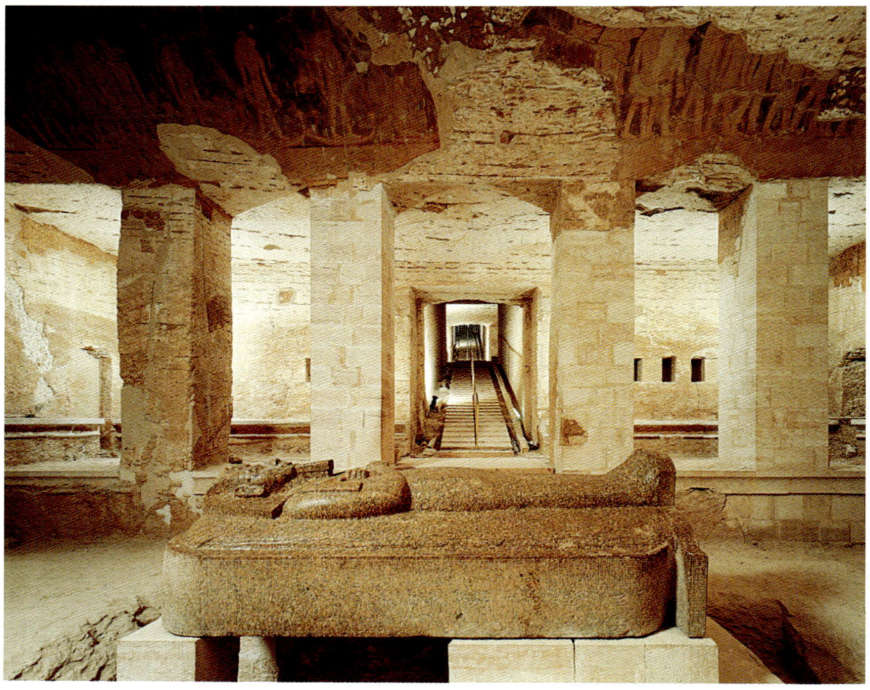

Totenbuch sowie den religiösen Schriften des Neuen Reiches, dem Amduat, dem Pforten- und dem Höhlenbuch, rezitiert. Denn diese waren dazu gedacht, dem Verstorbenen auf seiner Reise ins Jenseits behilflich zu sein. Häufig stößt man auf die Darstellung der Sonnenbarke mit zahlreichen Gottheiten, die die Reise des Pharaos überwachen und ihn vor den Geistern des Bösen und vor dem Schlangengott Apophis beschützen. Beim Besuch der Gräber ist keine freie Auswahl möglich, denn die ägyptische Direktion lässt die Gräber nur zyklisch öffnen, um durch die Ausdünstungen der Touristen entstehende Schäden zu vermeiden. Die Eintrittskarte zum Tal beinhaltet gewöhnlich den Besuch von drei Gräbern (mit einer zusätzlichen Karte erhält man Zutritt zu weiteren geöffneten Gräbern).

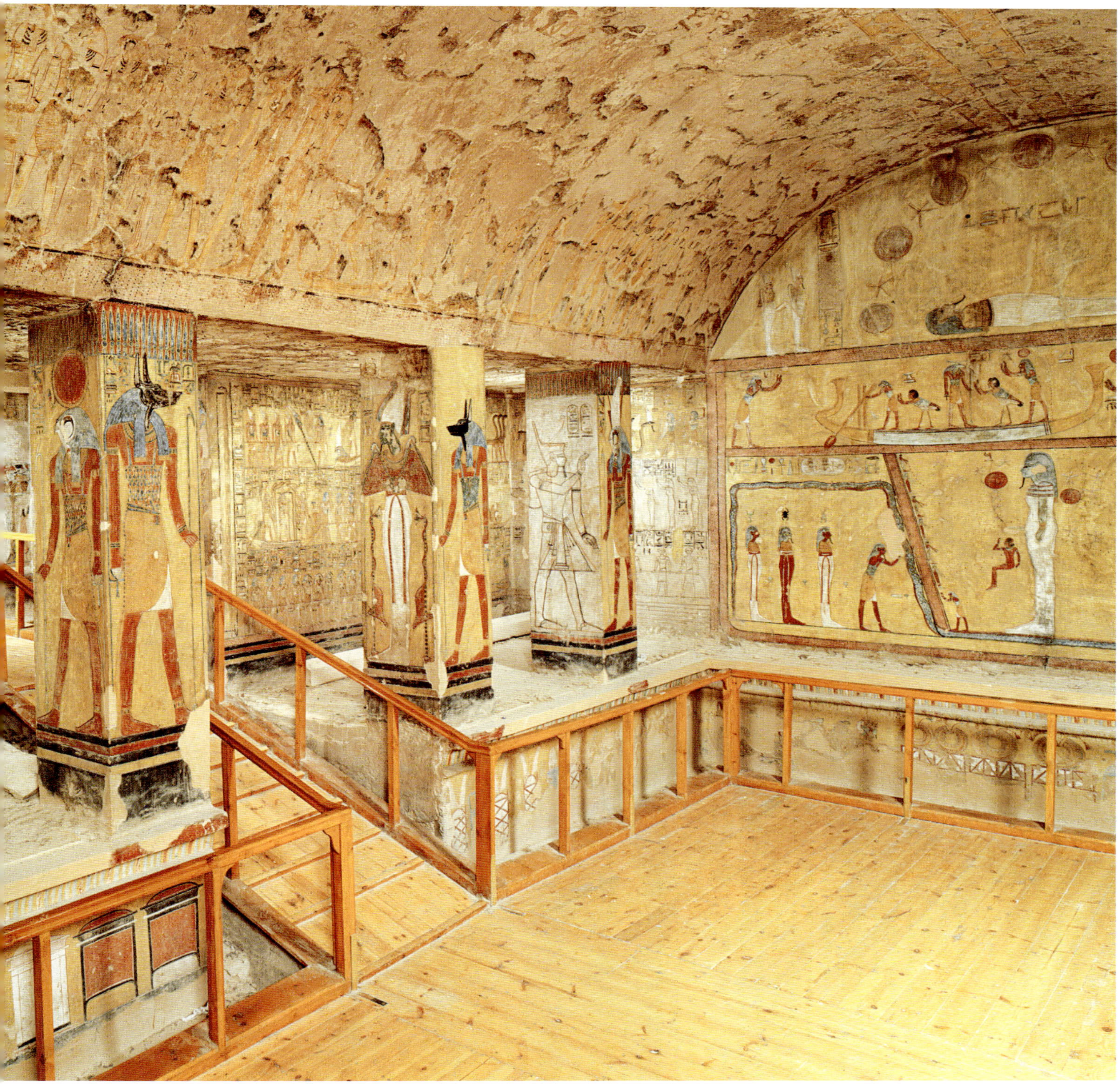

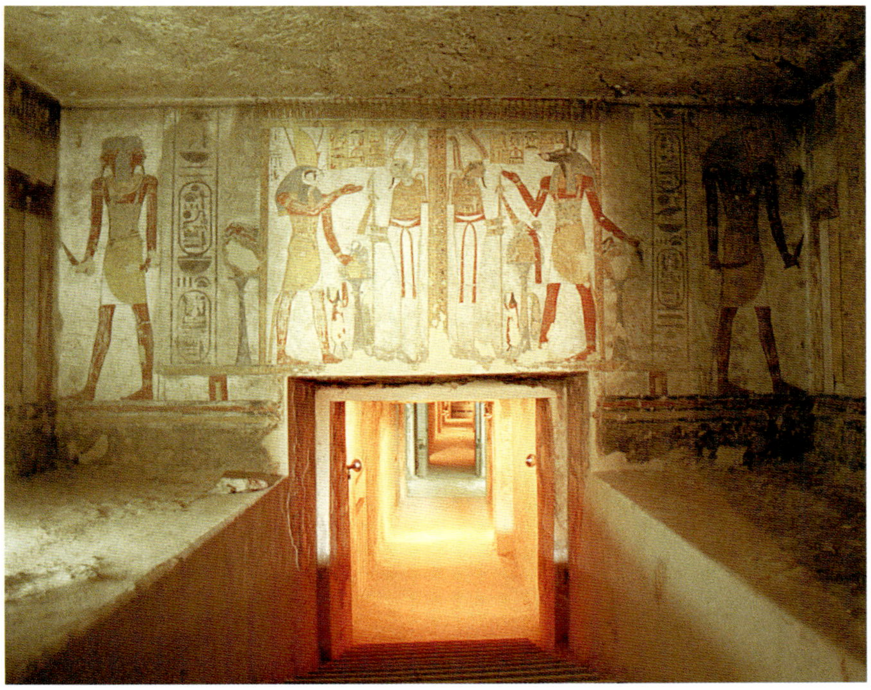

Folgende unterirdische Grabstätten sollten nach Möglichkeit bei einem Besuch im Tal der Könige besichtigt werden: KV 34 Thutmosis III., KV 35 Amenophis II., KV 43 Thutmosis IV., KV 57 Haremhab, KV 17 Sethos I., KV 8 Merenptah, KV 11 Ramses III. und KV 9 Ramses VI. Dieser Liste könnte man noch das kleine Grab KV 62 des Tutanchamun hinzufügen. Ungeachtet der eher bescheidenen Größe der Anlage handelt es sich hier doch der abenteuerlichen Fundgeschichte wegen um das bekannteste aller ägyptischen Königsgräber. Die Grabkammer, in der sich der schöne Sarkophag aus rosa Quarzit neben dem zweiten anthropomorphen Sarkophag aus vergoldetem Holz mit der Mumie des jungen Pharaos befindet, ist wunderbar verziert. Alle Grabbeigaben (3500 Stück), die Howard Carter 1922 entdeckt hatte, befinden sich im Museum in Kairo.

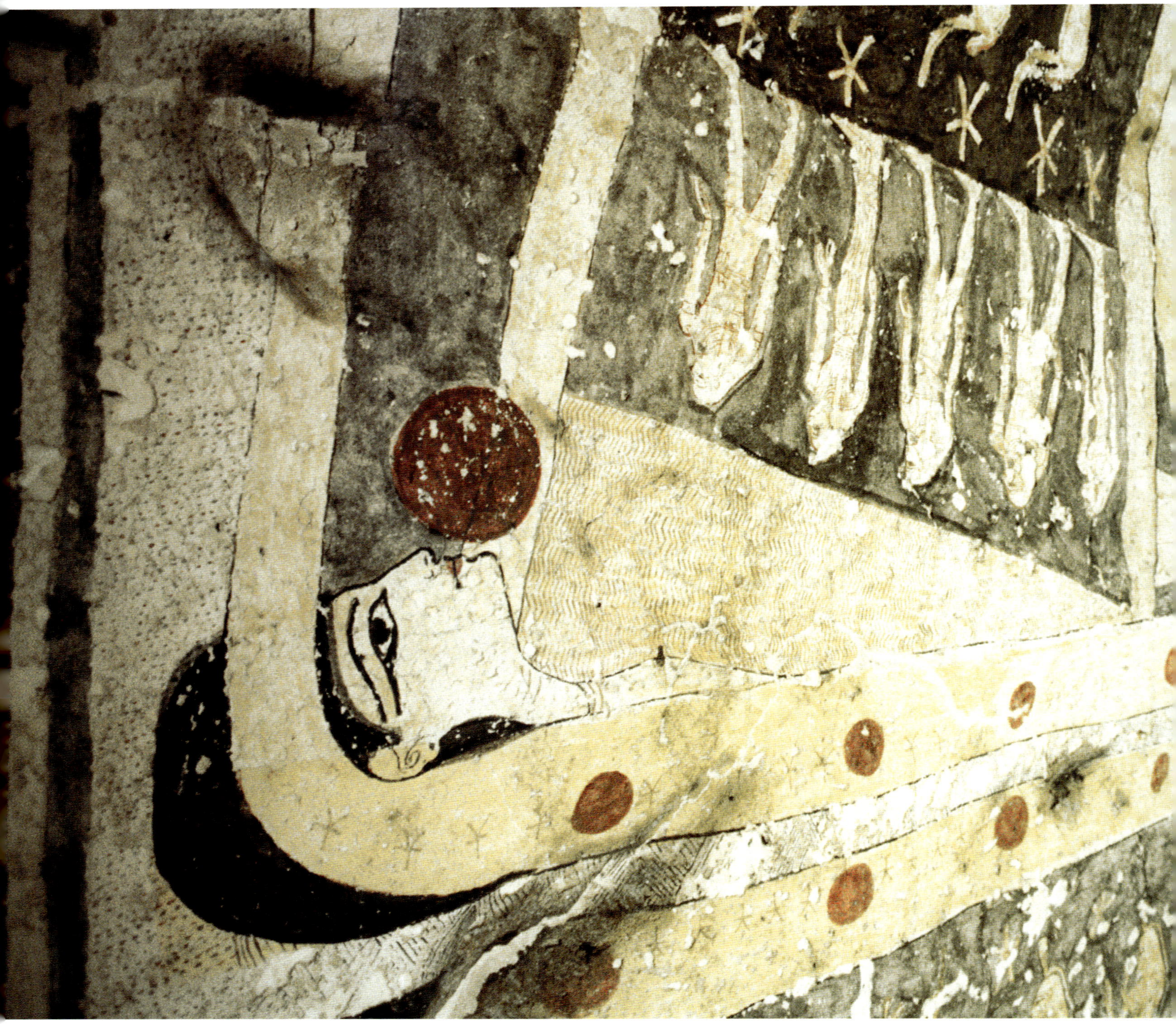

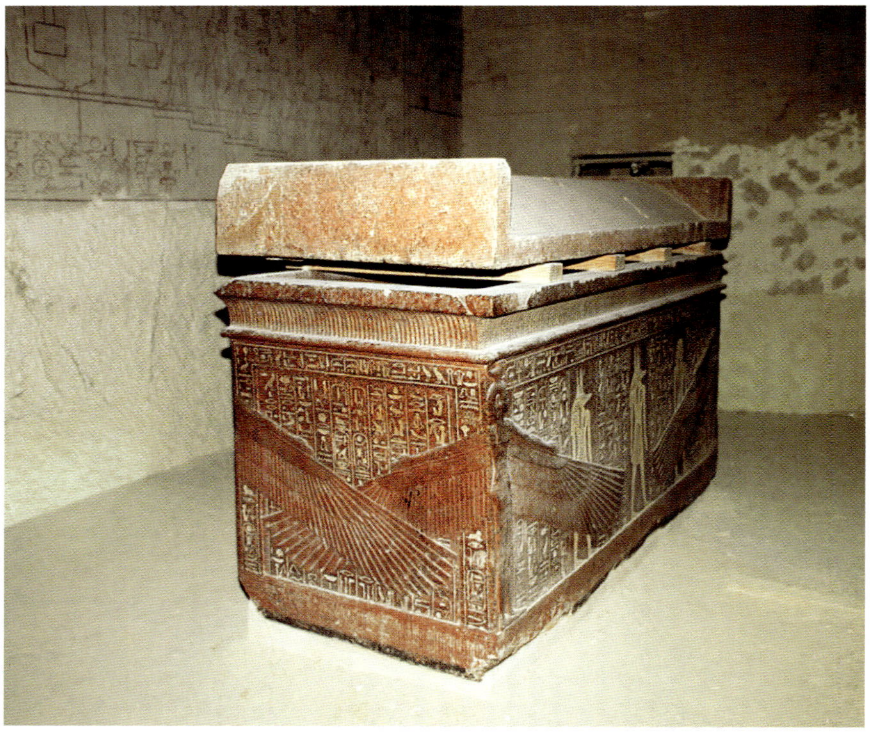

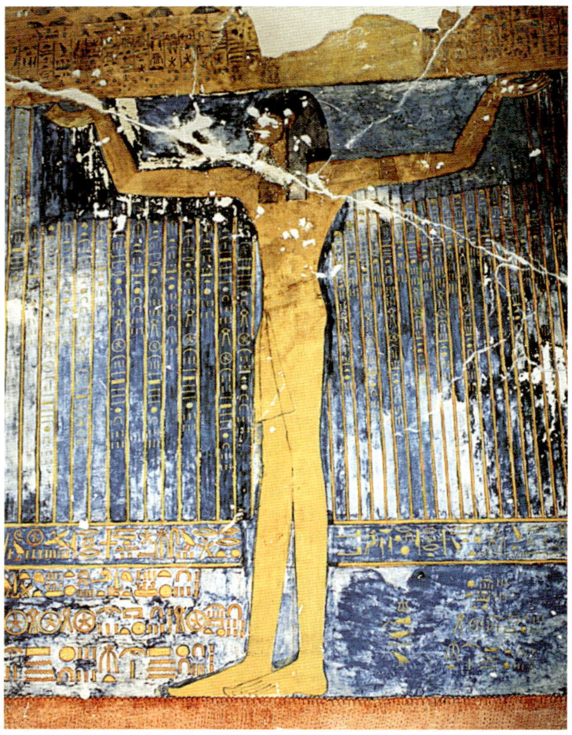

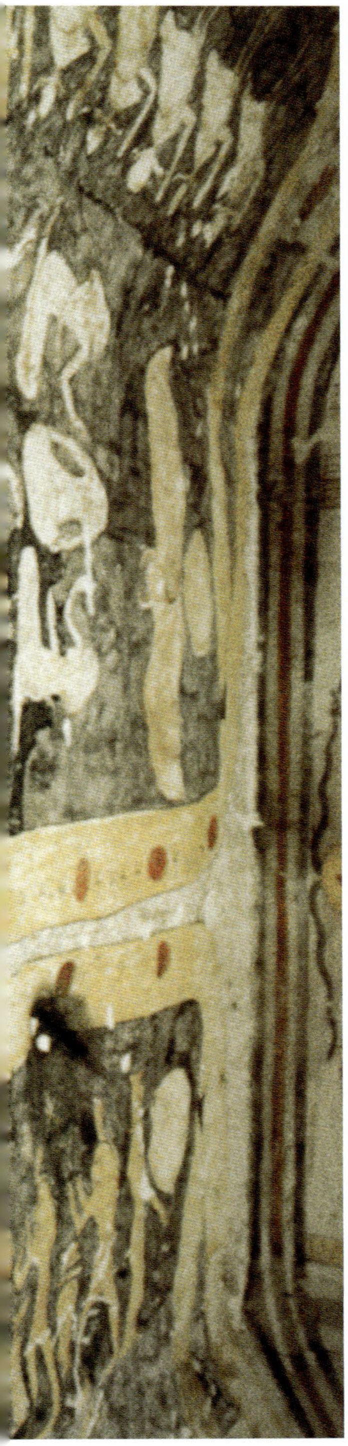

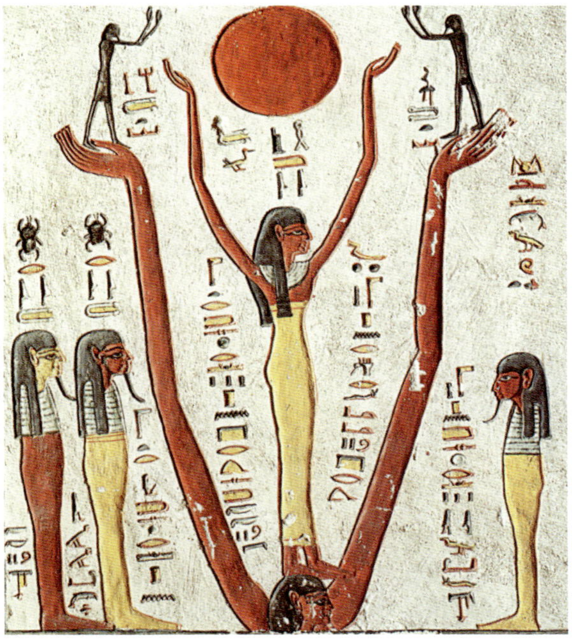

181 oben
Detail der Wandmalerei aus dem Grab Ramses' IV.

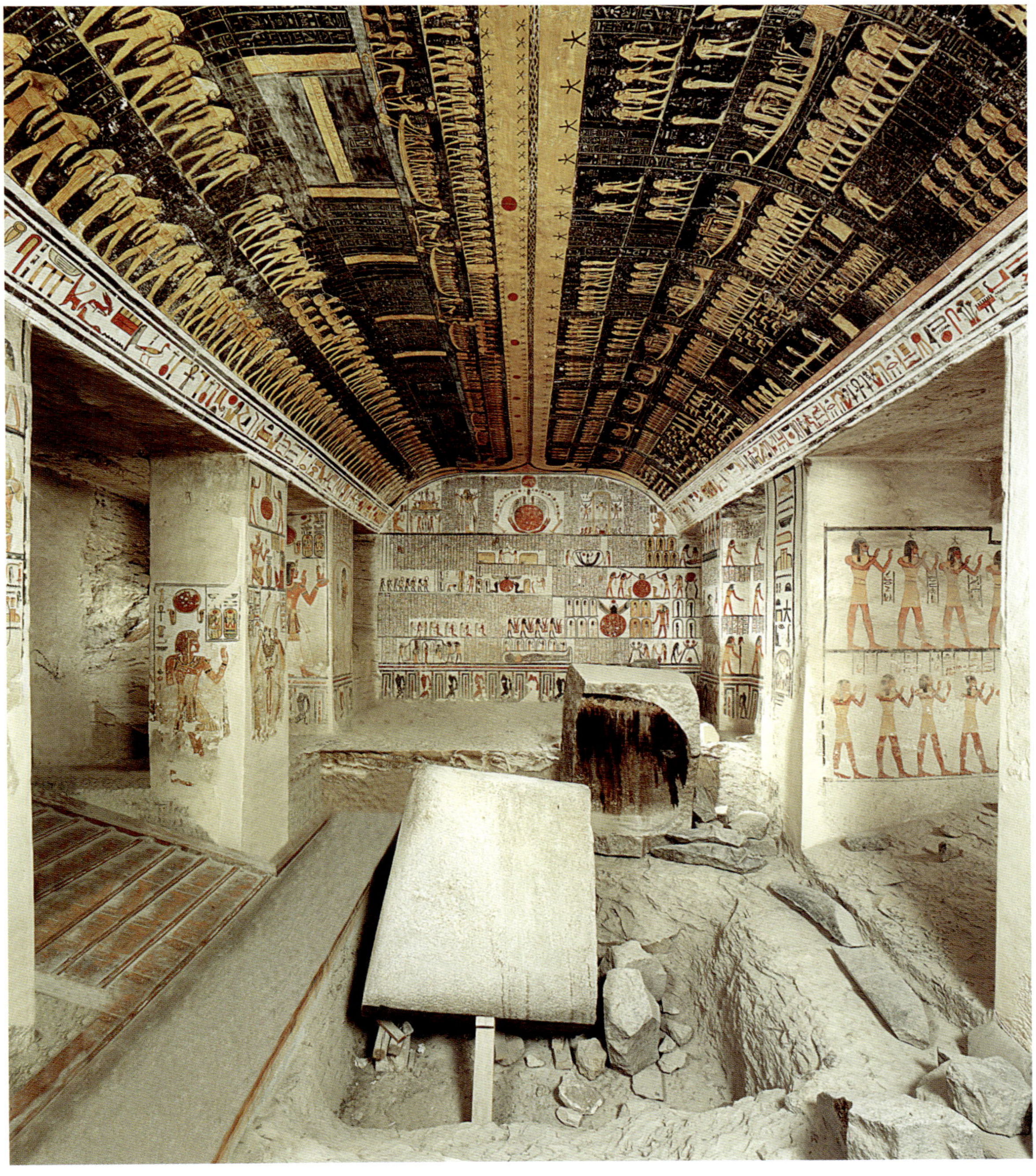

180–181
Astronomische Motive an der Decke der Grabkammer Ramses' IX. mit der Göttin Nut, die die Sonnenscheibe verschlingt.

180 unten
Der herrliche Sarkophag aus rotem Porphyr und ein Detail der komplexen-Wandmalereien in der Grabkammer Ramses' IV.

181 unten
Grabkammer Ramses' VI., in dem sich der von Grabschändern zerstörte Sarkophag befindet.

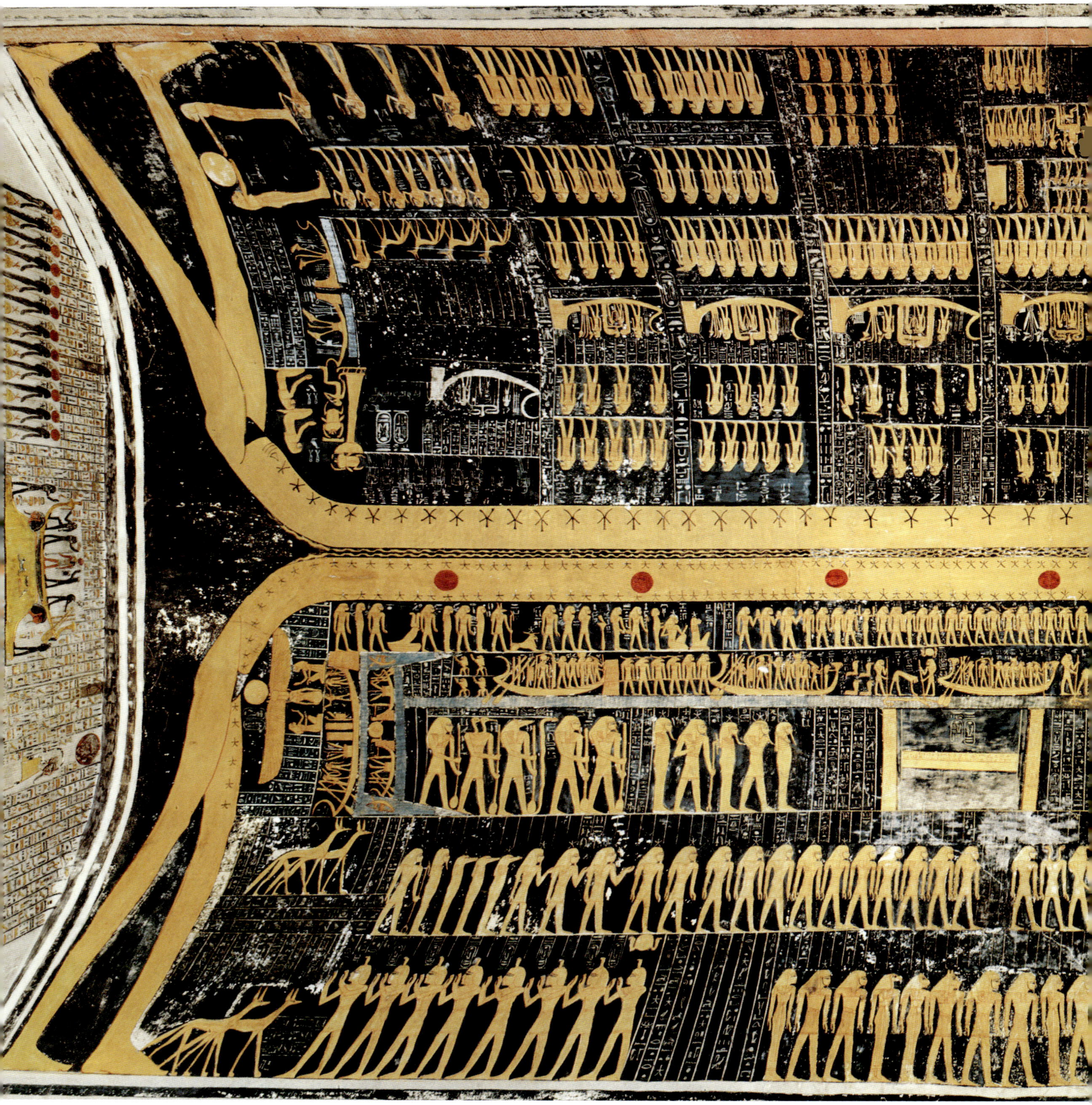

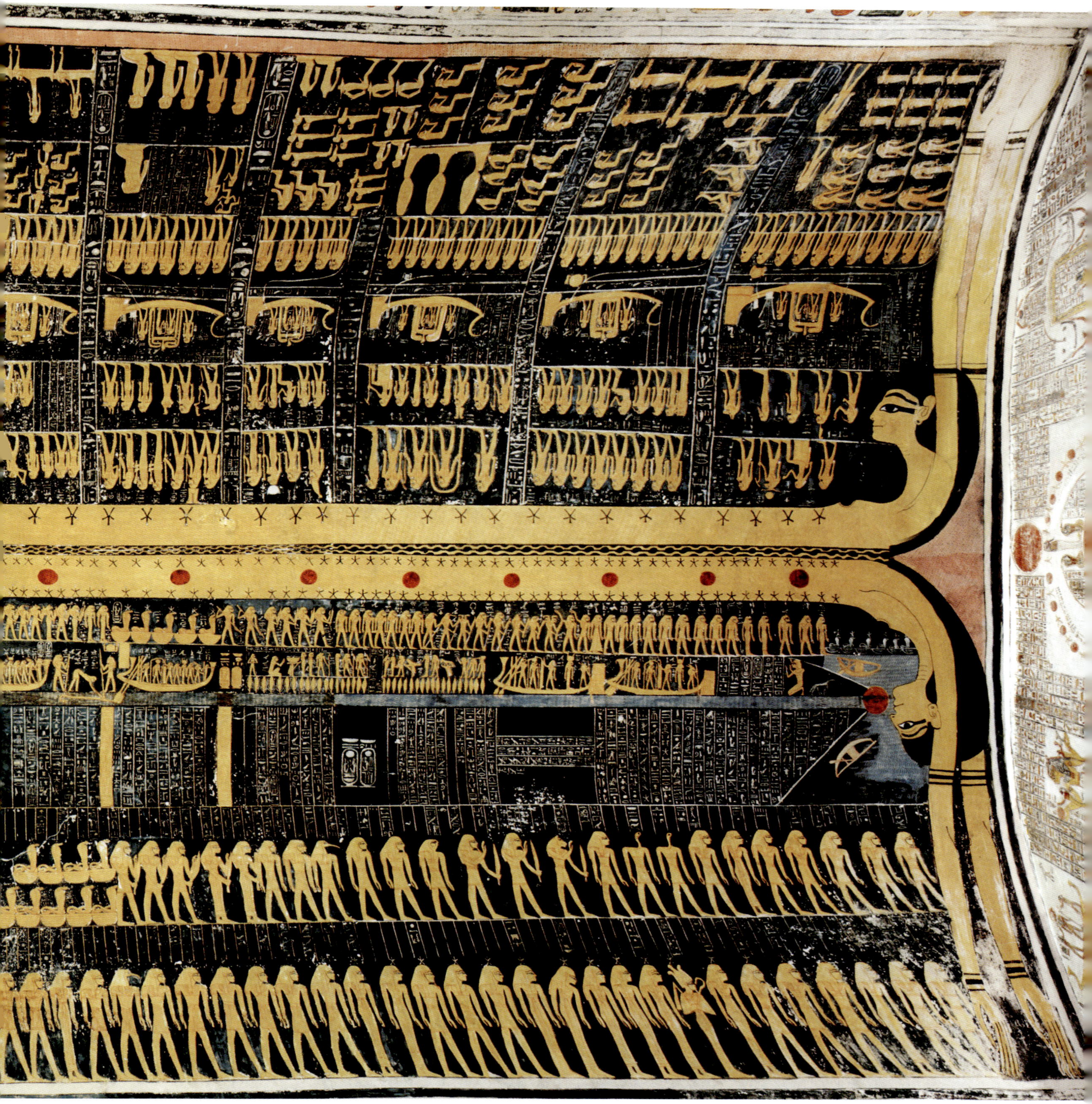

182–183
Die Himmelsgöttin Nut umrahmt das Buch des Tages (oben) und das Buch der Nacht (unten). Decke der Grabkammer im Grab Ramses' VI.

184–185
Das Tal der Königinnen, die südlichste thebanische Nekropole.

184 unten
Eingang zum Grab der Merit-Amun, Tochter und Gattin Ramses' II.

185 oben
Detail aus der Vorkammer des Grabes von Amun-Her-Chepsef, dem Sohn Ramses' II.

185 unten
Vielfarbiges Basrelief in der Grabkammer des Chaemwaset.

186–187
Das Tal der Königinnen erscheint zunächst nur als öde Senke in der Libyschen Wüste.

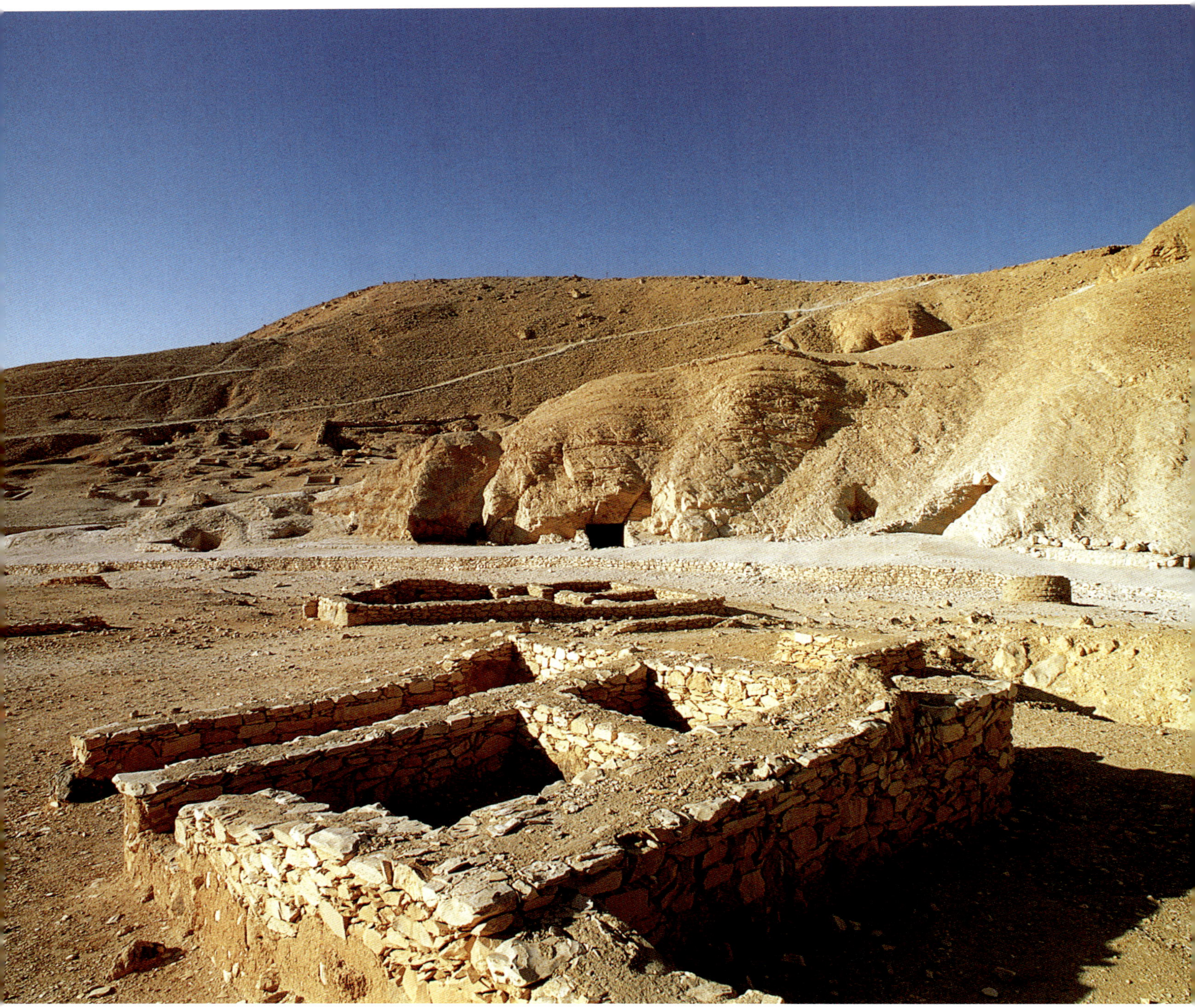

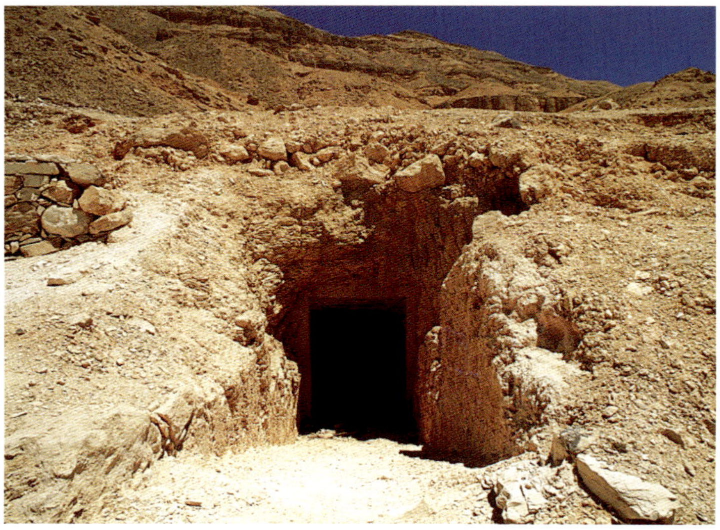

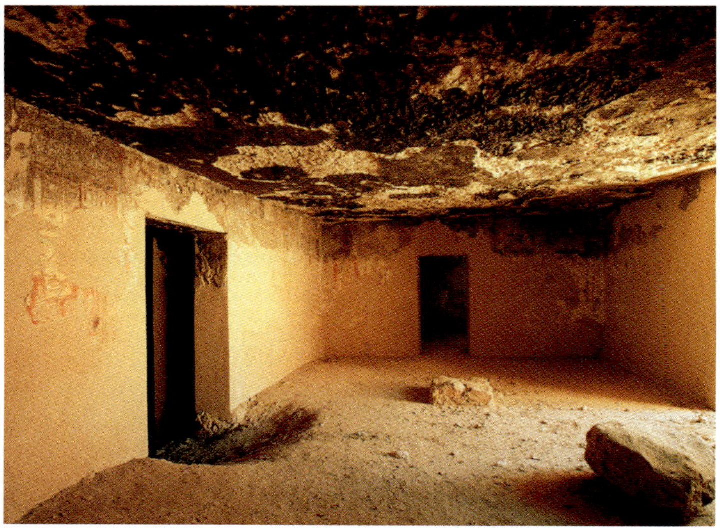

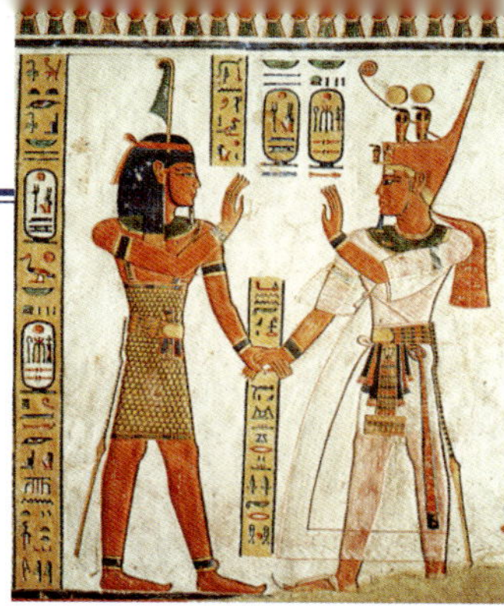

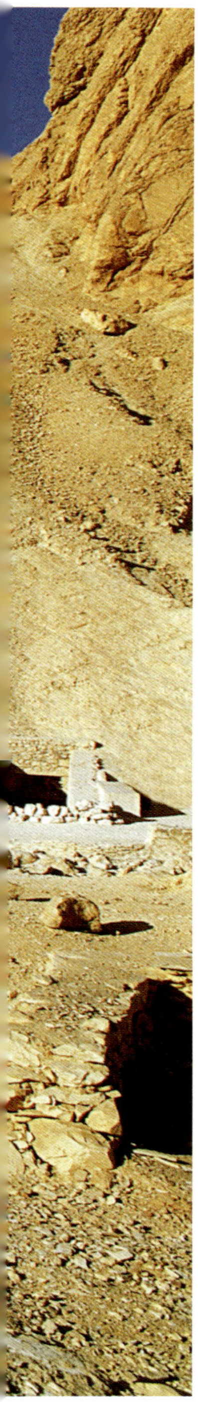

DAS TAL DER KÖNIGINNEN

Das Tal erreicht man am einfachsten, wenn man an den Memnonkolossen vorbei etwa zwei Kilometer nach Westen weitergeht. Heute wird die Stätte Biban el-Harim genannt. In alten Zeiten aber hatte sie einen viel passenderen und schöneren Namen: »Ta-set-Neferu«. Der Name ist schwer zu übersetzen, das Wort »Neferu« ist in der altägyptischen Sprache ein Ausdruck für Schönheit, den man in vielen Namen findet, die man mit schön, gut und vollendet verbin-

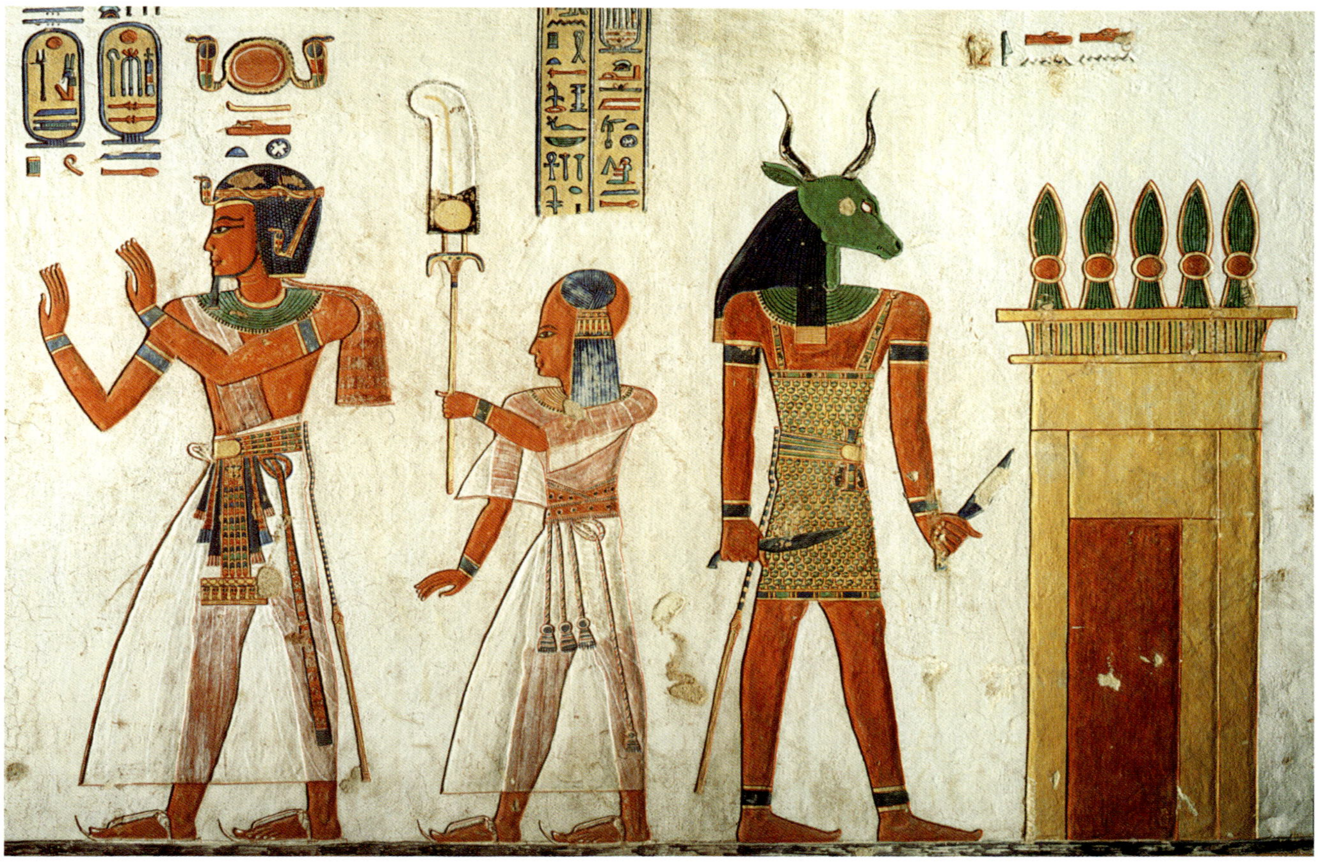

det, wie z.B. Nofretete und Nefertari, die beiden schönen Königinnen.

Ebenso wie das Tal der Könige stand auch die Grablege der Königinnen unter dem magischen Schutz der Pyramide des »El-Qurn«. Überdies befindet sich an der Talsohle eine natürliche, vom angeschwemmten Wasser ausgehöhlte Grotte, die nach Auffassung vieler Gelehrter als göttlicher Uterus angesehen wurde, aus dem die in diesem Tal bestatteten Verstorbenen wiederauferstehen konnten. Im Tal der Königinnen hat man bis heute etwa hundert Gräber entdeckt, von denen viele begonnen und dann wegen der schlechten Bodenbeschaffenheit aufgegeben worden sind. Ebenso viele Gräber wurden von Sturzbächen beschädigt, die von den zwar seltenen, aber heftigen Regenfällen verursacht wurden. Wieder andere wurden durch den Vandalismus der Kopten zerstört, die in diesem Gebiet ein Kloster errichtet hatten, von dem heute nur noch Ruinen zu erkennen sind. Im Tal der Königinnen wurden nicht nur diese, sondern auch Kinder der Pharaonen und einige Würdenträger des Hofes bestattet.

Die Erforschung des Gebiets begann mit der toskanisch-französischen Expedition 1829, die von Champollion und Rosellini organisiert wurde, obgleich auch Belzoni bereits 1816 im Tal gewesen war. Es folgten Lepsius, Brugsch und schließlich 1903 die italienische Expedition, die von Schiaparelli geleitet wurde, der die wichtigsten heute zu besichtigenden Gräber freilegte, darunter auch das Grab der Nefertari, der Lieblingsfrau Ramses' II., das als das schönste des Tales gilt und das zu den schönsten aller thebanischen Gräber zählt. Die zur 18., 19., 20. und 21. Dynastie gehörenden Gräber sind mit dem Kürzel QV versehen.

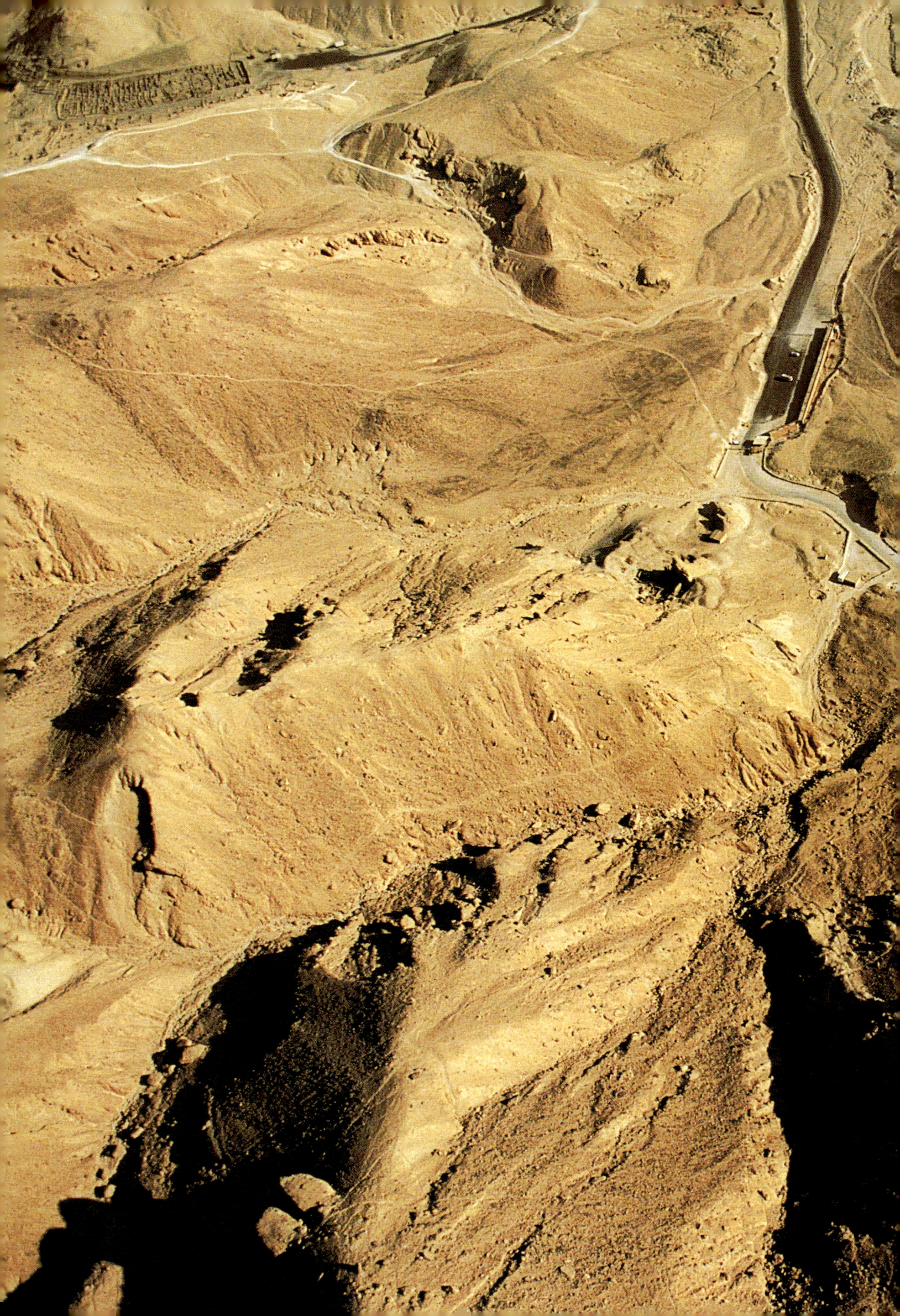

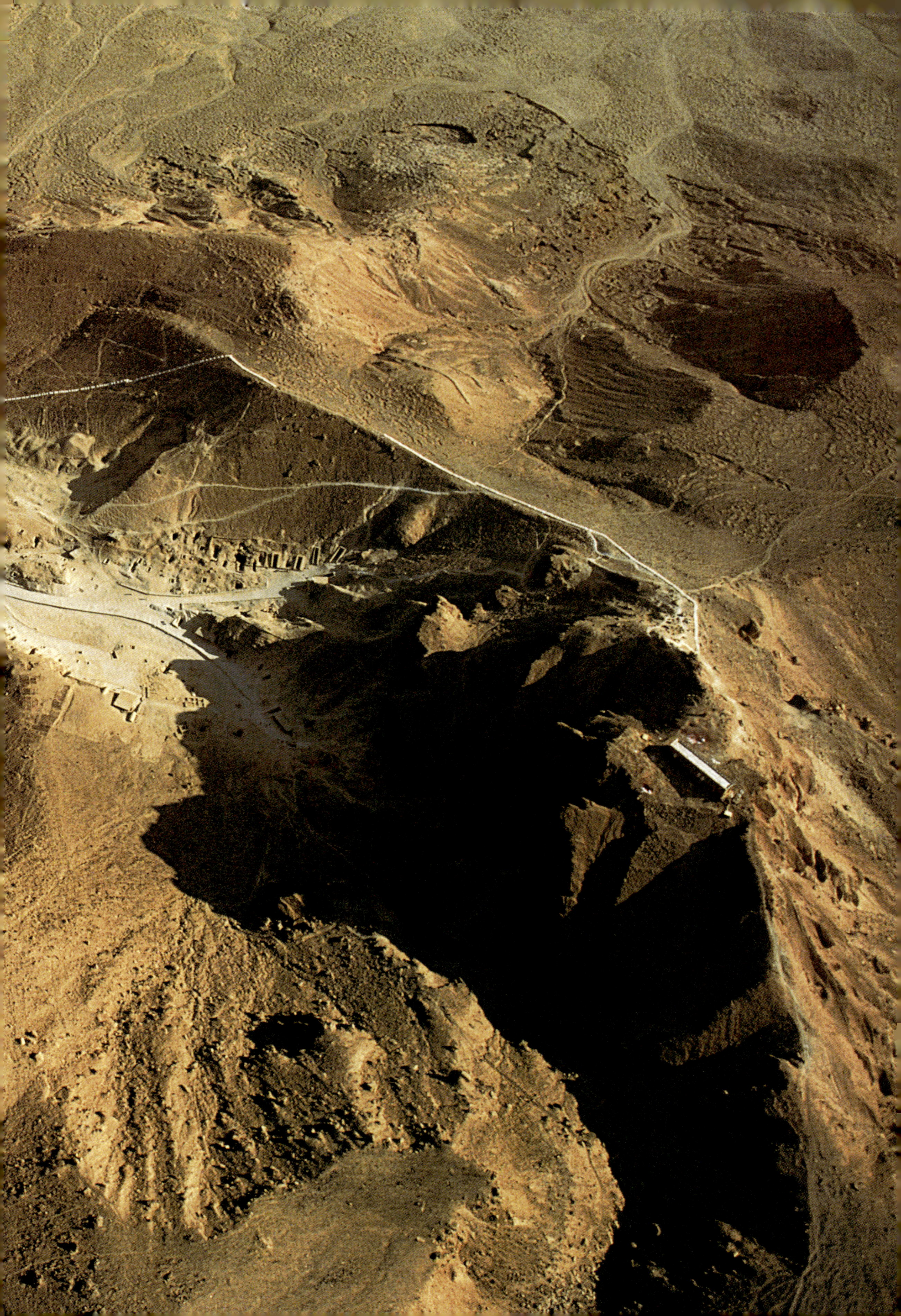

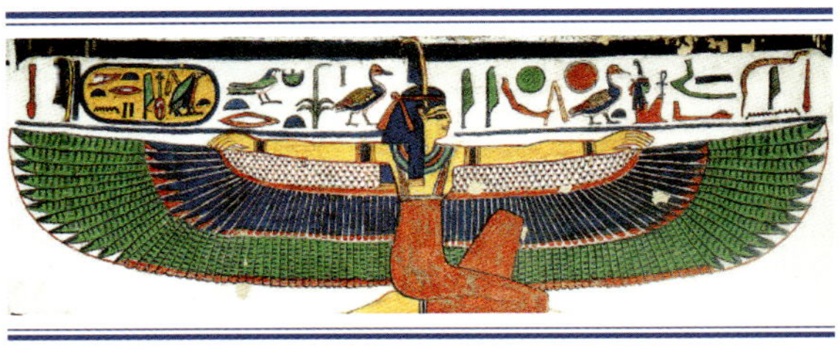

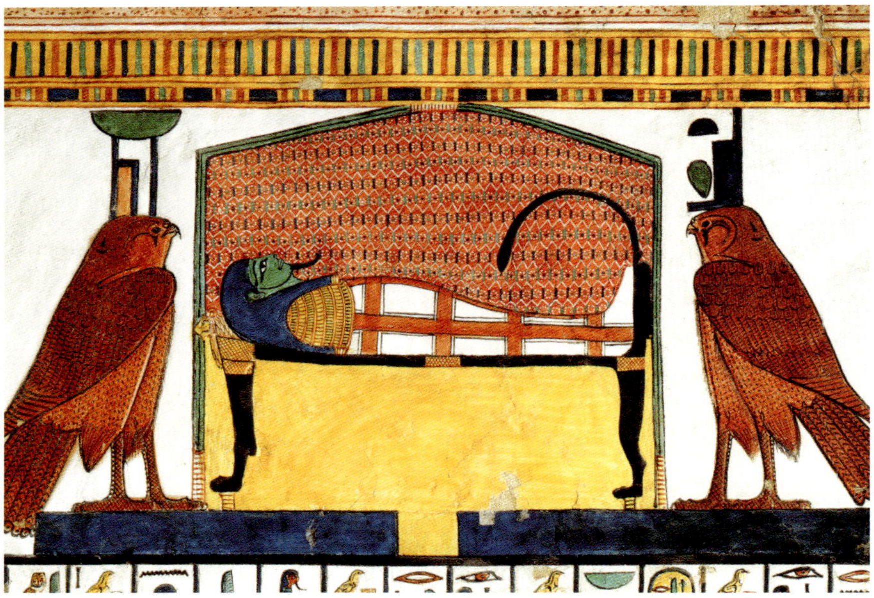

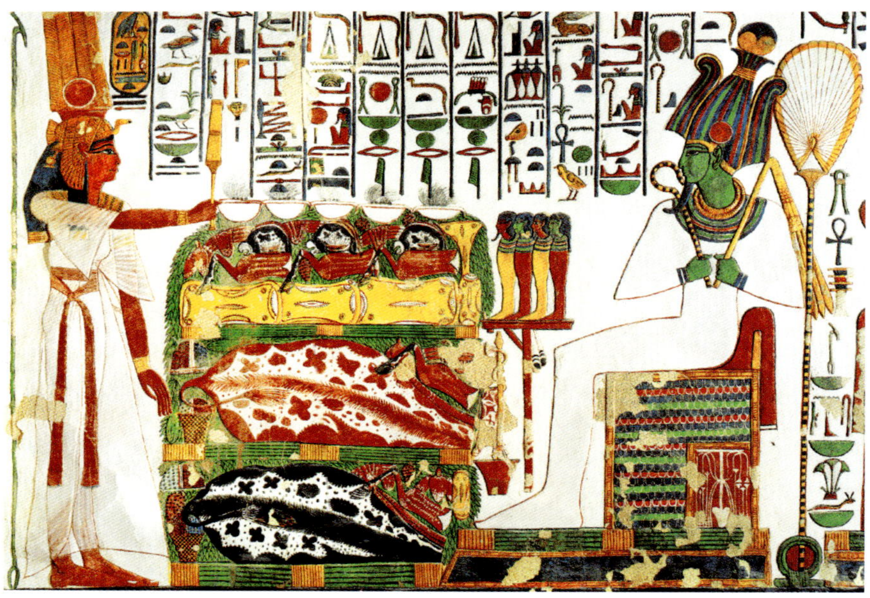

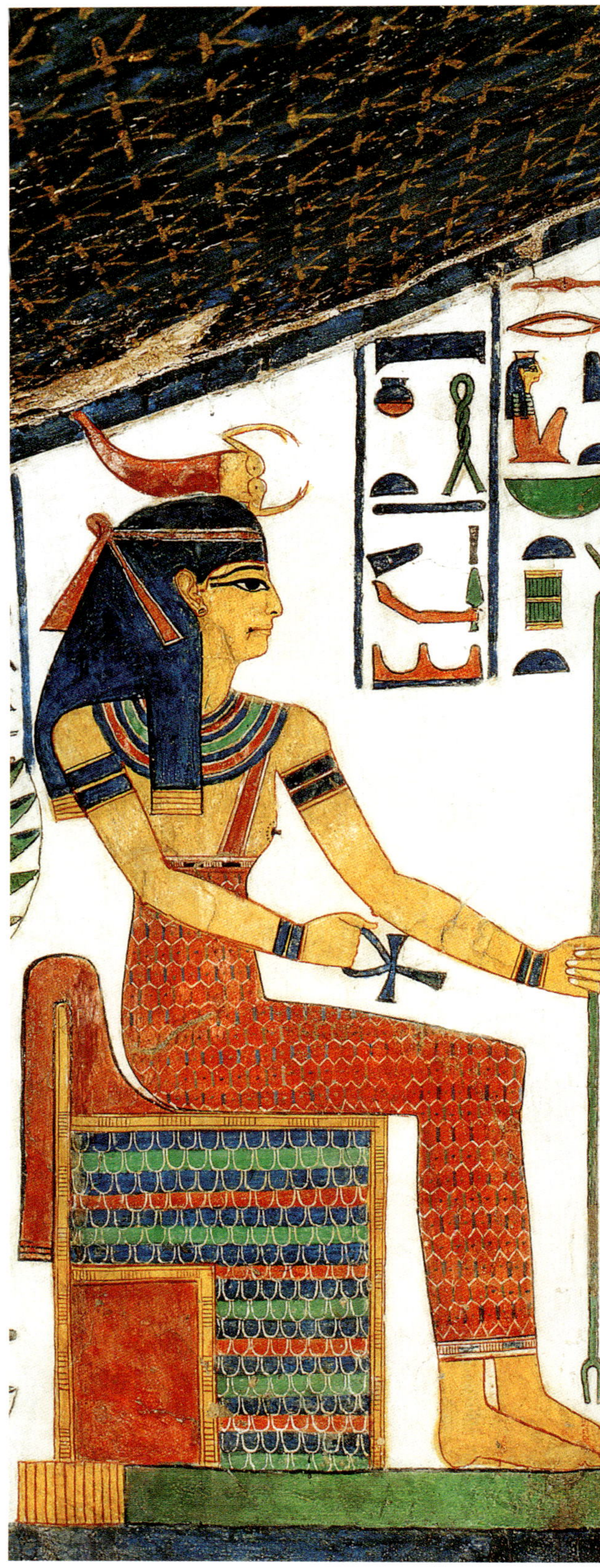

188 und 189
Alle Abbildungen auf diesen Seiten zeigen Details der herrlichen Wandmalereien im Grab Nefertaris. 1904 von Ernesto Schiaparelli entdeckt, wurde das Grab umfassenden und langwierigen Restaurierungsarbeiten unterzogen, die erst 1992 abgeschlossen werden konnten.

DAS GRAB DER NEFERTARI (QV66)

Nefertari (Nofretere meri-en-Mut) war die Große Königliche Gemahlin Ramses' II., und niemals wurde eine ägyptische Königin vom Pharao so hoch geschätzt wie sie. Ramses II. ließ ihr zu Ehren in Abu Simbel neben seinem Tempel einen weiteren errichten und ihr ein eines Herrschers würdiges Grab erbauen, das schönste und am prächtigsten ausgestattete des Tales.

Die Herkunft Nefertaris ist nicht vollständig geklärt. Wahrscheinlich stammte sie aus einer adeligen thebanischen Familie und war auf irgendeine Weise mit Eje verwandt, der 1323 v. Chr. Tutanchamun auf den Thron folgte. Sie heiratete Ramses II. noch vor seiner Thronbesteigung und hatte mit ihm fünf oder sechs Kinder.

Auch die Umstände ihres Todes sind nicht genau bekannt. Nur eines ist sicher: Nach dem 30. Thronjubiläum ihres Gatten erscheint der Name Nefertari nicht mehr auf den Inschriften. Folglich könnte sie um das Jahr 1250 v. Chr. im Alter von vielleicht 40 bis 45 Jahren gestorben sein. Das Grab wurde 1904 von Ernesto Schiaparelli während der Ausgrabungsarbeiten der Missione Archeologica Italiana entdeckt, die das Tal der Königinnen zum ersten Mal systematisch erforschte. Das Grab war viele Jahre lang der

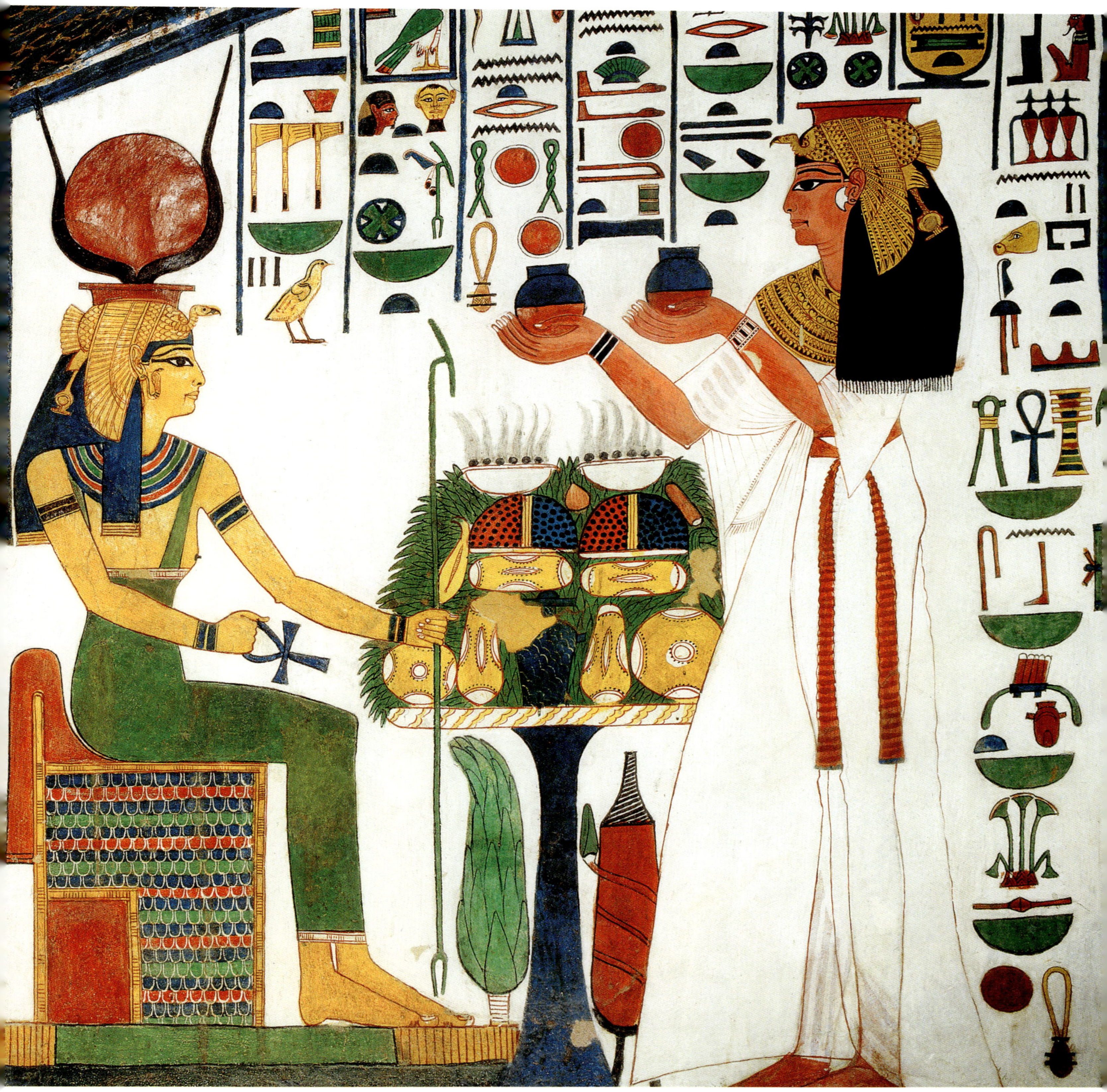

Öffentlichkeit nicht zugänglich, um Schäden an den Malereien zu vermeiden. 1988 begannen die Restaurationsarbeiten, die bis 1992 dauerten. Seitdem kann man den unterirdischen Bereich besichtigen, allerdings jeweils nur eine begrenze Anzahl von Besuchern, weswegen es ratsam ist, sich rechtzeitig anzumelden.

Der Aufbau des Grabes ist viel komplexer als bei anderen Gräbern des Tales und orientiert sich an Vorbildern aus dem Tal der Könige. Die Folge der Räumlichkeiten nach der ersten Eingangstreppe sieht folgendermaßen aus: Vorzimmer und Vestibül mit Anbau; eine zweite Treppenrampe führt zur Grab-

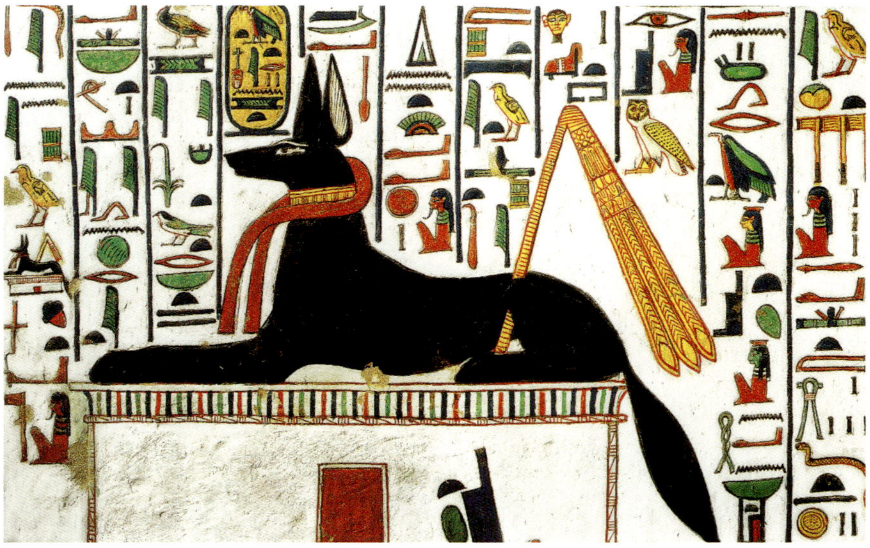

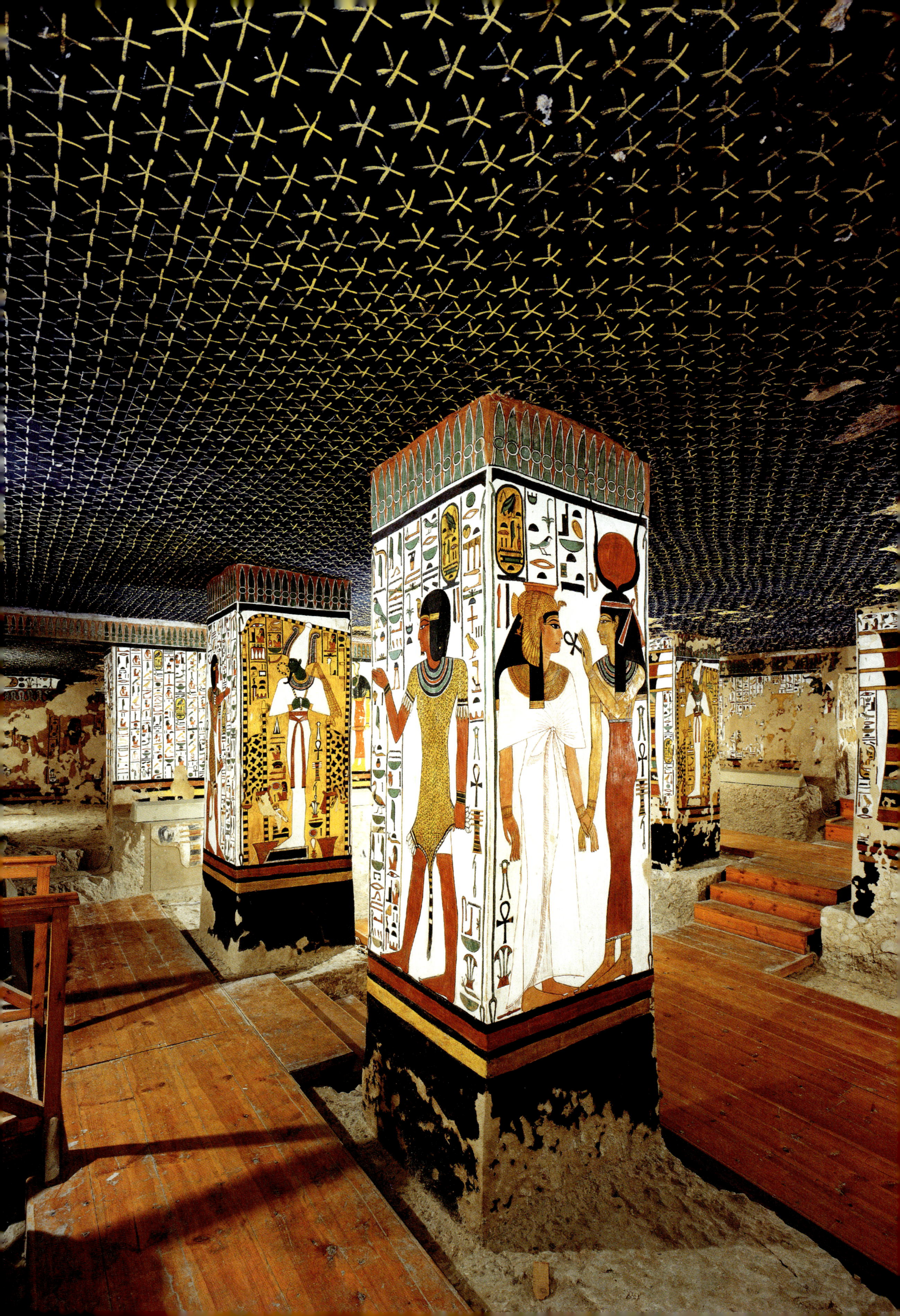

190 und 191
Das Grab Nefertaris gilt wegen seines komplexen Grundrisses und wegen seiner wunderbaren Wandgemälde als schönstes Grab im Tal der Königinnen. Um die Pracht der erlesenen Verzierung zu erhalten, wurde der Zutritt zum Grab drastisch reduziert.

192–193
Hathor, Liebesgöttin und Beschützerin des Landes am Nil, heißt Nefertari, die Gemahlin Ramses' II., willkommen; Südwestpfeiler der Grabkammer.

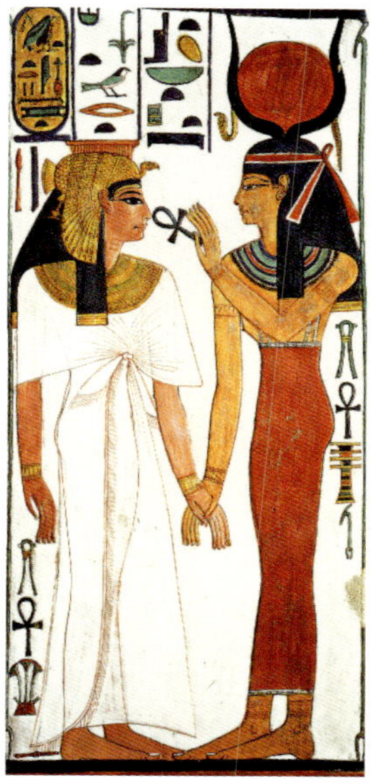

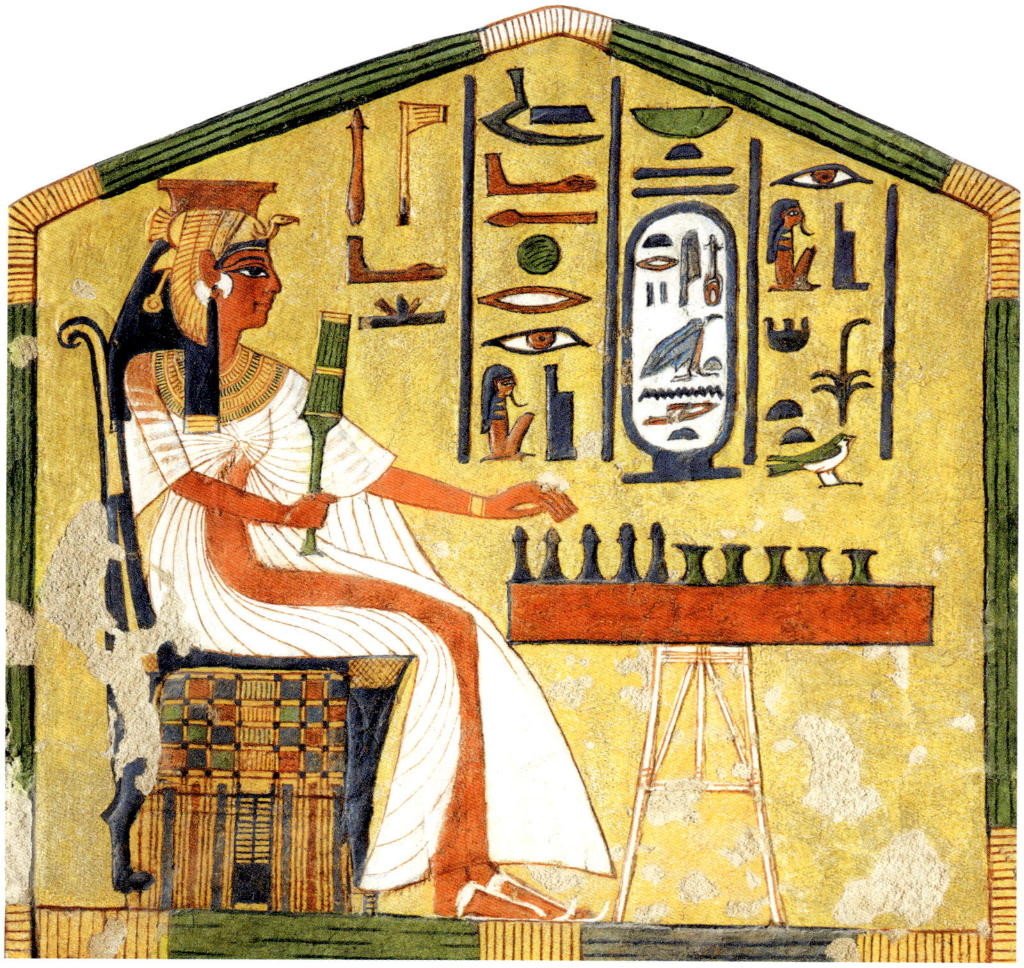

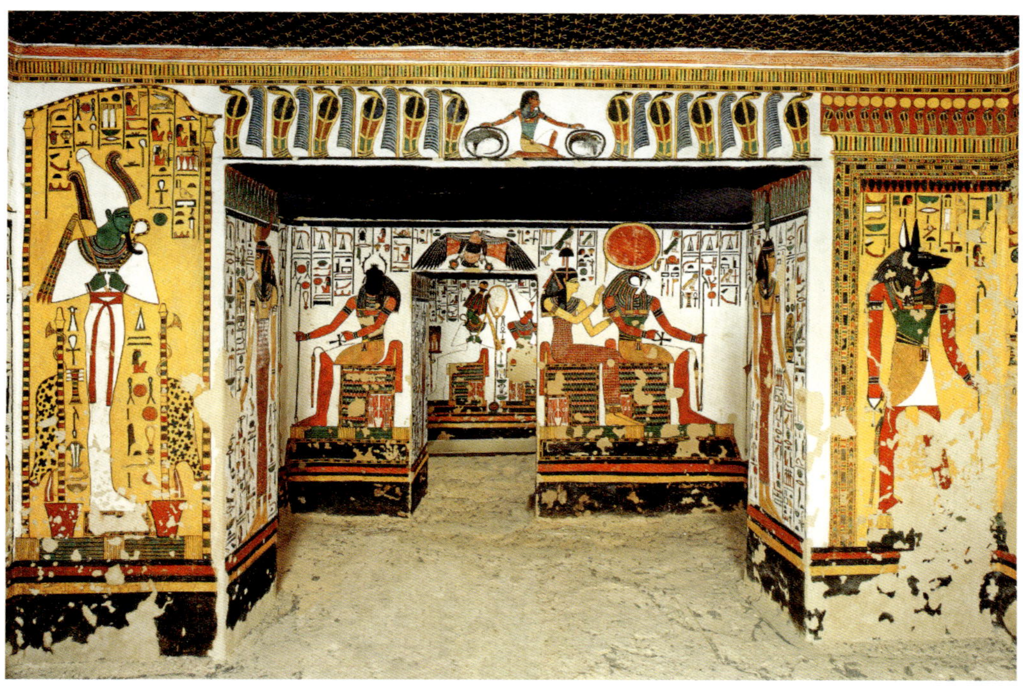

kammer mit zwei angeschlossenen Räumen und dem Allerheiligsten. Die im Vergleich zu den anderen Gräbern niedrigen Decken sind mit einem kräftigen Blau bemalt und mit fünfzackigen Sternen verziert – eine Lösung, die man auch in einigen Gräbern des Tales der Könige finden kann. Die massiven, in Rechtecke unterteilten Pilaster zeigen Gottheiten und häufig das Symbol *Ged* mit dem Wappen und den Titeln der Königin.

An den Wänden sind Kapitel aus dem Totenbuch mit Texten und Figuren abgebildet, die den spirituellen Weg der Königin illustrieren, die zuerst unter allerlei Prüfungen in die Unterwelt hinabsteigt, um sich dann zu regenerieren und dann in Gestalt der Sonnenscheibe zu einem neuen Leben als Gottheit aufzuerstehen.

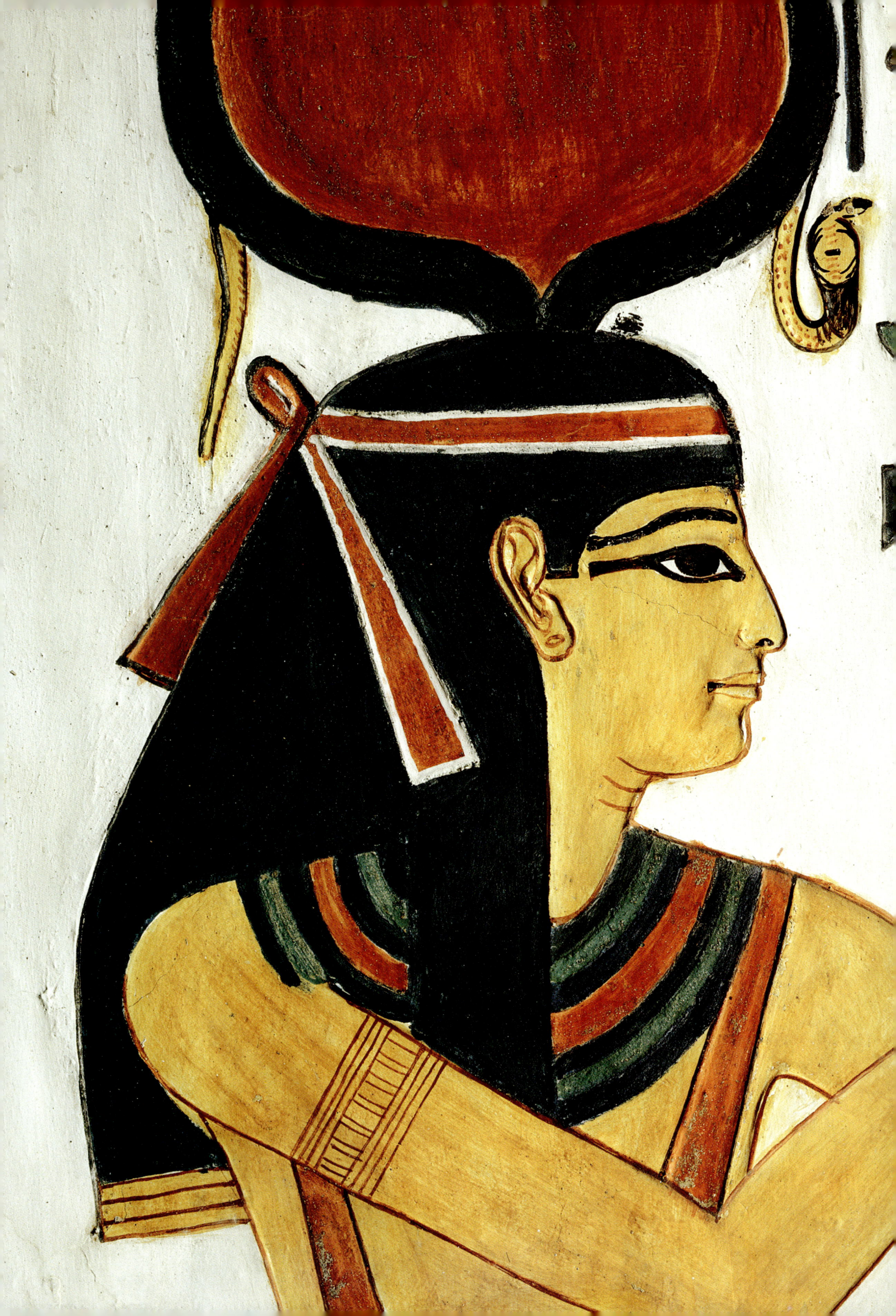

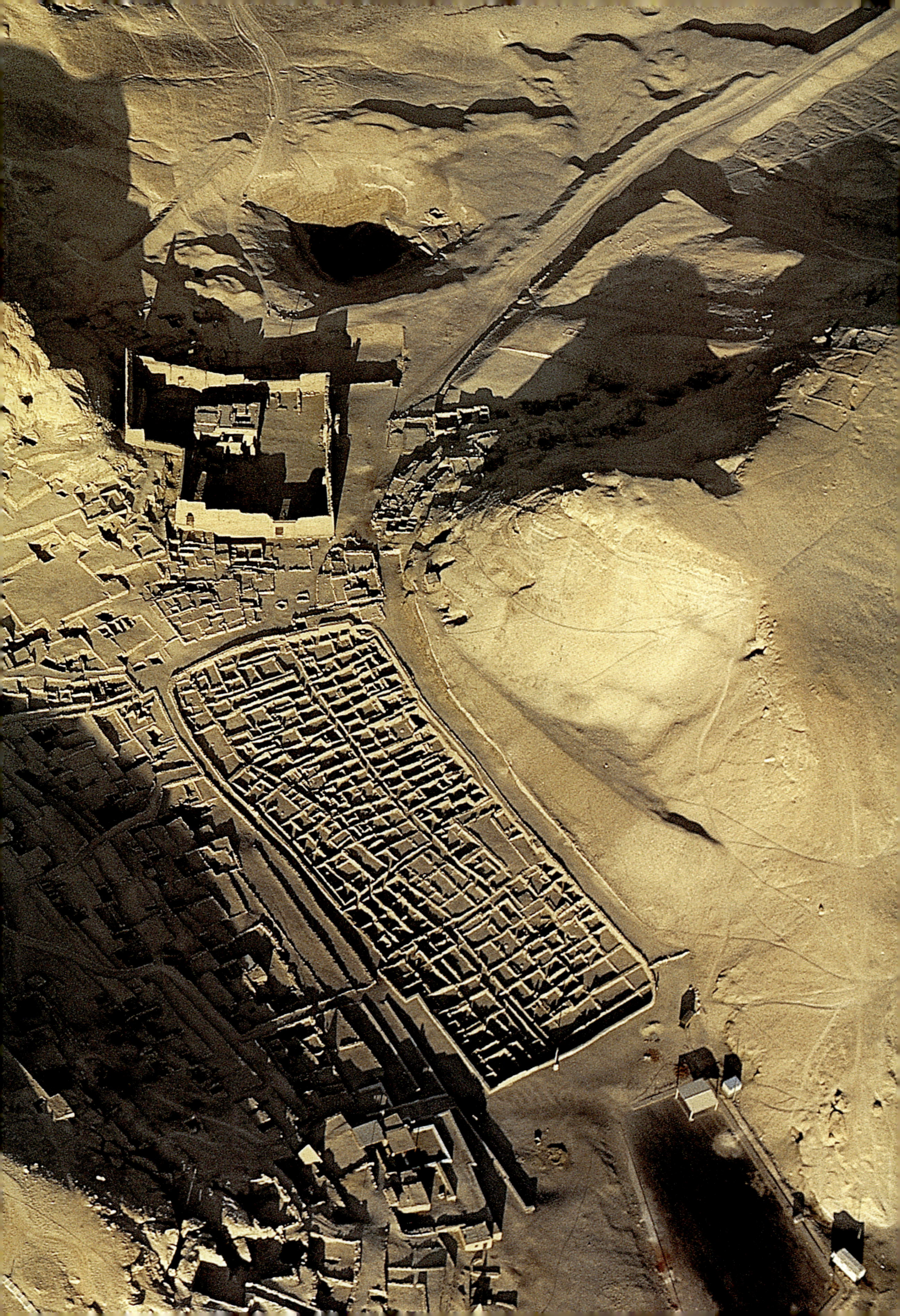

198 oben links

Die Nordostwand im Grab des Sennedjem, an der die himmlischen Gefilde von Earu im Jenseits dargestellt sind.

198 unten links

Die prachtvolle Grabkammer des Paschedu mit einer Szene, in der sich der Verstorbene an einer Quelle labt.

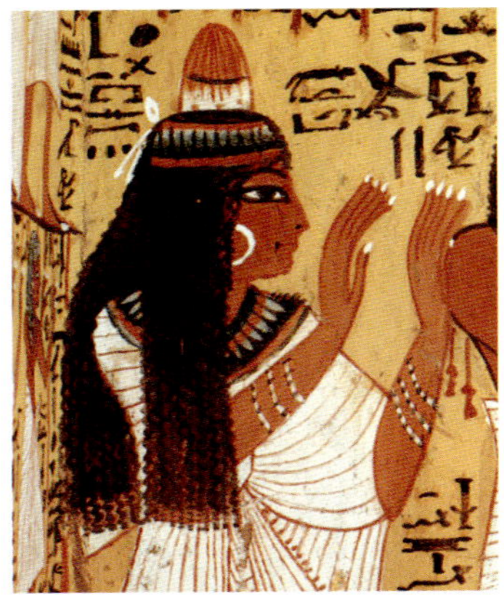

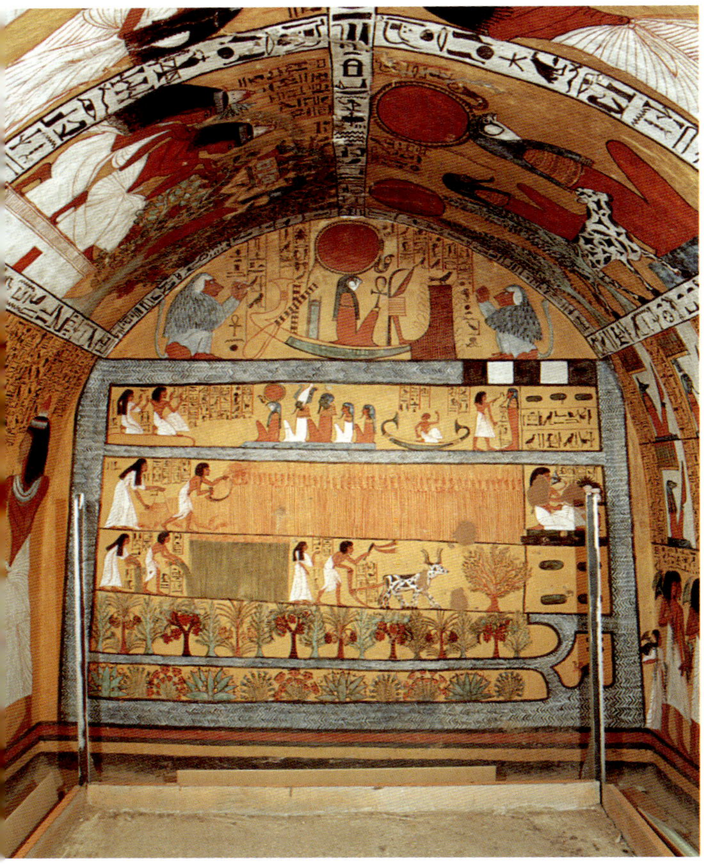

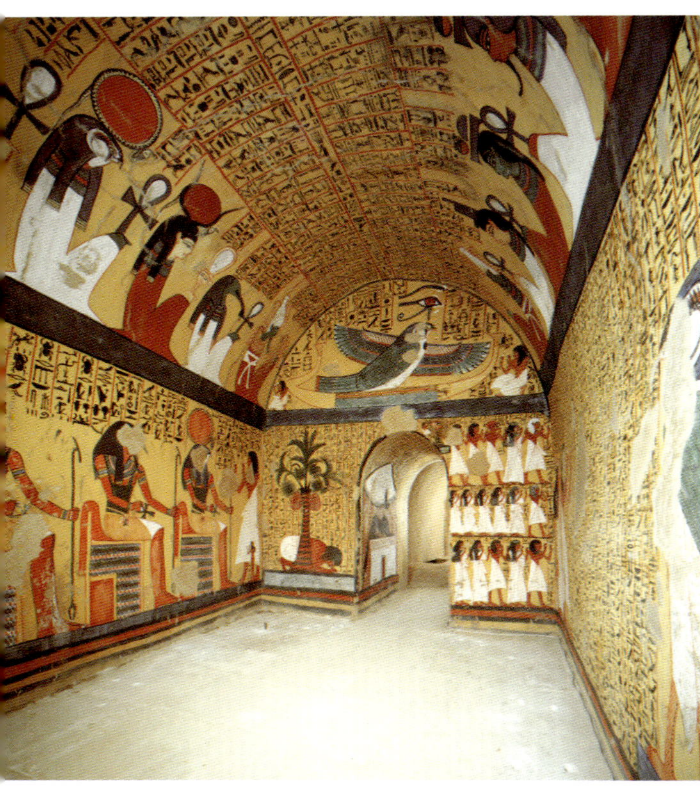

Werkzeug, Speisen und sonstige Gegenstände für das Jenseits auf.

Deir el-Medina ist eine historische Stätte, die allemal einen Besuch wert ist. Die Gräber seiner Bewohner sind in der Regel für Touristen zugänglich, und die folgenden lohnen besonders einen Besuch:

Sennedjem (TT 1)

Baumeister der Nekropole, arbeitete am Tempel Sethos' I. und Ramses' II. Das Grab wurde auf ockerfarbenem Grund mit Szenen von religiösen Zeremonien und aus dem Alltagsleben freskiert und ist in optimalem Zustand. Es wurde fast unversehrt aufgefunden. Die Beigaben werden im Ägyptischen Museum von Kairo aufbewahrt.

Paschedu (TT 3)

Vorarbeiter der Nekropole und »Chefmaler« bei der künstlerischen Ausgestaltung des Grabes Sethos' I.

Ipui (TT 217)

Chefbildhauer der Nekropole. Von ihm fand man auch die Wohnung im Dorf. Das Grab weist interessante Verzierungen mit Szenen aus dem täglichen Leben auf (Landwirtschaft, Handel, Schiffbau, Stoffverarbeitung etc.).

Inherchau (TT 359)

Er trug den Titel »Vorarbeiter des Herrn der zwei Länder auf dem Platz der Wahrheit« und stand im Dienst Ramses' III. und IV. aus der 20. Dynastie. Seine Krypta besteht aus zwei Gewölbekammern, die in lebhaften Farben mit Darstellungen aus dem Totenbuch bemalt sind.

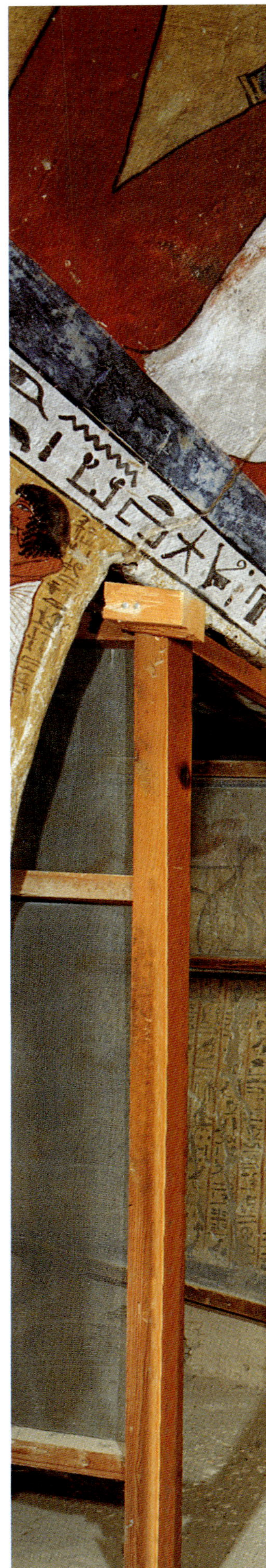

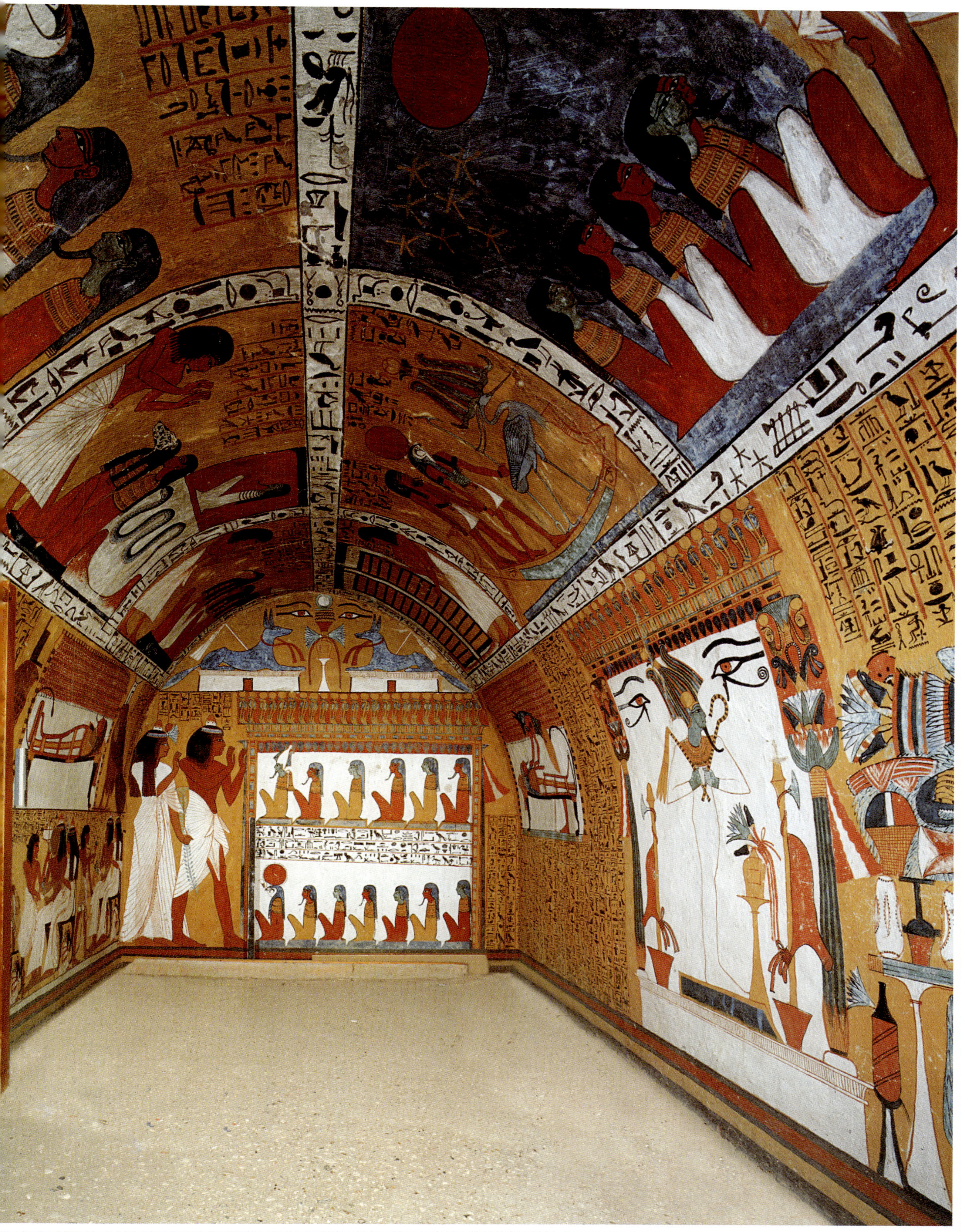

198 rechts
Die Frau Paschedus, Negemtebehdet, porträtiert im typisch ramessidischen Stil.

198–199
Der wunderbare Innenraum der Gruft des Sennedjem, eines Würdenträgers unter Sethos I.

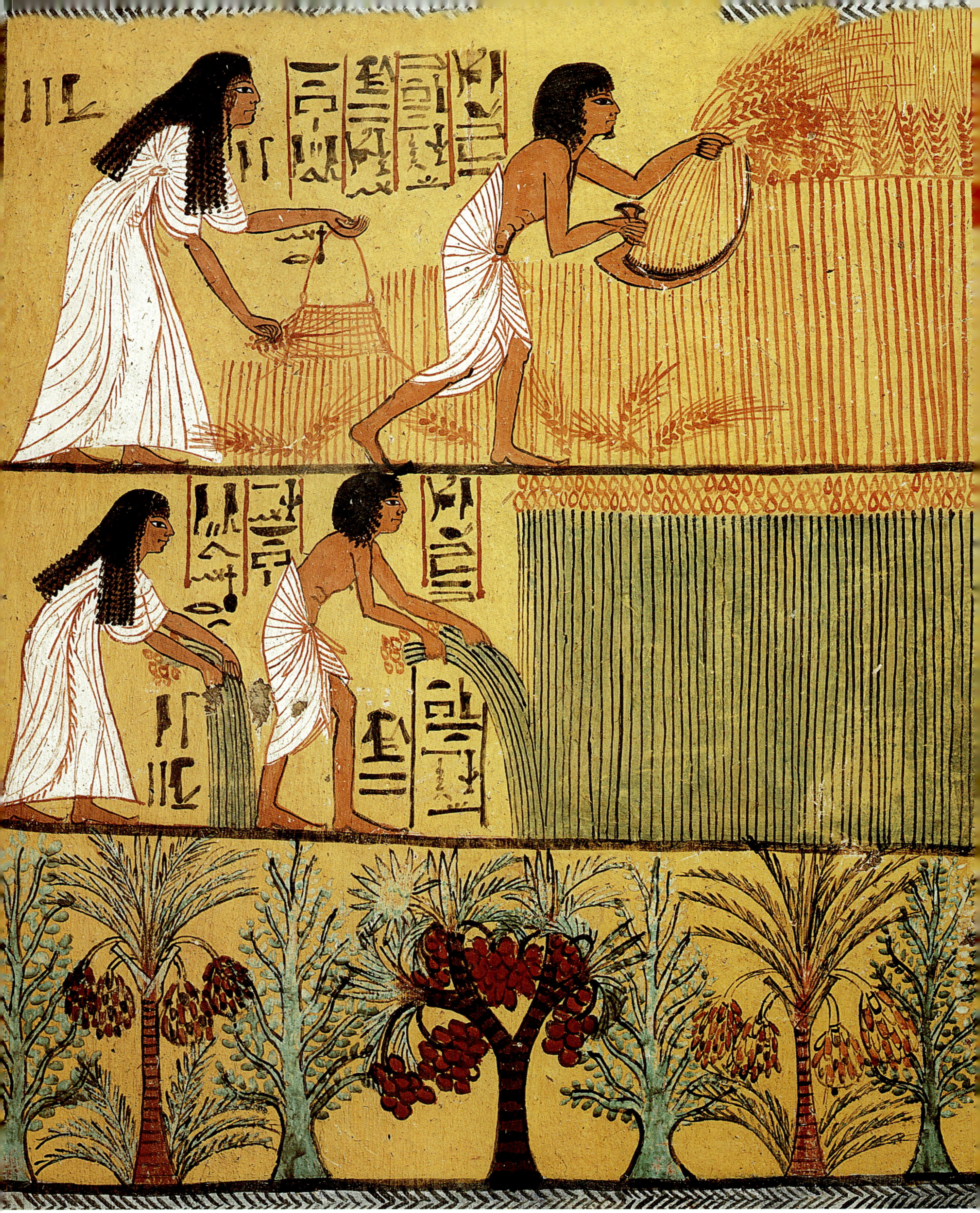

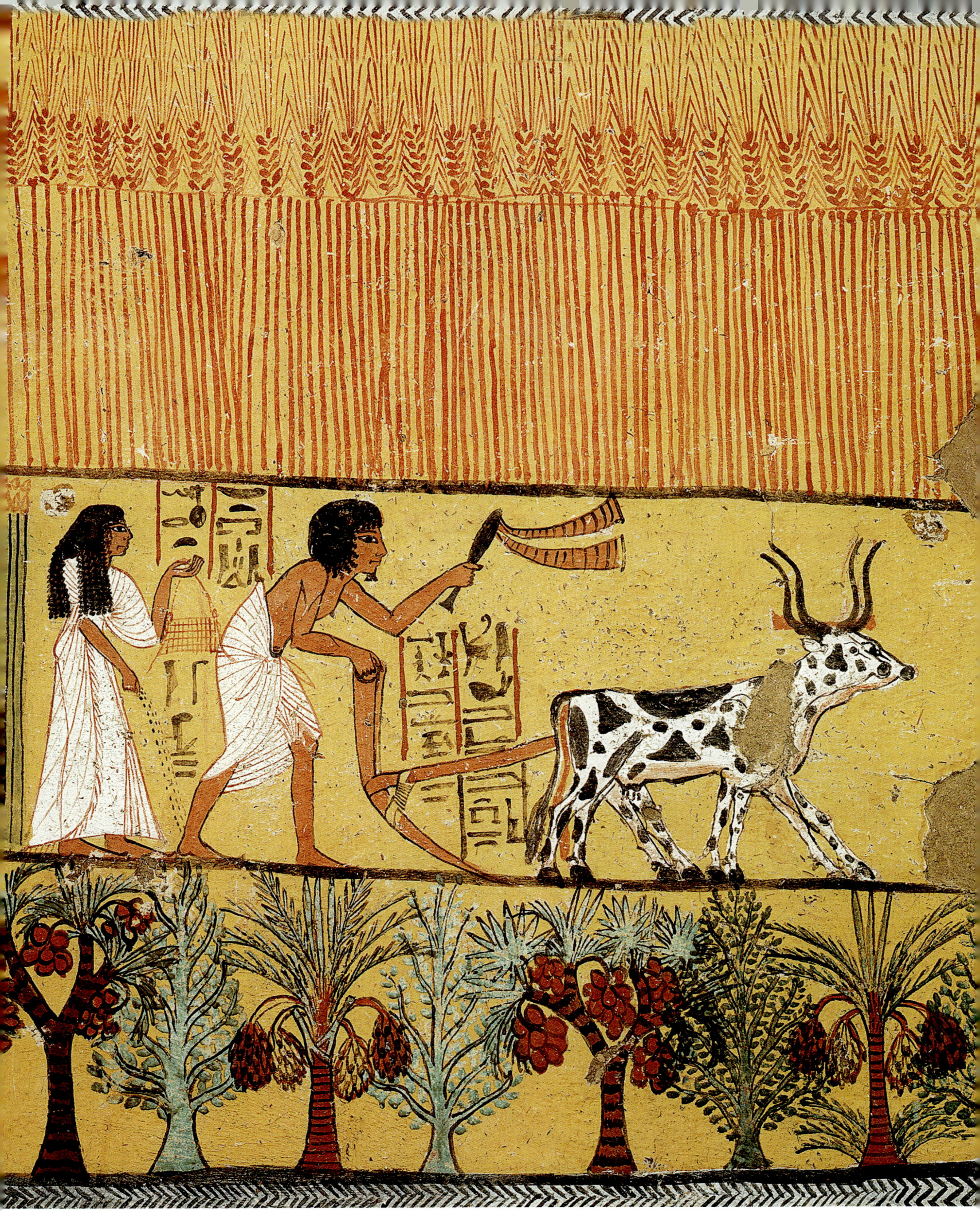

200–201
Sennedjem und seine Frau Iyneferti beim Bestellen der himmlischen Felder in Earu, dem ägyptischen Paradies.

202–203
Sennedjem huldigt verschiedenen Göttinnen und Göttern, teilweise in Begleitung seiner Frau Iyneferti.

204–205
Diese Szene aus dem Grab des Paschedu zeigt Osiris mit dem königlichen Nemes-Kopftuch.

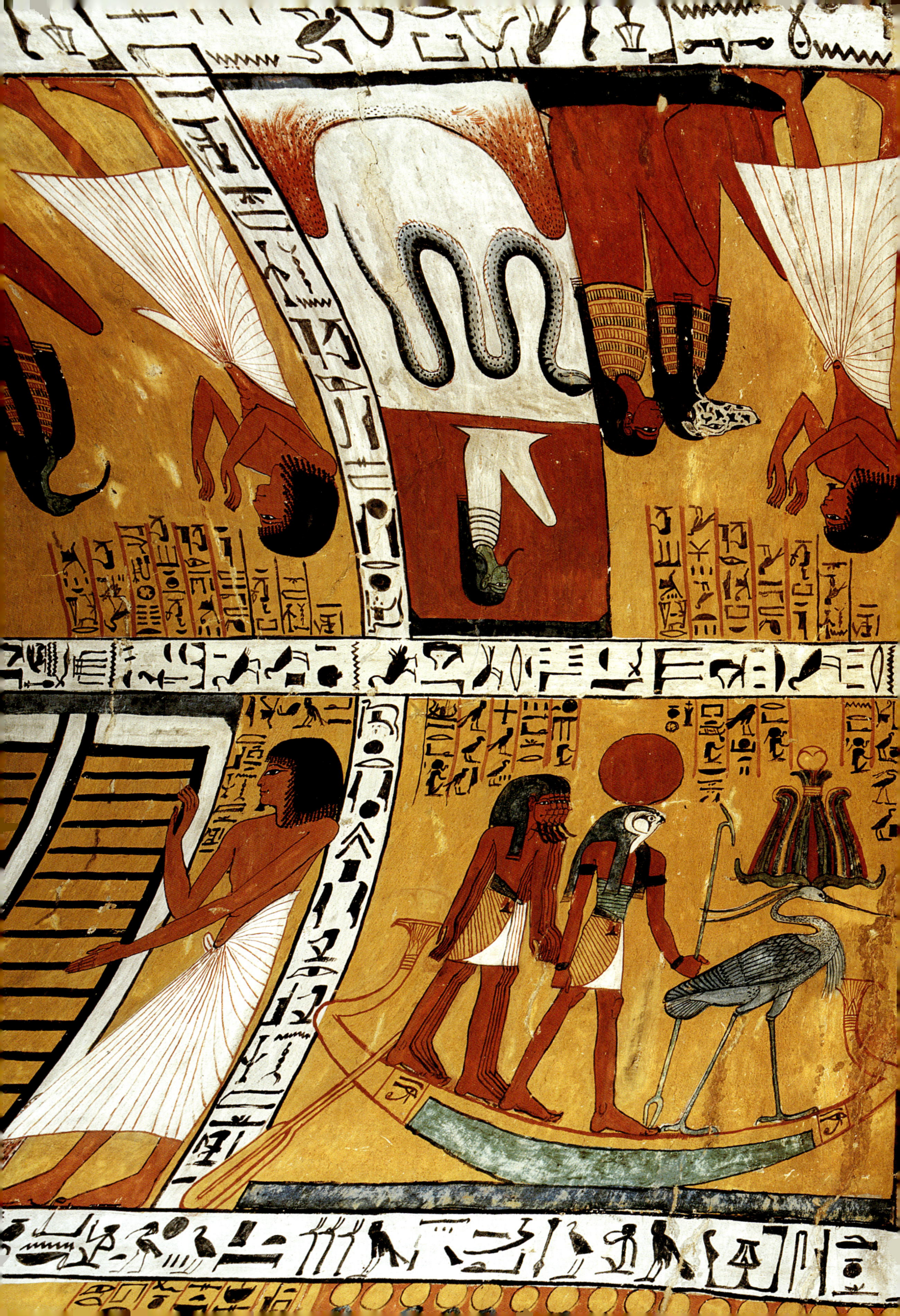

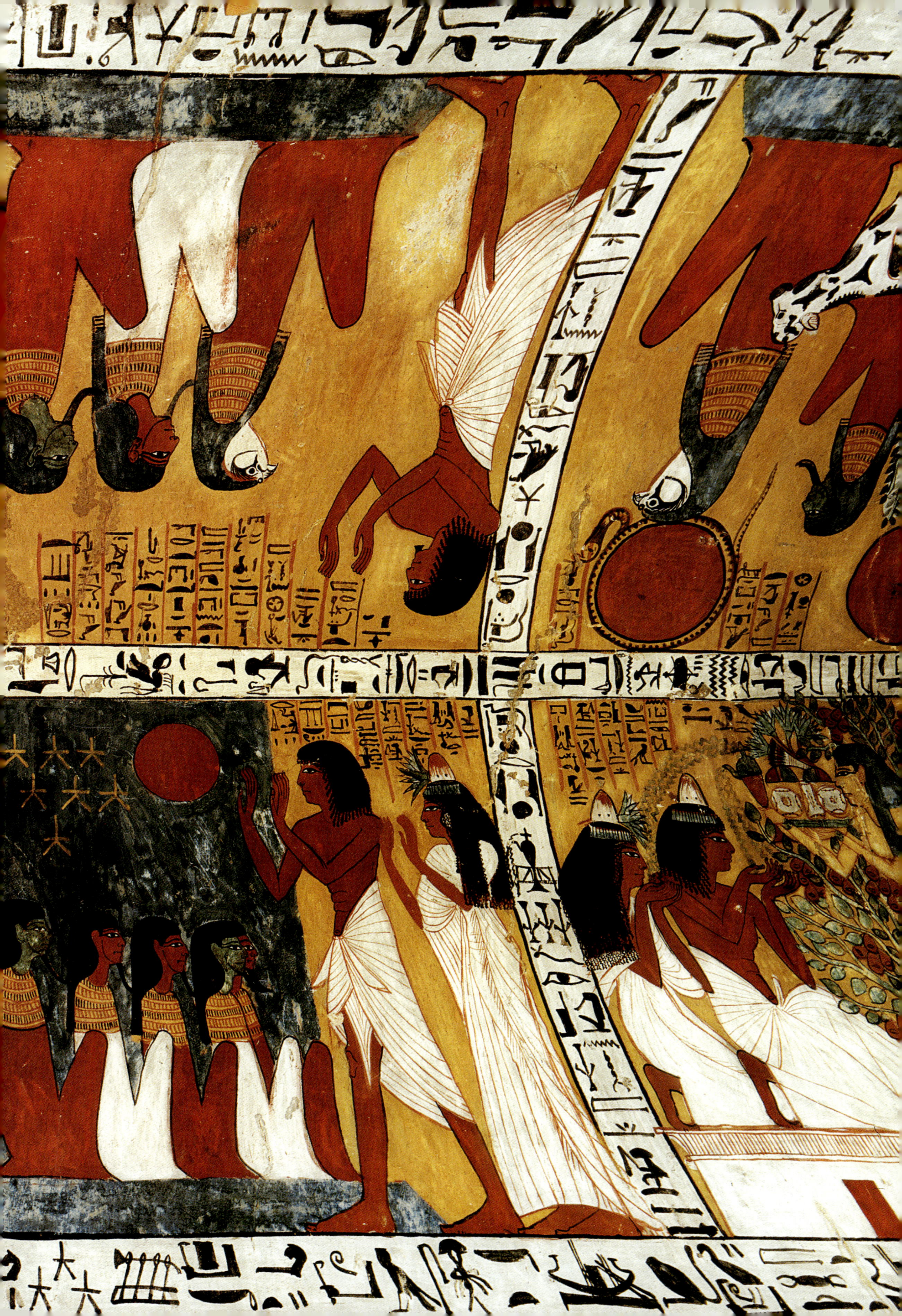

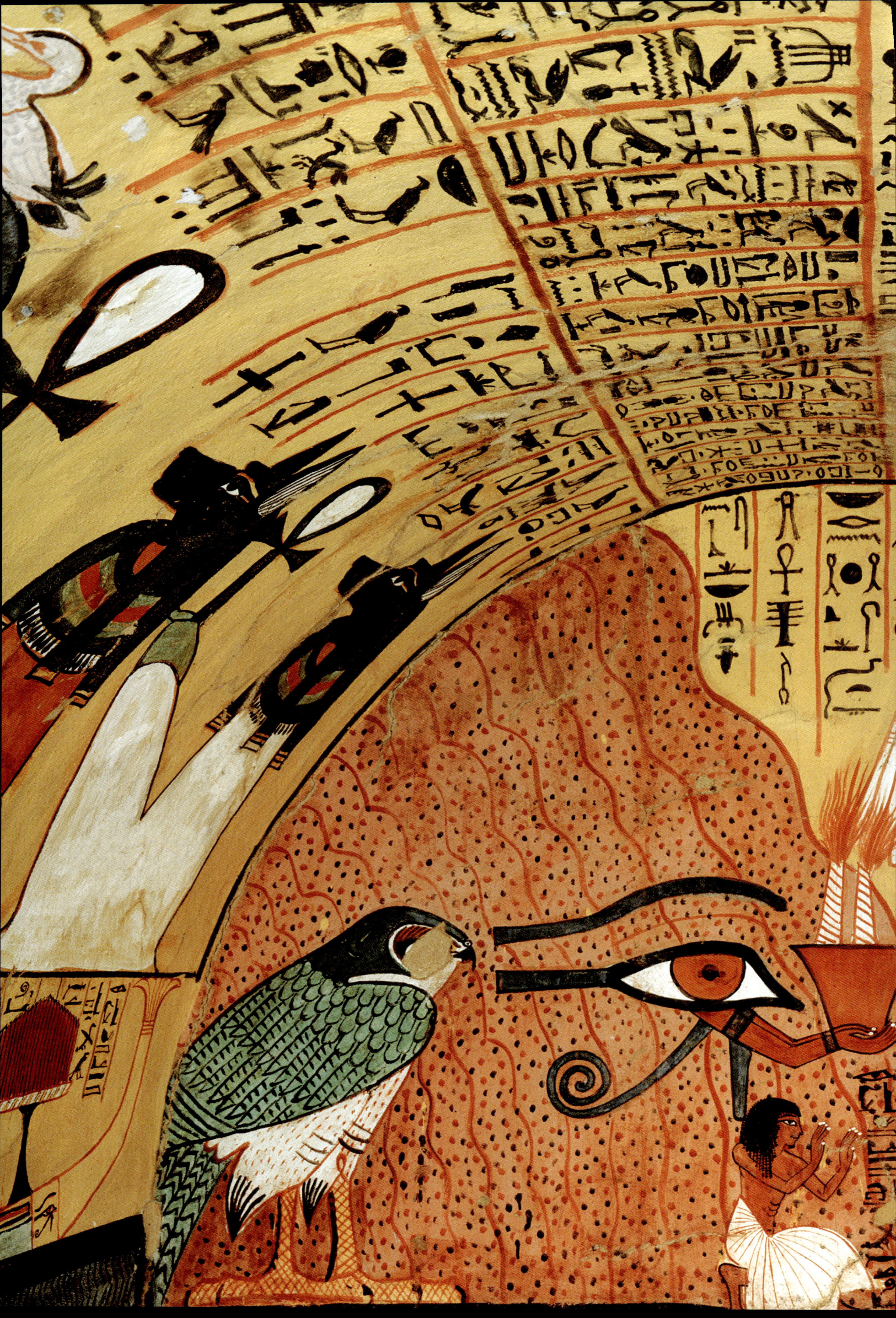

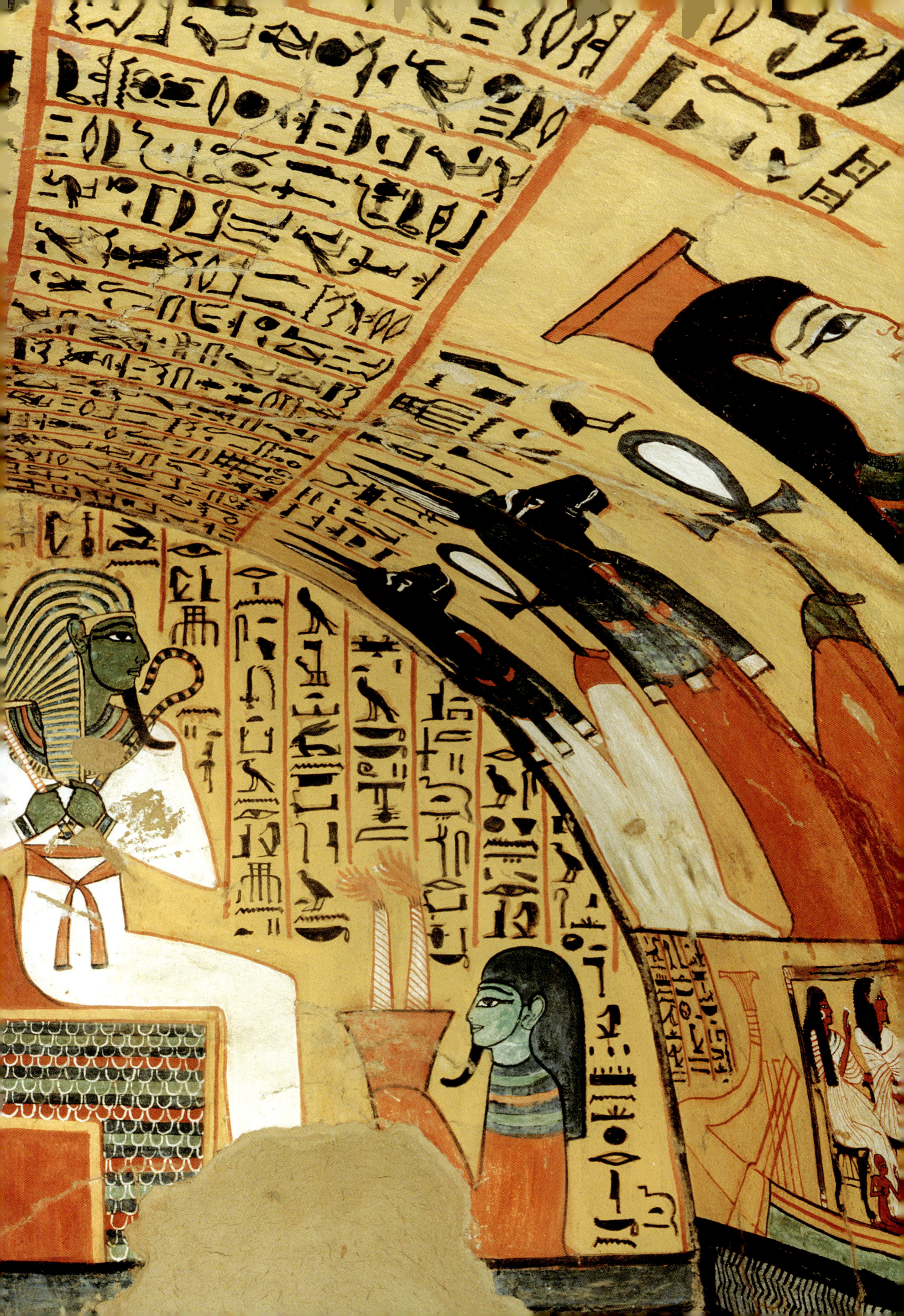

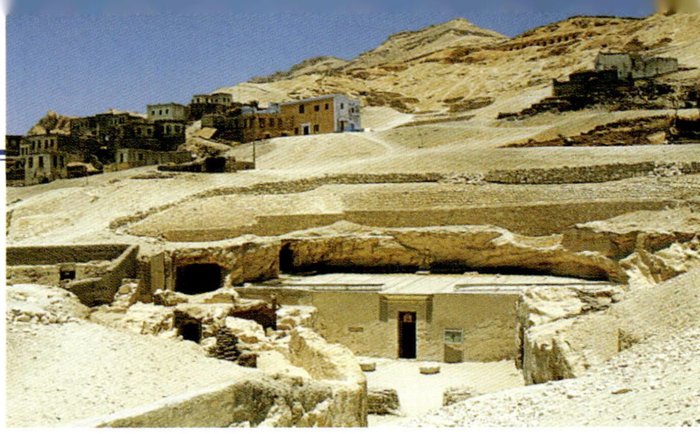

206 oben
Der monumentale Eingang zum Grab des Ramose, eines hohen Würdenträgers unter Amenophis IV.

206 links oben
Hypostylhalle im Grab des Ramose, dessen Decke von 32 Bündelsäulen getragen wird.

206 links Mitte
Detail eines Wandgemäldes im Grab des Ramose.

206 unten
Entwurf für ein unvollendet gebliebenes Gemälde im Grab des Ramose.

206–207
Detail vom Innenraum des Panehesi-Grabes.

207 unten links
Wandgemälde im Grab des Nechtamun.

207 unten rechts
Blick auf das herrliche Grab Neferrenpets.

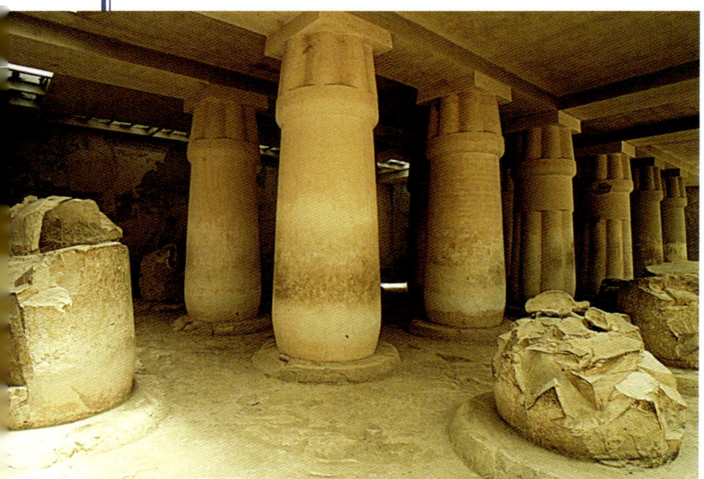

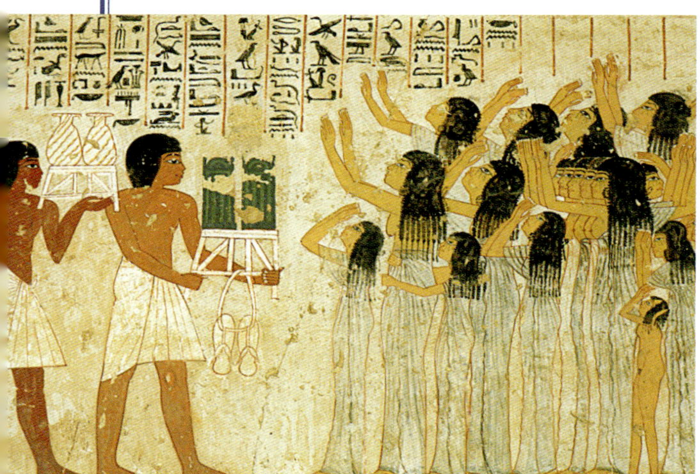

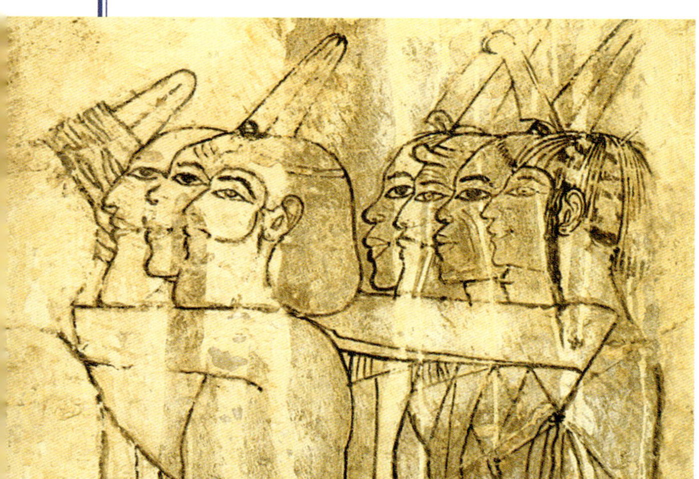

DIE NEKROPOLE VON SCHEICH ABD EL-QURNA

Zwischen Deir el-Medina und dem Hügelland im Westen des Tempels Sethos' I. befinden sich mehr als 500 Gräber von hohen Würdenträgern der 18. Dynastie, die sich auf verschiedene Nekropolen verteilen. Diese werden entsprechend ihrer Lage bezeichnet. Die wegen der Anzahl und Schönheit ihrer Gräber repräsentativste Anlage ist Scheich Abd el-Qurna, eine Nekropole, die sich zwischen Deir el-Medina und Deir el-Bahari befindet und viele Gräber in gutem Zustand aufweist. Die Gräber sind nicht sehr groß und bestehen meist aus einem offenen Hof, einem Vestibül mit den Titulaturen des Eigentümers und einem Korridor, an dessen Ende die Grabkammer mit ihren Nischen liegt. Im Vergleich zur tiefen religiösen Symbolik, die in den Fresken der Königsgräber zum Ausdruck kommt, sind die Abbildungen dieser Gräber durchaus erdverbunden. Man könnte sagen, dass beide in einem ähnlichen Verhältnis zueinander stehen wie die Darstellungen der Mastabas und jene der Pharaonengräber des Alten Reiches. Die Wandmalereien strahlen in wunderschönen Farben und schmeicheln dem Auge des Betrachters. Aber sie verblüffen auch durch eine geradezu heitere und sorglose Darstellung des Lebens im Jenseits. Nur 30 Gräber dieser Anlage kann man besichtigen. Eine Auswahl davon sei hier aufgeführt:

Sennefer (TT 96): Bürgermeister der Stadt des Südens (Amenophis II.)
Chaemhet (TT 57): königlicher Schriftgelehrter und Aufseher des Getreidespeichers (Amenophis III.)
Chonsu (TT 31): erster Prophet von Mencheperra (Thutmosis I.)
Rechmire (TT 100): Wesir und Gouverneur der Stadt (Thutmosis III.–Amenophis II.)
Menna (TT 69): Katasterschreiber (Thutmosis IV.)
Nacht (TT 52): Schriftgelehrter und Astronom Amuns (Thutmosis IV.)
Paser (TT 106): Wesir und Gouverneur des Tals (Sethos I.–Ramses II.)
Haremhab (TT 78): königlicher Schriftgelehrter (Thutmosis III.–Amenophis III.)
Chenamon (TT 93): Verwaltungsbeamter des Königs (Amenophis III.)
Ramose (TT 55): Wesir und Verwalter der Stadt (Amenophis IV.)

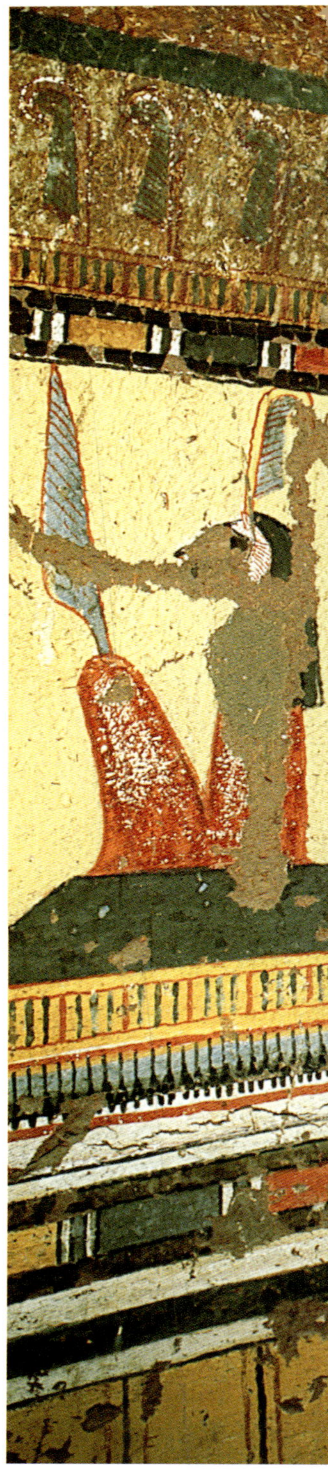

208–209
Das Grab des Chaemhet ist eines der wenigen nichtköniglichen Gräber, das Reliefschmuck aufweist.

210–211
Ramose, Stadtoberhaupt und Wesir unter Amenophis IV., ließ sich am Fuß der Hügel von El- Qurna einen eleganten »Palast für die Ewigkeit« erbauen.

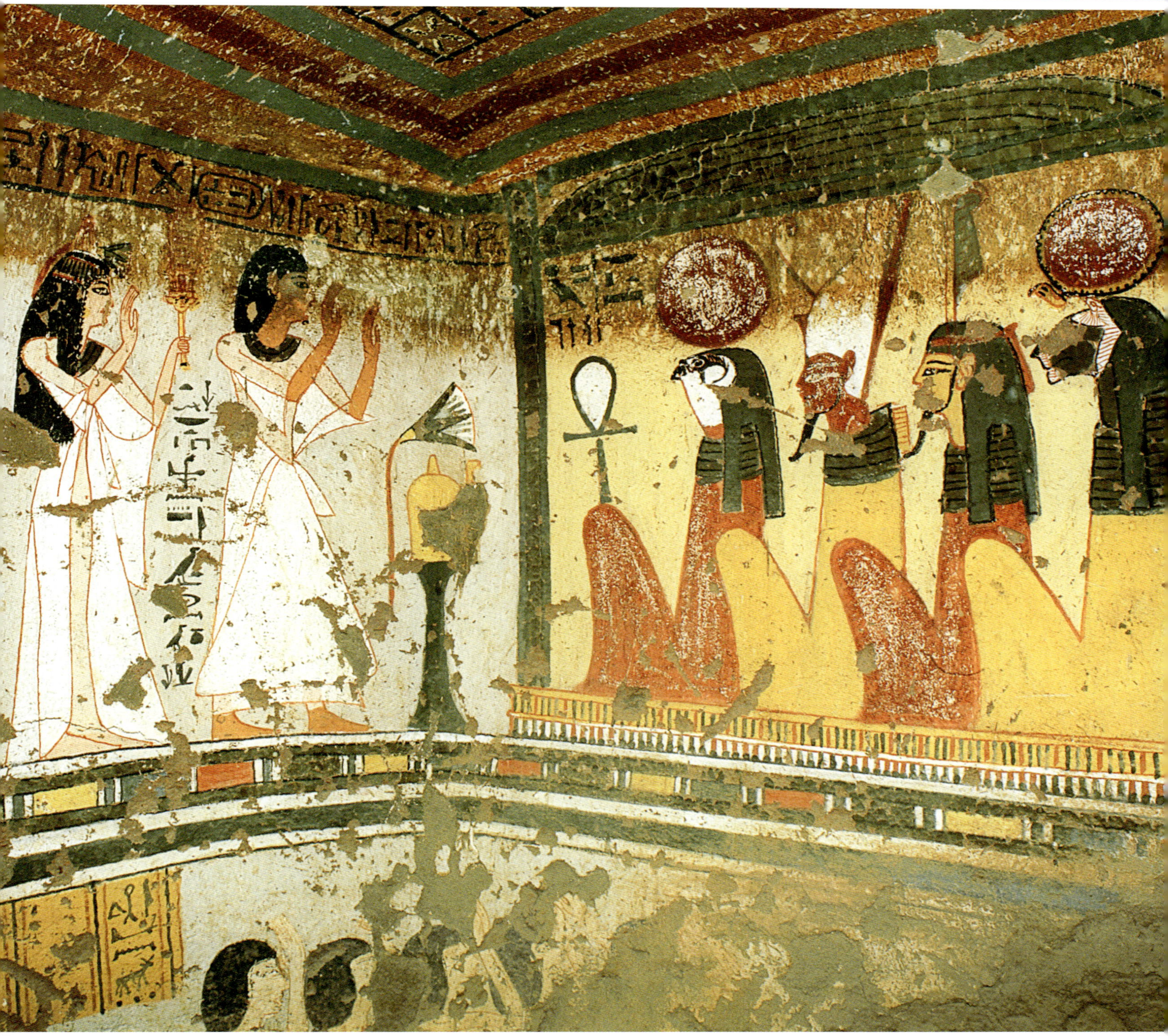

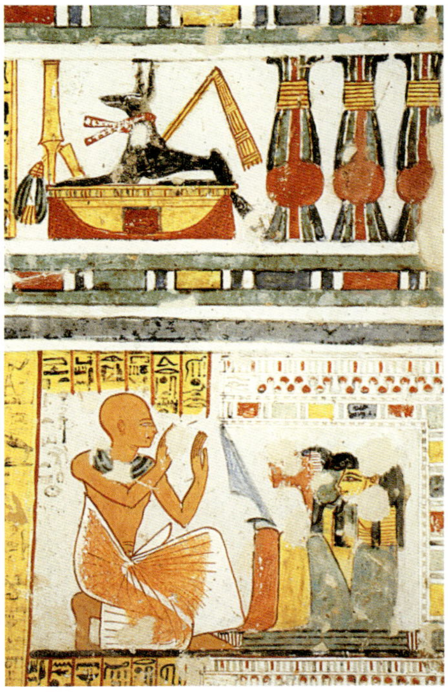

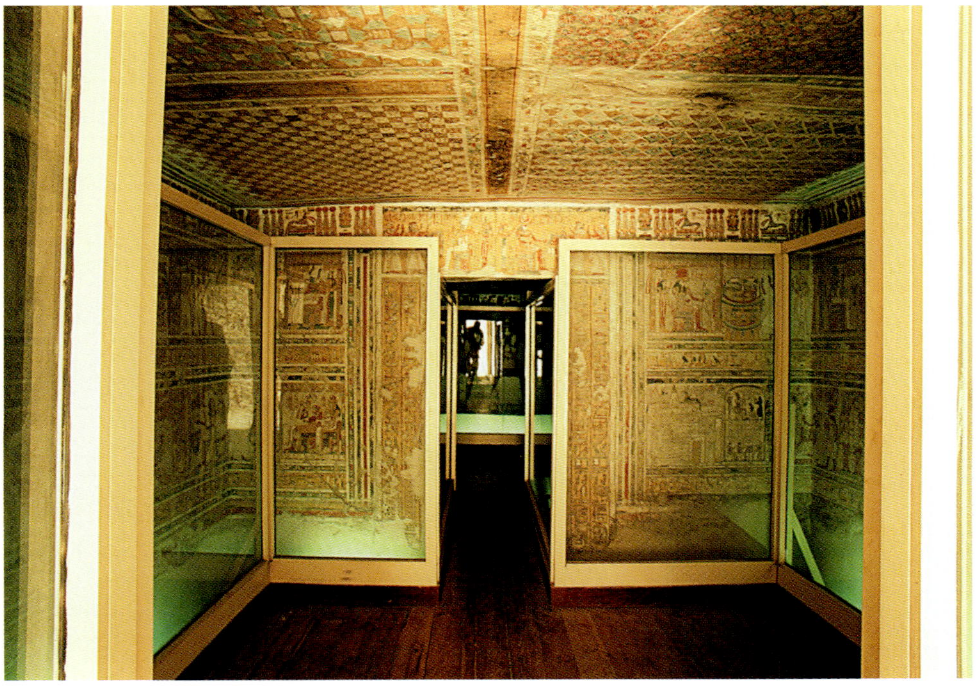

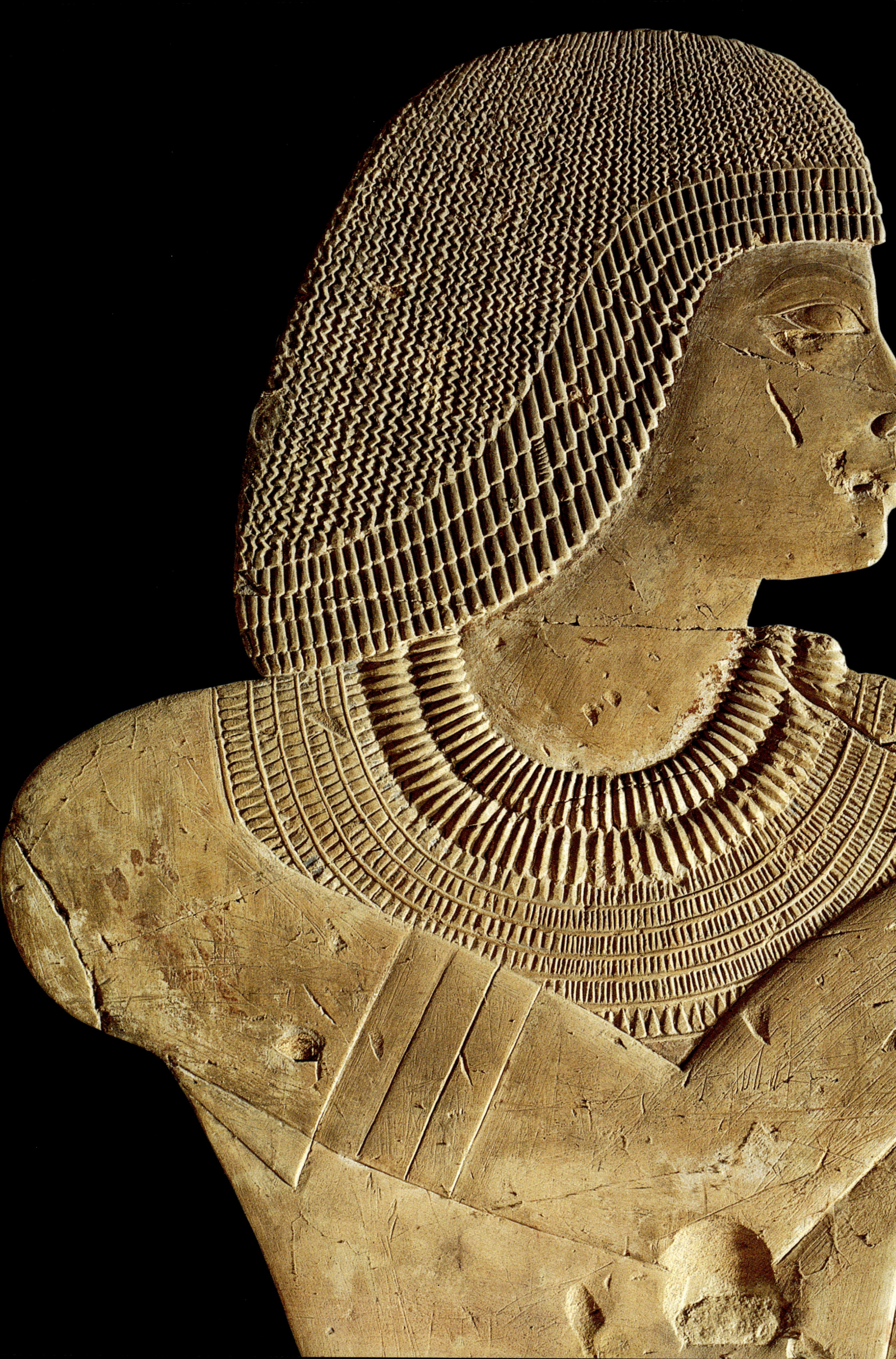

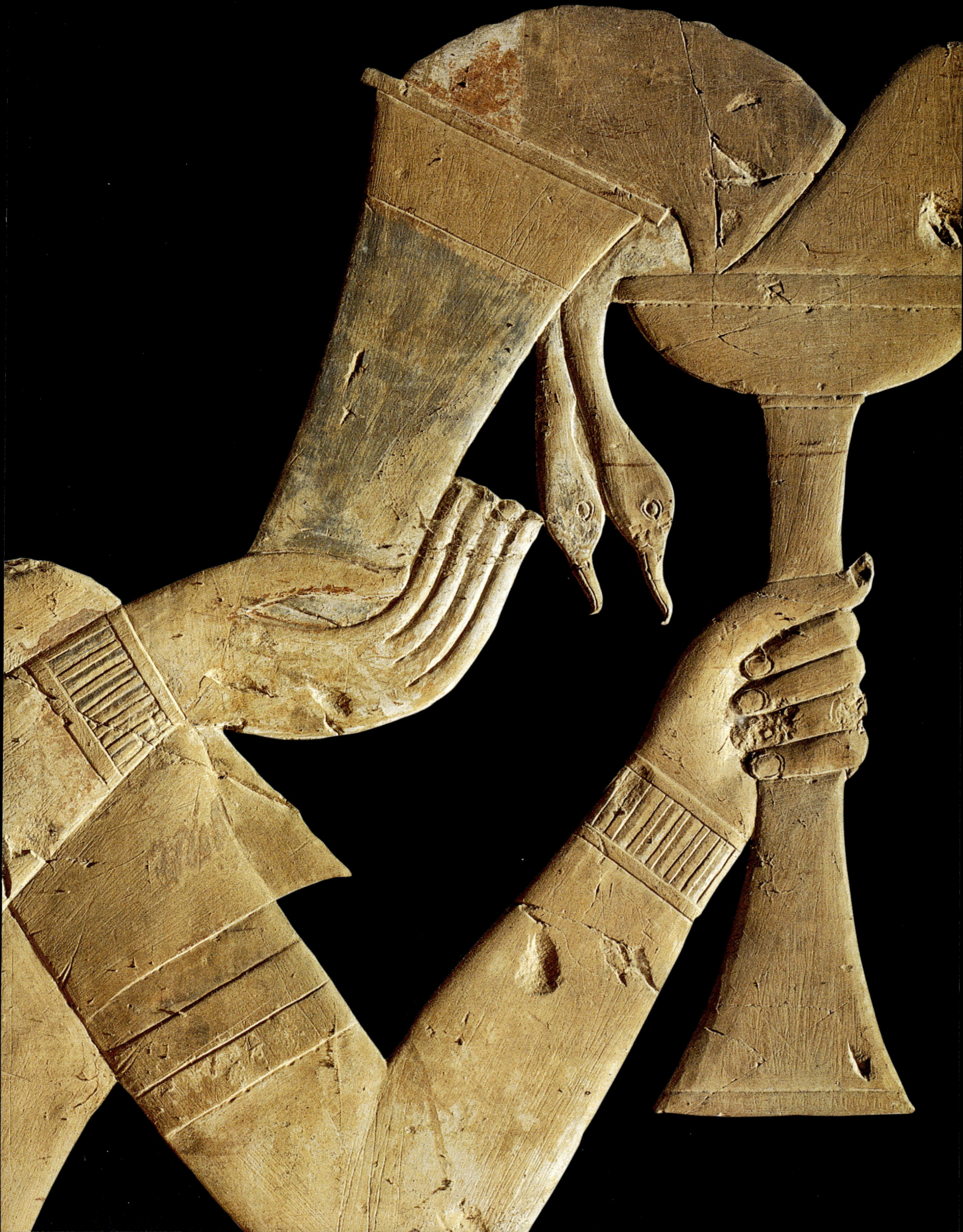

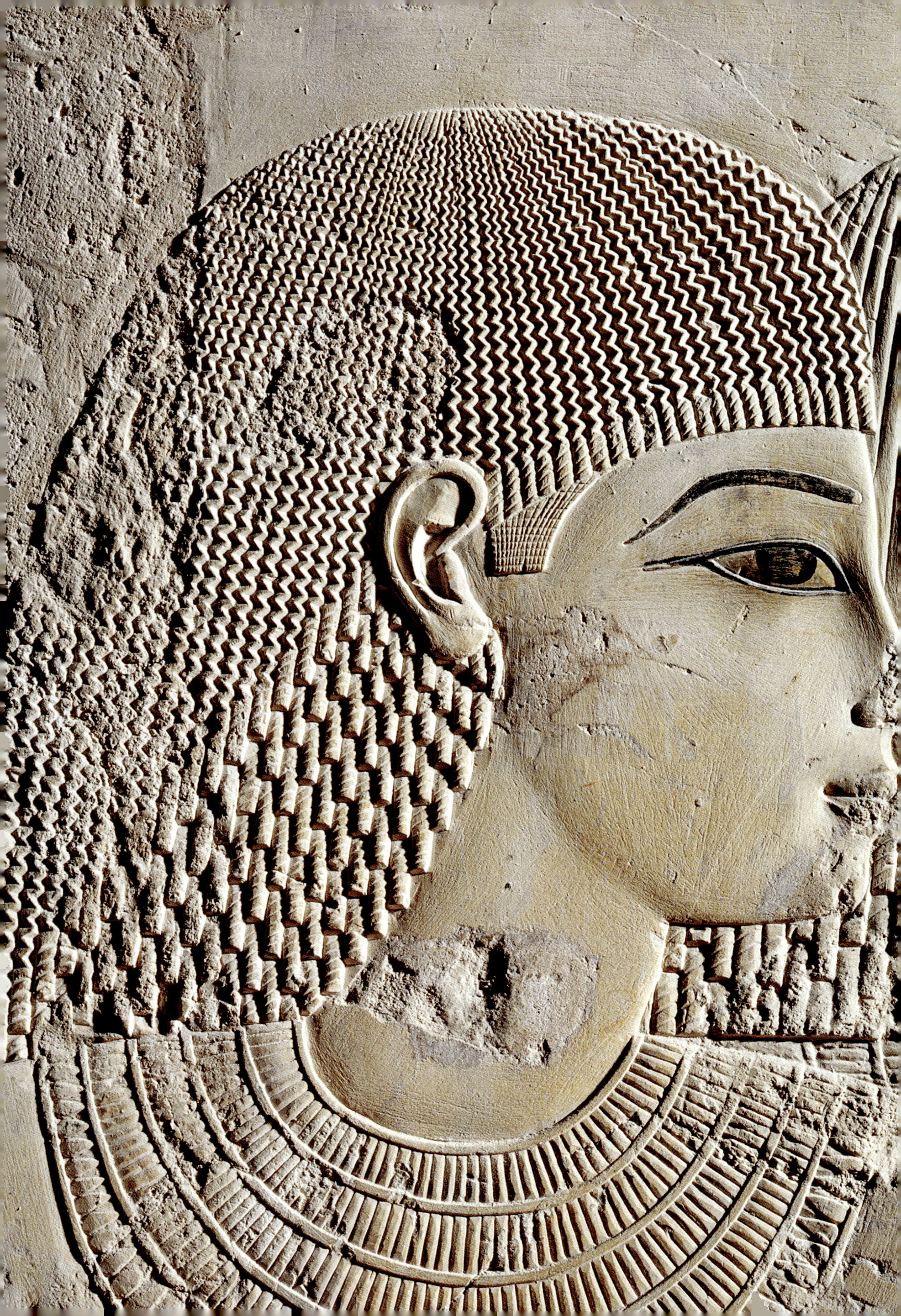

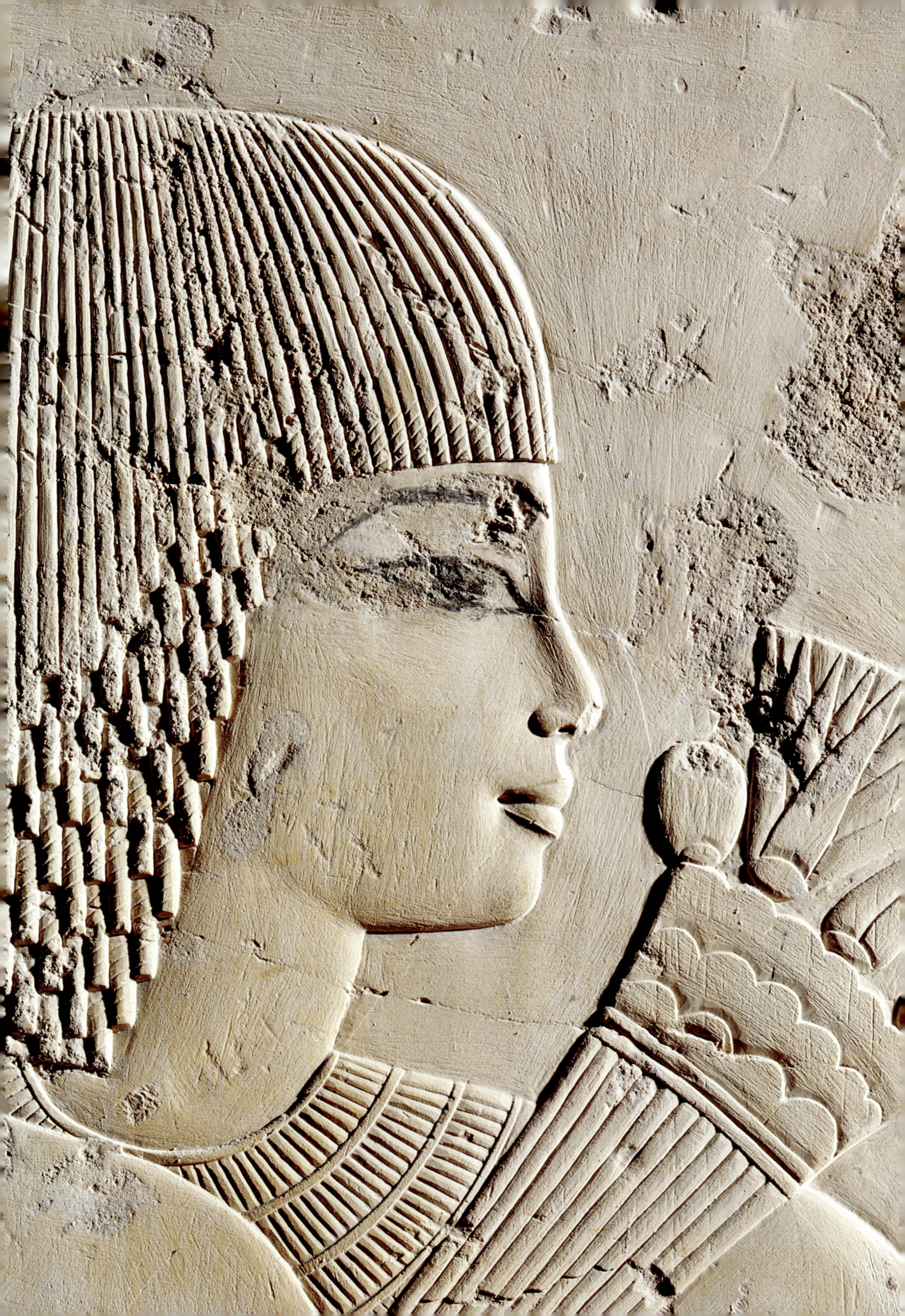

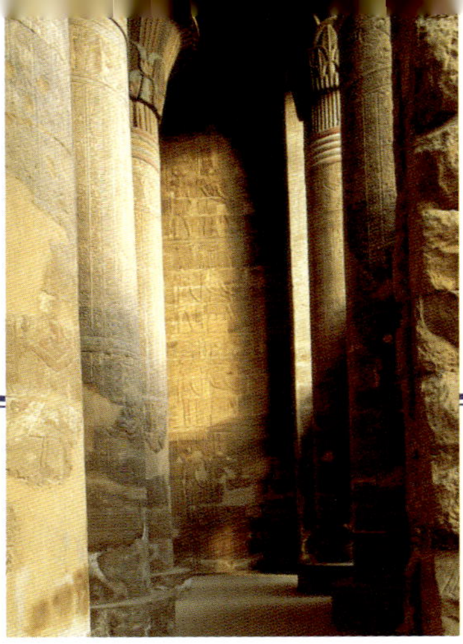

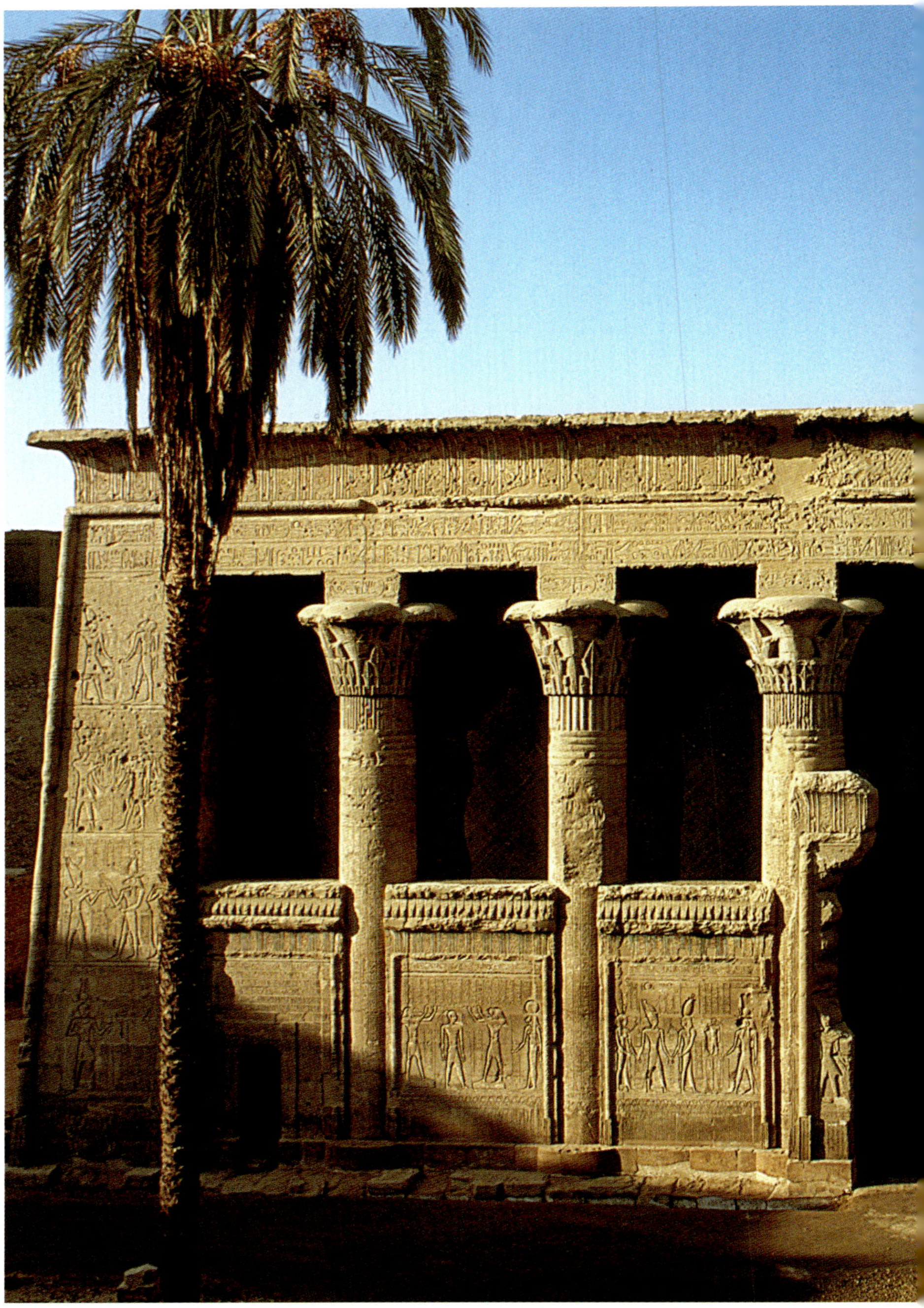

ESNA

Esna liegt 58 Kilometer südlich von Luxor am linken Ufer des Nils und erhebt sich über den Ruinen der Stadt Latopolis. Während des Neuen Reiches war es ein blühender Handelsort, da es sich geografisch günstig am Knotenpunkt jener Straßen befand, die das Niltal mit den Städten des Südens verbanden. In Esna verehrte man besonders den Stiergott Chnum, eine Schöpfergottheit, die jedem Tier und jeder Pflanze Gestalt gab. Ihm ist zusammen mit der Göttin Neith der Tempel von Esna geweiht. Deren heiliges Tier ist der Nilbarsch (*Latus niloticus*, daher leitet sich wohl auch der Name Latopolis ab). Der Tempel – von den Christen in eine Kirche umgewandelt und später als Baumwolllager verwendet – wurde 1828 von Champollion entdeckt. Es handelt sich dabei um die Rekonstruktion eines Bauwerks der 18. Dynastie, die unter Ptolemäus VI. im ersten Jahrhundert n. Chr. angefertigt wurde.

Der Tempel liegt im Herzen der Stadt unter dem heutigen Straßenniveau. Von ihm steht nur noch eine große Säulenhalle – 33 auf 16,5 Meter – mit 24 Säulen, deren wunderbare Kapitelle mit Blumenmotiven verziert sind. Die später in den Tempel gemeißelten

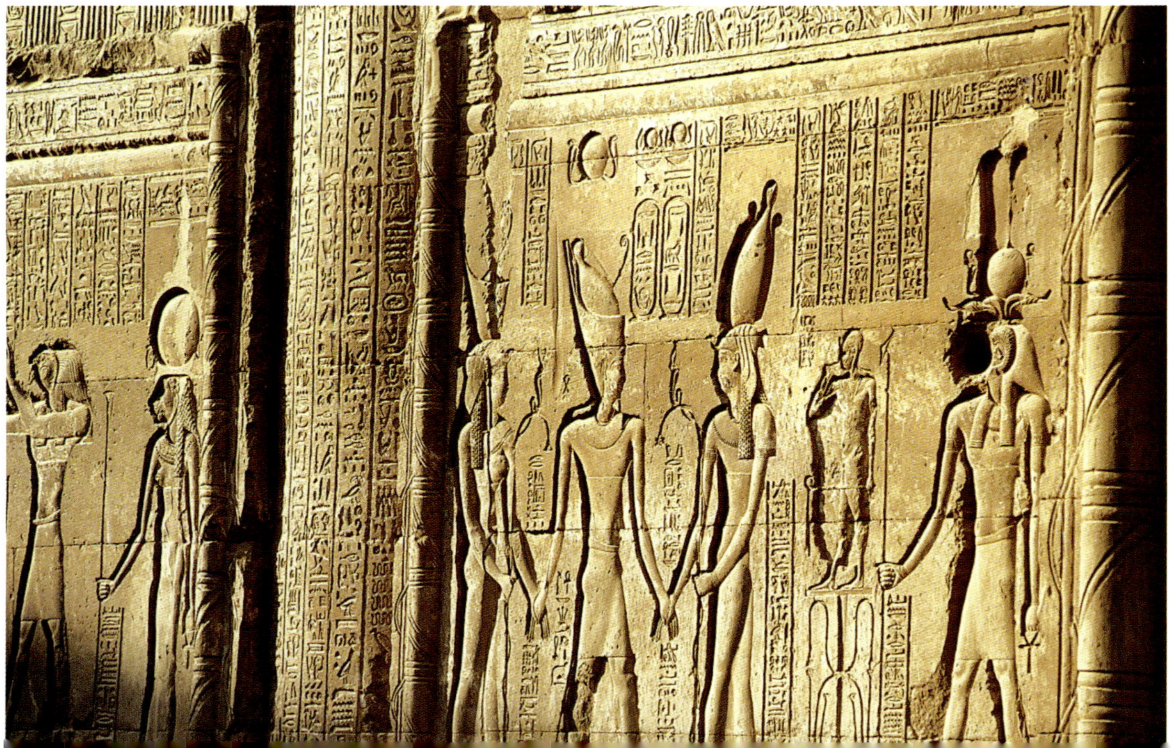

212 links oben
Ansicht aus dem Inneren des Hypostyls, dessen Decke von 18 Säulen getragen wird.

212 links unten
Die Geländer, die die Säulen der Fassade verbinden, sind üppig mit Basreliefs dekoriert.

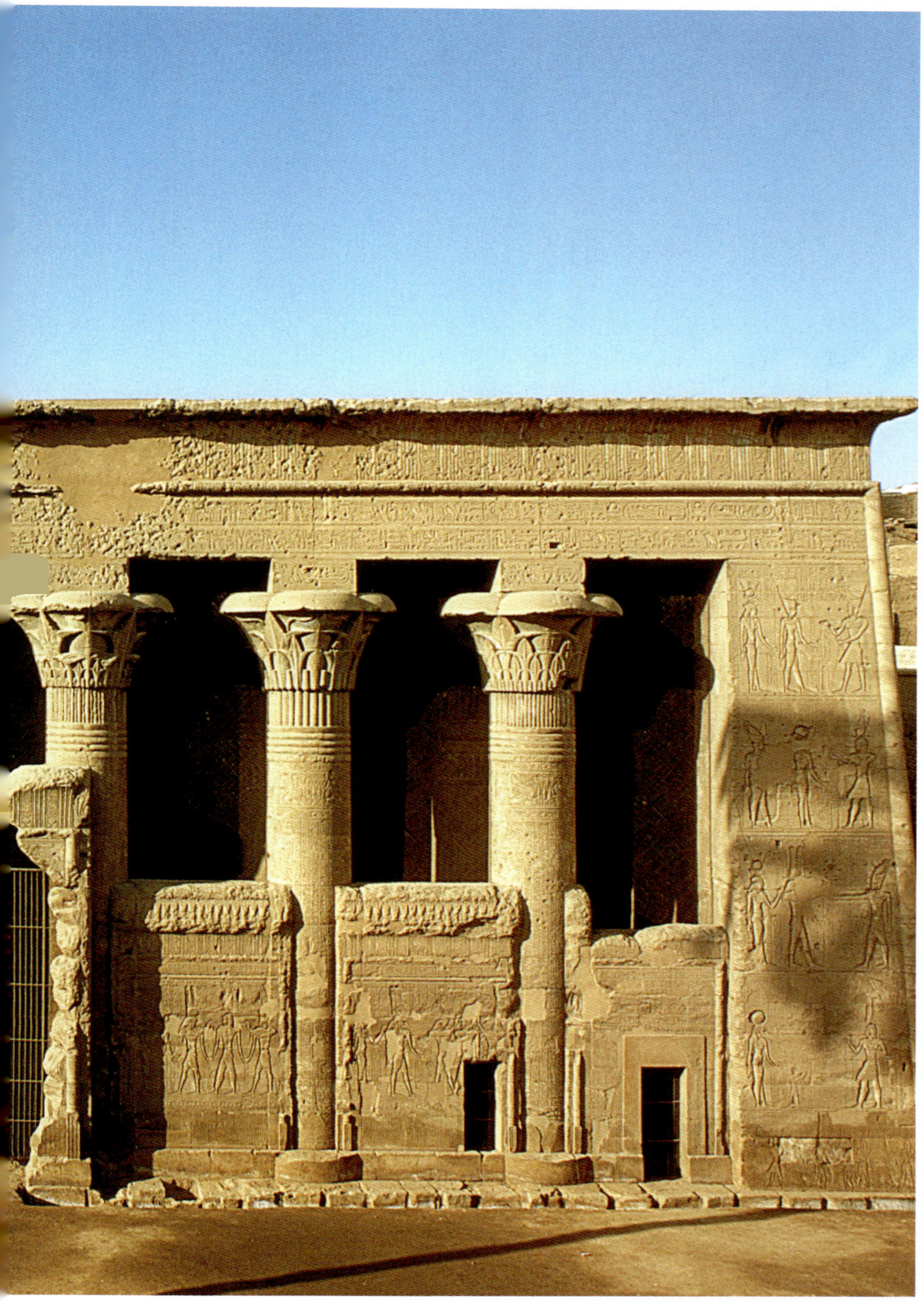

213 oben rechts
Dieses Basrelief auf einer der Innensäulen zeigt Kaiser Trajan, der dem Gott Chnum eine Lotosblume reicht.

213 unten rechts
Die Kapitelle im Hypostyl zeichnen sich durch ihre lebhaft bunten Farben aus.

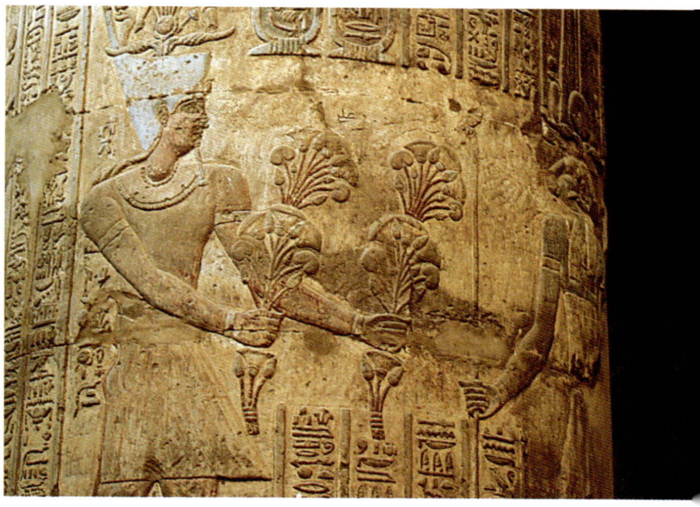

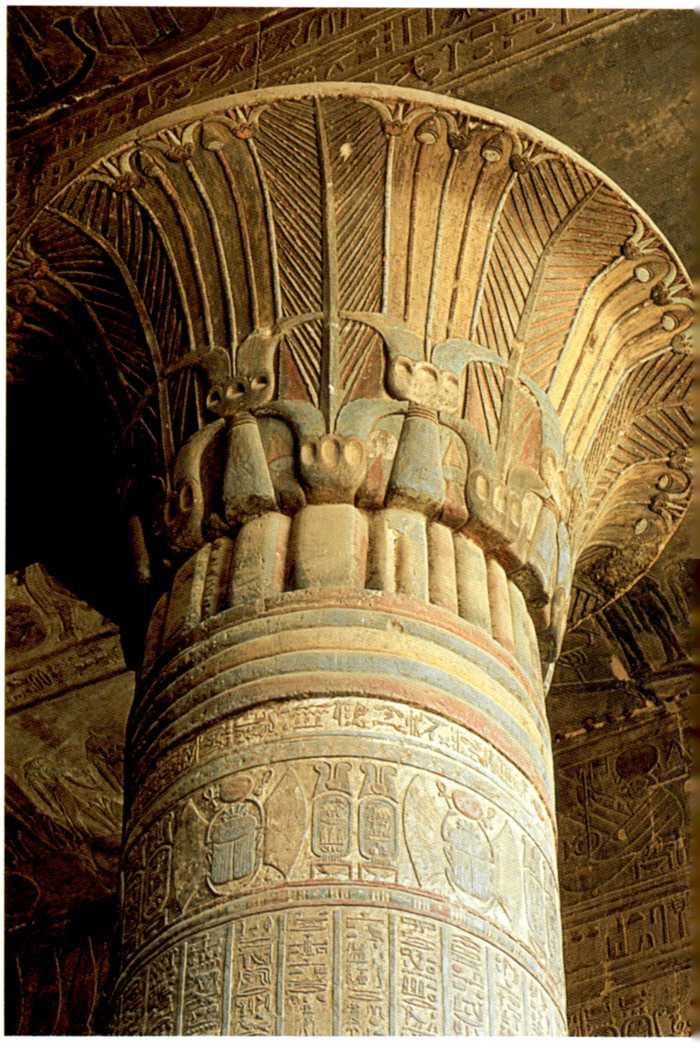

212–213
Der große Hypostylraum, ein wunderbares Beispiel für die Sakralarchitektur der ramessidischen Epoche, ist der Überrest eines Tempels, der dem stierköpfigen Gott Chnum geweiht war.

Hieroglyphen stammen aus der Mitte des dritten Jahrhunderts n. Chr., ebenso die Wandreliefs mit symbolischen Darstellungen von Bruderkämpfen zwischen den römischen Herrschern. Zusammen mit der Deckenverzierung, die den Tierkreis, die Konstellationen der Sterne und den Lauf der Sonne darstellt, zeugen sie von der Vorstellung, dass das ganze Universum vom Tempel umschlossen ist und dieser wiederum in Einklang mit den kosmischen Gesetzen erbaut wurde. An den rückwärtigen Wänden erscheinen zwei besondere Inschriften, die als Hymnen an den Gott Chnum zu interpretieren sind. Die erste besteht ausschließlich aus dem Hieroglyphensymbol des Krokodils, das zweite aus dem des Stiers. Beide Inschriften konnten bisher noch nicht befriedigend entschlüsselt werden.

214 oben
Falkengestaltige Horus-Statue vor dem Eingang des Hypostyls.

214 unten
Die Fassade des ersten Hypostylraumes ist mit sechs Säulen ausgestattet, die unten durch verzierte Balustraden verbunden sind.

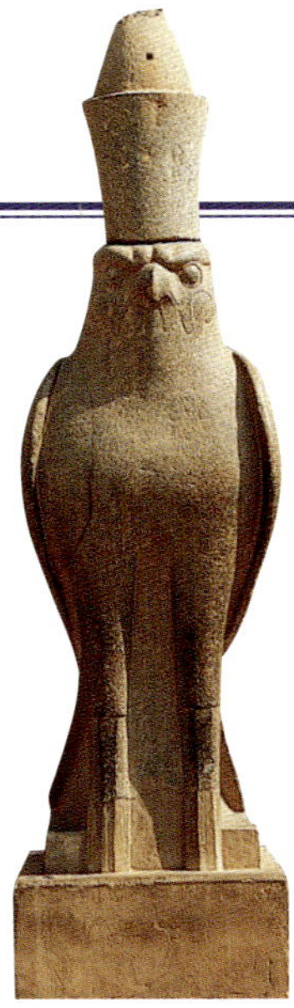

214–215
Der Tempel von Edfu, hier der 47 Meter hohe Eingangspylon, zählt zu den besterhaltenen ganz Ägyptens.

215 unten links
Eines der Basreliefs, die den Nebenkorridor zieren, zeigt den Pharao, der die Doppelkrone erhält.

215 unten rechts
In einem der Innenräume wird die Replik einer Sonnenbarke aufbewahrt, die Mariette Ende des 19. Jahrhunderts anfertigte.

EDFU

Edfu – in früheren Zeiten Gebau genannt – liegt etwa 100 Kilometer südlich von Luxor am Westufer des Nils. Es war die Hauptstadt der zweiten Provinz Oberägyptens. Seit dem Alten Reich war es eine wichtige und reiche Stadt und galt außerdem als Wohn-

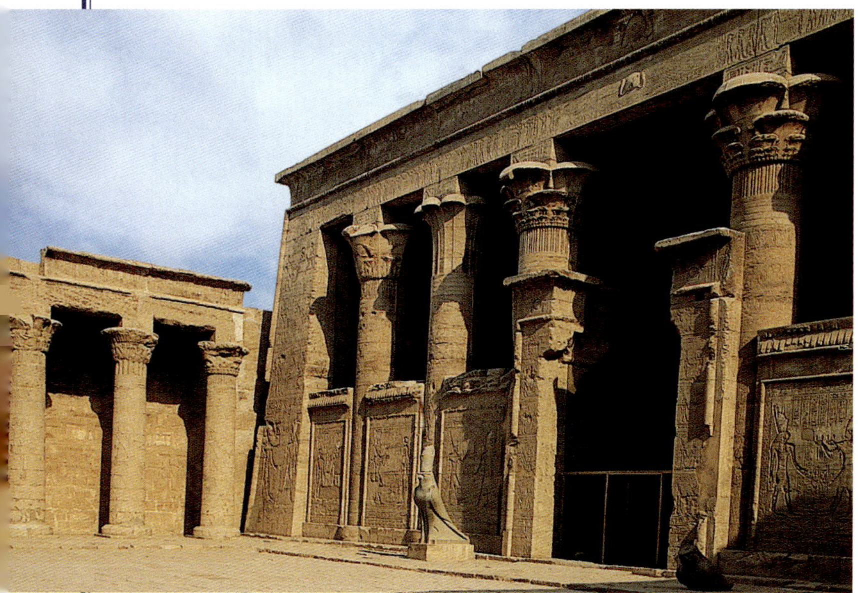

ort des Himmelsgottes Horus, der mit einem Falkenkopf und dessen die Ausdehnung des Kosmos symbolisierenden Flügeln dargestellt wird.
Der dieser Gottheit gewidmete Tempel ist außerordentlich gut erhalten, was wohl darauf zurückzuführen ist, dass er lange Zeit unter Sand verborgen war. Nur dank einiger aus dem Sand ragender Teile wurde der Tempel durch die napoleonische Expedition im Jahre 1798 entdeckt. Die Ausgrabungsarbeiten begannen allerdings erst im Jahre 1860 unter Auguste Mariette, dem Direktor des Service des Antiquités Egyptiennes. Das Gebäude ist nahezu unversehrt. Nach dem Tempel von Karnak ist es das größte ägyptische Heiligtum und das gewaltigste dem Gott Horus geweihte Bauwerk.
Die Bauarbeiten begannen im Jahre 237 v. Chr. unter der Herrschaft Ptolemäus' III. und endeten 57 v. Chr. zur Zeit Ptolemäus' XII. Man betritt den Tempel durch ein offenes Monumentaltor zwischen den beiden Türmen des Pylons. Darüber befindet sich ein Balkon, von dem aus die Priester einmal im Jahr während einer feierlichen Zeremonie den Falken präsentierten, der die Inkarnation des Gottes werden sollte. Die Stadt Edfu unterhielt zu diesem Zweck eigens eine Raubvogelzucht.
Hinter den beiden Türmen betritt man einen auf drei Seiten von Kolonnaden umsäumten Hof. Von dessen Ende aus hat man Zutritt zur ersten Säulenhalle, in der eine der beeindruckendsten Horus-Statuen steht, die jemals angefertigt wurden. An den Seiten der Halle befinden sich zwei kleine Räume: Rechter Hand symbolisiert das Haus des Morgens den Aufgang der Sonne und den für den Zutritt zum Heiligtum erforderlichen Glauben. Linker Hand gewährte das Haus der Bücher Zugang zum heiligen Wissen.
Nach der ersten Halle gelangt man zu einer zweiten, kleineren Zwölf-Säulen-Halle, an die wiederum drei weitere kleine Räume angeschlossen sind: Der erste rechts ist das Schatzzimmer, in dem die Namen der von Ägypten abhängigen Bergbauregionen verzeichnet sind. Linker Hand befinden sich das Wohlstand verheißende Nilzimmer und das Laboratorium mit Inschriften von Rezepten für Düfte und Salben, die bei den heiligen Riten Verwendung fanden.
Die zweite Halle führt zum Opfersaal und ist mit dem Dach der mittleren Halle verbunden. Links davon befindet sich eine dem Gott Min geweihte Kapelle, rechts ein kleiner Hof mit Altären und einer Kapelle, in der die Einkleidung des Gottes stattfand.
Im Inneren des Zentralraumes (Naos) befindet sich das eigentliche Allerheiligste, der Tempel im Tempel, in dem ein Altar stand, der eine Statue des Gottes barg. Er ist von einem Gang mit Kapellen umgeben,

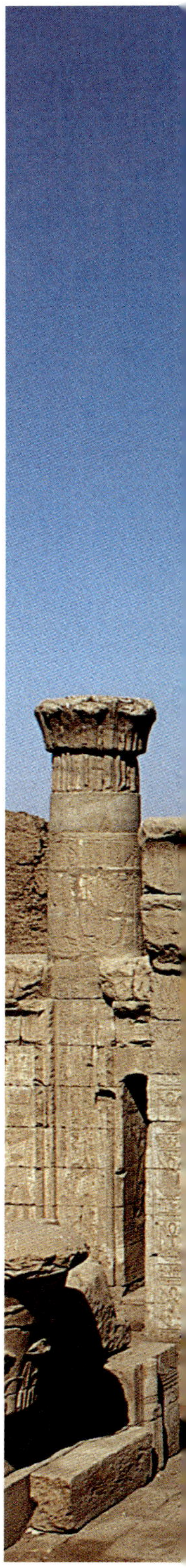

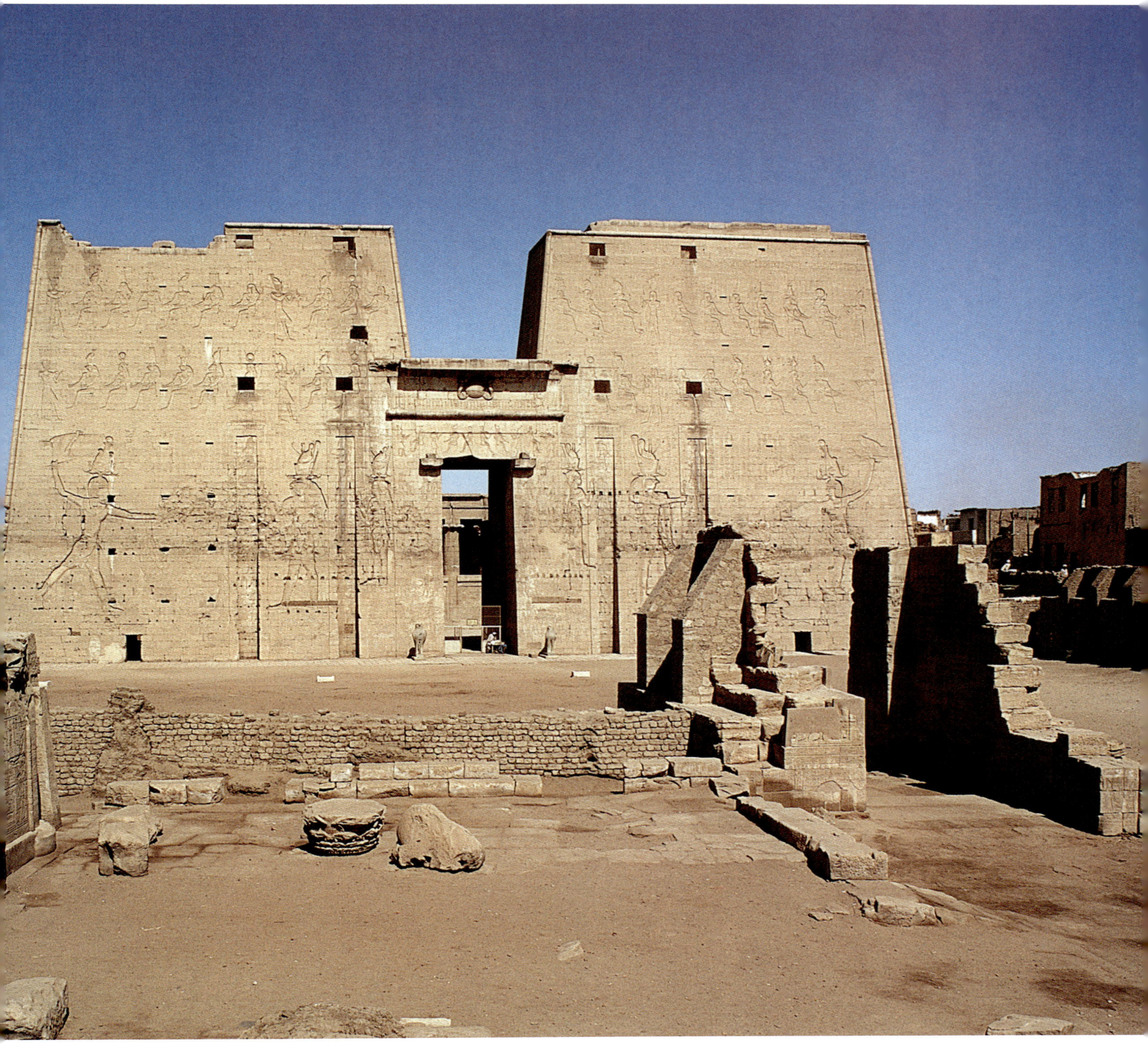

die eindrucksvolle Reliefs mit Szenen aus dem Horus-Mythos aufweisen. Der tägliche Kult vollzog sich in drei Gottesdiensten: Am Vormittag durchquerte der Priester den Naos, trat vor die Statue des Gottes und offerierte diesem Nahrungsmittel zur Stärkung seiner göttlichen Kraft. Daraufhin schloss er die Türen des Naos und tilgte seine Spuren, indem er rückwärts in seine eigenen Schritte trat. Der zweite Dienst fand am Mittag statt: Der Naos blieb verschlossen, davor aber fanden wiederholt Besprengungen und Räucherungen statt. Der letzte, abendliche, Dienst bestand aus dem Opferritus und der Reinigung durch Weihrauch. In Edfu lernt der Besucher eine typische Besonderheit der ägyptischen Tempelarchitektur kennen: die symbolische Aufeinanderfolge von immer kleiner und dunkler werdenden Räumen.

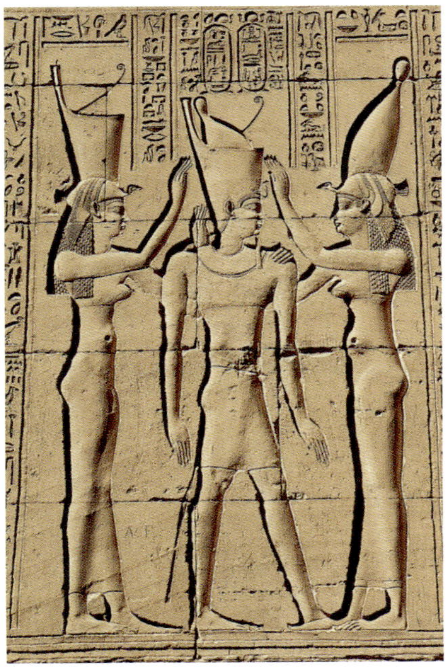

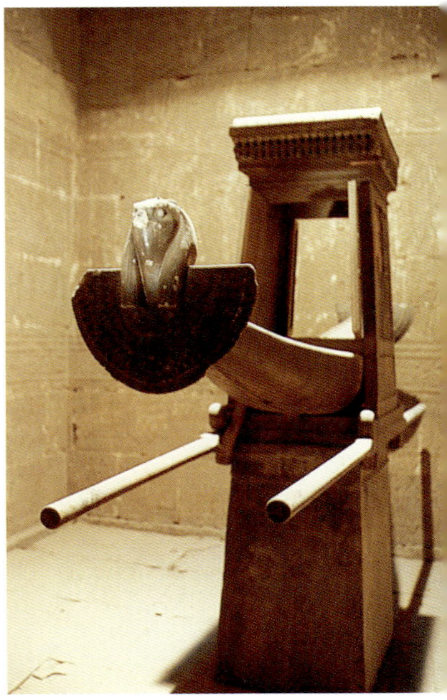

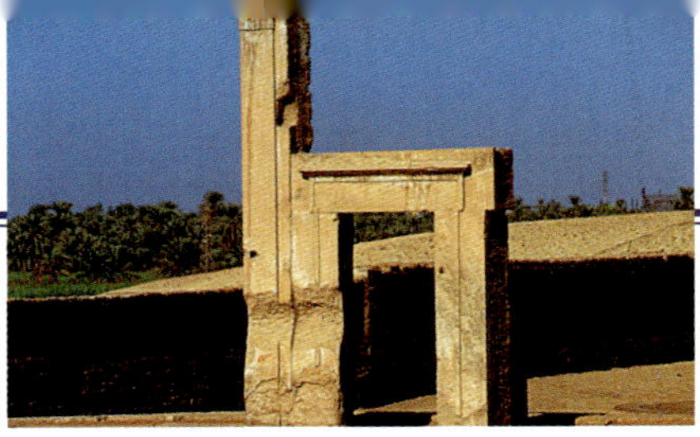

KOM OMBO

Kom Ombo, das antike Ombos der Griechen – auf Ägyptisch Nubit, die Goldstadt –, liegt am rechten Nilufer, etwa 50 Kilometer von Assuan entfernt. Wegen seiner strategisch günstigen Lage auf einem Hügel, von dem aus man gut die auf dem Nil vorbeifahrenden Schiffe beobachten konnte, wurde Kom Ombo für das ägyptische Heer zu einem bedeutenden Stützpunkt und nach Assuan zur zweiten Festung am Flusslauf des Nils. Die Stadt war in erster Linie – vor allem während der Herrschaft der Ptolemäer – ein Zentrum der Landwirtschaft und des Handels mit Nubien.

Der Tempel wurde unter Ptolemäus VI. errichtet und von Ptolemäus XII. fertiggestellt. Er steht auf den Überresten eines Heiligtums aus der Zeit der 18. Dynastie und wurde im Zuge von Grabungsarbeiten 1893 freigelegt. Das Gebäude ist zwei Gottheiten geweiht: dem Krokodilgott Sobek und Haroeris (dem älteren Horus), dem Falkengott, wobei Sobek hier mit Seth, dem Feind des Horus, gleichgesetzt wird.

Im Heiligtum befanden sich zahlreiche Krokodile. Die Ägypter glaubten, dass sie vor diesen Furcht einflößenden Tieren verschont bleiben würden, wenn sie ihnen göttliche Verehrung entgegenbrachten. Viele dieser Tiere wurden im Tempel gefangen gehalten

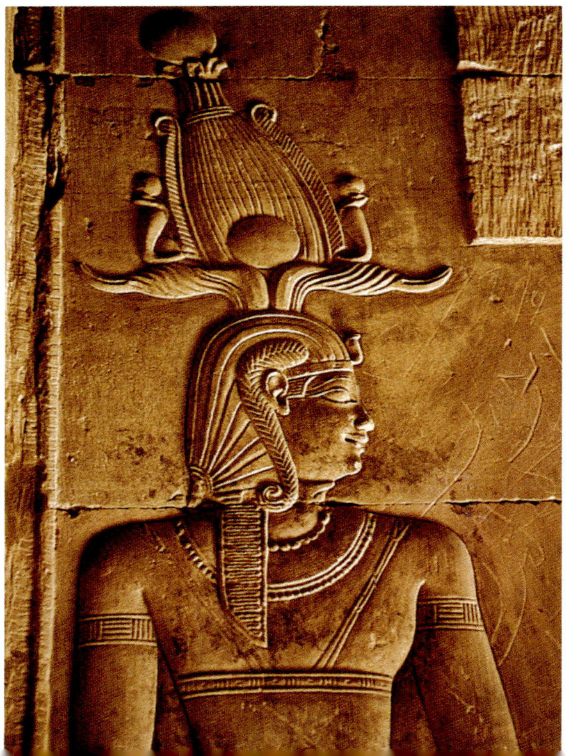

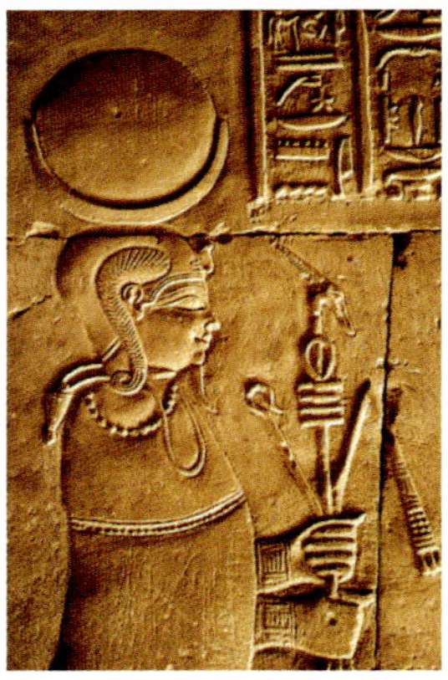

216 oben
Neben dem Tempel befinden sich die Ruinen eines Portals aus der Zeit Ptolemäus' XII.

216 Mitte
Eines der Basreliefs, die die hinteren Räume des Tempels schmücken.

und nach ihrem Tod mumifiziert. Vom Tempel sind nur ein Teil der Ummauerung, einige Säulen, ein paar Elemente der Vorhalle und der Kapellen sowie ein Mammisi erhalten geblieben. Der Eingang besteht aus einem Pylon in Form eines monumentalen Tores mit einem Doppeleingang für Sobek und Horus, von dem nur noch wenige Überreste zu sehen sind. Im südlichen Teil des großen Hofes, auf der rechten Seite des Tempels, befindet sich die der Göttin Hathor geweihte Kapelle mit einigen Krokodilsmumien. Hinter dem Pylon betritt man den großen Hof, der von heute zerstörten Säulen umsäumt wurde. In der Mitte des Hofes steht ein Opferaltar. Von hier aus hat man Zutritt zur ersten Säulenhalle, die mit einem Doppeltor ausgestattet ist. Dieses doppelte Tor hatte die Funktion der zweifachen Reinigung des Pharaos durch Horus und Thot im Angesicht der Tempelgottheiten Sobek und Haroeris. Die einander feindlich gesinnten Gottheiten mussten im Kampf gegen die Dunkelheit miteinander versöhnt werden, und dieser Dualismus ist auch in der Architektur des Tempels erkennbar. Es gibt hier alles in doppelter Ausführung: zwei Eingänge, zwei Korridore, die den Naos umgeben, zwei Passagen zwischen den Bereichen des Gebäudes und das in zwei Sakraria aufgeteilte Allerheiligste. In diesem dualistischen Ambiente werden beide Gottheiten verehrt, wobei allerdings jeder als ergänzendes Element des anderen verstanden wird. Die zweite Säulenhalle, kleiner als die erste, weist mit zahlreichen Hieroglyphen bedeckte Wände auf. Die

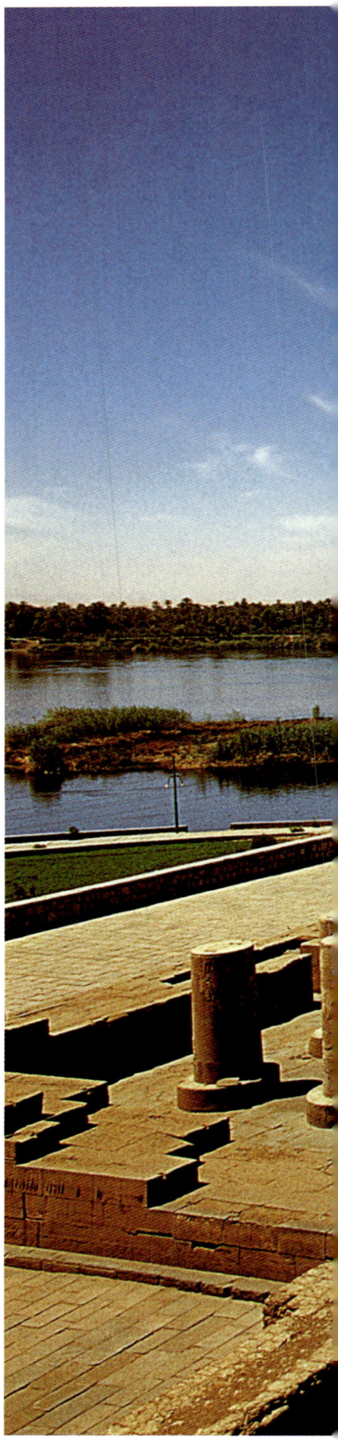

216 unten
Ebenfalls eines der Basreliefs der Räume hinter den Heiligtümern, auf denen der verschiedenen Göttern opfernde Pharao dargestellt ist.

216–217
Seitenansicht der Ruinen des ersten und zweiten Hypostylraumes, vor denen die Überreste des doppelten, mit Portikus ausgestatteten Hofes liegen.

217 unten
Vorderseite der gut erhaltenen, vom römischen Kaiser Domitian errichteten Hathor-Kapelle, in der die Mumien heiliger Krokodile aufbewahrt werden.

218–219
Die beiden Eingänge des Tempels von Kom Ombo führen zu den Heiligtümern von Haroeris und Sobek.

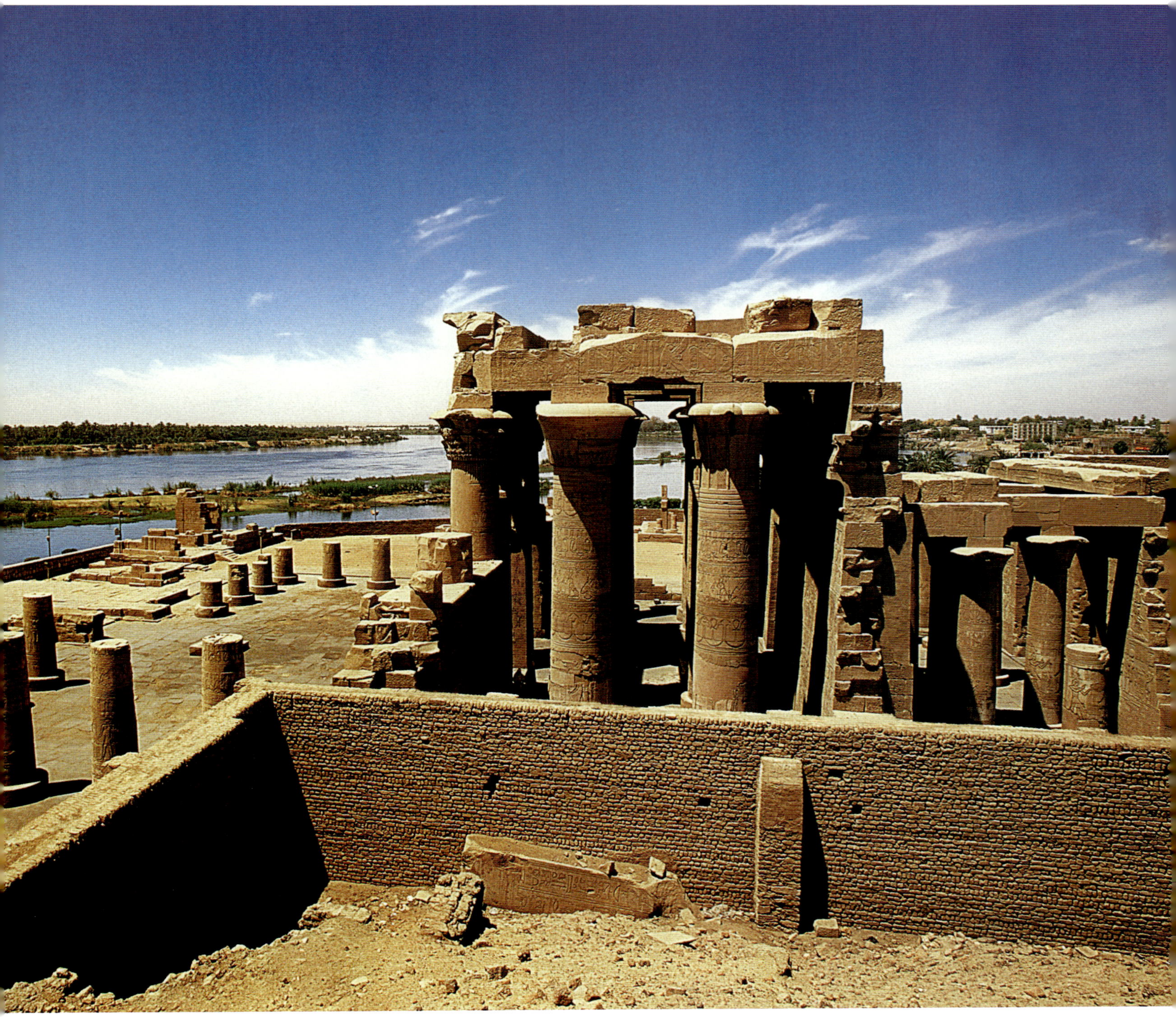

Inschriften informieren über Regeln und Abläufe der Riten. Vor dem Allerheiligsten befinden sich drei Vorsäle: Im ersten legt der Pharao den Grundstein zu seinem Tempel, der zweite – auch Opfersaal genannt – führt zum Dach, auf dem jedes Neujahr der Ritus der Vereinigung der Sonnenscheibe gefeiert wurde. Während dieser Zeremonie waren die Statuen der Gottheiten (die im dritten Saal aufbewahrt wurden) dem Licht des neuen Jahres ausgesetzt, um sich mit positiver Energie aufzuladen. Im Zentrum der drei Säle befindet sich das Allerheiligste, das wohl aus zwei durch eine Mauer unterteilten Bereichen bestand, wobei der linke Teil Horus und der rechte Teil Sobek gehörte.

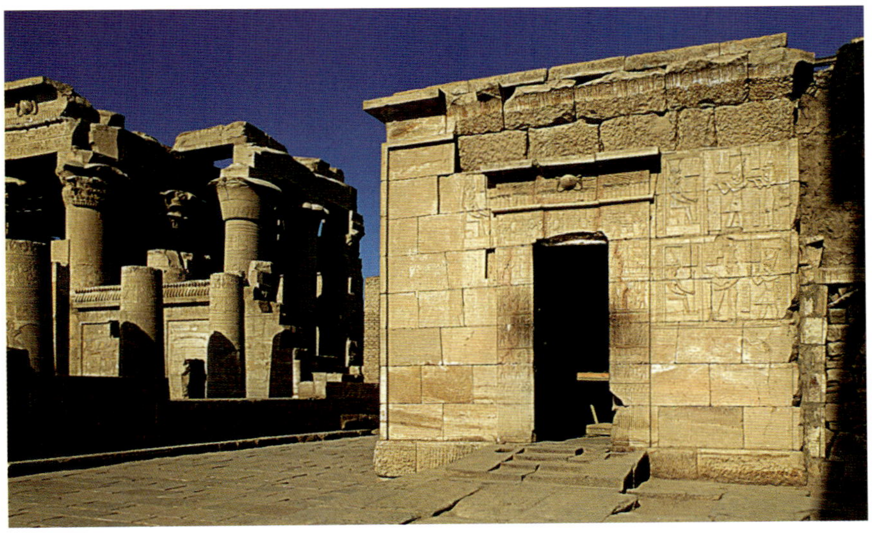

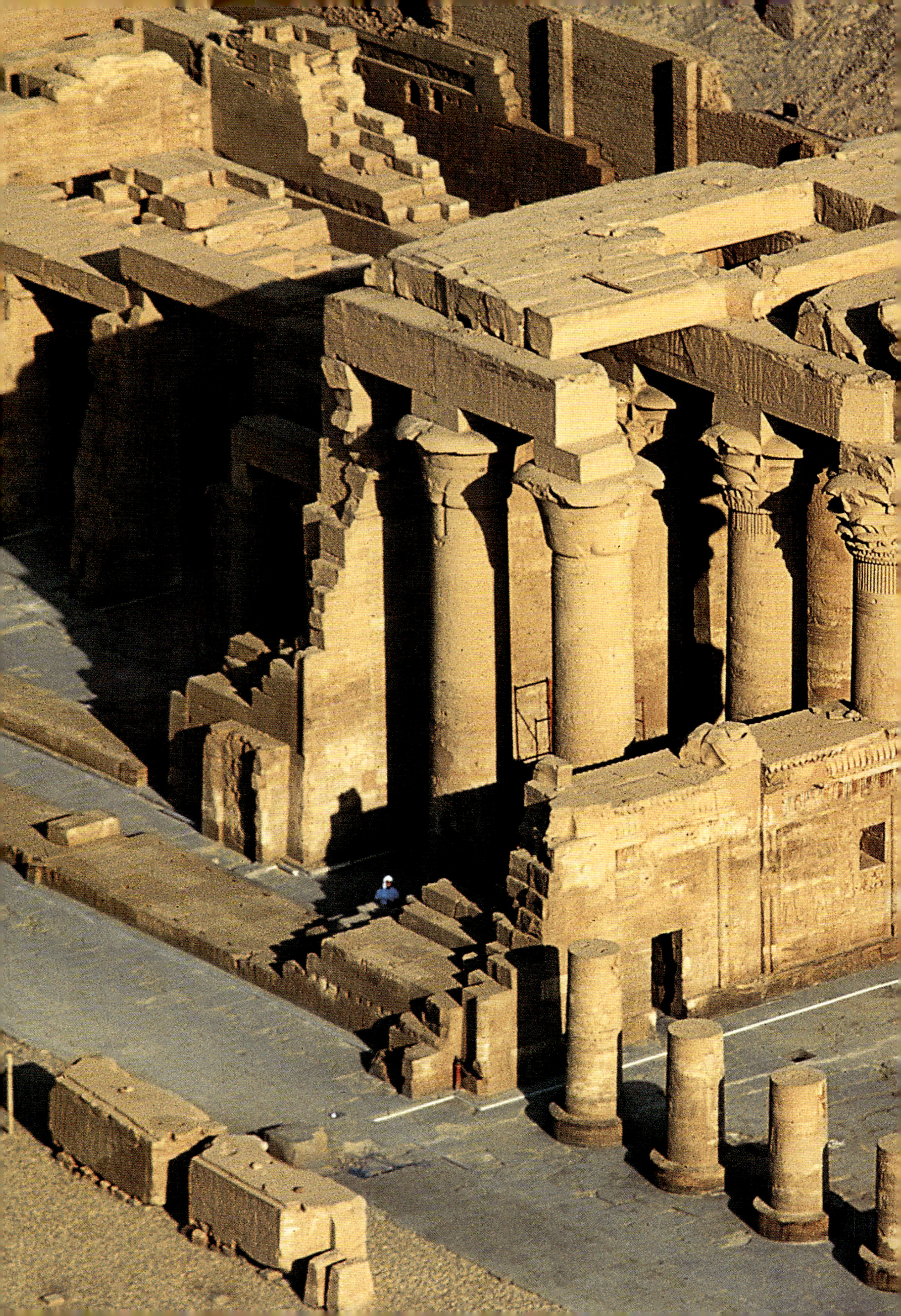

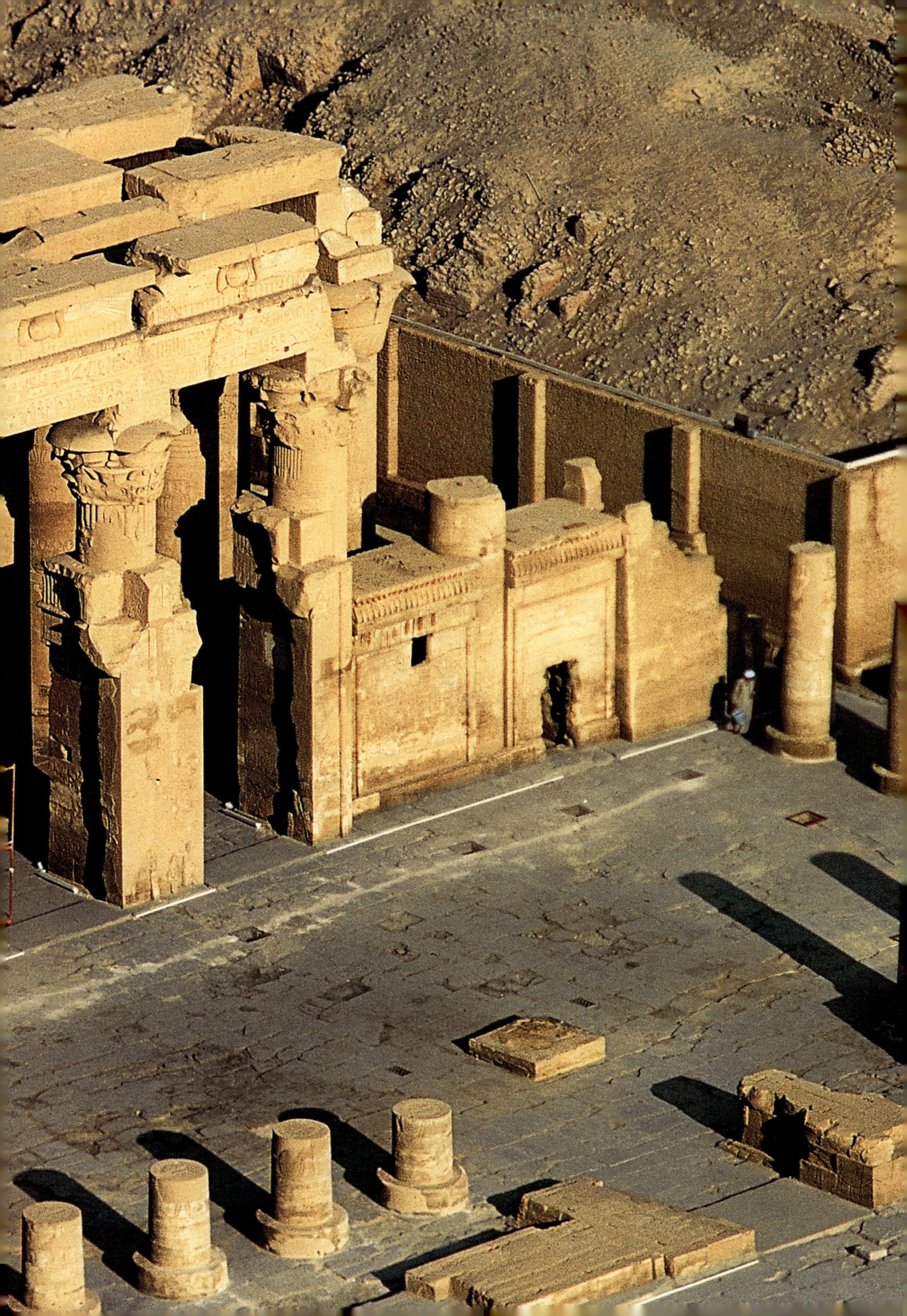

220–221
Lauf des Nils, von der Insel Elephantine aus gesehen.

220 unten links
Das berühmte Nilometer auf der Insel Elephantine.

220 unten Mitte
Felseninschrift auf der Insel Elephantine.

220 unten rechts
Der zerbrochene Obelisk im Steinbruch von Assuan.

221 oben
Felsenmalerei auf der Insel Sehel.

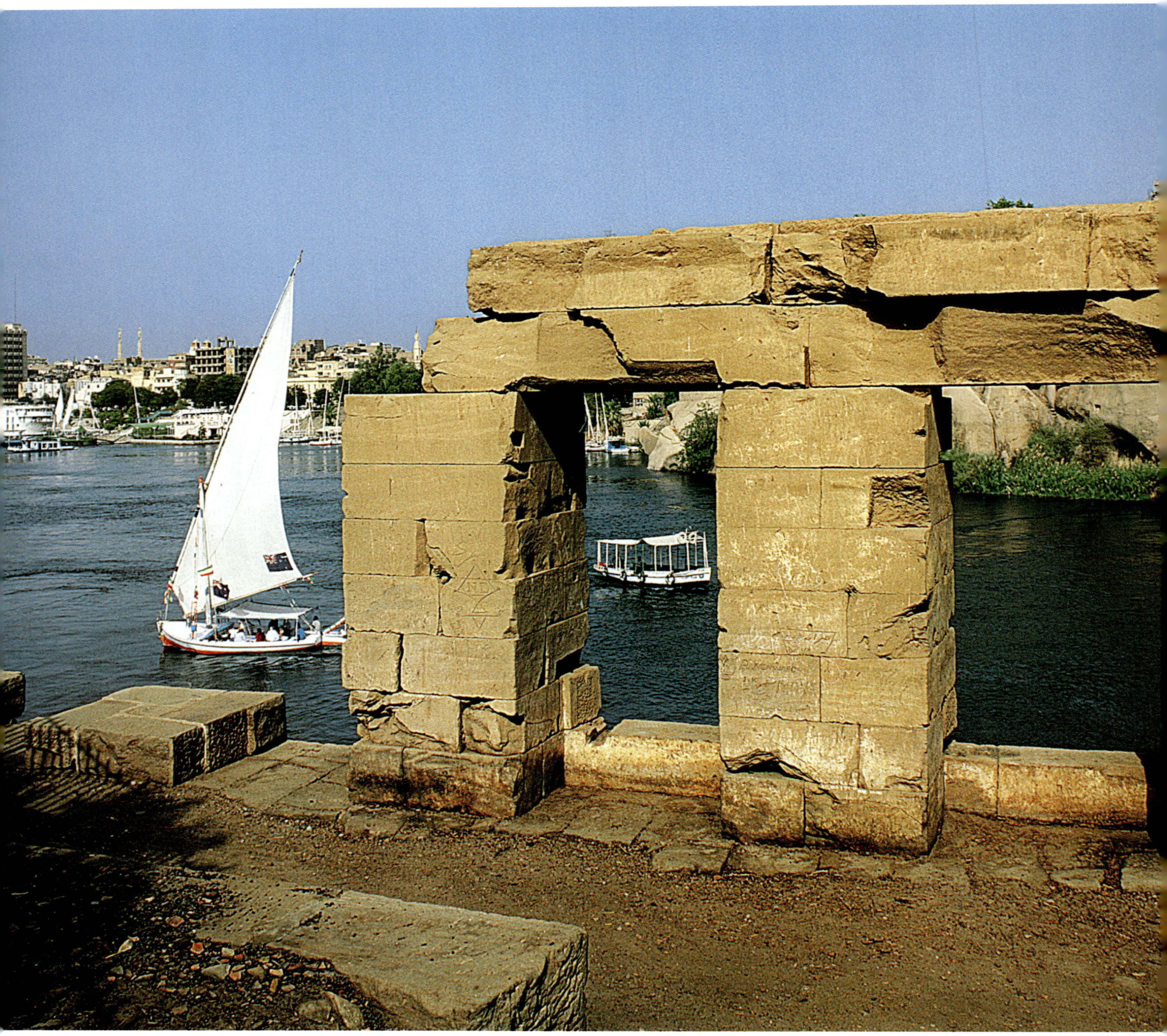

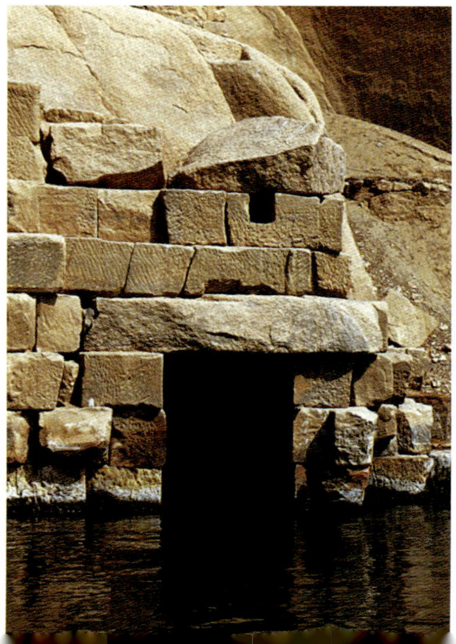

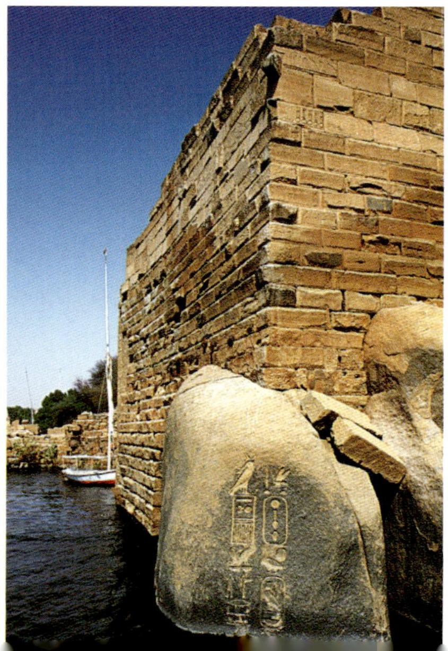

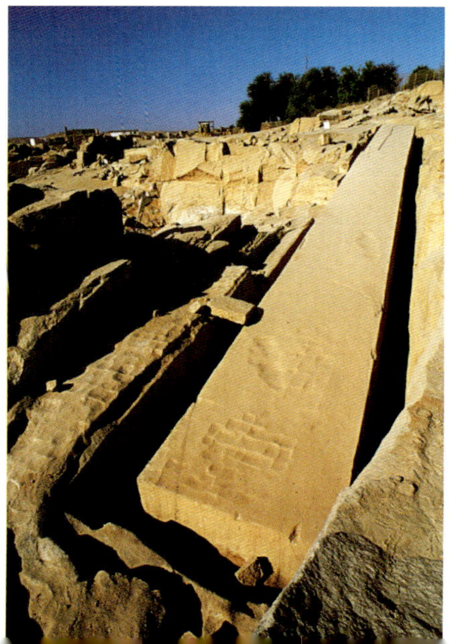

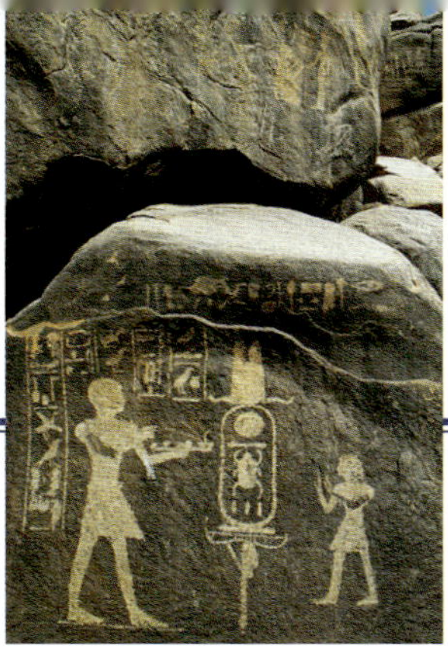

ASSUAN

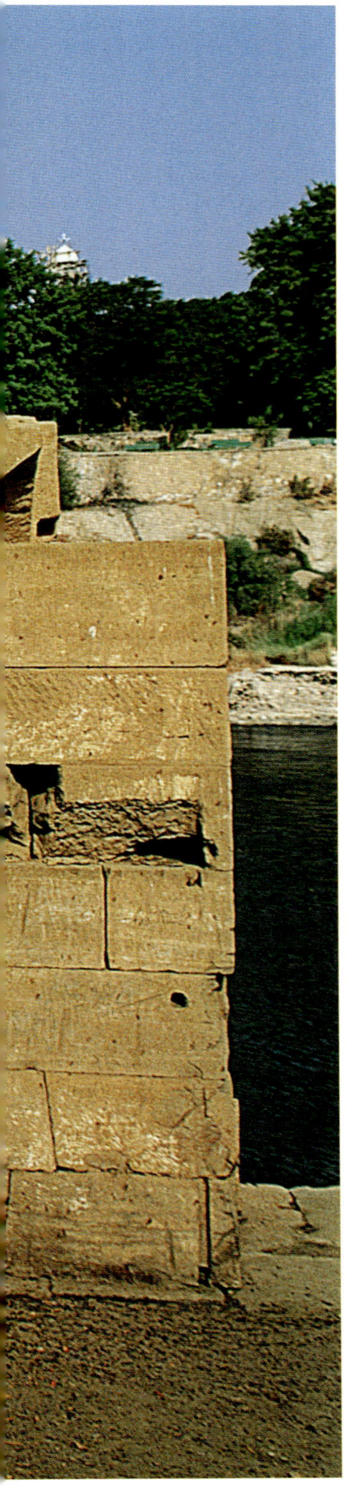

Assuan, das alte Syene, liegt in einer traumhaften Landschaft, die es zum beliebten Urlaubsort macht. Die üppige Vegetation mildert die Temperaturen, die durch den heißen Wüstenwind entstehen, und der Nil, der durch die Insel Elephantine geteilt wird, scheint hier blauer zu sein als talabwärts. Als Ausgangspunkt für einen Besuch der nubischen Tempel bietet Assuan dem Touristen die Möglichkeit zu verschiedenen archäologischen Exkursionen. Dazu gehört ein Besuch der Insel Elephantine, auf der früher die Hauptstadt des ersten und südlichsten Nomos Ägyptens war. Hier im angenehmen Schatten eines Maulbeerfeigenbaumes befindet sich der Eingang des berühmten Nilometers mit seinen Inschriften aus der Zeit von Thutmosis III., Amenophis III. (18. Dynastie) und Psammetich II. (26. Dynastie). Wahrscheinlich geht das Gebäude jedoch auf eine noch frühere Epoche zurück. In römischer Zeit wurde es zum Teil rekonstruiert. Ebenfalls auf der Insel haben Ausgrabungen einen späten Chnum-Tempel (30. Dynastie) und den Tempel der Satet, des weiblichen Gegenparts zu Chnum (18. Dynastie), freigelegt. An der Südspitze der Insel wurde ein kleiner ptolemäischer Tempel rekonstruiert.

Wenn man mit einer Feluke über den Fluss setzt und am Westufer aussteigt, kann man die unterirdischen Felsengräber der Fürsten von Elephantine mit ihren großen und steilen Eingangstreppen besichtigen. Bemerkenswert sind die Gräber von Sirenput I., dem Oberpriester von Chnum und Satet, und Sirenput II., beides Gouverneure von Assuan. Nach einer Stippvisite im Simeonskloster, das zum ersten Mal im siebten Jahrhundert n. Chr. und ein zweites Mal im zehnten Jahrhundert erbaut wurde, verdienen die Steinbrüche nördlich der Stadt einen ausgedehnten Besuch. Hier bauten die Ägypter die Steine für ihre Monumentalbauten und Obelisken ab. Ein solcher noch unvollendeter Obelisk wurde wegen eines Risses in der Grube zurückgelassen. Der 42 Meter hohe Steinblock wäre einer der höchsten Obelisken geworden.

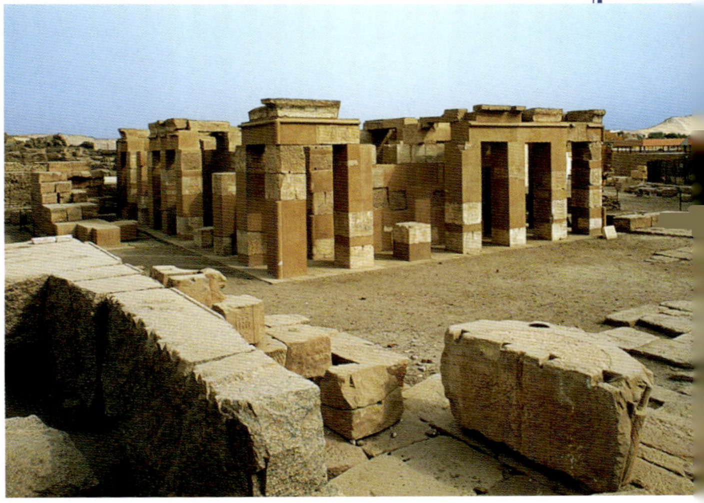

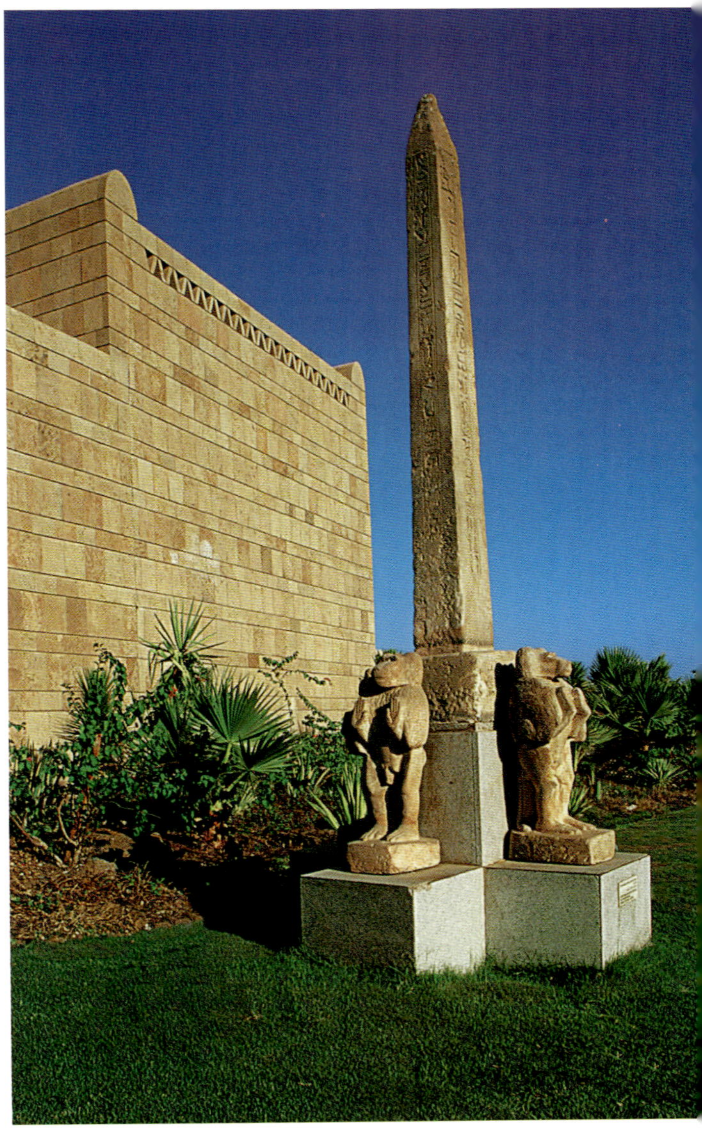

221 Mitte
Ruinen des Satet-Tempels auf der Insel Elephantine.

221 unten
Kleiner Obelisk aus Abu Simbel, der am Eingang zum archäologischen Museum in Elephantine steht.

222–223
Elephantine liegt an der Südgrenze des altägyptischen Reiches und weist zahlreiche Relikte auf.

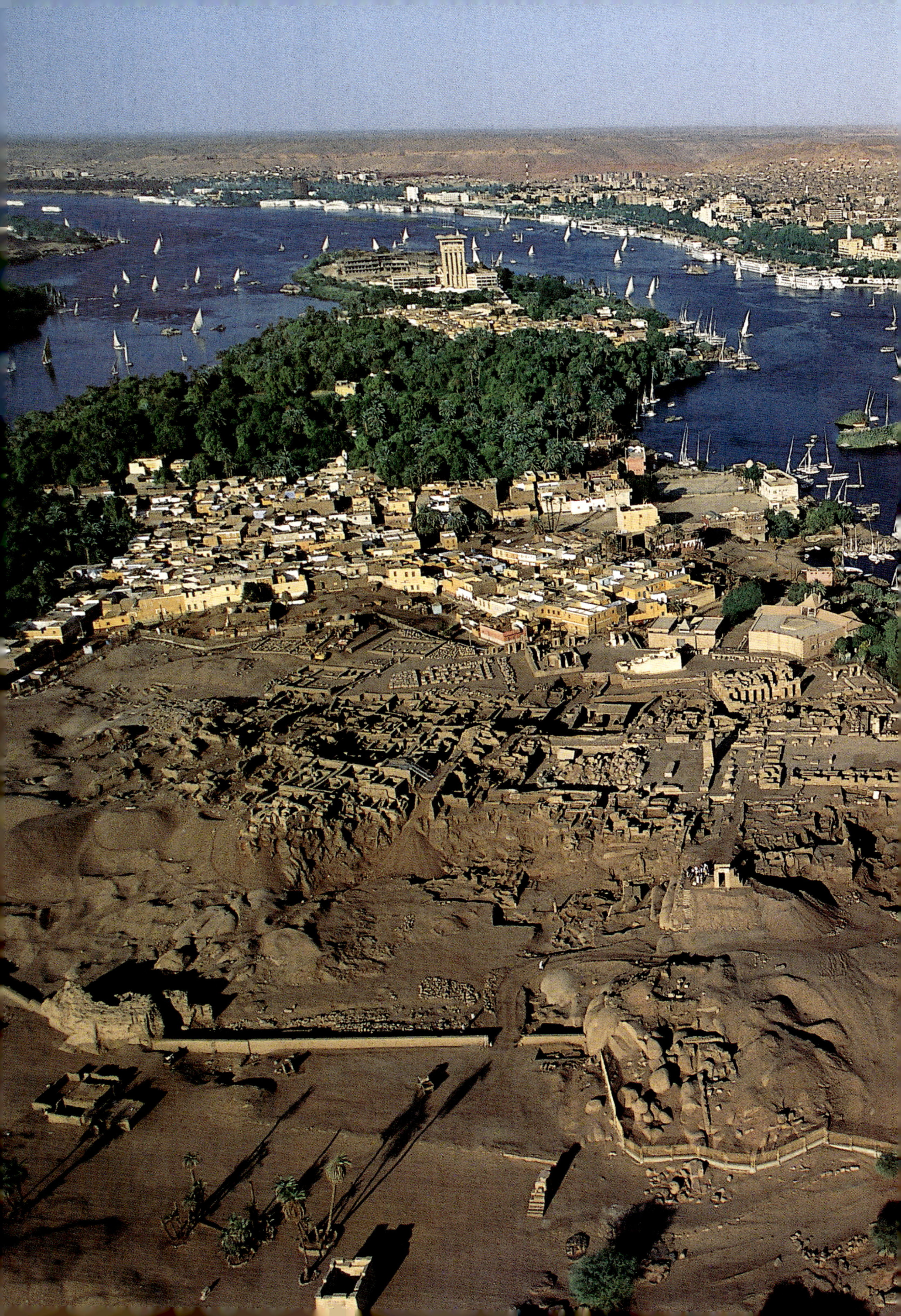

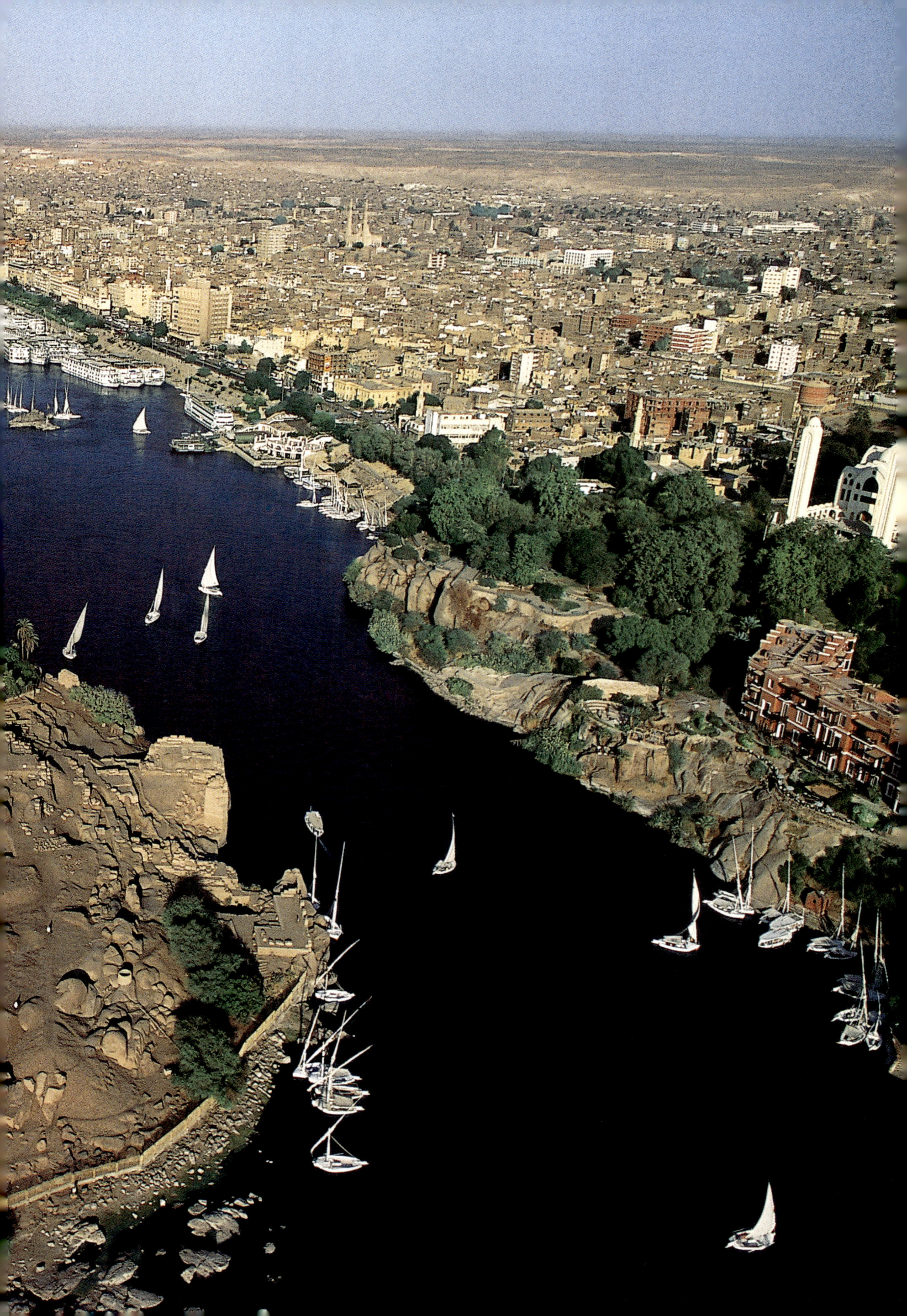

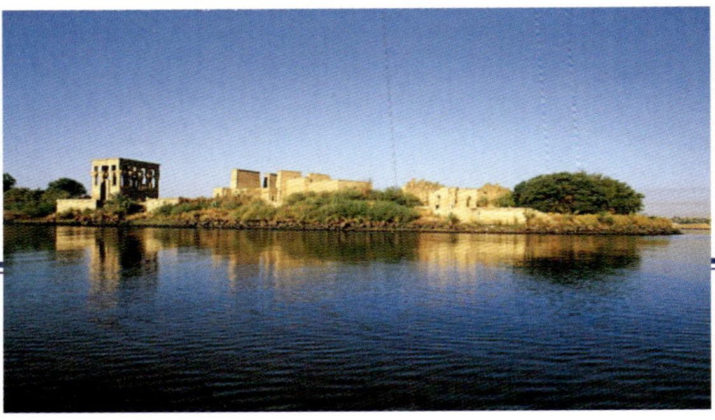

PHILAE

224 oben
Panorama der Anlage von Philae, die 1980 auf der Insel Agilkia rekonstruiert wurde. Links ist der Trajan-Kiosk erkennbar.

224 Mitte
Weiterer Panoramablick auf die Insel, auf der der spektakuläre Isis-Tempel steht.

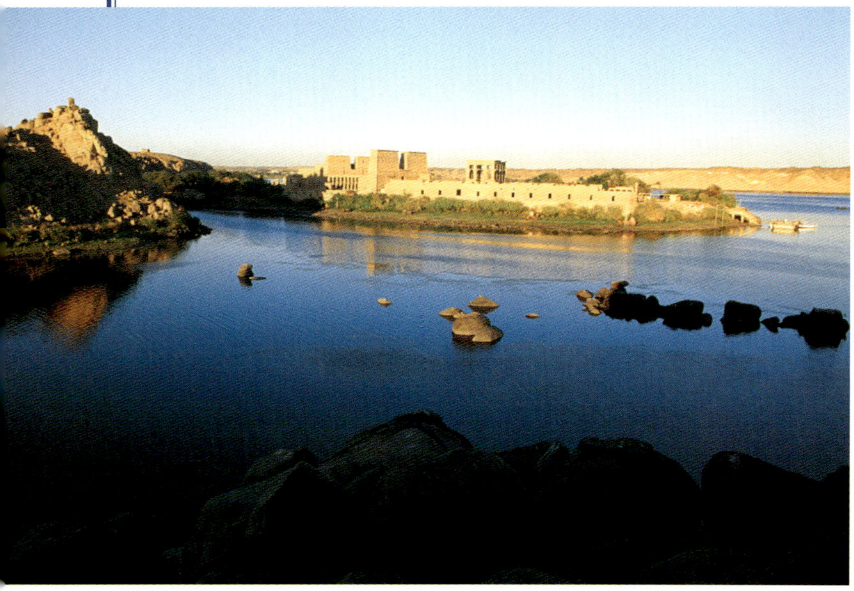

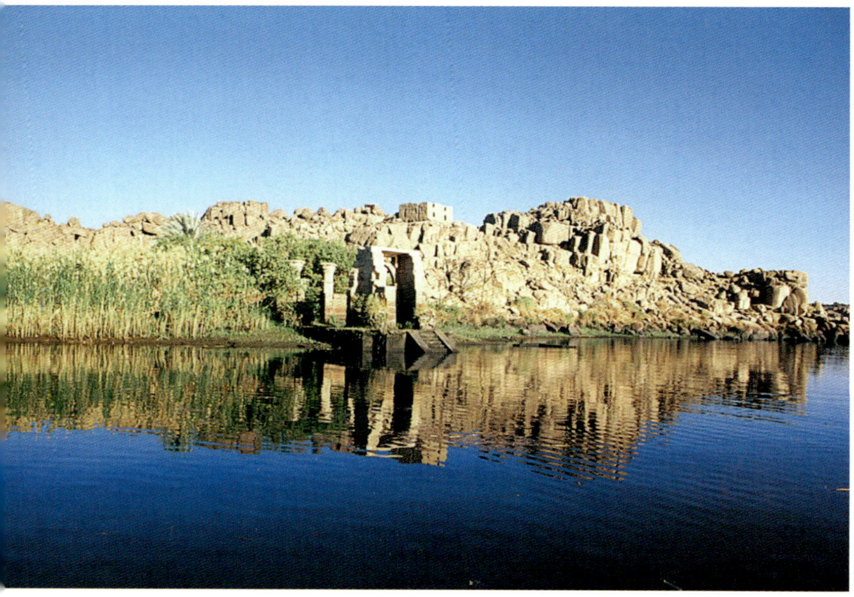

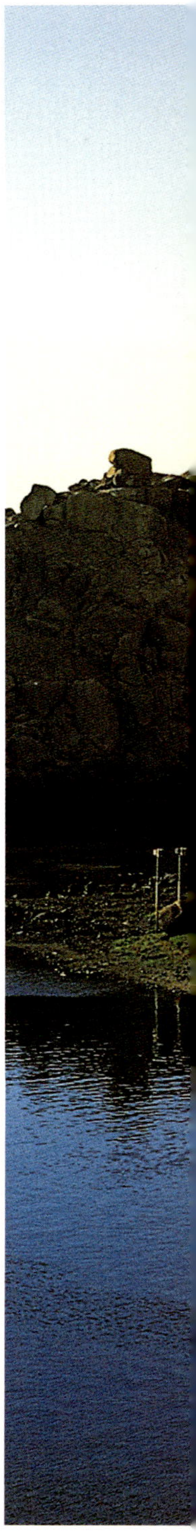

Südlich der Stadt Assuan liegt die monumentale Grabanlage von Philae mit dem größten Isis-Tempel. Das im dritten Jahrhundert v. Chr. errichtete Heiligtum war die letzte Bastion der alten ägyptischen Religion, eine Stätte, in der 437 n. Chr. die letzten Hieroglyphen in die Wand gemeißelt wurden. Philae war der letzte Tempel, in dem ägyptische Priester ihre alten Riten ausüben konnten, während sich das Christentum verbreitete. Im Jahre 535 wurde er von Kaiser Justinian endgültig geschlossen. Schriftgelehrte und Priester wurden entfernt, die Tore des Heiligtums eingetreten. Der Tempel wurde von christlichen Eremiten verwüstet, die Säulenhalle in eine christliche Kirche umgewandelt.

Die Notwendigkeit, ein Wasserreservoir anzulegen für die Zeiten, in denen der Strom Niedrigwasser führt, hatte Ende des 19. Jahrhunderts den Bau des ersten Assuan-Staudamms, des Vorläufers des Nassersees, zur Folge. Für den alten Tempel war das eine Katastrophe, da er nun für viele Monate im Jahr unter Wasser stand. 1960 brachte der Bau des zweiten Staudamms eine neue Bedrohung. Denn nach Fertigstellung des Staudamms befand sich die Tempelanlage vier Meter unter der Wasseroberfläche. Zwischen 1972 und 1980 wurden die Gebäude von Philae aus ihrer misslichen Lage gerettet. Man beschloss, sie auf die nahe gelegene Insel Agilkia zu verlegen. Um eine originalgetreue Rekonstruktion zu ermöglichen, musste man jeden einzelnen Stein nummerieren und seine genaue Position festhalten. Die Durchführung des Unternehmens dauerte fast zehn Jahre. 1980 wurde Philae, nun Agilkia, der Öffentlichkeit wieder zugänglich gemacht.

In früheren Zeiten war die Region ein Ort der Begegnung zwischen Ägyptern und den nubischen Völkern. Dies erklärt die Vielfalt der den unterschiedlichsten Göttern geweihten Heiligtümer. In den Jahrhunderten vor der Christianisierung breitete sich

224 unten
Eingangsportal des Abaton, das von Ptolemäus III. auf der Insel Biga rekonstruiert wurde.

224–225
Anlegeplatz der Insel, in dessen Nähe der Kiosk und der Obelisk des Nektanebos stehen.

225 unten
Trajan-Kiosk, der im Jahre 105 n. Chr. vom römischen Kaiser errichtet wurde.

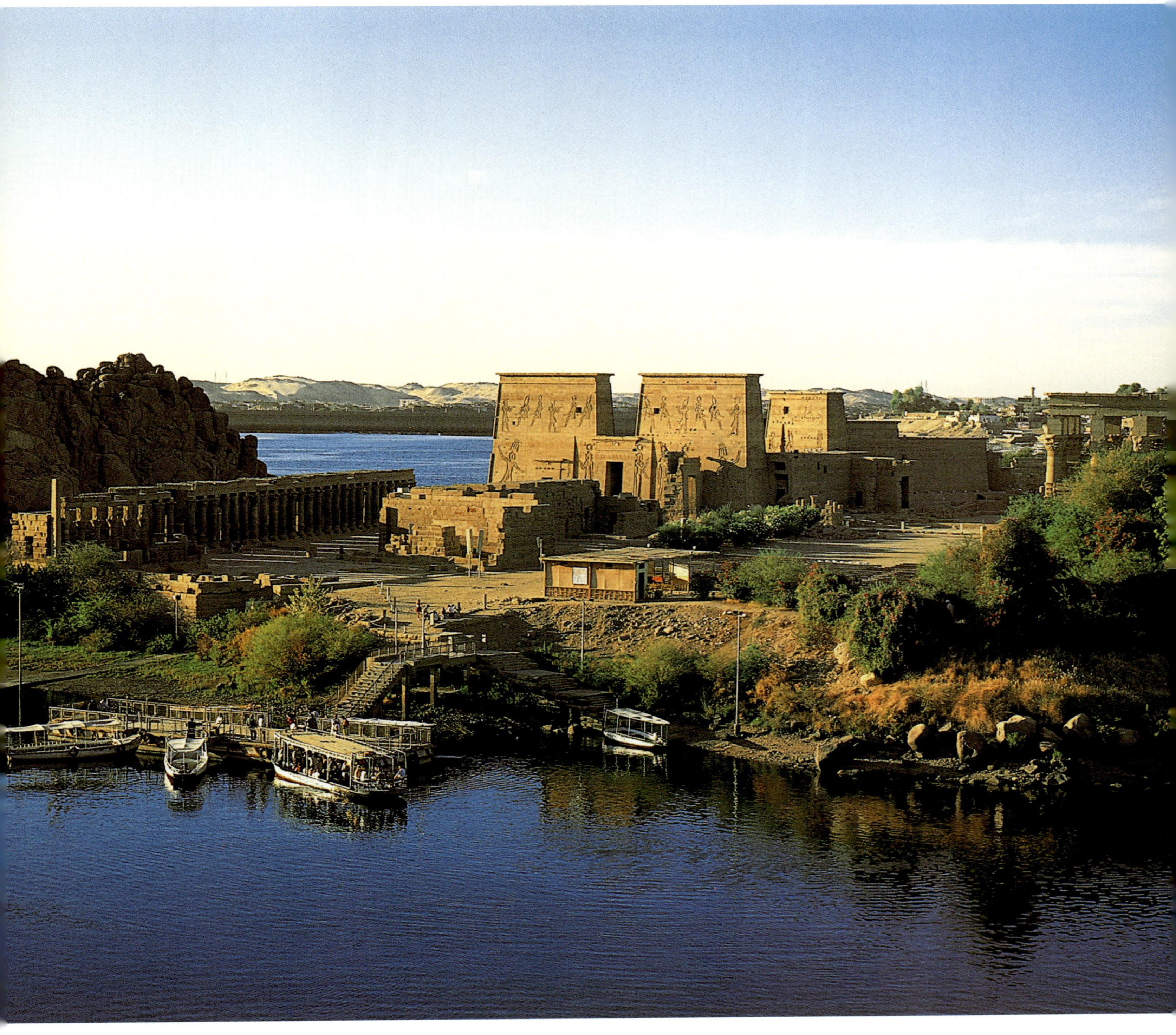

der Kult der Göttin Isis – der Mutter des Horus und Gattin des Osiris – weit über die Grenzen Ägyptens hinaus aus, und vor allem im ersten Jahrhundert n. Chr. kam es überall im Römischen Reich zum Bau von Isis-Heiligtümern. Die Anlage von Philae ist eine Komposition aus Tempeln, von denen der größte der Göttin Isis geweiht war und die durch die offensichtlich willkürliche Anordnung ihrer Bestandteile gekennzeichnet sind. Jeder einzelne Tempel hat seine eigene Achse und seine eigene Ausrichtung, und auch die Säulen stehen nicht parallel zueinander; jedes der einzelnen Elemente ist aber für sich selbst daseinsbe-

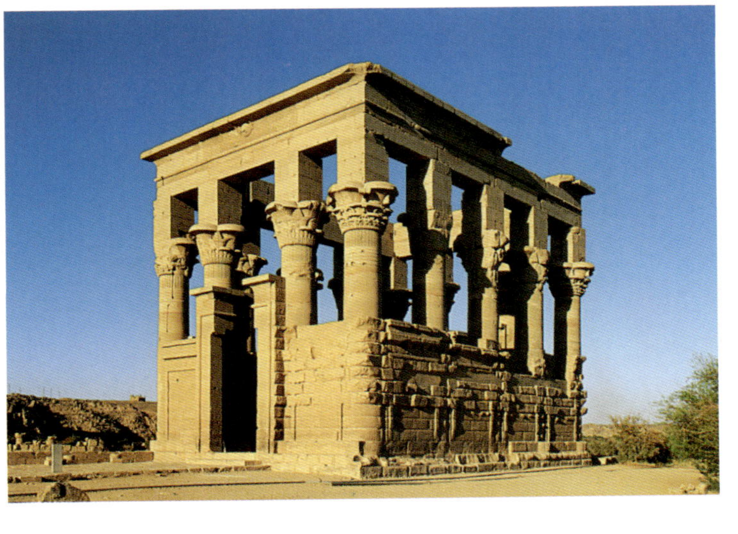

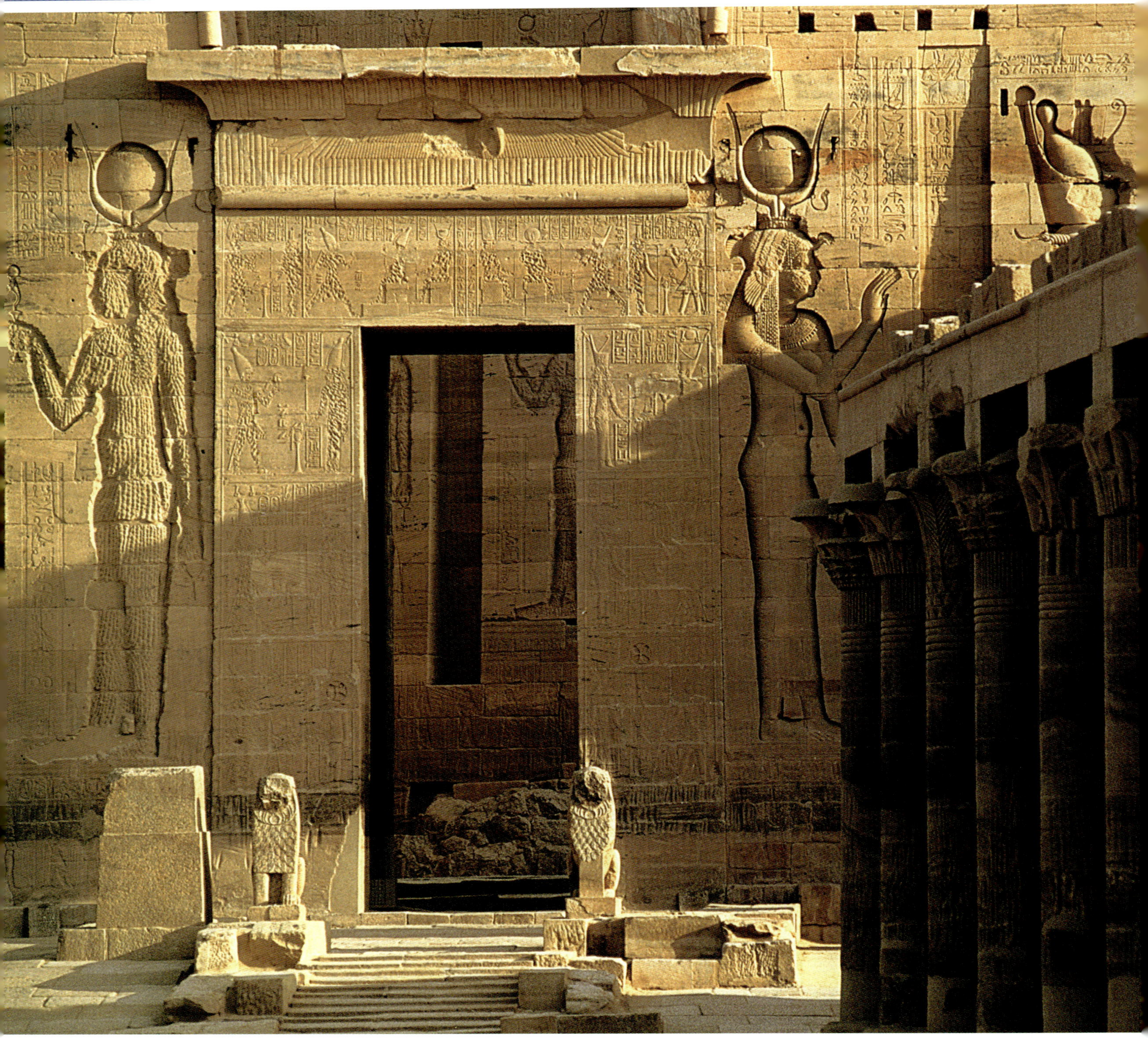

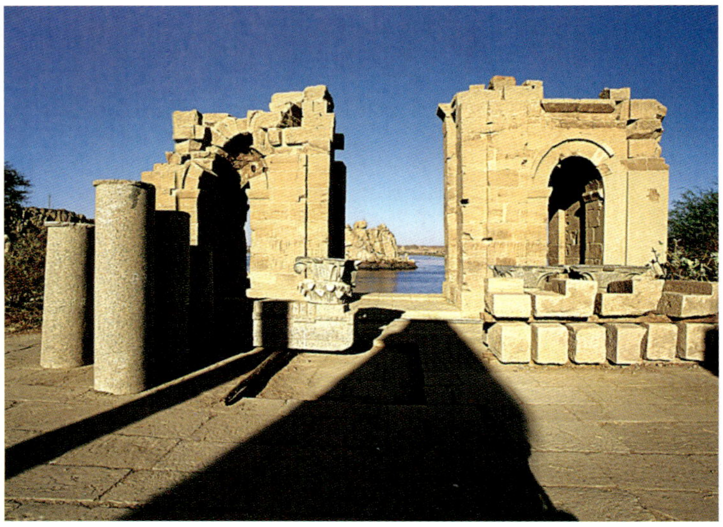

rechtigt, denn Isis ist die Göttin des Lebens, und das Leben ist weder rational noch symmetrisch noch parallel. Die Anlegestelle der Insel befindet sich im Süden neben dem Nektanebos-Pavillon. Von hier aus gelangt man durch zwei Säulengänge, die sich v-förmig öffnen, zum Eingang des Tempels. Auf der Ostseite der Insel steht der Trajan-Kiosk, den der Kaiser mit Reliefs ausstatten ließ, auf denen er selbst abgebildet ist, wie er den Göttern Opfergaben überbringt. Im Kiosk wurde früher das Schiff der Isis aufbewahrt, das man während der Prozessionen verwendete. Ebenfalls auf der Ostseite, in der Nähe des großen Tempels, befindet sich ein kleiner, der Göttin Hathor gewidme-

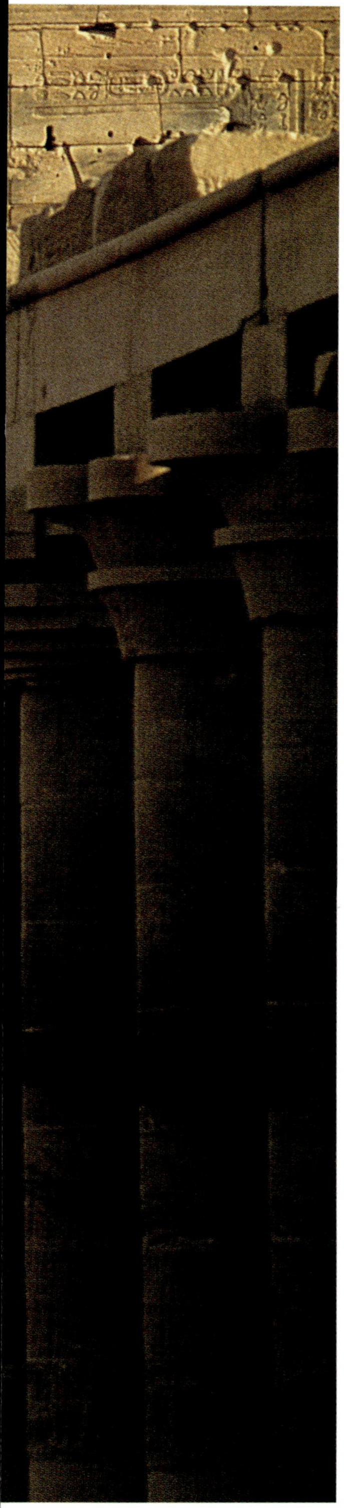

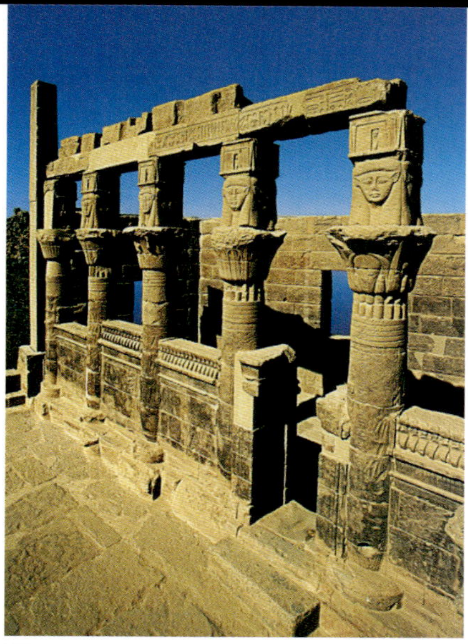

ter Tempel. Ein großer Vorplatz liegt vor dem ersten Pylon des Isis-Tempels, dessen kleines Tor von zwei hohen Mauerblöcken flankiert wird. Hinter dem ersten Pylon betritt man einen großen Hof, an dessen linker Seite ein einzelnes Gebäude steht: Es handelt sich hier um ein Mammisi, ein symbolisches Geburtshaus, in dem Isis ihren Sohn Horus zur Welt gebracht hatte. Die Ostseite ist mit einem Säulengang bebaut, der sechs kleine Räume umfasst. Durch den zweiten Pylon – dem ersten ähnlich, aber nicht parallel zu ihm – gelangt man zum geschlossenen Bereich des Tempels, einen Zehn-Säulen-Saal. Dieser gilt als kosmischer Ort und ist als solcher mit mythischen und astrologischen Verzierungen versehen, die sich auf die Himmelsgesetze der Isis beziehen. Das Wissen um die Regeln der heiligen Astrologie ist unerlässlich zum Verständnis des aus zwölf den Sternzeichen entsprechenden Räumen bestehenden Naos. Überdies gibt es eine Krypta und auf dem Dach eine Osiris-Kapelle, in der Ritualszenen abgebildet sind: Man sieht einen toten Osiris und den Pharao, der die Götter um das Weiterleben der Seele des Gottes bittet. Osiris ist neu belebt, Dunkelheit und Tod sind besiegt, die Liebe der Isis triumphiert. Gegenüber der Insel Philae befindet sich die Insel Biga, auf der das Abaton, das Grab des Osiris lag. Heute sind nur noch wenige Ruinen des dortigen Tempels zu sehen.

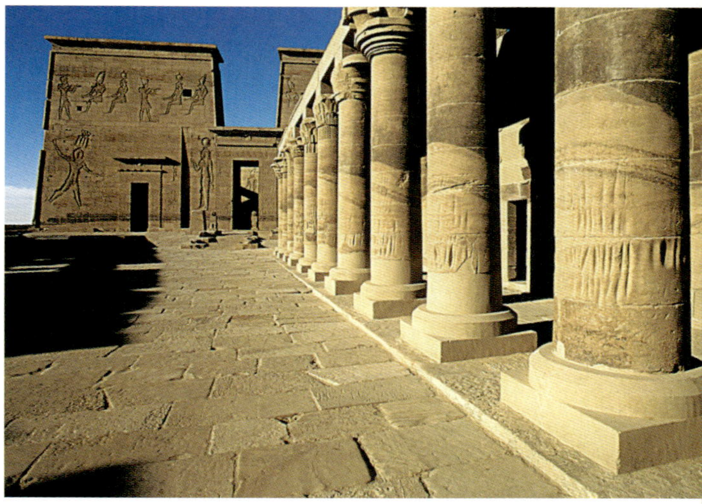

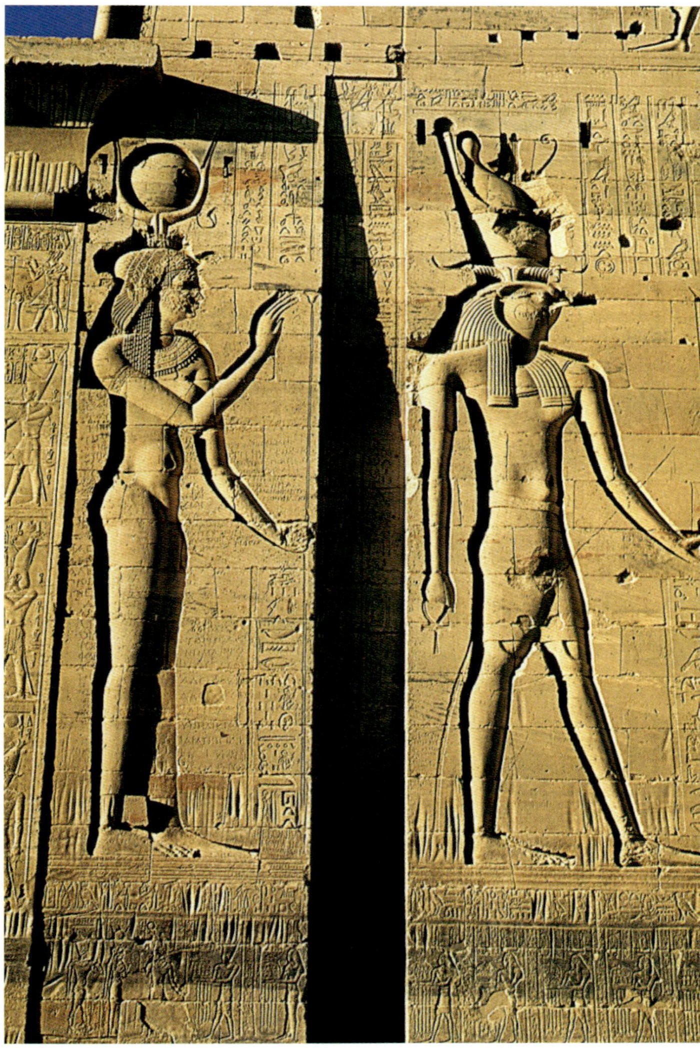

226–227
Portal des ersten Pylons, davor stehen zwei Granitlöwen aus spätrömischer Zeit.

226 unten
In römischer Zeit war das Tor des Diokletian der Hauptzugang der Insel.

227 oben
Ansicht des Nektanebos-Kiosks mit Hathor-Säulen und nahe gelegenem Obelisken.

227 Mitte
Perspektivische Ansicht der östlichen Kolonnade, die größtenteils unvollendet ist.

227 unten
Die Basreliefs des ersten Pylons zeigen die Göttin Isis und den Gott Horus. Die Gesichtszüge der Figuren wurden leider zum Teil von koptischen Mönchen zerstört, als der Tempel in eine Kirche umgewandelt wurde.

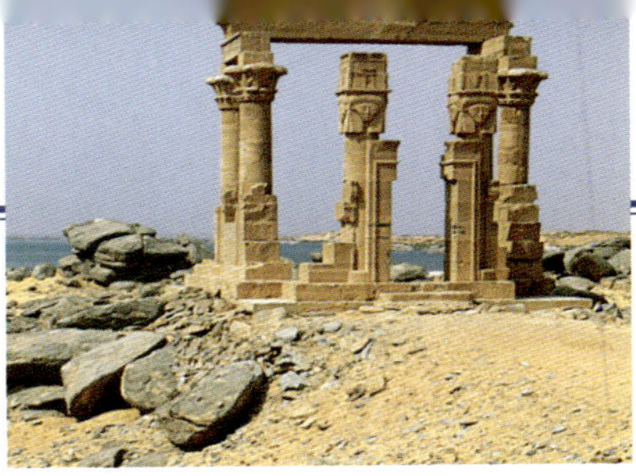

DIE NUBISCHEN TEMPEL

Wadi es-Sebua, Amada, Derr und Kertassi – bis in jüngste Zeit waren diese antiken Denkmäler dem Touristen weitgehend unbekannt. Es handelt sich dabei um vier der elf archäologischen Stätten Unternubiens, die nach dem Bau des Assuan-Staudamms nicht überflutet wurden. Glücklicherweise wurden viele der anderen Stätten erforscht, bevor sie die Fluten verschlangen. Die wichtigsten von ihnen wurden abgebaut und an sicheren Orten rekonstruiert. Nach den geglückten Rettungsaktionen waren nur Abu Simbel und der Tempel von Philae für Besucher zugänglich. Die anderen waren von allen Verkehrswegen abgeschnitten. Erst seit einigen Jahren kommen, bedingt durch die zunehmenden Kreuzfahrten in das Gebiet, täglich wieder Hunderte von Besuchern, um die Bauwerke zu besichtigen.

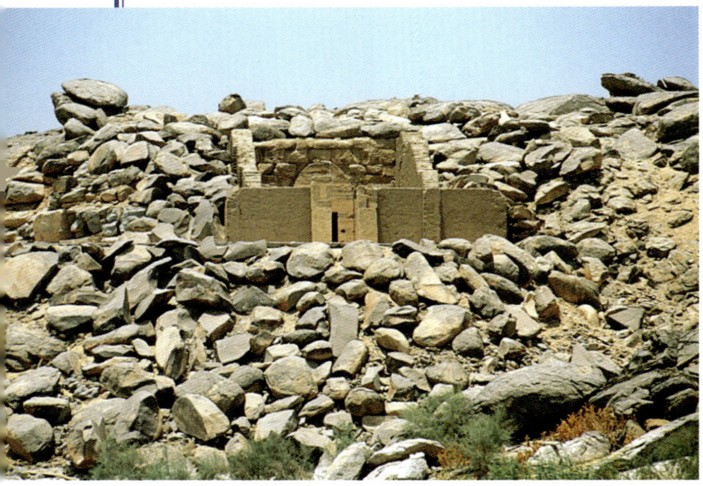

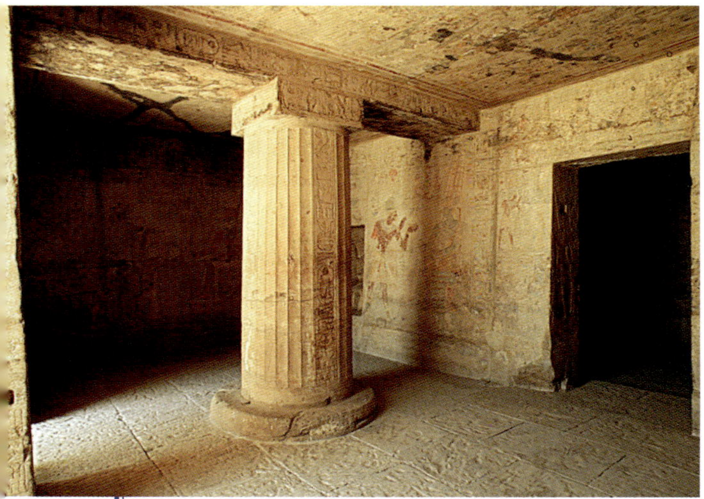

NEU-KALABSCHA, KERTASSI, BEITH EL-WALI

Nicht weit vom Tempel von Philae entfernt, im Gebiet von Neu-Kalabscha, etwa einen Kilometer südlich des neuen Staudamms, sind drei Tempel vereint, die sich ursprünglich an verschiedenen, bis zu 50 Kilometer von der heutigen Stätte entfernten Standorten befanden. Kalabscha, das von Maspero als »schönster Ort Nubiens« bezeichnet und unter Kaiser Augustus in ptolemäischem Stil neu aufgebaut wurde, war dem Kult des Gottes Mandulis geweiht, einer nubischen Version des Horus. Das Heiligtum besteht aus einem Pylon, einem angrenzenden Hof mit Bogengängen an den drei Seiten, einem Zwölf-Säulen-Saal, zwei Vestibülen und einem Allerheiligsten. Durch die Verlagerung kamen frühere Bauten aus den Epochen von Amenophis II. und Ptolemäus IX. zum Vorschein.

Der unvollendet gebliebene Tempel wartet mit einigen Besonderheiten auf: Man stößt hier auf Darstellungen des Augustus, der, als Pharao gekleidet, den ägyptischen Gottheiten opfert, sowie auf griechische Inschriften des nubischen Königs Silko, der im fünften Jahrhundert v. Chr. an seinen Sieg über die feindlichen Wüstenvölker erinnerte. In der Nähe steht der Kertassi-Kiosk aus der ptolemäischen Epoche. Der Tempel von Beith el-Wali geht auf die 19. Dynastie zurück. Er wurde vom Vizekönig von Kusch zu Ehren Ramses' II. errichtet und besteht aus einem Hof, einem Vestibül und einem kleinen Allerheiligsten. Seine Wände sind mit Reliefs bedeckt, die von den siegreichen Kämpfen des Pharaos gegen die asiatischen, libyschen und nubischen Völker erzählen.

WADI ES-SEBUA, DAKKA UND MAHARRAKA

Ein verlassenes, raues und wüstenhaftes Gebiet, umschlossen von Granitbergen, die mit rotem, zuweilen gelblich schimmerndem Sand überzogenen sind – dies ist die Landschaft, die Neu-Kalabscha von der zweiten nubischen Tempelanlage trennt, die etwa 110 Kilometer entfernt liegt und in einer eintägigen

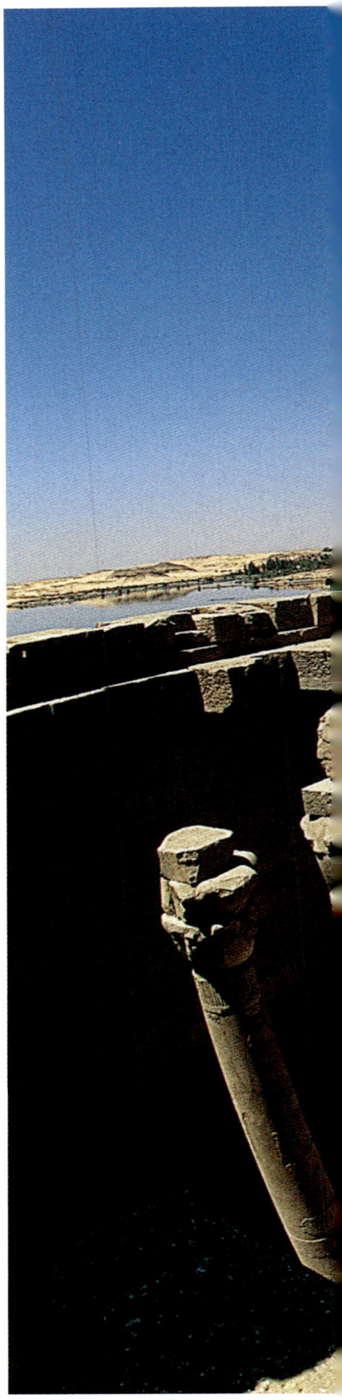

228 oben
Der elegante kleine Kertassi-Kiosk wurde in der Umgebung des Kalabscha-Tempels rekonstruiert.

228 Mitte
Der Felsentempel von Beith el-Wali wurde ebenfalls in Neu-Kalabscha wiederaufgebaut.

228 unten
Der innerste Raum des Felsentempels von Beith el-Wali mit massiven frühdorischen Säulen.

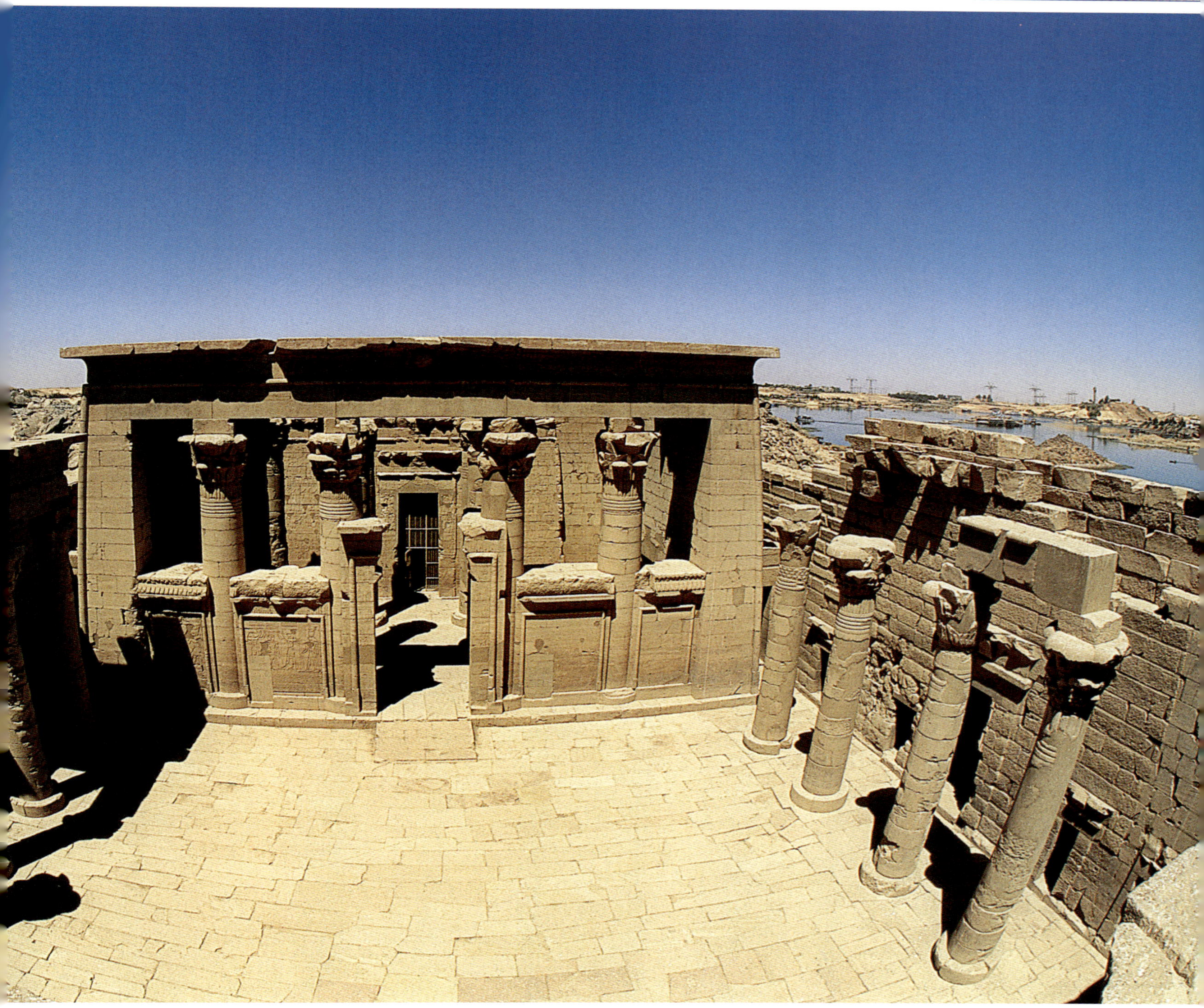

Schiffsreise erreicht werden kann. Während der lautlosen Fahrt überquert man den Tempel von Gerf Husen, der heute vollständig vom Wasser verschluckt ist. Der Tempel, dessen Innenräume denen des Bauwerks von Abu Simbel glichen, konnte wegen des brüchigen Felsens, in den er hineingeschlagen war, leider nicht gerettet werden.

Schließlich erreicht man Neu-Sebua mit den Tempeln von El-Dakka, Maharraka und Wadi es-Sebua (auf Arabisch »Tal der Löwen«). Seinen Namen verdankt der Ort den Sphingen, die den Eingang des Tempels schmücken. Dieser wurde von Ramses II. errichtet und der Verehrung des Gottes Ra-Horachte geweiht. Im Inneren befinden sich Darstellungen von Opferszenen, ein Thema, das in diesen Heiligtümern beständig wiederholt wird. Auch diese Stätte wurde von den Kopten wiederhergestellt und als christliche Kirche adaptiert. Interessant ist eine Abbildung des heiligen Petrus, der dem »mächtigen Stier« und König von Ober- und Unterägypten, Ramses II., Blumen schenkt! Die Anlage wurde vom nur zwei Kilometer entfernten Originalplatz hierher verlegt, als die beiden Sphingen bereits partiell von den Fluten überspült wurden.

Der Tempel von Dakka befand sich früher 40 Kilometer nördlich des heutigen Standorts und stammt aus der ptolemäisch-römischen Epoche. Er ist dem Thot von Pnubs geweiht und wurde von Ptolemäus IV. und Arquami, dem König von Meroe (ca. 220 v. Chr.) gebaut – zum Teil über den Ruinen älterer Gebäude. Spätere Erweiterungen fanden unter Ptolemäus VIII. und Kaiser Augustus statt. Ganz in der Nähe steht der Maharraka, der dritte Tempel der Gruppe, der sich zuvor etwa 30 Kilometer entfernt befand. Der kleine und unvollständige Tempel war dem Kult des Serapis geweiht.

228–229
Fassade des Hypostyls im Kalabscha-Tempel. Die Anlage wurde in ptolemäischer Zeit errichtet und gilt nach Abu Simbel als großartigstes nubisches Bauwerk.

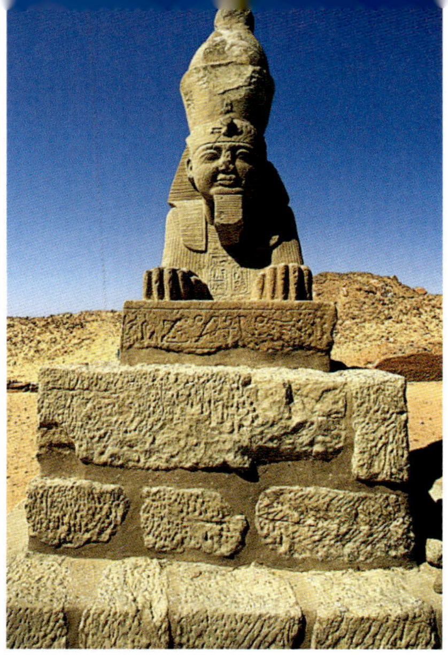

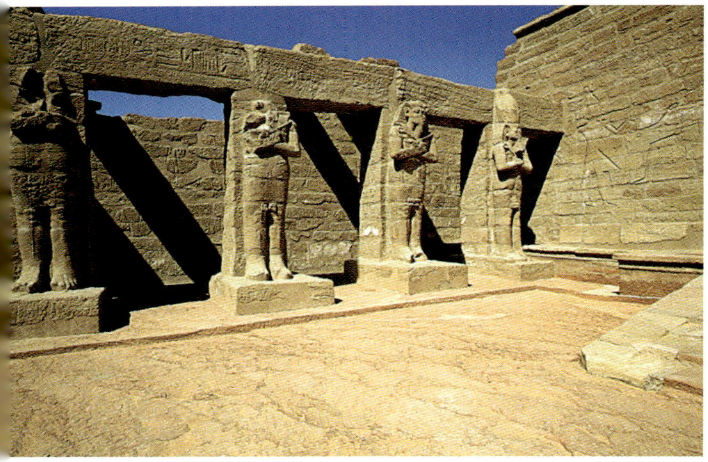

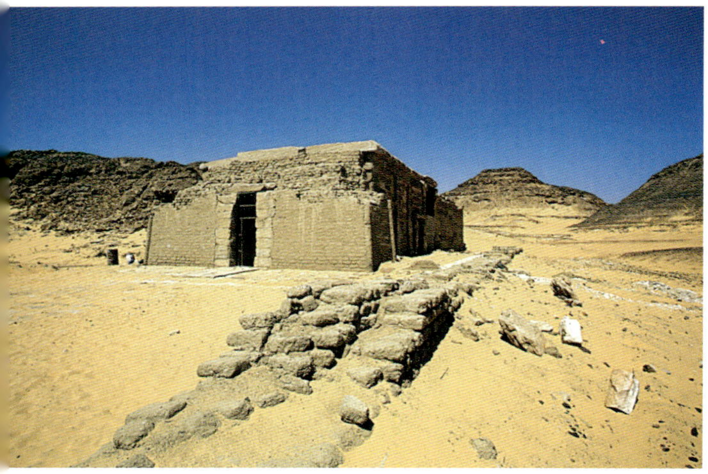

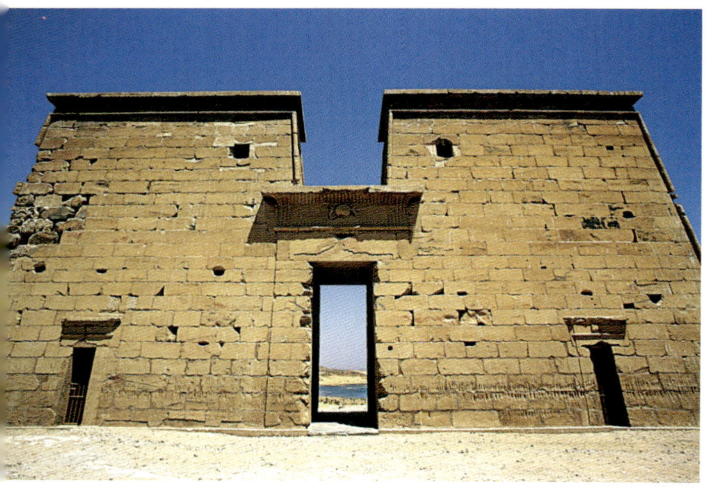

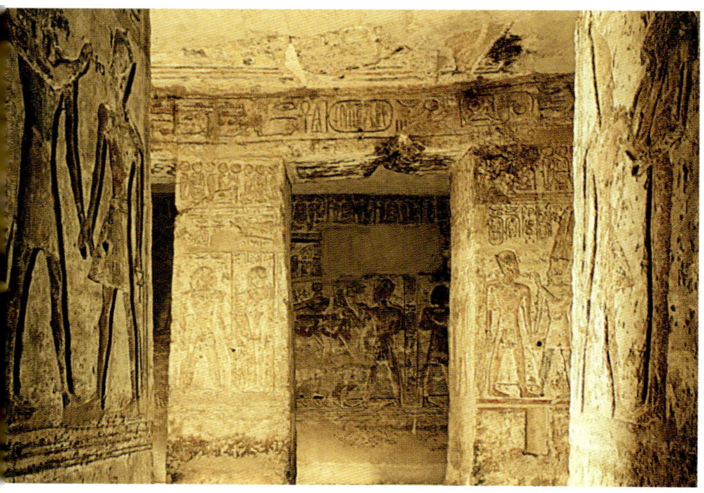

230 oben
Einer der Sphingen des Dromos im Wadi es-Sebua.

230 links oben
Osiris-Pfeiler säumen die Längsseiten des Hofes im Tempel von Wadi es-Sebua.

230 links Mitte oben
Amada-Tempel, errichtet von Thutmosis III., vollendet von Amenophis II.

230 links Mitte unten
Der gut erhaltene Pylon des Tempels von Dakka.

AMADA, DERR UND DAS GRAB VON PENNUT I.

Die dritte Stätte ist wiederum 50 Kilometer von der zweiten entfernt. Der Ort Amada verdankt seinen Namen dem ältesten der hier rekonstruierten Bauwerke, dem Tempel von Amada. Dieser ist Amun und Ra-Horachte geweiht, wurde von Pharao Thutmosis III. (18. Dynastie) errichtet und von Thutmosis IV. sukzessive erweitert. Unter der Herrschaft Echnatons war er dem Aton-Kult geweiht, unter Sethos I. fungierte er als Heiligtum der traditionellen Religion. Von den Kopten wurde er schließlich in eine christliche Kirche umgewandelt. Die farbigen Reliefs erschwerten die Umzugsarbeiten. Man benötigte drei Kilometer lange Schienen, auf denen der Tempel in Stahlgerüsten zum heutigen Standort transportiert wurde, wobei ein Höhenunterschied von über 60 Metern überwunden werden musste.

Der Felsentempel von Derr war dem Kult des Ra-Horachte geweiht und entstand auf Veranlassung Ramses' II. Heute trennen ihn elf Kilometer von seinem Heimatort. Das Felsengrab Pennuts I., das unter Ramses VI. von einem lokalen Gouverneur errichtet wurde, vervollständigt die archäologische Stätte.

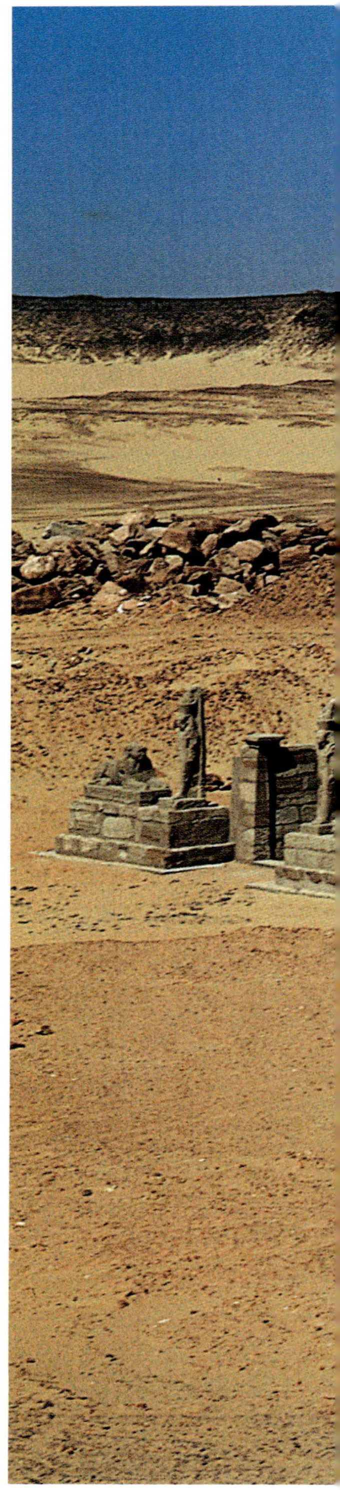

230 unten links
»Festsaal« im Grabtempel von Derr.

230–231
Der glanzvolle Tempel des Wadi es-Sebua, davor der Sphingendromos.

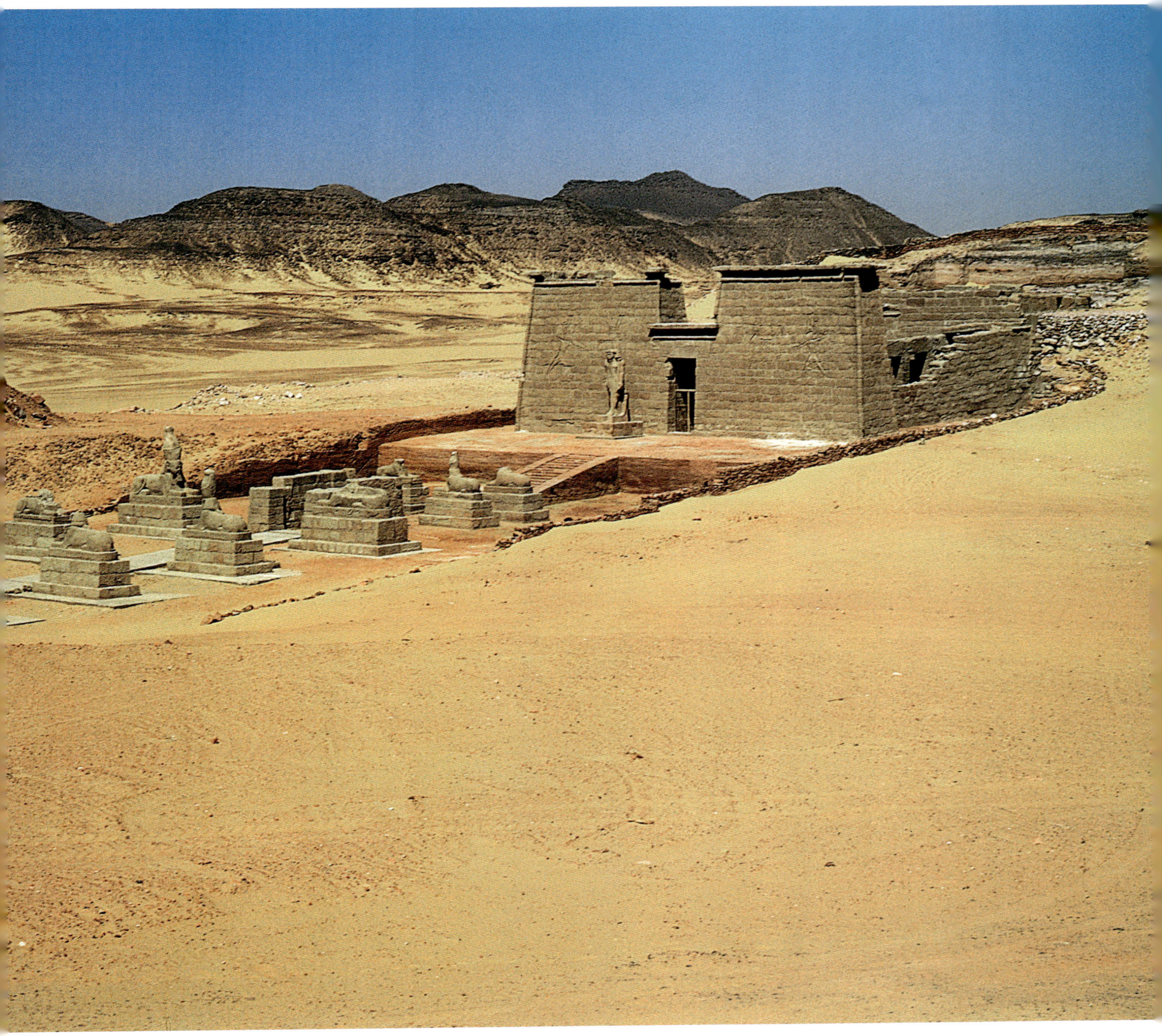

QASR IBRIM

Die Festungsstadt Qasr Ibrim befand sich früher 60 Meter über dem Nil. Heute muss sie mit dem Wasser des Sees kämpfen, das ihre Fundamente umspült. Die Stadt wurde um 900 v. Chr. nach dem Rückzug der Ägypter von den Nubiern erbaut, einige Male rekonstruiert und von den Römern erweitert. Die immer wieder von Kopten bewohnte Stadt wurde im Jahre 1812 von Mamelucken auf der Flucht vor Ischmael Pascha besetzt. Nachdem man den Sohn Mohammed Alis aus der Festung vertrieben hatte, machte dieser sie fast vollständig dem Erdboden gleich. 1995 beschloss das höchste für die antiken Monumente zuständige Gremium die Schließung des Gebäudes, das man heute nur mehr vom Schiff aus bewundern kann.

231 oben rechts
Des Hof vor dem unterirdischen Bereich des Tempels von Derr.

231 unten rechts
Ruinen der Festung von Qasr Ibrim aus römischer Zeit.

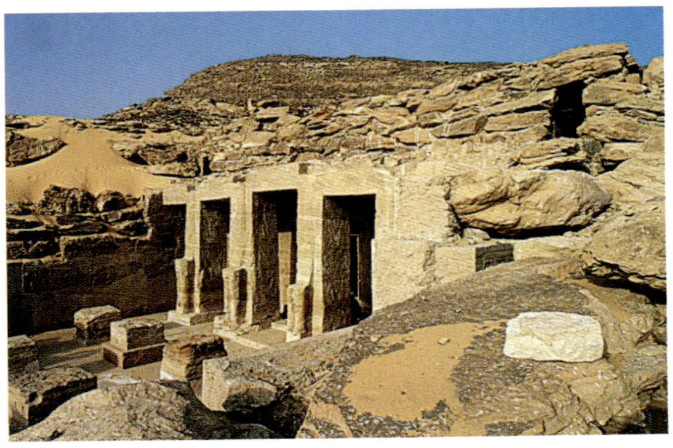

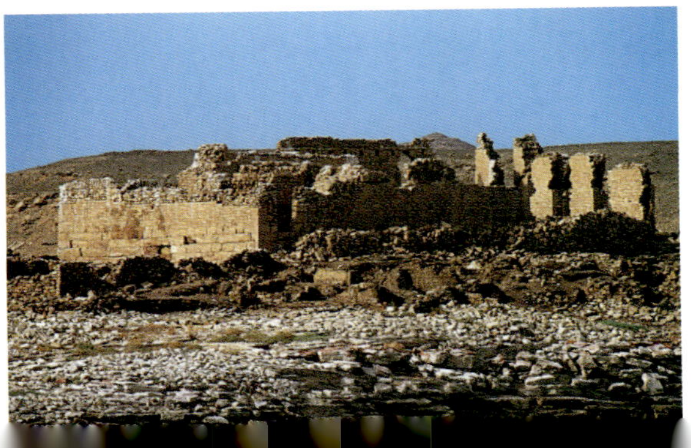

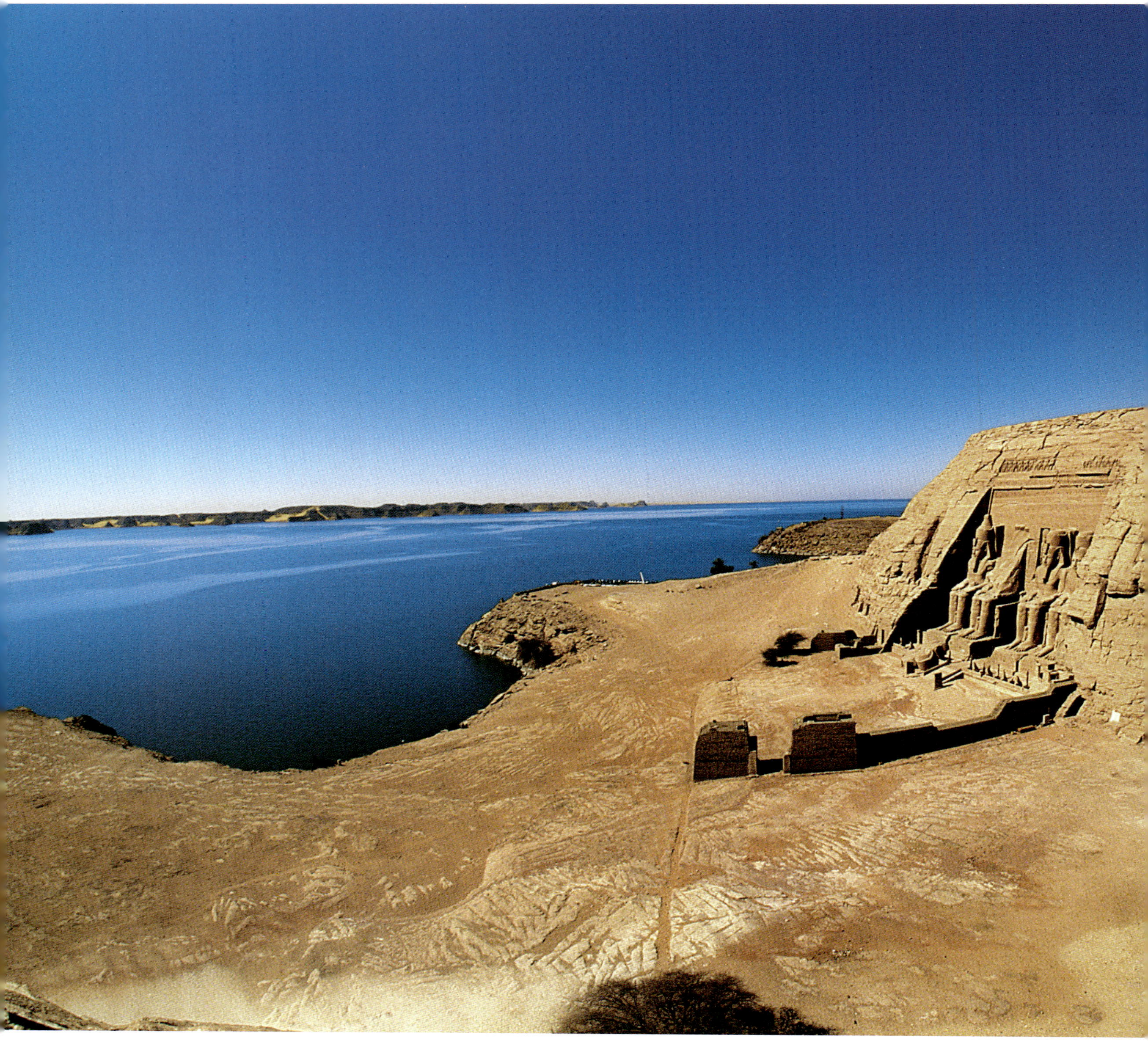

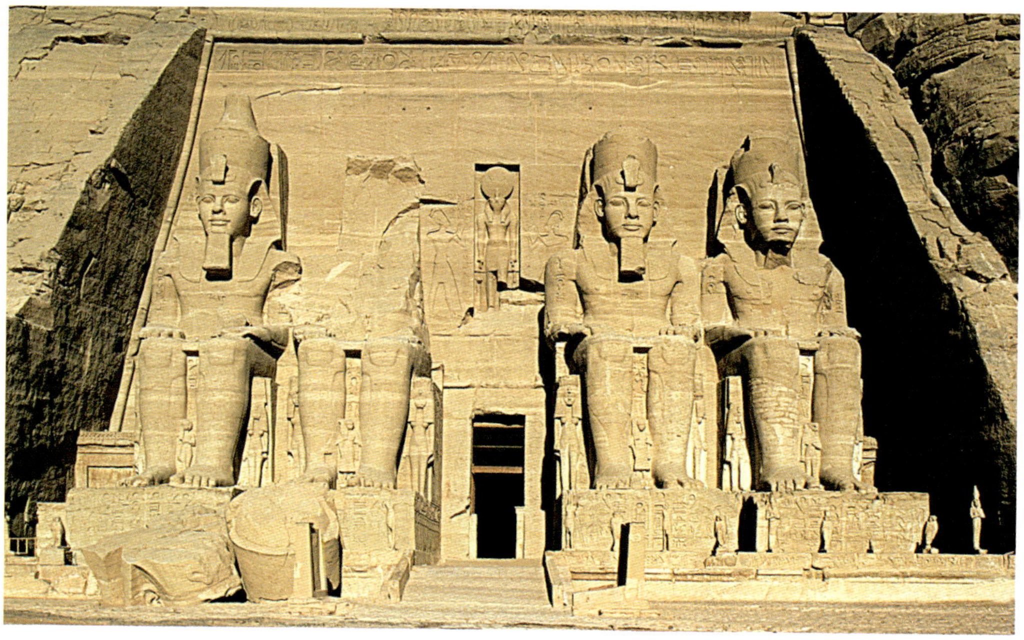

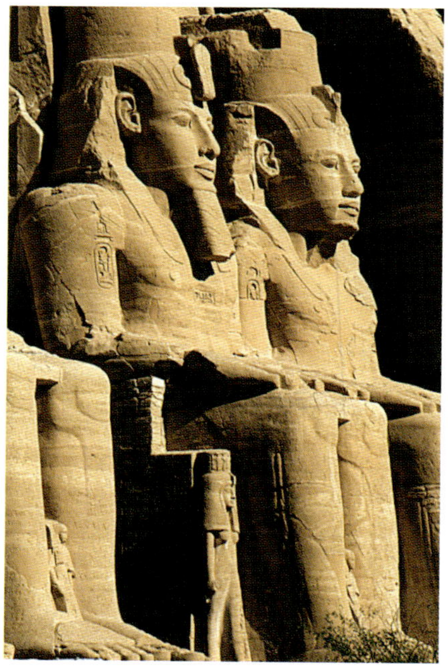

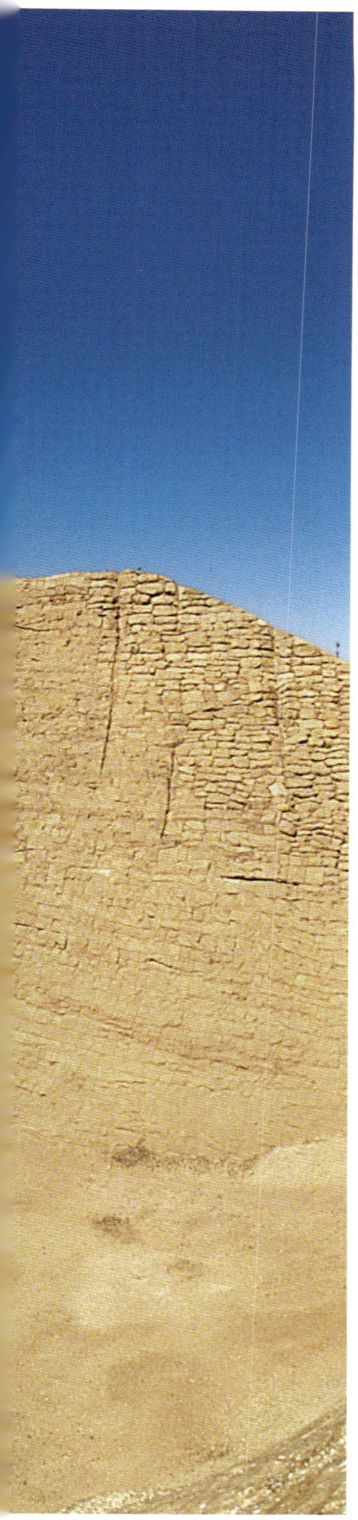

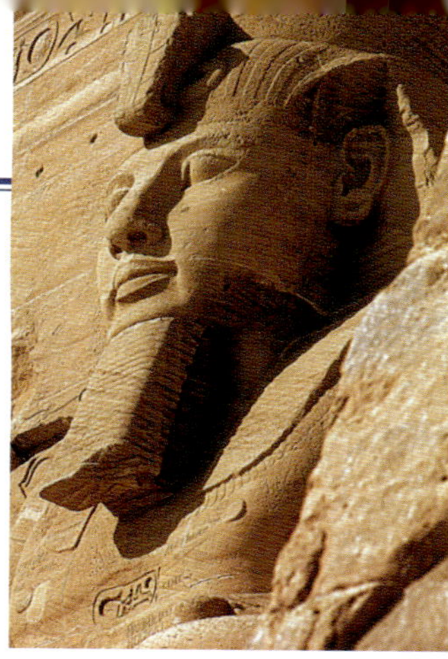

233 oben
In Abu Simbel dominiert der Personenkult Ramses' II.

233 unten
Jede der Kolossalstatuen ist etwa 21 Meter hoch.

ABU SIMBEL

Etwa 20 Kilometer von der Grenze zum Sudan entfernt befinden sich die berühmtesten archäologischen Stätten Nubiens: der große Tempel Ramses' II. und jener seiner Gattin Nefertari. Ende der Sechzigerjahre wurde hier eine technische Glanzleistung vollbracht: Die Tempel von Abu Simbel wurden in Blöcke geschnitten und 65 Meter höher wieder aufgebaut. Die Bauten wurden zwischen zwei künstlichen Hügeln eingefügt, wobei man die ursprüngliche Ausrichtung der Tempel beibehielt. Dies war deshalb unerlässlich, weil die Sonnenstrahlen, wie von den Architekten des Pharaos geplant, zweimal im Jahr bis zum hintersten Innenraum des Tempels vordrangen, wo die vier Gottheiten – Ptah, der thebanische Amun-Re, der heliopolitanische Ra-Horachte und der vergöttlichte Ramses II. selbst – darauf warteten, vom Licht der Sonne beschienen zu werden.

Der Tempel wurde Anfang des 19. Jahrhunderts vom schweizerischen Forscher und Reisenden J. L. Burckhardt »wiederentdeckt«. Er war der erste Europäer seit der Antike, der die Stätte, als Araber verkleidet, besichtigen konnte. Wenige Jahre später gelang es dem Italiener G. B. Belzoni, den Eingang des Tempels vom Sand zu befreien. Er machte damit den Weg frei für eine große Anzahl von Reisenden, zu denen auch Berühmtheiten wie König Maximilian von Bayern und Gustave Flaubert

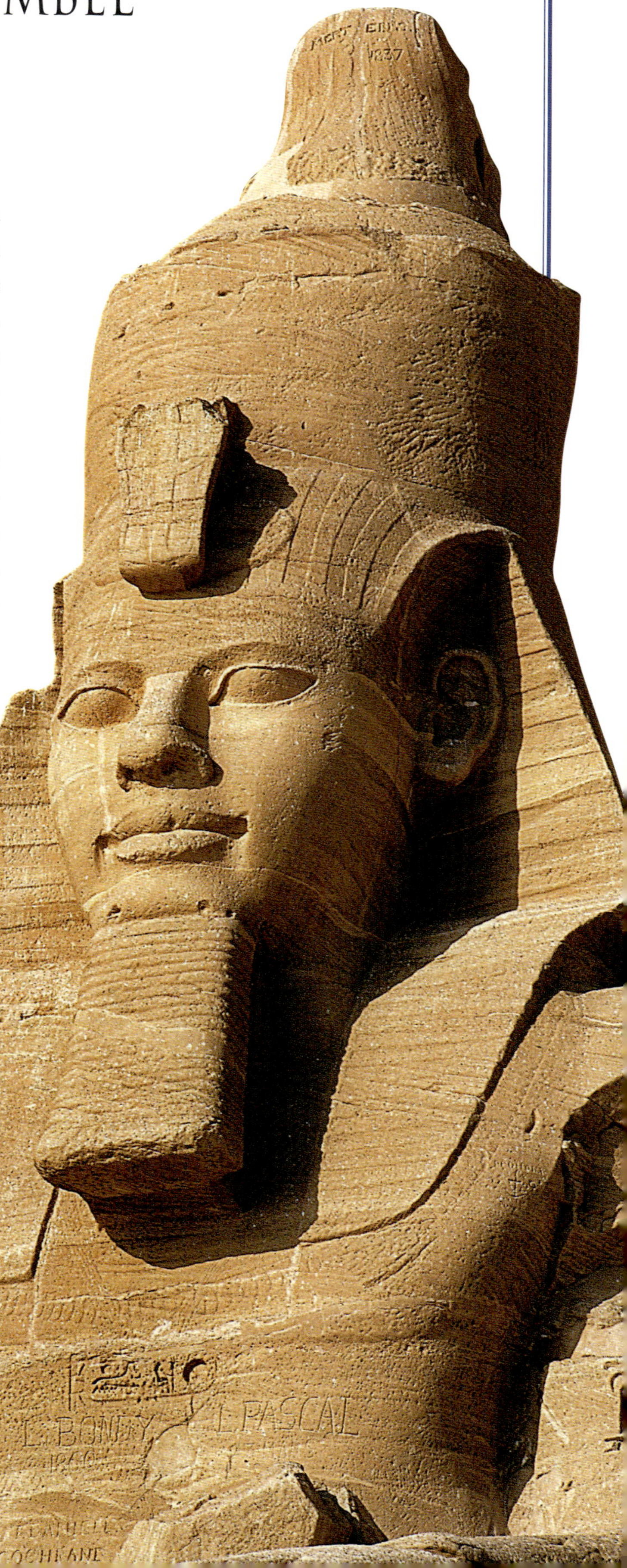

232–233
Panorama von Abu Simbel an seinem neuen Standort am Ufer des Nassersees.

232 unten links
Fassade des größeren Tempels mit den vier Kolossalstatuen Ramses' II.

232 unten rechts
An den Seiten der Statue des Pharaos sind in geringerer Größe seine Große Königliche Gemahlin, seine Mutter und die Kinder abgebildet.

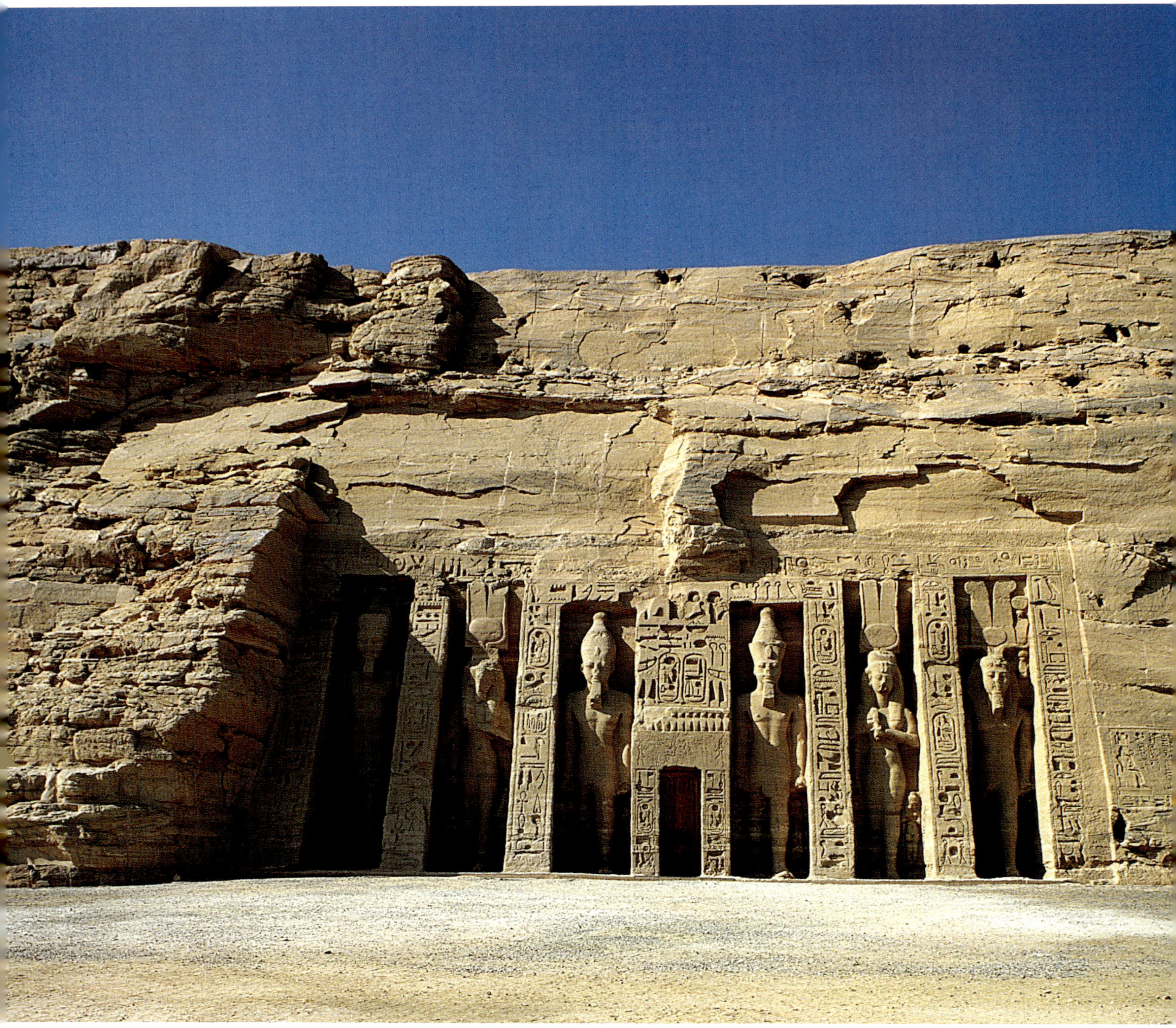

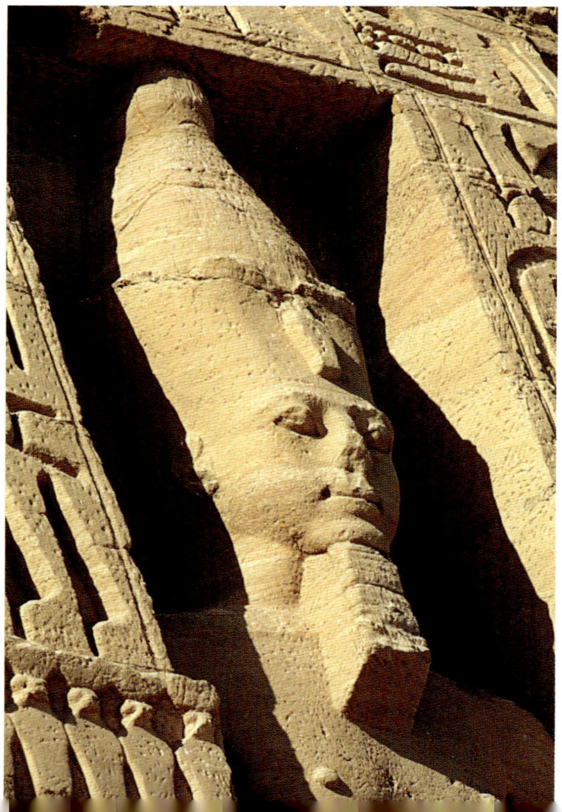

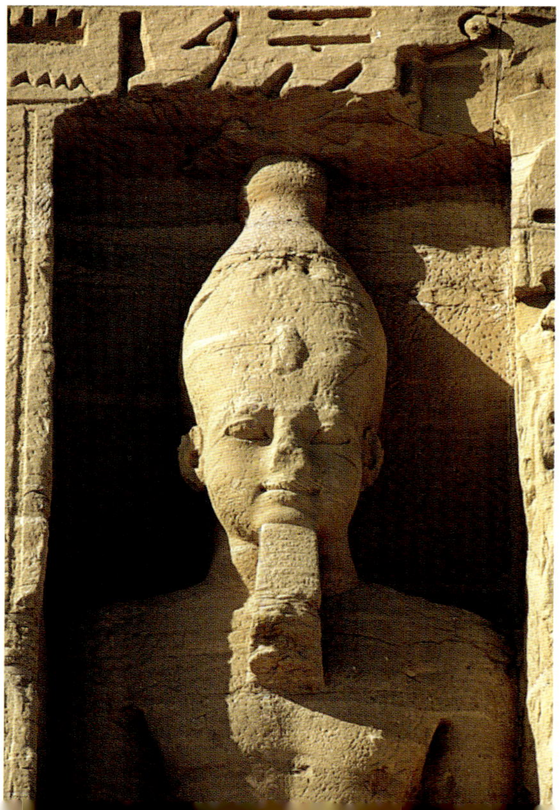

234–235
Ramses II. weihte den kleineren Tempel von Abu Simbel der Göttin Hathor und seiner Lieblingsfrau und Großen Königlichen Gemahlin Nefertari.

234 unten
Ramses II. ließ sich auf der Fassade des Tempels seiner Gemahlin mindestens viermal abbilden.

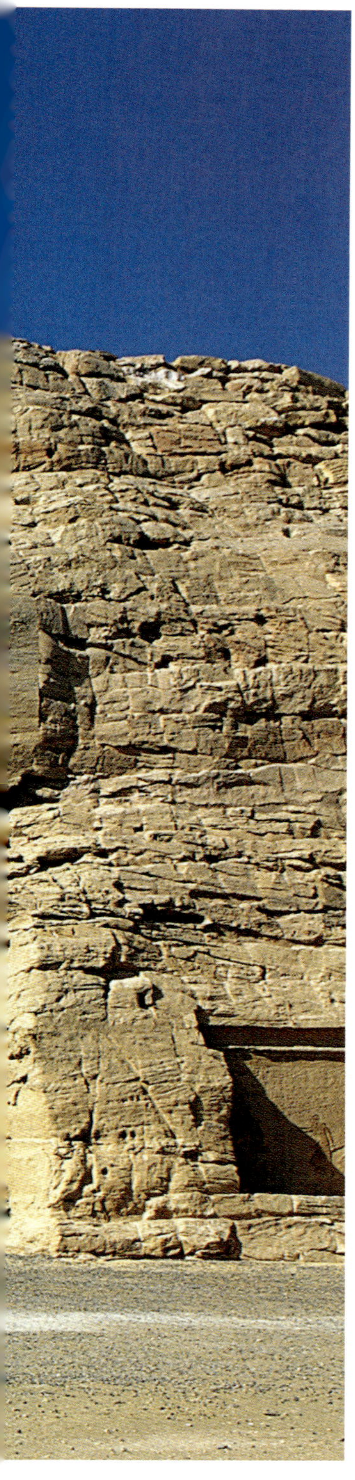

235 oben
Die beiden Statuen der Königin Nefertari zeigen diese mit den Attributen der Göttin Hathor und in gleicher Größe wie ihren Gemahl.

235 unten
Ansicht der beiden Tempel von Abu Simbel.

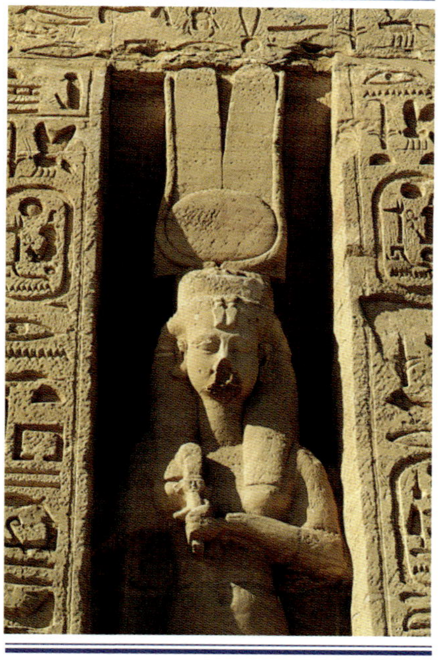

236–237
Sowohl der große als auch der kleine Tempel von Abu Simbel wurden abgetragen und rund 65 Meter höher auf einem Hügel wieder aufgebaut.

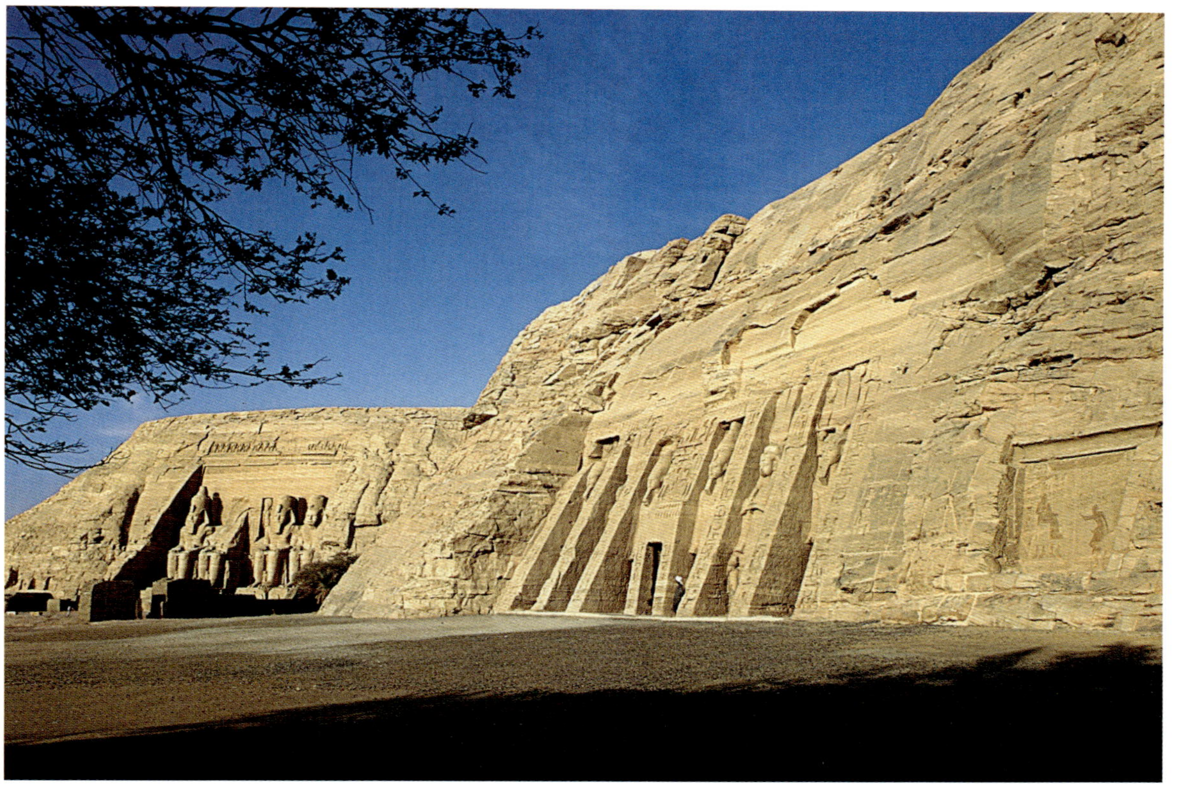

gehörten, der vom Fotografen Maxime du Camp begleitet wurde und uns einige wertvolle Aufnahmen der zum Teil immer noch im Sand versunkenen Tempelfassade hinterlassen hat.

Der Tempel war Ra-Horachte geweiht und wies ursprünglich vier Kolossalstatuen Ramses' II. auf, die mit heiterer Aufmerksamkeit die Grenzen Ägyptens beobachteten. Eine der Statuen stürzte wahrscheinlich kurze Zeit nach der Errichtung des Tempels infolge eines Erdbebens um. Das von osirischen Pilastern flankierte Hauptschiff der ersten Halle des Tempels erinnert an den zweiten Hof des Ramesseums. Es folgt eine weitere, kleinere Pfeilerhalle, an deren Ende sich drei Kapellen befinden. Die mittlere und größte birgt die vier Statuen der Gottheiten. Das Hauptthema der Tempelverzierungen ist die Schlacht von Kadesch, die Ramses als Sieg feierte, obwohl es ihm nur mit Mühen gelungen war, eine Niederlage zu verhindern. Jedenfalls erlitt das ägyptische Heer weitaus höhere Verluste als die hethitischen Truppen.

Der kleinere Tempel von Abu Simbel war der Göttin Hathor und der Königin Nefertari, der Großen Königlichen Gemahlin des Pharaos, gewidmet. Die Fassade des kleinen Tempels schmücken vier Kolossalstatuen des Königs und zwei der als Göttin Hathor dargestellten Königin. Daneben stehen Prinzen und Prinzessinnen, die Kinder des großen und berühmten Paares. Im Inneren befindet sich eine einzige Säulenhalle, die in drei Schiffe unterteilt ist, wobei jedes einzelne mit sechs Hathor-Pfeilern geschmückt ist. Dahinter verbirgt sich ein kleines Vestibül und schließlich ein kleines Allerheiligstes mit Hathor in Gestalt einer Kuh, die aus der Felswand heraustritt und dem Pharao Schutz gewährt.

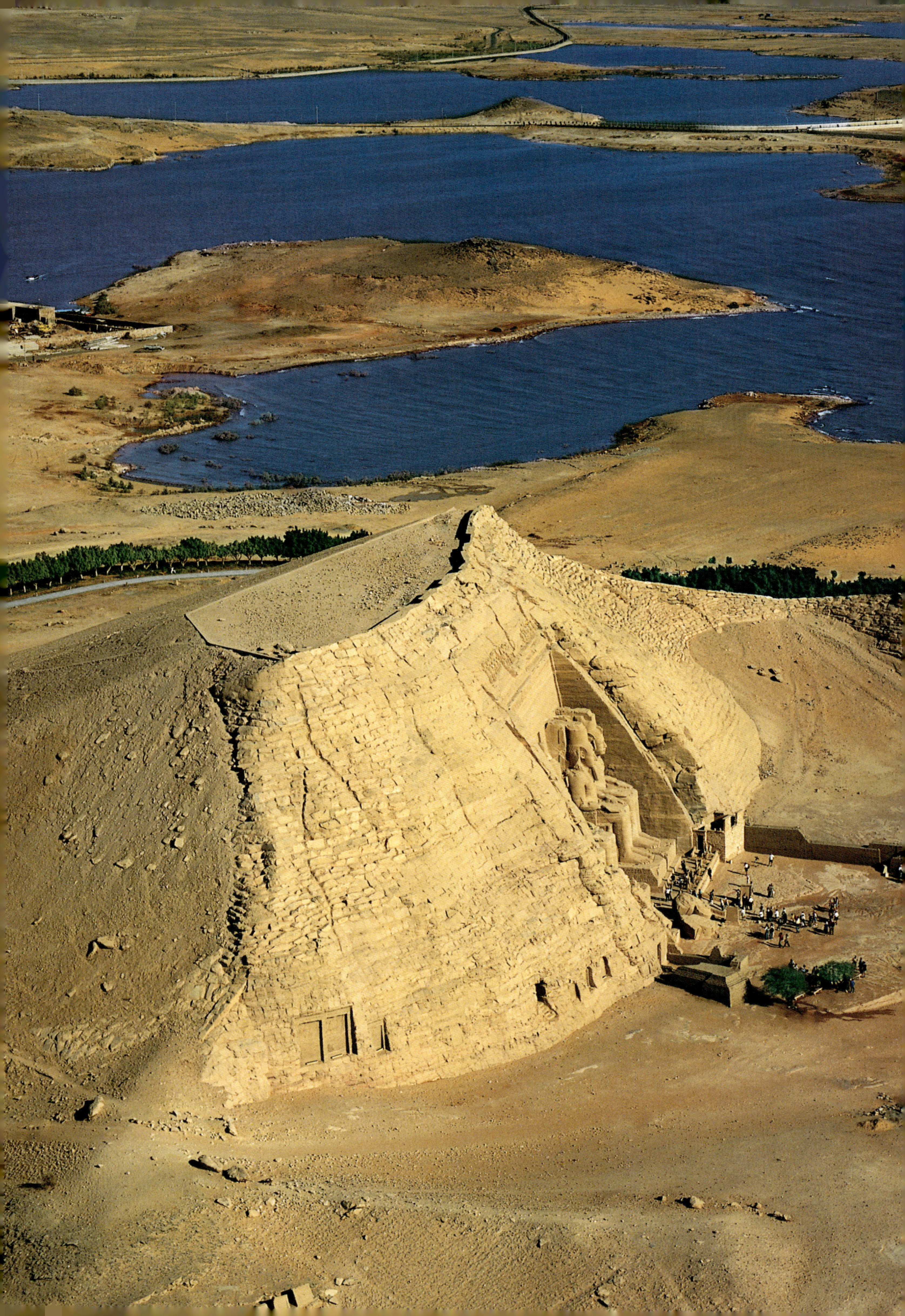

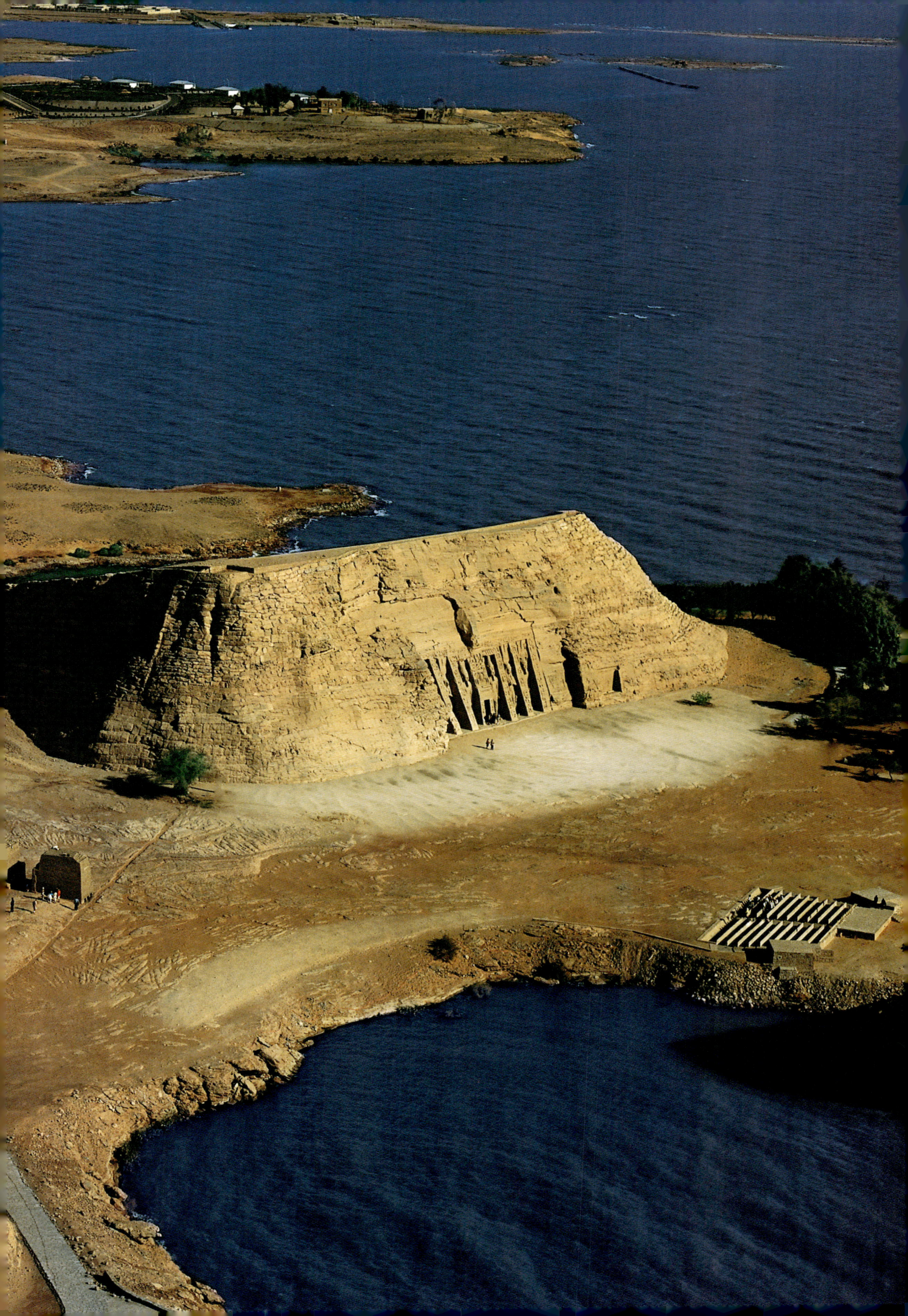

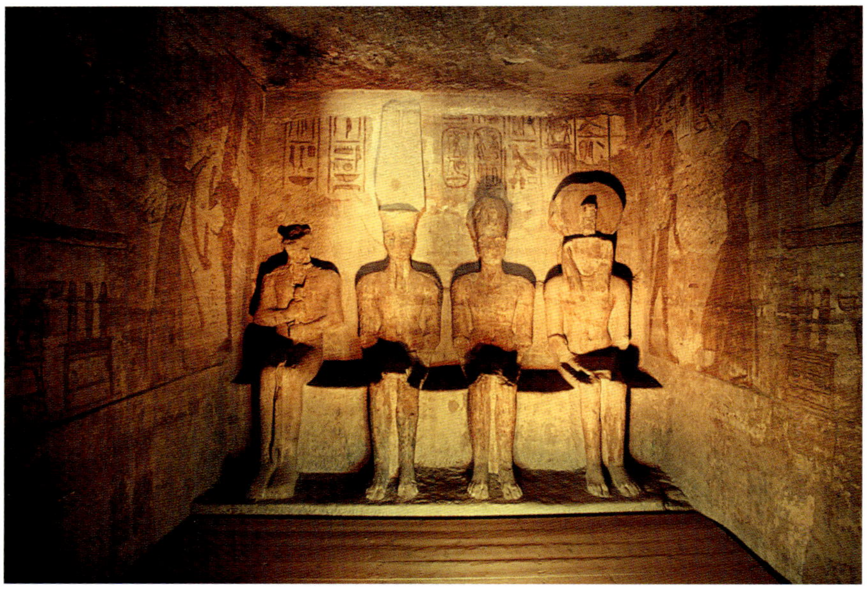

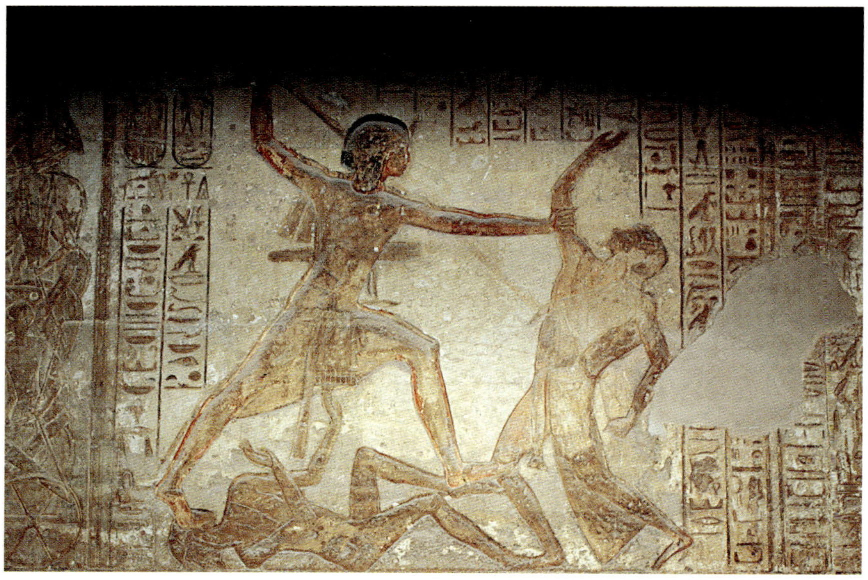

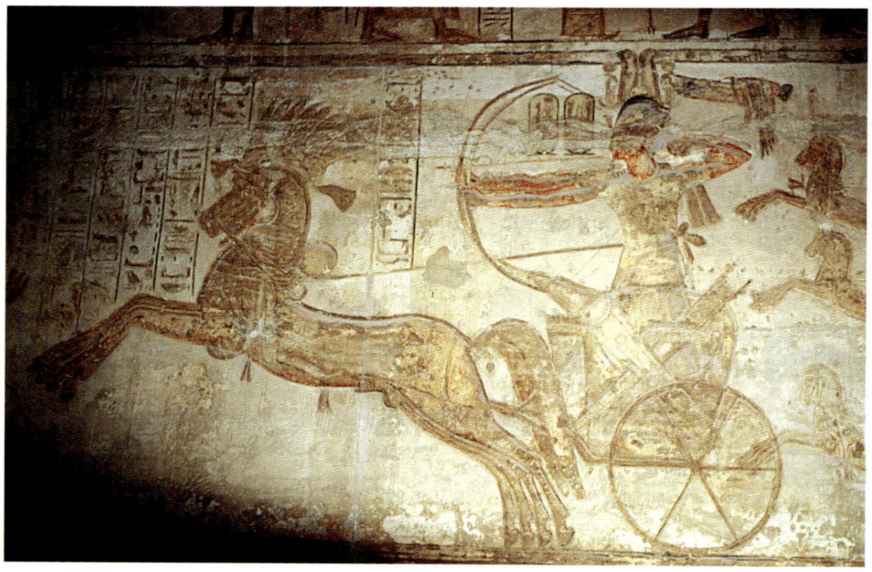

238 oben links
Die vier aus dem Felsen des Heiligtums geschlagenen Statuen im kleinen Tempel: Von links nach rechts sind Ptah, Amun-Re, der vergöttlichte Ramses II. und Ra-Horachte abgebildet.

238 Mitte links
Im größeren Tempel zeigt ein Basrelief den Pharao, wie er Feinde tötet.

238 unten links
Das berühmte Relief, das Ramses auf einem Streitwagen zeigt.

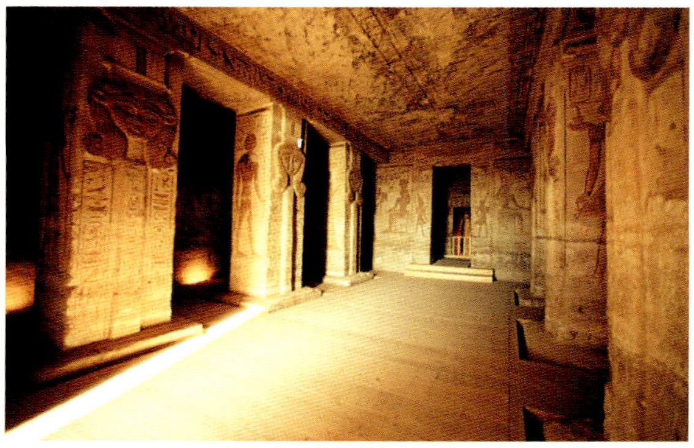

238 rechts
Die Pfeiler des Hypostyls im kleineren Tempel sind mit dem Bild der Göttin Hathor geschmückt.

239
Die acht Osiris-Pfeiler im Pronaos des kleineren Tempels sind gut zehn Meter hoch und tragen die Züge Ramses' II.

240–241
Die Hathor-Pfeiler in der Hypostylhalle – so genannt, weil sie mit dem stilisierten Gesicht der Göttin verziert sind, zeigen religiöse Szenen.

242–243
Die als Flachrelief in die Nordwand der Halle des großen Tempels von Abu Simbel eingravierte Szene beschreibt die berühmte Schlacht von Kadesch, die im heutigen Syrien geschlagen wurde.

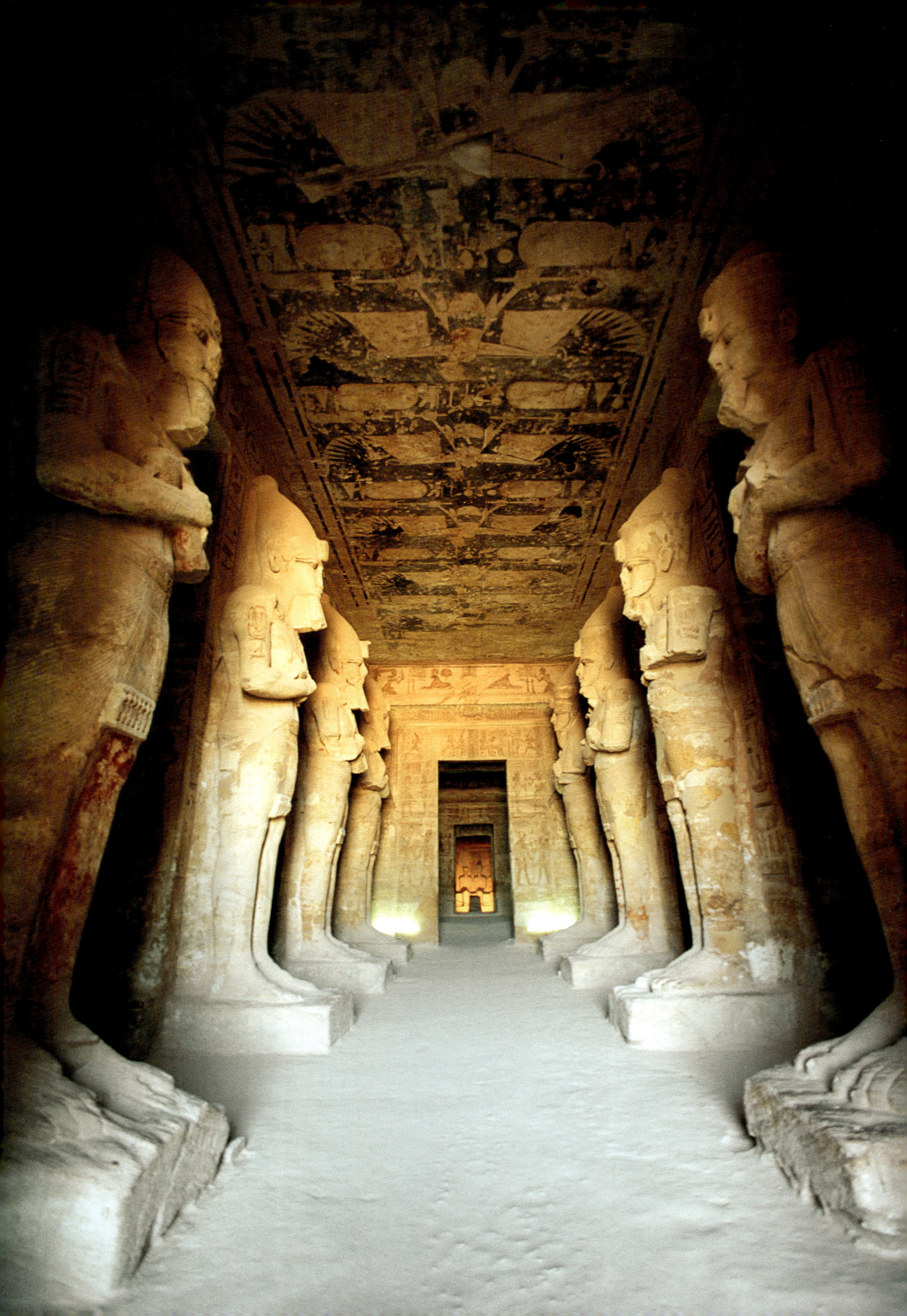

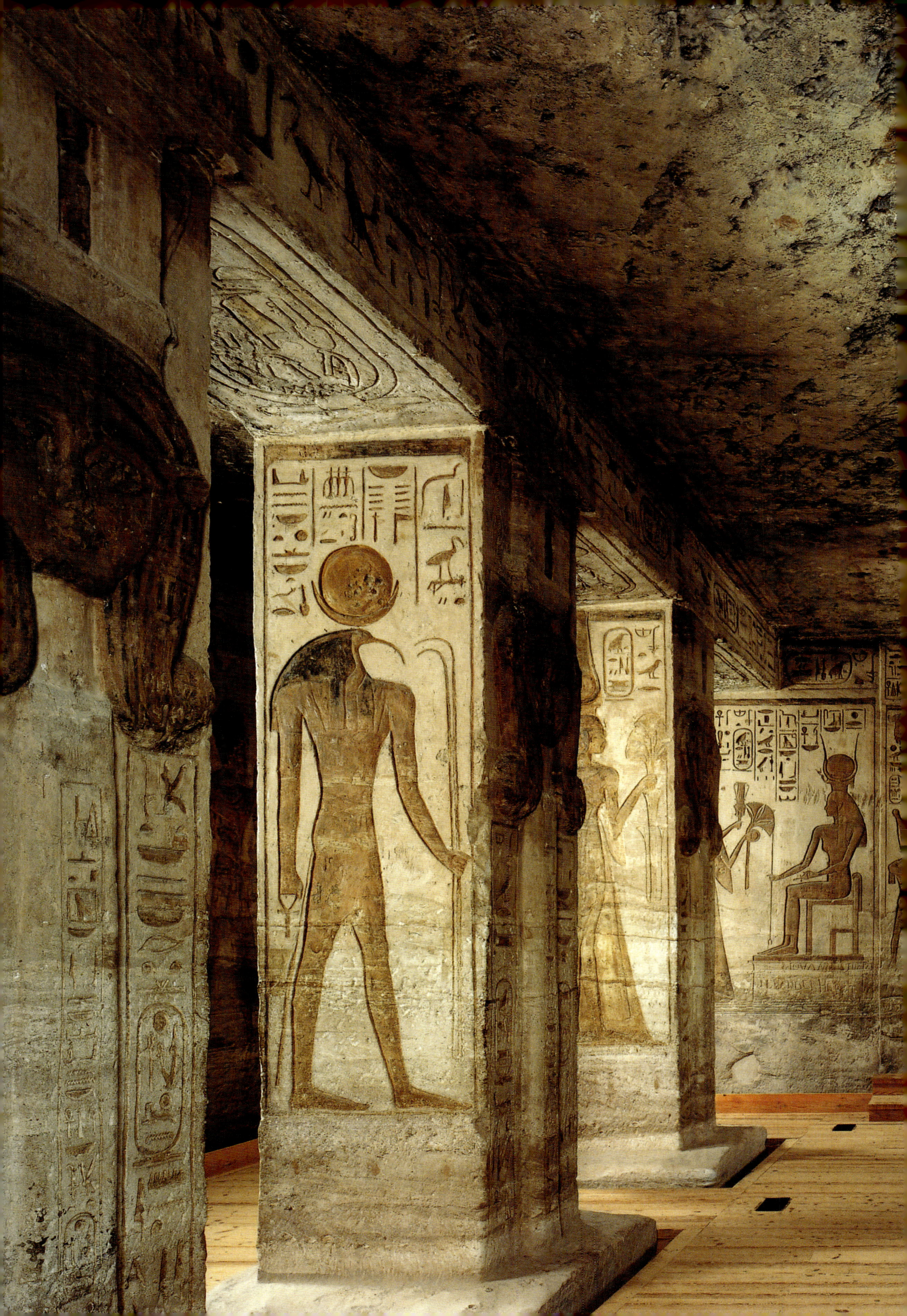

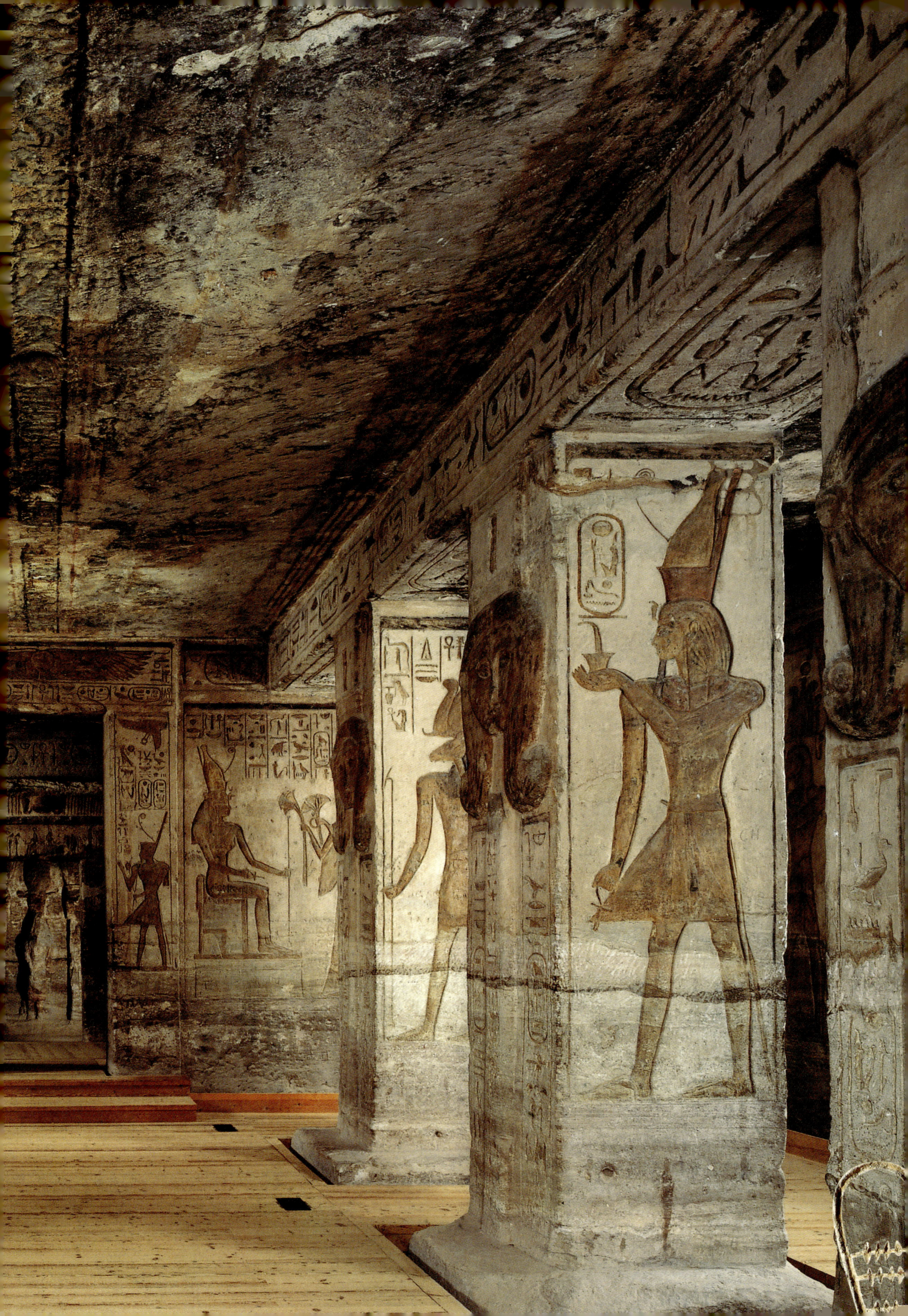

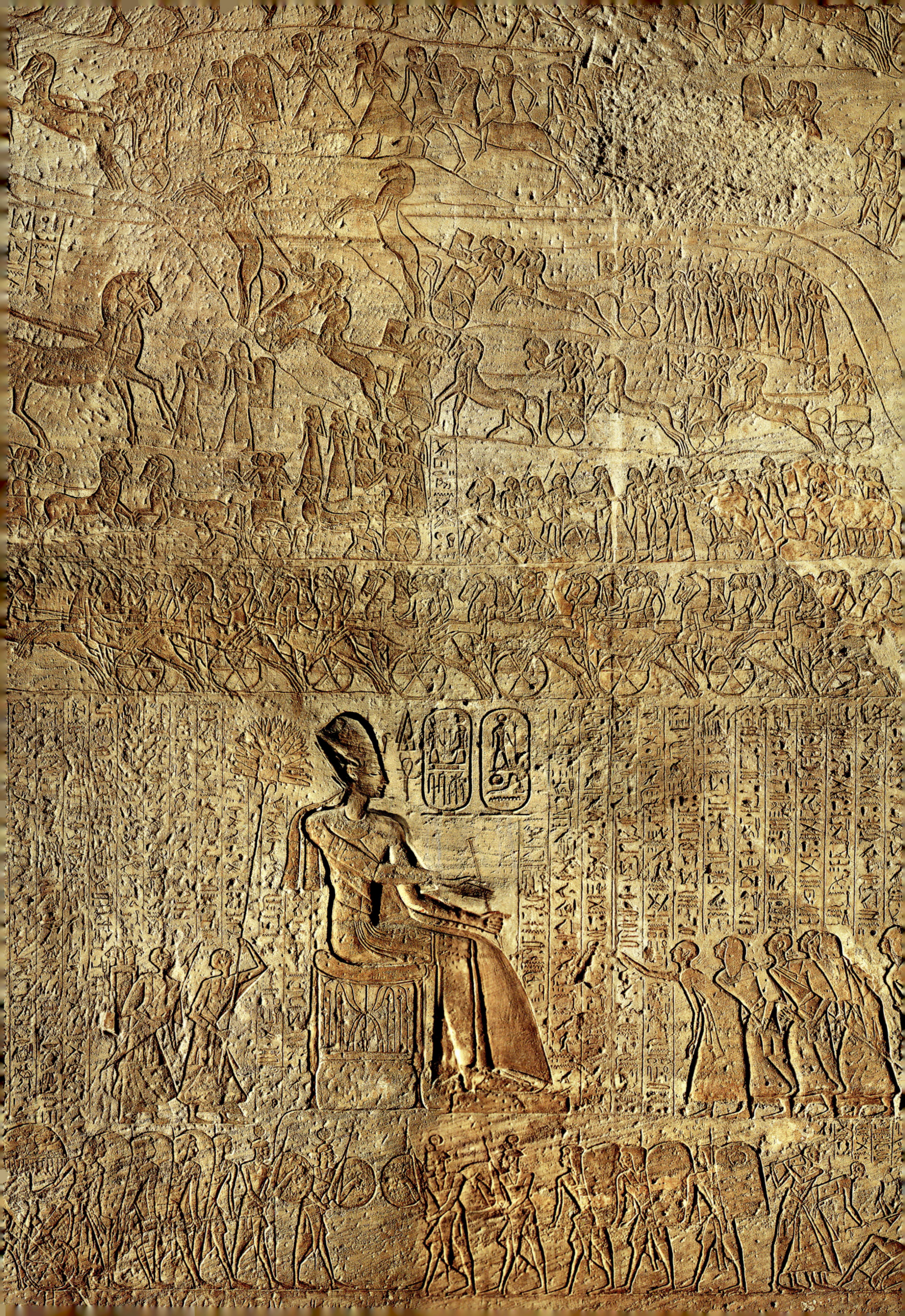

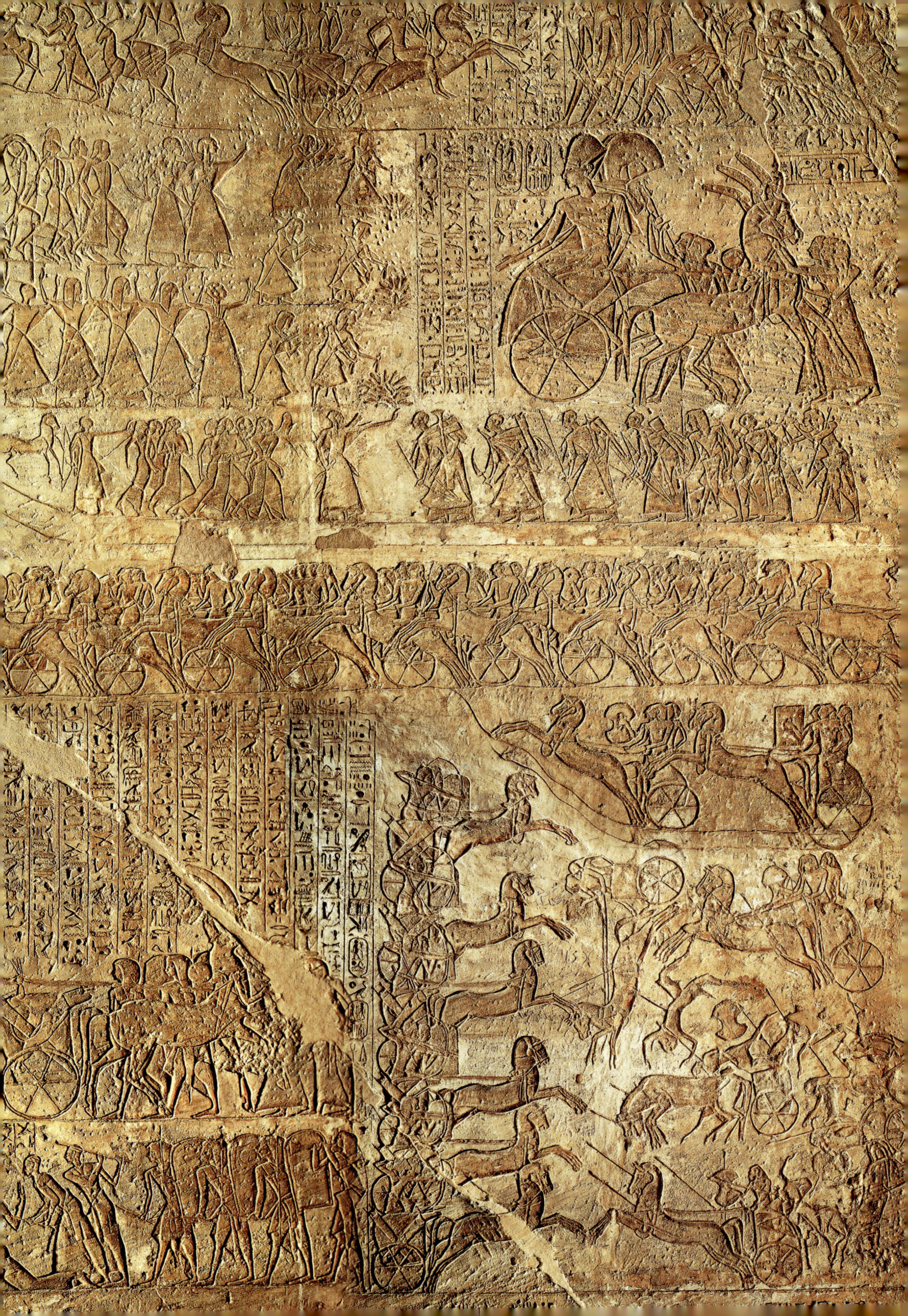

244 oben
Der Tempel von Serabit el-Chadem ist der Göttin Hathor geweiht.

244 Mitte
Eindrucksvolle Aufnahme der Anlage mit Hathor-Stele im Vordergrund.

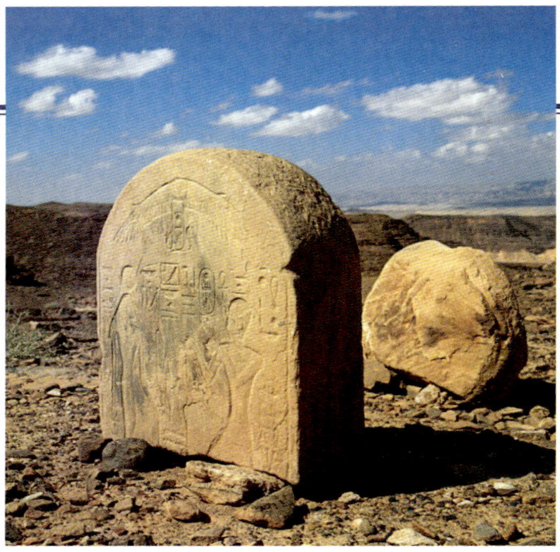

244 unten
Grobes Basrelief, auf dem Hathor mit einem Anch, dem »Lebenskreuz«, abgebildet ist.

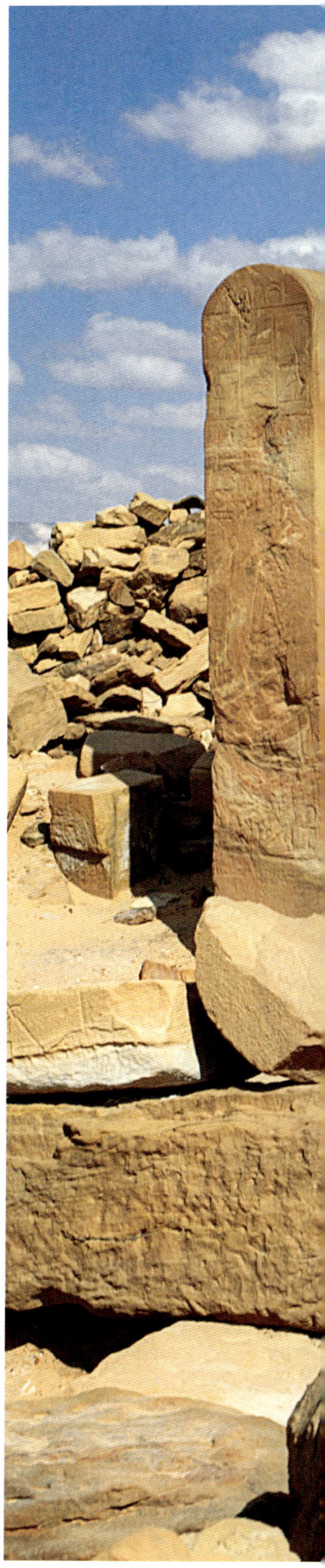

SERABIT EL-CHADEM

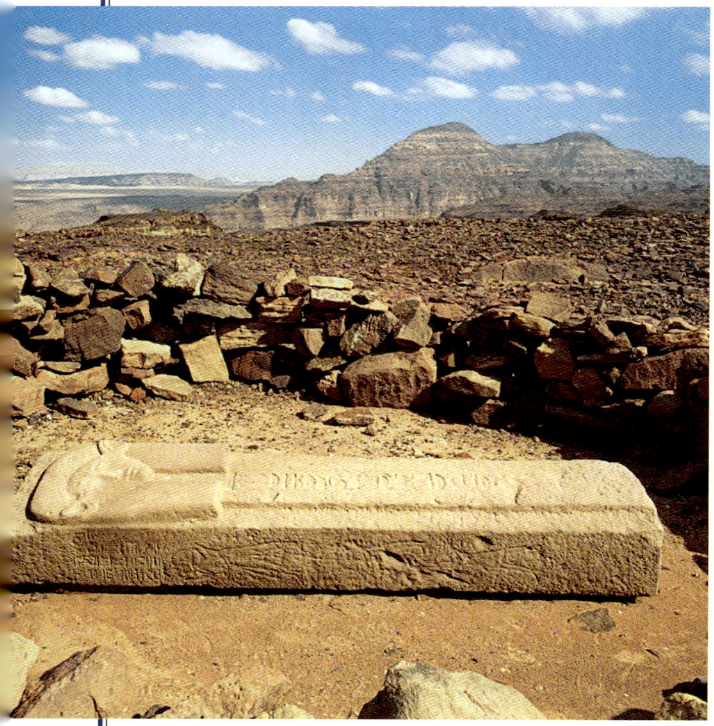

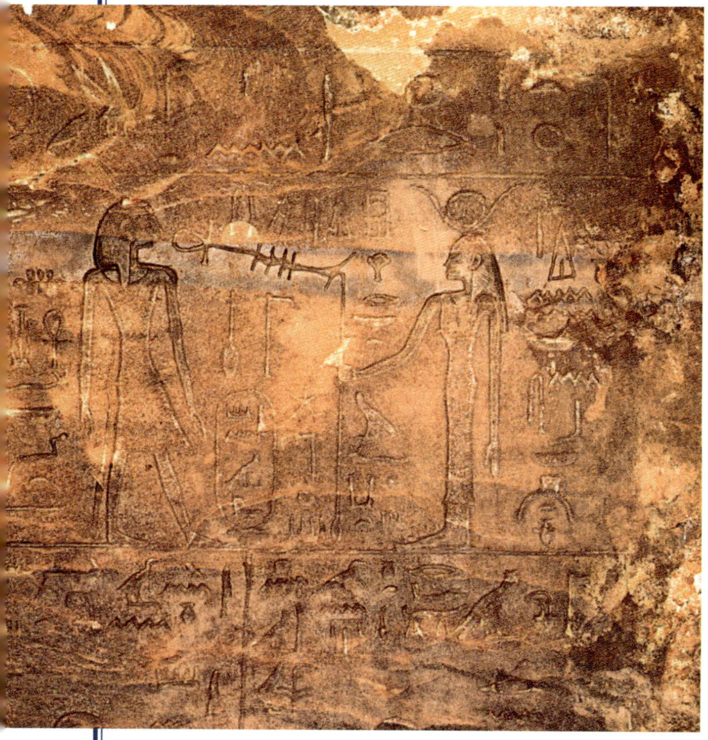

Ein Ausflug zum Tempel von Serabit el-Chadem gestaltet sich nicht so einfach und unkompliziert, wie ihn sich der Tourist vorstellt, der an die entlang des fruchtbaren und touristisch erschlossenen Niltals verteilten Tempel gewohnt ist. Um die in der Nähe verschiedener Minen mit Türkisen, Kupfer und Malachit liegende archäologische Stätte zu erreichen, muss man mit dem Geländewagen eine ungefähr dreißig Kilometer lange asphaltierte Straße und weitere zwölf Kilometer unbefestigte Piste überwinden.

Vom Ende der Piste aus ist es dann noch etwa eine Stunde Fußmarsch bis zum Gipfel des Berges, von dem aus die antike Stätte das Tal beherrscht. Der Tempel wurde während des Alten Reiches zum Schutz der Arbeiter in den verschiedenen Abbaustätten errichtet und daher der Göttin Hathor in Gestalt der »Herrin des Türkises« geweiht. In den darauffolgenden Jahrhunderten erledigte Hathor diese Aufgabe mit Bravour. Während des Mittleren und des Neuen Reiches wurde sie mit diversen Stelen und Votivstätten geehrt.

Zu den lokalen Fundstücken aus der 18. Dynastie zählen die Stelen von Thutmosis III. und seiner Mitregentin, der Königin Hatschepsut. Als Thutmosis schließlich die alleinige Herrschaft übernahm, verfiel Ägypten in einen wahren Expansionsrausch, der für die erste Zeit des Neuen Reiches charakteristisch werden sollte. Der Pharao unterwarf fremde Länder und richtete dort Stützpunkte ein, von denen aus Ägypten mit militärischen und zivilen Rohstoffen versorgt wurde.

Ganz in der Nähe von Serabit el-Chadem entstand in der Folgezeit ein zweiter Tempel, der Sopdu, der Schutzgottheit der östlichen Wüste, gewidmet war. Trotz der Zerstörungen, die man während des

244–245
Der Tempel von Serabit el-Chadem ist von zahlreichen Votivstelen aus dem Mittleren und Neuen Reich umgeben.

245 unten
Der kleine Felsentempel ist der Göttin Hathor geweiht, die hier als »Herrin der Türkise« erscheint.

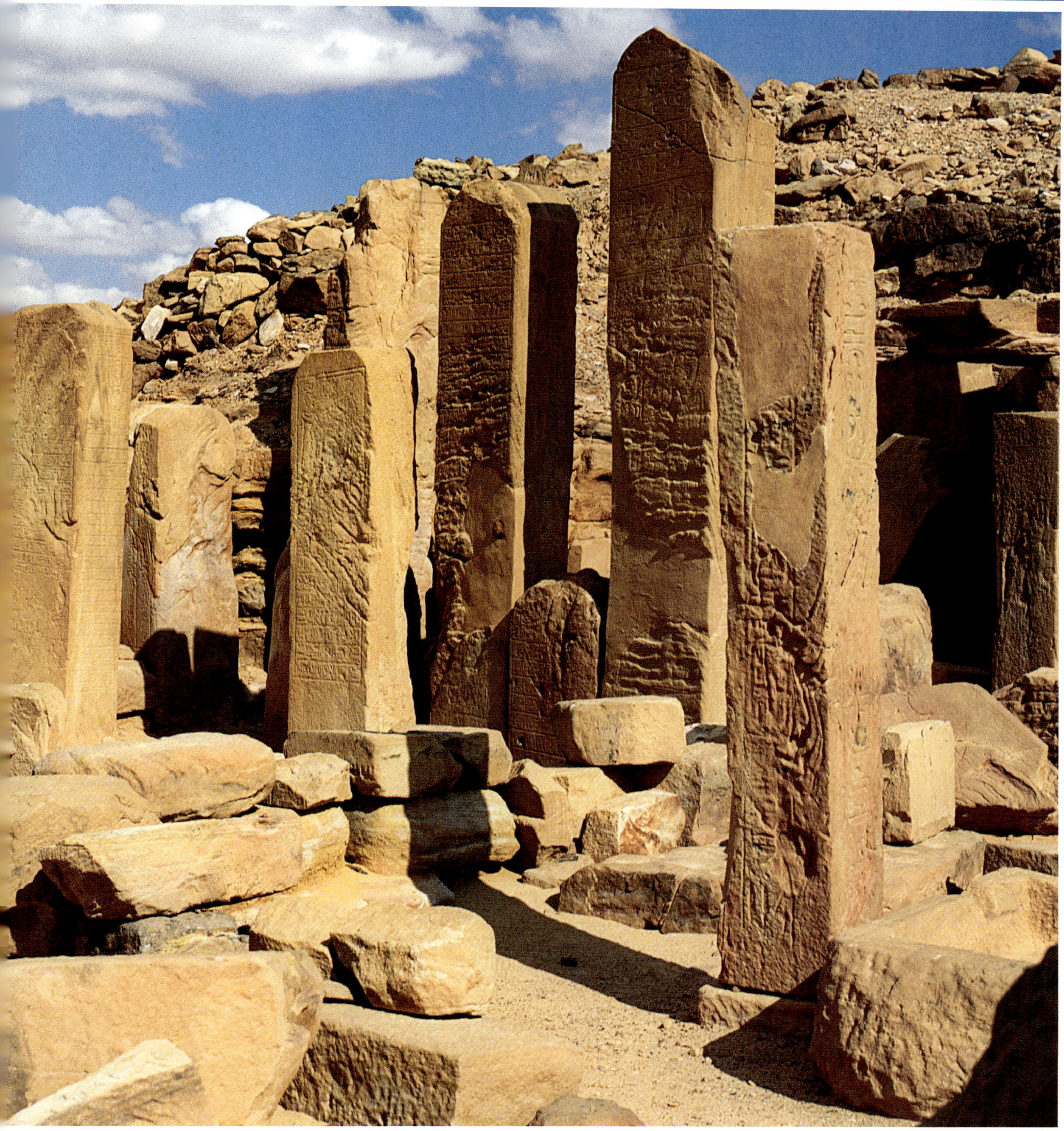

19. Jahrhunderts beim Versuch, einige der antiken Minen wieder zu öffnen, anrichtete, befinden sich in Serabit el-Chadem noch viele herrliche Stelen und Basreliefs.

Die aus den Minen gewonnenen Türkise wurden durch das Wadi-Matalla-Tal zum befestigten Hafen von El-Marcha (wenige Kilometer von Abu Zemina entfernt) gebracht und in Richtung des grünen Niltals verschifft. Der von den Ägyptern geschätzte Edelstein wurde zur Herstellung von Halsketten und Amuletten und in pulverisierter Form als Farbpigment verwendet.

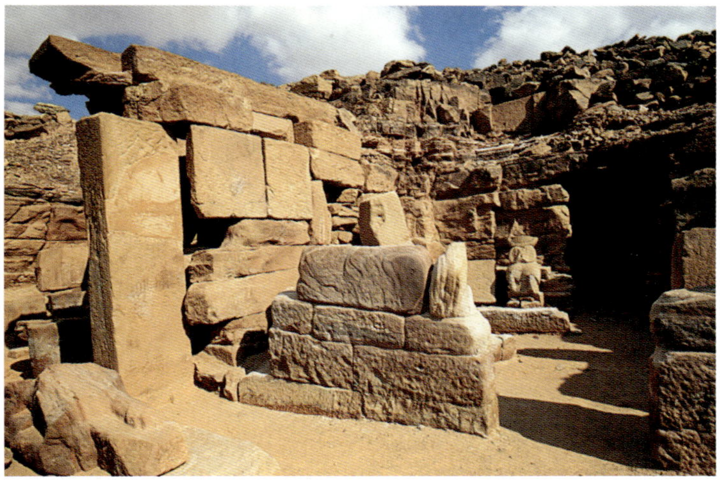

246–247
Blick auf das von dicken Mauern umgebene Katharinenkloster.

246 unten links
Oase in der Gegend des Klosters, die von einer niemals versiegenden Quelle gespeist wird.

246 unten rechts
Der Glockenturm der Verklärungskirche steht neben dem Minarett der kleinen Moschee.

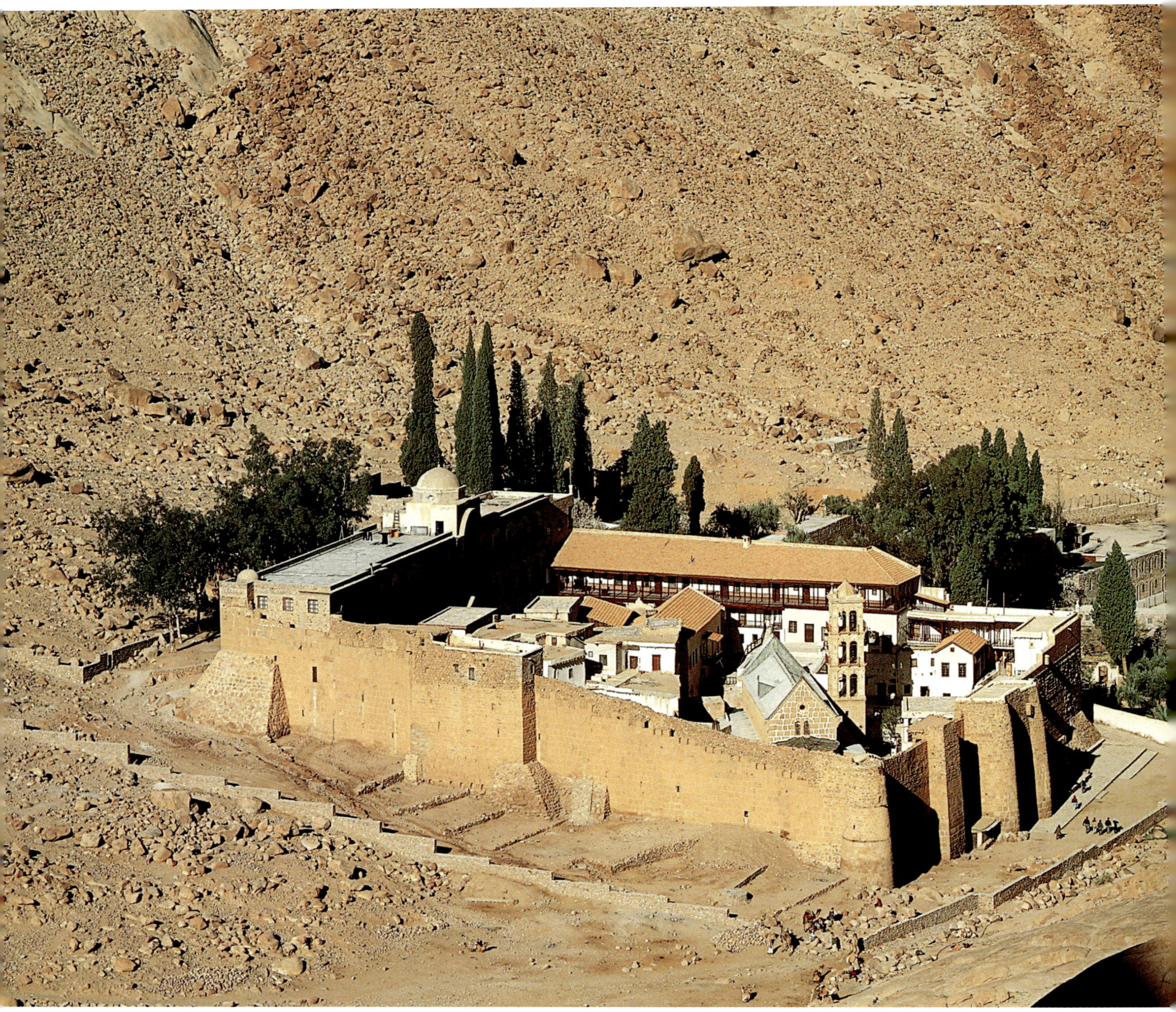

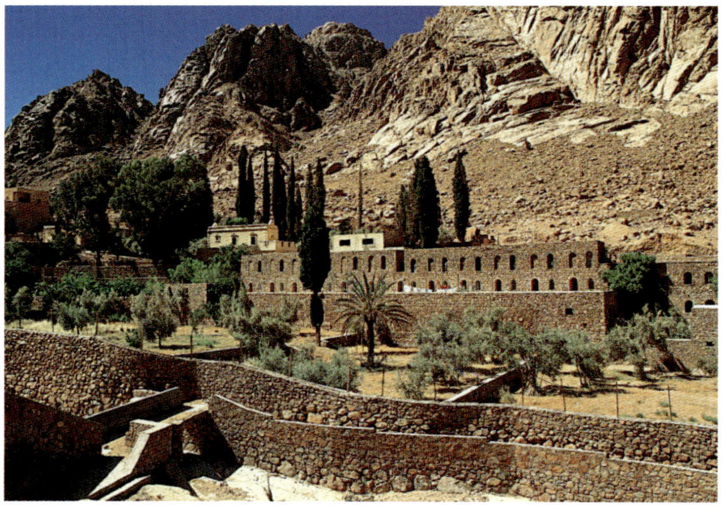

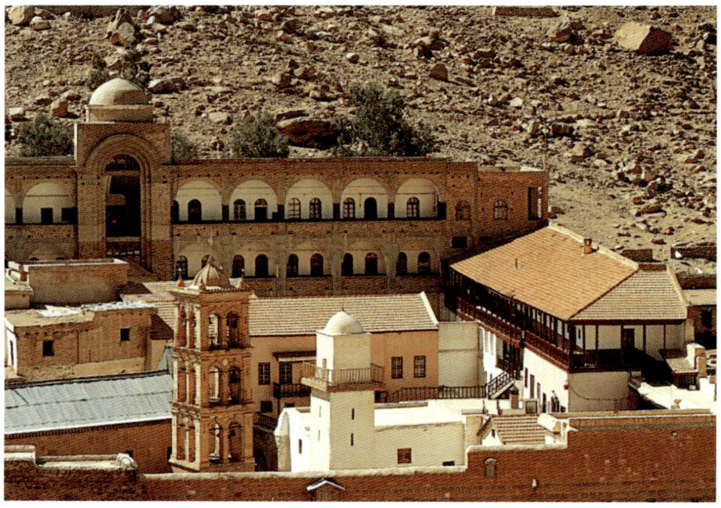

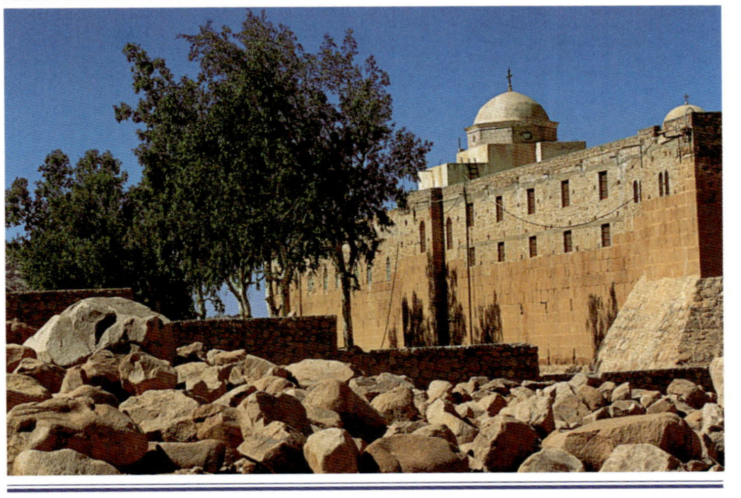

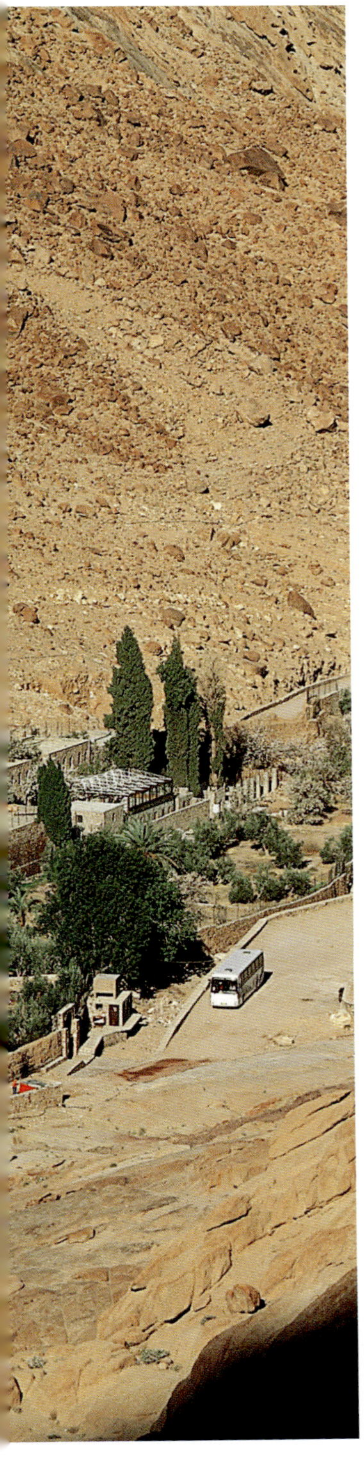

DAS KATHARINENKLOSTER

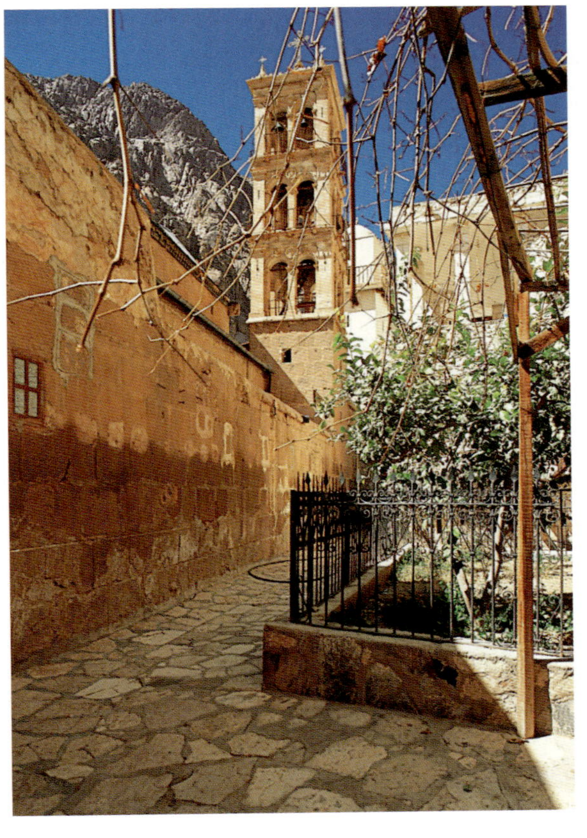

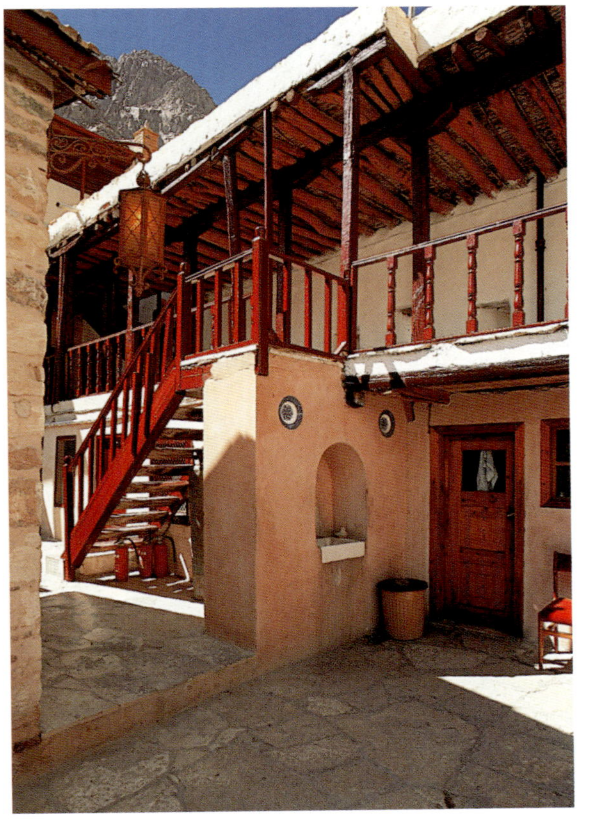

247 oben
Das heutige Kloster steht auf den Fundamenten, die in der ersten Hälfte des sechsten Jahrhunderts von Kaiser Justinian errichtet wurden.

247 unten
Zwei Blicke in den Innenraum der Anlage, die heute von bis zu 20 Mönchen bewohnt wird.

Das Katharinenkloster steht auf einer Höhe von 1570 Metern in einem Tal am Fuße des Dschebel Musa, des »Moses-Berges«, der nach der Überlieferung als der biblische Berg Sinai gilt. Die Kloster-Festung wurde zwischen 527 und 547 n. Chr. vom oströmischen Kaiser Justinian errichtet, um die in der rauen Berglandschaft des Sinai lebenden Eremiten zu schützen, die beständig in der Angst vor Übergriffen von Beduinen lebten. Die Anlage hat seit ihrer Gründung bis in die heutige Zeit einen besonderen Status: Auch in Zeiten der intensivsten Islamisierung des Gebiets blieb sie von Übergriffen verschont. Wie früher sind die gastfreundlichen und strengen Regeln folgenden Mönche, die das Kloster verwalten, griechischer oder zypriotischer Herkunft. Innerhalb des unregelmäßigen Mauervierecks, das zum Teil noch aus byzantinischer Zeit stammt, drängen sich Gebäude aus den verschiedenen Jahrhunderten aneinander. Darunter befindet sich auch ein Minarett, das die besondere Toleranz symbolisiert, die das Kloster charakterisiert. Die an die Ummauerung angeschlossenen Gebäude, die zum Teil als Zellen für Mönche und Besucher und zu administrativen Zwecken verwendet werden, enthalten die Bibliothek

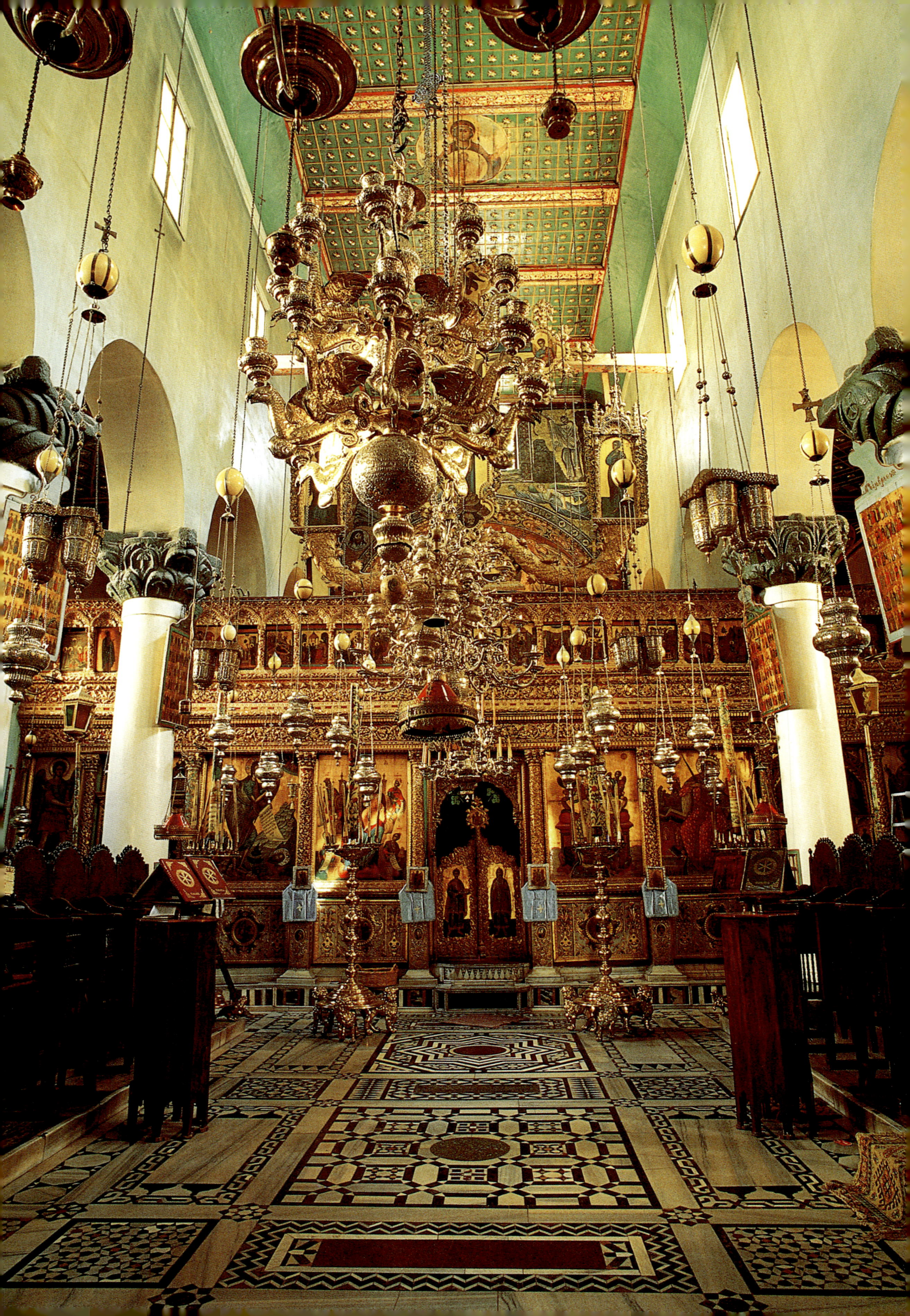

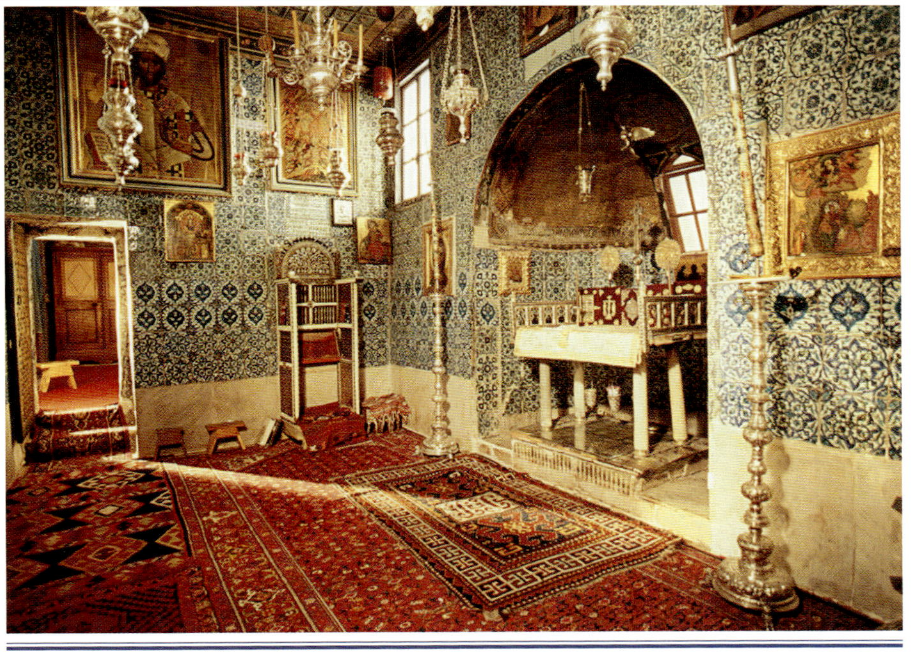

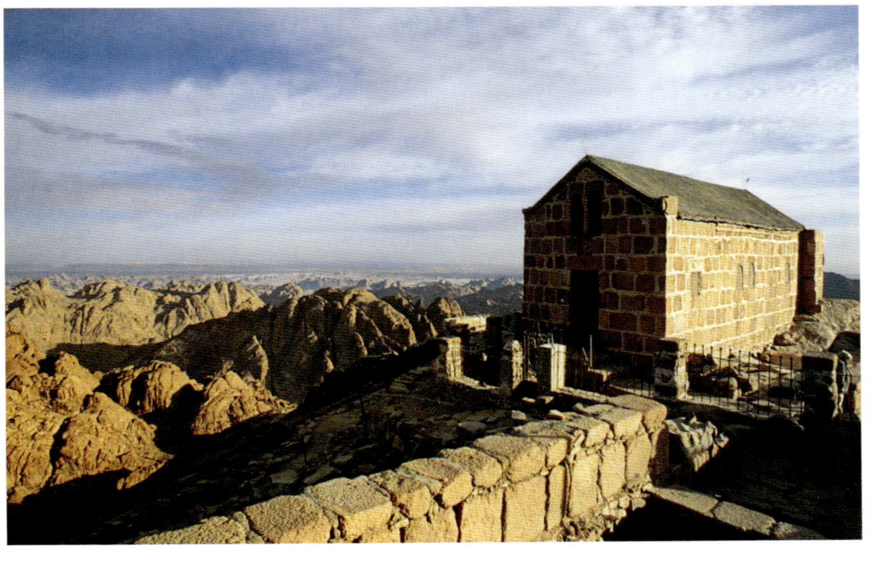

– die zahllose Manuskripte von unschätzbarem Wert birgt, aber leider der Öffentlichkeit nicht zugänglich ist – und ein Museum, das besonders kostbare Ikonen aus dem 7. bis 18. Jahrhundert aufbewahrt. Die Zweckbauten gruppieren sich um die Verklärungskirche. Die dreischiffige Basilika birgt eine kretische Ikonostase aus dem 17. Jahrhundert und den Leichnam des Klosterheiligen. Die mit der ältesten Überlieferung verbundenen Bauten sind der biblische Mosesbrunnen und die Kapelle des Brennenden Dornbusches, in der ein alter Dornbusch die Stelle bezeichnet, an der der Patriarch mit Jahwe sprach. Beim Kloster beginnt ein Pfad, auf dem man zum Dschebel Musa gelangt. Der steile Weg ist teilweise mit Stufen versehen und führt zum Gipfel, auf dem Moses die Gesetzestafeln erhalten haben soll und auf dem heute eine Kapelle und eine Moschee stehen.

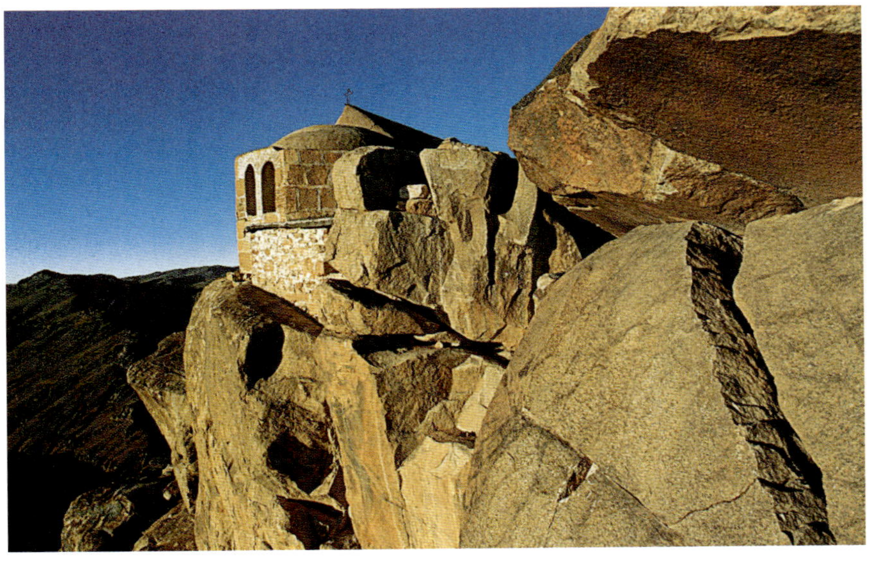

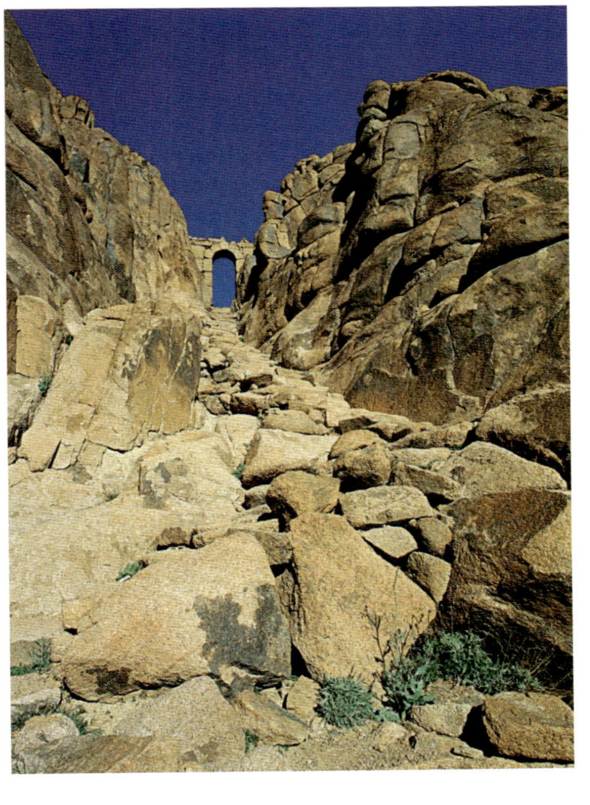

248
Das Hauptschiff der Verklärungskirche mit wunderbarer Ikonostase.

249 oben
Einer der Innenräume der Klosteranlage.

249 Mitte
Auf dem Gipfel des Dschebel Musa steht die Dreieinigkeitskapelle.

249 unten rechts
Der Gipfel des Berges Sinai (2285 Meter) ist über eine steile Treppe erreichbar.

250–251
Das Katharinenkloster am Fuß des Sinai wurde an jener Stelle gegründet, an der Gott Moses in einem brennenden Busch erschien.

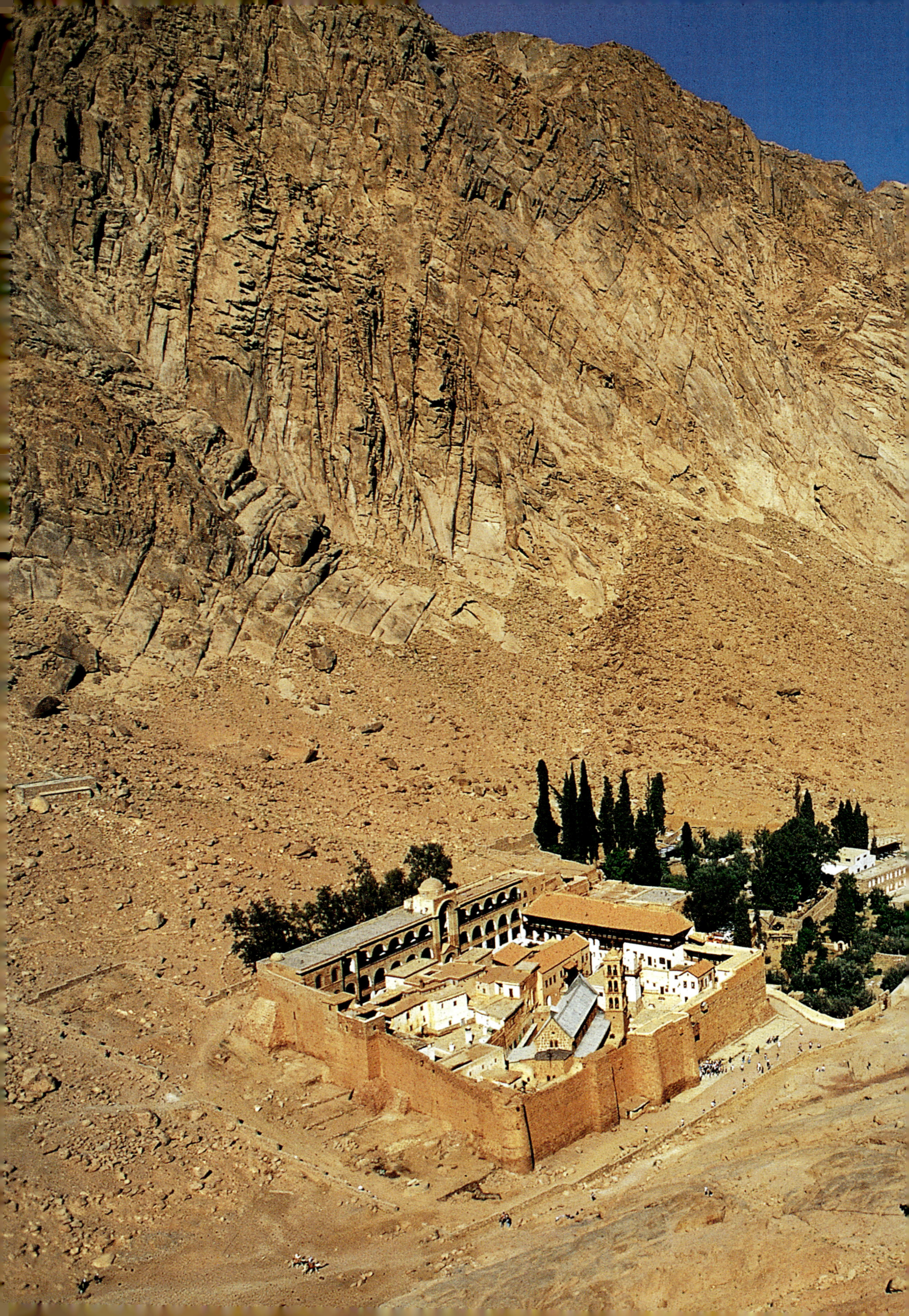

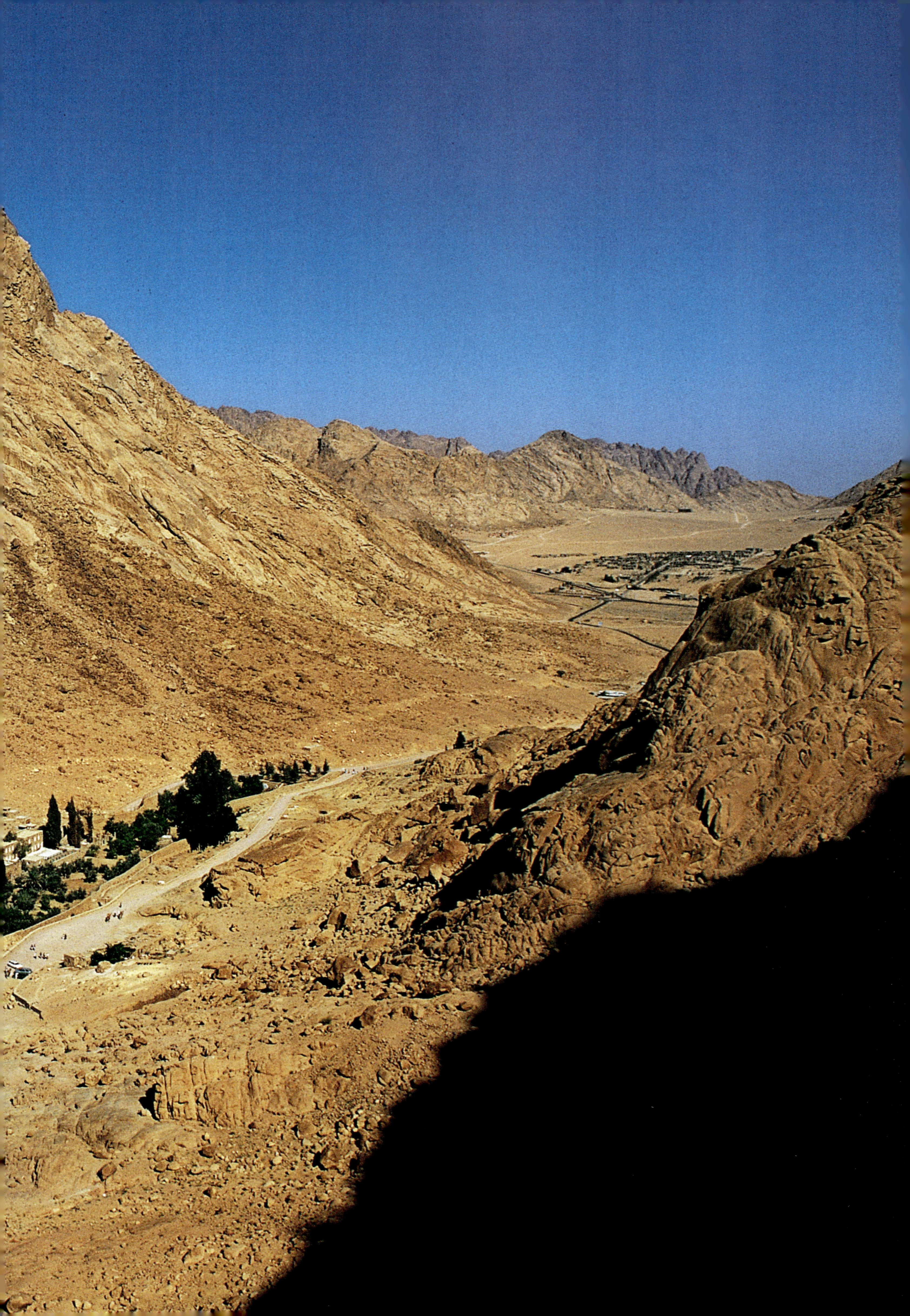

GLOSSAR

abaton: »unzugänglich«, weist auf den unterirdischen Bereich eines Tempels hin.

Amarna, Tell el-: heutiger Name des Ortes, an dem sich Achet-Aton, der »Horizont Atons«, die neue von Amenophis IV.-Echnaton (1350–1333 v. Chr.) gegründete Hauptstadt, befand.

Amduat: Titel des im Neuen Reich wichtigsten Werkes der Begräbnisliturgie, das sich auf den nächtlichen Weg der Sonne durch das Jenseits bezieht und in zwölf Kapitel unterteilt ist, die den zwölf Nachtstunden entsprechen.

Amun: Mitglied der thebanischen Triade, die aus ihm, Mut und Chonsu (s. dort) besteht, wird auch »König der Götter« genannt. Dargestellt wird er in menschlicher Gestalt, zuweilen auch itiphallisch oder als Steinbock mit Federn auf dem Kopf.

Amulett: meist kleiner Gegenstand, der seinen Besitzer im Leben und im Jenseits beschützen und ihm die Bewahrung der Lebensfunktionen und einiger Eigenschaften gewährleisten soll.

Anch: das Hieroglyphensymbol des Lebens war ein sehr bedeutendes Amulett.

Anubis: Gottheit mit Schakalkopf, der der Mumifizierung beiwohnt und die Verstorbenen ins Jenseits begleitet.

Apophis: symbolische Schlange des Ostens, die jeden Tag bei Sonnenuntergang vergebens versucht, die Sonne zu verschlingen.

Aton: die Sonnenscheibe, dargestellt als Sonne, die unzählige Strahlen aussendet, an deren Enden sich Hände befinden, wurde von Echnaton zur einzigen Gottheit erhoben.

Atum: Gottheit, die die untergehende Sonne darstellt und mit Ra-Atum, dem heliopolitanischen Demiurgen, gleichgesetzt wird.

Bastet: Göttin, in Gestalt einer Katze oder mit Katzen-, seltener mit Löwenkopf, Schutzgöttin der Musik und der Freude.

Bes: der Schutzgeist der Geburt und der kleinen Kinder, wird immer von vorne gezeigt und in drohender Haltung dargestellt, denn es ist seine Aufgabe, böse Dämonen zu verjagen.

Brünierer: an der Oberfläche karbonisiertes Holzwerkzeug, das man zum Bedecken einer Metallfläche mit Oxid- oder Sulfidpatina zu Schutzzwecken verwendete. Der Vorgang wird »Brünieren« genannt.

Cachette: »Versteck«, der Begriff bezieht sich auf besondere unterirdische Räume, in denen königliche Mumien und Teile ihrer Grabausstattung versteckt wurden, um sie vor Grabräubern zu schützen.

demotisch: »auf das Volk bezogen, populär«, bezieht sich auf die vereinfachte Adaptierung der Hieroglyphenschrift für den allgemeinen Gebrauch.

Diorit: Eruptivgestein von dunkler Farbe und außerordentlicher Härte, das man in der Architektur und in der Bildhauerei verwendet.

Dromos: Zugangsallee zu Tempeln, die oft von Sphingen (s. dort) gesäumt wird.

Dschebel: »Berg« in arabischer Sprache.

Elektron: Gold- und Silberlegierung.

Enkaustik: Maltechnik, die auf der Verwendung von in flüssigem Wachs gelösten Pigmenten basiert, die heiß aufgetragen werden.

Fayence: Ein glasartiges nichtkeramisches Material, das überwiegend aus gemahlenem Quarz oder Sand, mit geringen Beimengungen von Kalk, sowie Natron oder Asche besteht. Dieses Material wird dann mit einer Soda-Kalk-Mischung überzogen, die meist dank eines gewissen Kupfergehalts grünblau ist.

Geb: Gottheit, Personifizierung der Erde, Gemahl der Nut.

Ged: Pilaster, der die Wirbelsäule des Osiris darstellt und Stabilität und Härte symbolisiert.

Hathor: Göttin, oft mit Kuhkopf und zuweilen mit Kuhohren dargestellt, Beschützerin der Frauen, der Musik und der Verstorbenen.

Heb-Sed: s. Sed.

Heka-Kasutt: »Fürsten fremder Länder«, Name, den die Ägypter dem halbnomadischen semitischen Volk (oder vielleicht auch nur dessen Führern) gaben, das seit dem 17. Jahrhundert v. Chr. nach Ägypten eindrang und etwa ein Jahrhundert später von dort wieder vertrieben wurde.

hieroglyphisch: »heilige Gravierung«, bezeichnet jegliches Symbol der altägyptischen Schrift, ursprünglich ausschließlich piktografische und ideografische Bedeutung, später Weiterentwicklung zu phonetischer Form.

Horachte: s. Ra-Horachte.

Horun: falkenköpfiger Gott, vor Ort mit dem Sphinx von Giseh gleichgesetzt.

Horus: der falkenköpfige Gott, Sohn des Osiris und der Isis, Enkel von Seth, ist die wichtigste Himmelsgottheit, die den Herrscher beschützt und sich mit diesem identifiziert.

Hyksos: griechische Transkription von Heka-Kasutt (s. dort).

Hypostyl: großer Raum mit flachem Dach, das von mehreren Säulenreihen getragen wird.

hieratisch: »mit dem Heiligen verbunden«, in Zusammenhang mit Altägypten vor allem auf die vereinfachte Transkription der Hieroglyphenschrift bezogen, eine Art Schreibschrift, die von Priestern und Beamten verwendet wurde.

Ikonostase: für griechisch-orthodoxe Kirchen typische Trennwand, die das Presbyterium von den Schiffen trennt und üppig mit Ikonen verziert ist.

Interkolumnium: Raum zwischen zwei Säulen, der leer oder mit einer niedrigen Wand geschlossen ist.

Ka: eine der Seelen des Menschen, die die Lebenskraft darstellt. Das zusammen mit dem Individuum geschaffene Ka überlebt den Körper nach dessen Tod, ist aber von irdischen Konditionen abhängig: für das Ka sind die echten oder gemalten Speisegaben in den Gräbern bestimmt.

Kanopen: Gefäße, die die Eingeweide des mumifizierten Verstorbenen enthielten. Die Grabausstattung enthielt vier Kanopen, von denen jede dem Schutz einer der vier Horuskinder unterstand und oft einen Deckel hatte, der deren Gesichtszüge (Mensch, Pavian, Hund und Falke) wiedergab.

Kartusche: ovale Schleife, die zwischen den fünf kanonischen die beiden Hauptnamen des Herrschers enthielt.

Kryosphinx: Sphinx (s. dort) mit Ziegenkopf.

Krypta: unterirdischer Raum, der meist zu sakralen und Begräbniszwecken verwendet wurde.

Kusch: ägyptischer Name Nubiens, eines Gebietes, das zum Teil dem nördlichen Sudan entspricht.

Mammisi: kleine für die Spätzeit typische Tempel, die neben den Haupttempeln standen und die Geburt des Gottes feierten.

Mastaba: die älteste Form eines ägyptischen Grabes, das erhaben und aus Stein oder Ziegel erbaut wurde. Der arabische Begriff für »Bank« bezieht sich auf die parallelflache Form des Gebäudes, das aus einem oder mehreren Kulträumen besteht, von denen aus ein Brunnen oder ein Korridor zur unterirdischen Grabkammer führt.

Migdol: ursprünglich syrische Befestigung, deren besterhaltenes Beispiel sich in Westtheben, im Tempel von Ramses III., befindet: Es handelte sich um ein befestigtes mehrstöckiges Tor, das oben mit einem typisch syrischen »Stufenzinnenkranz« endete.

Min: die mumiengestaltige itiphallische Gottheit, deren rechter Arm erhoben ist und einen Fächer trägt, beschützte die Fruchtbarkeit und die Straßen der Östlichen Wüste.

Month: Kriegsgottheit mit Falkenkopf.

Mundöffnung: Zeremonie, durch die Bildern und Verstorbenen durch die Berührung eines kleinen, eine Axt symbolisierenden Werkzeuges das Leben zurückgegeben wird.

Mut: Gemahlin Amuns, ursprünglich Geiergöttin, nahm später menschliche Gestalt an.

Naos: innerster Bereich eines Tempels, in dem die Statue der Gottheit aufbewahrt wurde.

Neith: zusammen mit Isis, Nephtys und Selkis eine der für den Begräbniskult zuständigen Göttinnen. Die Gottheit galt seit dem Neuen Reich überdies als Mutter der Sonne.

Nemes: Kopfbedeckung der Pharaonen, die aus einem gestreiften Kopftuch bestand, dessen zwei Enden zu den Seiten des Gesichts herabfielen.

Nephtis: Schwester der Isis und Gefährtin des Seth, des Gottes, der Osiris tötete.

Nilometer, Nilmesser: Gebäude, das einen Pilaster enthielt, der während der Überschwemmungssaison für die Messung des Nil-Wasserstandes verwendet wurde. Seine wichtigste Aufgabe bestand in der vorzeitigen Kalkulation der steuerpflichtigen Menge der zukünftigen Ernte.

Nomos: Verwaltungseinheit Altägyptens, je nach Epoche zwischen 38 und 42 an der Zahl.

Nun: das Chaos, der Anfangsozean, aus dessen Wasser Himmel und Erde entstanden.

Nut: die Personifikation des Himmelsgewölbes und Gemahlin Gebs (s. dort), wird mit gebogenem und mit Sternen verziertem Körper dargestellt.

Opet: religiöses Fest, das während des dritten Monats der Überschwemmungen abgehalten wurde: Während des Festes wurde die Amun-Statue per Schiff vom Tempel von Karnak zu dem nach ihm benannten Luxor-Tempel, »Ipet-resit« oder »südlicher (Amun)-Harem« genannt, transportiert.

Osiris: mumiengestaltiger Gott, der dem Jenseits vorsteht. Der Gemahl und Bruder der Isis wurde von seinem Bruder Seth getötet und brachte nach seinem Tod auf magische Weise Horus (s. dort), den Falkengott, hervor, der ihn rächen sollte.

Ostrakon: kleine Scherbe, die als Schreibunterlage für kurze Inschriften und Notizen verwendet wurde.

Pronaos: Vestibül eines Tempels oder Grabes.

Ptah: memphischer Schöpfergott, mumiengestaltig und mit Zepter dargestellt; der Gefährte von Sechmet, der Löwengöttin, wurde im Laufe der Zeit synkretisch mit der memphischen Grabgottheit Sokaris vereint.

Punt: ägyptischer Name für ein Gebiet in Ostafrika (verschiedentlich mit Somalia, Eritrea oder dem südlichen Sudan gleichgesetzt), in das seit der 5. Dynastie (2465–2323) Handelsexpeditionen geschickt wurden. Die berühmteste, weil auf einem großartigen Basrelief in Deir el-Bahari dargestellte Expedition wurde von Königin Hatschepsut (1479–1458, 18. Dynastie) beschlossen.

Pylon: Monumentalbau, der zu ägyptischen Tempeln führt und aus drei trapezförmigen, das Portal flankierenden Türmen besteht.

Pyramidentexte: mit dem Begräbnisritus des Herrschers verbundene Formeln, die man auf Pyramiden aus der späten 5. bis zum Ende der 6. Dynastie findet.

Pyramidion: Sonnensymbol, Steinpyramide in Miniatur, oft vergoldet oder mit Elektron (s. dort) verkleidet, wurde auf Obelisken gelegt oder als Ersatz für die Spitze von Pyramiden verwendet.

Qasr: »Schloss« in arabischer Sprache. Aus der Pluralform des Substantives »Uqsor« entwickelte sich der Name Luxor, eine Kurzform von el-Uqsor, »Schlösser«.

Ra: sehr alte Sonnengottheit mit Kultort in Heliopolis. Untertags besitzt sie einen mit der Sonnenscheibe gekrönten Falkenkopf, während ihres nächtlichen Weges (s. Amduat) trägt sie einen Steinbockkopf.

Ra-Horachte: die synkretische Götterfigur in Falkengestalt mit Sonnenscheibe vereint Ra und Horus in einer den beiden Horizonten (dem westlichen und dem östlichen) geweihten Ganzheit.

Rostaw: zeigt in den Grabtexten die »Wege des Jenseits« auf, die vom Verstorbenen zwischen der vierten und der fünften Stunde der Nacht betreten werden; von Sokar, dem memphischen Nekropolengott, beherrschter Bereich; in hieroglyphischen Termini bezeichnete er die Hochebene von Giseh.

Sancta Sanctorum: der innerste Bereich des Tempels, Tabernakel.

Sarkophagentexte: Sammlung von Formeln, die dem Verstorbenen das Überleben im Jenseits garantieren sollten und die ab der Ersten Zwischenzeit bis zum Mittleren Reich auf Sarkophage geschrieben wurden.

Schiefer: metamorphisches Gestein aus parallelen Lamellenschichtungen.

Sed: Jubiläumsfest, das von den Herrschern am 30. Jahrestag ihrer Regierung und später in kürzeren Abständen (nach fünf oder drei Jahren) gefeiert wurde.

Sechmet: Löwengöttin und Beschützerin der königlichen Macht des Herrschers; zuweilen auch mit Bastet, Hathor und Isis gleichgesetzt, weist aber im Vergleich zu den anderen Göttinnen auch »böse« Eigenschaften auf.

Serapis: ptolemäische Gottheit, die in sich Merkmale von Osiris und Eigenschaften olympischer Götter, besonders des Zeus, vereint.

Seth: Gott mit chaotischen Kräften, Bruder und Mörder des Osiris (s. dort), besonders im Delta verehrt. Er wird in menschlicher Gestalt und mit dem Kopf eines undefinierbaren Lebewesens, vielleicht eines Ameisenbärs oder eines Windhundes, dargestellt.

Sistrum: rasselähnliches, der Hathor und der Bastet heiliges Musikinstrument.

Sobek: Krokodilsgott sowohl mit menschlichem Körper und Reptilienkopf als auch in vollständig tierischer Gestalt.

Sphinx: die Inkarnation der königlichen Macht mit Löwenkörper und menschlichem, männlichem Kopf. Sphingen wurden vielfach zum Schutz von Tempeltoren und neben den Dromoi (s. dort) aufgestellt.

Steatit: die kompakte Talkvariante grünlicher Färbung, auch »Speckstein« genannt, ist ein leicht zu verarbeitendes Gestein.

Stele: Stein- oder Holzbrett, deren Inschriften und Darstellungen feierliche, mit Begräbnissen verbundene, propagandistische oder Begrenzungsfunktionen haben können.

Sykomore: heiliger Baum der Hathor (s. dort) und der Nut (s. dort). Das besonders harte Holz wurde zur Herstellung von Möbeln, Sarkophagen und anderen Grabutensilien verwendet.

Ta-set-Neferu: altägyptischer Name des heutigen Tales der Königinnen, verschiedentlich als »Ort der Schönheit« oder »Ort des Glanzes« oder »Ort der Lotosblumen« gedeutet.

Tekhen: ägyptischer Name der Obelisken.

Tell: arabischer Begriff für einen künstlichen Hügel, der aus den Überresten einer Niederlassung entstand.

Thot: Gottheit, die in menschlicher Gestalt mit Ibiskopf, in der Gestalt eines Vogels oder eines Pavianes dargestellt wird. Der Schutzgott der Schreiber und der Wissenschaft galt als Erfinder der Schrift.

Totenbuch: illustrierte, aus 190 Kapiteln bestehende Sammlung, deren Formeln dem Verstorbenen bei richtigem Gebrauch ein Leben im Jenseits garantieren sollten.

Uadjet: Schutzgöttin Unterägyptens in der Gestalt eines Uräus (s. dort).

Udjat: Horusauge, Schutzamulett.

Uräus: Kobra, Symbol der Königswürde.

Uschebti: Figürchen, meist aus blauer Fayence (s. dort), das den Besitzer bei der Feldarbeit im Jenseits ersetzen sollte.

Wadi: Flussbett, typisch für Wüstengebiete Nordafrikas und des Nahen Ostens, das nur während des saisonal bedingten Regens überschwemmt wird. In arabischer Sprache steht es der Bedeutung von »Tal« nahe.

REGISTER

BILDNACHWEIS

ARCHIV WHITE STAR: S. 26, 27, 30–31, 32, 33, 34 unten, 38 links, 40 unten rechts, 40–41, 42, 43 oben rechts, 43 unten rechts, 43 unten links, 44, 45, 49 oben, 49 unten, 50–51, 60 oben.

ANTONIO ATTINI/Archiv White Star: S. 1, 6 oben links, 6 oben rechts, 6 unten rechts, 61 oben links, 68–69, 72–73, 76 Mitte, 96 unten rechts, 96–97, 97 oben, 98 Mitte, 98 unten, 99 unten rechts, 103 unten links, 103 unten rechts, 122–123, 129 unten, 136–137, 141 Mitte oben, 142 oben, 142 rechts, 150 unten, 154–155, 156 oben, 156 unten, 156–157, 157 unten, 162–163, 164 unten, 165 unten links, 212 oben, 214 oben, 214 unten, 216–217, 224, 225, 226 unten, 227 oben, 227 Mitte, 227 unten, 228–229, 230 oben links, 230 oben rechts, 230 Mitte oben, 230 Mitte unten, 230–231, 232 unten links, 232 unten rechts, 232–233, 238 oben, 244, 245, 246 unten rechts, 246–247, 247 oben, 247 unten links, 247 unten rechts, 249 unten links, 249 unten rechts.

MARCELLO BERTINETTI/ Archiv White Star: S.6 unten links, 7, 10–11, 66 Mitte, 66–67, 70 unten links, 70–71, 71 oben, 72 unten, 97 unten, 98 oben, 98–99, 100–101, 108 oben, 108 Mitte oben, 108 Mitte unten , 108 unten, 108–109, 126 oben, 126 unten, 126–127, 127 unten links, 128 oben, 128 Mitte, 128–129, 130–131, 132–133, 134 unten, 135 oben, 135 Mitte, 135 unten, 136 oben, 136 unten links, 136 unten rechts, 137 oben, 137 unten, 138–139, 146, 147 oben, 147 Mitte, 147 unten, 147 rechts, 152–153, 154 unten, 156 Mitte, 157 Mitte, 160–161, 164–165, 165 unten rechts, 167 oben links, 167 oben rechts, 167 Mitte, 167 unten, 168 unten links, 168–169, 169 oben, 169 Mitte, 169 unten, 170 unten, 171 oben, 172 Mitte, 180 unten links, 180 unten rechts, 186–187, 196–197, 218–219, 222–223, 236–237, 246 unten links, 250–251.

ARALDO DE LUCA/Archiv White Star: S. 5, 12, 13, 14, 15, 16, 17, 18, 19, 20, 21, 22, 23, 25, 28, 29, 34 oben, 34 Mitte links, 34 Mitte rechts, 35, 38 unten, 38 rechts, 39, 64, 65, 76 oben, 76 unten, 76–77, 77 unten links, 78, 79, 80, 81, 82, 83, 84, 85, 86–87, 88–89, 90, 91, 92–93, 94, 95, 104–105, 106–107, 147 unten links, 148, 149, 168 unten rechts, 171 unten rechts, 171 unten, 172 oben links, 172 unten, 173, 174 unten links, 174–175, 175 oben, 175 unten, 176–177, 178 oben, 178 Mitte, 178 unten, 178–179, 181 oben, 181 unten, 182–183, 185 oben, 185 unten, 188 oben, Mitte und unten, 188–189, 189, 190, 191 Mitte links und rechts, 191 unten, 192–193, 198 oben, 198 Mitte, 198 unten, 198–199, 292–293, 200–201, 202–203, 204–205, 208–209, 210–211, 240–241, 242–243.

ALFIO GAROZZO/Archiv White Star: 60 unten links, 60 unten rechts, 61 oben rechts, 61 unten rechts, 62, 63, 76 oben Mitte, 96 unten links, 110, 111, 112, 113, 114 oben, 114 unten, 115 unten, 116, 117, 122 oben, 144–145, 154 oben, 158–159, 170 Mitte, 170–171, 184 unten links, 184 unten rechts, 184–185, 194–195, 206, 207, 213 unten, 220, 221, 228 oben, 228 Mitte, 228 unten, 230 unten, 231 Mitte, 231 unten.

GIULIO VEGGI/Archiv White Star: S. 2–3, 4, 58, 59, 66 oben, 66 unten, 68 unten links, 68 unten rechts, 69, 70 unten rechts, 71 oben, 71 unten, 72 oben, 74–75, 98 unten links, 99 unten links, 102 oben, 102 unten, 102–103, 118, 119, 120 unten links, 120 unten rechts, 120–121, 121 rechts, 122 Mitte, 122 unten, 123 unten links, 123 unten rechts, 124 und 125, 127 unten rechts, 134–135, 138, 139 oben, 140–141, 141 oben, 141 Mitte unten, 141 unten, 142 Mitte, 142 unten, 143, 150 oben, 164 oben, 166, 170 oben, 172 oben rechts, 179 unten, 180–181, 212 unten, 212–213, 213 oben, 214–215, 215 unten links, 215 unten rechts, 216 oben, 216 Mitte, 216 unten, 217 unten, 226–227, 233 oben, 233 unten, 234 unten links, 234 unten rechts, 234–235, 235 oben, 235 unten, 238 Mitte links, 238 unten, 238 rechts, 239.

FELIPE ALCOCEBA: 40 unten links.

BIBLIOTECA NAZIONALE, FLORENZ: S. 37.

BRITISH MUSEUM: S. 35.

PRIVATSAMMLUNG: 41 unten, 46, 47 oben links, 47 unten links, 47 unten rechts.

MARC DEVILLE: S. 114–115.

GRIFFITH INSTITUTE ASHMOLEAN MUSEUM, OXFORD: S. 53, 54, 55.

ARCHIVE PAUL LACAU: S. 52 unten.

LIBRARY OF CONGRESS, WASHINGTON: 48 unten links, 48 unten rechts, 48–49.

MARY EVANS PICTURE LIBRARY: S. 52 oben links.

MUSÉE D'ANNECY: S. 47oben rechts.

MUSÉE DENON, CHALON SUR SAÔNE: S. 40 oben.

GARO NALBANDIAN: S. 249 Mitte.

NASA: S. 8 und 9.

PLAILLY/EURELIOS: S. 114 links oben, 114 Mitte links.

ALBERTO SILIOTTI: S. 36, 43 oben links, 43 Mitte, 52 Mitte, rechts, 174 unten rechts.